Sociology and Your Life
with P.O.W.E.R. Learning

Richard Schaefer & Robert Feldman

像社会学家一样思考

[美]理查德·谢弗 [美]罗伯特·费尔德曼 著 梁爽 译

著作权合同登记号　图字：01-2016-0090

图书在版编目(CIP)数据

像社会学家一样思考：全2册/(美)理查德·谢弗(Richard Schaefer)，(美)罗伯特·费尔德曼(Robert Feldman)著；梁爽译.—北京：北京大学出版社，2018.5
ISBN 978-7-301-26172-9

Ⅰ.①像… Ⅱ.①理… ②罗… ③梁… Ⅲ.①社会学—通俗读物 Ⅳ.①C91-49

中国版本图书馆CIP数据核字（2018）第010288号

Richard Schaefer & Robert Feldman
SOCIOLOGY AND YOUR LIFE WITH P. O. W. E. R. LEARNING
ISBN 978-1-259-29956-8
Copyright © 2016 by McGraw-Hill Education
All rights reserved. No part of this book may be reproduced or utilized in any form or by any means, electronic or mechanical, including photocopying, recording, or by any information storage and retrieval system, without permission in writing from the publisher.
This edition is authorized for sale in the People's Republic of China only, excluding Hong Kong, Macau SARs and Taiwan.
Copyright © 2018 by McGraw-Hill Education and Peking University Press.

版权所有。未经出版人事先书面许可，对本出版物的任何部分不得以任何方式或途径复制或传播，包括但不限于复印、录制、录音，或通过任何数据库、信息或可检索的系统。
本授权中文简体字翻译版由麦格劳－希尔（亚洲）教育出版公司和北京大学出版社合作出版。此版本经授权仅限在中华人民共和国境内（不包括香港特别行政区、澳门特别行政区和台湾）销售。
版权 © 2018 由麦格劳－希尔（亚洲）教育出版公司与北京大学出版社所有。
本书封面贴有McGraw-Hill公司防伪标签，无标签者不得销售。

书　　　名	像社会学家一样思考（上下） Xiang Shehuixuejia Yiyang Sikao
著作责任者	［美］理查德·谢弗　［美］罗伯特·费尔德曼　著　梁爽　译
责任编辑	徐文宁　于海冰
标准书号	ISBN 978-7- 01-26172-9
出版发行	北京大学出版社
地　　　址	北京市海淀区成府路205号　100871
网　　　址	http://www.pup.cn　新浪微博：@北京大学出版社 @培文图书
电子信箱	pkupw@qq.com
电　　　话	邮购部 62752015　发行部 62750672　编辑部 62750112
印　刷　者	三河市国新印装有限公司
经　销　者	新华书店
	720毫米×1020毫米　16开本　45印张　660千字
	2018年5月第1版　2021年12月第3次印刷
定　　　价	118.00元（上下）

未经许可，不得以任何方式复制或抄袭本书之部分或全部内容。
版权所有，侵权必究
举报电话：010-62752024　电子信箱：fd@pup.pku.edu.cn
图书如有印装质量问题，请与出版部联系，电话：010-62756370

简明目录

(上)

前言 携手社会学,开启人生路...........003
致学生读者...........005

第一章 理解社会学...........001
第二章 社会学研究...........042
第三章 文化...........078
第四章 社会化和生命历程...........117
第五章 社会互动、群体和社会结构...........158
第六章 大众传媒...........204
第七章 越轨、犯罪和社会控制...........241
第八章 美国的社会阶层分化和社会流动...........286

(下)

第九章 种族与族群不平等...........337
第十章 性别分层...........394
第十一章 庭和人类性行为...........429
第十二章 健康与环境...........472
第十三章 教育...........520
第十四章 全球社区的社会变迁...........552
第十五章 全球不平等...........589
第十六章 宗教...........617
第十七章 政府与经济...........650

目　录

（上）

前言　携手社会学，开启人生路 003

致学生读者 005

第一章　理解社会学 001
　　模块 1　社会学的定义及其发展方式 003
　　模块 2　主要理论视角 021
　　模块 3　社会学的应用 033

第二章　社会学研究 042
　　模块 4　什么是科学方法 044
　　模块 5　主要的研究设计与发展 054
　　模块 6　伦理研究 067

第三章　文化 078
　　模块 7　文化研究 080
　　模块 8　文化要素 086
　　模块 9　全球文化发展 099
　　模块 10　文化差异 105

第四章 社会化和生命历程 117
- 模块 11 社会化的作用 119
- 模块 12 自我与社会化 126
- 模块 13 社会化的媒介 133
- 模块 14 生命历程中的社会化 143

第五章 社会互动、群体和社会结构 158
- 模块 15 社会互动与现实 160
- 模块 16 理解群体 169
- 模块 17 理解组织 180
- 模块 18 全球视角下的社会结构 188

第六章 大众传媒 204
- 模块 19 关于媒体的社会学视角 206
- 模块 20 观众 227
- 模块 21 无处不及的媒体 230

第七章 越轨、犯罪和社会控制 241
- 模块 22 越轨 243
- 模块 23 社会控制 260
- 模块 24 犯罪 268

第八章 美国的社会阶层分化和社会流动 286
- 模块 25 社会阶层分化 289
- 模块 26 社会阶级的阶层分化 306
- 模块 27 贫困 313

前　言
携手社会学，开启人生路

为什么社会学很重要？

不管你是大一新生、重返课堂者，还是引领学生进行课堂讨论的老师，你可能都曾想过这个问题。社会学家研究我们所认为的社会，研究范围从小规模的互动到最广泛的社会变迁，涉及社会的方方面面。对任何学生而言，都需要莫大的勇气才敢迎接社会学研究带来的挑战。本书将会在基本的社会学理论、研究和概念与我们的日常生活之间架起沟通的桥梁。它强调社会学家探索人类社会行为的独特方式，以及他们的研究结论如何帮助我们批判思考那些指引我们生活的更广泛的原则。通过这种做法，它可以帮助学生像社会学家一样思考，运用所学知识去独立评判人与人之间的各种互动，以及各种社会制度。一位警察、一名护士和一个本地商贩对其服务的社区需要有怎样的了解呢？他们需要了解的事情有很多。本书准备给学生提供一些必要的工具，这些工具将会帮助他们在追求自身事业发展，以及参与其社区和世界事务的过程中运用社会学。

为什么要把学生放在第一位？

不管大家为什么会选这门课，本书的目的都是介绍社会学这一领域，所采用的方法将会帮助大家养成受益一生的好奇心。因此，本书的核心内容是以学生为导向，书中的故事和实例都能将社会学与他们的日常生活联系起来。导论课遇到的最大挑战就是，初学者通常还在费力地掌握基本的学习技巧，期望养成良好的学习习惯。一个学生若是从不知如何有效地学习，也就很难成为一名好学生。通常，老师没有时间、资源或专业知识来同时讲授成功技巧和社会学概念。而P.O.W.E.R.学习框架则能为本书的学习提供充分的支持。本书的这些核心特质，将会帮助学生在大学和未来生涯中取得成功。

谢弗教授和费尔德曼教授为这一挑战提供了一个绝佳的解决方案。心理学家、学生成功课程老师、研究者和作家费尔德曼提出了P.O.W.E.R.学习框架。在这一框架下，学生们可以用五个简单连贯的步骤来完成任何任务，这五个步骤分别是：P 准备、O 组织、W 工作、E 评估、R 反思。我们将这一学习框架融入本书所有层面，帮助学生学习社会学概念并养成让他们在大学学习阶段和日常生活中受益终生的学习习惯。

致学生读者

★ **如何得到好成绩：有效学习的实用指南**

如果你正在读这一页，你很可能正在上一门社会学导论课。可能你是出于对个人与社会之间互动的深厚兴趣而选择了这门课；可能你并不了解社会学，但这门课是必修课，所以你别无选择。不管你选这门课的初衷是什么，你都需要尽可能了解社会学的内容并拿到好成绩。当然，你肯定想用最快和最有效的方式做到这一点。

好消息就是，你选对了课程，也选对了教材。研究学习方法的学者找到了很多可以帮你学习和牢记课程内容的方法和技巧。我们将会把这些方法应用到你的社会学课程上，这些方法会让你在整个大学期间都受益匪浅。好学生不是天生的，而是后天培养的。我们提供给你的这些建议，将会让你得到全面提升。

采用 P.O.W.E.R. 学习框架

我们先来简单讨论一下适用于所有课程（包括社会学导论课）的学习策略。心理学家创造了好几种能够提升学习技能的优秀技巧，它们已被证实都是行之有效的方法。其中一种技巧就被我们用到了本书中，即 P.O.W.E.R. 学习框架。这一学习方法包括准备（Prepare）、组织（Organize）、工作（Work）、评估（Evaluate）、反思（Rethink）。使用这一框架，你既能增加学习和记忆能力，又能在每门课中都进行批判思考。

贯穿本书的这一学习框架便于学习者更系统而有条理地获取教材内容。它强调了学习成果、学前准备、自我评估、批判思考的重要性。具体来说，在使用这一学习框架的过程中，我们需要遵循以下步骤：

- **准备**。在开始任何一趟旅程之前，我们都需要知道我们的目的地是哪里。学术之旅同样如此，我们需要知道自己的目标是什么。准备阶段包括了解课程的总体目标（长期目标），以及在阅读某个部分时确定我们需要达到的具体目标（短期目标）。
- **组织**。确定了目标，我们就可以找寻完成目标的途径。"组织"这一步骤描绘了达成目标的心理路线图。请在学习每个章节和每个模块时先阅读大纲，了解主要议题和主要概念，以及它们的组织形式。
- **工作**。P.O.W.E.R. 学习框架的关键所在，实际上就是阅读和学习本书的全部内容。如果你按部就班地进行学习，清楚地了解学习目标和完成目标的方法，那么完成"工作"部分的学习任务也会变得更加得心应手。请记住，需要你阅读和思考的内容并不限于各模块中的主要内容。同样重要的是，你也需要阅读专栏中的内容，这样才能充分理解材料。
- **评估**。第四步是评估，通过评估你才知道自己对学习材料的掌握情况。书中每个模块后都有几个问题，供你自测，检验自己对内容的掌握程度。
- **反思**。最后一步要求你对内容进行批判思考。批判性思维需要你重新分析、回顾、质疑并挑战各种假设。它让你有机会思考这些内容是否与你所学的其他内容相吻合，有助于你全面深入地理解学习内容。

管理时间

你的视线无须离开书页，你只需立即回答我：现在几点了？也许在生物钟、手机或语境线索的帮助下，大多数人都能作出比较精确的时间估计，但要管理时间的确更为困难。时间管理是任何成功学习计划的核心。但请记住，管理时间的目标不是把一天中你清醒着的时间都安排得满满的。实际上，我们应该有计划地选择如何利用时间，而不是让时间随意流逝。以下管理时间的方法可以帮助我们更好地利用时间。

创造时间日志。时间日志，或时间使用记录（包括中断的时间），是初学者可以采用的重要工具。你可以在日历、电脑乃至手机 APP 上进行记录。你不用把清醒时的每分每秒都记下来，但你需要记下每段时间的活动内容，每段时间的长度要精确到 15 分钟。然后，你就可以反思自己的时间都去哪里了。你对自己是如何使用时间的认识与现实完全一致吗？答案很可能会令你非常惊讶！

你也需要找出那些浪费时间的事情。我们都会在不重要的事情上浪费时间，这些事情让我们无法去做自己应该做或想做的事情。假设你正在学习，手机突然响起。与其和朋友煲上半小时电话粥，你可以（1）把手机放到一边，让它响；（2）接电话，但是告诉朋友你正在学习，待会儿再回电；（3）和朋友简短通话；（4）把来电转入语音信箱，然后关机。如果你的选择是以上四种，你就会更好地管理自己的时间。

设定优先顺序。现在你已知道什么在占用你的时间，但你可能还不清楚自己该做些什么。首先，你应该决定自己做事情的优先顺序。优先做的事情是你需要做并愿意做的事情，你可以将它们按照从最重要到最不重要的顺序进行排列。优先排序没有对错之分；对你来说，可能学习最重要，也有可能陪伴家人最重要。只有你自己才能决定优先顺序。而且，现在对你十分重要的事情，再过一个月、一年或五年可能就没那么重要了。

最好的办法是确定整个学期任务的优先顺序。你需要完成什么目标？不要仅仅选择明显而宽泛的目标，如"及格万岁"。相反，你应该思考具体的、可以衡量的活动，如"每天读一小时教材来准备即将开始的社会学课"。

确定自己的黄金时间。每天早上醒来，你是否神清气爽地起床，热情地开启新的一天，拥抱美好的世界呢？或者，你是否在中午到来之前就变得无精打采，却在晚上 10 点后开始变得兴奋起来？我们都有与生俱来的生物钟和基于生物钟的工作风格。知道自己一天中的黄金时间，你就能更有效地进行时间管理和计划。请在一天的黄金时刻进行最需要全神贯注的活动；在最难熬的时候完成更容易、无须投入太多精力的活动。

把握当下。现在你已知道你浪费的时间都到哪里去了，而你排出的优先顺序则说明了你未来的工作安排。你已经可以组织和管控自己的时间了。你会用到如下工具：

- **主日历**：每一页上显示这个学期的每个星期。你可以根据课程大纲，将你需要完成的作业和测试都标在上面，尤其要写明截止日期。你可以在对应的日期上用铅笔标出可能布置的作业。你也需要写上个人活动和自由时间。
- **每周时间表**：在时间表的首行填入周一到周日，首列中填入从早上6点到午夜12点的每个整点时间。填入已经确定的活动时间，包括上课时间、工作时间等反复出现的活动时间。将作业截止日期、测试和其他活动放入特定日期。然后用铅笔标出准备这些活动所需要的时间。
- **每日工作清单**：你可以将每日工作清单写在一本随身携带的微型日历上。在这本日历上，每一页都代表一天。若是喜欢，你也可以使用电子日历。每天都把第二天要做的所有事情列出来，并排出优先顺序。首先记下那些你必须要做的和时间固定的事情，如上课、工作或预约。然后标记其他你应该完成的事情，比如为备考而复习一小时、为接下来的论文写作做前期研究或者完成实验报告。最后列出那些不具备学术重要性但却是你很享受的事情，如跑步或散步。

管控时间。即使对管理时间的高手来说，生活也并非一成不变。危机出现了，公交车晚点了，电脑瘫痪了，孩子生病了，各种意外层出不穷。完成任务的时间可能比我们预计的更长。有效时间管理与无效时间管理的差别在于，你知道如何应对不可避免的突发事件。在这种情况下，你可以采用以下几种方式来管理时间并完成预定计划：

- **学会说"不"**。你不需要答应每个人对你提出的每一个要求或请求。
- **远离喧嚣**。去图书馆。将自己锁在卧室里。找一间无课的偏僻教室。或者找一个特别地点供自己独处。你的身心很快就会进入学习模式。
- **享受孤独**。很多学生都认为，放着电视、开着电台或听着音乐时，自己做事效率最高，但科学研究却得出了完全相反的结论：周围环境非常安静时，我们最能集中注意力。尝试在安静的环境下学习。
- **减少使用电子产品。** 我们可能无法切断通信，但却可以控制自己接收回复信息的时间。我们可以暂时远离电子产品，将其关闭一段时间。
- **预计到意料之外的事情。** 生活中难免会有突发事件发生，所以你应提前想好对策。
- **克服拖延症。** 有时并非外界干扰我们，而是我们在自我干扰。拖延症是一种将所有事情都往后拖的习惯。很多人都有拖延症。你要是觉得自己也有，不妨试试下面几个步骤：(1) 将大任务细化为小任务。(2) 首先完成任务中最容易和最简单的部分，然后再进行更难的部分。(3) 自我协商。比如，做一小时功课，可以歇上 15 分钟去做你想做的任何事情，休息过后再接着学习。(4) 和他人一起学习。比如，和几位同学组成学习小组。(5) 牢记拖延症要付出的代价。

★ 有效阅读教材

教材阅读和休闲阅读截然不同。你必须有非常明确的目标：理解、学习、复习课本上的信息。你可以采取以下几个步骤来达成这些目标：

- **阅读文前部分。** 如果本学期老师用本书当教材，请务必阅读前言、导读和目录，即出版商统称的文前部分。只有在这个部分，作者才有机会站在个人立场上解释本书重点。知晓重点，你就能大致了解你会学到什么。
- **确定个人目标。** 在学习任务开始之前，想一想你的具体目标是什么？你是在阅读一本包含考试内容的教材吗？你只是为了获取背景信息吗？这些内容对你来说有用吗？这是你项目的一部分吗？你的阅读目标将会帮你决定采取哪种阅读策略并规定阅读时间。你不需要用同等的阅读强度来阅读每种材料。有时你可以泛泛而读，有时你则需要详加推敲。
- **确定并使用阅读前导。** 阅读教材的下一步是熟悉阅读前导，即大纲、预览、小节目标，以及其他关于新材料意义和篇章组织的线索。本书每个模块都设置了学习目标，它们会告诉你每个部分的重点。

- **集中精力阅读**。阅读时会有无数事情分散我们的注意力。你需要将这些事情暂时抛在脑后，然后集中注意力进行阅读。以下是能够帮助你保持注意力的方法：(1) 分段阅读。如果你认为这个章节的阅读时间为四个小时，你可以将这四个小时划分为几个更好管理的时间段。记住自己的"黄金时间"，尽可能选在"黄金时间"进行阅读。(2) 适当休息。请在阅读过程中安排几次休息，以此来犒劳自己。在休息时间可以做一些让自己开心的事情：吃点小零食，看会儿球赛，打会儿游戏等。但是切记不要过于投入，任由这些活动占据自己的阅读时间。

- **在阅读时做标记和记笔记**。阅读时做标记和记笔记很有必要。注做得好，你就能更加轻松地学会新内容和进行考前复习，你还能更有效地集中精力阅读材料。以下是几个有助于你提高记笔记效率的方法：(1) 复述重点。用自己的话书面复述作者想要表达的意思。不要照搬作者的话。(2) 勾划重点。段落首句或末句和小节的首段或末段通常都是重点。每一页通常只有一两个句子是重点。切记，重点越少越好。勾划重点的指导原则是，重点内容不超过文本内容的10%。最有用的办法可能是，只划出那些有助于理解核心概念的信息。(3) 用箭头、图解、大纲、表格、时间线、图表和其他视觉工具来帮助理解记忆所读内容。如果作者用了三个实例来解释同一个要点，请将这些实例逐一编号。如果书上列出了一系列步骤，请将每个步骤都标上编号。如果某一段讨论到前文中并未出现的情况，请用箭头将前面的观点和后面的特例连接起来。如果你用图表重现材料内容，你的思考方式也会随之发生巨变。视觉注不仅有助于理解内容，还有助于记忆内容。

- **查阅不熟悉的词汇**。有时你可能会根据语境猜出词意，但用词典或网络查词是一种更有效的办法。你不仅能够知道该词的意思，还能学习它的读音，这会帮助你在课堂上跟上老师的思路。

★ 做有质量的课堂笔记

也许你知道班上有些学生能把老师说的每个字都记下来。可能你会想："如果我也这样做笔记，我会考得更好。"然而，事实并非如此。并不是将老师说过的每句话都记下，就能完成一份高质量的课堂笔记。在记笔记这件事上，同样也是越少越精。下面是记笔记的一些基本原则：

- **确定老师的课程目标和自己的学习目标。** 在第一堂课上，老师通常都会告诉学生自己的课程目标。大部分老师都会详细说明自己的课程大纲。第一堂课上和课程大纲里的信息很关键。同时，你也需要设定自己的学习目标。你想从这门课中学到什么？这门课上的信息会如何帮助你充实知识、提升自我并达成目标？
- **做好课前预习。** 你的老师可能会在讲台上激情万丈地描述官僚制的特征或大学的劳动分工。但问题是，你完全不知道官僚制是什么。这是因为你并未做好课前预习。你可能已经碰到过好几次这种情况，所以你完全清楚那种感觉：你越听越困惑，沮丧感也随之而来，挥之不去。记住这个教训：一定做好课前预习。老师都会假设学生做好了预习，并会据此进行讲课。不要忘带教材，因为在你没做准备时，教材至少能帮你跟进老师的课堂内容！
- **使用便于记录笔记的笔记本。** 活页笔记本非常适合记笔记，你可以随时翻到之前记录的内容，你还可以任意改变页码次序和添补新材料。不管你使用哪种笔记本，请用每页正面记笔记，空出背面，因为有时你可能会想把全部笔记摊在面前。
- **聆听关键信息。** 课上信息的重要性是不同的。你需要掌握的一种重要技能就是区分关键信息与其他信息。每堂课上，善于讲课的老师只会提出一些主要观点，而课上其他内容就是围绕这些观点所展开的各种解释、实例和辅助材料。为了把关键信息与辅助材料区分开，你需要在老师的课堂讲解中寻找元信息，即老师努力传达的主要内容。识别元信息的最好方法就是寻找关键词。比如，当你听到"你需要知道""你必须考虑的最重要的事情是""这个方法存在四个问题"，以及非常关键的"这将会在考试中出现"等时，你就需要做笔记了。同理，如果老师用好几种方式重复了同样的内容，这些内容也是非常重要的。
- **用简短的缩略词而非全句来记笔记。** 不要理会那些用整句记录笔记的说辞。

- 关注老师在讲课过程中提供的信息，包括黑板上、幻灯片上和讲座大纲上提供的信息。
- 听比看更重要。老师展示在屏幕上的内容很重要，但是他们说的内容更重要。所以，首先要注意聆听，然后再去看屏幕上显示的内容。
- 不要尝试记录老师在幻灯片上呈现的所有内容。幻灯片上的信息量远远超过黑板上的板书。幻灯片上通常会有很多内容，所以你很难记下所有内容。你要做的就是记录关键信息。
- 请记住，幻灯片上的要点就是……要点。要点通常会与核心概念相联系。根据这些要点来组织考前复习。如果你发现考试内容是在检测你对要点的掌握，你就不会感到惊讶了。
- 检查幻灯片能否在网上找到。有的老师会把幻灯片放在网上供学生下载阅读。如果他们在课前就将幻灯片传上网，请把它们打印出来带到课上。你可以在上面做笔记和理清重点。如果他们在课后将幻灯片传上网，你可以在备考时很好地利用它们。
- 请记住，幻灯片并不等于好的课堂笔记。如果你错过了一堂课，千万不要认为看看幻灯片就可以了。更有效的方法是参阅其他同学的优质课堂笔记。

有效记忆：用行之有效的策略来记忆新内容

下面是有效记忆的关键法则：记住要记的内容。忘记其他内容。

教材每章平均有两万个单词。在这其中，你需要学习的关键概念也就三十多个，有时可能只有二十多个。这些就是你需要努力记住的内容。你需要把重点信息从非重点内容中提取出来，尽量减少需要记忆的信息量。然后，你就只需关注这些重点信息。

你可以选用多种记忆方法。接下来我们要讨论几种记忆方法，但请注意，没有一种记忆方法是万灵药。你也可以自创新法或是加入以前用过的有效方法。

复述（rehearsal）。复述是内容记忆的关键策略。如果你不复述内容的话，你永远都不会记住它。重复内容、总结内容、将此内容与其他内容联系起来并回想首次看到该内容时的情景，这些做法都能让你进行有效的记忆。

记忆法（Mnemonics）。这是记忆专家使用的方式，你也可以用来记住测试内容。首字母缩写词（如，Roy G. Biv 可被用来记住彩虹的颜色）、节奏和韵律都是通用的记忆法方式。学习新内容时调动的感官越多，你能记住的内容就更多。这是因为，每当我们遇到新信息时，所有的感官都可能会发挥潜在的作用。

超量学习。只有在超量学习时，持续性学习才会出现。超量学习意味着在初步掌握所学内容后，再次进行学习和内容复述。通过超量学习，你就能自然而然地记住所有重要内容。超量学习能让我们轻松地回忆起学习内容，而不是在记忆中绞尽脑汁地寻找相关信息。

使用应试技巧

备考是一个长期过程，而非临时抱佛脚。以下方法可以帮你在考试中做到极致。

知道自己需要准备哪种考试。开始复习前，尽可能了解考试类型。事前对考试了解得越多，学习效率就会越高。第一个问题是：这次考试的名称是"测试""考试""小测验"还是其他名字？这些名称有着不同的含义：（1）论述题：要求对某些问题展开讨论，现场作答。比如，描述个人、过程、事件或者对比两种材料。（2）选择题：通常在提出一个问题或陈述后会提供几个答案选项。你要选出最佳答案。（3）判断对错题：关于某个问题的陈述可能是正确的，也可能是不正确的。你要判断每个陈述的对错。（4）配对题：显示了两列相关信息。你要将两列信息进行配对。（5）简答题：简短地回答问题。（6）填空题：在句子或句群中填上一个或多个缺失的单词。

根据问题类型进行考前准备。不同考试问题的考前准备是不同的。（1）论述题：论述题非常宏观，它会将多种信息糅合在一起对你进行测试。你不仅需要知道各种事实，还需要了解它们之间的联系。你必须组织好思维和语言，有条不紊地讨论这些概念。（2）叙述题的考前准备方法包含以下四个步骤：仔细复习与考试内容相关的课堂笔记和阅读笔记，然后复习勾出的重点和书页空白处的笔记；猜题，根据课堂笔记中出现的关键词、短语、概念和问题来预测考试中可能出现的问题；遮住阅读材料或课堂笔记，大声回答可能出现的叙述题，不要不好意思，大声回答问题常常比在心中回答问题更有效；回答过问题之后，请再次用笔记或阅读材料来检查自己的回答内容。觉得能够准确回答的问题，请做上记号，之后你只需快速浏览即可；觉得难答的问题，请马上复习相关内容，然后重复上一步骤，再次回答这些问题。(3) 选择题、对错题和配对题。准备这三种类型的题目时，我们应该更加关注细节。所有内容都可能会出现在这三类题型中，所以我们不能忽视任何细节。比较好的方法是将重要事实写在索引卡上：索引卡便于携带，随时都可以拿出来。在将内容写到索引卡上的过程中，你也加深了记忆。你还可以改变索引卡顺序，不断测试自己，直到自己真正掌握为止。(4) 简答题和填空题。这两种题型与问答题类似，都要求你记住关键信息而非以上三种题型中的信息。所以你应该关注具体的、细节的信息。

自测。一旦觉得自己掌握了内容，你就可以进行自测。你可以自行创建一个测试。同时，你也可以使用别人创建的测试。创建测试和自测是非常好的学习方法。

克服考试焦虑症。考试会对你造成什么影响？你会怕得瑟瑟发抖吗？你会不会心跳不止？牙关咬紧？考试焦虑是对考试产生恐惧和担忧的临时状态。每个人都可能患上考试焦虑症，但对有些人来说这个问题更加明显。我们很难完全消除焦虑感，你可能也不想完全消除焦虑感。一定程度的紧张感能使我们保持精力和集中注意力。与所有竞技运动一样，考试能够激发我们最大的潜能。

另一方面，对一些学生来说，焦虑感会不断发酵，形成令大脑一片空白的恐惧感。以下是克服这种情况的一些方法：(1) 充分准备。准备得越充分，心理焦虑就会越少。考前做好充分准备会让你产生掌控大局的感受。(2) 对考试进行客观认识。请记住，一次考试决定不了未来的成功。(3) 想象成功画面。想象老师将成绩为 A 的考卷发给你，或者是老师恭喜你取得好成绩。用强调潜在成功的积极图像联想，来替代可能导致你产生考试焦虑的失败画面。

如果这些策略都没用，怎么办？如果你的考试焦虑症严重到极大地影响了你的表现，请你一定利用学校资源。大部分学校都有学习资源中心或咨询中心，它们会给你提供针对性帮助。

组建学习小组。学习小组是由学习同门课程和为某一考试进行准备的学生组建的小规模、非正式的群体。学习小组对准备任何考试都很有效。有些学习小组是为了特定考试而组建的,有些学习小组则会在学期过程中定期聚会。典型的学习小组会在考前聚上一两次,制定学习策略。成员们会分享他们认为有可能考到的内容。作为一个整体,学习小组会提出复习问题。然后,群体成员会各自学习。如果你参加的是网络课程,别忘了用邮件或其他方法与同班同学进行讨论。你可以询问老师能否举行在线讨论。

在考试的前几天,学习小组成员会再次见面。他们会讨论之前复习问题的答案,复习考试材料,分享关于考试的新想法。他们还会互相测试,或者发现知识结构上的不足或弱点。学习小组可以帮你完成以下事情:(1)帮助组织材料,进而用系统而逻辑的方法来达成目标。(2)共享关于学习内容的多种视角。(3)减少学生忽略任何重要信息的可能性。(4)帮助学生回忆课程内容并用其他学生能听懂的方式重新解释内容。这种方式有助于学生理解和记忆考试内容。(5)激励学生做到最好。当你是学习小组的一员时,你不仅仅是为自己而学习。你可能会因不想让小组其他成员失望而付出最大努力。

结 语

我们讨论了提升学习效率和考试效率的多种技巧。但你不能将自己局限在某个特定策略之上。你可能会想融合不同因素形成自己的学习体系。本书会不断呈现其他学习方法和批判性思维策略。

不管你采用哪种学习方法,你都会充分领会本书内容的要义并掌握有效的学习技巧。更重要的是,你会尽可能完善自己对社会学的理解。这些都值得你为之付出努力,因为社会学将会给你带来非比寻常的振奋、挑战和希望。

罗伯特·费尔德曼

1

第一章

理解社会学

模块 1　社会学的定义及其发展方式
模块 2　主要理论视角
模块 3　社会学的应用

社会学实务——记者

尚恩·欧文（Shane Irving）常给各大杂志和报纸撰写分析社会学趋势的文章。他每日更新博客，在推特上有很多粉丝。他说："我喜欢写写文章，记录外界发生的各种事件。从很多方面来看，我们的社会纷繁复杂、四分五裂，但是我们共同经历的社会变迁却将我们牢牢地联系在一起，即使我们可能会对这些变迁各持己见。"

欧文选择走上街头去了解人们的想法和交谈的内容。他说："每次发现一个热门话题，我就会开始寻找相关的调查研究。"为了随时了解本领域的最新发展动态，欧文与六位美国名牌大学的社会学家一直保持联系。"有时他们会给我提供有用的信息，偶尔我也会向他们提出一个可能值得研究的新领域。"欧文的确很喜欢和各种人打交道，聆听他们的想法，但他苦苦寻找的却是各种"联系"。他说："我最感兴趣的是个人与社会之间的联系。具体来说就是：人们如何影响社会的走向，社会又如何反过来影响人们的态度和行为。"

本章内容概述

社会学是一个包罗万象的研究领域。在本书中，你将会全面了解社会学家们探讨的各种主题：从自杀到看电视的习惯，从阿米什人社区到全球经济模式，从同辈压力到基因工程等。社会学关注他人如何影响我们的行为；政府、宗教和经济等主要社会制度如何影响我们；以及我们自身如何影响他人、群体乃至组织。

社会学是如何发展而来的呢？它在哪些方面有别于其他社会科学？本章将社会学看成一门学科和一个还有待进一步研究的领域，并对其本质进行深入探讨。我们将会与埃米尔·涂尔干（Emile Durkheim）、马克斯·韦伯（Max Weber）、卡尔·马克思（Karl Marx）和杜波依斯（W. E. B. DuBois）这四位思想先驱进行思想碰撞，仔细分析源于这些大家巨著中的理论视角。我们将会关注社会学的理论和研究在实际生活中的部分应用，思考社会学会怎样帮助我们发展社会学的想象力。

模块 1

社会学的定义及其发展方式

P 准备：学习目标

LO 1-1　解释社会学学科的性质和特征

LO 1-2　讨论社会学理论的特征

LO 1-3　总结社会学史上主要理论家的贡献

O 组织：模块大纲

社会学的想象力

社会学与社会科学

社会学与常识

什么是社会学理论？

社会学的发展

W 工　作

"社会学与我或我的生活有什么关系？"作为一名学生，你在选修社会学导论课之初可能就会提出这个问题。想要回答这个问题，不妨思考以下几个问题：你在电视上看到的内容是否对你产生了影响？你上网吗？你有没有在上次大选中投票？你对校园酗酒行为熟悉吗？你接受过替代疗法吗？这些不过是本书中描述的几个日常生活情景，而社会学则能让我们对它们有深入了解。但就像开篇节选所说，社会学也会关注宏大的社会问题。我们用社会学来研究各种问题：为什么成千上万的工作机会从美国转移到欠发达国家？哪种社会力量会加深偏见？什么力量会引导一个人参加社会运动并为社会变迁奋斗？使用电脑科技是如何减少社会不平等现象的？为什么西雅图的性别关系不同于新加坡的性别关系？

简单来说，**社会学**（sociology）就是对社会行为和人类群体的科学研究。它

社会学是对社会行为和人类群体的科学研究。

关注的内容包括：社会关系，社会关系如何影响人们的行为，以及由这些社会关系共同造就的社会如何得以发展和改变。

LO 1-1　社会学的想象力

社会学家用一种特殊的批判性思维方法来理解社会行为。著名社会学家赖特·米尔斯（Wright Mills, 1959）将这种思维方法描述为"**社会学的想象力**"（sociological imagination），即能够意识到个体与当下以及过去广阔的社会之间的关系。这种认识能够使我们所有人（不单是社会学家）去理解我们自身所处的即时社会情景与遥远的、看似与个人无关的社会世界之间的联系，后者实质上与我们紧密相关并有助于塑造我们。

社会学的想象力中的关键因素是，我们能否以局外人的身份来观察看待我们身处的社会，而非仅仅依据我们的个人经历和狭隘的文化偏见便妄加断言。就拿竞技项目来说吧。在美国大学校园，数以千计的学生为他们那些受过良好训练的橄榄球选手欢呼呐喊。在印尼的巴厘岛，几十个人聚到一起观看斗鸡比赛。在这两种场景下，观众们都会推崇自己喜爱的选手，对他们的优势大加赞扬，并就比赛结果下赌注。但是，在这个地方被视为再正常不过的一种竞技项目，换到别的地方就可能会被当成怪异的。

有了社会学的想象力的帮助，我们就能超越个人经验和观察，去理解更广泛的公众议题。例如，对离异夫妇来说，离婚无疑是一种个人困境。但米尔斯提倡用社会学的想象力去看待离婚问题：它并不只是一个简单的个人问题，而更是一个社会问题。从这一视角来看，我们便能理解，离婚率的上升实则对家庭这一主要社会机制进行了重新定义。今天的家庭往往包括继父母和因父母再婚而带来的同父异母或同母异父的兄弟姐妹。通过混合家庭这一复杂的家庭关系，离婚这一私人问题变成一个能够影响学校、政府机关、商业和宗教机构的公众议题。

社会学与社会科学

社会学是一门科学吗？**科学**（science）这个术语指的是通过系统的观察方法得到的知识本体。与其他科学学科一样，社会学也是通过对现象（在这里指的是人类行为）进行有组织而系统的研究，进而加深人们对它的理解。所有科学家，不论他们研究的是蘑菇还是谋杀犯，都会通过尽可能客观的研究方法来收集准确的信息。他们主要采用的办法就是仔细记录观察结果和积累数据。

当然，社会学与物理学之间、心理学与天文学之间存在极大差异。因此，科学一般被划分为自然科学和社会科学。自然科学研究自然界的物理特征及其相互作用和发生改变的方式。天文学、生物学、化学、地质学和物理都属于自然科学。社会科学研究人类社会的不同面向，以及人类互动和演变的方式。社会科学包括社会学、人类学、经济学、历史学、心理学和政治科学。

所有的社会科学学科都关注人们的社会行为，但是不同的学科也都有其特殊的研究方向。人类学家通常研究过去的文化、至今尚存的前工业社会、人类的起源。经济学家探讨人们生产和交换物品、服务、金钱及其他资源的方式。历史学家关注历史长河中的重要人物和事件及其对今日的影响。政治科学家研究国际关系、政府的运作、权力与权威的使用。心理学家研究人格特征与个人行为。那么，社会学家关注的焦点又是什么呢？他们研究社会对人们的态度和行为的影响、人们与社会相互作用及人类塑造社会的方式。人类是社会动物，社会学家便通过科学方法来研究我们与社会之间的关系。他们探究的社会关系非常广泛，美国社会学学会分会的最新列表，可以让我们对此有一清晰的认识（参见下表）。

美国社会学学会分会

老龄化和生命历程	国际迁徙
酒精、毒品和烟草	不平等、贫困和流动
利他主义、道德和社会团结	劳动和劳工运动
动物和社会	拉丁美洲社会学
亚洲和亚裔美国人	法律
身体和具身化	马克思主义社会学
儿童和青年	数理社会学
集体行为和社会运动	医学社会学
传播和信息技术	精神健康
社区和城市社会学	方法论
比较和历史社会学	组织、职业和工作
消费者和消费	和平、战争和社会冲突
犯罪、法律和越轨	世界体系的政治经济学
文化	政治社会学
发展	人口
残疾和社会	种族、性别和阶级
经济社会学	理性和社会
教育	宗教
情绪	科学、知识和科技
环境和科技	性与性别
民族方法学和会话分析	性取向
进化、生物和社会	社会心理学
家庭	社会学实践和公共社会学
全球和跨国社会学	教学和学习
社会学史	理论
人权	

资料来源：美国社会学学会，2014。

　　社会学研究主题的范围非常广泛。例如，属于美国社会学学会动物和社会分会的社会学家可能会研究动物权利运动；属于性取向分会的社会学家可能会研究全球性工作者或同性恋、双性恋和跨性别人群运动。经济社会学家除了其他许多研究主题，还可能会研究全球化或消费主义。

美国正在非常艰难地从漫长而可怕的经济衰退中缓慢复苏,彼时在旧金山举办了一场招聘会,现场人满为患,近期下岗的工人与长期失业的人们都在场内挤来挤去。社会学家运用很多方法来评估经济变化对社会所造成的全方位影响。

让我们来看一看,不同的社会科学家会如何研究这场始于 2008 年的全球经济衰退。历史学家可能会强调长期波动的世界市场模式。经济学家可能会讨论政府、私营部门和国际货币体系的作用。心理学家可能会对工人、投资者、企业主中出现的情绪压力个案展开研究。政治科学家可能会研究在寻求解决经济问题时国与国间进行合作(或竞争)的程度。

那么,社会学家又会采取什么样的研究方法呢?他们可能会注意到美国婚姻模式上发生的变化。自全球经济衰退以来,男性的初婚年龄中位数上升到 28.7 岁,女性的初婚年龄中位数上升到 26.7 岁。社会学家可能也会观察到,如今选择步入婚姻殿堂的人数少于过去。假设如今美国的结婚率和 2006 年时一样,那么到 2010 年,已婚美国人的数量会比现在多出 400 万。

社会学家也可能会评估经济衰退对教育的影响。由于美国家庭普遍减少了非必要开支,美国私立学校(从小学到高中)的入学率从 2006 年的 13.6% 下降到 2010 年的 12.8%。社会学家甚至会思考经济衰退对环保行为的影响,如拼车现象。经济衰退期间，在美国50大都市区（新奥尔良除外），16—64岁之间劳动人口的比例显著下降。当朋友或同事被裁员，拼车现象就会减少，最后越来越多的人都只能独自开车去上班（El Nasser and Overberg, 2011）。

社会学家们不仅仅只是做研究，长期以来他们都在为政府机构出谋划策，帮助它们正确应对灾难。墨西哥湾沿岸地区的贫困问题，的确增加了2005年新奥尔良市灾民安全撤离的难度。随着卡特里娜飓风袭来，成千上万的城市贫民没有汽车或其他交通工具及时逃离灾区。该地区的高残疾率更是让撤离工作雪上加霜。在新奥尔良市，65岁以上人口总量中，残疾人占56%，这一比例在全美70个大城市中位列第二。要把坐着轮椅的居民迁至安全地带，必须借助特殊交通工具，然而公共避难所里并没有方便残疾人使用的居住设施。显然，在提出公众撤离计划时，政府官员必须将上述因素都考虑在内（Bureau of the Census, 2005b）。

社会学对灾难所做的分析，并没有随着洪水的消退而终止。2007年，新奥尔良市民在市政厅举行了大型反犯罪集会，其实很久之前社会学家就在分析城内重新安置的模式。他们发现，返城居民往往很难找到工作。对那些因失业而迁居的家庭来说，孩子的入学问题变得非常棘手，因为学校并未做好接收大量疏散人员的准备。许多家庭不得不在工作和孩子返校上学的两难境地中苦苦挣扎，有些背井离乡的家庭只能冒险让岁数较大的孩子单独生活在原先的家中。与此同时，投机分子则从四面八方涌来，欺骗了毫无戒备心的房主。市里的司法和刑事审判系统负担过重，在飓风到来前本就人手不足，飓风过后更是大伤元气，一直未能完全恢复。在所有这些社会因素的综合作用下，社会学家和其他人预测，新奥尔良市在2006—2007年上报的犯罪事件数量将会出现前所未有的攀升（Jervis, 2008; Kaufman, 2006）。

通过阅读本书的全部内容，你将会看到社会学家是如何发展理论和进行研究，进而更好地理解社会的。我们鼓励你运用自己的社会学想象力，从一种愿尊重、善探询且又不带个人偏见的局外人视角来研究美国社会（和其他社会）。

社会学与常识

社会学关注对人类行为进行研究。我们每个人都很熟悉人类行为，至少也会对其了解一二。比如，我们都会有一套自己的理论来解释人们无家可归的原因。我们的理论和观点通常都是来自常识，即来自我们的经历，来自我们与他人的交谈，来自我们所读的文字，来自我们在电视上所看的影像，等等。

在日常生活中，我们依靠常识来应对许多从未遇过的情形。然而，尽管常识有时候是准确的，但却并不总是很可靠，这是因为常识所依赖的是人们普遍持有的信念，而非对事实的系统性分析。依照常识，人们曾经认为地球是平的，但是毕达哥拉斯和亚里士多德都质疑这一观点。错误的常识不只存在于遥远的过去，而是依然存在于我们当下的生活中。

比如，人们通常都认为女性比男性要更健谈，但有研究者发现，男性和女性在健谈方面并没有什么差别。在五年多的时间里，他们在墨西哥和美国的校园内对396名来自不同专业的大学生进行研究。他们在这些学生身上放置了不会影响谈话的麦克风。最后他们发现，男性和女性每天差不多都要说1.6万个单词(Mehl et al. 2007)。

和其他社会科学家一样，社会学家并不会因为"人人都知道"就认定某件事情是事实。他们会检验和记录得到的每个信息，然后对比其他数据作出分析。社会学家依赖科学研究来描述和理解某个社会情境。社会学家的研究结果常常看起来就像常识一样，只因他们的研究对象正是日常生活中人人熟悉的方面。但是，这些研究结果与常识的不同之处在于，前者经过了研究者检验。现在，常识告诉我们地球是圆的，然而这一常识却是肇始于毕达哥拉斯和亚里士多德所取得的伟大突破，并经由数个世纪的科学研究工作才得到最终证实。

LO 1-2　什么是社会学理论？

为什么人会自杀？一个传统的常识性回答是，自杀的欲望嵌入了人类的遗传基因中。另一个观点是，太阳黑子促使人们夺去自己的生命。这两种解释在当今学者看来都是不可信的，但不论是在1900年还是现在，它们都是人们广泛接受的观点。

社会学家对个体自杀的原因并不是特别感兴趣。他们更想弄清的是：到底是什么社会力量环环相扣，导致自杀事件的发生。为了开展这项研究，社会学家提出了解释普遍自杀行为的理论。我们可以把理论看作全面解释事件、力量、内容、观点或行为的尝试。在社会学里，**理论**（theory）是一套尝试解释问题、行动或行为的陈述。有效的理论必须同时具有很强的解释能力和预测力。也就是说，它可以帮助我们理解看似无关的现象之间的联系，同时也可以理解环境中的一种变化如何导致其他变化。

据世界卫生组织（WHO, 2010）估计，每年全世界约有100万人死于自杀。一百多年前就有一位社会学家尝试用科学方法来研究自杀数据。涂尔干提出了一个极具原创性的理论，来说明自杀与社会因素之间的关系。相较自杀者的人格特质，他更关注自杀率以及不同国家在自杀率上存在的差异。所以，当他查到1869年法国、英国和丹麦经官方公布的自杀者数量时，他也留意到这三个国家的人口总量，进而依照人口比例推算出它们各自的自杀率。他发现，尽管在英国每100万人中就有67例死于自杀，但在法国却达到135例，丹麦更是高达227例。于是问题也就变成："为什么丹麦的自杀率更高？"

涂尔干对自杀率进行了非常深入的研究。最后他撰写的里程碑式巨著《自杀论》于1897年问世。涂尔干拒绝接受那些未经证实的关于自杀原因的说法，包括相信个体的先天性格或宇宙力量导致自杀。相反，他关注社会因素，认为这个问题起因于缺乏宗教、社会及职业群体的凝聚力。

涂尔干的研究表明，虽然自杀是一种孤独的个体行为，但它却与群体生活息息相关。他发现，没有宗教信仰的人比有宗教信仰的人的自杀率高；未婚人士比已婚人士的自杀率高；士兵比平民的自杀率高。此外他还发现，和平时期的自杀率似乎比战乱或革命时期更高；经济动荡和萧条时期的自杀率则高于经济繁荣时期。涂尔干由此得出结论：一个社会的自杀率反映了人们融入社会群体生活的程度。

与其他很多社会科学家一样，涂尔干提出了一套理论来解释如何在社会情境下解释个人行为所产生的影响。他指出，群体和社会力量对大家所认为的高度个人化行为具有影响。显然，比起天生倾向和太阳黑子论，涂尔干关于自杀的解释要更加科学。他的理论同样也具有预测力，因为它指出，自杀率会随着社会和经济变迁而变化。

当然，一个理论，哪怕是最好的理论，也不会是对人类行为的终极解释。在这方面，涂尔干关于自杀的解释也不例外。社会学家继续检验导致世界上不同国家和地区之间自杀率不同以及某个特定社会自杀率不同的各种因素。比如，社会学家发现，在"赌城"拉斯维加斯，自杀而死的可能性很高，比美国全国的自杀率高一倍。基于涂尔干对自杀与社会孤立相关性的强调，研究者认为，拉斯维加斯的快速发展和游客的大量涌入削弱了此地居民的永恒感，甚至就连长期居民也未能幸免。尽管赌博，或者更准确地说是赌输，可能是导致自杀率提高的因素，但是研究者通过严谨的研究排除了这个解释。拉斯维加斯看似始终未变，但在这里，美国其他地区所拥有的社区凝聚感却是完全缺失（Wray et al., 2008, 2011）。

LO 1-3　社会学的发展

人们总是对社会学问题充满兴趣，比如我们如何与人相处、我们如何谋生，以及我们会选什么样的人出任领导。远古社会和中世纪社会的哲学家和宗教权威，对人类行为做过无数次细致的观察。他们并没有用科学方式去检验或证实这些观察结果；尽管如此，他们的观察所得依然奠定了人类道德规约的基础。有些早期的社会哲学家曾经指出"系统研究人类行为的学科终将出现"，他们的预言最终变成了现实。从19世纪开始，欧洲理论家开拓创新，对人类行为的科学研究作出了杰出贡献。

早期思想家

奥古斯特·孔德（Auguste Comte，1798—1857）　19世纪的法国社会一直处于动荡不安之中。1789年的法国大革命废除了法国的君主政体。拿破仑一统欧洲的行动最终也落得惨淡收场。在这一片混乱之际，哲学家们开始思考如何才能改进社会。孔德是19世纪早期最具影响力的哲学家之一，他认为，要改善社会，我们就需要发展关于社会的理论科学，同时对人类行为进行系统的研究。他创造了"社会学"一词，以此来命名研究人类行为的科学学科。

孔德在他的作品中写道，他很担心法国大革命的狂热会持续不断地扰乱法国社会的稳定。他希望对社会行为的系统研究可以最终带来更理性的人类互动。

哈里特·马蒂诺（Harriet Martineau, 1820—1876） 学者们基本上都是通过阅读英国社会学家马蒂诺的译本，才得以了解孔德的学术作品。但是，马蒂诺自身对社会学领域也是贡献颇多：她对她的祖国英国以及美国的传统和社会习俗提出了很有见地的看法。马蒂诺在《美国社会》中研究了这个年轻国家的宗教、政治、儿童教育和移民问题。这本书对社会阶级划分、性别和种族也给予了特别关注。此外，马蒂诺还撰写了第一本关于社会学方法的著作。

马蒂诺是社会学的先驱，她致力于研究她的祖国英国以及美国的社会行为。马蒂诺提出了一些社会学研究方法，如系统观察，这些方法时至今日仍然得到社会学家的广泛应用。

马蒂诺的著作强调经济、法律、贸易、健康、人口对社会问题的影响。她呼吁保护妇女权利，主张消灭奴隶制，并提倡宗教宽容。即使在耳聋之后，她仍然积极投身于社会活动成为行动主义者。马蒂诺认为，知识分子和学者不应该只是对社会情境进行观察；他们还必须依照自己的信念采取恰当的行动，给社会带来积极的影响。这也是马蒂诺研究女性就业性质并呼吁对这个问题进行深入调查的原因所在。

赫伯特·斯宾塞（Herbert Spencer） 斯宾塞也是一名对社会学作出重要贡献的早期理论家。不同于马蒂诺，斯宾塞家境殷实，生活在维多利亚时期的英国，他并没有那种迫切想要纠正或改善社会的感受；相反，他只是希望能够更好地去了解这个社会。根据达尔文的《物种起源》，斯宾塞将"物种进化"概念运用到社会研究上，以期解释社会是如何变迁和进化的。他认为社会上有贫有富是一种"自然"现象，从而成功地把达尔文进化论中的"适者生存"理念应用到社会研究中。

终其一生，斯宾塞的社会变迁理论得到学界的极大推崇。与孔德不同，斯宾塞认为，既然社会变迁不可避免，人们也就无须严厉批判现有的社会框架，也不需要积极改变社会现状。斯宾塞的这一主张得到英美两国众多颇具影响力人士的支持。这些有影响力的人士在当时的社会现状下拥有既得利益，因此他们对那些极力促进社会变迁的社会思想家是心存疑虑的。

涂尔干

涂尔干提出了全新的研究视角，为社会学的发展作出了诸多重要贡献，其中包括他就自杀问题撰写的理论著作。涂尔干的父亲是一位犹太教拉比，精通犹太教律法；作为一位拉比的儿子，涂尔干分别在法国和德国受过教育。因其卓越的学术声望，他受聘成为法国第一批社会学教授中的一员。最重要的是，涂尔干坚持认为应将人类行为放在广阔的社会情境下进行理解，而不能只停留在个人层面上去加以了解。他的坚持必将铭刻在社会学的发展史上。

涂尔干（1858—1917）

这里我们可以举一个例子来说明他所坚持的研究方法。涂尔干提出了一个有助于解释各种社会形态的基本命题。通过对澳大利亚阿兰达人部落（Arunta）的深入研究，涂尔干关注宗教的功能，并强调了群体生活在定义宗教中发挥的重要作用。涂尔干得出结论，认为宗教与其他形式的群体行为一样，能够增强群体的凝聚力。

涂尔干另一个主要研究兴趣是现代社会中工作的影响。他指出，随着工人所从事的工种变得更为细化，工业社会中的社会分工日渐复杂，进而便会导致他所说的"失范"。**失范**（anomie）是指当社会对个人行为失去有效的控制时所产生的一种方向的迷失。失范现象经常出现在社会经历重大变迁时，在这个时期，人们常会失去目标或方向感。在失范状态下，人们会变得非常困惑，难以适应新的社会环境，因而往往容易选择自杀来求得解脱。

和很多其他社会学家一样，涂尔干的兴趣并不限于社会行为的某个特定方面。本书随后还会谈及他在犯罪和惩罚、宗教、工作场所等问题上的看法。他对社会学中的诸多领域都产生了巨大影响，达到了其他社会学家所难以企及的高度。

韦伯

另一位重要的早期理论家是韦伯。韦伯出生于德国，曾从事过法律和经济史方面的研究，但他逐渐对社会学产生了浓厚兴趣。后来他成为多所德国大学的教授。韦伯教导他的学生在学术研究中运用"理解"（verstehen，德语意为"理解"或"洞察"）。他指出，我们不能用测量重量或温度的客观标准来分析我们的社会行为。要想充分理解行为，我们必须知道人们赋予行为的主观意义——当事人自身如何看待和解释自己的行为。

马克斯·韦伯（1864—1920）

比如，假设一位社会学家正在研究兄弟会里每个成员的社会地位高低。韦伯会希望这个研究者运用"理解"来找出兄弟会中社会等级高低对每个成员的重要性。研究者可能会探索体育能力、学业成绩、社会技巧或年长程度对每个兄弟会成员社会地位的影响。他/她也可以设法了解兄弟会成员如何与更高或更低等级的其他成员相处。在研究这些问题时，研究者必须考虑到人们的情绪、思想、信仰和态度。

韦伯的另一个贡献是他提出了一个重要的概念工具：理想型。**理想型**（ideal types）是评估真实个案的一个概念或模型。韦伯把各种官僚制的特征确定为理想型。在呈现官僚制模型的过程中，韦伯既没有描述任何特定组织，也没有暗示使用"理想的"这一术语就是表示一种积极的评价。相反，他的目的是提供一个有用的标准来衡量实际组织的官僚化程度。在后文中，我们将会运用"理想型"这一概念来研究家庭、宗教、权威、经济制度和官僚制。

尽管涂尔干和韦伯的学术生涯处于同一时期，但他们却从未谋面，甚至可能都不知道对方的存在，更不用说了解对方的学术思想。不过，他们与马克思的关系就不一样了。涂尔干关于工业社会中的社会分工所造成影响的观点与马克思的著作密切相关，而韦伯对价值中立的客观社会学的反对则是对马克思的坚定信念的直接回应。因此，马克思也被视为社会学及其他社会学科发展中的一个重要人物，也就不足为奇了。

马克思

与涂尔干和韦伯一样,马克思对抽象的哲学问题和实际的日常生活都有浓厚的兴趣。但与他们不同的是,马克思深刻批判现存社会机制,因此他不可能墨守成规地进行学术研究。在其人生的大部分时间里,他都远离他的祖国德国,流亡海外。

马克思的一生都在经受生活的磨难。由于他所主编的报纸被查封,他只好逃亡去了法国。正是在巴黎,他遇到了恩格斯(1820—1895),并与恩格斯成为终生知己。

马克思(1818—1883)

在他们生活的那个时代,工厂逐渐取代农场控制了欧洲和北美的经济。

1847年,马克思和恩格斯在伦敦参加了一个由非法劳工组织召开的秘密会议,这个组织就是共产主义者同盟。第二年,他们共同起草了《共产党宣言》。在宣言中,他们呼吁除了劳力之外一无所有的劳苦大众(无产阶级)联合起来抗争并推翻资本主义社会。

写完《共产党宣言》,马克思回到了德国,但是没过多久他又一次被驱逐出境。后来他移居英格兰继续从事写作。马克思在英格兰的生活极度贫苦;为了生活,他典当了大部分财物,他的六个孩子中有三个都因营养不良和疾病而夭折。在英国社会中,马克思显然是一个局外人,而这也很可能深深地影响了他对西方文化的看法。

根据马克思的分析,社会从根本上可以划分为两个有利益冲突的阶级。他对他所处时代的各种工业社会,如德国、英国和美国进行深入研究,从而发现工厂就是剥削者(生产资料的拥有者)和被剥削者(工人)冲突的中心。马克思对这些关系进行了系统的研究;也就是说,他认为整个经济、社会和政治关系体系都是为了确保生产资料的拥有者拥有主宰工人命运的权力。因此,马克思和恩格斯呼吁工人阶级必须推翻现存的阶级体系。马克思对当代思潮的影响非常巨大。他的思想著作激发了俄国、中国、古巴、越南和其他地区共产主义革命领导者扛起了革命的大旗。

除却这些由其著作所激发的政治革命，马克思也带来了深远的学术影响。他**强调群体**归属及结合会影响**个体**在社会中所处的位置，这一点也是当代社会学关注的主要问题。而贯穿本书始终，我们将要探讨的也正是身处特定的性别、年龄、种族或经济阶层如何影响个体的态度和行为。重要的是，我们应该把这种理解社会的方式归功于马克思的开创性工作。

杜波依斯

杜波依斯（1868—1963）

马克思的研究鼓励社会学家从难以影响社会决策的人群的角度去看待社会。在美国，以杜波依斯为代表的早期非裔社会学家志在促进种族平等，为此他们展开了研究。杜波依斯认为，在消除偏见和争取宽容及公正的过程中，知识是非常重要的。他认为，社会学家需要依据科学原则来研究社会问题，如非裔美国人所遭遇的社会问题。为了区别主观臆测与客观事实，他倡导对非裔美国人的生活进行研究。杜波依斯在费城和亚特兰大等城市中对黑人和白人的城市生活展开深入研究，由此对社会学作出了重大贡献。

与涂尔干和韦伯一样，杜波依斯也认识到宗教对社会的重要性。不过，他更关注社区中的宗教问题以及教堂在信教者生活中所扮演的角色。杜波依斯不屑与赫伯特·斯宾塞这类满足于现状的理论家为伍。他坚信给予非裔美国人全面的政治权利，对促进他们在社会和经济方面的发展是非常必要的。

借助著名的亚特兰大社会学实验室，杜波依斯推动其他学者展开突破性的研究。在研究宗教、犯罪行为和种族关系问题时，他的同事对学生们进行社会学研究的培训。这些学生在亚特兰大市进行了广泛的采访调查，他们的研究极大地丰富了我们对人类行为的认识。

由于杜波依斯的许多观点都是针对社会现状,因此政府或学术机构常常并不待见他。所以,他逐渐与那些质疑现存社会秩序的组织有了更加密切的联系。1909年,他参与建立"全国有色人种协进会",即今天为世人所熟知的NAACP。

杜波依斯的深刻见解历久弥新。1897年,他创造了**双重意识**(double consciousness)这个术语,用来表达个人的身份被分隔为两个或多个现实的社会角色。他用这个术语来描述非裔美国人在以白人为主导的美国社会中的遭遇。今天,一位非裔美国人当选美国总统,然而无数其他非裔美国人仍旧处于弱势地位。

20世纪的发展

涂尔干、韦伯、马克思和杜波依斯的研究为当代社会学奠定了坚实的基础。当然,在过去的百年间,社会学并未停滞不前。欧洲学者一直在努力发展这门学科,与此同时,来自世界上其他地区尤其是美国的社会学家也在为社会学理论和研究的发展不断添砖加瓦。他们提出的新观点有助于我们更好地理解社会的运作。

查尔斯·库利(Charles Cooley) 库利(1864—1929)是20世纪早期社会学家中的代表人物。库利出生在美国密歇根州的安娜堡市,他在研究生阶段修习经济学,但是之后却成为密歇根大学的社会学教授。和其他早期的社会学家一样,他也是在进行社会科学相关领域的研究时,对社会学这门新兴学科产生了兴趣。

与涂尔干、韦伯和马克思一样,库利也想对社会有更深入的了解。但是为了更有效地了解社会,他偏好从社会学视角去研究较小的社会单元:亲密的、面对面的群体,如家庭、帮派和朋友圈。他认为这些群体是社会的温床,因为它们塑造了人们的理念、信仰、价值观和社会性质。库利的研究加深了我们对小规模群体的了解。

简·亚当斯(Jane Addams) 在20世纪早期,许多美国社会学研究领军人物都自称是社会改革家,他们认为自己应当致力于对社会进行系统的研究,进而帮助改善腐败的社会。他们非常关心生活在这个国家不断发展的城市中移民的命运,这些移民有些来自欧洲,有些来自美国南部乡村。尤其是早期的女性社会学家,她们经常积极参与城市贫民区的各种活动,成为"社区睦邻中心"(settlement houses)的负责人。比如,美国社会学学会的一位成员简·亚当斯(1860—

简·亚当斯（右）既是社会学也是"社区睦邻中心"的先驱。她还积极投身许多伟大的社会事业中，包括世界和平运动。

1935），就与他人共同成立了芝加哥社区睦邻中心"赫尔会馆"（Hull House）。

简·亚当斯与其他女性社会学家先驱一道，将学术研究、社会服务工作和政治行动主义结合在一起，致力于帮助弱势群体，进而创建一个更加平等的社会。比如，她与黑人记者和教育家艾达·韦尔斯-巴尼特（Ida Wells-Barnett）共同努力，成功地遏制了芝加哥公立学校中的种族隔离趋势。简·亚当斯努力克服困难，促成青少年法庭制度和女性工会的建立，这反映出她的研究是非常务实的。

罗伯特·默顿（Robert Merton） 社会学家默顿（1910—2003）成功地将理论与研究结合到一起，从而极大地推动了这门学科的发展。默顿出生在费城，父母都是斯拉夫移民。他曾获得天普大学的全额奖学金，之后又进入哈佛大学深造。正是在哈佛学习期间，他对社会学产生了浓厚兴趣，从此终其一生从事相关研究。毕业后，他在哥伦比亚大学取得了教职。

默顿提出了一套关于越轨行为的理论，经常被各界广为引用。他发现，人们在生活中会通过不同的方式取得成功。他认为，有些人可能会偏离社会所认可的积累财富目标，或者是社会所认可的追求财富的方式。比如，在他提出的分类系统中，创新者是那些认同财富积累的目标但却是采用抢劫、盗窃和勒索等非法手段达到目标的人。尽管默顿对犯罪问题的理论解释建立在个体行为之上：个体行为受到社会所认同的目标及手段的影响，但这种解释的应用却要更为广泛。他的理论帮助解释了贫困人口中为何会有高犯罪率这一现象，穷人觉得很难通过传统方式取得成功，由于看不到人生的希望只好出此下策。

默顿也强调，社会学必须同时从宏观层面和微观层面对社会进行研究。**宏观社会学**（macrosociology）关注的是大规模的社会现象或整个文明。涂尔干针对自杀所进行的跨文化研究，就是宏观层面研究的一个例子。距离现在更近的例子则有，宏观社会学家考查了国际犯罪率和把亚裔美国人视为"模范少数族裔"的刻板印象。相反，**微观社会学**（microsociology）则强调针对较小群体进行研究，通常采用实验法实施研究。微观社会学研究的例证包括：离婚男女如何摆脱重要的社会角色，以及教师的期望如何影响学生的学业表现。

皮埃尔·布迪厄（Pierre Bourdieu） 美国的学者越来越喜欢借鉴他国社会学家的观点。法国社会学家布迪厄（1930—2002）的观点在北美和其他地方得到了极大的推崇。布迪厄年轻时在阿尔及利亚做过田野调研，那时的阿尔及利亚正在进行独立运动，急切地想要脱离法国的控制。现在，学者们不仅学习布迪厄的研究方法，也关注他的研究结论。

布迪厄描述了不同形式的资本如何在代际变化中支撑个人和家庭。对布迪厄来说，资本不仅包括物质资源，还包括文化资本和社会资产。**文化资本**（cultural capital）指的是非经济产品，如家庭背景和教育资历，通常以语言和艺术知识形式反映出来。文化资本不一定是书本上的知识，它指的是受到社会精英推崇的重要文化。比如，尽管中国饮食知识也是文化，但它却不是社会精英所看重的文化。美国的移民，特别是那些大量涌入美国并选择同族聚居的移民，基本上需要两三代人的时间来发展，以形成自己的文化资本，能够与主流群体文化资本相提并论。相比之下，**社会资本**（social capital）则指的是建立在互信基础上的社会网络利益集合。许多学者撰写了大量文章，阐述家庭和朋友关系在为人们提供发展机会方面的重要性。布迪厄着重研究文化资本和社会资本，极大地拓展了早期社会学家如马克思和韦伯所提出的见解。

今日的社会学反映了早期理论家的多种学术贡献。在社会学家们研究如离婚、毒瘾和宗教崇拜等话题时，他们可以借鉴该学科先驱人物的理论观点。细心的读者在阅读当代研究著作时，就能从中发现孔德、涂尔干、韦伯、马克思、杜波依斯、库利和简·亚当斯的思想和观点。社会学也已广泛地拓展到了北美和欧洲学术圈之外。世界上其他地区社会学家关于人类行为的研究，对这门学科也作出了非常重要的贡献。通过介绍这些社会学家的研究，可以帮助我们考察一些影响较大的理论视角，也可以称作研究路径或研究观点。

E 评 估

1. 涂尔干的开创性研究表明，一个社会的自杀率反映了（　　）。
   (a) 社会成员的平均教育水平
   (b) 社会成员感受到的团体融合程度
   (c) 社会成员中的自杀遗传倾向
   (d) 社会成员的平均年龄

2. （　　）通过对黑人和白人的城市生活进行深入研究而对社会作出了贡献。
   (a) 杜波依斯　　(b) 默顿　　(c) 孔德　　(d) 库利

3. （　　）是"赫尔会馆"的奠基人之一？她也积极促进了青少年法庭体系的建立。
   (a) 默顿　　(b) 马蒂诺　　(c) 布迪厄　　(d) 简·亚当斯

4. 在社会学和其他社会学科中，_____指的是一套尝试解释问题、行动或行为的陈述。

5. 社会学家韦伯用_____来表示一个构想或模型，此构想或模型是能够评估真实案例的标准。

答案：1.(b) 2.(a) 3.(d) 4.理论 5.理想型

R 反 思

1. 对社会学家来说，一个快餐店的社会和工作环境在哪些方面是值得研究的？社会学的想象力能够如何帮助我们来分析这个话题？

2. 你拥有哪些社会资本和文化资本？你是怎样得到它们的？什么因素阻碍你获得更多的社会资本或文化资本？

模块 2

主要理论视角

P 准备：学习目标

LO 2-1　总结社会学主要理论视角的特征

LO 2-2　确定可以通过多种视角解释社会学现象的原因

O 组织：模块大纲

功能论视角

冲突论视角

互动论视角

社会学研究方法

W 工　作

社会学家采用不同的视角看待社会。有些社会学家认为，从根本上来看，这个世界是一个稳定和持续发展的实体。家庭、有组织的宗教和其他社会机制经久不衰、历久弥新，给他们留下了深刻印象。其他社会学家则认为，社会由不同的群体所组成，这些群体为了争夺有限的资源而冲突不断。另有一些社会学家认为，社会世界最吸引人的方面是个体间的日常互动，而我们有时则会认为这些互动是理所当然的。这三种视角分别是功能论、冲突论和互动论，它们都是社会学家广为使用的理论视角。通过对这些视角的讨论，我们可以更好地了解社会学这门学科。

LO 2-1　功能论视角

功能论视角将社会看成一个有生命的有机体，其中每个部分都对维护社会的生存起着至关重要的作用。**功能论视角**（functionalist perspective）强调社会中的每个组成部分如何共同形成稳定的社会结构。不拘研究社会的哪个方面，功能论者都关注其对社会总体稳定的贡献。

塔尔科特·帕森斯（Talcott Parsons, 1902—1979）是哈佛大学社会学家。他在功能论的发展中起到了关键作用。帕森斯受到涂尔干、韦伯和其他欧洲社会学家的深刻影响。由于其对功能论的倡导，帕森斯在长达四十多年的时间内一直都是美国社会学的领军人物。帕森斯将社会看成一个由相互联系的部分所构成的庞大网络，其中每个部分都有助于保持系统的完整性。德国社会学家尼克拉斯·卢曼（Niklas Luhmann, 1927—1998）继承发扬了帕森斯的研究路径。卢曼认为，如果社会生活的某个方面没有对社会的稳定或存在作出贡献，如果它未能发挥明显的作用或促进社会成员间在价值观上达成共识，它也就不会得到传承发展。

让我们来看功能论视角的一个例子。很多美国人都无法理解印度教禁止屠牛（特别是瘤牛）的教规。在印度的集市上，牛可以自由行走，随意享用橘子或芒果，然而，当地人却为了一点点便宜食物而讨价还价。人们在物资匮乏的困境中依然保持着对牛的虔诚和奉献精神，其背后原因是什么呢？毕竟这种奉献精神似乎没有一点用处，看上去是反功能的。

根据对此有过研究的经济学家、农学家和社会科学家的看法，这个问题可做如下简单解释，即对牛的崇拜在印度社会中是具有很大作用的。牛可以发挥两大关键作用：犁地和产奶。如果允许食用牛肉，饥饿的家庭可能会禁不住诱惑，选择杀掉家里的牛以享用牛肉，但是这样一来的后果就是，他们将会失去耕作农田的好帮手。此外，牛粪也可作为肥料和做饭用的燃料。最后，社会上最穷困的群体达利特人（印度贱民）靠吃牛肉维持生活。这个被称为"不可触碰者"的社会群体有时会偷吃牛肉。如果食用牛肉为社会所普遍接受，社会地位更高的印度人无疑会抬高牛肉的价格，从而让那些最缺衣少食的人群再也买不起。

显性功能和隐性功能

大学的学校简介上通常都会表述这一机构的许多功能。比如，你可能会从中看到这所大学希望"让每个学生接受最广泛的教育，对古典及当代思想、人文、科学和艺术领域进行深入学习和了解"。然而，如果某所大学在其简介中宣称：

"本校成立于1895年，其办学目的是帮大家找到自己的另一半"，这一定会引起轩然大波。没有哪所大学会以此为办学宗旨。但是，社会机制的确具有多重功能，其中有些功能相当微妙。实际上，大学确实有助于人们选择配偶。

默顿区分了显性功能和隐性功能，为社会学带来了重要的发展。机制的**显性功能**（manifest function）是指这一机制公开陈述并刻意呈现的功能。它们包含了社会某一面向有意展现并得到认可的结果。比如，大学的显性功能是证明其有杰出的学术能力。相反，**隐性功能**（latent function）则是指不自觉或并非刻意呈现的功能，它们可能反映了机制的隐性目的。比如，大学的隐性功能之一就是降低失业率。它的另一个隐性功能则是为人们寻找未来伴侣提供一个场所。

反功能

功能论者也承认，并非时时刻刻社会的所有组成部分都会对社会的稳定作出贡献。**反功能**（dysfunction）指的是社会中可能会破坏社会体系或降低其稳定性的某一元素或过程。

我们都希望能够避免多种反功能行为模式，如谋杀。然而，我们不能机械地用这种方式来解释它们。对反功能的评价取决于一个人有着怎样的价值观，或者就像那句谚语所说，这取决于"你的立场"。比如，在美国，监狱官方认为，囚犯帮派必须要清除干净，因为他们扰乱了监狱的正常运转，一无是处。然而，有些监狱警卫则认为，囚犯帮派对他们的工作产生了作用。帮派带来的危险"对安全造成了威胁"，因而监狱需要加强监管，狱卒需要经常加班，最终监狱就会要求增派警卫来解决帮派问题。

LO 2-1　冲突论视角

功能论者眼中看到的是稳定和共识，冲突论社会学家则认为社会世界处于持续不断的斗争中。**冲突论视角**（conflict perspective）认为，根据群体间在权力争夺或资源（包括房产、金钱、服务以及政治代表权力）分配中所产生的紧张关系，社会行为就能得到最透彻的解释。群体之间的紧张竞争不一定是暴力的；它也可能通过其他形式表现出来,如劳工谈判、党派政治、宗教群体对新成员的争取,或者是关于联邦预算的争议等。

20世纪大多数时间,功能论视角在美国社会学中占尽优势。然而,从1960年代末期开始,冲突论视角开始变得更有说服力。当时,社会动荡不安,民权斗争日趋激烈,国内关于越战的分歧越发尖锐,女权运动和同性恋解放运动纷纷兴起,"水门事件"这一政治丑闻社会影响恶劣,加之城市骚乱、堕胎诊所里的冲突,以及中产阶级的经济地位下滑等一系列问题,都为冲突论视角提供了事实依据。冲突论视角认为,社会世界的特征就是不同群体间永无休止的争斗。现如今,社会学承认冲突论为认识社会的一种有效方式。

马克思的观点

前文已经提到,马克思认为,由于工人在资本主义制度下处于被剥削地位,因此不同社会阶级之间的斗争是不可避免的。社会学家和其他社会科学家拓展了马克思的研究。他们认为,冲突不只是一种阶级现象,更是所有社会日常生活的一部分。在研究任何一种文化、组织或社会群体时,社会学家都希望知道谁是利益获得者、谁是利益受损者,以及谁在损害他人利益的基础上成为社会主导者。比如,他们关注性别冲突、亲子冲突、城市与郊区的冲突,以及白人与黑人之间

马克思主义视角的社会学家喜欢追问:"谁是利益获得者?谁是利益受损者?谁是社会主导者?"马克思主义理论家会对这些文身有何看法?

的种族冲突。冲突论者关注家庭、政府、宗教、教育和媒体等社会机制如何帮着维持一些群体的特权并迫使其他群体处于从属地位。冲突论者强调社会变革和资源再分配，因而他们比功能论者态度更加激进，并更加积极地参与到社会运动中。

女性主义视角

尽管女性主义视角早就在其他很多学科中欣欣向荣地发展起来了，然而，社会学家却是从1970年代起才开始接受女性主义视角。**女性主义视角**（feminist perspective）认为，性别不平等是所有社会行为和组织的焦点问题。由于它只关注不平等的一个方面，所以它经常与冲突论视角联系在一起。与其他冲突论者一样，女性主义者倾向于关注宏观层面。当代女性主义理论家以马克思和恩格斯的研究为基础，认为女性的从属地位是资本主义社会的固有特征。不过，也有一些激进的女性主义理论家认为，不论是资本主义社会、社会主义社会，还是共产主义社会，只要这个社会是由男性来主导，女性就会不可避免地遭受压迫。

韦尔斯-巴尼特（1862—1931）是女性主义的早期代表人物，在她的生活和著作中很容易看到女性主义视角的影子（她的研究远远早于社会学家对"女性主义"这一标签的使用）。1890年代，她发表了关于社会上普遍存在的对非裔女性施行私刑这一丑恶做法的开创性研究成果。在此之后，她成为女权运动的倡导者，特别关注争取女性投票权的斗争。与后来的女性主义理论家一样，韦尔斯-巴尼特将她对社会的研究视为抵抗压迫的一种方式。对她而言，她的研究重在揭示身为一名黑人、一名美国女性、一名美国黑人女性各自有着什么样的境况和意义。

酷儿理论

一直以来，社会学家和其他研究者都假定女性和男性都是异性恋者。他们要么完全忽略其他性别认定，要么就是将其他性别认定看成是不正常的。然而，正如法国社会理论家米歇尔·福柯（Michel Foucault, 1978）所指出的，在不同的文化和历史时期中，对所谓正常或可接受的人类性取向的看法常常是非常多变的。根据酷儿理论，社会学家已经不再局限于狭隘的假设，转而研究性别的所有形式。

"酷儿"（queer 的音译）从来都是贬义词，常用来贬称某个个体或行为。然而，从 1970 年代早期开始，同性恋社会运动家开始用这个词来赋予自己权力。他们否定将异性恋视为唯一正常性取向的观点，同时他们也反对人们要么是异性恋要么就是同性恋的看法。相反，他们承认存在双性恋等多种性取向。**酷儿理论**（queer theory）从广泛的性别认定角度出发，包括异性恋、同性恋和双性恋在内，对社会进行研究。

LO 2-1　互动论视角

工人在工作中的互动、站台及公园等公共场合发生的邂逅，以及小群体里的行为都属于微观社会学范畴，而这些方面也正是互动论社会学家的兴趣所在。功能论者和冲突论者研究的都是大规模、整个社会层面的行为模式，**互动论视角**（interactionist perspective）则试图通过对日常社会互动的形式进行归纳来解释社会整体。如今，由于人们越来越担心汽油价格和储存量，互动论者就开始研究一种被称为"临时拼车"的通勤者行为。为了不用开车上班，通勤者们聚集在指定地点向陌生人求搭顺风车。当一个司机开进停车位并告诉大家自己的目的地时，如果排在队列第一位的通勤者正好也要前往同一个地点，他就可以搭上这辆顺风车。为了促进司机与乘客之间的友好互动，社交礼节规范也应时而生：司机和乘客都不能在车上吃东西或抽烟；搭车的人不能自行升降车窗、调音响或打电话。由于有免费搭车的人，司机也有权使用拼车车道（Slug-Lines.com, 2011）。

互动论（又称符号互动论）这一社会学框架，认为人们生活在一个由有意义的客体组成的世界中。客体包括物质、行动、他人、关系，甚至是符号。互动论者认为，符号在人们的沟通中极为重要，符号互动论即由此得名。符号具有为社会所有成员都理解的共同意义。比如，在美国，敬礼意味着尊重，握紧的拳头意味着反抗。其他文化则可能会用不同的手势来传递尊重或反抗。这些类型的符号互动可被划分为不同形式的**非语言交流**（nonverbal communication），其中包括手势、表情和姿势。

着装规范体现了对符号的操纵。学校不希望看到学生的穿着传递出暴力、吸毒或酗酒的信息。商业机构会规定员工的工作着装，目的是给顾客或客户留下好印象。2005 年，美国职业篮球联赛（NBA）为规范职业篮球运动员的着装，特别制定了新的着装规范。他们不仅规定了职业运动员在球场上的穿着,也规定了他们在场下和参加球队商业活动时的穿着。这一着装规范要求运动员在代表球队时穿着商务休闲装。其中还特别指出室内太阳镜、链子和无袖衬衫是违反规范的(Crowe and Herman, 2005, A23)。

与功能论和冲突论研究方法都是起源于欧洲不同,互动论最早是在美国发展起来的。学界公认乔治·米德(George Mead, 1863—1931)是互动论的创始人。从1893年开始,米德终其一生都在芝加哥大学任教。随着他的教学名声渐长,社会学家对互动论表现出了更大的兴趣。很多人已经不再过度关注宏观(大规模)层面的社会行为,转而投向了对微观(小规模)层面行为的研究。

欧文·戈夫曼(Erving Goffman, 1922—1982)推广了一种特定的互动论方法:**拟剧论**(dramaturgical approach)。拟剧论将人们看成剧院里的表演者,将人们的日常生活比作舞台。就像演员在表演中突出表现某种特别的形象,我们也希望呈现我们人格中的某些特质,并将另外一些特质隐藏起来。因此,在课堂上,我们希望呈现一个严肃认真的形象;而在派对上,我们则希望显得轻松自在和与人友善。

LO 2-2　社会学研究方法

社会学家在研究人类行为中会使用哪种视角呢?功能论视角?冲突论视角?互动论视角?女性主义视角?还是酷儿理论家的视角?我们当然不可能将所有社会学思考都归到这四五种类别中甚或是十个类别中(如果我们将别的一些有效方法也包括其中的话)。然而,通过研究这三种主要理论视角,我们能够更好地理解社会学家是如何研究社会行为的。下表总结了社会学研究中这三种主要视角。

站在他人的角度思考问题——警察

如果你是一名采用冲突论视角而非功能论视角的警察,这对你执行社区治安任务会有何影响?

	功能论视角	冲突论视角	互动论视角
对社会的观点	稳定、完整	群体间的紧张关系和斗争	积极影响日常社会互动
强调的分析层面	宏观	宏观	微观（是理解宏观现象的方法）
关键概念	显性功能 隐性功能 反功能	不平等 资本主义 阶层化	符号 非言语交流 面对面互动
对个人的观点	人们通过社会化发挥社会功能	人们的角色由权力、强制和威权所支配	个人可以在互动中操纵象征性符号来创造自己的社会世界
对社会秩序的观点	通过合作和共识维系社会秩序	通过强制和高压维系社会秩序	通过对日常行为的共同理解来维系社会秩序
对社会变迁的观点	可预测的、有强化作用的	变迁不息，可能产生积极结果	反映在人们的社会地位和与他人的互动中
例子	刑罚强化了社会秩序	法律强化了掌权者的地位	人们基于过去的经验来决定遵守或违反法律
支持者	涂尔干 帕森斯 默顿	马克思 杜波依斯 韦尔斯－巴尼特	米德 库利 戈夫曼

尽管没有哪种视角是完全正确的，而且社会学家基于不同目的考虑有时会将它们全部纳用，但是很多社会学家都会倾向于使用某一特定视角来展开研究。一个社会学家的理论取向对其研究问题的方法有着非常重要的影响，包括研究课题的选择、研究如何实施、提出（或不提出）什么样的问题。下页专栏显示了研究者们如何从不同的社会学视角出发来研究运动这一主题。

不论社会学家研究的目的是什么，他们的研究总是会受到他们所持理论观点的限制。比如，社会学家伊莱贾·安德森（Elijah Anderson, 1990）既采用了互动论视角，也接受了杜波依斯的开创性研究结果。安德森在费城进行了14年的田野调查，研究了居住在相邻街区的黑人和白人居民的互动。他对他们的社会行为特别感兴趣，尤其是他们在路上擦肩而过时的眼神接触。安德森的研究揭示了美国黑人和白人的日常社会互动，但却没有解释隐藏在这些互动背后更重要的社会问题。和理论一样，研究的结果总是只能阐明现象的一部分，而无法对其他部分作出清晰的解释。

> **今日研究** 从五种理论视角来看运动

我们喜欢观看体育赛事，讨论体育比赛，并乐于花钱运动，有些人甚至靠运动为生。因为我们在运动方面直接或间接地花了许多时间和金钱，所以运动本身就存在许多社会学成分并可通过不同理论视角来加以分析，也就完全不足为奇。在本专栏中，我们将会从五种理论视角出发来看待运动。

功能论视角

不拘讨论社会的哪个方面，功能论者都会强调它对社会整体稳定的贡献。功能论者将运动视为近似宗教的社会机制，它运用各种仪式与活动来强化社会的共同价值。例如：

1. 运动将年轻人社会化成为能接受竞争并具有爱国心的人。
2. 运动能帮助人强身健体。
3. 对运动员及观众而言，运动具有安全阀的功能，因为他们可以把紧张和好斗的精力转换为一种能为社会所接受的表现方式。
4. 运动能把社区（支持当地运动员或球队）乃至国家（比如，在世界杯和奥运会期间）团结起来，促进团结感和社会凝聚力。

冲突论视角

冲突论者认为，社会秩序基于高压统治与剥削。他们强调，运动不仅反映了，甚至还强化了既有的社会分层。

1. 运动是一个庞大的事业体，运动的利润远比工人阶级（即运动员）的健康或安全重要。
2. 运动强化了一种错误观点，即让人误认为只要努力就能成功。因此，一个人的失败也就只能怪他自己（而不能怪整个社会体制的不公平）。
3. 职业运动员的行为有可能助长暴力，并鼓励兴奋剂的使用。

4. 各社区将有限的资源用于补贴专业运动设施的建设。
5. 运动维持了黑人及拉丁裔美国人的从属身份，因为他们虽然辛苦地担任运动员，但在教练、经理及老板的位置上却甚少有他们的身影。
6. 球队标志和吉祥物（如华盛顿红皮队）贬低美国印第安人。

女性主义观点

女性主义理论家着重思考，参与及观看比赛如何强化了男性和女性在更广阔的社会中所扮演的角色。

1. 尽管运动普遍有益身体健康，但也有可能破坏参与者的健康。男性（如，健美运动员和棒球运动员）很有可能服用类固醇；而女性（如体操运动员和花样滑冰运动员）则很有可能过度节食来保持身材。
2. 性别角色的预期鼓励女性保持温顺的态度，但这些人格特征却与运动场上所强调的竞争性背道而驰。因此，女性发现自己很难进入传统上由男性主导的运动项目，如印第赛车或全美汽车比赛。
3. 尽管女性职业运动员的收入也在不断提高，但是她们普遍挣得比男性运动员少。

酷儿理论

酷儿理论的支持者强调，运动通过各种方式强化异性恋是运动员唯一得到认可的性取向身份：

1. 教练和运动员常常使用同性恋者的负面刻板形象，来嘲弄那些表现不佳的运动员，从而使他们背负污名。
2. 作为一个群体，职业运动员非常不愿在公开场合展现出异性恋以外的性取向，因为他们害怕公开性取向会损坏自己的职业生涯，并受到粉丝及商业赞助商的唾弃。
3. 非异性恋父母在帮助自己子女登记参加运动比赛或童子军项目时，经常遭遇外界的敌意。他们常常遭到拒绝，无法担任辅导或其他支持角色。

互动论视角

在研究社会秩序上，互动论者对人类如何共同认识日常生活中的行为特别感兴趣。互动论者在微观层面上审视运动，聚焦于体育界的特殊规范、价值观与需求如何塑造我们日常的社会行为，例如：

1. 运动通常都强调亲子参与；运动有时会导致父母期望值过高，甚或会非常不现实地期盼子女获胜。
2. 参与运动有助于建立渗透于日常生活的友谊网络。
3. 尽管队友之间存在阶级、种族和宗教差异，但是他们可能会共同为团队努力，甚至摒弃过去的刻板印象和偏见。
4. 在体育界，人与人之间的关系由他们的社会地位（如运动员、教练和裁判）及其个人表现好坏来决定。

尽管各种理论视角存在差异，但是功能论者、冲突论学者、女性主义者、酷儿理论家和互动论者都认为，运动的社会内涵远不止强身健体或休闲娱乐。他们也同意，运动及其他文化形态都是值得社会学家研究的主题。

讨论

1. 你个人是否受到或目睹过运动中存在的性别或种族歧视？你有何反应？在你们学校中，黑人或女性运动员是否引起过争议？如果有，是怎样的争议？
2. 你觉得上述五种理论视角哪一种在分析运动时最有用？为什么？

资料来源：Eitzen, 2009；Sefiha, 2012；Sharp et al., 2013；Zirin, 2008。

E 评 估

1. (　　) 将社会想象成一个生命有机体，认为在此生命有机体中，每个部分都在维持其生存。

    (a) 功能论　　(b) 冲突论　　(c) 女性主义　　(d) 互动论

2. 马克思关于社会阶级斗争的观点启发了当代的 (　　)。

    (a) 功能论视角　(b) 冲突论视角　(c) 互动论视角　(d) 拟剧论

3. 戈夫曼的拟剧论认为人们会展现人格中特定的部分而隐藏其他部分。拟剧论是 (　　) 的分支？

    (a) 功能论视角　(b) 冲突论视角　(c) 女性主义视角　(d) 互动论视角

4. 大学在证明其卓越学术能力方面的作用是_____功能的例子。

5. _____观点是基于马克思和恩格斯的理论，认为女性的从属地位是资本主义社会的固有特征。

答案：1. (a) 2. (b) 3. (d) 4. 显性 5. 女性主义

R 反 思

1. 从功能论视角出发，思考市级警局的机构功能。这个机构的显性功能和隐形功能分别是什么？

2. 冲突论视角会如何看待美国的政党政治？马克思主义、女性主义和酷儿理论与这个问题有何相关性？

模块 3

社会学的应用

P 准备：学习目标

LO 3-1　描述应用社会学的目标

LO 3-2　解释社会学的想象力在全球化、社会不平等、种族、性别和宗教问题上的应用

O 组织：模块大纲

应用社会学和临床社会学

发展社会学的想象力

W 工 作

你已经知道了社会学家如何在研究中运用主要社会学视角。那么，社会学与你、你的学习及职业生涯又有何联系？在本模块中你将会学习应用社会学和临床社会学。这两个不断发展的领域，能够让社会学专业的学生和拥有社会学领域更高学位的学者，在现实生活中应用其所学知识。你将会学习如何发展社会学的想象力，这可以说是发展社会学家思维的关键所在。

LO 3-1　应用社会学和临床社会学

以简·亚当斯、杜波依斯和米德为代表的许多早期社会学家都是社会改革的坚定倡导者。他们希望他们的理论和研究发现既能影响政策制定者，又能与人们的生活息息相关。比如，米德在任职"赫尔会馆"财务主管期间，就将他的理论用来改善弱势群体（特别是移民）的生活。此外，他也在负责处理芝加哥劳工问题和公立教育的委员会中任职。1895 年到 1924 年，杜波依斯主管亚特兰大社会

应用社会学的一个例子（CCI），旨在降低婴儿死亡率。

学实验室，支持学者们对商业、刑事司法、卫生保健和慈善展开应用研究（Wright II, 2012）。

如今，**应用社会学**（applied sociology）是指用社会学学科的知识，出于特殊目的，对人类行为和组织产生实际影响。布洛维（Burawoy, 2005）在美国社会学学会主席就职讲演中极力推崇公共社会学，鼓励学者们吸引更多的读者参与到积极的社会改变中。应用社会学家的确能够接触广泛的人群，并能吸引他们贡献力量，共同为让社会变得更好而努力。

应用社会学或公共社会学的目标通常都是帮助解决社会问题。比如，在过去的半个世纪里，美国有八任总统都设立了专门研究主要社会问题的委员会。社会学家经常受邀前来发挥专业能力，深入研究暴力、色情、犯罪、移民和人口等社会议题。在欧洲，学术机构和政府研究部门不断加大对应用研究的资金投入。

应用社会学的一个例证就是对地方社区的研究兴趣不断增加。1994年，东北佛罗里达社区研究中心（Center for Community Initiatives, CCI）正式诞生，在那之后，该研究中心依托坐落在杰克逊维尔的北佛罗里达大学开展了多项社区研究，这些研究包括对无家可归者进行的普查和问卷调查、对杰克逊维尔艺术的经济影响进行分析，以及对卡特里娜飓风影响进行的长期调查。这些研究都是典型的应用社会学研究。这些外展研究是由多方合作完成的，教师、本科生、研究生、志愿者和社区居民都参与其中，贡献了自己的力量。

应用社会学的日渐发展导致专业分类进一步细化，产生了医疗社会学和环境社会学这样的社会学分支。前者的研究范围包括医疗专业人员和病人共同应对疾病。比如，医疗社会学家研究了艾滋病危机对家庭、朋友和社区所造成的社会影响。环境社会学家研究的则是人类社会与自然环境之间的关系。他们的研究重点之一就是"环境公正"议题。这个议题被提出的原因是，研究者和社区积极分子发现，有害废料更可能被堆放在贫困和少数族裔群体所生活的社区中（Martin, 1996）。

应用社会学研究日益普及，从而催生了临床社会学。85年前，路易斯·沃思（Louis Wirth, 1931）就在他的著作中写到临床社会学，但是"临床社会学"这个术语直到近年来才变得流行起来。应用社会学只对社会问题进行评估，而**临床社会学**（clinical sociology）则致力于通过改变社会关系（如家庭疗法）或重构社会机制（如医疗中心的重组）来促进社会变迁。

应用社会学家通常会让政策制定者基于他们对社会问题的评估来采取下一步措施。临床社会学家则直接担负了实施改变的责任，他们将工作对象看作客户。社会学研究生对临床社会学要更感兴趣，因为他们能将所学知识在实践中加以应用。由于学术圈内的工作机会日益减少，这些其他职业道路也就变得更有吸引力。

应用社会学和临床社会学与**基础社会学**（basic sociology，又称**"纯社会学"**，pure sociology）截然不同。基础社会学寻求对社会现象本质的深刻理解。这类研究并不一定具有特定的应用价值，尽管一旦对研究发现进行分析后，这些观点可能会产生相应的结果。涂尔干研究自杀率时，他的主要兴趣并不是为了找到消除自杀现象的办法。从这个意义上来说，他的研究属于基础社会学范畴，而不是应用社会学范畴。

LO 3-2 发展社会学的想象力

在本书中，我们会用许多不同的方式来阐释社会学的想象力：通过展现理论运用和当今研究；通过关注电子产品和APP改变我们社会行为的方式；通过全球化思考；通过探索社会不平等的影响；通过跨越种族、性别和宗教的界限，以及通过强调全球社会政策。

社会学家积极地探索了多种社会问题和社会行为。我们已经看到，这种研究发现了影响自杀率的社会因素。社会学研究经常能够直接改变人们的生活，例如，越来越多的非裔美国人参加糖尿病检测。在接下来的章节中，社会学家和其他社会科学家的研究将会揭示各种类型的群体行为。

不管社会学家采用什么样的理论视角或研究技巧，他们都认为，必须要在全球化的背景下进行社会行为研究。**全球化**（globalization）是全球范围内政府政策、文化、社会运动和金融市场通过贸易和思想交流所进行的整合。尽管全社会在不久之前才开始公开讨论全球化问题，但知识分子们已经在不断思考全球化所带来的积极和消极社会影响。马克思和恩格斯在《共产党宣言》中发出警告：世界市场形成后，生产行为将会在本土以外进行，现存的工作关系将会面临消亡的结局。

如今，国外的发展和国内的变化都有可能影响到人们的生活。比如，尽管在2001年9月之前，世界经济就已开始衰退，但纽约和华盛顿所遭受的恐怖袭击还是引发了更为直接的经济衰退。这场经济衰退不仅对美国造成影响，还波及世界其他地区。国际旅游业遭遇持续两年之久的衰退，这也充分体现了全球化所带来的巨大影响。美国之外的人们都感受到了旅游业衰退所带来的影响，非洲的狩猎监督官和亚洲的出租车司机更是对此深有体会。有些观察者认为，全球化及其影响是通信技术发展，尤其是互联网和通过卫星传播的大众媒体发展的自然产物。其他学者则用一种更具批判性的眼光来看待全球化问题，他们认为在全球化过程中，跨国公司能够无所顾忌地大肆扩张。

今天，社会学家越来越关注全球化所带来的积极和消极方面。

社会不平等

谁拥有权力？谁没有权力？谁有名望？谁没有名望？可能当代社会学的研究主题就是社会不平等。**社会不平等**（social inequality）指的是社会成员拥有不等量的财富、特权或权力的现象。比如，欠发达国家咖啡豆采集工人挣的工资与一杯咖啡之间的价格差，就体现出全球不平等的问题。我们从卡特里娜飓风对墨西哥湾区居民所造成的影响中则看到了美国的社会不平等现象。不出所料，在这场飓风中损失最惨重的就是穷人：在飓风降临之前，他们几乎不可能及时撤离城市；而在飓风离开之后，他们也很难从灾害中恢复过来。

有些社会学家在寻求理解不平等的社会影响时也考虑到社会问题。杜波依斯认为，人世间最重要的权力不是"思想或伦理，而是财富"。正如我们前面看到的，马克思、简·亚当斯和韦尔斯-巴尼特的研究成果中也强调了社会不平等和社会正义的重要影响。在本书中，我们将会一直关注社会不平等问题。

跨越种族、性别和宗教的界限

社会学家中有男有女，他们来自不同的种族、国家和宗教背景。在他们的研究中，社会学家们试图得出解释所有人行为的结论，而不仅限于非富即贵者。但要做到这一点并不容易。比起研究在内城低收入人群中进行针具交换项目所带来的好处，对企业如何增加利润的研究则能得到更多的关注和资金支持。然而，如今的社会学家比以往更加注重理解所有人的体验。

例如，社会学家注意到，2004年东南亚海啸对男性和女性造成了不同的影响。海啸来临时，母亲和祖母一般都是在家带小孩；男性则基本在外工作，所以他们更有可能意识到灾难即将来临。而且大部分男性都会游泳。相比之下，传统社会中的女性基本上则不会这项求生技能。因而，生还的男性也就比女性多很多。每11个生还者中，男性为10名，女性则只有1名。在印尼一个典型的受灾村庄中，1300位村民中只有97名生还者，其中仅有4位是女性。由于女性主要承担照顾家庭、养育小孩和赡养老人的责任，性别不均衡的影响仍会持续一段时间（BBC News，2005）。

E 评 估

1. 某社区组织想要为当地的贫困家庭提供免费学前教育。这是_____的例子。

    (a) 临床社会学　　　　　　(b) 环境社会学

    (c) 应用社会学　　　　　　(d) 基础社会学

2. 与应用社会学家不同的是，临床社会学家承担起责任，对_____实施改变。

    (a) 国家和联邦机构　　　　(b) 自己和客户

    (c) 社会学研究者　　　　　(d) 当地政策制定者

3. 由于高速卫星通信技术的全球普及，公司能在遥远的国家设立技术服务中心和客户支持热线。这是哪种现代现象的例子？

    (a) 社会流动　　(b) 全球化　　(c) 社会不平等　　(d) 经济合作

4. 专注于研究而不是解决社会问题的社会学分支是_____。

5. 社会中不同成员拥有不等量财富、特权和权力的情况被称为_____。

答案：1. (c)　2. (b)　3. (b)　4. 基础（或纯粹）社会学　5. 社会不平等

R 反 思

1. 你希望运用应用社会学研究来解决自己的社区所面临的哪些问题？这些问题在全球范围内是相互联系的吗？

2. 全球化对你的日常生活产生了什么影响？你认为全球化对社会的影响主要是积极的还是消极的？

案例分析 | 子女抚养方式选择

莱斯利·布朗（Leslie Brown）是位单亲妈妈，她有一个两岁的女儿。"我和孩子她爸仍是朋友。他随时都可以来看她。但我现在还不想结婚。"莱斯利说道："我有工作。我很喜欢独立。"莱斯利有高中学历，现在一家水果罐装公司工作。"我上班时，我的妈妈和阿姨轮流帮我带小孩。家里人都很认同我的选择。他们把家里的阁楼都清理出来，帮我搭起自己的公寓，里面有家具、碗碟和婴儿用品。"每到周末，莱斯利就带着女儿和朋友出外游玩。她的朋友中也有不少是单亲妈妈。"我喜欢这种生活方式。这使我变得坚强。"

卡拉·林德赫斯特（Kara Lyndehurst）也选择成为一位单亲妈妈。她和孩子的爸爸没有联系，甚至都没有向他透露过他就是孩子的爸爸。"我想要一个孩子，但不想要婚姻的束缚。"卡拉说："我不想随意作出承诺，然后十年之后在争吵不休中解除婚姻关系。"卡拉有艺术历史学本科学历。在儿子出生之前，她离开东北部的家乡，来到旧金山一家画廊工作。她说："我喜欢我的工作。在这里独自生活是一个挑战。但是，因为我完全遵从于我的本心努力生活，所以我也很满足。"

1. 基于以上事例中的信息，你是否认为单亲抚养已经成为女性群体中的一种社会学趋势？请阐述你的理由。
2. 莱斯利拥有什么样的文化资本或社会资本？卡拉呢？
3. 你认为对这两个孩子来说，他们的母亲所选择的不同抚养方式会带来什么不同后果？
4. 你认为，从功能论视角来看，应如何解释女性选择单亲抚养这一趋势？从女性主义视角来看呢？
5. 女性选择单亲抚养方式的全球化趋势，会对有关孩子和家庭的政策产生什么影响？

"强力"学习策略　　P.O.W.E.R.学习框架

P.O.W.E.R. 是一系列有效研究和学习步骤的缩写。你不仅可以用这一简单有效的框架来进行学习研究,也可以将其应用在生活的其他方面。一旦使用这一学习框架成为你的习惯,你就会发现它对做决定、分析复杂问题和任务,以及完成各种任务等都有帮助。下面我们就来仔细分析这几个步骤。

P
- 阅读每个模块的学习目标。
- 确定长期目标和短期目标。
- 长期目标是经过一段时间之后达到的主要目标。(比如:我希望理解基础社会学,然后在这门课上至少拿到 B 的分数。)
- 短期目标是在实现长期目标过程中的步骤。(比如:我要理解下一模块的主要概念。)

O
- 阅读"组织"标题下的大纲。
- 收集达成目标的工具。
- 工具包括实际工具(如教材、字典、电脑和荧光笔)和思想工具(如注意力、决心和耐心)。
- 为了学习社会学,组织包括了提前思考可能会遇到的主要概念和想法。

W
- 使用准备和组织来完成需要达成任务的工作,包括仔细阅读每个模块。
- 保持积极性,乐观思考,努力控制任务中的所有可控元素。

E
- 在完成任务的过程中稍作停顿,不时想一想自己有没有达成短期目标。
- 在每个模块的最后进行"评估"测试。
- 基于测试和自我评价,适当地调整工作方法。

R
- 在每个模块学习结束后回答"反思"问题。
- 批判思考自己所学的内容。
- 反思学习成果以及目标和想法。
- 如果你认为可以做得更好,你完全可以再做一遍。

赐予我力量　做一个有效的任务管理者

使用 P.O.W.E.R. 学习框架可以让你更加有效地学习和理解内容。它能帮你完成很多任务，包括老板给你安排的任务。然而，你必须创造性地运用这一框架，让它更好地对你进行服务。在下面的问题中，请选择 a 或 b 来描述你对每个情景的自然反应，然后看看你的得分。

1. 面对艰难的任务，我通常会：
   a. 将其分为一系列更小、更容易管理的步骤。
   b. 开始任务，希望边做边解决问题。
2. 在对未来进行考虑时：
   a. 我可能会在未来的某天进行思考，现在我想做手边的事情。
   b. 我有长期目标和短期目标，会根据这些目标进行计划。
3. 开始工作前：
   a. 我会给自己放一天假，这样我就不会觉得人生中只剩下工作。
   b. 我会列出一系列需要的工具，然后将它们放在触手可及的地方。
4. 学习的时候，我会：
   a. 给朋友发信息，观看电视上我喜爱的体育运动。
   b. 找到远离打扰的安静之地。
5. 由于任务消耗时间过长而感到沮丧时，我通常会：
   a. 提醒自己进行这项任务的初衷——我想达到的任务目标。
   b. 暂时放下所有东西，然后和朋友一起做些愉快的事情。
6. 项目的下一步是采访主管，主管打来电话说需要重新安排采访时间，我可能会：
   a. 进行项目中与采访无关的其他部分。
   b. 给自己放一天假。在采访之前，没有必要进行工作。
7. 一旦有了目标：
   a. 我希望能按照计划完成。
   b. 我会不时地停下来评价工作效率，然后作出必要的调整。
8. 完成任务时，我会：
   a. 进行回顾，看是否需要对已完成的部分进行调整。
   b. 庆祝工作的完成。
9. 完成任务后，我会：
   a. 继续下一项任务。
   b. 花些时间反思这项任务中的主导思想。

如果在相应问题上你选择了以下答案，请给自己加 1 分：1.a；2.b；3.b；4.b；5.a；6.a；7.b；8.a；9.b。

得分

8—9 分：你有非常好的计划、管理和目标评价习惯；用 P.O.W.E.R. 学习框架来组织和理解本书内容时，你一点儿都不会觉得陌生。

6—7 分：你养成了许多好习惯。P.O.W.E.R. 学习框架会帮你了解更多提高工作效率的方法。

0—5 分：不要泄气。P.O.W.E.R. 学习框架将会使你的生活变得更加轻松，它会帮助你达成很多目标。

2

第二章

社会学研究

模块 4　什么是科学方法
模块 5　主要的研究设计与发展
模块 6　伦理研究

社会学实务——市场研究员

路易莎·博格斯（Luisa Borges）非常享受她为邦妮&迪莉娅（Bonnie & Delia）食品公司所做的市场研究工作。最近，公司主管让她调研是否公司正在浪费广告费用来迎合所有人的需要。他们是应努力推销黄油曲奇？还是要放弃燕麦葡萄干口味？路易莎运用了科学的方法来解答他们的疑惑。她明确了需要解决的问题：我们对顾客有准确的了解吗？随后她重新观察美国人吃零食的习惯和偏好，并核对了公司研究人员在过去五年内收集的顾客数据。由此，她推断出邦妮&迪莉娅食品公司有两大目标顾客群，而这两个群体对甜点的口味偏好则有所不同。

为了验证这一推断，她设计了调查问卷，并选定了数家百货商店，在店内售卖点心的货架附近分发问卷。同时她还进行了试吃活动。最后，事实证明她的推断完全正确。邦妮&迪莉娅食品公司的顾客分为两大群体：一部分人喜欢简单的口味（奶油酥饼和姜饼），另一部分人则喜欢奇异的口味（咖啡太妃口味）。因而，市场营销小组规划了两种点心推广路线：邦妮的基本款与迪莉娅的诱惑款，并对广告经费进行合理划分，分别用以投放不同的广告，吸引不同的消费群体。

本章内容概述

在本章的三个模块中，我们将会探究社会学的研究过程，首先，我们会学习社会学家在开展研究时所采用的科学方法。我们将会以教育与收入之间的关系为例，展示如何运用科学方法。然后，我们将会思考社会学家在研究设计中使用的各种技巧，其中包括问卷和实验。同时，我们也会讨论定量研究与定性研究之间的差别。我们将会探讨实验方法如何帮助我们理解不同变量之间的因果关系。我们也会思考不同方法的优劣，以及社会学家如何努力确保得出准确可靠的研究结果。我们将会探究他们是如何得出研究结论的。我们也会探索社会学家是如何在不侵犯研究对象权益的前提下开展研究的。我们会专门讨论社会学家在研究人类行为过程中可能会遇到的伦理问题，以及因韦伯呼吁在社会学研究中保持"价值中立"而引发的争论。

除此之外，我们还将回顾美国社会学学会（ASA）为社会学从业人员所制定的伦理准则。我们将会分析女性主义和酷儿理论的方法论，并会讨论科技在当代研究中的作用。最后，我们将会讨论社会学家是如何研究敏感话题（如性取向）的。

模块 4

什么是科学方法

准备　学习目标

LO 4-1　解释社会学家如何运用科学方法来解答他们感兴趣的问题

LO 4-2　描述科学方法的步骤和社会学家对科学方法的运用

组织　模块大纲

进行有效的社会学研究

概述科学方法的步骤

工　作

社会学家和我们一样，都对当今时代的核心问题感兴趣：家庭是不是在瓦解？为什么美国有这么多犯罪现象？这个世界能为不断增加的人口提供足够的食品吗？绝大多数人都非常关心这些问题，不管他们有没有受过正规学术训练。但与普通人不同的是，社会学家会使用**科学方法**（scientific method）来研究社会。科学方法是指在最大限度上保证研究客观性和一致性的一系列系统的、有组织的研究步骤。

LO 4-1　进行有效的社会学研究

不论社会学家们在哪个领域进行社会调查，也不论社会学家们的视角有多么不同，社会学研究都必须满足一个关键要求，即必须能够达到科学和伦理最高标准的有想象力的、负责任的研究。

有效的社会学研究非常发人深思，并可能会引出新的研究问题，比如，为什么我们要对人们的非典型行为（如自残）提出各种假设。在某些情况下，研究仅仅是确定了之前的认识或研究结果，而不是提出新的问题。社会学研究同样可能带来实际应用。比如，如果研究结果证明人们对婚姻和家庭的普遍看法不成立，就可能促成公共政策发生改变。

我们中的很多人可能这辈子都不会真正去进行科学研究。那我们为什么还要去理解科学方法呢？答案就是，科学方法在我们的社会运作中起了很重要的作用。美国人的生活中总是充斥着"事实"或"数据"。电视新闻告诉我们"[美国]有一半婚姻都以离婚收场"，但这一断言却是基于误导性数据。每天我们都会听到广告商用所谓的科学研究来证明他们的产品很棒。这样的说法有可能准确无误，也有可能夸大其词。如果我们熟悉科学研究的标准，我们就可以更好地去评估这些信息而不会轻易上当。这些标准很严格，所有的科学研究都必须严格遵从它们。

LO 4-2　概述科学方法的步骤

科学方法需要研究者做好精确的准备工作。否则，收集的研究数据可能就不会准确。社会学家和其他研究者遵循科学方法的五个基本步骤：(1)定义问题；(2)回顾文献；(3)形成假设；(4)选定研究设计，收集和分析数据；(5)得出结论（见右图）。得出结论之后，研究者会撰写研究报告。通常，研究报告的开篇为概括研究者所采用的研究方法和得出结论的要点摘要。在本模块内，我们会通过一个实例来阐释科学方法。

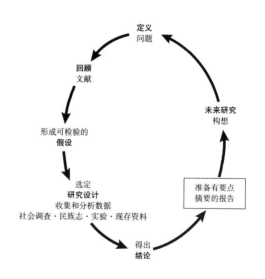

科学方法

科学方法让社会学家客观且合乎逻辑性地评估搜集的数据。基于调查结果，他们能够提出未来研究的构想。

定义问题

上大学值得吗？有些人为此作出很大牺牲，付出艰辛努力，只为获得上大学的机会。双亲可能要借钱来付学费。学生们可能要做兼职乃至全职工作,然后再上夜校或者读周末课程。这样做值得吗?拿到大学文凭就会带来金钱回报吗?

任何研究计划的第一步都是尽可能说清研究问题,也就是定义问题。在这个研究示例中,我们想知道教育与收入之间的相关性。我们希望了解不同教育背景者的收入状况。

在研究的初期阶段,任何社会科学研究者都必须对每个需要研究的概念都提出操作性定义。**操作性定义**(operational definition)是指对抽象概念的具体解释、一种能让研究者衡量该概念的详细解释。比如,对社会地位感兴趣的社会学家,可能会用私人会所的会员身份作为"地位"的操作性定义。研究偏见的社会学家,可能会把不愿雇用少数群体或与其共事作为"偏见"的操作性定义。在我们研究的示例中,我们需要提出两个操作性定义:教育和收益。这样我们才能研究拿到大学文凭是否值得。我们将"教育"定义为一个人接受教育的时间长度,将"收益"定义为一个人过去一年的总收入。

接下来,我们首先采用功能论视角(之后我们也会融合其他视角)。我们认为挣钱能力与受教育水平呈正相关,也就是说,学校教育为学生就业奠定了基础。

回顾文献

通过回顾相关研究和信息,研究者能够精炼问题、阐明数据收集中可能采用的技巧、消除或减少可以避免的错误。在我们研究的示例中,我们会考察不同职业薪水状况的信息。我们将会分析,对教育背景有更高要求的职业,是否可以提供更高的工资。同时,我们也会回顾关于教育与收益相关性的其他研究。

站在他人的角度思考问题——医生助理

如果你看不到病人的病历,那么在对病人的病情做初步诊断时,你会面临什么风险?

通过回顾文献，我们很快就能了解，除了受教育年限，还有许多影响收入水准的因素。比如，我们知道，富人家的孩子与穷人家的孩子相比，更有可能进入大学深造，所以我们也许会认为，有财力的父母将来也比较容易帮助他们的孩子在毕业后得到收入更高的工作。

我们也可以看一看宏观层面的数据，比如说州与州之间的收入与教育水平比较。在一项基于普查数据的宏观研究中，研究人员发现，在美国各州，居民平均受教育程度越高，其平均家庭收入水平也偏高（American Community Survey in Bureau of the Census，2013a）。这一研究发现表明，教育水平与收入水平可能呈正相关，尽管该结果并未说明我们感兴趣的微观层面关系。也就是说，我们希望知道受教育程度高的个人是否得到了更高的收入。

形成假设

回顾过早期研究并借鉴其他社会学家的理论成果之后，研究者可能就会形成假设。**假设**（hypothesis）是对两个或两个以上**变量**（variable）之间存在的关系所作出的猜测性论述。收入、宗教、职业和性别都可能是研究变量。变量是会随具体情况变化而变化的可测量的特征。

形成假设的研究者常会指出，人类行为的某个方面是如何影响其他方面的。**自变量**（independent variable）是指引起其他变量发生变化的假设因素或条件。另一个变量之所以被称为**因变量**（dependent variable），是因为它是自变量变化所带来的结果或影响。换言之，研究者认为自变量能够预测或导致因变量的变化。比如，社会学研究者预测：公租房的可用性（自变量，x）会影响到社区中流浪汉的人数（因变量，y）。

我们提出的假设是，受教育程度越高，收入就越多。因而，受教育程度就是可以测量的自变量，而取决于自变量的因变量就是收入，对因变量也必须进行测量。

阐明因果关系的关键步骤是辨别自变量与因变量。下图表明，**因果逻辑**（causal logic）包含了条件或变量与特定结果的关系，在这一关系中，条件或变量导致结果。比如，越难融入社会，就越可能导致自杀。同理，如果学生在考前复习上所花时间越长，他（她）的考分可能就会越高。

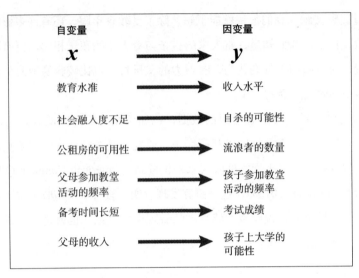

因果关系

在因果逻辑中,自变量(常用 x 代表)影响因变量(常用 y 代表);因此,x 导致 y。比如,经常去教堂做礼拜的父母(x)更可能培养出经常去教堂做礼拜的孩子(y)。注意,前两组变量来自本书中已经描述过的研究。

当一个变量与另一个变量同时发生变化时,它们就具有了**相关性**(correlation)。相关性表示二者之间可能而非必然存在因果关系。比如,数据表明,爱看电视新闻的人没有爱看报纸和杂志的人懂得多。人们的知识水平与新闻媒体选择之间具有相关性,这似乎很有道理,因为它迎合了人们的普遍看法:电视会让信息变得简单易懂。然而,这两个变量之间的相关性则是由第三个变量引起的,即人们理解大量信息的相对能力。阅读能力较差的人倾向于从电视上获得信息,那些受过更好教育的人则倾向于从平面媒体上获取知识。尽管看电视这一行为是与较低的新闻理解力相关,但是它们之间并没有因果关系。社会学家尝试辨别两个变量之间的因果联系,这些可能的因果联系常会在假设中加以描述(Neuman,2009)。

收集和分析数据

你如何检验一个假设,来判断是该接受或拒绝它呢?你需要使用模块 5 中的研究设计来收集信息。研究设计将会指导研究者如何收集和分析数据。

选择样本　在大部分研究中，社会科学家都必须仔细选择所谓的样本。**样本**（sample）是从总人口中选出的具有统计代表性的个体。样本种类繁多，社会科学家最常用的是随机样本。在**随机样本**（random sample）中，在作为研究对象的总人口中，任何成员被选中的几率是相同的。因此，如果研究者想知道一个城市人名地址簿（与电话簿不同，人名地址簿列出了所有家庭）上人们的观点，他们就会利用电脑从人名地址簿上随机选择姓名。随机选择的结果就构成一个随机样本。使用特殊抽样方法的好处是，社会学家不用询问总人口中的每一个人。

在某些情况下，研究者想调查的对象很难确定，这可能是因为他们的活动是秘密的，或者是因为很难获得这群人的名录。例如，研究者如何才能获得吸毒者的样本？如何才能获得那些嫁给比自己小十岁及以上男性的女性样本？遇到这种情况，研究者会使用滚雪球或**方便样本**（convenience samples），即他们通过口口相传或在网上发通知的办法来招募参加者。通过特殊抽样方法，研究者可以从不随机的样本中得出结论。

我们很容易把具有代表性的抽样中使用的严谨科学方法，与得到更多媒体关注的非科学民意测验混为一谈。比如，网站总是鼓励网民发表他们对头条新闻或政治纷争的看法。事实上，这样的民意测验反映的只是那些恰好浏览该网站且愿花时间或某种代价来发表观点者的看法。这些数据不一定会反映（甚至会扭曲）大众的看法。毕竟不是每个人都能经常上网，也不是每个人都有办法来表达看法，更不是每个人都愿意表达看法。即使采用民意测验方法能够收集到数以万计的观点，其准确度也远不如一份对经过谨慎选择具有代表性的 1500 人抽样分析。

站在他人的角度思考问题——立法助理

国会议员正准备制定处理州里有毒垃圾的最佳方案，而他要做的重要决定则是基于你的研究报告。如果你向国会议员提交了一份错误的报告，会有什么后果发生？

在我们的研究示例中，我们将会采用美国人口普查局进行的美国社区调查（American Community Survey）中所收集的信息。美国人口普查局每年都会在全美范围调研约7.7万户家庭。普查结束后，美国人口普查局的技术人员就会利用这些数据来推算有关全国总人口的相关情况。

确保效度和信度　科学方法要求得到有效而可靠的研究结果。效度（validity）指的是测量方法或量表真实反映被研究现象的程度。对收入的有效测量取决于对准确数据的收集。各种研究表明，人们能够相当准确地说出他们过去一年的收入。如果问题不明晰，研究结果可能就不准确。比如，如果关于收入状况的问题含混不清，调查对象就可能回答的是其父母或配偶的收入，而非他们自己的收入。

信度（reliability）指的是测量方法产生一致性结果的程度。少数被调查对象可能不会向研究者透露准确信息，但大部分人还是会的。在美国社区调查中，大约98%的研究者调查对象家庭都参与其中。人口普查局将他们的回答与类似家庭的回答进行对比，以确保两者不会相差太多。人口普查局同时也会检查他们的回答是否具有效度，因为现在越来越多的数据都是来自网上。

形成结论

科学的研究并不想回答关于某个特定主题的所有问题，社会学家所做的研究也不例外。因此，研究的结论既是一段研究的结束，也是另一段研究的开始。调查研究的某一个阶段结束了，但是这个阶段所得出的结论必将为将来的研究提供思路。

支持假设　在我们的研究示例中，我们发现，数据完全支持我们的假设：受教育程度越高的人确实获得了更高的收入。高中毕业生比高中没毕业的人挣得多，专科生比高中生挣得多，本科生比专科生挣得多。这个规律一直延伸到更高阶的教育，所以研究生收入最高。

然而，受教育程度与收入之间的关系也并不完美。如下图所示，有些高中辍学者最后加入了高收入人群，有些高学历人士的收入则非常一般。例如，一位成功的企业家可能并未受过多少正规教育，而一个博士则可能会选择为非营利组织工作，每月只有微薄的薪水。社会学家对数据呈现出的一般模式和例外情况都很

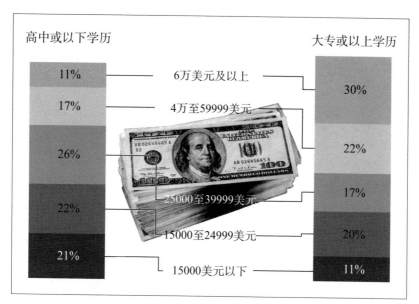

大学教育对收入的影响

拥有高中或以下学历的人口中，年收入低于 2.5 万美元的人口比例为 43%，年收入高于 4 万美元的人口比例为 28%。相比之下，拥有大专或以上学历的人口中，年收入低于 2.5 万美元的人口比例为 31%，收入高于 4 万美元的人口比例为 52%。

资料来源：作者对德纳瓦斯－沃尔特等人 2013 年发表的研究报告的分析。详情参见表格 PINC-03。数据中只包括了有收入的人群。

感兴趣。

社会学研究所得出的数据并不总是支持最初的假设。很多时候，数据都会证明假设是错误的，研究者只能得出其他结论。如果研究结果完全出乎意料，社会学家也就只好重新检验他们的研究方法，或者改变研究设计。

控制其他因素 控制变量（control variable）是指在测试自变量相关的影响时保持恒定的某个因素。比如，研究者想知道成年人对公共场所禁烟的看法，他们可能就会把研究对象的抽烟习惯定为控制变量。也就是说，抽烟者和非抽烟者对公共场所吸烟现象分别持有何种看法？研究者会分别统计有关抽烟者和非抽烟者对禁烟条例看法的数据。

我们关于教育对收入影响的研究表明，并不是每个人都有同等的受教育机会，而这也正是导致社会不平等的一个因素。由于教育会影响个人收入，所以我们可能想通过冲突论视角来进一步研究这个问题。种族或性别对个人的教育机会

研究者会如何研究人们对公共场所抽烟者的态度呢?研究者可能会将研究对象过去的吸烟行为作为控制变量。在这种情况下,他们可能会假设:与不吸烟的研究对象相比,吸烟的研究对象更能容忍公共场所的吸烟行为。另一个有意思的问题是:与其他从不吸烟的研究对象相比,已经戒烟的研究对象对公共场所的吸烟行为是否会有不同看法?你怎么看这个问题?

有何影响?拥有大专或以上学历的女性有可能获得与受教育水平相当的男性一样的收入吗?在本书中,我们将会探讨这些因素和变量。也就是说,我们的研究会在控制其他如性别和种族等变量的同时,研究教育对收入的影响。

总结:科学方法

下面我们通过回顾研究示例,简单总结一下科学方法的过程。我们定义了一个**问题**(获得更高学位能否得到相应的回报?)。我们对**文献**进行了回顾(其他关于教育与收入关系的研究)。我们形成了一个**假设**(受教育程度越高,收入越高)。我们收集和分析了**数据**,确保样本具有代表性,数据具有效度和信度。最后,我们得出了**结论**(数据支持了假设)。

E 评 估

1. 社会学研究项目的第一步是_____。
   (a) 收集数据　　(b) 定义问题　　(c) 回顾文献　　(d) 形成假设

2. 研究者认为_____能引起或影响其他变量。
   (a) 因变量　　(b) 假设变量　　(c) 相关变量　　(d) 自变量

3. 当_____时，就会发生相关性。
   (a) 一个变量引起另一个变量内部发生变化
   (b) 两个或更多变量有因果关系
   (c) 一个变量的变化与另一个变量的变化同时出现
   (d) 两个变量之间有积极或消极的关系

4. 一个_____是对两个或两个以上变量之间存在的关系所进行的猜测性论述。

5. _____指的是测量方法或量表真实反映被研究现象的程度。

答案：1. (b)　2. (d)　3. (a)　4. 假设　5. 效度

R 反 思

1. 假设你想研究内置驾驶技巧的电子游戏能否帮助人们提高驾驶技能。你会如何开展实验？你的假设和变量是什么？

2. 假设两个研究者对同一个概念采用了不同的操作性定义。他们的研究结果会都是可靠和有效的吗？请解释你的观点。

模块 5

主要的研究设计与发展

ⓟ 准备：学习目标

LO 5-1　总结主要研究设计的特征和优缺点

LO 5-2　描述女性主义理论和酷儿理论对社会学研究实践的影响

LO 5-3　讨论网络研究的优点及其面临的挑战

ⓞ 组织：模块大纲

研究计划的要素

方法论的发展

未来——大数据的时代

ⓦ 工　作

社会学研究的一个重要方面是决定如何收集数据。**研究设计**（research design）是用符合科学的标准来获取数据的详细计划或方法。研究者在选择研究设计时，经常是基于其研究之初所采用的理论和形成的假设。要选择适当的研究计划，研究者除了要独辟蹊径，还要掌握一些技巧，因为这一选择会直接影响到研究计划的成本和数据收集的耗时。

LO 5-1　研究计划的要素

社会学家一般运用以下方法来获取数据：调查、民族志、实验方法和现有资源。

调查

我们所有人可能都接受过调查。我们可能回答过各种问题，比如你用哪种牌子的洗衣粉？你打算投哪位总统候选人的票？或者是你最喜欢的电视节目是什么？**调查**（survey）是一种研究类型，通常会采用访谈或问卷的形式，向研究者提供关于人们思想和行为方式的信息。如果你在总统大选期间经常收看电视新闻，你就会发现调查已经成为政治生活中一个必不可少的组成部分。

一提起调查，你可能会想到那些可以立即显示投票结果的网上民意调查。尽管这些民意调查可能非常有意思，但是它们也只能反映访问这些网站并愿作答者的意见。我们都知道，调查只有建立在精确且具有代表性的取样基础上，才能真实反映广大人群的特征。在如今的网络世界中，只需通过手机就能联系到越来越多的人。

在准备调查的时候，社会学家不仅需要找到具有代表性的样本，还需要在设计调查问题时非常谨慎地措辞。一个有效的调查问题必须简明易懂，以免让人产生误解。它也必须非常具体，以免在解释结果时产生任何问题。在设计开放性问题（例如，你觉得教育频道的电视节目怎么样？）时，研究者必须仔细措辞，才能帮助他们从调查对象那里得到想要的信息。只有在取样正确且问题措辞准确不会产生偏见的基础上，调查才能成为必不可少的信息来源。

在问题的措辞上，研究者必须时刻关注社会变化。2010 年 12 月，在改变了一个实施数十年之久的惯例之后，劳动统计局的官员承认了长期经济衰退带来的影响。过去，在一个关于调查对象失业时长的多项选择题中，时间最长的选项为"99 周及以上"。到了 2010 年底，失业已经成为社会痼疾，劳动统计局为此增加了问题的选项，时间最长的选项变成"290 周及以上"。

调查主要有两种形式：**访谈**（interview），即研究者通过面对面提问、电话提问或网上问答的方式来取得信息；**问卷**（questionaire），即研究者使用打印或手写的表格从调查对象处获取信息。两种方法各有所长。访谈者能够得到更多的回应，这是因为人们更难拒绝访谈者提出的个人请求，相比之下扔掉一份问卷可就容易多了。而且，有技巧的访谈者还能透过调查对象对问题的回答，深入探究调查对象的内心感受和原因。帕特里夏·阿德勒（Patricia Adler）和彼得·阿德勒（Peter Adler）在 2011 年进行了关于自残的研究。自残是一个非常敏感的话题，他们深入访谈了 139 人，并将这份访谈结果写入书中。但从另一个方面来说，问卷的成本更低，特别是在样本规模很大的情况下。

人们为什么会发生性行为？这是一个非常直接的问题。这个问题对公共健康、婚姻咨询和犯罪学都很重要，但在很长时间内，人们并未对它进行科学研究。为了解答这个问题，研究者采访了德克萨斯大学奥斯汀分校的 2000 名本科生。为了设计访谈问题，他们先随机选出 400 名学生组成一个随机样本，并要求他们分别罗列他们发生性行为的原因。随机样本提供的原因五花八门，从"我醉了"到"我想离上帝更近"，不一而足。研究者随后询问了由另外 1500 名学生构成的随机样本，让他们按重要性由高到低，将第一组随机样本列出的 287 个原因进行排序。下表是排序的结果。几乎每种原因都曾出现在重要性第一的位置上。性别差异对结果有所影响，但两性选出的前十大原因却极为相似（Meston and Buss, 2007）。

原因	男性	女性
我被那个人吸引	1	1
那种感觉很好	2	3
我想体会生理快感	3	2
那很有趣	4	8
我想表达对那个人的喜爱	5	4
我的性欲来了，想发泄一下	6	6
我欲火焚身了	7	7
我想表达对那个人的爱意	8	5
我想达到高潮	9	14
我想取悦另一半	10	11
我意识到自己沐浴在爱河里	17	9
我"一时性起"	13	10

资料来源：Meston and Buss, 2007：506。

调查是定量研究的一种。**定量研究**（quantitative research）通过数字形式收集和显示数据。本书迄今所讨论的大部分研究都属于定量研究。这样的研究可以使用大样本，但它并不能针对一个主题提供深入细致的分析。这就是为什么研究者也会采用定性研究的原因。**定性研究**（qualitative research）需要研究者在田野和自然情境下进行观察，它的研究重点并非大群体或整个国家，而是小群体和社区。最常见的定性研究是民族志，或者也可说是观察，我们会在下文对其进行讨论。

在本书中，你既能看到定量研究的例子，也能看到定性研究的例子，因为这两种方法都得到了广泛应用。有些社会学家倾向于使用其中某一种研究方法。但是，为了获取更多信息，我们往往会采用多种研究计划，而从不局限于某种特定的研究类型。

民族志

研究者经常通过第一手的研究来收集信息或检验假设。**民族志**（ethnography）是通过长期而系统的田野调查对整个社会情境所进行的研究。民族志的基本方法是**观察**（observation），或者说是直接参与某个群体或组织，从而能够近距离地观察他们的活动。然而，民族志研究也包括收集历史信息和进行面对面的访谈。与调研或实验相比，民族志可能不像是一种正式的研究方法。但是，民族志研究者会非常详细地记录观察所得。

在某些情况下，社会学家会在一段时间之内进入某个群体中生活，进而准确了解这个群体的运作方式。这种方法被称为**参与式观察**（participant observation，又译"**参与观察**"）。在芭芭拉·艾伦瑞克（Barbara Ehrenreich）的名作《美国生存体验实录》（2001，国内译为《我在底层的生活》《五分一毛》《美国底层生活方式揭秘》）中，作者本人就是一名参与式观察者。艾伦瑞克隐藏了自己的身份，将自己假扮成一个离异中年家庭主妇，既未受过大学教育，也没有一点点工作经验；她通过亲身参与，对低薪工人的生活有了深入的了解。这本书记录了她和别人如何使用微薄的工资维持基本生活的经历。

1930年代末，威廉·怀特（William Whyte）进行了一项经典的参与式观察研究。他搬到波士顿一个贫穷的意大利人社区。在近四年的时间里，他混迹于"街角男孩"社交圈，随后他将这段经历写入《街角社会》。他向社区里的其他人表明了自己的身份，参与他们的谈话、保龄球活动和其他闲暇活动，希望能够深入了解这些人所组成的社区生活。当怀特与"街角男孩"社区的领袖交谈时，他"得到了一些问题的答案，而这些问题是他在一般访谈中根本不会想到要问的"。由于当时学界倾向于通过社会服务机构、医院和法庭的记录得到信息，缺乏对穷人的直接理解，所以怀特的研究具有极大的价值。

卡内基梅隆大学的数据卡车能让研究者到达研究对象所在地,无论他们是在夜店狂欢,还是正在参加马拉松比赛。这辆卡车配置了最先进的设备,因此研究者当场就能把研究对象的回答录入数据库。研究者在卡车上还能访问这一区域的社交网络,甚至还能启动录像设备记录街头活动实景。

与每位参与式观察者一样,研究之初,怀特面临的挑战也是:如何才能让一个陌生的群体接纳自己?对一个受过大学教育的社会学家来说,想被宗教狂热组织、青少年帮派、贫穷的阿巴拉契亚社区或都市贫民窟社交圈接纳,是一件很不容易的事情。这需要研究者有极强的耐心。与此同时,研究者还要具备亲和力很强、没有威胁感的人格魅力。

民族志研究也给研究者带来了其他复杂的挑战。社会学家必须能够充分理解他们的观察对象。某种意义上,研究者必须学习从研究对象的角度去观察世界,这样才能充分理解他们周围发生的事情。这就产生了一个微妙的问题:如果研究者希望研究获得成功,他们就不能与研究对象关系过密或友谊过深,因为这会影响研究对象的行为和研究结论。因此,研究者既要努力获得研究对象群体的接纳,也要尽量保持一定程度的疏离感。

实验

社会学家想要研究潜在的因果关系时,就可能会进行实验。**实验**(experiment)是指允许研究者操纵变量的人为情景。

在典型的实验方法中,研究者会选出两组人群,并按相似特征(如年龄或教育程度)将其予以区分。随后,研究者会将实验对象分入其中一组:实验组或控制组。自变量会分派给**实验组**(experimental group)而非**控制组**(control group)。因此,如果科学家想试验某种新型抗生素,他们就会让实验组服用,控制组则不用服用。

和观察研究一样,在某些实验中,社会学家或其他观察者的出现,可能会对研究对象的行为造成影响。社会学家用**霍桑效应**(Hawthorne effect)来描述实验的观察者对研究对象产生的无意识的影响。这个术语来自1920年代和1930年代研究者在西部电力公司霍桑工厂得到的实验结果。研究者发现,他们在工作环境中作出的任何改变,包括调弱灯光,都会对工人的生产效率带来积极影响。他们由此得出结论:工人想给他们的观察者留下好印象。尽管这项精心设计的研究也发现了其他影响工人行为的客观原因,但"霍桑效应"这一术语却是从此就和"安慰剂效应"或"研究对象偏差效果"画上了等号。

使用现有资源

社会学家不一定非要收集新数据才能进行研究或检验假设。**次级分析**(secondary analysis)指的是利用已有数据和公开信息进行研究的各种研究方法。总的来说,在进行次级分析时,研究者使用数据的方式完全不同于信息的原始采集者。例如,联邦政府是为了特定目的而去收集人口普查数据。然而,对需要确定每个销售地点位置(如自行车店和疗养院)的市场营销专家来说,这些数据也非常有价值。

社会学家认为次级分析是"非反应性的"(nonreactive)。也就是说,次级分析不会影响人们的行为。比如,涂尔干对自杀的统计研究就是非反应性的,因为他的研究结果既没有增加也没有减少人们的自杀行为。因此,研究者可以通过进行次级分析来避免"霍桑效应"。

不过,次级分析也存在一个固有的问题:在使用他人收集的数据时,研究者可能无法准确地找到自己需要的信息。对研究家庭暴力的社会学家来说,他们可以利用警局或社会服务机构记录在案的配偶和儿童虐待案件信息。但是,**并未报案的家庭暴力案件还有多少呢**?政府机构并没有关于**全部**暴力案件的精确数据。

很多社会科学家都认为,研究文化、经济及政治档案非常有用。这些文件包括报纸、期刊、电台和电视录像、互联网、手稿、日记、歌曲、民谣和法律文件(见下表)。研究者会用内容分析法来研究这些信息来源。**内容分析**(content analysis)指的是在基本原理的指导下对数据进行系统编码和客观记录。下页专栏描述了一个近期的内容分析研究案例,研究内容是关于男女童子军在获取荣誉勋章方式上体现出的性别差异。

社会学研究中使用的现有信息来源

最常用的信息来源
人口普查数据
犯罪统计
出生、死亡、婚姻、离婚和健康统计

其他信息来源
报纸和期刊
个人日志、日记、邮件和信件
宗教组织、企业和其他组织的记录和档案材料
电台节目的文字版
电影和电视节目
网页、博客和聊天室
歌词
科学记录(如专利申请)
公众人物的演讲(如政治家)
选举投票或当选官员在特定立法提案时的投票
公众活动的出席记录
集体抗议与集会视频
文学,包括民间传说

> **今日研究** 童子军活动中的性别信息

美国约有 500 万儿童参加童子军活动。在参加童子军活动时,这些孩子们都接收到了什么样的性别信息呢?

童子军手册对童子军和童子军领袖提供了关键性指导。社会学家凯瑟琳·丹尼(Kathleen Denny)对男童子军的《威备乐士手册》(Webelos Handbook; Webelos 即 We'll be loyal Scout 的简写,意为"我们将成为忠诚的童子军")和《小女孩童子军手册》进行了内容分析。她特别关注两本手册中有关四五年级童子军的材料。她发现,这两本手册都传递了传统的性别信息。和男童子军相比,女童子军更可能进行集体活动,更易受到他人影响;男童子军则更可能完成独立任务。

丹尼发现,荣誉勋章的名称也传递出传统的性别信息。女童子军勋章的名称通常

男孩的荣誉勋章(左)和女孩的荣誉勋章(右)

会用双关语或其他形式的文字游戏；男童子军勋章的名称则不用双关语，也不用文字游戏。例如，岩石和地质研究男童子军勋章被称为"地质学家勋章"；同类别女童子军勋章则被称为"岩石们摇一摇勋章"。男童子军勋章的名称通常具有职业导向性，如工程师、工匠和科学家等；女童子军勋章的名称则更少提及职业，例如，它们会用"天寻者"或"护车"来取代具有职业导向的天文学家和机械工。

在女童子军手册中，最具有性别特征的是勋章的主题。很多勋章都直指典型的女性活动：照顾儿童、寻找最好的自我和简单缝纫。寻找最好的自我勋章包括个人卫生和健康饮食，还包括"配饰派对"。在派对中，童子军需要"不断尝试各种配饰，观察哪种配饰能为自己的容貌和服饰增色"。显而易见的是，这些勋章不是为男童子军准备的。在男童子军手册中，与之最为接近的是健康勋章，所涉及的活动包括记录饮食日志，以及提醒亲人关于毒品和酒精的危害性。

丹尼承认，在童子军活动中，童子军手册并非唯一影响性别角色的因素。例如，童子军们如何在童子军团、童子军大会和庆祝仪式上亲自传递性别信息？家长如何加强或调节童子军中的性别主题？作为童子军，孩子们如何适应、接受或反抗性别信息？丹尼的研究认为，我们需要对男童子军和女童子军的社会化进行更深入的研究。

讨论

1. 儿童时代你参加过童子军活动吗？如果参加过，你意识到在你的童子军经历中你在不断接收性别信息吗？你的反应又是什么？
2. 如果你自己就是童子军领袖，你想成为哪种性别典范？你又是如何成为那样的典范的？

资料来源：Boy Scouts of America, 2010；Denny, 2011；Girl Scouts of the USA, 2001；World Association of Girl Guidess and Girl Scouts, 2011。

内容分析能够揭示深层问题。近年来，毁灭性飓风、洪水和旷日持久的干旱现象与日俱增，很多人纷纷表示，我们需要让下一代了解气候变化的知识。为了评估孩子们的环境意识，社会学家收集了过去 70 年中的获奖绘本，对它们进行了内容分析。他们的研究显示，绘本中对自然环境和动物的描述明显减少。今天的儿童读物仍然非常关注环境事件，但它们更可能绘制火山喷发的图画，而不会描绘洪水或灾害天气。甚至当书中出现排放大量黑烟的城区烟囱画面时，故事线也不会提及环境污染问题（Williams et al., 2012）。

LO 5-2　方法论的发展

社会学家提出了几种新的方法路径。这些当代方法为社会学研究领域带来了非常重要的发展。

女性主义方法论

女性主义视角对当代社会学家产生了重要影响。这一视角是如何影响研究的呢？社会学家必须客观看待问题，但他们的理论导向却可能会影响研究问题。换言之，受理论导向影响，他们会研究某些问题，而不会研究另外一些问题。比如，不久前，研究者通常将工作与家庭分开研究。而女性主义理论家则认为，这两个领域密不可分。同理，工作与闲暇、有薪水的工作与免费的家务工作也都不是毫无关系的领域，它们是一枚硬币的两面。

近年来，女性主义理论家对自残问题产生了兴趣。研究发现，85% 的自残者都是女性；女性主义者进而想要找出自残者多为女性的原因。他们并不认为这是生理紊乱所致。他们发现，社会鼓励女性将更多的精力放在自己的身体上，比如通过理发、皮肤护理和褪斑处理等活动来改善个人形象。他们认为，由于女性对身体高度关注，一旦她们遭受某种外来伤害，就可能会导致她们的自残行为。他们也想对男性自残者进行更深入的了解。他们提出了假设：自残体现了男性在容忍疼痛时所表现出的极度男性气概（Adler and Adler, 2011）。

与其他研究者相比，女性主义研究者更倾向于参与研究对象的生活，询问研究对象的看法。他们更希望引导变革,提升公众意识和影响政策。他们尤其欢迎采用跨学科研究方法,例如,用历史证据或法律研究来辅助社会学研究。

酷儿理论和方法论

如果研究者想要对社会整体进行概括,他们的研究结果就必须能够代表所有人。在过去的一代人中,女性主义理论家坚持认为女性与男性一样,都应得到研究者的同等关注。同理,酷儿理论的支持者想要知道,研究者是否在研究中将同性恋人群也考虑在内?他们是不是假设他们的概括能适用于每个人,不管这个人是异性恋还是同性恋?

根据美国国家经济研究局的统计数据,显然,大部分研究都低估了同性恋人群在总人口中所占的比例,同时也低估了反同性恋者所占的人口比例。研究局建议采用"隐藏提问"技巧来询问研究对象是否认为自己是异性恋。这个问题夹杂在其他并不敏感的问题中,比如"你是否在孩童时代玩过很多电子游戏?"在某项研究中,关于性取向的问题夹杂在一堆并不敏感的问题中,结果有19%的研究对象回答说自己是非异性恋;当这个问题被更加直接地询问出来时,这一比例就降到了11%(Coffman et al., 2013)。

这项研究表明,如果研究者想找到同时适用于异性恋和同性恋的研究结果,他们就必须在性取向问题上更加谨慎地措辞;相比之下,政治和宗教从属等其他比较敏感的话题对措辞的要求就没有那么严格。

LO 5-3　未来——大数据的时代

技术进步影响到我们生活的每个方面,社会学研究也不例外。现在,随着可用数据急速增加,社会学家就可以进行十年前无法实现的研究。以前,只有得到资金资助或主要机构支持的人们才能使用大量数据。现在,任何一个有电脑的人都可以接触海量数据并对社会行为进行研究。

在美国,不论城镇规模大小,都会接收并记录公民投诉。有时这些投诉会得到及时处理;但在某些时候,出于种种原因,这些投诉只是被记录在数据库里。

研究者在波士顿发现了关于房屋情况投诉的珍贵数据。这些投诉涵盖各个方面，从供暖系统故障、潮湿问题到如臭虫等害虫的出现等。数据库中记录了大量的电话和集体地址，研究者由此可以对不同街区的住房状况进行对比。

研究者很快就意识到，他们可以将这些数据绘制成地图，简明地展现出这座城市房屋问题的相对严重性。这个研究团队发现，这些数据并不能准确地呈现"问题住宅区域"，因为不论收入水平高低，房主都要比租户更可能寻求政府帮助来解决房屋问题。与之相比，如果某个社区中大多数人都是租房者，不论这些租户收入是高或低，他们通常都不会向政府部门报告房屋问题（O'Brien et al., 2013；Scharfenberg, 2013）。

有时社会学家也能像在美国这样轻易获取别国的数据。2009年到2013年秋季，全世界发生了数次流感大暴发。医学研究者如何追踪流感病毒在一个国家甚或是全世界的蔓延轨迹呢？流行病学家一般都是根据医院提交给政府机构的报告来进行研究。数据收集非常耗时间，通常在流感症状出现很多天后，官方数据才会正式发布。不过，公共健康研究者会用谷歌来追踪流行病。他们通过监测人们在网上搜索的热门话题并将各国互联网的接入度进行权重（比如，瑞士的接入度很高，尼日利亚的接入度较低），进而实时检测疾病的传播。尽管他们首次使用网络数据时因经验不足而过高地估计了疾病暴发的严重性，但是研究的精确度的确逐年得到了提高（Dukic et al., 2011；Lazer et al., 2014）。

同理，过去社会学家必须根据受害者的投诉或警局报告来理解犯罪模式。现在他们已经可以接触实时、按地点标注（有准确地址）的案件报告。这些新数据将会给社会学家提供更多信息。他们可以解读这些信息，并将信息与社会环境中的其他方面联系起来。不过，使用这些数据也带来了一个伦理问题，即个人隐私。社会学家现在能够查到人们的房地产交易、对竞选活动的捐款、网购商品记录，以及在收费公路上的旅行记录。他们应该怎样保护其所用数据中所涉及者的隐私呢？这并不是一个学术问题。今天，仅仅通过性别、出生日期和邮编，就能确定87%的美国人的个人身份（King, 2011）。

E 评 估

1. 社会学家通过（　　）来保证数据能从统计学上代表研究的人群？
   (a) 抽样　　(b) 实验　　(c) 民族志　　(d) 控制变量

2. 1930年代，威廉·怀特搬入波士顿一个低收入意大利人社区进行研究。他成为当地某个社交圈的成员，并将其经历写入《街角社会》。怀特运用了（　　）研究方法？
   (a) 实验　　(b) 调查　　(c) 次级分析　　(d) 参与式观察

3. 涂尔干对自杀的数据分析采用了以下哪种研究方法？
   (a) 民族志　(b) 观察式研究　(c) 次级分析　(d) 实验研究

4. 科学家想用实验方法来实验某种新牙膏，他们会将牙膏分给＿＿＿＿，但是不会分给＿＿＿＿。

5. ＿＿＿＿指的是实验的观察者对被研究者产生的无意识的影响。

答案：1. (a)　2. (d)　3. (c)　4. 实验组，控制组　5. 观察效应

R 反 思

1. 如果你要研究看电视对学生成绩的影响，你会怎样设计实验？

2. 假设你所在的研究小组要研究社区内的流浪汉问题，你觉得哪种研究方法最有用？你会如何使用这种方法？

模块 6

伦理研究

ⓟ 准备　学习目标

LO 6-1　列举美国社会学学会《伦理准则》的基本原则

LO 6-2　应用伦理原则，如利益冲突和价值中立，来解决研究者在研究中遇到的挑战

LO 6-3　通过社会学视角，分析性行为研究中面临的挑战，以及此类研究对社会政策的潜在影响

ⓞ 组织　模块大纲

美国社会学学会伦理准则

社会政策和社会学研究

ⓦ 工　作

只有在药物经过严格测试且研究对象同意接受药物注射的前提下，生物化学家才能将药物注射到研究对象体内。如果随意进行人体试药，就会产生伦理问题和法律问题。在开展研究时，社会学家也要遵循某些特定准则，即所谓的伦理准则。

LO 6-1　美国社会学学会伦理准则

美国社会学学会（ASA）是社会学学科的专业协会。1971 年，它首次公布了协会的《伦理准则》（以下简称《准则》），并于 1997 年再次对《准则》进行重审，修订版本一直沿用至今。《准则》提出了以下几条基本原则：(1) 在研究中保持客观和公正。(2) 尊重研究对象的隐私和尊严。(3) 保护研究对象免受人身伤害。(4) 研究必须保密。(5) 从研究对象处收集数据时，或者在私密环境下发生某种

行为时，研究者必须征得研究对象同意。(6) 说明研究合作关系和接受的帮助。(7) 公开所有研究资金的来源。

这些基本准则看上去非常明确。为何它们还会引起分歧或争议呢？事实上，很多复杂的伦理问题都不可能仅靠读一读这七条准则就能解决。比如，进行参与式观察研究的社会学家是否应该一直为研究对象保密？如果研究对象是某异教组织成员，据说参与了不道德甚至可能违法的活动，社会学家应该怎么做？如果社会学家对政治活动家进行访谈，随后遭到政府当局询问研究情况，他又该怎么处理？

由于大部分社会学研究都把"人"作为信息的来源——回答调查问题的研究对象、民族志研究对象和实验参与者，所以这些伦理问题非常重要。在每种情况下，社会学家都要确定他们并未侵犯研究对象的隐私。通常，社会学家都会隐去研究对象的姓名，并保证不泄露他们的个人信息，以此来保护他们的隐私。除此之外，涉及人类研究对象的研究计划必须事先经过审查委员会审核，委员会成员需要确定研究对象不会因接受研究而面临极大的风险。必要情况下，委员会还会要求研究者重新设计研究，以合乎《准则》。

下一节讲述了社会学家李克·斯卡思（Rik Scarce）的经历，从中我们可以感受到研究者所面对的伦理问题之重要性。斯卡思发誓要保护研究对象的个人信息，但他的做法却给自己惹来了复杂的法律官司。

保密

和记者一样，社会学家有时也会发现，由于自己在研究中获取了某种信息，结果遭到司法部门的问询。碰上这种事常会让人感到极不舒服，进而引发严重的伦理问题。

1993年5月，华盛顿州立大学社会学系在读博士斯卡思因蔑视法庭的罪名而锒铛入狱。1991年，动物权利保护主义者袭击了华盛顿大学研究实验室，联邦大陪审团希望能从斯卡思那里了解到关于这次袭击事件的内幕。当时斯卡思正在进行研究，为一本关于环保示威者的书收集数据，他至少认识1991年袭击案件中的一名疑犯。在联邦法庭上，斯卡思拒绝向大陪审团透露任何信息。尽管遭到联邦法官的严厉斥责，但他却赢得了狱友的尊重，因为狱友认为他"绝不会出卖朋友"

(Monaghan, 1993)。

当斯卡思不服判决选择提起上诉后，美国社会学学会对他的立场表示支持。斯卡思在狱中仍然保持沉默。最终，法官裁决，即使对斯卡思继续监禁，也无法让他透露任何信息，所以在入狱 159 天之后，斯卡思终于获释了。1994 年 1 月，美国最高法院驳回了斯卡思的上诉请求。由于最高法院未能考量他的案件，因此斯卡思（Scarce, 2005）后来主张，联邦法律需要明确学者和新闻记者为研究或采访对象保守秘密的权利。

LO 6-2　利益冲突

《准则》第七条要求研究者公开研究资金的所有来源，但这一做法并不一定总能确保研究行为符合伦理道德的要求。尤其是在企业和政府提供经费的情况下，它们表面上是为基础研究提供资金支持，但却很可能会提出附加条件。私营机构，甚至就连政府机构，都会从研究结果中获利。因此，如果研究者接受它们的资金支持，就会导致外界对他们的客观性和公正性产生置疑（《准则》1）。

埃克森石油公司油轮"瓦尔迪兹号"在阿拉斯加海岸撞上礁石搁浅后，一个浮动的安全壳屏障（围油栏）将它围了起来。法庭裁定埃克森石油公司在这场环境灾难中疏忽大意，要求其支付 53 亿美元油污清洁费。在上诉过程中，埃克森公司成功地将赔偿金额减少到 5 亿美元。它的上诉依据基于接受埃克森公司资金资助的一项学术研究。有些学者认为这项研究涉及利益冲突。

站在他人的角度思考问题——药物技术员

在研发新药时,如果某人捏造数据来达到特定结果,公司或消费者将会承受什么后果?

LO 6-2 价值中立

社会学家在伦理道德方面需要考虑到方方面面的问题,其中不仅包括他们使用的方法、接受的资金支持,也包括他们解释研究所得结果的方式。韦伯承认,个人的价值观会影响社会学家对其所研究问题的选择。他认为这一点完全可以接受,但是研究者在任何情况下都不能让个人情绪影响到其对数据的解释。用韦伯的话来说,即社会学家在研究中必须保持**价值中立**(value neutrality)。

价值中立准则还包括,即使研究结果与个人的观点、现有的理论解释或者广为接受的观点相反,社会学家基于伦理道德也必须接受这一研究结果。例如,涂尔干提出社会力量(而非超自然力量)才是引起自杀的重要因素,从而对当时流行的观念提出了挑战。

尽管一些社会学家认为不可能做到完全中立,但是忽略这个问题也是极不负责任的行为。试想一下,如果研究者将自身偏见带入研究中,将会带来什么后果?例如,一名调查校际体育竞技对校友捐款影响的研究者,可能只会研究那些能带来明显收益的体育运动,如美式橄榄球或篮球等。这位研究者很可能会忽略所谓"较不重要的运动",如网球或足球,而女性运动员则更有可能参与这类运动。尽管有杜波依斯和简·亚当斯早期的研究,但是社会学家仍然需要认识到,社会学这门学科通常并未能充分考虑到所有人的社会行为。

乔伊斯·拉德纳(Joyce Ladner)在《白人社会学之死》一书中强调,主流社会学倾向于把非裔美国人的生活看成一个社会问题。随后,女性主义社会学家舒拉米特·瑞恩哈茨(Shulamit Reinharz)提出,社会学研究除了应该兼容并蓄,更应该大胆地促进社会变革,并且能够以开放的态度利用非社会学家所做的相关研究。拉德纳和瑞恩哈茨都认为，研究者应该关注女性的不平等社会地位是否影响了他们的研究。例如，我们可以拓展关于教育程度对收入影响的研究，进而讨论男女之间收入不平等这一情况可能造成的后果。保持价值中立并不是说社会学家就不能有自己的意见。它要求社会学家必须努力克服可能对研究分析造成影响的任何偏见，不论这些偏见是有意的还是无意的。

社会学家彼得·罗西（Peter Rossi）承认，自由主义倾向引导他进行特定的研究。他按照韦伯的价值中立观点，一直坚持采用非常严格的研究方法并对数据进行客观解释，但是这种做法有时却会让他得出颇有争议的研究结果，而这些研究结果并不一定符合他所持的自由主义价值观。比如，1980年代中期，他对芝加哥的游民数量进行调查，但他的测量结果远低于"芝加哥游民联盟"的调查数据。协会成员纷纷对罗西进行严厉的抨击，认为他低估了游民的人数，严重地妨碍了他们的社会改革活动。罗西总结道：从短期来说，卓有成效的社会研究总是会被争论中的某一方认为是背叛者。

LO 6-3　社会政策和社会学研究

我们都知道，研究者在研究中会用到多种研究工具，从最简单的观察研究到最先进的电脑技术等。在现实生活中，社会学研究会对公共政策和社会福利产生深远影响，下面我们就来看一下其对性行为研究的影响。

研究人类性行为

研究者是如何研究人类性行为的呢？2011年，神经科学家奥吉·奥加斯（Ogi Ogas）和塞·加得姆（Sai Gaddam）研究了几百万条与性话题相关的网络搜索条目、色情网站和性爱视频。他们发现，男性和女性在偏好上差别很大，但是，同性恋与异性恋之间除了性取向上的差异外，在偏好上差别很小。不过，这类研究的局限性也十分明显。奥加斯和加得姆并未区分网络幻想与理性欲望，也没有确定某个调查对象只是偶然进行了一次搜索，还是就同一话题进行了无数次搜索。尽管如此，该网络研究还是迈出了人类性行为理解之路上的重要一步（Bartlett，

2011）。

当今时代，性传播疾病会造成非常可怕的后果，因而提升我们对人类性行为的科学理解也就显得尤为重要。然而，我们却发现，人类性行为研究很难开展。究其因，一是因为人们担心个人隐私被泄露，二是由于人们对性行为问题持有各种偏见、迷思和信念。很多人都强烈反对研究人类性行为。对于这样一个充满争议的私人问题，研究者应该如何开展科学研究呢？

应用社会学　社会学家并未掌握关于美国人性行为模式的可靠数据。1990年代之前，著名的两卷本《金赛报告》是仅有的关于性行为的全面研究成果。1940年代，《金赛报告》就开始了前期研究筹备。尽管时至今日相关研究仍在大量引用这一报告的内容，但是这份报告中的受访志愿者已经不能代表现今的美国成年人。

一方面，我们缺乏关于性行为模式的可靠数据，这是因为研究者很难获取关于这一敏感话题的准确信息。再者，在1980年代发现艾滋病以前，研究人员从不需要关于性行为的科学数据，除非是考虑到某种具体问题，如避孕。尽管艾滋病危机已经濒临无以复加的地步，但是社会各界对政府向性行为研究投入经费资助仍然意见不一，而且研究者也很难获得政府的经费。

围绕人类性行为研究的争议再次提出了价值中立问题。考虑到社会学与政府之间的关系，价值中立问题变得极为微妙。联邦政府已经成为社会学研究经费的主要来源。但是，韦伯极力主张社会学必须保持学科自主性，不应受到社会任何组成部分的过度影响。按照韦伯的价值中立理念，社会学必须能够毫无顾忌地揭露令政府感到羞辱的信息，同理，他们也必须能够无拘无束地公布支持政府机构的信息。

政策建议　1987年，国家儿童健康与人类发展研究所（the National Institute

性可被用于促销，但是说服立法者资助性行为研究的行动仍然任重而道远。

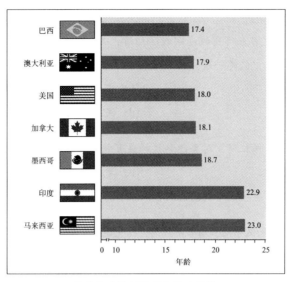

首次发生性行为的年龄中位数

资料来源：Durex, 2007。

of Child Health and Human Development) 在全美范围征求有关性行为全国调查的提案。社会学家提出了各种研究计划，由评审小组批准获得相关的研究资助。然而，1991年，美国参议院却投票禁止向任何成年人性行为研究调查提供资助。尽管投票结果不利于此类研究，但是社会学家还是设计了国民健康与社会生活调查（NHSLS），以此来深入了解美国成年人的性行为。研究者通过私营机构和个人筹集了160万美元经费，从而成功地实施了这项调查研究。

国民健康与社会生活调查报告的撰写者相信该项研究意义重大。他们认为，他们的调查数据能让利益集团更容易地解决公共政策问题，其中包括艾滋病、性骚扰、福利改革、性别歧视、堕胎、青少年怀孕和计划生育等。他们的研究结果也有助于反驳一些成见。例如，社会大众普遍认为：女性经常用堕胎的办法来进行生育控制，贫困少女是最容易选择堕胎的社会经济群体。然而，研究结果却与这种普遍认识完全相反。他们发现，在流产者中，四分之三的女性都是第一次堕胎。而和贫困少女相比，受教育程度高且生活富足的女性更可能选择堕胎。

这一调研对解决公共政策问题是非常有效的。正如上图所示，全世界的学者现在都在研究人类性行为，以期减少艾滋病或艾滋病病毒的发病率。

E 评 估

1. 信奉无神论的研究者在研究校内宗教活动时，必须特别注意在设计和开展此项研究时遵循《准则》中的哪一条？

    (a) 保密　　　　　　　　　　　(b) 获得研究对象的同意

    (c) 保持客观性　　　　　　　　(d) 保护研究对象不受伤害

2. 在社会学研究中，保证研究对象隐私权的最有效方法是什么？

    (a) 保证匿名性　　　　　　　　(b) 尊重研究对象的尊严

    (c) 取得研究对象签字认可的同意书　(d) 使用随机方法选择样本

3. 接受医药公司资助的医学院必须非常谨慎，以免违反下列哪项伦理准则？

    (a) 保护隐私权　　　　　　　　(b) 利益冲突

    (c) 价值中立　　　　　　　　　(d) 获得研究对象的同意

4. 《准则》要求社会学家解释研究的本质和潜在风险，同时必须取得参与者的同意。这被称为_____。

5. _____中立准则还包括，即使研究结果与个人观点、理论解释、广为接受的观点相反，社会学家基于伦理道德也必须接受这一研究结果。

答案：1. (c) 2. (a) 3. (b) 4. 知情同意 5. 价值

R 反 思

1. 如果你打算研究人类性行为，你需要特别关注《准则》中的哪一条原则？此类研究可能会引发哪些伦理问题？你会如何阻止这些问题的产生？

2. 为什么韦伯强调在数据解读中的客观性？在社会学研究中，有可能做到完全的价值中立吗？研究者能在何种程度上克服自身偏见？

案例分析 | 预知结论

按照专业学习计划，凯尔·拉森（Kyle Larsen）必须修习一门基础的科学课程。由于他很关心环境问题，他选择了《生态学入门》。为了完成这门课的期中项目，学生们需要比较同类型产品来调查能源使用情况。凯尔决定去调查汽车的能效情况。是否有些汽车比另一些汽车更加"绿色"呢？老师再次强调了科学研究方法，但是凯尔完全置若罔闻，就连笔记都没记。他已经打好自己的主意了。

凯尔知道，和大型车辆相比，小型车辆能在油耗相当的情况下行驶更多里程。他也知道，在城里开车比在高速路上更耗油。他将自己的一辆V-4引擎两门紧凑汽车指为车A，将姐姐的一辆油耗很高的V-8引擎运动型多用途车指定为车B。她住在很远的山里，但她只需记录车B在一周内的行驶里程和耗油量。凯尔告诉姐姐："就在城里开，别跑高速去很远的地方。"他的姐姐同意了。凯尔非常高兴。这个项目太容易了。他的研究假设"小型车比大型车更环保"马上就能得到验证了。

三个星期后，作业发了下来。凯尔非常震惊，因为他竟然没及格。老师的评语中提到："能源效率不仅仅与发动机的大小有关；你未能应用科学方法。"

1. 凯尔看似遵循了科学研究方法的哪些步骤？又忽略了哪些步骤？你认为他忽略的步骤对他的研究结论造成了什么影响？
2. 老师评语中提到："能源效率不仅仅与发动机的大小有关。"文献回顾能否帮助凯尔避免这个错误？他可以使用哪些资源？
3. 你认为凯尔的研究设计有什么问题？应该怎样加以修改？
4. 凯尔的研究忽略了价值中立性，这对科学研究方法的五个基本步骤造成了什么影响？

"强力"学习策略　设定有效目标

我们都心怀希望和梦想。但是，除非我们付出长期的努力，否则梦想终究不过是水中月镜中花。通过设定有效目标，你就能将梦想转化为目标，用目标指导行动，让行动造就成功。

以下框架有助于你设定目标，给你的人生带来全新的变化。

P
- 思考你需要为生活的哪些方面（如读书、工作或家庭）设定目标。每次设定一种目标。
- 确立对你真正重要的长期目标。
- 将你的长期目标写入图表。作出承诺的第一步是将目标写下来。
- 和家人或学习小组成员分享你的目标。这是促使你遵守承诺的第二步。

O
- 根据重要程度，将目标从高到低进行排列，选择从最重要的目标开始努力。
- 清楚了解自己的专注能力。设定的目标越少越好。以后你会找到完成其他目标的时间。

W
- 通过将大目标划分为子目标或小步骤，你就能制定行动计划来实现每个目标了。
- 将目标具体化。大目标和子目标都应该是可以衡量的具体目标，这样你才能知道什么时候达成什么目标。请写下"我希望自己在本学期这门社会学课上取得 80 分以上的成绩"，而不是"我会在这门社会学课上好好表现"。接着设定子目标，如"我要按时完成本月社会学课的所有作业""在本月所有的测验和随堂测试上，我都要取得 80 分以上的成绩"。
- 在子目标中列出具体时间（如"到这个月末"）。
- 一定要实事求是。只有你自己才知道你能否达成"本学期按时完成所有作业"的子目标。如果你无法实现这个目标，也许"本月至少按时完成 80% 的作业"更加实际。如果你定下无法完成的目标，你可能会在匆忙之中放弃整个目标设定框架。

E
- 在书面图表上记下自己的进展。标出圆满完成的部分以及需要改进的部分。
- 和他人分享自己的进展。他人的激励能让你保持努力的状态。

R
- 在一段时间（如一个学期）过后，根据最终目标反思自己的进展。
- 庆祝子目标的成功并接受失败。没有人会是常胜将军。
- 同时，请坚持自己的目标。必要时可以调整自己的小目标或工作方法，这样你会在下一阶段做到更好。

> **赐予我力量** **你从生活中得到了自己想要的东西吗？**
>
> 如果生活失去了目标，就会像开车没有方向一样。一开始你可能会觉得很有趣，但是随着时间的快速流逝，最后你会茫然失措，毫无成就感。学习设立目标就是学习获取自己想要的东西。想看看自己的目标设定习惯是如何养成的吗？请根据自身实际情况，在"这是我"或"这不是我"的选项中作出对应选择，然后算出自己的分数。
>
> 这是我 = 1　　这不是我 = 0
>
> 1. 我会制定具体的、可衡量的目标，比如"我想把本学期的平均成绩从 70 分提高到 80 分"，而不是仅仅说"我希望考得更好"。
> 2. 我会将目标写下来，然后定期记录自己的进展。
> 3. 我会设定具有挑战性的目标，这些目标可以在一段时间内达到。
> 4. 我会把大目标分成小步骤或子目标。
> 5. 我会根据目标的重要性或必要性将其进行优先排列。
> 6. 一旦定下目标，我就会列出达成目标所需采取的所有行动。
> 7. 我会用肯定语气叙述自己的目标："我每晚都会完成作业"，而不是"我不会浪费晚饭后的时间"。
> 8. 我会将自己的目标告诉他人，这样能够促使我一如既往地努力学习，而且我也能得到他人的支持。
> 9. 我遇上困难或想要放弃时，我会花时间想象自己已实现目标并想象那份满足感。
> 10. 我会经常监督自己的进展，然后作出必要的调整。
>
> **得分**
>
> **8—10 分**：你清楚地知道自己应该先做什么。你设定了明确的目标，确定了达成目标所需的步骤，并会经常监督自己的进展。
>
> **5—7 分**：你理解目标的价值，但是可能无法清晰地定义或有效地管理这些目标。请重新阅读 1 到 10 选项，看看自己能在哪些方面加以改进。
>
> **0—5 分**：可能你在担心，设定目标会让自己失去自由精神。但是你要切记，只有当你能够控制自己的生活道路并达成梦想，你才是真正自由的人。按照以上列出的目标设定建议开始行动吧。如果你想要更多灵感，请参看本章的"强力"学习策略：设定有效目标。

3

第三章

文 化

模块 7　文化研究

模块 8　文化要素

模块 9　全球文化发展

模块 10　文化差异

社会学实务——和平队志愿者

约翰·江上（John Egami）是一名和平队志愿者，他在乌干达坎帕拉的一所小学工作，致力于开展读写课程，鼓励当地孩子养成课外阅读的习惯。他解释说："乌干达人向来都不喜欢阅读。家长很少读书给孩子听。孩子们阅读的唯一目的就是想要通过考试。"

一开始，他想了很多办法，希望孩子们能够醉心阅读；孩子们表现出彬彬有礼的样子，但他们实际上对阅读却是毫无兴趣。没过多久遇到了一个节假日，孩子们回到了自己的村庄，与父母和祖父母一起庆祝节日。回到学校后，他们七嘴八舌地讲述了很多家族故事，分享着节日庆祝的盛况。这时，江上突然灵机一动，马上着手把孩子们的故事都录制下来。孩子们将录音带听了一遍又一遍，江上也和他们一起聆听。江上这才清楚地意识到，这些孩子属于一个有着丰富口述传统的民族，而且他们非常擅长讲故事。如果江上想让孩子们爱上阅读，他就要在他们的口述文化与自己设定的阅读目标之间搭上桥梁。他将孩子们的口述故事转录成文字并打印出来。孩子们很爱读这些故事书，他们非常开心地争论着单词的形状和意义。因为江上愿意了解乌干达文化，所以他的学生们才有机会了解书籍和阅读的价值。

本章内容概述

本章我们将了解文化研究在社会学中的基础性作用。我们的讨论将会关注：所有社会中的文化习俗共性，以及每种社会文化的特殊性。我们将会解释并探讨文化的主要问题，包括语言、规范、制裁和价值观。我们将会看到，文化如何形成主流意识形态，以及功能论学派和冲突论学派对文化的认识和看法。我们将会研究世界各地文化的发展，包括全球化运动所带来的文化影响。最后，在社会政策部分，我们将会分析当今关于双语现象的争辩中所蕴含的文化价值冲突。

模块 7

文化研究

P 准备 学习目标

LO 7-1 解释"文化"和"社会"的社会学含义

LO 7-2 对比种族中心主义和文化相对主义

LO 7-3 阐释关于人类社会行为的社会生物学解释与社会文化学解释之间的差异

O 组织 模块大纲

文化是什么

W 工 作

LO 7-1 文化是什么

文化（culture）是我们所知通过社会传播的习俗、知识、有形物质及行为模式的总称。文化包括一群人的思想、价值观和人工制品（如 DVD、漫画书、节育装置等）。对美国国旗的爱国情结是文化的一个方面，阿根廷举国上下对探戈的喜爱同样是文化的一个方面。

有时，当人们提到某人或某个城市，会说这个人"很有文化"或者这个城市"文化底蕴很深"。在前一句中，"文化"一词的使用与本书中的"文化"应用大相径庭。在社会学意义上，文化绝不仅仅指艺术作品或高雅的知性品味。文化包含了社会中所有的物质和思想，包括俚语词汇、冰淇淋蛋卷和摇滚乐等。在社会学家眼中，伦勃朗的肖像画和涂鸦艺人的作品都是文化的一部分。纯靠人力耕种的部落和依赖电脑操作机器的人们拥有同等程度的文化。每个人群都有自己独特的文化，他们的食物采集和烹调方式、房屋建造方式、家庭组织模式以及善恶标准都各具特点。

知道我们与哪个族群或社会拥有相似的文化特质，有助于我们判断自己的归属。当一群人共同生活在某个区域，慢慢养成共同的生活方式，进而演变成独特的文化，并相对独立于区域外人群，这些人就组建起了一个**社会**（society）。洛杉矶市区的人口数量超过了至少150个国家，但是社会学家并不认为洛杉矶地区是一个独立的社会。他们认为洛杉矶地区是美国社会的一个部分。

社会是最大人类群体的组织形式，它由拥有共同文化遗产的个体所组成。社会成员学习这种文化并代代传承。他们甚至通过文学、艺术、录像和其他表现形式来保存其特有的文化。

社会学家早就意识到文化影响人类行为的多种方式。通过一套由各种习惯、技能和方式组成的基本工具，同种文化模式下的人们才能形成知识获取、与亲人交往、进入劳动力市场的方式，简称他们的生活方式。如果没有文化的社会传播，每一代人就得重新发明电视，更别说进行革新创造了。

文化相同，许多日常活动也就会变得非常简单。比如，买机票时，你知道你无须随身携带现金，你可以用信用卡支付。当你是某个社会的成员时，你往往会认为许多微小的（也有更重要的）文化模式是理所当然的事情。你觉得剧院里肯定有观众席，医生肯定不会泄露病人的隐私，父母肯定会非常小心地牵着孩子的手过马路。这些看法都反映出美国文化的基本价值观、信仰和风俗习惯。

当今时代，文本信息、声音和视频都能在瞬间传遍全球，某些文化内容的影响力也早已跨越国界。德国哲学家西奥多·阿多诺（Theodor Adorno）和其他一些学者谈及全球**文化产业**（culture industry），这个产业为全球消费者所需的商品和服务制定了标准。阿多诺认为，在全球范围内，流行文化所带来的最主要影响就是限制了人们的选择。不过，也有一些学者发现，文化产业的影响并不总是能突破国界。有时候，文化产业大受欢迎；但在另一些时候，文化产业也会遭到严厉抵制（Horkheimer and Adorno, 2002）。

文化共性

所有的社会都会形成某些共同的做法和信仰,这就是所谓的**文化共性**(cultural universals,又译"**文化普遍性**")。事实上,许多文化共性都是为了满足人类基本需求而所做的适应调整,如对食物、住所和衣物的需求。人类学家乔治·默多克(George Murdock)总结了一系列文化共性,其中包括体育运动、烹饪、舞蹈、登门拜访、人名、婚姻、医药、宗教仪式、丧礼、性禁忌和贸易等。

默多克所列举的文化习俗也许具有普遍性,但是它们在每种文化中的表达方式却是各不相同。比如,一个社会可能会鼓励其社会成员自由恋爱结婚;而另一个社会则可能会提倡父母包办婚姻。

文化共性的表现形式不仅在每个社会中大为不同,而且在同一个社会中,它也会随着时间流逝而发生巨大的变化。同理,大多数人类文化都在日新月异地发展变化,对每一代人而言,文化的内涵也在不断地变化和扩展。

种族中心主义

在我们的生活中,许多日常说法都显露出唯本土文化最强的观点。我们用"欠发达的"(underdeveloped)、"落后的"(backward)和"原始的"(primitive)等词汇来描述其他社会。"我们"的信仰是宗教,而"他们"的信仰就成了迷信和神话。

我们很容易基于本土视角来评判其他文化的习俗。社会学家威廉·萨姆纳(William Sumner,1906)发明了**种族中心主义**(ethnocentrism)这一术语。种族中心主义即倾向于认为自身的文化和生活方式就是文化规范,或是远比其他文化优越的态度和看法。种族中心主义者认为自己的族群是文化的中心,是文化定义的范本,而其他文化都偏离了"正常的"文化,完全是异端。那些以牛肉为食材的西方人可能会对印度教及其文化嗤之以鼻,因为印度教认为牛是神圣不可侵犯的。某种文化中的人可能会认为另一种文化中的择偶方式和育儿方式是不可思议的。总的来说,我们的社会生长环境给我们对世界的看法带来了巨大的影响。

并非只有美国公民才有种族中心主义态度。比如,看到美国孩子对家长表现出

站在他人的角度思考问题——课堂辅助

在一个多族裔的城市学校中,如果教学人员从文化相对主义而非种族中心主义的角度来评判学生,将会给该校学生带来什么益处?

非常随意的态度,从非洲来的人可能会大为吃惊。从印度来的人可能很厌恶我们与猫狗同住的生活方式。来自阿拉伯世界和亚洲的许多伊斯兰教原教旨主义者认为,美国是一个腐朽堕落的国度,注定要走向毁灭。他们可能更乐于选择生活在他们认为更优越的文化中。

文化相对主义

种族中心主义意味着用观察者熟悉的文化作为标准来评判他国文化,而**文化相对主义**(cultural relativism)则意味着从他人自身原有文化的角度出发去评判他人的行为。文化相对主义强调理解其他文化,而不是将其看成"奇怪的"或"外来的"文化。文化相对主义者与种族中心主义者完全不同,前者在科学研究中运用了韦伯极力推崇的价值中立原则。

文化相对主义强调,不同的社会情境会催生不同的规范和价值观。因此,我们必须把一夫多妻制、斗牛活动和君主政体等习俗放到具体文化情景中进行探讨。文化相对主义并未建议我们无条件地接受每种文化差异,但它的确要求我们根据不同的文化情境,认真且无偏见地评判各种规范、价值观和习俗。

下面我们来看一下童婚习俗。北美洲的人们完全无法理解为什么12岁的小姑娘就要嫁人。在美国,童婚违法,但在西非和南非却是再正常不过,尤其是在尼日尔、马里、几内亚、尼日利亚、中非共和国、乍得等国。美国应该尊重这种婚姻习俗吗?很明显,答案是不应该。2006年,美国政府耗资6.23亿美元,在童婚现象最为普遍的国家中开展各种项目,以逐渐消除这项陋习。

从文化相对主义的角度来说,我们可能会问,一个社会是否应该花费资源去控制他国的社会规范。然而,联邦政府官员出面为政府行为进行了辩护。他们认为,童婚剥夺了女孩受教育的权利,损害了她们的健康,削弱了公共健康机构为抗击艾滋病所做的努力(Jain and Kurz, 2007; Slavin, 2007)。

社会生物学与文化

社会学强调文化表达中的多元性和变迁,社会生物学学派则强调文化的普遍性。**社会生物学**(sociobiology)是对生物学如何影响人类社会行为进行系统研究的学科。社会生物学家坚持认为,人类所呈现的很多文化特征并非后天习得,而是可以归因于人类的基因谱系。例如,人类几乎都希望,女性应该负责养育后代,男性则应该负责提供家庭生活资料。

社会生物学的基础是达尔文的进化论。在环游世界的途中,达尔文注意到不同地域相同物种之间的细微差别,例如,鸟喙的形状。由此他作出如下推测:历经数千年变迁,基因谱系的随机变化让物种中的某些成员能够在特殊环境下生存下来。例如,鸟喙形状不同的鸟可能比它的同类更善于收集种子。在繁殖过程中,这些幸运的个体就会将自己的优势基因传给下一代。最终,由于拥有生存优势,这些出现生长差异的个体在数量上开始超出同类物种。这个物种非常缓慢地适应了环境。达尔文将这一通过基因随机变异而适应环境的过程称为**自然选择**。

社会生物学家将达尔文的自然选择原则应用到对社会行为的研究中。他们推测,如果某些特定行为模式有助于适者生存下来,这些行为就会印刻在生物基因中,世代相传。一种最为激进的社会生物学观点认为,**所有行为都是基因或生物因素的结果,社会互动对人类行为的形成没有产生任何影响**。

社会生物学家在探究个体行为时,并不想停留在讨论"为什么张三比李四更好斗"这一层面上。他们关注的焦点在于,拥有某些相同特征的人群(如男性或女性,或者偏远部落成员),其基因组成如何影响人类本性。总体来说,社会生物学家强调人类共享的遗传基因,他们对推测不同种族或国家之间的差异毫无兴趣。少数研究者尝试找出如犯罪活动等特定行为与遗传标记的关系,但是这些遗传标记并不是决定性的。与遗传基因相比,家庭凝聚力、同伴行为和其他社会因素对人类行为有着更大的影响(Guo et al., 2008)。

当然，很多社会学家都认为人们的社会行为有生物基础。比如，互动论者就是这样认为的。与互动论者一样，冲突论者和功能论者也都认为社会现实是由人类行为决定的，基因结构并不起决定性作用。冲突论者担心有人会借助社会生物学研究路径来反对帮助弱势群体的行为。例说，帮扶学习成绩平庸的孩子这一行为就与社会生物学观点背道而驰（Machalek and Martin, 2010）。

E 评 估

1. 以下哪个选项属于文化的一个方面？
   (a) 漫画书　　　　　　　(b) 对美国国旗产生的爱国情怀
   (c) 俚语　　　　　　　　(d) 以上所有

2. 人们为了满足对衣食住的需要所作出的适应调整即默多克所称的_____。
   (a) 规范　　　　　　　　(b) 民俗
   (c) 文化共性　　　　　　(d) 文化习俗

3. _____提倡人们理解其他文化而不是将他们看成"奇怪的"或"外来的"。
   (a) 文化相对主义　　　　(b) 文化冲击
   (c) 种族中心主义　　　　(d) 文化价值

4. 与种族中心主义者不同，文化相对主义者使用了韦伯提出的_____中立。

答案：1. (d)　2. (c)　3. (a)　4. 价值

R 反 思

1. 从乔治·默多克的文化共性列表中选择两种文化共性，从功能论视角对它们进行分析。为什么这些习俗存在于所有文化中？它们有什么功能？

2. 从社会生物学角度出发看待社会行为会产生哪些问题？会带来什么好处？你觉得这个视角有用吗？

模块 8

文化要素

ⓟ 准备　学习目标

LO 8-1　定义语言并描述其对文化的影响

LO 8-2　区别规范和价值观并列出与正式规范和非正式规范相随的奖惩示例

LO 8-3　讨论全球文化战争和文明冲突中价值观念的不同

LO 8-4　使用主要的社会学视角分析文化和主流意识形态

ⓞ 组织　模块大纲

语言的作用

规范与价值观

全球文化战争

关于文化的社会学视角

ⓦ 工　作

LO 8-1　语言的作用

语言是文化的要素之一。语言也是文化资本的重要组成部分。在第一章中，我们解释了布迪厄用"文化资本"来指代非经济资产，比如，通过个人语言知识和艺术知识所反映出的家庭背景和早期教育投资。

一个社会的成员通常都会使用同一种语言，这样便于进行日常交流。当你告诉五金店店员你想买手电筒时，你不需要把手电筒画给他看。我们的社会中早就有了约定俗成的专有文化词汇来指代这种体积小、便于携带、使用电池的灯。然而，如果你在英国买这种照明装置，你就需要用"电火把"（electric torch）来称呼它。当然，即使在同一个社会，同一个术语也会有不同的意思。在美国，"pot"

一词不仅指烹饪容器,它还指使人迷醉的毒品。在本节中,我们将会解释语言的文化影响,语言既包含书面语和口语,也包括非语言交流。

语言:书面语与口语

当今世界有7000种语言,远超国家数量。不论一门语言的使用者数量多少,对其使用者而言,语言都是他们共同文化的根本。

例如,英语中有大量与战争相关的词语。我们说,"征服"太空,预算决议"对决",向毒品"宣战",在股票市场"厮杀",在考试中"胜出",一些具有纪念意义或非常重要的事情就是"爆炸性事件"。如果某位观察者来自全然不同的文化背景,且从来不知战争为何物,他/她只用通过发现军事词汇在我们语言中的重要性,就能判断出战争和军事在我们生活中的重要地位。与此相似,生活在挪威北部和瑞典的萨米人,则发展出一套非常丰富的词汇来表述雪、冰和驯鹿(Haviland et al., 2008)。

实际上,语言是所有文化的基础。语言(language)是一种反映文化各方面的文字意义与符号的抽象系统。语言包含了口语、文字、数字、符号和非语言的手势与表达。语言是所有文化的基础,所以使用它国语言的能力对跨文化交流来说非常关键。冷战时期,从1950年代到1970年代,美国政府设立各种特殊语言学校,培养与苏联打交道的外交人员和军情咨询员,大力推行有关俄国的研究。2001年9月11日恐怖袭击事件之后,美国发现国内几乎没有懂阿拉伯语和其他穆斯林国家语言的资深翻译。随后,语言不仅在追踪潜伏的犯罪分子方面,还在与有意携手打击恐怖主义的穆斯林国家建立外交关系上发挥了重要作用。

语言不仅仅只是描述现实,它还能塑造文化现实。比如,大部分美国人都很难区分"冰"与"雪"之间的语言差异,而萨米文化中的人就能做到这一点。所以大部分美国人也不太可能去关注这种差异。

以两位语言学家的姓氏来命名的**萨丕尔-沃尔夫假说**(Sapir-Whorf hypothesis)描述了语言在塑造人们对现实的理解方面所发挥的作用。根据萨丕尔-沃尔夫的说法,由于人们只能通过语言来将其所处的世界概念化,所以语言是先于思想的。因此,文字符号和语法为我们将世界组织了起来。萨丕尔-沃尔夫假说还认为语言不是一成不变的。相反，语言是由文化所决定的。语言鼓励我们关注特定文化现象，进而对社会现实作出不同的解释。

几十年来，纳瓦霍人一直将癌症称作 lood doo na'dziihii。现在，纳瓦霍部落学院希望通过美国癌症研究协会资助的项目，尝试改变表述癌症的纳瓦霍词汇。为什么要改变呢？因为 lood doo na'dziihii 意味着"不能治愈的疼痛"。健康教育专家担心，被诊断患上癌症的部落成员会认为自己已经被判处了死刑。然而，改变纳瓦霍语本身就很不容易，再加上纳瓦霍人认为谈论这种疾病就是让它降临到本族人身上，这就让这件事变得愈加复杂（Fonseca, 2008）。

与此相似，女性主义理论家发现，与性别相关的词汇能够反映出某些职业对男性和女性的接受程度，尽管它们本身并不具有决定性。每次使用"邮递员"（mailman）、"警察"（policeman）或"消防员"（fireman）等词语时，我们就是在暗示（特别是对年幼的孩子）这些职业只能由男性担任。然而，现在很多女性也在从事"邮递员"（mail carrier）、"警察"（police officer）或"消防员"（fire fighter）等工作。通过使用这类中性词汇，社会也越来越认可这种职业分工现实情况。

一个说奥奈达语的本族人用贝利兹语言教学法培训纽约的奥奈达社区教师。自 2012 年以来，共有 527 人使用奥奈达语。许多美国土著部落都在采用相似的方法来恢复自己少有人用的语言，他们意识到语言是任何文化的重要基础。

语言能够塑造我们观看、品尝、嗅闻、感触和聆听的方式，并会影响我们对人、事、物的看法。语言能够传播文化中最重要的规范、价值观和准则。在世界上很多地区，一门古老语言慢慢走向衰亡，或者一门新语言逐渐被引入文化中，都会触动人们敏感的神经，现在我们应该明白此间缘由了（详见本章最后的社会政策部分）。

非语言交流

如果你觉得正在参加的会议很是无聊，你可能会突然向后一靠，双臂交叉环胸，嘴角下倾。当你看到一个朋友在哭泣，你可能会立马走上前去给他/她一个拥抱。大赛获胜后，你可能会与队友击掌相庆。这些都是非语言交流的例子。非语言交流指的是用手势、面部表情和其他视觉图像来进行交流。

我们并非天生就会使用这些表达形式。与学习其他语言形式一样，我们也是从同种文化中的人们那里学会了这些非语言表达形式。不论是快乐或悲伤的基本表达，还是更复杂的如羞耻感或压力等情绪表达，我们都必须经过学习才能掌握。

一位橄榄球教练用美国手语（一种非语言交流形式）与队员讨论比赛。"沉默战士"队是阿拉巴马聋哑学校的骄傲，它荣获四次全国冠军，其手下败将中既有聋哑人队伍，也有非聋哑人队伍。

与其他语言形式一样，非语言交流同样存在文化上的差异。比如，根据微观层面的社会学研究记录，来自不同文化背景的人们，在正常的社会互动情境中，对于允许身体触碰的程度有所不同。就连最有经验的旅行者也可能会对这样的差异感到意外。在沙特，一个中年男子在商业交易完成之后可能会与工作伙伴握手。在埃及，男人们在街上手牵手走路；在咖啡厅，他们会在别人的臂弯里睡觉。这些动作都可能会让美国商人大吃一惊，但在这些文化中这些都是值得赞赏的行为。手势是另一种具有文化差异的非语言交流形式。在澳大利亚，大拇指朝上的手势被认为是一种非常粗鲁的举动（Vaughan, 2007）。

一种相关的交流形式是用符号来向他人传递信息。**符号**（symbol）是构成人类交流基础的手势、物体和词汇。大拇指朝上的手势、金色星星贴纸和邮件里的笑脸都是符号。尽管看似简单，但是很多符号都有丰富的含义，在不同的社会情境下会表达不同的含义。例如，挂在脖子上的十字架意味着宗教信仰；插在墓地上的十字架意味着对永生的信念；被投入火中的十字架则象征着种族仇恨。

LO 8-2　规范与价值观

"饭前洗手""不可杀人""尊重长辈"。所有社会都会采取各种方式来鼓励并推行其所认为的适当行为，同时阻止并惩罚其所认为的不恰当行为。它们还形成了关于生活中的真善美和假恶丑的集体观念。本部分，我们将会区别两个紧密相关的概念：规范和价值观。

规范

规范（norm）是社会所建立并坚持的行为准则。只有当人们普遍接受并理解某个规范，它才会变得重要起来。比如，在美国，我们通常希望人们在看电影时保持安静。当然，根据电影种类和观众构成的差别，这一规范在具体应用时也会有所变化。观看严肃艺术片的观众更可能会坚持观影时保持安静的规范，而那些观看喜剧片和恐怖片的观众就会随意得多。

异性恋是当代社会中影响最为深远的社会规范。社会学家（特别是酷儿理论家）发现，孩子们在很小的时候就开始融入社会交往，从而逐渐接受这一规范。家长几乎只会向孩子们讲述异性恋浪漫故事。这并不一定是因为他们接受不了同性恋爱关系，而更可能是因为他们将异性恋定为缔结婚姻关系的准则。有人对美国养育3—6岁幼儿的女性展开了调查，结果显示，每五位母亲中就有一位告诫孩子，同性恋是错误的。这项调查还显示，父母在养育孩子的过程中将主流意识形态灌输给了孩子们，在这一主流意识形态中，同性恋是极为少有的异端。大部分父母都认为自己的孩子是异性恋者，只有四分之一的父母曾考虑过孩子长大后是否会变成同性恋（Martin, 2009）。

规范的类型 社会学家用两种方式来区分不同的规范。首先，规范有正式和非正式之分。**正式规范**（formal norm）通常都有明文记录，并针对违反规范者制定有明确的严厉惩罚。在美国，我们经常将一些规范写入法律，使其成为正式法律条文，法律非常精确地界定了什么是恰当和不恰当的行为。社会学家唐纳德·布莱克（Donald Black）将法律定义为"政府的社会控制"，这意味着法律是由国家强制施行的正式规范。不过，法律仅仅是正式规范的一个例子。除此之外，停车限令和橄榄球或篮球比赛规则也是一种正式规范。

与之相反，**非正式规范**（informal norm）是人们普遍理解但并无明文记载的规范。着装规范就是一种非正式规范。我们的社会对于在学校或工作场所着装失当的人并未制定具体的惩罚措施或制裁。人们大多也就是一笑了之。

我们也会根据规范对社会的相对重要性来划分规范的种类。按照这种划分方法，规范又可分为民德和民俗。**民德**（mores）是与社会福祉密切相关的规范，通常是因为它们代表着人们最珍视的准则。每个社会都会要求其社会成员遵循民德，违反民德者会受到严厉惩罚。因此，美国人强烈谴责谋杀者、叛国者和虐童者，这些民德已经通过制度化的过程成为正式规范。

民俗（folkway）是指导日常行为的规范，它对社会成员的日常行为有着非常重要的影响。与民德相比，社会不太可能将民俗纳入正式规范。人们就是违反了习俗，也不会引起他人的过度关注。比如，按照行为标准，在百货商店的下行电梯上反向行走是一种不恰当的行为，但这并不会导致罚款或监禁。

规范与奖惩 试想如下场景：一位足球教练派出12名而非11名球员上场比赛；一位大学毕业生去一家大银行面试时穿着短裤；一位司机不往停车计时器中

投硬币（缴停车费）。这些人都违反了大家所公认的规范。这会造成什么后果呢？在这几种情况下，如果他们的行为被发现了，他们都会受到惩罚。

奖惩（sanction）是根据社会规范对社会行为所施加的惩罚或奖励。请注意，奖励也包括在这个定义中。遵从某种规范就会得到奖励，如加薪、奖牌、口头表扬或轻拍背部以示鼓励。惩罚则包括罚款、威胁、监禁或蔑视的目光。

下表总结了规范与奖惩之间的关系。从中可以看出，与正式规范（明文记录并整理成典）相关的奖惩措施也非常正式。如果足球教练把超出规定人数的队员派上场，该队就会受到惩罚，必须后退15码。不往停车计时器中投硬币的司机会收到罚单。对违反非正式规范的人来说，他们可能会受到不同的制裁。穿着短裤去银行面试的大学生可能会失去工作机会；但另一方面，如果这个人特别优秀，面试官也可能会选择忽略他或她的不规范着装。

规 范	奖 惩	
	正面	负面
正式	奖金	降职
	祝奖宴会	解雇
	奖牌	入监
	证书	驱逐
非正式	微笑	皱眉
	赞扬	羞辱
	喝彩	轻视

一种文化中的规范和制裁结构反映出该种文化的价值观和重视事项。违反核心价值观的人会受到最严厉的惩罚，违反核心价值观以外规范的人受到的惩罚则是轻微的且不正式。

接受规范 无论是正式规范还是非正式规范，人们并非任何时候都会遵从。在某些情况下，由于人们知道某种规范并未得到严格执行，他们就会设法规避规则。在美国，青少年饮酒是种非法行为，但在现实生活中，未成年人饮酒却是一种非常普遍的情况。（实际上，青少年酗酒是一个很严重的社会问题。）

在有些情况下，看似违反社会规范的行为却是对某个特定群体规范的遵从。

青少年饮酒者在违反社会规范的同时，却是在遵从同龄人的行为规范。与其相似，采用做假账技巧的企业高管们可能遵循了不惜一切代价追求商业利益最大化的企业文化，即使欺骗了投资者和政府监管机构也在所不惜。

有时候，由于不同规范之间的冲突，不得不违反某些规范。例如，假如你住在一栋公寓楼里，某天晚上听到隔壁女性被丈夫殴打而发出的尖叫声。当你决定敲门或向警察报案时，你遵从的是"帮助暴力受害者"的规范，但却违反了"少管闲事"的规范。

随着政治、经济和社会状况的改变，对规范的遵从也在发生变化。例如，1960年代以前，根据美国大部分地区遵从的正式规范，严禁不同种族通婚。然而，过去50年间，此类法律限令已经完全解除。与其相似，当今社会对单亲家庭的接受程度日益增加，越来越多的人都在支持同性婚姻合法化，由此我们也可以感受到这种变化的过程。

当社会环境要求我们违反一种悠久的文化规范时，所有人都会对这种变化深感不安。在伊拉克，根据穆斯林习俗，伊拉克人，尤其是伊拉克女性，一定不能让陌生人触摸自己。然而，从2003年以来，伊拉克境内战火不断，伊拉克人每天都会违反这一规范。在可能遭受恐怖袭击的重要清真寺、政府办公大楼和其他设施外，安保人员会对访客进行搜身，并彻底检查他们的背包。为了减少检查过程中所带来的不适感，女性保安检查女性访客，男性保安检查男性访客。尽管政府作出让步，而且很多伊拉克人也认为这样做非常必要，但是很多人面对这种侵犯隐私的行为仍会畏缩不前。为了应对搜查，伊拉克女性开始尽量减少背包中物品的数量，或者干脆什么都不带（Rubin, 2003）。

价值观

我们每个人都有自己的一套价值观，其中可能包括同情心、健康或事业成功等价值取向，但是我们作为社会成员也共享一套普遍的价值观。文化的**价值观**（values）是指一种文化中关于真善美、假恶丑看法的集体观念。它们反映了某种文化中人们的偏好，以及他们所认为的重要和符合（或违背）道德标准的事情。价值观既可能非常具体，如尊敬父母和拥有自住房产；也可能很宽泛，涵盖如健康、爱和民主等要素。当然，社会成员的价值观并非完全一致。群情激愤的政治辩论和鼓吹不同目的的广告宣传牌已经充分证明了这一点。

价值观会影响人们的行为，是评判他人行为的标准。一种文化中的价值观、规范和奖惩总是相互直接联系。比如，如果某个文化强调婚姻制度的重要价值，它可能就会制定规范（以及严厉的惩罚措施）来禁止通奸行为，或者加大离婚难度。如果某个文化将私有财产作为一种基本价值，它就会制定严苛的法律来打击盗窃和蓄意破坏他人财物等行为。

文化价值观也会发生改变，但在人的一生中，价值观基本保持相对稳定的状态。就拿美国人来说，社会普遍认同并严格遵从的价值观是他们生活中的基本组成部分。社会学家罗宾·威廉斯（Robin Williams）列举了一系列基本价值观，其中包括成就、效率、物质享受、国家主义、平等，以及科学和理性高于信仰的权威地位等。3.2 亿美国人显然并非全都赞同这些价值观，但是这份基本价值观列表却是确定美国民族特点的基础。

每年，全美近 300 所四年制大学中的 20 多万名大学新生，都必须填写一份关于他们自身价值观的问卷。由于这项调查关注很多问题、信仰和生活目标，因此美国社会常常将它看成反映国家价值观的晴雨表。调查对象需要回答他们认为重要的价值观。过去 50 年内，"经济富裕"这一价值取向最受欢迎。认为这一价值取向"极其重要"或"非常重要"的大学新生比例从 1966 年的 42% 上升到了 2012 年的 81%（参见下页上图）。

1980 年代和 1990 年代，越来越多的美国人选择与金钱、权力和地位相关的价值观。与此同时，选择与社会意识和利他主义相关价值观（如"帮助他人"）的人则是越来越少。根据 2011 年度的全美调查，只有 42% 的大学新生认为"影响社会价值观"是一个"极其重要"或"非常重要"的目标。认为"帮助促进种族间的互相理解"是极其重要或非常重要目标的学生比例在 1992 年达到创历史纪录的 46%，但这一比例在 2012 年却跌落到 35.3%。与如语言和规范等文化中的其他方面一样，一个国家的价值观也不是恒定的。

不论社会喊出的口号是"绿色环保意识"还是"减少碳足迹"，学生们的确早就接触了大量与环保主义相关的价值观。但有多少人接受了这些价值观呢？过去 40 年内的民意调查结果显示，最高峰时有近 46% 的学生表示希望参与环保

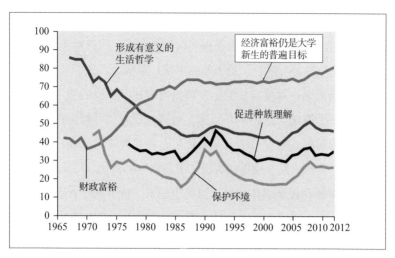

1966—2012 年间美国大学新生的生活目标

资料来源：Pryor et al. 2007，2013。

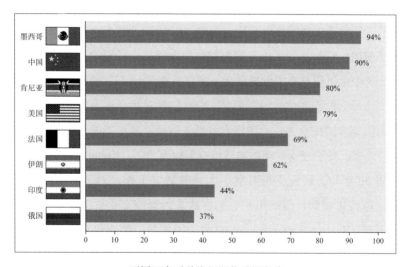

不同国家对种族问题的重视程度

认为"不同种族和民族的人们需要被平等对待"是"非常重要"的调查对象的比例

资料来源：Council on Foreign Relations，2009。

行动，但是这个比例时常发生波动。到 1980 年代，支持环保的学生比例跌落至 20% 甚至更低（参见本页上图）。即使近来大家对全球变暖问题的关注度有所上升，2012 年选择这个目标的大学新生也仍然只有 26.5%。

不仅不同个体或群体之间的价值观有微妙的差别，不同文化之间的价值观也常常不同。比如，日本的小孩子会花很多时间去补课，准备精英中学的入学考试。没人认为开办这些"补习学校"是丢脸的事情；事实上，人们非常推崇这些学校。然而，韩国人则抱怨，家境富裕的学生负担得起补习学校的费用，享有学业竞争优势，造成了不平等现象。2008年以来，韩国政府对课外辅导产业进行了严格规范，限制了补习时间并对补习学校征收费用。有些人认为这项政策降低了社会对学生的期待值，觉得这是一种促使韩国"美国化"的做法（Ripley，2011）。

对待不同种族和民族群体的民众意见也显示了价值观是存在文化差异的。就像上页下图所示，不同国家的民众对种族或民族平等的需求呈现出巨大的差异。

LO 8-3　全球文化战争

在大约一代人的时间里，美国公众非常关注文化战争，他们对颇有争议的文化元素的看法呈现出两极分化态势。最初，在1990年代，**文化战争**（culture war）是指关于堕胎、宗教言论、枪支管控和性取向等热点话题的政治争论。然而，此后不久，这个术语就具有了世界意义，尤其是在"9·11"事件之后，美国人很想弄清楚"为什么他们如此憎恨我们？"2000年针对民众意见的全球研究发现，摩洛哥及德国等多国民众都对美国很有好感。但是，自从美国在伊朗和阿富汗建立军事基地以来，外国民众对美国的评价变得相当负面（Kohut et al.，2007）。

过去30年间，研究人员开展了大量的研究工作，对不同国家的价值观进行比较，他们认识到，很难用相似的方式来解释跨文化价值观。心理学家沙洛姆·施瓦茨（Shalom Schwartz）对60多个国家的价值观进行了衡量。有些价值观得到全世界人民的普遍认同，如"仁善"，其定义为"宽容与忠诚"。与之相反，世界人民通常都会反对权力，因为权力的普遍定义为"对人和资源的控制或主导"（Hitlin and Piliavin，2004）。

尽管全世界人民都普遍认同或遵行某些价值观，有些学者还是将21世纪早期的恐怖主义、种族屠杀、战争和军事占领现象解释为"文明的冲突"。根据这一论点，文化和宗教认同，而非国家和政治忠诚，正在成为国际冲突的主要根源。这一论点的批判者指出，价值观冲突有史可寻，只是我们现在更有能力制造混乱和暴力。而且采用"文明的冲突"这个术语，还会掩盖大群体之间的尖锐分裂。例如，基督教内部不仅有奉行教友派反战主义的教徒，也有推崇一些3K党意识形态的成员（Berman, 2003）。

LO 8-4　关于文化的社会学视角

功能论者和冲突论者都认为文化与社会相辅相成，但是他们的出发点则有所不同。功能论者认为，社会稳定需要社会成员达成共识并给予支持；而强大的核心价值观和共同规范则恰恰能够提供支持。这种文化观点自1950年代以来在社会学界大为盛行。功能论者借用了英国人类学家的观点，这些人类学家认为，文化特征是文化中的稳定因素。从功能论视角来看，如果一种文化特征或习俗能够发挥社会似乎需要的功能，或者能够有助于保持社会稳定和促进社会共识，它就决不会消亡。

冲突论者认同社会中可能会存在共同文化，但是他们指出，这个共同文化的作用是维持特定群体的特权。而且，在保护自身利益的同时，强权群体可能会迫使其他群体保持恭顺姿态。**主流意识形态**（dominant ideology）描述了有助于维持强权群体社会、经济及政治利益的文化信念和习俗。这一概念最早是由匈牙利马克思主义者卢卡奇（Lukacs, 1923）和意大利马克思主义者葛兰西（Gramsci, 1929）提出的，但在1970年代早期之前，它在美国完全无人问津。依据马克思的理论，资本主义社会的主流意识形态是为统治阶级利益服务的。

从冲突论视角来看，主流意识形态具有重大社会意义。社会上的特权群体和制度不仅控制了财富和财产，还通过宗教、教育和媒体控制了制造社会信仰的途径。女性主义者辩称，如果社会核心机构要求女性屈从于男性，这种主流意识形态就会成为控制女性的帮凶，促使她们屈居从属地位。

越来越多的社会科学家相信，我们很难找到美国的核心文化。究其因，在于美国缺乏对国家价值观的共识，文化特征的扩散，美国文化的多样性，以及年轻人不断改变的观念。为了改变这种现象，他们建议，核心文化要为持有各种信仰的人提供必要的手段，帮助他们形成促进社会变革的策略。但毋庸置疑，即使在像美国这样复杂的社会里，某些价值观也会比其他价值观具有更大的影响。

E 评 估

1. 根据萨丕尔—沃尔夫假说，以下哪项陈述是正确的？

    (a) 语言只是简单地描述现实

    (b) 语言并未传递关于种族的刻板印象

    (c) 语言先于思想

    (d) 语言不是文化共性的例子

2. 下面哪项关于规范的陈述是正确的？

    (a) 人们并不是在任何情况下都遵循规则。在某些情况下，由于人们知道某种规范并未得到严格执行，他们就会设法规避规则

    (b) 有时候，看似违反社会规范的行为可能是对某个特定群体规范的遵从

    (c) 由于规范之间相互矛盾，所以人们有时可能会违反规范

    (d) 以上所有陈述都正确

3. 以下哪项关于价值观的陈述是正确的？

    (a) 价值观从来不变

    (b) 文化价值观可能会发生改变，但在人一生中，价值观基本保持相对稳定的状态

    (c) 价值观经常变化；社会学家认为价值观是非常不稳定的

    (d) 某个文化的价值观可能会改变，但是改变通常都发生在剧烈的社会冲突阶段之后

4. "晚餐时要穿干净衣服"和"不能杀人"都是美国文化中_____的例子。

5. 从_____视角来看，主流意识形态具有重要的社会意义。社会上的强权群体和机构不仅控制了财富和财产，还通过宗教、教育和媒体控制了制造社会信仰的途径。

答案：1. (c) 2. (d) 3. (b) 4. 规范 5. 冲突论

R 反 思

1. 在美国，异性恋这一规范是正式的还是非正式的？你认为它是民德还是习俗？请解释。

2. 你认为美国有主流意识形态吗？如果有，你会怎样描述它？它为哪些人的利益服务？

模块 9

全球文化发展

P 准备　学习目标

LO 9-1　解释文化发展和传播的过程

LO 9-2　陈述科技影响文化传播速度的方式

O 组织　模块大纲

创新

全球化、传播和科技

W 工　作

今天，我们大多数人都有自己偏好的生活方式，但是强大的力量也将我们与世界上的其他人紧密联系在一起。因此，美国的学生们可能要阅读托尔斯泰的小说，研究毕加索的绘画或者李安的电影。他们可能会听尼日利亚或韩国的流行音乐，或者通过卫星电视和社交媒体关注伊朗、埃及或叙利亚的社会运动。本模块，我们将会探究把全球各地联系起来的两个社会过程：创新，以及通过全球化和科技完成的文化传播。

LO 9-1　创新

向某个文化引入新观念或新物品的过程即为**创新**（innovation）。社会学家对创新很感兴趣，这是因为新事物或新观念的引入会产生不同程度的社会影响。创新有两种形式：发现和发明。**发现**（discovery）是指认识或公布某种现实情况的存在。例如，发现 DNA 分子结构，或者发现土星的一颗新卫星，这些都属于发现的范畴。发现过程中的一个重要因素是与他人分享新获得的知识。相比而言，当已知的文化物品相互结合,变为从未存在过的某种形式时,**发明**(invention)就产生了。弓箭、汽车和电视都是创新发明,清教主义和民主同样是发明的产物。

LO 9-2 全球化、传播和科技

近年来,星巴克大力拓展业务,其咖啡连锁店逐渐遍布全球,这从一个侧面证明了全球化趋势正在不断加剧。亚洲人开始享受咖啡的浓香之际,北美的人们则发现了寿司的美味。有些人已经非常熟悉装着寿司的便当盒。寿司是日本的招牌美食,传入美国之初,它曾是异域食品,但时至今日它已变成主流食品,只要打开超市冰柜,就能看到它的身影。不过在它跨洋来到美国之后,精致的寿司也悄然发生了改变。美国人常将寿司看成外带食物或菜单食物。然而,吃寿司的正宗方式却是在酒吧坐下享用,并与主厨聊聊今天捕捞的新鲜海产品。

越南的嘻哈组合"大脚趾组合"(Big Toe Crew)正在排练节目。通过旅游和大众媒体,音乐和舞蹈进行了跨文化传播。

越来越多的文化表达和习俗都走出了国门，影响着其他社会的传统和习俗。社会学家用**传播**（diffusion）这一术语来表达文化项目从一个群体传到另一个群体，以及从一个社会传到另一个社会的过程。传播的方式多种多样，其中包括探险、武力征服、传教活动、大众传媒的影响、旅游、互联网（参见下页专栏）和快餐店等。

社会学家乔治·瑞泽尔（George Ritzer）发明了**社会的麦当劳化**（McDonaldization of society）这一术语，用来描述在美国形成的快餐店经营原则如何渐渐支配全球许多社会的各个层面。比如，即使没有预约，你也可以随时走进美发沙龙和医疗诊所享受服务。在香港，胎儿性别筛选诊所提供一系列服务项目，从治疗不孕症到增加生育特定性别小孩几率的秘方等。很多宗教团体，包括地方电视台或网站的福音派牧师和梵蒂冈电视中心的神父，都会使用类似销售"快乐儿童套餐"的营销技巧。

站在他人的角度思考问题——小熟食店店主

社会的麦当劳化为小餐馆和小零售店业主带来了哪些挑战？

麦当劳化与文化融合紧密相连。通过文化融合，我们发现许多文化表达越来越相似。例如，非洲企业家发现，美国青少年中流行的嘻哈时尚在日本有很大的市场。与其相似，麦当劳的金色拱门标志也已遍布全球。然而，即使像麦当劳这样的大型企业也需要对自身进行调整。2001年之前，麦当劳的海外运营都由位于芝加哥郊区的企业总部统一管理。最初，它的海外生意遭遇滑铁卢，执行总监们很快就意识到需要对麦当劳的海外菜品及海外营销策略进行调整，后来他们就采用了当地人的建议。现在，在日本3700多家麦当劳连锁店中，顾客都可以买到巨型甜蛋汉堡，面包中夹着用特质酱料调和的牛肉、培根和煎蛋。在印度，不吃牛肉的顾客可以点到素食麦香薯堡；一些严格素食主义者拒绝与非素食主义者一

全球社区里的社会学 ## 地球村的生活

让我们想象一个"无国界的世界",在这个世界里,文化、贸易、商业、金钱乃至人员都可以从一个地区随意迁到另一个地区。人们共享流行文化,不论它是日本寿司还是美国跑鞋。回答你信用卡账户问题的英语电话客服有可能身在印度或爱尔兰,也可能是在美国。在这个世界里,就连国家主权也受到跨国政治运动和意识形态的挑战。

是什么导致如此巨大的文化传播浪潮呢?首先,社会学家注意到通信技术的进步。卫星电视、手机、互联网等技术手段让信息能够在世界范围内自由流动,从而将全球市场连到一起。2008年,消费者已经可以在手持设备上观看视频,并能用移动手机上网。人们坐在汽车、机场或咖啡店里就能在亚马逊、易趣及其他网站上进行网购。其次,发达国家的企业已经变成跨国企业,它们在欠发达国家建立工厂并大力拓展市场。商业领袖想把消费品卖到像中国这样的人口大国。再次,这些跨国公司与全球金融机构、组织及政府进行合作,以促进自由贸易的发展,这种跨国贸易是不受限制或者甚少受到限制的。

并不是每个人都对全球化表示欢迎。很多批评者认为,"无国界商业"在全球范围内发展迅速,为富有阶层,特别是发达国家中的极富阶层带来了利益,但却是以剥削欠发达国家的贫困人口为代价。在他们看来,全球化不过是新型帝国主义和殖民主义,还将继续压迫饱受摧残的第三世界。

那些受到全球文化极大冲击的人们对全球化提出了其他批评。全球化概念隐含着发达国家对欠发达国家进行文化控制的企图。简单说就是,人们失去了传统价值观,开始认同发达国家的文化。他们可能会抛弃或忽视本土语言,模仿大众娱乐和时尚的偶像。甚至,如果加勒比海盗系列电影和嘎嘎小姐的媒体主导地位是建立在牺牲本土艺术形式的基础上,那么它们也会被视为对本土文化的威胁。非洲知名作家和电影制片人塞姆班·乌斯曼(Sembene Ousmane)发现:"[今天,]我们对欧洲童话如数家珍,却不甚了解本土传统故事。"(World Development Forum,1990)

全球化也有积极的一面。很多欠发达国家参与世界贸易,提高了国家收入。通信技术使人们能够保持联系;通过通信技术,人们也能学习知识,来提升生活水平,甚至拯救生命。

讨论

1. 全球化对你产生了什么影响？你认为全球化的哪些方面是有益的，哪些方面则是应该否定的？
2. 如果你从小熟悉的习俗和传统被另一个国家的文化或价值观取代了，你会有何感受？你会如何努力保护自己的文化？

资料来源：Dodds, 2000; Giddens, 1991; Ritzer, 2007。

同就餐，因此2013年麦当劳又在当地开设了仅为素食主义者服务的餐馆（Ritzer, 2013）。

诸多科技形式提高了文化传播的速度，拓展了文化要素的分布。社会学家伦斯基（Lenski, 2009）将**科技**（technology）定义为："一种关于如何使用自然环境中的物质资源，以满足人类需求和欲望的文化信息。"今天的科技发展要传播到世界各地，已经不再完全依赖流通有限的期刊杂志，而大都是通过新闻发布会宣传，同时在网上进行实时转播。

科技不仅加快了科学创新的传播速度，也传播了文化。英语和北美文化主导了互联网和万维网。这种对科技的控制，或者至少是对科技的主导，也影响了文化传播的方向。例如，网上内容只涵盖了美国文化中最肤浅的部分，而基本没有提到其他国家公民所面对的紧迫问题。世界各地的人们都发现，在网络聊天室中讨论最新真人秀节目让他们感觉非常轻松，但却对本国政府的日托政策或婴幼儿营养政策兴致缺缺。

社会学家奥格本（Ogburn, 1992）区别了物质文化和非物质文化的构成要素。**物质文化**（material culture）指的是我们日常生活中的物质或技术层面，包括食物、房屋、工厂和原材料。**非物质文化**（nonmaterial culture）指的是使用物质的方法及习俗、信仰、哲学、政府、沟通模式等。一般而言，非物质文化要比物质文化更难改变。所以，奥格本用**文化滞后**（culture lag）来指称非物质文化对其所处物质环境尚未完全适应的滞后期间。比如，2010年制造商向市场引入了电子香烟，这是一种电池装置，利用雾化器，将掺有少量尼古丁的液体雾化为可吸入人体的烟雾。随着这一创新的问世，航空公司的管理人员和食品与药物监管局的官员只能仓促应对这一最新科技（Kesmode and Yadron, 2010）。

E 评　估

1. 社会学家用（　　）来指代文化项目从一个群体传到另一个群体或从一个社会传到另一个社会的过程？

　　(a) 传播　　　(b) 全球化　　　(c) 创新　　　(d) 文化相对主义

2. 星巴克咖啡店在中国的出现体现了文化的（　　）方面？

　　(a) 创新　　　(b) 全球化　　　(c) 扩散　　　(d) 文化相对主义

3. _____ 指的是物质文化的变化超前于非物质文化。

答案：1. (a)　2. (b)　3. 文化滞后

R 反　思

1. 列举在你的人生中出现的具有文化价值的发现和发明。这些创新如何改变了你的文化？
2. 分别描述你所经历的麦当劳化的正面和负面事例。

模块 10

文化差异

P 准备　学习目标

LO 10-1　解释文化内部的差异模式，包括亚文化和反文化

LO 10-2　描述文化冲击现象

LO 10-3　通过社会学视角分析双语制对社会政策的影响

O 组织　模块大纲

社会内部的文化差异

文化冲击

社会政策与文化

W 工　作

LO 10–1　社会内部的文化差异

虽然诸如求偶和宗教等文化共性的确存在，但在世界上许多文化之间仍然存在很大差异。加拿大北部的因纽特人部落裹着动物皮毛打猎，他们与东南亚的农民几乎没有共同之处，后者必须穿得轻薄简便，才能适应在炎热潮湿的环境下进入稻田劳作。文化必须适应当地具体情况，如气候、技术水平、人口和地理环境等。

即使在一国之内，平民中的某些群体也会产生与主流社会不同的文化形态。因此我们很难确定美国的核心文化，因为美国幅员广阔，地域差别很大，从而激起了保守派与自由派之间的文化战争。而且在每个地区，特定群体往往都喜欢抱团，在文化中形成自己的文化，又称亚文化。

亚文化

西部牛仔竞技表演选手、退休社区的居民、近海钻油平台上的工人，都是社会学家所称亚文化的例子。**亚文化**（subculture）是指社会中的一部分人拥有与主流社会模式明显不同的习俗、规则和传统。拥有许多亚文化正是美国这类复杂社会的特征。

亚文化的成员既会参与主流文化的生活，也有非常独特的行为模式。通常，亚文化会逐渐形成一套**隐语**（argot），即专属于他们的语言，这种语言与主流社会完全不同。跑酷运动是一种极限运动，它融合了跑步、围栏跳跃、有墙壁的撑杆跳、水屏障，乃至移动汽车等运动元素。跑酷运动选手会用他们专门设计的隐语来描述他们所完成的壮举。跑酷选手们会谈论"金刚跳马"（King Kong vaults），在这种运动中，他们会潜水式地让手臂越过墙或食品车，然后以站立的姿势着地。他们还会用隐语谈论"蹬墙跳"（tic tac），即用力蹬墙，借助反作用力腾空越过一些障碍物（Kidder, 2012）。

这类隐语能让"自己人"（即亚文化的成员）理解含有特殊含义的语句。它也由此建立起圈外人所无法理解的交流模式。互动论社会学家强调，语言和符号为亚文化提供了强大的力量，让亚文化成员能够保持凝聚力和身份认同感。

在印度，跨国公司纷纷建起跨国呼叫中心，呼叫中心的雇员中便发展出一种新的亚文化。为了服务欧美顾客，在呼叫中心上班的年轻男女都必须会说一口流利的英语。但是，雇用他们的企业不仅要求他们熟练掌握一门外语，还希望他们能够接受西方的价值观及工作习惯，包括美国工人早已习以为常的紧张工作节奏。

实际上，这些国际呼叫中心的雇员生活在虚拟移民状态中，好像既非身在印度，却又的确不在美国。重要的是，呼叫中心只许雇员在劳动节和感恩节等美国假日休息，而在像排灯节（即印度教的光明节）等印度本土节日则不安排休假。在大多数印度家庭庆祝节日时，呼叫中心的雇员们只能相顾对望；而当他们放假时，身边其他人仍在上班，没有时间和他们进行社交活动。因此，基于努力工作的理念，以及对西方奢侈品的品位和休闲时光的追求，这些雇员建立了一个紧密联结的亚文化（Rowe et al., 2013）。

在印度国际呼叫中心工作的一些雇员还有一个共同特点：他们蔑视自己的电

印度某国际呼叫中心的雇员在下班后聚会。他们的工作时间与印度社会中的其他人不同,因而很难与外界正常交往,从而促使他们形成紧密的亚文化。

话服务对象。在日复一日、重复单调的工作过程中,他们认为,电话那端素未谋面的美国人非常磨叽,而且常常粗鲁无礼。这些共同观念巩固了这一新生的亚文化(Bhagat, 2007; Patel, 2010)。

功能论者和冲突论者都承认文化内部存在差异。功能论者认为,之所以存在亚文化,是特定社会环境差异所致;同时他们也指出,亚文化的存在表明文化也能求同存异。然而,冲突论者则认为,文化差异常常反映出一个社会中的社会分配不平等现象。在他们看来,美国黑人运动、女性主义运动、同性恋权利运动对主流社会规范的挑战,都反映出种族、性别和性取向等方面的不平等。他们还声称,当主流社会无法成功地禁止一种行为习惯时,亚文化就可能出现,如使用非法毒品。

第三章 文化

反文化

1960年代末，一种普遍的亚文化在美国出现了，该亚文化由一群认为社会太注重物质、太科技化的年轻人组成，而他们自身也为主流社会所排斥。这个群体主要包括政治激进分子和"脱离"主流社会机制的"嬉皮士"。这些年轻男女唾弃这个社会对物质的无穷贪念，如大肆购买房产、汽车及形形色色的商品等。相反，他们渴望能够生活在更富人性的文化氛围中，如分享、爱及与环境和平共处。这种亚文化反映到政治上，就形成了一股强大的力量，反对美国卷入越战，并鼓励年轻人反对征召。

当一种亚文化公开并刻意地反对更主流文化的某些方面时，这种文化就成了**反文化**（counterculture）。反文化通常都是在年轻人中兴起，因为他们与现存文化的牵扯最少。大多数情况下，20岁的年轻人要比依照主流文化模式活到60岁的人更易适应新的文化标准。

过去十年，反恐专家对美国出现的极端保守军事群体深感担忧。这些反主流文化群体的成员潜伏很深，常常进行秘密活动，并配备有先进武器。他们都有反政府倾向，同时容忍种族主义的存在。监察部门认为，如今美国境内约有334个类似的军事组织（Southern Poverty Law Center, 2013）。

军事组织俄亥俄州防御力量的成员正在进行半军演，他们想象自己正在摧毁对美国造成威胁的穆斯林据点。极其保守的军事群体也是一种反主流文化。

LO 10-2　文化冲击

当你来到异国他乡,第一天走出房间大门时,你会不会有两腿无力的感觉?当人们身处陌生的文化环境中,如果他感到失去方向、不知所措、不确定、甚至害怕,那他很可能正在经历**文化冲击**(culture shock)。这种令人不安的经历可能是相互的,即访客的文化习惯也会让主人大感震惊。例如,假设你正在日本旅行。你知道你应该在进屋之前脱鞋,并将鞋子放在主人家门前。然而,除此之外,还有许多你并不熟悉的习俗。当你拜访某户人家时,你在卫生间看到好几双一模一样的拖鞋。你以为这些拖鞋是为客人准备的,所以你就赶紧穿上拖鞋,走到客厅和主人坐在一起。但是主人可能会吓一大跳,因为你无意间把在卫生间用的拖鞋穿到客厅里来了(McLane, 2013)。

站在他人的角度思考问题——社会工作者

你觉得文化冲击会如何影响从中东来的新移民?你会用什么方法去帮助这些新移民更轻松地过渡到美国社会文化中?

某种程度上,我们所有人早就对自身社会的文化习俗习以为常。所以在发现其他文化与自身文化的差异时,我们会非常惊讶乃至烦恼不安。事实上,我们觉得很奇怪的习俗在其他文化中可能是正常且适宜的,而其他文化可能也会认为我们的社会习俗非常离奇。

抵制科技变革,不仅会导致文化滞后,还会产生事关文化生存的重要问题。

LO 10-3　社会政策与文化

我们都知道,研究者在研究中会用到多种研究工具,从最简单的观察研究到最先进的电脑技术等。在现实生活中,社会学研究会对公共政策和社会福利产生深远影响,下面我们就来看一下其对双语制的影响。

研究双语制

急诊室的医护人员完全毫无准备。这并不是一个医学问题，但是医生和护士既听不懂患者抱怨的内容，也无法与她的同伴进行有效沟通。这类事件时有发生且会造成严重后果。根据对马萨诸塞州两家儿科医院急诊室的研究，即便第二语言是像西班牙语这样常见的语言，在22%的病例中，口译失误也会导致严重的临床误诊。换句话说，语言上的错误会让患者承担极大的风险（Flores et al., 2012）。

在美国这个多语言国家，我们应该如何学会高效地工作和生活呢？在全世界范围内，不仅是急诊室，还有学校及其他机构，工作人员都必须与使用不同语言的人们打交道。双语制（bilingualism）指的是在特殊场景（如工作场所或教室）同时使用两种不同的语言，并赋予两种语言同等合法地位。因此，从事双语教育的教师可能会用学生的本族语来上课，并会逐渐引导他们学习其所在国家的通用语言。如果课程设置也是涉及两种文化，孩子们就能了解主流文化及亚文化的民俗和民德。

学校用双语教学究竟应该达到何种程度？这个问题早就引起了教育人士与政策制定者之间的广泛讨论。根据人口普查局的调查数据，2001年，6100万5岁以上的美国居民（约占美国总人口的21%）在家里用英语之外的另一种语言作为主要交流手段。实际上，在美国，有29种英语之外的语言都分别拥有不少于20万美国本土使用者（Ryan, 2013）。

到2020年，这部分人口数量预计还会有所增加。比如，使用西班牙语的年长西班牙裔人口数量可能会保持稳定，也可能会略微增长。但与长辈相比，45岁以下的西班牙裔青壮年并不常用西班牙语。欧洲及亚洲语言的使用者估计也会经历相似的发展趋势：很多年长人士会继续使用本族语言，但年轻人则更喜欢用英语。

在不久的将来，语言多样化趋势很可能会持续发展下去。即使第二代或第三代移民将英语作为第一语言，不少美国人仍将继续使用英语之外的另一种语言（Ortman and Shin, 2011）。

双语项目能够帮助这些家庭的孩子们学习英语吗？我们很难得出确切结论，因为双语项目总的来说在教学质量和教学方法上存在很大差异。例如，孩子们通过双语项目向使用英语过渡的时间长短不同，而且学生们能在双语教室上课的时间也不同。再者，双语项目的成效喜忧参半。加州完全取消双语项目后，英语能力有限的学生的阅读和数学成绩都得到了大幅提高，这种情况在低年级学生中表现得尤为显著。然而，约翰霍普金斯大学对本校所开展的 17 项研究进行了总括，他们发现，同时接受英语和本族语言课程的学生，比起只接受英语课程的同类学生，取得了更大的进步（Slavin and Cheung，2003）。

社会学在双语制中的应用 有很长一段时间，美国人都希望大家能用一种语言。这一要求与功能论者的看法不谋而合，后者认为，语言的功能就是把社会成员团结在一起。人们对移民的文化传统鲜有尊重，并会取笑某位年轻人"搞笑的"名字、口音或服装样式。

最近几十年来，我们看到有人不断在反抗这种强迫遵从主流意识形态的模式。从 1960 年代开始，推动黑人自豪及种族自豪的运动呼吁，人们需要尊重各个种族和民族亚文化的传统，并认可这些传统的合法性和重要价值。冲突论者认为，这是处于从属地位的少数语言群体寻求自我表达机会的事例。少数群体的反抗还带来了一种附加效果，即人们开始将双语能力视为一种资产。它似乎为无数不会英语的美国人提供了英语学习的恰当方式，有助于他们在美国社会中发挥应有的作用。

冲突论视角也有助于我们理解对双语项目的一些抨击。这些抨击大多是由种族中心主义态度造成的，这种视角认为，只要偏离了主流，不论程度大小，都是不可取的。那些期望抹去任何外来影响（尤其是异域文化对学校的影响）的人常有这种态度。它完全不考虑双语教育事实上的确带来了一些有利的结果，如高中辍学人数减少，以及西班牙裔大学入学人数增加等。

双语政策建议 双语制主要在两个领域具有政策影响：保持语言纯洁性的努力，以及推进双语教育的项目。不同国家对多种语言共存的容忍度极为不同。中国继续在西藏小学至高中阶段推广普通话授课，以此加强文化上的融合。而中国的近邻新加坡则明文规定，将英语作为授课语言，但也允许学生将自己的本族语作为第二语言，不论他们的本族语是汉语、马来语还是泰米尔语。

魁北克省是双语问题的热点地区。魁北克省位于加拿大，法语是该省的主流语言。魁北克人占魁北克省总人口的 83%，但却只占加拿大全国总人口的 25%。1978 年实施的一项法律规定，教师必须用法语给魁北克省的孩子们授课，除非孩子们的父母或兄弟姐妹在加拿大其他地方学过英语。像这样的特殊法律提高了该省孩子们的法语水平，但也带来了负面效果。一些心有不满的魁北克省人因此想从加拿大独立出来，建立魁北克国。1995年，公投结果显示，魁北克省人民表示愿意留在加拿大，但是主留派也只是涉险过关而已（50.5%）。语言和与语言相关的文化层面既团结着又分离着这个国家中的3300万人民（Schaefer, 2014）。

美国的政策制定者在处理与双语制相关的问题上是比较矛盾的。1965年，美国全国中小学教育法案（ESEA）同意开展双语和双文化教育。1970年代，联邦政府在设置合理的双语项目形式方面发挥了积极作用。但近年来，联邦政策减少了对双语制的支持，地方学区被迫增加拨给双语项目的资金。然而，很多社区和州都不愿为双语项目拨款，或者很快就削减了相应资金。1998年，加州投票者赞成一项废除双语教育的提案，该项提案要求用英语来为140万英语水平欠佳的孩子授课。

在美国，有人不断游说国会，希望能够通过一个宪法修正案，将英语作为官方语言的地位确立下来。自2012年以来，已有31个州宣布英语为官方语言。与其说这种举措具有法律效应，不如说它目前具有了特别的象征意义。

公众担心英语使用率似乎下降了，但看上去他们多少有些杞人忧天。事实上，大部分移民和他们的子女很快就能熟练使用英语，并放弃使用本族语言。尽管如此，很多人都对那些继续使用本族语的移民缺乏耐心。2006年，美国发布了西班牙语版美国国歌《星条旗》（"Nuestro Himno"）。它的出现引发了强烈的公众反应：69%的受访者认为这首国歌只能用英语来演唱。至少有一位国会议员用非常挑衅的方式演唱了这首国歌，他还把歌词弄错了，以此来发泄自己心中的不满。费城一家餐馆的老板贴出告示，建议本店食客最好用英语来点该店中最有名的牛排三明治。在那一整年里，政策制定者们都在激烈地讨论，究竟应该给使用其他语言的人提供多少帮助（Carroll, 2006；U.S. English, 2012）。

最后，移民的经历不仅仅是要学习一门新语言。他们还要学习一种新的文化——一种全新的通过社会传播的习俗、知识、有形物质及行为的总和（Viramontes, 2007）。

Ⓔ 评 估

1. 亚文化用一种专门语言来提升群体凝聚力和身份认同感。这种专门语言是_____。

   (a) 双语制　　(b) 隐语　　(c) 俚语　　(d) 内部语言

2. 恐怖主义群体是_____的例子。

   (a) 文化共性　(b) 亚文化　(c) 反文化　　(d) 主流意识形态

3. 以下哪种是美国移民家庭里典型的语言模式?

   (a) 年轻的家庭成员很快就学会了英语,但更喜欢使用本族语
   (b) 年长的家庭成员在能够讲地道的英语之前都使用本族语
   (c) 年轻的家庭成员会经历语言混淆,他们本族语和英语都说得不流利
   (d) 年长的家庭成员会一点儿英语,但绝大多数时候还是只讲本族语

4. _____是一种公开反对更主流文化某些方面的亚文化,通常也常会反对中央政府。

5. 当一个人置身陌生的文化环境中,如果他感到失去方向、不知所措、不确定、甚至害怕,那么他正在经历_____。

答案:1. (b)　2. (c)　3. (d)　4. 反文化　5. 文化冲击

Ⓡ 反 思

1. 你属于哪几种亚文化?它们在主流社会中发挥着什么作用?
2. 为什么人们会经历文化冲击?文化冲击如何揭示文化和日常习俗的作用?

案例分析 | 文化冲突的案例

在新泽西一所中学里就读的学生包括拉丁裔、白人和新近移民美国的柬埔寨人。谢丽尔·莱蒙（Cheryl Lymon）是校方的一名咨询顾问，她说："我们共用同一栋教学楼，但是这里似乎是三所不同的学校。不论你在一周中的哪一天去学校餐厅，你都会发现柬埔寨孩子们坐在右边，白人孩子们坐在左边，拉丁裔孩子们则待在露台上。"为了打破社区之间的隔阂，学校作出了很多努力。谢丽尔说："校长命令取消那些参与者种族背景单一的俱乐部或体育运动，其中包括拉丁裔孩子们的舞蹈剧团、白人孩子们的曲棍球队伍、柬埔寨男孩子们发起的电脑动漫俱乐部。但这项新规定只不过让事情变得更糟。孩子们开始相互责怪。"拉丁裔女孩子抱怨"白人女孩并不愿"加入她们的舞蹈剧团。曲棍球队的白人孩子则说"柬埔寨和拉丁裔同学在比赛中都不想速战速决"。

好几位老师都想组织一个"文化节"活动，来让大家分享各自的传统文化食物，并展示本民族的传统服装。但是，有一名学生告诉谢丽尔："办文化节是怎么回事？我是美国白人，所以我要拿着热狗来，还要戴上约翰·迪尔（John Deere）的帽子，行吗？"莱蒙摇了摇头。这位学生的疑问代表了很多学生的想法。谢丽尔说："我们需要想出一些有效的办法来把孩子们团结在一起，或者至少让他们相互之间愿意多交流。但问题是，没人知道我们该怎么做。"她停顿了片刻。"这真的很可耻。其实，孩子们的共同点要远大于他们之间的差异。"

1. 校长决定取消一切不能反映学生种族背景多样化的俱乐部，你对校长的这一决定有何看法？保持自己的亚文化对孩子们来说有什么价值？又会带来哪些负面影响？
2. 你在这个故事中看到了种族中心主义的例子吗？请解释。你认为种族中心主义的确存在于现实生活中吗？请举例说明现实生活中的种族中心主义。
3. 你认为这个"文化节"能将孩子们团结起来吗？为什么？如果你是这个高中的咨询顾问，你会提议采用什么方式来促使孩子们积极互动？
4. 那位说自己是美国白人的孩子提出他相信自己没有特别的文化，你认为这可能吗？你认为哪种主流文化观点可以用来解释他的观点？
5. 谢丽尔说，孩子们的共性比差异更多。你赞同她的观点吗？为什么？

| "强力"学习策略 | **阅读社会学（和其他学科）教材的策略** |

和其他教材一样，社会学教材也会让你心生恐惧。它们通常都很厚，里面还有许多复杂的专业术语和观点。以下是阅读学习社会学教材（包括本书）的一些策略，这些策略能够帮助你更好地理解教材内容，进而在随堂测试和考试中取得佳绩。

P
- 首先浏览全书目录，全面了解你的学习内容。
- 阅读每个模块"准备"板块所列出的学习目标。
- 阅读模块内容前，快速翻阅图表，大致了解本模块的内容和结构。

O
- 阅读模块中"组织"部分的大纲。
- 准备好所需工具，如钢笔或铅笔、荧光笔、作业复印件（这样你肯定会阅读正确的材料）、纸、索引卡或电脑，用来记笔记。
- 给自己留出充足的时间，找一个安静的地方进行阅读。
- 设定目标，规定休息前必须读完的内容。

W
- 阅读时记笔记，用对号、箭头和图表来进行标注。
- 标记或划出重点，但必须有选择性地进行。只标注关键内容。
- 读完一部分，停下来想想。确定自己是否已经理解了阅读内容。
- 注意关键词（通常都是加粗字体），它们对理解社会学的主要观点和概念非常重要。

E
- 回答每个模块结尾的"评估"问题。
- 假装你必须解释你阅读的内容（比如，向没有阅读该材料作业的同学进行讲解）。

R
- 回答每个模块结尾的"反思"问题。
- 重新阅读作业和笔记。如果你在阅读后24小时内进行复习，将会帮你节省许多后续复习巩固的时间。

| 赐予我力量 | **成为聪明的阅读者** |

　　理解阅读内容和取得优异的考试成绩并不需要你提高阅读速度，而是需要你采用更恰当、更聪明的方式去进行阅读（你会发现，良好的阅读习惯的确能节约时间）。请评估以下陈述是否符合你现在的阅读习惯，用以下量表按照1—3分进行打分。

1＝我很少或从不这样做　　2＝我有时候会这样做　　3＝我经常或总是这样做

1. 阅读前我会浏览目录，这样我就会对学习内容有一大致了解。
2. 我手边通常都会放上一支笔、荧光笔、笔记本和索引卡（或电脑）来记笔记。
3. 我将阅读内容根据重点主题分为小块，然后在读完每个小块之后短暂休息。
4. 开始阅读前我会浏览作业内容，然后回顾老师提供的大纲或概览，从而更好地理解内容和组织结构。
5. 阅读过程中，我会记笔记、标重点，记下阅读中提出的问题和自己对不同问题的观点。
6. 我在阅读过程中会记下关键术语（用加粗字体印刷的词语），然后在本模块内容结束后进行复习。用自己的语言对它们进行定义。
7. 阅读过后，我会用每个模块或章节结尾的问题进行自测。
8. 我会试着将阅读内容与现实生活联系起来。
9. 我会在初次阅读后24小时内复习作业和查看笔记。
10. 我会试着用自己的语言重述每一模块的主要观点。

得分

　　26—30分：你的阅读习惯非常有效，这不仅能让你更加轻松地应试，也会拓展你对生活的理解。

　　16—25分：你学会了一些有效的阅读技巧。请参考以上陈述，找到能够提升自己理解能力的更多方式。

　　0—15分：良好的阅读习惯是每个人都能学会的有用策略。养成良好阅读习惯的人们能在有限的学习时间内获取更多的知识和观点，在考试中取得更优异的成绩。你有上面这一列表。现在就照着开始吧。

4

第四章

社会化和生命历程

模块 11　社会化的作用
模块 12　自我与社会化
模块 13　社会化的媒介
模块 14　生命历程中的社会化

社会学实务——监狱惩教员

琼·哈里斯（Joan Harris）在洛杉矶城外一座小监狱里工作，经常与女犯人打交道。她是该监狱的惩教员，她的职责是帮助在押人员制定预防重新犯罪计划，其中包括再教育和学习新的工作技能。但她认为，最重要的是她能给这些女性提供建立正常社会关系的机会。她说："我创办了'身心放松'俱乐部。我们每周见两次面。聚会时，我们将烦心事全都抛诸脑后，就是单纯地一起吃披萨、看电影或者随着音乐跳舞。"

哈里斯明了社会化对自我发展所起的关键作用。"这些女性中有很多人都受到过身体或精神虐待。在她们心中，早已竖起了反映世情冷暖的镜子，尽显丑陋且无用的人生。我则带领她们找到一面反映真善美的镜子，让她们清楚地看到自己的优点。许多女犯人都很幽默有趣，也能脚踏实地生活。这些都是真实世界中所需要的良好品质。"

本章内容概述

本章我们将会探讨社会化在人类发展中的作用。首先，我们会分析遗传因素与环境因素的相互作用。然后，我们会探究人们如何产生对自我的感知、感觉和信念。我们会特别关注重要的社会化媒介，如家庭、学校、同伴、媒体和科技、工作场所、宗教等。我们将会看到，社会化是一个贯穿人生始终的长期过程。在本章最后的社会政策部分，我们将会讨论幼童们在托儿所中的社会化体验。

模块 11

社会化的作用

P 准备　学习目标

LO 11-1　解释社会化在塑造人们行为和态度方面的作用

LO 11-2　描述隔离和忽视对幼童社会发展的影响

LO 11-3　解释双胞胎实验所揭示的遗传和环境因素对社会发展的影响

O 组织　模块大纲

社会化

社会环境：隔离的后果

遗传因素的影响

W 工　作

社会学家对贯穿人生始终的**社会化**（socialization）过程深感兴趣。人们在社会化过程中学习得到自身文化认可的态度、价值观和行为。人类早在婴儿时期便通过人类的互动关系开始了社会化过程，即使迈入花甲之年，这一进程也从不停息。我们从直系亲属、好友、老师等人生中最重要的人身上学习了很多社会知识。当然，我们也能向那些我们在街上、电视上、网络上及电影和杂志上看到的人学习。从微观社会学视角来看，社会化过程有助于我们熟悉"恰当"的行为，同时也让我们了解，如果我们遵循（或挑战）社会规范和价值观，他人会对此有何反应。从宏观社会学视角来看，社会化是文化传递和延续的过程，从而确保社会结构能够长期维持和发展下去。

社会化也塑造了我们的个人形象。例如，在美国，如果大家认为某人"太壮了"或"太矮了"，那是因为这个人并不符合理想外形的社会文化标准。这种负面评价会严重地伤害自尊和影响人格，而这也是社会化的一个方面。在每天的言语交流中，**人格**（personality）指的是某个人典型的态度、需求、性格和行为模式。

与先天因素相比，文化在人格形成的过程中发挥了多少作用？社会化又是如何进一步影响成人期的？社会化过程中最强大的媒介有哪些？这就是我们接下来要讨论的问题。

LO 11-1　社会化

我们是如何成为"我们"的呢？是因为我们的先天基因？还是因为我们生长所处的环境？长期以来，研究者们就一直在争论：在人类的发展过程中，究竟是遗传基因更重要，还是环境因素更重要？这个矛盾问题就是所谓"先天与后天"（又称"遗传与环境"）之争。今天，大部分社会科学家已经不再纠缠于这一争辩，他们承认这些因素的互动在塑造人类发展的过程中都发挥了作用。不过，如果我们一开始只观察某一因素单独发挥的作用，我们就能更好地理解遗传和环境因素如何相互作用并对社会化过程产生影响。

LO 11-2　社会环境：隔离的后果

在 1994 年上映的电影《大地的女儿》中，朱迪·福斯特（Jodie Foster）扮演一位一出生就被自己的母亲藏在丛林小木屋中的年轻女孩。在女主角内尔的成长过程中，她从未与外人接触过。她像动物一样蜷缩一团，她会狂野地尖叫，并会用自己的语言说话和唱歌。这部电影改编自一个男孩的故事。1828 年，这名骨瘦如柴的 16 岁男孩神秘地出现在德国纽伦堡市中心广场（Lipson, 1994）。

有些人可能会觉得内尔的故事太过匪夷所思，但是社会科学家确实遇到过类似案例。下文中的两个案例就描述了过度社会隔离和忽视所造成的后果。

过度社会隔离：伊莎贝尔

一个名叫伊莎贝尔的女孩的人生经历充满了戏剧性，但这可是一个再真实不过的故事。年满 6 岁前，伊莎贝尔居住在一个几乎完全隔离的黑暗房间里。除了妈妈，她几乎没有和别人接触过，但她的妈妈却是个聋哑人。伊莎贝尔的外祖父母对伊莎贝尔私生子的身份深感耻辱，所以他们把她藏了起来。1938年伊莎贝尔的妈妈带着她从其外祖父母家中逃了出来，俄亥俄州的官员这才发现了这个孩子的存在。

伊莎贝尔被发现时刚满6岁，当时她不会说话，只能发出粗哑的哇哇声。她和她妈妈仅靠一些简单的手势来进行交流。伊莎贝尔基本上完全没有经历孩童时代典型的互动交流和社会化过程。由于她与外界没有接触，所以她很怕陌生人。当陌生人尝试靠近她时，她的反应几乎就像一头受惊的野兽。后来当她逐渐习惯于看到某个人时，她就会变得完全无动于衷。一开始，观察人员以为她听不见声音，但她很快就能快速地对周围的声音作出反应。她在心智成熟度测试上的得分显示，她的社会化水平相当于婴儿，而不是6岁的孩子。

专家们设计了一套系统的训练课目，来帮助伊莎贝尔适应人类关系和社会化。经过数日训练，她第一次尝试说话。尽管最初进展缓慢，但她在极短的时间内就达到了6岁儿童的语言水平。过了两个多月，她就能说出完整的句子。9个月后，她开始辨认词汇和句子。9岁之前，她已经可以与其他孩子一起上学了。14岁时，她上了六年级，不仅学业表现优异，还能很好地调整情绪适应周围环境。

然而，由于6岁之前都没有机会经历社会化，所以刚被人类社会发现时伊莎贝尔还不是"社会人"。重归人类社会之初，她根本没有与人交流的能力，尽管她完全具备生理和认知上的学习潜力。接下来几年，她取得了非常显著的进步。以上种种都进一步印证了社会化对人类发展的影响（Davis, 1947）。

研究伊莎贝尔案例的科学家们由此得出结论：所有的孩子都需要经历以爱、关怀和情感为载体的社会化过程。如果人类缺乏适度的关注，就无法学习语言，也不可能与他人进行互动。对积极社会互动的需要并不会随着孩童时代的结束而消失，而是会贯穿人的一生。

不幸的是，其他遭到幽禁或严重忽视的孩子并未能像伊莎贝尔这样幸运。在很多事例中，社会隔离都带来了更加严重的伤害。

过度忽视：罗马尼亚孤儿

伊莎贝尔的经历对研究者很重要，因为儿童在成长过程中被完全隔离的案例

在罗马尼亚，强调社会互动的特殊项目帮助孤儿克服了多年社会隔离所带来的负面影响。

非常罕见。然而，有很多孩子在成长过程中都处在被过度忽视（缺乏关照）的社会环境中。1990 年代，社会大众把关注的目光投向了那些生活在东欧国家孤儿院中的婴儿和幼童身上。在罗马尼亚的孤儿院里，婴儿们每天都要在婴儿床上躺上 18—20 个小时，他们蜷缩在喂食瓶旁，几乎没有成人来照料他们。年满 5 岁前，几乎都没人理会他们。因此，很多孩子都害怕与外界接触，并可能会发展出不可预料的反社会行为。近至 2004 年，仍有约 3.2 万名罗马尼亚孩子生活在这些社会机构中。

直到欧美家庭开始收养这些孤儿，这种情况才得以大白于天下。20% 的领养儿童都出现了非常严重的调整适应问题，这让领养者非常自责，认为自己不是合格的父母。他们中有很多人都在处理孩子的问题上寻求帮助。在社会各界的努力下，这些可怜的孩子们慢慢地体会到了以前从未有过的依赖感和社会化（Smith, 2006）。

2001 年，罗马尼亚迫于外界压力，决定暂停国际收养行为。它采取措施，要么让孤儿和原生家庭团聚，要么允许罗马尼亚家庭收养这些孤儿，或者将他们安置在小规模的孤儿院里。在获得照顾者的关注和专家的帮助后，那些曾被遗弃的孩子们取得了长足的进步。现在，联合国儿童基金会将这个项目树立为典范，鼓励面临同种问题的其他国家进行效仿。在全世界范围内，约有200万孩子生活在社会福利机构中（Aslanian, 2006; *The Economist*, 2013a; Ironside, 2011; UNICEF, 2009）。

和伊莎贝尔的案例一样，罗马尼亚的孤儿们进一步印证了社会环境在儿童发展过程中的重要性。研究者越来越强调早期社会化经历对所有儿童（包括那些在正常环境下长大的孩子）的重要性。我们现在已经知道，仅仅关注婴儿的生理需求是远远不够的；家长必须关注孩子们的社会发展。比如，如果家长不鼓励孩子在学步初期主动结交朋友，他们就会错失与同龄人互动的经历，而这对社会化和情绪发展都是极为关键的因素。

对灵长类动物的研究

研究者让动物在隔离环境中生长，进而对它们的行为进行研究。研究结果也证实了社会化在发展中的重要作用。哈里·哈洛（Harry Harlow）是威斯康星大学灵长类实验室中的一位研究员。他对从小离开妈妈身边并与其他同类隔开的猕猴进行研究。就像伊莎贝尔的案例一样，在隔离环境中长大的猕猴非常害怕而且很容易受到惊吓。它们没有交配行为。接受人工授精的母猴变成有暴力倾向的母亲。显然，隔离给猴子们带来了严重的伤害。

哈洛的实验方法颇具创新性，因为他采用了"人工母亲"。在这个实验中，哈洛为生活在隔离环境中的猕猴提供了两个"代理母亲"，一个是猕猴布偶，另一个虽能喂奶但是体表却缠绕着电线。猕猴们纷纷跑到后者那里喝奶，但它们更喜欢长时间紧挨着那只猕猴布偶。猕猴幼崽对温暖、慰藉和亲密感的需求，似乎超过了它们对奶水的需求，由此可见它们已经形成了更强烈的社会依赖性。

尽管这些研究似乎表明，遗传因素在人类和动物的发展过程中完全可以忽略不计，但是另一些对双胞胎的研究却揭示了遗传因素与环境影响之间的神奇互动关系。

LO 11-3　遗传因素的影响

出生后不久,同卵双胞胎奥斯卡·施托尔(Oskar Stohr)和杰克·于夫(Jack Yufe)就天各一方。他们生活在不同的大陆,身处截然不同的文化背景。奥斯卡被他的外祖母带到捷克斯洛伐克的苏台德区,接受严格的天主教教育。他加入德国纳粹的希特勒青年运动,从此对犹太人非常憎恨。与之相反,他的亲兄弟杰克则被他们的犹太人父亲带到特立尼达,在那里长大成人。17岁时,杰克到一个犹太人基布兹(集体农场)工作,随后在以色列军队服役。然而,当他们人到中年相聚时,两人身上却出现了很多惊人的相似之处:他们都戴着金丝边眼镜,留着小胡子。他们都爱吃辛辣食品,都喜欢喝甜味酒。他们都有点丢三落四,都会在上厕所前先冲水,在手腕上戴不少橡皮圈,还都喜欢用黄油烤面包蘸咖啡吃。

当然,他们也有很多重要的不同点:杰克是一个工作狂;奥斯卡则喜欢休闲生活。奥斯卡很传统,有强烈的大男子主义倾向;杰克则是政治自由主义者,更能接受女性主义。另外,杰克对自己的犹太人身份很自豪,而奥斯卡则从未跟人提起过自己的犹太人血统(Holden, 1987)。

奥斯卡和杰克是遗传因素与环境影响相互作用的重要实例。明尼苏达双胞胎家庭研究组多年来追踪了被分开抚养的137对同卵双胞胎,研究人员想知道他们是否在人格特征、行为和智识上有共同点。初步研究结果表明,基因因素和社会化经历都对人类发展产生了巨大的影响。尽管双胞胎们有着不同的成长环境,但是他们之间却展现出了惊人的共同特征,如性情、嗓音和紧张时的习惯表现等。这一发现表明,这些特征可能与遗传因素相连。然而,他们在生活态度、价值观、伴侣选择乃至饮酒习惯上都存在很大差异;这些特征似乎受到环境因素影响。在研究同卵双胞胎的各种人格特征时,研究者发现了他们在领导力或控制欲倾向上有着惊人的相似之处。但在对亲密感、慰藉和协助的需求方面,他们却存在很大差异。

下面这一点也给研究人员留下深刻印象:在近乎相似的社会情境中长大成人的双胞胎,会在智力测试上取得非常相似的分数。大部分同卵双胞胎得到的分数甚至比同一个人参加两次相同测试得到的分数还要接近。但若双胞胎的生长环境截然不同,他们的智力测试得分就会很不相同。这一发现印证了社会化对人类发展的影响（Segal, 2012）。

我们必须非常谨慎地审视双胞胎研究及其他相关研究。那些基于对非常小的样本和前期分析所产生的研究结果总是被广而告之，弄得人尽皆知。比如，经常有人引用某一研究（不是关于双胞胎的）来证明基因与行为之间的联系。然而，在增加样本数量，并将原先的两个案例重新分类之后，研究人员决定否认之前得出的结论。经过各种变化，前期发现已经不再具备有效性。

有些评论家认为，有关双胞胎的研究并未提供足够信息来说明，从小就被分开的同卵双胞胎究竟在多大程度上有过接触。这些互动（尤其是如果他们进行了大量互动）会影响这些双胞胎研究的有效性。随着争论逐步深入，我们期待研究人员作出努力，重新展开研究，查明遗传因素与环境因素在人类发展过程中的相互作用关系（Horgan, 1993）。

E 评 估

1. 日常言语中指代某个人的态度、需要、特征和行为的典型模式的是 _____。

    (a) 社会化　　(b) 人格　　(c) 养育　　(d) 自然

2. 社会学家用 _____ 来指代人们学习得到自身文化认可的态度、价值观和行为的终生过程。

3. 双胞胎研究说明 _____ 和 _____ 都对人类发展产生了影响。

答案：1. (b)　2. 社会化　3. 遗传因素，环境因素

R 反 思

1. 环境因素影响人们行为的研究可能会带来哪些伦理问题？
2. 关于早期社会化经历影响的研究可能会对社会政策造成什么影响？

模块 12

自我与社会化

准备　学习目标

LO 12-1　总结关于社会互动在自我意识的发展中所起的作用上，库利、米德和戈夫曼作出的贡献

LO 12-2　解释弗洛伊德和皮亚杰等主要心理学家对自我发展的理解

组织　模块大纲

社会学关于自我的研究方法

心理学关于自我的研究方法

工　作

我们对于自己是谁和自己的喜好有很多的认知、感受和信念。我们是如何发展起这些认知、感受和信念的呢？随着我们年岁渐长，它们是否会发生变化呢？

这些认识和理解并非与生俱来。基于米德的研究，社会学家认为：自我，即关于我们是谁的概念，是在我们与他人互动的过程中出现的。**自我**（self）是一种将我们自己与他人进行明确区分的独特身份。它并不是一个静态现象，而是在我们的人生中持续不断地发展和变化着。

LO 12-1　社会学关于自我的研究方法

社会学家和心理学家对于个人如何基于社会互动发展并修正自我意识都表现出浓厚的兴趣。两位互动论先驱，即社会学家库利和米德，在这个领域进行了大量研究，他们的发现极大地促进了我们对这些重要议题的理解。

库利：镜中自我

在 20 世纪早期，库利提出，我们通过与他人的互动来了解我们自己。自我观念不仅仅来自对个人性格的直接思考，还来自别人对我们的印象。库利用**镜中自我**（looking-glass self）这一术语来强调，自我是我们所参与的社会互动的结果。

发展自我认同或自我观念的过程有三个阶段。首先，想象我们自己如何在他人（如亲友甚或是街上的陌生人）面前表现自己。然后，想象别人如何评价自己（漂亮、聪明、害羞或怪异）。最后，别人的印象让我们产生对自我的感觉，如感觉受到尊重或感到羞耻（Cooley，1902；Howard，1989）。

在库利的"镜中自我"概念中，一种微妙但却非常关键的观点是，个人对自我的想象来自他人对自己的评判。因此，如果我们误解了他人对我们的看法，我们就会由此产生负面的自我认同感。老师的批评可能会使学生产生强烈的反应，后者可能会（错误地）判定老师认为自己非常笨。这一错误想法可能会通过以下过程转换为消极的自我认同：(1) 老师批评了我，(2) 老师肯定认为我很笨，(3) 我很笨。不过，自我认同也会改变。如果这名学生在期末考试中"考了全班第一"，她或他可能再也不会觉得自己笨了。

米德：自我的阶段

米德发展了库利的互动论研究探索。他提出了一套行之有效的自我发展三阶段过程模式：准备阶段、嬉戏阶段和比赛阶段。

准备阶段 在**准备阶段**（preparatory stage），孩子们只会模仿身边的人，尤其是与他们保持长期密切互动的家庭成员。因此，当小孩子看到父母在做木工，他也会敲打一块木头，来模仿父母的行为。当他看见哥哥姐姐在旁边丢球玩时，他也会尝试作出同样的动作。

年岁渐长，孩子们也会变得越来越熟练地使用符号与人互动，这些符号包括构成人类沟通基础的手势和语言。通过与亲友互动、观看电视上播放的动画片和阅读绘本，处在准备阶段的孩童开始理解符号的意义。在日后的人生中，他们都会继续使用这种沟通交流形式。

游戏阶段　米德是分析符号与社会化之间关系的先驱。孩童不断发展自己通过符号进行沟通交流的技能，在这个过程中，他们就会逐渐意识到社会关系的存在。所以，在**游戏阶段**（play stage），他们开始假装扮演别人的角色。就像一个演员"成为"某个角色那样，儿童也成为医生、病人、超人或船长。

实际上，米德认为游戏阶段的一个重要方面就是角色扮演。**角色扮演**（role taking）是在心理上假扮他人的视角，并依据这一想象观点作出反应的过程。比如，通过这个过程，小孩子逐渐学会何时让父母帮忙才是最好的时机。如果家长晚上下班回到家情绪不佳，孩子就会等到饭后家长心情更放松或较易亲近时才开口提出请求。

博弈阶段　在米德的第三个阶段，即**博弈阶段**（game stage），8—9岁的孩童不再玩角色扮演游戏，他们开始同时思考几项任务以及同时存在的关系。在这一发展阶段，孩子们不仅领会了自己的社会地位，也知晓了他们周围人的社会地位。这就像在一场篮球赛中，每位选手都知道自己和他人需要攻防的位置。假如一个童子军团周末要爬山远足，作为一名团员，他/她就必须了解大家期望他/她做些什么，同时也必须知道其他团员与领队的责任。这个阶段是米德模式的最后发展阶段；在这一阶段，孩童可以应对社会环境中不同的成员。

米德用**概化他人**（generalized other）一词，来表示儿童在采取行动时，将社会的态度、观点和期望视为一个整体进行考虑。简单来说，这个概念认为，个人在采取行动时会考虑整个群体。例如，小孩子表现礼貌，并非只为讨好父母。其实这个孩子已经认识到，礼貌是父母、老师和宗教领袖所广泛倡导的一种社会价值观。

米德：自我理论

米德因自我理论而闻名。米德认为，自我起始于以个人的世界为具有特权的利益中心。小孩子想象自己是周围环境的中心，他们很难从别人的视角去进行思考。例如，如果我们给小孩子看一幅山景，并让他们描述山后的人会看到什么景色（如湖泊或登山者）时，小孩子只会描述他们看到的景物。这种孩童时代就产生的以自我为事件中心的倾向从未完全消失。很多怕坐飞机的人都会自动假设，如果有飞机从高空坠落，那必定是他们自己乘坐的那架。谁会在看算命天宫图时不先看看自己的星座分析？如果不想自己中大奖，我们又怎会去买彩票？

但是，随着年龄增长，我们日渐成熟，自我意识也会发生改变，我们会开始更加关注他人的反应。父母、朋友、同事、教练、老师通常都在个人塑造自我的过程中发挥着非常重要的作用。米德用**重要他者**（significant other）这一术语，来指代在个人的自我发展中产生极大影响的人。例如，很多年轻人都发现，他们被与父母相同领域的工作所吸引。

戈夫曼：自我表现

我们如何管理"自我"？如何在别人面前表现自己？互动论社会学家戈夫曼认为，我们的许多日常活动，都在努力向他人传递我们是谁的印象。他的观察有助于我们去理解一些我们进行社会性自我表现的方式，这些方式有时会显得很微妙但却非常重要。他的观察同样提供了社会化方面的具体例子。

生命初期，为了突出个人独特的形象并满足某些人群的期望，个人会逐渐养成注重自我表现的倾向。戈夫曼将这一自我表现的改变称为**印象管理**（impression management）。

在分析日常生活中的社会互动时，戈夫曼经常用戏剧表演来打比方，因此他的观点也被称为**拟剧论**。根据这一视角，人们就像剧中演员在演戏一样。例如，如果老板在旁监督工作，秘书就会表现出比实际上更忙碌的样子。单身酒吧里的顾客则会努力让自己看上去像是在等人。

站在他人的角度思考问题——就业咨询专家

如果你的客户在长期待业之后打算开始寻找工作，那么印象管理会对他们有用吗？你会对他们在面试时的谈吐举止给予什么建议，才能帮助他们避免被贴上"失败者"的标签？

人们通过我们的外表、衣着、身体语言、举止和风格来评判我们。因此，大多数人都会有意识地改变在他人面前自我表现的方式，这就是戈夫曼所称的印象管理。

戈夫曼也强调自我的另外一面，即**面子功夫**（face-work）。当你感到尴尬或被拒绝时，你会采取措施来保住脸面吗？在单身酒吧中，一个人被拒绝后，可能会说："这么多人中，怎么一个有趣的人都没有。"如果想要继续进行社会互动，我们就有必要维持一个恰当的自我形象。

面子功夫对失业者来说是非常必要的。经济衰退时，失业会影响到社会上所有阶层的人们，他们中的很多人都很难适应失业状态。近来一项民族志研究发现，最近失业的人对失业进行了重新定义。与过去相比，他们更加关注自己目前取得的成绩。由于他们自己也成为志愿者，他们也开始对志愿工作推崇备至。这项研究的参与者同时进行了印象管理和面子工作的研究工作（Garrett-Peters, 2009）。

戈夫曼对自我的研究承袭了库利和米德所开创的社会学研究，他们探讨了个性是如何通过社会化而形成的，以及我们如何在他人面前表现自我。库利强调我们形成自我的过程；米德关注自我如何在与他人互动的学习中发展；戈夫曼则强调我们有意识地为他人塑造自我形象的方式。

LO 12-2　心理学关于自我的研究方法

心理学家与库利、米德及其他社会学家一样，也对自我的发展很感兴趣。心理学的早期研究，如弗洛伊德的学术著作，就强调与生俱来的驱动力（对性满足的驱动力）在引导人类行为方面所扮演的重要角色。近年来，皮亚杰等心理学家则强调人类发展必须经历的过程。

与库利和米德一样，弗洛伊德也相信自我是社会的产物，一个人的个性总是会受到他人（特别是父母）的影响。但与库利和米德不同的是，弗洛伊德认为自我的组成部分总是相互矛盾。他认为，人类自然的冲动本能总是与社会约束相冲突。一部分自我追求无尽的享乐，另一部分则追求理性的行为。通过与他人的互动，我们了解社会对我们的期望，然后选择最合乎自身文化的行为。（当然，弗洛伊德也认识到，有时我们也会曲解事实并作出非理性的行为。）

研究新生婴儿的瑞士心理学家皮亚杰（1896—1980），强调社会互动在发展自我概念过程中的重要性。皮亚杰发现，新生婴儿没有镜中自我的意识。但具有讽刺意味的是，他们却非常自我；他们要求自己成为所有人关注的焦点。新生婴儿还不知道他们只是这个宇宙的一分子。对这些婴儿来说，"你和我"这样的词语没有意义；他们只能理解"我"。不过，随着年龄增长，即使他们仍然沉醉于以自我为中心的世界里，他们也会逐渐通过各种社会化活动融入社会关系中。

在皮亚杰著名的**认知发展理论**（cognitive theory of development）中，他提出将儿童思想过程的发展划分为四个阶段。第一个阶段，即感觉运动阶段（sensorimotor stage），儿童利用感觉来发现事物。例如，通过触碰，他们发现自己的手是自己身体的一部分。第二个阶段，即前运思阶段（preoperational stage），小孩子开始使用文字和符号来区分事物和想法。在第三个阶段，即具体运思阶段（concrete operational stage）中，具有里程碑意义的事件是，孩子们开始进行更有逻辑性的思考。他们学到，即使一团泥土被捏成蛇的形状，它仍是一团泥土。在第四个阶段，即形式运思阶段（formal operational stage），青少年们可以进行复杂的抽象思考，而且能用逻辑方法来处理观念和价值观。

皮亚杰认为，社会互动是发展的关键。随着儿童日渐长大，他们更加关注别人的想法，也会思考他人为何会有特别的行为。为了形成独特的个性，每个人都需要有与他人互动的机会。就像我们在前面看到的，由于伊莎贝尔被剥夺了与他人进行正常社会互动的机会，从而造成了非常严重的后果。

我们已经看到，很多思想家都认为社会互动是个人发展自我概念的关键。总的来说，这一论述是真实可靠的，不过通过引用各种理论和研究，可以进一步加深我们对它的理解。

E 评 估

1. （　　）用"镜中自我"这一术语来强调自我是社会互动的产物？
   (a) 米德　　　(b) 库利　　　(c) 戈夫曼　　　(d) 皮亚杰

2. 在社会化的游戏阶段，米德认为人们会在心理上假扮他人的视角，从而能够依据这一想象观点作出反应。这个过程被称作（　　）。
   (a) 角色扮演　(b) 概化他者　(c) 重要他者　(d) 印象管理

3. 米德最著名的理论是（　　）？
   (a) 自我表现　(b) 认知发展　(c) 自我　　　(d) 印象管理

4. 根据儿童心理学家皮亚杰的认知发展理论，孩子们开始使用词汇和符号来区别事物和想法是思维发展的（　　）？
   (a) 感觉运动阶段　　　　　(b) 前运思阶段
   (c) 具体运思阶段　　　　　(d) 形式运思阶段

5. ＿＿＿＿＿指的是如家长、朋友和老师等在个人自我发展中带来极大影响的人。

答案：1. (b)　2. (a)　3. (c)　4. (b)　5. 重要他者

R 反 思

1. 如何运用戈夫曼的拟剧法描述运动员、高校辅导员、父母、医生或政治家等群体成员的印象管理？请选择其中一个群体进行分析。

2. 米德的自我阶段和皮亚杰的认知发展阶段之间有何异同？

模块 13

社会化的媒介

P 准备　学习目标

LO 13-1　解释家庭、学校和同辈群体如何影响从幼童时期到青年时期的社会化过程

LO 13-2　分析科技和工作、宗教和国家体制在生命历程中影响个人社会化过程的方式

O 组织　模块大纲

家庭
学校
同辈群体
大众传媒和科技
工作场所
宗教和国家

W 工　作

如前所见，正是从社会化的一个阶段向下一个阶段逐渐过渡的变化，形成了独特的美国文化。持续终生的社会化过程涉及很多不同的社会力量，它们影响着我们的生活并改变着我们的自我形象。

在美国，家庭是最重要的社会化媒介；尤其是对儿童来说，家庭显得格外重要。本章我们也会探讨其他六种社会化媒介：学校、同辈群体、大众传媒与科技、工作场所、宗教、国家。

LO 13-1 家庭

终身学习过程从出生后不久就开始了。从新生儿有听觉、视觉、嗅觉、味觉,以及能够感受冷热和疼痛开始,他们就在不停地适应周围环境。人类,尤其是家庭成员,是他们的社会环境中的重要组成部分。人们通过喂养、清洁、抚抱和安抚婴儿来满足婴儿的需求。

在美国,社会发展还包括受到社会上关于性别和种族的文化假设的影响。例如,非裔美国人父母意识到,两岁小孩就可能会从儿童读物、玩具和电视节目中接收到关于黑人的负面信息,因为这些内容的主要受众是白人消费者。同时,黑人儿童更有可能受到内城贫民区青年帮派文化的影响。这是因为,大部分黑人,包括黑人中产阶级在内,都居住在贫困社区附近。因此,即使黑人家长拥有很强的家庭价值观,他们的孩子也很容易受到帮派文化的影响(Linn and Poussaint, 1999)。

性别角色(gender role)是指社会期待男性和女性具备符合其性别特征的行为、态度和活动。例如,传统上,我们认为"坚韧"具有男性色彩,只适用于男性,而"柔美"则是社会上喜闻乐见的女性特征。不过,在其他文化中,这些特征并不一定会如我们的文化那样,用来标记不同的性别。性别角色的存在并不表明男性和女性就必须承担其特定角色。它也并未暗示这些角色是截然不同的。事实上,性别角色强调的是男性和女性并非生来就必须承担某种特定角色。

作为儿童时期社会化的主要媒介,父母在引导儿童进入社会认可的性别角色过程中发挥着关键作用。其他成年人、兄弟姐妹、大众传媒、宗教或教育机构也

站在他人的角度思考问题——学前班老师

既然两岁儿童就能从书本、电视和玩具中接受关于种族和性别的负面信息,那么你在课堂教学中会选用哪些资源和开展什么活动?你不会采用哪些书本、玩具和活动?

一位危地马拉本地女孩向母亲学习纺织技术。家庭是社会化最重要的媒介。

对形成性别规范的儿童社会化过程有显著影响。某个文化或亚文化可能会要求某个特定性别在儿童社会化、家庭经济支柱或宗教及智力的引领方面负起主要责任。在有些社会,女孩的社会化过程主要受到母亲的影响,男孩的社会化过程则由父亲来负责。在这种安排下,女孩可能无法学到至关重要的生存技能。例如,在南亚地区,父亲教儿子学习游泳技能,以备其日后能够胜任打渔的工作;女孩一般都不会学游泳。2004年一场致命的海啸袭击了南亚海岸,海啸过后,男性的生还者数量远远多于女性。

LO 13-1 学校

与家庭一样,学校在美国人尤其是儿童的社会化过程中负有明确责任,要让他们能够融入社会,符合本国文化的规范和价值观要求。

冲突论学者塞缪尔·鲍尔斯(Samuel Bowles)和赫伯特·金迪斯(Herbert Gintis)发现,美国的学校通过内部设置的奖惩机制来鼓励竞争,例如,学习成绩和教师评语。所以,如果一个儿童在学习新技能的过程中遇到困难,她或他就会

第四章 社会化和生命历程　135

RUM SPRINGA：培养阿米什儿童

所有的家庭都面临着抚养孩子的挑战，但要是你的父母不许你跳舞、听音乐、看电视或上网，怎么办？这是阿米什青少年和他们的家长面临的挑战，阿米什人的生活还停留在19世纪中叶。阿米什青少年，尤其是男孩，常常喝得酩酊大醉，举止失当，或者沉溺于世俗的享受（如购买轿车），以此来反抗父母的严格道德标准。让家长感到惊惶不安的是，女孩有时也会加入反抗活动中。就像一位学者指出的，"阿米什青少年的粗暴行为让宗教领袖感到非常难堪，也是大社区背景下的耻辱"（Kraybill, 2001）。

然而，美国主流文化的强大影响，让阿米什人父母对孩子们的世俗行为习以为常，甚至接受了他们的一些世俗行为。他们期待青少年通过"rum springa"的探索过程触碰自己所属亚文化的界限。"rum springa"是德语词汇，意思是"四处游历"。"rum springa"是阿米什青少年中常见的活动，青少年参加谷仓舞会，打破饮酒、抽烟及开车等社会规范。由此可见，"rum springa"绝对与阿米什宗教背道而驰。

家长通常都会假装没有看见这些越轨行为，有时遇上了也会直接转过身去。如果他们听见谷仓里传来音乐声，或者看到一辆摩托车在午夜时分开进农场，他们不会立刻惩罚孩子们。相反，他们会装作什么也没看见，他们十分确信阿米什青少年总是会回归阿米什人的传统价值观。实际上，即使在"rum springa"中，流行文化和现代技术带来了巨大的诱惑，但绝大多数阿米什青年的确会回归阿米什社区并选择接受洗礼。

学者发现，85%—90%的阿米什孩子成年后都接受了阿米什人信仰。

对美国主流人群而言，阿米什亚文化一向鲜为人知。2004年，联合派拉蒙电视网（UPN）播出了为期十周的真人秀系列节目"城市里的阿米什人"。在那之后，美国主流人群对阿米什亚文化产生了颇大的兴趣。在这个系列节目里，处于"rum springa"期的五位阿米什青年搬来与洛杉矶六位世俗青年生活在一起。一些批评家站在阿米什人的立场上对这个系列节目大加批判，指出它利用阿米什人达到自己的目的，直接撕开了阿米什文化脆弱的外衣。他们指责道：为什么没有人制作相似的真人秀节目，去彰显穆斯林或正统犹太教青年的反叛行为？

讨论

1. 你或者你认识的人是否来自拒绝接受美国主流文化的亚文化群体？如果是的话，请描述这个社区的规范和价值观。它们与阿米什人的规范和价值观有何异同？
2. 很多阿米什青年都会在叛逆期结束后回归传统家庭生活方式。你认为原因何在？

资料来源：Kraybill, 2011；Schaefer and Zellner, 2011。

觉得自己很笨，觉得自己很失败。然而，随着自我的成熟，孩子们能够更好地对自我的智力状况、身体素质和社交能力作出切实的评价。

功能论者指出，作为社会化媒介的学校，承担着教育儿童学习大社会背景下的价值观和风俗习惯的责任。冲突论者赞同这一观点，但是他们进一步认为，学校加深了社会分化，特别是社会阶层之间的分化。例如，尽管有财政补贴项目，但是美国的高等教育还是非常昂贵的。家境富裕的学生更有条件接受大学教育和专业培训。与此同时，体面的高薪工作往往都会对教育背景提出相应要求，而普通人家的孩子可能永远都没有机会获得这种教育机会。

LO 13-1 同辈群体

随着孩子年龄增长，家庭在社会发展中所起的作用也就不再那么重要了。同辈群体逐渐取而代之，承担起米德所提出的重要他者的角色。在同辈群体中，年轻人交往的同伴常常与自己年龄相仿且社会地位相当（Giordano, 2003）。

我们可以看到，当年轻人面临战争或灾难时，同辈群体在社会生活中的作用就会变得非常重要。在巴格达，萨达姆政权覆灭后，青少年们的世界完全改变了，他们对自己的未来充满怀疑。有些年轻人失去了亲友；其他人加入了原教旨主义团体，或者随着家人逃离到更安全的国家。留在国内的年轻人承受着强烈的孤独感和厌倦感。由于犯罪和恐怖主义肆虐，年轻人只能尽量足不出户。有些有幸拥有家庭电脑的年轻人要么上网聊天，要么专心学习。通过电子邮件，他们努力维持着被战乱打断的友谊（Sanders, 2004）。

青少年中的性别差异同样值得关注。男孩和女孩在父母、同辈及媒体的影响下进行社会化，在不同程度上认同了很多受到他人欢迎的方法。下表比较了男性和女性大学生所认为的中学男生和中学女生在学校变成受欢迎人物的方法。两组调查对象列出了许多共同方法，但是他们对其重要性的排序却有所不同。男生和女生都没有把性行为、吸毒或酗酒列为最重要的五种方法。但与女大学生相比，男大学生更倾向于认为，这些行为的确能让男生和女生变得更受欢迎。

中学女生为什么受欢迎		中学男生为什么受欢迎	
男大学生的观点	女大学生的观点	男大学生的观点	女大学生的观点
1. 外表吸引力	1. 成绩/智力	1. 参与体育活动	1. 参与体育活动
2. 成绩/智力	2. 参与体育活动	2. 成绩/智力	2. 成绩/智力
3. 参与体育活动	3. 一般社交能力	3. 受女生欢迎	3. 一般社交能力
4. 一般社交能力	4. 外表吸引力	4. 一般社交能力	4. 外表吸引力
5. 受男生欢迎	5. 穿着	5. 汽车	5. 学校社团/学生会

注：几所大学的学生受邀参与调查，回答高中时期青少年获得同辈欢迎的原因。这些学生来自康奈尔大学、路易斯安那州立大学、东南路易斯安那大学、纽约州立大学奥尔巴尼校区、纽约州立大学石溪校区、佐治亚大学、新罕布什尔大学。

资料来源：Suitor et al., 2001。

LO 13-2 大众传媒和科技

在上个世纪，电台、电影、唱片录制、电视和互联网等媒体创新，都成为社会化的重要媒介。现在的问题不再是年轻人是否使用这些资源，而是他们如何使用这些资源。今天，12—17岁之间的青少年中，95%都会上网。这并不令人惊讶，但是其中91%的青少年会在网上发出附有姓名的照片，92%的青少年会用真名，82%的青少年会在社交媒体上公布自己的出生日期。人们的社会化进程逐渐在网上开始进行了。青少年初次上网的年龄不断下降，因此社会越发担心滥用媒体的儿童年龄可能会越来越小。过去十年，美国儿科学会公开表示对青少年上网的担忧。最近，该学会颁布了婴儿上网指导方针，这是因为90%的婴儿都通过父母的渠道开始接触互联网（American Academy of Pediatrics，2011；Madden et al.，2013）。

然而，这些媒体也并不总是会产生负面的社会化影响。电视节目及商业广告会引导年轻人学习陌生的生活方式和文化。不仅美国儿童可以知道"遥远国度"的生活，而且城里的儿童也可以了解到农场上孩子们的生活，反之亦然。其他国家也会发生类似的情况。

社会学家及其他社会科学家开始考虑科技对社会化的影响。他们对脸书和推特这样的交友网络非常感兴趣。为了评估社交媒体在我们日常生活中的重要性，通常他们会首先研究我们是如何使用这些社交网络的。有些研究者采用全新的方式来进行研究，他们想要了解：如果我们停止使用社交媒体，又会发生什么情况？

不仅是在发达国家，非洲及其他欠发达国家的人们也经历了社会化进程，已经习惯于依赖新的通信技术。不久之前，如果扎德·依莫泊（Zadhe Iyombe）想

在乌干达的索罗提（Soroti），一位女性打了一个简短的电话。手机在欠发达国家的通讯和商业活动中起着非常重要的作用。在这些国家，其他通讯方式更难获取，而且更加昂贵。

和妈妈通话，他必须赶八天的路，从（刚果）首都金沙萨乘船沿着刚果河到达他出生的小镇上。现在，他和妈妈都用上了手机，他们每天都会给对方发送短信。依莫泊和他妈妈的故事极具代表性。尽管手机并不便宜，但是欠发达国家的14亿手机拥有者已经认定它是生活必需品。今天，欠发达国家的手机数量已经超过发达国家，这是历史上第一次欠发达国家在通信技术应用方面领先于发达国家(Sullivan, 2006)。

即便如此，也并非所有新的通信技术都能在欠发达国家得到广泛使用。例如，这些国家中有很多人都用不起宽带互联网。就相对收入而言，对欠发达国家的人来说，宽带服务费比发达国家要贵40倍 (International Telecommunication Union, 2012)。

LO 13-2 工作场所

学会在工作中举止得当是人类社会化的重要一面。以前，我们在正式教育结束后才会走上工作岗位。现在情况已经不再如此，至少在美国已不是这样。越来越多的年轻人都在工作，他们的老板不再是父母或亲戚。青少年一般都是通过找工作来赚取零花钱；80%的高中生说，他们赚的钱很少或几乎不会上交父母。这些青少年很少会将工作作为探索职业兴趣或获取工作经验的途径。

有些观察者认为，由于越来越多的青少年工作年龄提前，并且工作时间不断增长，因此他们的工作场所和学校一样，都是社会化的重要媒介。实际上，很多教育工作者都在抱怨，学生的兼职工作严重影响了他们的学业表现。在众多发达

站在他人的角度思考问题——人力资源经理

对在家办公的雇员来说，你会怎样尽力减少他们的孤立感，增强职业社会化？

国家中，美国青少年的就业程度最高。而这也许就是美国高中生在国际学业测试中落后于其他国家高中生的原因所在。

工作场所的社会化会随着兼职工作向全职工作的永久改变而发生改变。职业社会化是从学校到工作的变化过程中最激烈的部分，它也会贯穿个人的工作生涯。科技进步可能会改变职位需要，进而需要某种程度的再社会化。今天，男性和女性都会在成年阶段频繁换工作。例如，一名工人通常会在某个雇主手下干上四年时间。因此，职业社会化会伴随一个人的整个劳动生涯（Bialik, 2010）。

今天的大学生意识到，职业社会化并不是终身职业的社会化。他们期待体验多份工作。美国劳动统计局（2010）调查发现，在18岁到42岁这一年龄段，绝大多数人都做过11份不同的工作。无论是男性还是女性，高学历或高中文凭人群，都在频繁地换工作。

LO 13-2　宗教和国家

由于宗教和政府（国家）对人生历程的影响，社会科学家逐渐意识到它们作为社会化媒介的重要性。在传统文化中，家庭成员是主要的照料者。但从20世纪以来，家庭的保护作用已经逐渐被医院、精神健康诊所和儿科诊所等外部机构所取代。大部分机构都是由某个宗教组织或政府经营。

宗教组织和政府通过重组农业社会和早期工业社会的重要仪式来影响人们的生命历程。例如，宗教组织制定了一些传统仪式，将大家庭中的每个成员聚集到一起，即使他们从不因为其他原因而相聚。政府条例则规定了人们可以驾车、饮酒、选举、自主结婚、加班和退休的年龄限制。不过，这些条例并不是严格的仪式：大部分年满18岁的人都放弃了投票权，大多数人都不理会政府规定，而是选择自主决定退休年龄。

在本章最后的社会政策部分，我们将会看到政府迫于压力成为托儿服务的提供者，在婴幼儿的社会化过程中扮演着直接而全新的角色。

E 评 估

1. (　　) 被认为是美国社会化中的最重要媒介，特别是对儿童而言？

    (a) 家庭　　　(b) 学校　　　(c) 同辈群体　　　(d) 大众传媒

2. 性别角色这一术语指的是

    (a) 由于性别所带来的身体能力和限制

    (b) 主要和男性或女性打交道的职业和工作

    (c) 由性别所决定的心理能力和个性

    (d) 社会期待男性和女性具备符合其性别特征的行为、态度和活动

3. (　　) 强调美国的学校是通过内部设置的奖惩机制来鼓励竞争？

    (a) 功能论视角　　　　　　(b) 冲突论视角

    (c) 互动论视角　　　　　　(d) 心理学视角

4. ＿＿＿＿视角强调学校承担教育儿童学习大社会背景下的价值观和风俗习惯的责任。

5. 随着孩子渐渐长大，家庭在社会发展中的重要性下降，同时＿＿＿＿群体变得更加重要。

答案：1.(d) 2.(d) 3.(b) 4.功能论 5.同辈

R 反 思

1. 功能论者和冲突论者对大众媒体社会化的分析有哪些不同之处？
2. 你发现有哪些奖惩措施或规则来限制人们接触和使用在线社交网络？这些奖惩措施的目的是什么？

模块 14

生命历程中的社会化

准备　学习目标

LO 14-1　解释社会化在生命历程中的作用

LO 14-2　通过社会学视角分析儿童托养对社会化的影响

组织　模块大纲

生命历程

预期社会化和再社会化

生命历程中的角色转换

社会政策和社会化

工　作

LO 14-1　生命历程

非洲刚果的科塔部族青少年会把自己的身体涂成蓝色。墨西哥裔美国女孩参加通宵舞会前会进行一整天的宗教清修。埃及妇女有七次跨过她们新生儿的习俗。海军军官学校的毕业生会把帽子抛向空中。这些都是表示庆祝的**过渡仪式**（rites of passage），这些仪式象征着某些人社会角色的转换。

过渡仪式是一种全球性社会现象。科塔部族的仪式标志着少年向成年的过渡。蓝色被认为是死亡的颜色，象征着儿童时代的消逝。西班牙裔女孩会在15岁时举行成人礼，庆祝由女孩向成熟女性的转变。美国迈阿密的古巴裔社区，由于成人礼非常盛行，因此形成了一套由许多舞会筹划人、餐饮服务者、服装设计师和拉丁小姐选美组成的成熟体系。几千年来，埃及母亲一直都会在"索波娃仪式"

一位年轻的阿帕切族女性正在进行泥浆典礼,这是阿帕切族的传统过渡仪式,多见于青春期庆典,偶尔也会发生在婚礼仪式上。

(Soboa ceremony)上跨过刚出生七天的婴儿七次来欢迎新生儿的来临。

这些特殊仪式标示了生命历程中的不同阶段。它们表明,社会化进程在生命周期的各个阶段持续不断地进行着。实际上,有些研究者认为,社会化是一个持续终生的过程。运用**生命历程方法**(life course approach)的社会学家和其他社会科学家仔细研究在生命历程中影响人们的社会因素,包括性别和收入。他们发现,生理变化会影响人类的行为,但并不能决定人类的行为。

一些人生大事标志着人们向成年的转变,包括婚姻和长子(女)降生。当然,这些转折点因社会的不同而不同,甚至两代人所经历的转折点也会互不相同。在美国,最重要的事件似乎是人们完成正规学校教育。但与几十年前相比,如今很难清楚地定义学校教育完成的时间。越来越多的人还未修完学业就找到了全职工作,或者重返课堂以取得职业证书或高级学位。与此相似,其他里程碑事件,如离开父母、找到稳定工作、建立长期关系等,现在也不再会在特定年龄发生(Silva, 2012)。

在美国，这些标志独立的进程经常互相重合，导致青春期与成年期之间没有清晰的界限，这一点不同于其他社会。今天，几乎没有年轻人能在大约同一时期完成学业、结婚和独立成家，明确地开始向成年期转变。大家用青年期（youthhood）、成年初期（emerging adulthood）或少壮期（not quite adult）等术语来描述年轻人在20岁到30岁之间的长期模糊状态（Settersten and Ray，2011）。

LO 14-1 预期社会化和再社会化

社会自我的发展其实就是人一生的转变，它开始于摇篮时期，并一直持续到准备迎接死亡的来临。在生命历程的很多时间节点上，会发生两种类型的社会化：预期社会化和再社会化。

预期社会化（anticipatory socialization）指的是人们在社会化进程中"预演"未来的社会地位、职业和社会关系。在实际拥有某个社会地位之前，如果所属文化成员能够提前了解这一社会地位所要求的规范、价值观和行为，这一文化就可以更有效平稳地运行。为成人生活进行多方面准备始于儿童时代及青少年时期的预期社会化。预期社会化伴随我们一生，在我们为新责任做准备时就会出现。

你可以看到，当高中生开始考虑上哪所大学时，预期社会化就发生了。传统上，这项任务意味着学生关注邮箱中的出版物或者参观大学校园。然而，随着新科技的发展，越来越多的学生都是从网上开始他们的大学经历。大学也开始投入更多时间和金钱来开发更具吸引力的网站。在网站上，学生可以参观虚拟校园，听到内容丰富的录音片段，如校歌和各种讲座等。

有时，承担新的社会角色或职位需要我们放弃已然确定的定位。**再社会化过程**（resocialization）要求人们抛弃以前的行为模式并接受新的行为模式。再社会化通常发生在个人寻求自身转变的明显努力中，这一转变可能发生在少管所、治疗团体、监狱、宗教皈依仪式和政治犯改造营中。再社会化过程通常会让个人承受巨大压力，这种压力远远超过一般社会化或预期社会化给人带来的压力（Gecas，2004）。

发生在全控机构中的再社会化效果非常显著。戈夫曼创造了**全控机构**（total institution）这一术语，来指代一个机构在单一权威下控制人们生活的所有方面，例如，监狱、军营、精神病院或修道院。由于全控机构基本上与社会隔绝，所以它自身就能满足成员的所有需求。在海上航行的商船中的全体船员就是处在一个名副其实的全控机构中。全控机构的规定非常细致，活动极为全面，它通常就是一个微型社会。

戈夫曼确定全控机构具备如下四个普遍特征：（1）生活中的所有方面都处于单一权威的控制下，并发生在同一个场所。（2）机构内的所有活动都要与处于同一情境下的他人共同完成，例如，入伍新兵或修道院新来人员。（3）权威无须征求参与者的意见，就能制定规则和安排日常活动时间表。（4）全控机构内所有生活方面的设计都是为了履行组织宗旨。因此，修道院中的所有活动都是以祷告和与上帝的交流为中心。

在全控机构中，人们常会失去个性。比如，刚入狱的囚犯会在**贬降仪式**（degradation ceremony）上遭受羞辱。在这个仪式上，他或她会被迫脱掉衣服、摘下首饰或上交其他私人财物。在那之后，每日按照严格的日程安排进行的日常生活，几乎让人完全丧失主动性。在如此专制的社会环境中，个人变得无足轻重，甚至其个人属性都不复存在。

LO 14-1　生命历程中的角色转换

我们已经看到，社会化是一个持续终生的过程。在生命历程中的不同时间节点，我们用不同的方式经历同样的事件。例如，某项研究发现，恋爱也会随着生命阶段的变化而有所不同。未婚的年轻人常把爱情看成暧昧的游戏，或者是占有型及依赖式的迷恋。50岁以上的人则更可能把爱情看成一种责任，他们在寻找伴侣时会更为实际，希望能够找到符合一套理性标准的伴侣。不过，这并不意味着年长的一代人就是呆板沉闷，毫不浪漫。在65岁及以上的人群里，39%的人会"为爱神魂颠倒"。而在18岁到34岁的人们中间，这一比例仅为25%。因此，生命历程会对我们与他人的关系产生影响（Anderson, 2009）。

我们经历人生历程的方式存在巨大差异，这主要取决于个人偏好及其所处环境。有些人结婚早，有些人结婚晚；有些人有孩子，有些人没孩子。这些个体模式受到如阶级、种族和性别等社会因素的影响。我们只能笼统地谈论生命历程的阶段或时期。

心理学家丹尼尔·莱文森（Daniel Levinson）明确地提出了一系列过渡阶段。当个人逐渐进入成人世界，第一个过渡阶段就正式开始了，最显著的标志就是搬出父母家或成家立业。第二个过渡阶段，即中年转变，基本是从40岁左右开始。中年男女通常会在这一过渡期进行自我评估，他们常常内心矛盾重重，非常焦虑紧张。这个时期常被称为**中年危机**（mildlife crisis）。在这个阶段，人们意识到自己没有完成基本目标或实现抱负，而自己的时间已经所剩无几。因此，莱文森发现，参加调查的大部分成年人，在自我内部及自我与外部世界之间，都经历了混乱的中年冲突。

三明治一代

1990年代晚期，社会科学家开始关注三明治一代（sandwich generation）。三明治一代指的是上需照料年迈父母下要抚养孩子的成年人。换言之，即他们需要同时承担两种照料责任：(1) 照顾孩子。即使孩子进入青年期，他们也需要父母的引导；(2) 照顾父母。因为健康和经济问题，年事日高的父母可能需要成年子女介入，为他们提供帮助。2010年，有1300万美国人在同时照料孩子和父母。

一个"三明治一代"的母亲既要照料年迈的父母，又要照顾她的孩子。越来越多的"婴儿潮"一代的人都必须同时照顾两代人。

第四章 社会化和生命历程

与照料孩子的角色一样，照顾父母这一角色也是过多地落在了女性身上。总的来说，在父母受到的照顾中，66%都由女性承担。随着这一角色需求变得更加迫切并更为费时，女性提供的照料也会越来越多。渐渐地，中年女性及更年轻女性发现自己正处在"女儿的轨迹"上，因为她们的时间和注意力都转向了日渐年迈的父母身上（National Alliance for Caregiving, 2009）。

莱文森确定的最后一个重大转变发生在60岁之后。由于医疗保健水平不断进步，老人寿命持续提高，社会对老人的接受包容度也越来越高，所以这一转变出现的年龄可能会大于60岁。在这个时间点上，人们总是会转向一种不同的生活方式，这是人们日常生活中发生巨大转变的阶段。

适应退休

退休是标志着人生发生关键性转变的过渡仪式。过渡仪式总是伴随着具有象征意义的事件，例如，退休礼物、退休聚会和工作最后一天的特殊时刻。前退休阶段本身就充满复杂的情绪，尤其是退休人员需要训练新手接替自己的岗位。

如今，经济衰退使退休阶段变得非常复杂。从1950年代到1990年代，美国的平均退休年龄下降了。但从1990年代开始，退休年龄又上升了。1990年代，在年龄超过64岁的人中，11.8%仍在继续工作。这一比例在2010年时上升到17.4%，并有望在2020年达到22.6%。到那时，劳动力中超过70岁的人口比例可能会与1990年代时60岁以上劳动人口的比例持平。实际上，2011年，年满75岁的人群中，5%的女性和10%的男性仍在工作。

有很多因素都能解释退休延迟现象，如社保福利的变化、近期的经济衰退、人们对维持健康保险和养老金利益的关注等。与此同时，人均寿命不断延长，健康质量也得到改善（Toossi, 2012）。

退休的阶段　老年学家罗伯特·阿奇利（Robert Atchley）定义了退休所经历的几个阶段：(1) 前退休阶段：个体准备退休的预期社会化阶段。(2) 临近阶段：确定离开工作岗位的具体日期。(3) 蜜月阶段：这常常是一个愉快的阶段，退休者开心地从事他/她以前没有时间去做的活动。(4) 失望阶段：在这个阶段，退休者在处理他们的新生活时会感到失望甚至抑郁，这段新生活中可能会出现疾病或贫困问题。(5) 重新适应阶段：退休者对退休后的各种生活选择形成了更为实际的看法。(6) 稳定阶段：退休者学会用更加理性和舒适的方式来处理退休后的生活。(7) 终结阶段：当退休者无法从事基本的日常活动，如自我照顾和做家务时，这个阶段就正式开始了。

退休并不是一次性的转变，而是一系列调整，这些调整因人而异。每个阶段的长度和时间上同样存在个体差异，这取决于个体的财务状况和健康等因素。当然，也不是每个人都必然会经历所有这七个阶段（Reitzes and Mutran, 2006）。

被迫退休或经济困难等因素可能会让退休阶段变得更为复杂。非自愿退休者或不具备必要经济能力的人可能不会经历蜜月阶段。在美国，很多退休者继续加入劳动力大军，选择从事有偿兼职工作来贴补养老金。始于 2008 年的经济衰退一直持续不断，我们也能看到它对这种劳动力模式造成的影响。

就像在美国生活中的其他方面一样，退休后的经历也会随着性别、种族和民族而变化。白人男性最可能从退休收入中获益，也最可能参与到正式的退休准备项目中。因此，有关白人男性的退休的预期社会化是最完整的。相反，少数族裔，尤其是非裔美国人，更可能因残疾而非退休而离开工作岗位。由于少数族裔收入

"你有没有想过退休后做什么工作？"

相对较低，存款相对较少，所以与白人老人相比，他们更有可能在退休后仍然断断续续地工作（Quadagno，2011）。

自然形成的退休社区（NORCs） 随着医疗保健的发展，美国的老年人有了居住地的新选择。今天，很多人都选择居住在非正式的老年人聚居区，而不是住在养老院或计划中的老人社区。社会科学家将这些区域称为"自然形成的退休社区"（naturally occurring retirement communities，NORCs）。

通过观察研究、人口普查数据和访谈，社会学家得出了一些关于 NORCs 的有趣结论。在美国的 65 岁及以上人口中，约有 17%—25% 的人居住在这样的社区里。这些社区可能是一个小型公寓楼，也可能是城市中的一个街区。通常，单身或年轻夫妻搬出去，老年人搬进来，这种社区就开始形成了。有时，年轻夫妻搬进来后，就再也没有搬出去；随着年龄增长，这个社区中的居住人口也就逐渐步入老年。纽约市布鲁克林区的福特·汉密尔顿社区就是一个典型例子。这个社区有三分之一居民都过了 55 岁。社区周围建起了药店、医疗设备折扣店、小饭馆、老年中心等设施，以迎合老年人的需求，而这也进一步增强了 NORCs 对老年人的吸引力。

不幸的是，旧城"士绅化"趋势给这些社区的居民带来了威胁，那些对旧城进行改造的人想要赶走低收入居民，吸引更多的高收入者入住社区。芝加哥一栋高层建筑"安大略城"正在被改造成房价高昂的私人公寓楼，此前住在这里的人绝对承受不起新楼的价格。这栋楼中有一半居民是俄罗斯移民；余下的人里面，大部分要么年事已高，要么就是靠固定收入生活的残疾人。这些人感到很苦恼，不仅因为他们需要搬离原来的住地，还因为他们的社区正在遭到破坏（Gregor，2013；Piturro，2012）。

LO 14-2　社会政策和社会化

我们都知道，研究者在研究中会用到多种研究工具，从最简单的观察研究到最先进的电脑技术等。在现实生活中，社会学研究会对公共政策和社会福利产生深远影响，下面我们就来看一下它对世界各地儿童托养的影响。

世界各地的儿童托养

儿童托养项目不仅仅提供照顾婴儿的服务；它们还对儿童的发展有着巨大的影响。随着越来越多的女性走上工作岗位，从事有偿劳动，这一影响还在不断增强。单亲家庭数量上升、女性就业机会增多，以及对更多家庭收入的需求，迫使年轻妈妈们涌入劳动力市场。那么，在她们上班的时候，谁来照顾她们的孩子呢？

学龄前儿童通常都不是由自己的父母来照顾。73%的职业女性都要靠他人来照顾自己的孩子。30%的全职妈妈也需要定期托管服务。实际上，5岁以下儿童的日常生活通常是由祖父母而非父母来照顾。超过三分之一的5岁以下儿童没有交由亲属关系者来照料，他们都被送入了幼稚园、启蒙计划、日托中心和其他机构接受托养（Bureau of Cesus, 2008c）。

研究者发现，高质量的托儿所不会对孩子的社会化产生负面影响。实际上，好的托儿所对孩子是有益的。美国的一系列研究都充分论证了启蒙教育的重要价值。研究者并没有发现，接受他人照料的孩子与由母亲照料的孩子之间存在显著不同。他们同样发现，美国越来越多的婴儿由家庭之外的托儿所照料，而且这些机构的服务质量总体上比先前研究中发现的情况要好。不过，我们很难由此得出普遍结论，因为日托机构之间差异性较大，而各州政府的儿童托养政策也各不相同（Ludwig and Sawhill, 2007；NICHD, 2007）。

很少有家庭能够负担得起全职爸爸或妈妈，也很少有家庭支付得起高级寄宿式托儿所的费用。对无数父母而言，由于教养和物质层面的要求，找到合适的托养方式并非易事。现在，联邦政府主要通过两种方式为儿童托养提供财政支持：一是面向低收入家庭的财政补贴项目；二是旨在让中等收入家庭受益的所得税抵免项目。每年用于帮助低收入父母的财政支出约为120亿美元；每年用于帮助中等收入父母的费用则为580亿美元（Cushing-Daniels and Zedlewski, 2008）。

儿童托养的社会学观点 评价托儿所品质的研究反映了分析的微观层面，以及互动论者对面对面互动的研究兴趣。这些研究还探索了宏观层面下社会机构（如家庭）的功能。冲突论者也对与儿童托养有关的某些议题很感兴趣。

在美国，并非所有家庭都能平等地享有高品质的儿童托养服务。富裕社区的家长更容易找到合适的日托机构，但对贫困或工人社区的父母来说，要做到这一

孩子们正在澳大利亚珀斯的社区福利中心托儿所玩耍。澳大利亚政府对儿童从出生到12周岁参加日托和课后项目提供财政补贴。

点就并非如此轻松了。另一个问题是，如何找到负担得起的托养机构。从冲突论视角来看，儿童托养对低收入家庭来说是一个特别严重的负担。学前教育花费可能会占到最贫困家庭总收入的25%，相比之下，较富裕家庭的这项支出可能只占其总收入的6%或更少。尽管这些问题如此突出，但在过去十年里，可以接受财政补助的儿童托养机构却在逐步减少。

女性主义理论家对冲突论者的担忧作出了回应，她们认为政府很少支持高品质的托儿机构，因为这被认为"不过是一种促进女性就业的方式"。97%的儿童保育员都是女性；这份工作显然地位低下，而且工资极少。美国现有2300万儿童保育员，他们的年均工资为19605美元，低于餐厅服务员、邮差和加油站工作人员的收入状况。这种收入水平会让一个三口之家挣扎在贫困线上（Barnett et al., 2013；Ruiz, 2010）。

儿童托养政策建议　全世界的托儿机构政策互不相同。大部分欠发达国家缺乏经济基础，难以提供托儿机构的财政资金。因此，职业女性在很大程度上都要靠亲人帮着照看孩子，要不就是带着孩子去上班。在相对富裕的西欧发达国家，政府提供基本托儿服务，向父母收取很少费用或者完全免费。但即便是这些国家的税收补贴计划，有时也很难满足高品质托儿机构的需求。

当决策者认为儿童托养具有必要性时，他们必须决定纳税人对此的补贴程度。2003年，在瑞士和丹麦，50%—67%的学龄前儿童接受由政府全额补贴的全日制托儿机构的照顾。在美国，如果一个4岁儿童就读全日制托儿机构，密西西比州的托费为3900美元，而马萨诸塞州的托费则为11678美元（NACCRRA，2010）。

日本面临的困境非常特别。过去，日本的已婚女性及为人母者基本上是不工作的。现在，这一社会模式正在缓慢地发生变化。然而，托儿机构的数量却并未跟上这一社会变化。日本的很多决策者很难意识到儿童托养的必要性。相反，他们会问："你竟然为了工作要把孩子放到托儿所。你的工作有那么重要吗？""你们怎能只考虑自己呢？"这样一来，也就难怪会有2.5万名幼儿等待日本某家私立托儿所的入托名额（Tabuchi, 2013）。

不仅在美国，而且在世界各地，增加幼儿进入高品质托儿机构的机会并降低托费，都是一个非常漫长的过程。很多儿童都在排队等候入托名额，但法国政府却不顾公众的强烈反对，仍旧考虑削减托儿机构的预算，借以减少政府财政支出。在德国，两德统一减少了原来东德母亲的选择，但是这些东德母亲早已习惯由政府资助的托儿项目。儿童发展专家认为，关于上述情况的报告已经明确告诉我们，人们需要政府及私有部门加大对儿童托养的支持。从公共政策观点来看，扩大儿童托养的范围尤其具有说服力。最近的研究表明，由于政府减少了公共援助的开支并提高了个人收入的税率，政府由此获得的财政收入已经超过了政府对儿童托养项目的财政补贴（Domeij and Klein, 2013）。

E 评 估

1. 新兵训练第一天需要脱掉平时的着装，全部换上"绿"军装，生活没有隐私可言，甚至大家共同使用公共洗手间。这些羞辱人的活动是（　　）的一个部分
   (a) 成为一个重要他者
   (b) 印象管理
   (c) 贬降仪式
   (d) 面子工作

2. 最近很多美国老人选择聚居在形成非正式老年中心的住宅区，这些中心被称为（　　）。
   (a) 半独立住宅区
   (b) 自然形成的退休社区
   (c) 调整中的看护中心
   (d) 计划中的退休社区

3. 从_____视角来看，与更为富裕的家庭相比，儿童托养成本对工薪家庭造成更大的负担是一个极不确定的事实。

4. 为成人生活进行多方面准备是从儿童时代及青少年时期的_____社会化开始的。这一社会化伴随我们一生，在我们为新责任做准备时就会出现。

5. _____机构中发生的再社会化最为有效。

答案：1. (c)　2. (b)　3. 冲突论　4. 预期　5. 全控

R 反 思

1. 在你的人生中是否有过预期社会化个人经历？再社会化个人经历？请解释。
2. 和你的父母辈相比，如今哪些过渡仪式的重要性降低了？什么仪式变得更重要了？请解释。

| 案例分析 | 克服重重困难

奥利维亚·乔丹（Olivia Jordan）是一个雄心勃勃的人。她说："我的个性完全像我的父亲。他在芝加哥南部一个贫苦家庭长大，但他用功学习，最后当上了一名老师。"乔丹念的法律专业，现在是一位企业律师。她说："我的写作能力和逻辑能力都很强。我在大学里认识的所有人都打算学习法律。"

30岁那年，乔丹与一位银行家结了婚。她说："结婚没有给我们带来任何改变。我们仍然每周工作100个小时。"然后，乔丹生了一个女儿，但她女儿却是个先天大脑性麻痹患者。她说："我的生活从那时起发生了180度转弯。我是那么爱我的女儿，她很需要我。"一开始，乔丹试着每天只上半天班。"但是，这对我从事的法律工作来说是不可能的。"在公司让她辞职之后，她全身心地抚养女儿。"我读了关于大脑性麻痹的大量研究，参加支持小组，带我女儿去看残奥会。这是一个全新的领域，我全身心都投入了进去。"

去年，乔丹的丈夫突然去世。"我认为，我需要去工作了。我的女儿今年14岁，各方面表现都很好。"乔丹决定为有自闭症儿童的家庭提供咨询服务。"我知道独自一人照顾这些孩子意味着什么，"她说。由于自己的法律工作背景，她申请的第一家组织就录用了她。她说："这很有意思。现在，我和那些高高在上的法律制定者进行斗争。我希望为人们而不是公司取得公平的利益。我正在学习其中的门道，我很喜欢这份工作。"

1. 如果我们对自我的感觉来自他人对自己的印象，你认为在乔丹心中，别人对她是什么看法？
2. 乔丹不止一次"重新开始"。在她的再社会化例子中，你发现预期社会化的经历了吗？请描述她的经历。
3. 如果乔丹一直从事全职律师工作，她的生活会与现在截然不同吗？
4. 乔丹是如何成为她女儿社会化的媒介的？
5. 你认为乔丹的女儿从她母亲的行为和选择中能够学到什么？

"强力"学习策略　提升记忆力

社会学和其他学科一样，都需要你记忆很多信息。你需要记住社会学概念、术语、步骤、列表和其他内容。幸运的是，我们都有记住大量信息的能力，但最重要的诀窍是在海量信息中找到你需要的信息。如果你认真练习以下策略，你就能提升你的记忆力。

P
- 确认需要记忆的内容：一系列概念、一系列步骤、主要社会学家的贡献等。

O
- 收集一些"记忆工具"：纸张、检索卡（抽认卡）、电脑（在网上你能找到记忆方法——帮助你牢记信息的诀窍）。
- 将需要记忆的内容与已知内容联系起来。比如，将关于文化、价值观或民族的概念与个人经验或知识联系起来。

W
- 复述新材料，反复阅读（如果可能，请大声朗读）。
- 创建首字母缩略词（由列表上单词首字母构成的词语），比如，HOMES 是五大湖的首字母缩写词（Huron, Ontario, Michigan, Erie, Superior）。
- 创作离合诗（这个句子的首字母和你列表上单词的首字母相同），比如，"Don't Let Harry Drink Cocoa" 代表的是 Define（定义）、Literature（文献）、Hypothesis（假设）、Data（数据）和 Conclusion（结论）——科学方法的几个步骤。
- 利用其他感觉：画图、大声朗读、创编一段韵律或歌曲，通过背诵或歌唱的办法来加深记忆。
- 对列表而言，用韵律来代表 1—10（比如, sun, zoo, tree, door, hive, sticks, heaven, gate, mine, den）。你也可以在脑海中画出有趣的图案，与这些数字对应的列表联系起来。
- 使用文字游戏和双关语——越奇特就会越有效。(I've GOTTO remember that gato is "cat" in Spanish.)

E
- 经常测试你的记忆水平。抽记卡非常有效。
- 组成学习小组，在集体活动中测试你的记忆力。

R
- 你的大脑需要时间来进行长期记忆。不要等到最后一刻再开始记忆。
- 几天之后，回顾你需要记忆的内容，你可以看到自己的记忆效果，这有助于你强化记忆和发现问题。

> 赐予我力量　**你必须牢记**

阅读每句话，在你经常使用的记忆方法旁打钩。

1. 我知道自己要记忆的内容，我会大声复述内容。
2. 我会画图和列表将概念特征与概念之间的关系可视化，以此来帮助记忆。
3. 我用抽记卡来检测自己对关键概念的掌握。
4. 当我需要记住列表或一系列步骤时，我会使用首字母缩写词。
5. 因为学习小组很有效果，所以我会参加学习小组。
6. 我会在记忆时使用自己的方法，我会将关键概念与日常生活及经验相联系。
7. 我会在一两天后重温所学内容，看看自己是否很好地掌握了关键观点和术语。
8. 当我需要记忆有一定顺序的列表或关键词语时，有时我会用离合诗的方法。

每勾出一条，就给自己加上 1 分。

得分

7—8 分：恭喜！你有很多帮助记忆的记忆法。

5—6 分：你有一些记忆法。请从列表中选择更多方法。

0—4 分：尝试我们建议的记忆方法。它们可以使记忆变得更为容易且更具趣味。

5

第五章

社会互动、群体和社会结构

模块 15　社会互动与现实
模块 16　理解群体
模块 17　理解组织
模块 18　全球视角下的社会结构

社会学实务——劳资关系仲裁员

利昂·费拉拉（Leon Ferrara）是一位劳资关系仲裁员。"当公司的工会与管理层无法达成共识时，他们就会请我来介入。我会仔细聆听双方意见，然后作出相对公平的仲裁，"他解释道，"我很像是一位法官。"费拉拉非常适合干这份工作。过去他在福特汽车公司的管理层工作，而他父亲则是工会成员，在流水线上工作了 38 年。"我了解劳资双方的事情，而且我从来没有忘记自己的根。"

费拉拉最喜欢的格言是：我们共同面对一切。"参加听证会时，我会试着用这种方式来进行讨论，"他说，"我会听取双方观点。然后提醒他们，他们共同努力工作才能生产出产品。在现代社会，由于劳动分工的细化，人们忘记了每个人的贡献都很重要。管理层不能认为劳动者是可以随时被抛弃的，而劳动者也不能因对管理层的偏见而不听他们的意见。最后的结果是，如果产品做不出来，整个企业都会受损失。我的最终结论总是会强调工作场所的相互依赖性。不同层次的人们必须相互尊重，而且大家都有权参与决策。"

本章内容概述

本章我们将会研究社会结构及其对社会互动的影响。个体的社会地位由什么来决定？我们的社会角色如何影响社会互动？家庭、宗教和政府等社会机构在我们的社会结构中处于何种地位？我们如何才能更好地理解和管理跨国公司等大型组织？本章我们首先会讨论社会互动如何塑造我们看待世界的方式。然后我们将会关注社会结构的五个基本要素：地位、社会角色、群体、社会网络，以及家庭、宗教、政府和大众传媒这样的社会机构。我们将会看到，功能论者、冲突论者和互动论者采用不同的方式对社会机构进行研究。最后我们将会用涂尔干、滕尼斯和伦斯基创建的类型学，比较形式更为简单的现代社会结构。本章结尾的社会政策部分将会关注工会角色的改变。

模块 15

社会互动与现实

P 准备 学习目标

LO 15-1 定义社会互动、社会结构和社会现实，描述它们之间的关系

LO 15-2 解释先赋地位和自致地位，描述主导地位如何约束自致地位

LO 15-3 描述角色冲突、角色紧张和角色退出的社会角色期待

O 组织 模块大纲

社会现实

社会结构的要素

社会角色

W 工 作

LO 15-1 社会现实

社会学家用**社会互动**（social interaction）来表示人与人之间相互回应的方式，不管是面对面，还是通过电话或上网。**社会结构**（social structure）指的是把一个社会组织成可预期关系的方式。社会互动和社会结构是社会学研究的核心概念。它们与社会化密不可分，通过社会化，人们可以学习态度、价值观和在其自身文化中合乎事宜的行为。

当人群里有人推搡你，你会立马推回去呢？还是在作出反应之前，你会首先考虑这件事的具体情况和挑衅者的态度呢？后者很可能是你作出的反应。社会学家布鲁默（Blumer, 1969）认为，人类社会互动的显著特征是："人们不只会对彼此的行为作出反应，还会解释或'定义'彼此的行为。"换言之，我们对他人行为的回应，有赖于我们对他人行为意义的解释。我们的认知、评估和定义塑造了现实。

这些行为的意义通常反映了主流文化的规范和价值观，以及我们在这种文化中的社会化经历。正如互动论者所强调的，我们对他人行为意义的解释，是由我们与他人及与更大社会背景之间的互动所塑造的。我们的社会互动实际上建构了社会现实。

我们如何定义我们的社会现实呢？举一个简单的例子，想想我们对文身的看法吧。曾经绝大多数美国人都认为文身是一种怪异或愚蠢的行为。我们总是把文身与朋克族、飞车党、光头党等边缘反文化群体联系在一起。文身自然也就给人一种非常负面的印象。然而，现在社会上很多人都有文身，包括那些时尚弄潮儿和体育明星都是如此。因此，文身仪式开始具有合法地位，主流文化对文身的看法也随之发生转变。由于我们与那些文身者之间的社会互动大为增加，我们在许多场合中都已对文身习以为常。

社会互动的本质和现实的构成，存在巨大的文化差异。由于西方人常常歌颂浪漫的爱情，因此夫妻双方认为婚姻既是一种社会关系，也是一种社会地位。他们期望在婚姻中经常出现爱情告白，不论是情人节的玫瑰花，还是非正式的日常动作。但是，日本人则倾向于认为婚姻是一种社会地位，而非一种社会关系。大部分日本夫妇也很相爱，但他们很少会说"我爱你"，尤其是日本的丈夫们更难把这三个字说出口。大部分丈夫都不会直呼自己妻子的名字，他们更喜欢称她们为"孩儿他娘"，他们也从不会与她们目光相接。2006年，一些日本男性为了改变这些压抑的传统，创建了"疼爱妻子的丈夫组织"（Devoted Husband Organization）。这个组织筹款赞助一个新的节日"爱妻日"。2008年，他们组织了一个活动，即"站在圆白菜地中向妻子喊出爱意日"（Shout Your Love from the Middle of a Cabbage Patch Day）。很多男士站在东京北部的圆白菜地里，对着他们的妻子大喊"我爱你"，其中有些妻子此前从未听过丈夫向自己这样表白。这些丈夫们保证在"爱妻日"那天晚上8点前回家，这在日本社会也是一种相当罕见的举动（Japan Aisaika Organization，2012）。

定义社会现实的能力反映出某个群体在社会中所掌控的权力。实际上，在支配群体与从属群体的关系中，最重要的一个方面就是：支配群体或多数人群体可以定义社会价值观的能力。社会学家托马斯（Thomas，1923）是种族和性别差异理论的早期评论家。他发现，"对情境的定义"会影响个体的思想和个性。从互动论视角出发，托马斯观察到，人们不只是对个人或情境的客观特征作出回应，他们还会对个人或情境对他们产生的意义作出回应。

过去 60 年间，首先是 1950 年代到 1960 年代中发起的民权运动，然后是女性、老年人、男同性恋、女同性恋、残疾人士参与的人权运动，我们从中领会了社会变迁的重要含义，即它是一个对社会现实重新定义及再建构的过程。从属群体的成员挑战传统定义，开始用新的方式来认识和体验社会现实。

LO 15-2　社会结构的要素

所有的社会互动都发生在社会结构中，包括那些重新定义社会现实的社会互动。为了实现研究目的，我们可以把任何社会结构分为以下五个要素：地位、社会角色、群体、社会网络和社会制度。这些要素就像组建起房屋结构的地基、墙和天花板一样，构成社会的结构。我们将在本模块讨论地位和角色，在下个模块中讨论群体、社会网络和社会制度。

地位

我们常常认为一个人的地位与其影响力、财富和名声有关。然而，社会学家则用**地位**（status，又译"身份"）来指代在大群体或社会中所有由社会定义的位置，这些位置通常会按从低到高的顺序排列。在我们的社会里，一个人的地位（身份）可以是：美国总统、果农、子女、小提琴家、青少年、明尼阿波尼斯的居民、牙科医生或邻居等。一个人可以同时拥有好几种身份地位。

先赋地位和自致地位　社会学家认为某些地位是先赋的，其他地位则是自致的（参见下图）。**先赋地位**（ascribed status）是由社会"分配"给个人的，它并未把个人的独特才能或特征考虑在内。通常，这种地位的分配在个体出生时就已完成；因此，个人的种族背景、性别和年龄都可视为先赋地位。尽管这些特征是与生俱来的，但其重要价值却主要取决于它们在我们的文化中所具有的社会意义。冲突论者对先赋地位特别感兴趣，因为它们通常决定着个人到底是拥有特权还是从属群体中的成员。

社会地位

大多数情况下，我们都无法改变自己的先赋地位，但是我们可以尝试改变与先赋地位相关的传统限制。例如，灰豹党（Gray Panthers）是一个成立于1971年的激进政治组织，致力于为老年人争取权益。长期以来，该组织一直想要改变社会上对老年人的负面刻板印象。由于该组织及对老年人提供支持的其他组织的共同努力，无数"资深公民"（65岁以上的老人）的先赋地位已经得到明显改善。

在不同的文化中，先赋地位不一定具有相同的社会意义。一位社会学家在他的跨文化研究中证实了一种根深蒂固的看法，即尊敬老人是中国社会中非常重要的一种文化规范。很多情况下，中文中的"老"都是一种尊称：称一个人为"老师"或"老前辈"，就像是在美国称呼一位法官为"阁下"一样。不过，中国文化里尊重长者这一特征在美国社会中却是非常罕见；因此，如果你称呼某位美国人"老人"的话，他会认为这是对他的侮辱，而非对长者或智慧的尊重。

与先赋地位不同，**自致地位**（achieved status）主要是经由个人努力而取得的社会身份。电脑程序员、狱警、律师、钢琴家、妇女联谊会成员、罪犯、社会工作者等都是自致地位。我们必须付出努力才能获得某个自致地位，比如说上学、

先赋地位可能与自致地位密切相关。图中这名男性的自致地位是一位低收入的工人。与此同时,他的先赋地位为少数族裔。由于这两种身份地位,他与社会地位较高的顾客形成了鲜明的对比。

学技能、培养友谊或发明新产品。但就像我们将会在下一节中看到的,先赋地位对自致地位产生了巨大的影响。比如,男性不太可能去当儿童保育员。

主要身份 每个人都有许多不同的身份,有时这些身份还会相互冲突;有些身份意味着其社会位置较高,有些则意味着其社会位置较低。那么,别人会如何看待某个人的整体社会位置呢?社会学家休斯(Hughes,1945)指出,社会在面对身份不一致的情况时,会认为某些身份比其他身份更加重要。**主要身份**(master status)指的是主导其他身份并决定个人在社会中所处整体位置的地位。例如,网球明星阿瑟·阿什(Arthur Ashe)在1993年死于艾滋病。然而,在他生命的最后几年,他与艾滋病魔进行抗争,他作为一名顽强的艾滋病人的身份,可能远远超过了他作为退休运动员、作家及政治运动分子的身份,也让世界上更多的人了解了他的事迹。在全世界范围内,很多残疾人士都发现,自己的"残疾人"身份受到过分关注,使得他们在工作中的优异表现完全黯然失色。

我们的社会将种族和性别看得格外重要，所以它们常常主导了我们的生活。这些先赋地位常会影响我们的自致地位。马尔科姆·X（Malcolm X，1925—1965）是 1960 年代早期一位能言善辩的黑人社会活动家，他努力宣扬黑人权利和黑人自豪，一生充满了争议。他回忆道，自己的感受和视角在中学时发生了巨大的改变。那时他当选班长且成绩拔尖，前途一片光明。但是，他的老师都是白人，从不鼓励他选择更有挑战性的课程，因为他们认为那些课程不适合黑人学生。八年级时，他的白人英语老师告诉他，他想当律师的理想是不现实的，并努力劝说他改做木匠。马尔科姆·X 发现：自己的黑人身份（先赋地位）是他梦想成为律师（自致地位）的阻碍。在美国，种族和性别这两个先赋地位成为主要地位，对个体获得理想的职业及社会地位的潜力，造成了非常重要的影响（Marable，2011）。

LO 15-3 社会角色

什么是社会角色？ 在我们的一生中，我们获得了社会学家所称的各种社会角色。**社会角色**（social role）是对拥有某种社会位置或地位的个体所持有的一系列预期。因此，在美国，我们预设出租车司机熟悉城里的所有路线，前台人员在处理来电信息时非常可靠，警察在看到公民遭受威胁时会立即采取行动。某种社会地位，不论是先赋地位还是自致地位，都伴随着某种对应的预期角色。即便如此，人们的实际表现还是会各不相同。某位秘书可能承担着繁重的行政职责，而另一位秘书则可能只用专注于文书工作。

角色是社会结构的重要组成部分。从功能论视角来看，单是角色的存在，就能让社会成员预期他人的行为，并依照自身角色作出相应的行为，进而就能保持社会的稳定。然而，如果社会角色限制了人们的互动和关系，它们就可能会产生反作用。如果我们将一个人只看成"警察"或"领导"，那我们就很难和他们成为朋友或邻居。

角色冲突 假定一位在电子工厂生产线上工作了十年的女工，突然被提拔为这个部门的监工。如今，她和老朋友及老同事该如何相处呢？她是否应该像过去十年所做的一样，每天都跟她们一起外出吃午餐？如果她的老朋友跟不上生产线

站在他人的角度思考问题——环保活动家

如果你就职的公司选择用燃煤而非风能发电且你在该社区中无法立即找到另一份工作,你会如何处理角色紧张问题?

的工作要求,她是否应该建议公司辞退这位老朋友?

当同一个人拥有两个或多个社会位置,并且这些角色的预期互不兼容时,**角色冲突**(role conflict)就会不可避免地出现。满足其中一个身份所要求的角色,可能就会直接违背另一个身份所要求的角色。在上面所说的例子中,那位刚得到提拔的监工可能就会经历社会角色与职业角色之间的剧烈冲突。这类角色冲突涉及重大伦理抉择。她需要作出艰难的抉择,到底是忠于自己的朋友,还是忠于赋予她监管权力的雇主。

当一个人进入某个行业而该行业中的人很少拥有与其相同的先赋地位,就会发生另一种角色冲突。男性幼教和女性警察常会经历这种角色冲突。在后者的情境中,女性警官既要努力符合执法部门工作的角色要求,又要迎合社会对女性角色的普遍看法,而女性角色中并不包括警察工作所必需的技能。当女性警官遭遇性骚扰时,她们必须像其他职业女性那样遵守"沉默规约"(code of silence),这种不成文的规则让她们无法公开揭露涉事同事的恶行。

角色紧张 角色冲突描述了一个人同时拥有两个社会位置时所需面对的挑战。然而,同一个社会职位也会带来问题。社会学家用**角色紧张**(role strain)来描述社会对相同社会位置的不同需求和预期所造成的困难。

来自少数族裔文化的人在主流文化中工作时,可能会经历角色紧张。犯罪学家古尔德(Gould, 2002)访问了纳瓦霍部族政府警局的警员,调查他们与传统执法人员如治安官或联邦调查局特工之间的关系。纳瓦霍族警员在正常执法之外,会采取另一种司法行为形式:调停(peacemaking)。在调停时,他们希望涉案双方能够达成和解。这些警员表示,对于调停他们非常自信,但他们也担心,如果一个人都不逮捕,其他执法人员会认为他们太"软弱"或"只关心自己"。不论他们与传统的纳瓦霍部族方式有多么强的联系,他们都能感受到被认为是"太纳瓦霍"

或"不够纳瓦霍"的压力。

角色退出 通常，当我们想要扮演某个社会角色时，我们会关注个人为了这个角色而进行的准备和预期社会化的过程。如果一个人想要成为律师、厨师、伴侣或父母，他/她的确会经历同样的过程。但直到最近，社会学家才开始关注人们在退出一个社会角色时所做的调适工作。

社会学家伊博（Ebaugh, 1988）用**角色退出**（role exit）来描述个体脱离对自我认同最重要的角色，进而建立起新角色和身份的过程。伊博访谈了185位受访者，这185位受访对象包括有犯罪前科的人、离异男女、努力戒除酗酒行为的人、还俗的修女、退休的医生、其他退休者和变性人等。通过这些访谈记录，伊博（她以前也是一位修女）研究了人们自愿从重要社会角色中退出的过程。

伊博提出了角色退出的四阶段模型。第一个阶段始于怀疑。在这个阶段，人们对与他们现在的社会位置相关的地位和角色感到沮丧、倦怠或厌恶。第二个阶段是寻找替代的角色。对自己的职业感到厌恶的人可能会暂时离职一段时间；一对婚后怨侣也许会暂时分居一段时间。第三个阶段是行动或脱离阶段。伊博发现，大部分受访对象都能明确指出让他们感觉必须采取最后行动的转折点，在那之后他们就会决定离职、结束婚姻关系或采用其他角色退出方式。不过，也有20%的受访者认为，他们的角色退出是一个渐进过程，并没有某个特定的转折点。

第四个阶段是创造新的认同。很多人在上大学时都会经历一场角色退出。你退出了与父母同住的子女角色，开始担当起与同学同住寝室的独立生活角色。社会学家西尔弗（Silver, 1996）研究了有形物体在这一转变中所扮演的核心角色。学生们选择留在老家的物品（如布偶动物或洋娃娃）是与原来的身份认同相联系的。他们也许非常依恋这些事物，但他们并不希望

社会学家伊博认为，角色退出有四个阶段。这一变性人处在第一阶段还是第四阶段？

它们成为大学新的角色认同的一部分。他们随身带去的物品象征着他们现在对自我的看法，以及希望别人对自己产生的印象，如 iPods 和海报似乎都在告诉别人："这就是我。"

E 评估

1. 在美国，大家认为出租车司机应该熟悉城市中的道路。这种期望是_____的表现。
   (a) 角色冲突　　(b) 角色紧张　　(c) 社会角色　　(d) 主要地位

2. 当一个人拥有两个或以上的社会位置且这些角色的预期互不兼容，这就是_____。
   (a) 角色冲突　　(b) 角色紧张　　(c) 角色退出　　(d) 角色反转

3. _____是指将社会组织成可以预期关系的方式。

4. 美国黑人活动家马尔科姆·X 在自传中写道，他的非裔身份是他律师梦想的阻碍。他的非裔身份是_____地位，律师是_____地位。

5. 社会学家伊博用_____来描述个体脱离对自我认同最重要的角色，进而建立起新角色和身份的过程。

答案：1. (c)　2. (a)　3. 社会结构　4. 先赋, 自致　5. 角色退出

R 反思

1. 在你最近的经历中，是否发现了不同的人会对同一社会现实进行不同的定义？请描述你的观察。

2. 设想一个正面的自致地位（如狱警）和一个负面的自致地位（如罪犯）。个体是否可能会失去某个自致地位？是正面的自致地位还是负面的自致地位更容易失去？为什么？

模块 16

理解群体

P 准备　学习目标

LO 16-1　区别不同类型的群体，解释它们影响思想和行为的方式

LO 16-2　定义社会网络并解释它们的功能

LO 16-3　从功能论、冲突论和互动论视角分析社会机构

O 组织　模块大纲

群体

社会网络

社会制度

W 工　作

LO 16-1　群体

在社会学上，**群体**（group）是指一群遵循相似规范、价值观及社会期望且经常进行互动的人。女篮队员、医院的管理委员会、犹太会堂或交响乐团成员都组成了各自的群体。不过，郊区的居民并不是一个群体，因为他们很少同时相互互动。

群体是社会结构的重要组成部分。大多数社会互动都发生在群体中，并受到群体的规范和奖惩制度的影响。如果你是青少年或退休人士，当你与你的专属身份群体进行互动时，你的身份就具有特别的意义。许多与社会角色相关的期待，包括伴随兄弟姐妹或学生身份而来的角色，在群体的语境中就能得到更为清晰的定义。

在我们的日常生活中，与我们进行互动的群体也发挥着非常重要的作用，有

时它们的作用还会通过出乎意料的方式体现出来。涂尔干发现，邪恶的犯罪行为会让人们感到震惊，进而引发能在将来保护集体的群体反应。2007年4月，弗吉尼亚理工大学一名大四学生在校园内两个地点开了300多枪，造成32人不幸遇难和17人受伤。2011年，社会学家詹姆斯·霍顿（Hames Hawdon）和约翰·瑞安（John Ryan）通过网络对学生和教职人员进行了三项调查。他们在枪击案发九天后进行了第一次调查，枪击案过后十个月则完成了第三次调查。他们发现，那些持续参与针对这次悲剧事件的纪念活动的人，未必能纾解其自身内心压力，也不一定会产生社区团结感。在悲剧发生后的一段时间内，人们持续参与社团或友谊团体的各种活动，这更有助于他们从悲伤和恐惧中恢复过来。群体凝聚力的确会产生不一样的效果。

初级群体和次级群体

库利创造了初级群体（primary group）这一术语，用来指称具有亲密、面对面联系和合作的小型群体。街头的帮派成员组成了一个初级群体；同一屋檐下的家庭成员，以及大学姐妹会的成员们，也组成了各自的初级群体。

披萨店的外卖员组成了一个次级群体——一个正式的、人情味较淡漠的群体，其成员之间缺乏亲密的社会关系，彼此之间少有相互理解。图中英格兰萨里区的披萨外卖员正在等待送下一单，在这一过程中他们逐渐变得非常熟悉，从而能够区别出谁将这份工作视为临时工作，谁又将此视为永久工作。他们还会了解，谁愿去高危地区送餐谁则从不愿去。他们甚至可能会在下班后聚在一起玩乐，开开玩笑或吹嘘一下他们的功劳，但是他们的友谊通常很难再继续深入下去。

初级群体在社会化过程及角色和身份的发展中，都发挥着非常重要的作用。实际上，初级群体对个人的日常生活起到了积极作用。当我们发现自己隶属于某个群体时，这个群体很可能是初级群体。

我们同样也参与了很多成员间关系并不亲密的群体，如上大课的大学班级、商业联合会等。**次级群体**（secondary group）是指那些较正式的、人情味较淡漠的群体，其成员之间私下少有往来，相互之间缺乏了解。在工作场所，次级群体常会在对职业有相同看法的人群中产生。不过，初级群体与次级群体之间的区别并不总是清晰明了。一些社交俱乐部，随着会员人数不断增加，可能会变得过于庞大，会员之间缺乏人情味，以至于丧失了初级群体的功能。

内群体和外群体

某个群体可能因为和其他群体的关系，而对其成员赋予特殊的意义。例如，某个群体的成员会对其他群体产生厌憎或威胁的情绪，尤其是当其他群体与自己的文化或种族不同时。为了辨别这些"我们"和"他们"的感觉，社会学家采用了"内群体"和"外群体"这两个术语，这两个名词最早由萨姆纳（Summer, 1906）所用。

内群体（in-group）是指任何让人们感觉有归属感的群体或类别。简单说，就是由"我们"所组成的群体。内群体的规模可以小到少年团体或者大到整个社会。内群体的存在，说明还有"他们的人"所组成的外群体的存在。**外群体**（out-group）是指无法让人们产生归属感的群体或类别。

内群体的成员通常都会觉得自己与众不同，内心充满优越感，他们认为自己比外群体的人们优秀。内群体的适当行为在外群体中则被认为是不可接受的。这种双重标准更加强化了他们的优越感。社会学家默顿（Merton, 1968）将这种过程描述为"内群体的德"向"外群体的恶"的转化。这种有差别的标准，在关于恐怖主义的全球讨论中尤为常见。当一个群体或国家采取暴力手段时，它们常会宣称这是必要的、合情合理的手段，即使它们的暴行会造成众多无辜平民伤亡。反过来，它们的对手则会迫不及待地给它们贴上"恐怖主义"的标签，并呼吁国际社会对它们进行严厉谴责。然而，就是这些彰显正义的群体或国家也可能会展开报复，而不顾它们的行为同样会造成无辜平民伤亡，因而，之前被视为"恐怖分子"的群体或国家也会反过来谴责它们。

在个人层面及政治层面上，内外群体之间的冲突都可能会变得非常尖锐。1999 年，在科罗拉多州利特尔顿的科伦拜恩中学，两名心怀不满的学生对学校发动攻击，总共造成包括他们自身在内的 15 名学生和老师不幸遇难。这两名枪手属于一个被其他学生称为"风衣黑手党"（Trenchcoat Mafia）的外群体。显然他们早就对被称为"乔克"（Jocks）的内群体对他们的嘲弄行为感到深恶痛绝。美国很多学校都有类似情况。遭到排斥的青少年因个人和家庭问题、同辈压力、学业压力及媒体暴力影像的影响，对校内更受欢迎的同学心生憎恨，进而实施了攻击行为。

参照群体

初级群体和内群体都会对个人的思想和行为产生深刻影响。社会学家将个人用以衡量自己及其行为为标准的群体称为**参照群体**（reference group）。比如，一个渴望加入嘻哈乐迷圈子的中学生，会模仿这个群体的行为模式。他会开始穿同样风格的衣服，听同样的下载音乐或 DVD，并在同一些商店和俱乐部里盘桓。

参照群体有两个基本目的。它们通过制定并强化行为和信仰的标准来实现其规范功能。因此，如果那名中学生想要获得嘻哈乐迷圈子的认可，他就至少必须在一定程度上遵循这个群体的规范。参照群体还有比较功能，人们可以用它来作为衡量自己与他人的标准。例如，演员会与其他演艺同行构成的参照群体进行自我评价（Merton and Kitt, 1950）。

参照群体可能有助于推进预期社会化进程。比如，一个主修金融的大学生看《华尔街日报》，研究企业年度报表，收听午间股票新闻。这个学生就是在以自己梦想成为的金融专家为参照群体，进而推动自己的预期社会化进程。

我们通常都会同时受到两个或以上参照群体的影响。我们的家人、邻居和同事都会影响我们的自我评价。而且在我们的生命历程中，随着时间推移，我们对参照群体的依赖程度也会发生改变。如果一位企业执行官在 45 岁时离开竞争激烈的商界，转而成为一名社会工作者，他或她就会寻找新的参照群体作为评价标准。随着我们人生中社会地位的改变，我们所认可的参照群体也会随之发生改变。

在一个印第安人的巫术仪式上,人们围坐在鼓边,将自己的精神融入某个古老的部落传统中。对那些希望更加了解鼓乐的旁观者来说,这些技术娴熟的仪式音乐家可能就是他们的参照群体。

联盟

随着群体规模的增大,联盟就开始发展起来了。**联盟**(coalition)是拥有同一目标的暂时或永久的结盟。联盟的范畴可大可小,并可拥有很多不同目标。社会学家威尔逊(Wilson,1999)描述过一个位于德克萨斯州的社区组织,其成员包括白人和拉丁裔人、工人阶层和富裕阶层。这些成员联合在一起,努力修补人行道、改善排污系统、铺砌更完善的街道。威尔逊希望,这类联盟的建立能够促进种族间的相互理解。

有些联盟被刻意设置得非常短暂。例如,对像《幸存者》这样火爆的真人秀节目来说,短暂联盟的建立是成功的关键。在 2000 年播出的《幸存者第一季:婆罗洲》中,四位参加者组成"泰极(Tagi)联盟",将这座岛上的其他漂流者们一一踢出局。在政界中,短暂联盟也是相当普遍的现象。比如,1997 年,大烟草公

你能在竞争中笑到最后吗？建立联盟可能会帮助你取得最后的胜利。在菲律宾帕劳岛上拍摄的真人秀节目《生存者：血与水》中，建立联盟仍是生存之关键。这个长播不衰的真人秀现在已经播放到第17季了。

司与反吸烟群体联合起草协议，为各州提供与烟草相关医疗支出的补贴。而在协议公布后，联盟成员很快就又回到了过去长期对立的斗争状态中（Pear, 1997）。

LO 16-2　社会网络

群体不仅仅只是定义社会结构的其他要素，如角色或身份；它们还是个人与更大的社会之间的纽带。我们每个人都会同时属于多个不同群体，通过各种熟悉的群体关系，与不同社会圈子中的人们建立联系。这些联系就是**社会网络**（social network）——将个人与他人直接联系起来的一系列社会关系，人们可以通过这些直接联系间接地与更多的人建立关系。社会网络是社会结构的五个基本要素之一。

总的来说，社会网络包括我们与他人进行的所有常规社会互动。在传统意义上，研究者的社会网络研究范围太过狭窄，他们只研究面对面互动或电话交谈，尽管近来他们也开始研究通过各种新媒体进行的人类互动。然而，我们必须要谨慎，不能把脸书和推特等社交媒体等同于社会网络，因为在后者的范畴中社会互动的意义要更为宽泛。

社会网络可能会以任何活动为中心，包括分享工作信息、交换新闻和流言，甚至是分享性行为。1990年代中期，社会学家研究了某所高中约1000名学生的恋爱关系。他们发现，61%的女生在过去一年半内有过性行为。在这些受访者中，研究者只发现了63对稳定的伴侣，或者是没有其他性伴侣的学生。一个由288名学生组成的更大的团体——几乎占到样本的三分之一，发展出一个自由随意的性关系网络（Bearman et al., 2004）。这项对高中生性行为的研究采用了应用社会学的方法，清楚地反映出公共健康方面的危险。

参与社会网络，常被称为"建立关系网"（networking），对就业非常重要。著名物理学家爱因斯坦就是通过他同学父亲的介绍，认识了未来的老板，才成功地找到了工作。这些关系，哪怕是微弱而遥远的关系，在建立社会网络和促进信息传播方面，总能起到关键作用。

在近期的经济衰退里，电子社会网络发挥了新的作用，它们能够鼓励失业者重振士气。对失业者来说，虽然有些网站或聊天室并不能为他们带来新工作，但是他们却能借助这种网上社会网络团结在一起，互相帮助并保持积极态度。对他们来说，与处于同样困境的朋友甚至是陌生人在网上聊天是一种非常重要的经历，可以帮助他们鼓舞士气（Scherer, 2010b）。

不过，研究也发现，不论是面对面互动还是网上交流，并非所有人都在同等程度上参与到社会网络中。在寻找新的或更好的工作机会或社会关系时，女性和少数族群处于弱势地位（Trimble and Kmec, 2011）。

LO 16-3 社会制度

大众传媒、政府、经济、家庭和医疗健康体系都是我们社会中的常见社会制度。**社会制度**（social institution）是指以基本社会需求为中心的、有组织的信念和行为模式，包括人员的替代（家庭）和秩序的维持（政府）。

通过对社会制度进行密切观察，社会学家得以深入了解社会的结构。例如，宗教制度必须适应它所服务的社会区域。对服务于贫民区或市郊中产阶级社区的牧师来说，教会活动的意义有很大不同。被派往贫民区的牧师更关注照顾病人及提供食物和住所。相比之下，被分派到富裕郊区的神职人员则忙于婚姻及离婚问题咨询、安排青少年活动和监督文化活动。

功能论视角

观察社会制度如何满足基本功能是理解它们的一种方式。人类学家和社会学家指出，一个社会或者相对稳定的群体想要继续存在，必须完成以下五项主要任务，或满足五项功能性先决条件。

1. 人员的替代。在任何群体或社会中，只要有成员死亡、离开或伤残，就必须有人能够替代。这项任务可以通过移民、吞并相邻民族、获取奴隶或生育新生命来完成。宗教团体震颤派是一个于1774年来到美国的宗教群体，但它后来却未能顺利地完成人员替代的任务。震颤派的宗教信仰要求教友们信奉独身主义；为了让教派能够延续下来，他们必须招募新成员。最初，震颤派的招新活动十分成功，它的人数一度在1840年代达到峰值：6000名。然而，截至2011年，美国全境的震颤派社区只剩下缅因州一个农场，而且那里仅有三名教友：一名男性和两名女性（Schaefer and Zellner, 2011）。

2. 教导新成员。如果一个群体或社会中的多数成员都反对群体所规定的行为和责任，这个群体或社会就将无法存续。因此，仅仅招募到新成员是不够的；群体或社会还必须鼓励新成员学习并接受它的价值观与习俗。这一学习过程可以通过正规的学校教育（学习是学校的一个显性功能）进行，或者非正式地通过与同辈群体（学习是同辈群体的一个隐性功能）互动来完成。

3. 生产及分配物资和服务。任何一个相对稳定的群体或社会都必须生产和分配成员所需的物资和服务。每个社会都会制定一套规则，用以规范财产及其他资源的分配。群体必须满足大多数成员的基本需要，否则就会引起成员不满，最终导致出现无序状态。

4. 维持秩序。在世界范围内，本土人群都曾为保护自己，与外来侵略者进行过艰苦卓绝的斗争。他们的抵抗有些获得成功，有的则失败了。未能保持秩序并抵御外来征服不仅会导致个体的死亡，还会带来本土文化的消亡。

5. 提供并维持目标感。人们必须有动力继续成为某个社会的成员，这个社会才能去完成前四个要求。爱国主义、部落认同、宗教价值观或个人道德准则能够帮助人们产生和维持这种目的感。不管动力何在，任何社会中都存在一个共同且关键的现实：如果一个人没有目的感，他或她就不会为社会的存续努力奋斗。

这五项功能上的先决条件并没有详述社会及与其相对应的社会制度将会如何执行各项任务。比如，某个社会可能会囤积大量军火来抵抗外来攻击，而有的社会则可能会坚决在世界政坛上保持中立，寻求发展睦邻友好合作关系。但不论具体采取什么策略，任何社会或相对稳定的群体都必须满足上述功能条件才能存续下去。只要有一个条件无法得到满足，这个社会就很可能会遭遇灭顶之灾（Mack and Bradford, 1979）。

冲突论视角

冲突论者并不赞同功能论对社会制度的观点。尽管冲突论者和互动论者都赞成，社会制度被组织起来的目的就是为了满足社会的基本需求，但冲突论者并不认为社会制度的效果必然有效或必要。

从冲突论视角来看，社会制度的现有组织并不是偶然出现的。例如，教育等主要制度保障了社会上有权势的个体与群体的特权，同时使其他人处于弱势地位。例如，美国公立学校的办学经费主要靠财产税来支付，这就使得富裕地区的学校比低收入地区的学校拥有更好的教学设备和师资力量。因此，来自富裕地区的学生也就比贫困地区的学生更具学业竞争力。美国的教育制度允许甚至鼓励了这种对学生的不平等待遇。

冲突论者认为，像教育这样的社会制度在本质上是非常保守的。毋庸置疑，开展促进公平机会的教育改革从来都是举步维艰。不论是双语教育、去除校内种族隔离，还是让残疾学生进入正常班级上课，都面临重重困难。从功能论视角来看，社会变迁会引起反功能，因为社会变迁会造成社会的不稳定。而从冲突论视角来看，如果现存社会结构本身就是不公平且歧视部分群体的，我们为什么还要维持这个社会结构的稳定呢？

正如冲突论者、女性主义者和互动论者所指出的，社会制度同样也在性别和种族歧视的环境下运行着。在学校、办公室和政府机构中，对人们能力的假设反映出整体社会中性别和种族歧视的现状。比如，很多人都认为女性不能作出重大决策，哪怕是位于企业高层的女性也不能。还有很多人认为，能进入顶尖大学的黑人学生都是因为反歧视运动才得以入学的。性别、经济地位和种族及族群的不平等在这样的环境中十分普遍。当然，我们还可以把年龄、身体残疾和性取向也都加入到歧视的名单中。在刊登招聘广告的方式，以及雇主是否提供类似儿童保育和产假等额外福利的决策中，我们同样能够发现各种歧视的事实。

互动论视角

社会制度会影响人们的日常行为，如我们是否沿着道路顺序开车或者排队结账等。社会学家邓奈尔（Duneier, 1994a）来到芝加哥一家大型律所服务中心，对该中心的女性文字处理员的社会行为进行研究。邓奈尔对在这一工作环境中产生的非正式社会规范，以及这些女职员创建的丰富社会网络很感兴趣。

这个所谓的"网络中心"，一如其名，位于一栋大型写字楼中，虽然她们供职的律所占据这栋楼的整整七层，但所谓的"网络中心"却只不过是一个连窗户都没有的小房间。这个中心的文字处理员采用两班倒工作制。第一班的工作时间为下午4点到午夜，第二班的工作时间则从午夜到早上8点。每个人的隔间只够放下键盘、终端机、打印机和电话。办公室中间的篮子里放着工作任务，她们只需按照准确的程序完成任务即可。

乍看起来，我们可能会认为，这些女职员除了在有限的休息时间内与她们的监管偶尔交谈几句之外，基本上相互之间没有接触。然而，从互动论视角来看，邓奈尔发现，尽管这些女职员在大办公室工作，但她们总能找到一些私人时间闲聊（通常都是在大厅里或卫生间的外面），交流她们对律所的律师们及日班秘书的批评。实际上，她们认为，自己的工作应该由"懒惰的"日班秘书在白天全部完成才对。邓奈尔提到一位文字处理员，这位处理员非常讨厌律师们的优越感，对于那些不称呼她名字的律师，她连看都不会看一眼，甚至直接拒绝和他们说话。

互动论理论家强调，人们所接受的角色和身份、所属的群体和所处的制度，都限制着我们的社会行为。比如，与法官相关联的社会角色处于更大范畴的司法体系中。法官的地位与其他社会地位，如律师、原告、被告、目击证人和政府制度，都有相关性。尽管法庭和监狱具有重要的象征意义，但是司法系统从人们在社会互动中所扮演的角色中，继续保持着它的重要价值（Berger and Luckmann, 1966）。

E 评 估

1. 1774 年来到美国的宗教组织震颤派发现它的教友人数急剧下降，这是因为它未能完成下列哪项任务？
   (a) 教导新成员　　　　　　(b) 维持秩序
   (c) 人员的替代　　　　　　(d) 提供并维持目标感

2. 以下哪种社会学视角认为社会制度的现有组织不是偶然出现的？
   (a) 功能论视角　　　　　　(b) 冲突论视角
   (c) 互动论视角　　　　　　(d) 全球视角

3. ＿＿＿＿＿＿＿群体常会在对职业具有特殊理解的人群中产生。

4. 很多时候，人们会模仿自己并不属于的群体行为。这些群体被称作＿＿＿＿＿＿＿。

5. 在研究芝加哥律所文字处理员的社会行为时，社会学家邓奈尔使用的是＿＿＿＿＿＿＿视角。

答案：1. (c)　2. (b)　3. 次要　4. 参照　5. 互动论

R 反 思

1. 你属于或曾属于哪些主要群体和次级群体？解释它们在社会互动方面的差异。
2. 请提出一个你很熟悉的社会制度。你会如何分别从功能论和冲突论视角来分析它的功能和目的？

模块 17

理解组织

P 准备 学习目标

LO 17-1 描述正式组织的特征和功能

LO 17-2 陈述韦伯的理想型官僚制模型特征在组织中的应用方式

LO 17-3 解释官僚化进程及它对组织的影响

O 组织 模块大纲

正式组织与官僚制

官僚制的特征

官僚制与组织文化

W 工 作

LO 17-1 正式组织与官僚制

随着现代社会转向越来越先进的科技形式，社会结构变得更加复杂，我们的生活也日趋受制于被称为正式组织的大型次级群体。**正式组织**（formal organization）是为了特殊目的、追求效率最大化而形成的群体，美国邮政局、麦当劳快餐店和波士顿大众管弦乐团都是正式组织。尽管组织在规模、目标和效率高低上不尽相同，但其结构都有利于促进对大规模运作的管理。它们还具有官僚化的组织形式，这一点我们将会在稍后展开讨论。

在我们的社会里，正式组织可以满足各种个人及社会需求，并影响着我们每个人的生活。实际上，正是由于正式组织的控制力过强，我们才需要创造其他组织来监督它们，如美国证券交易委员会的功能之一就是监管证券经纪公司的交易行为。虽然用"计算机时代"来描述现代社会比用"正式组织的时代"听起来更令人振奋，但是后者也许才是对现代社会更为精确的描述（Etzioni，1964）。

在正式组织中，性别、种族及族群等先赋地位都会影响我们对自身的看法。例如，一项对美国大型律所中女律师的研究发现，女律师之间的自我形象存在很大差异，这种差异取决于女性掌权者所占的比例。在女性合伙人占比低于15%的律所中，女律师多认为"女性特质"受到严重贬损，而"男性特质"则等同于成功。正如一名女律师所说："事实就是这样。这是男人的世界、男人的竞赛。这一情况在我工作的律所中表现得尤为明显。"在女性合伙人占比较高的律所中，女律师更渴望升职，并对升职抱有更高期待（Ely，1995）。

LO 17-2　官僚制的特征

官僚制（bureaucracy）是正式组织的组成部分之一，这种组织用规则和等级地位来获得效率。一个个面无表情的人们坐在一排排办公桌后面、无数的线条和表格、超乎想象的复杂语言、令人沮丧的繁文缛节，这些令人不快的画面使得官僚制变成一个恶劣的词汇，并在竞选活动中饱受攻击。因此，即使我们每个人都在完成各种官僚化的任务，但却很少有人愿意承认自己从事的是"官僚化"职业。在工业社会中，官僚制的元素早已渗入几乎各行各业。

韦伯最先向研究者指出官僚制结构的重要性。在他的重要社会学发现中，韦伯强调，官僚制结构与宗教、政府、教育和商业等看似不同的制度，具有基本相似的结构和运作过程。韦伯认为，官僚制是一种不同于家族企业的组织形式。为了便于进行分析，他提出了官僚制的理想型，借以反映这些人类组织最具代表性的特征。韦伯提出的**理想型**是指用于具体案例评估的模型。事实上，完美的官僚制并不存在；而且也没有哪个真实的组织能够完全符合韦伯的理想型。

韦伯认为，不管是为了经营一家教堂、企业还是管理一支军队，理想型官僚制都会呈现出五大特征。接下来我们就对这五大特征和官僚制的反功能进行介绍。

1. 劳动分工（**division of labor**）。专业人才从事专门的工作。在大学的行政组织机构中，招生办人员不会去做学生注册工作；辅导员不会去负责房屋维护。通过从事特定工作，人们能够变得更加专业并可使工作效率达到最高。对专业分工的强调一直是我们生活中的基本组成部分，因此我们可能意识不到它是西方文

在一家大型企业中担任会计师也许能够带来较丰厚的收入回报。但是，根据马克思主义理论，会计师很容易被异化，因为他们似乎与这家企业所创造的产品或服务毫无关系。

化较近期的发展。

　　劳动分工也有负面影响：工作不断细化为更小的工作，让工人不断分化，并使他们失去与官僚制整体目标的联系。在《共产党宣言》中，马克思和恩格斯控诉资本主义体系，声称资本主义体系将工人贬为"机器的附属品"。他们写道，这样的工作安排导致极端的**异化**（alienation）：一种与周遭环境疏远或脱离的状态。马克思和冲突论者认为，将工人限制在细小的事务中会降低他们的工作安全感，因为老板随时都能训练新员工来取代他们的位置。

　　劳动分工提高了复杂官僚制的运行效率，但在某些情况下，劳动分工也会引发"训练导致的无能症"（trained incapacity），也就是说，工人变得过于专业，从而产生了盲点，对某些明显的问题视而不见。更糟的是，他们对其他部门的情况完全漠不关心。有些观察者认为，劳动分工的发展降低了美国工人的劳动效率。

　　在某些情况下，官僚化的劳动分工还会产生悲剧性后果。2001年9月11日，世贸中心和五角大楼遭受一系列有组织的恐怖袭击，美国民众无法理解，为什么联邦调查局（FBI）和中情局（CIA）事前竟会对恐怖分子精心策划的活动一无所知。出现这个问题的部分原因在于联邦调查局和中情局的劳动分工上，即联邦调查局的工作重心在国内事务上，中情局则负责执行海外任务。联邦调查局和中情局都有庞大的官僚制体系，在这些情报机关中工作的官员由于相互猜忌，都不想让对方拿到自己获取的情报。事后调查发现，他们在1990年代早期就知道本·拉登和他的基地组织。不幸的是，五大联邦机构（中情局、联邦调查局、国家安全机构、国防情报局和国家侦查局）却没有分享它们对基地组织的调查进展。尽管恐怖分子劫持四架商业客机进行恐怖袭击可能无法避免，但官僚制的劳动分工的确阻碍了对恐怖主义的防御，削弱了美国的国家安全。

2. 权威等级（hierarchy of authority）。官僚制遵循等级原则，即每个职位都由更高等级的职位进行监管。校长负责大学的管理体系，有权选择校级中层领导成员，校级中层领导则可自行任命下一级人员。在罗马教廷体系中，教皇是绝对权威；在他之下则有红衣主教、主教等各个阶层。

3. 明文法规（written rules and regulations）。如果你的社会学老师因为你的同学露出了友好的微笑就给他或她一个"A"，你会有何感想？你也许会觉得这种做法不公平，是违反规则的。官僚制通常都会通过制定明文法规，让员工了解明确的标准来判断适宜/出格的工作表现。除此之外，程序让官僚制的运行具有重要的延续性。员工总是来来去去，但组织结构和过去的记录却可以赋予组织生命，让其本身超越任何官僚个体的服务而存在。

当然，明文法规也会掩盖组织的整体目标，甚至造成组织运行紊乱。如果一位家庭暴力咨询师因为某位女性没有美国公民的有效身份证明而拒绝提供咨询服务呢？如果盲目应用法规，法规就不再是实现目标的方法，而仅仅是因其本身而变得重要（或过于重要）。默顿用**目标置换**（goal displacement）来指代过分墨守成规的现象。

4. 非人性化（impersonality）。韦伯写道，在官僚制内，工作都是"不痛不痒"地完成的。官僚制的规范要求官员必须不带私人情感地执行自己的任务。这种规范是为了保证每个人都得到公平待遇，但它也造成了人们对现代组织的冷漠感。提到非人性化的官僚制时，我们立马就会想到政府和大公司。在某些情况下，与官僚制相伴的非人性化还会产生悲剧性结果。不过更常见的情况则是，非人性化的官僚制可能会导致悲惨的后果。今天，就连小公司的电话线上都安装了自动语音过滤系统。

5. 凭资质雇佣（employment based on technical qualifications）。在理想型官僚制内，人员雇佣是基于客观资质而非领导喜好；工作表现则是根据具体标准来进行衡量。成文的人事政策规定晋升的条件，并允许员工在发现有人违反规定时拥有申诉权。这样的程序使得员工不会被随意解雇，让他们具有安全保障感，并鼓励他们对组织保持忠诚。

尽管从理想意义上来说，任何官僚制都重视技术和专业能力，但在人事任命上却并不总是遵循这一理想模式。官僚制的反功能现在已是广为人知，尤其是因为劳伦斯·彼得（Lawrence Peter）的研究。根据**彼得原则**（Peter Principle），等级制度内的每个员工，几乎都会逐渐晋升到自己能力不及的地位上（Peter and Hull, 1969）。这一假设，虽然还未经过直接或系统的测试得到证实，但却反映出根据绩效设置的晋级结构可能会产生的反功能结果。有才干的人不断获得晋升提拔机会，他们中的一些人最后就会到达一种无法胜任的位置。

下表总结了官僚制的五个特征。韦伯在一个世纪前就提出了这些特征，它们描述的是官僚制的理想型，而非现实生活中的官僚制。并非每个正式组织都具有韦伯描述的这五个特征。实际上，现实生活中的官僚组织之间存在很大差异。

	积极后果	消极后果	
		对个人的影响	对组织的影响
劳动分工	提升大规模组织的工作效率	过度训练的无能症	产生狭隘的视野
权威等级	清楚地知道谁是负责人	员工在决策过程中丧失话语权	允许隐瞒错误
明文法规	让员工了解组织的期待	遏制主动精神和想象力	产生目标置换
非人性化	减少偏见	产生异化感	降低员工忠诚度
凭资质雇佣	减少个人喜好，减少狭隘竞争	减少个人自我发展的动力	促成彼得原则

官僚化进程

你是否有过如下经历：你去一家公司或一个政府机构办事，在与十多个人交涉之后，你才知道处理这个问题的负责人是谁？你的电话从一个部门转到另一个部门，最后你非常恼怒地挂断了电话？社会学家用**官僚化**（bureaucratization）来指代群体、组织或社会运动变得日益官僚的过程。

通常情况下，我们认为官僚化是大型组织的特点。但是，官僚化也会出现在小型群体中。社会学家门德斯（Mendez, 1998）对加州中部受雇于某大型全国连锁家政服务企业的家政服务员进行了研究。她发现，他们的家政服务任务进行了非常精细的划分，这些家政服务员必须遵从 22 个明文规定的清洁步骤来打扫厕所。顾客的投诉和特殊需求不是直接传达给家政服务员本人，而是要先转到坐班经理那里。

官僚化并非只有西方工业社会才有。2012 年，习近平出任中国共产党的总书记，成为中国首脑。在第一次公开讲话中，他承诺将会力戒共产党内的"形式主义和官僚主义"，让中国人民过上"更好的生活"（Johnson, 2012：A19；Moore, 2012）。

寡头政治：少数人统治

冲突论者曾经研究过社会运动的官僚化。德国社会学家米歇尔斯（Michels, 1915）研究了第一次世界大战之前欧洲的社会主义政党和工会，他发现这些组织逐渐变得官僚化了。这些崭露头角的领导人物，甚至是那些最激进组织的领袖，在权力掌控中拥有了既得利益。一旦失去领导地位，他们就会重新变成体力劳动者。

米歇尔斯通过研究，提出了**寡头政治铁律**（iron law of oligarchy），用来描述民主组织如何演变为少数人统治的官僚制。寡头政治因何出现？那些成为领袖的人通常拥有技能、知识和（韦伯所说的）"卡里斯玛"号召力来引导（如果不是控制的话）别人。米歇尔斯认为，参与运动或组织里的普通成员指望他们来引领方向，从而强化了少数人统治的过程。除此之外，寡头政治的成员总是很想维持他们的领导地位、特权和权力。

LO 17-3　官僚制与组织文化

官僚化如何影响在组织里工作的一般人？研究正式组织的早期理论家几乎都忽视了这个问题。例如，韦伯关注官僚制中的管理人员，但对企业员工或政府机关办事员却是几乎只字未提。

根据正式组织的**古典理论**（classical theory），或称**科学管理方法**（scientific management approach），劳工几乎都是为了金钱回报而努力工作。这一理论强调，只有员工的身体条件才会限制他们的生产效率，因此劳工被视为一种资源，就像在 20 世纪开始取代他们的机器一样。在科学管理方法之下，管理层通过科学计划、制定工作表现评价标准和员工生产监督体系来促使员工实现最高的工作效率。不过，这种基于科学管理方法的计划只进行了效率研究，而并未考虑员工态度及工作满意度。

直到工人成立工会并迫使管理层认识到工人并非物质资源之后，正式组织的理论家才开始修正古典理论。社会科学家逐渐意识到，在管理和管理人员之外，非正式的工人组织也对组织有重要影响。另一种探索官僚制活动的方法是**人际关系研究法**（human relations approach），这种方法强调官僚制中的人员、沟通和参与。这类分析反映出互动论者对小群体行为模式的兴趣。与科学管理方法不同，基于人际关系研究法所制定出的计划，关注工人的感受、挫折及其对工作满意度的情感需求。

人际关系研究法的倡导者，从仅仅关注工作完成的物质条件发展到关注工人的需求，这一转变促使他们强调官僚制中的非正式方面。某种程度上，组织内非正式群体和社会网络的发展，是因为人们能在正式结构之下创造更多的直接沟通形式。佩奇（Page, 1946）用"官僚制的另一面"来指代日常组织生活中的基本方面：非正式活动和互动。

今天，关于正式组织的研究有了新的发展方向，比如：(1) 在高层管理人员中出现了小部分女性和少数族裔群体成员；(2) 在大型企业中，最高领导之外的群体在决策过程中所起的作用；(3) 将重要功能外包出去的组织界限不再分明；(4) 互联网对商业和消费者偏好的影响。

尽管韦伯的观点仍然非常盛行，但是当今的组织研究已经走得更远了（Hamm, 2007; Kleiner, 2003; Scott and Davis, 2007）。

E 评 估

1. 美国邮政局、波士顿大众管弦乐团和你就读的学校是_____的例证。
   (a) 主要群体　　(b) 参考群体　　(c) 正式组织　　(d) 三人群体

2. 韦伯认为官僚制的积极影响之一是减少偏见,这是因为官僚制的哪个特征?
   (a) 非人性化　　(b) 权威等级　　(c) 明文法规　　(d) 凭资质雇佣

3. 根据彼得原理,_____。
   (a) 所有官僚机构都是极端低效的
   (b) 如果某个事情还能变糟,那它就一定会变糟
   (c) 官僚制里的每个员工都会逐渐晋升到他/她无法胜任的地位
   (d) 最终流水线上的工人都会受到伤害

4. 韦伯创造了官僚制的_____,来反映所有人类组织的最显著特征。

答案:1. (c)　2. (a)　3. (c)　4. 理想型

R 反 思

1. 选择一家你熟悉的大型组织(如大学、单位或宗教机构),并将韦伯的官僚制理想型应用到这个机构。它与韦伯的理想有多高的吻合度?
2. 大型政治组织的优缺点各是什么?

M 模块 18

全球视角下的社会结构

P 准备　学习目标

LO 18-1　描述涂尔干、滕尼斯和伦斯基的社会结构形态分类法

LO 18-2　从社会结构的视角分析工会的特征和状况,尤其是美国工会

O 组织　模块大纲

涂尔干的机械团结和有机团结

滕尼斯的礼俗社会和法理社会

伦斯基的社会文化演变方法

社会政策和组织

W 工　作

与早前的社会结构相比,现代社会更为复杂。社会学家涂尔干、滕尼斯和伦斯基提出了各自的方法,将现代社会与更简单的社会结构形态进行对比。

LO 18-1　涂尔干的机械团结和有机团结

涂尔干在《社会分工论》中提出,社会结构取决于社会中的劳动分工。换句话说,社会结构是根据任务执行的方式来决定的。因此,像提供食物这一任务既可以由一个人来执行,也可以分给很多人去执行。后者就是现代社会的典型模式。在现代社会中,一种食物从种植、加工、运送到零售的总过程是由上百人来完成的。

在社会分工很少的社会,强调群体团结的集体意识就会应运而生。涂尔干将这种集体心理状态称为**机械团结**(mechanical solidarity),它的含义是所有人都从事同样的工作。在这样的社会中,没人会问"你的父母是做什么的",因为大家都

干着类似的工作。每个人都要准备食物、打猎、做衣服、盖房子等。由于人们在一生中几乎没有什么职业选择,所以这样的社会也就从不关心个人的需求。相反,群体是社会中的主导力量。社会互动和协商都基于亲密的、面对面的社会接触。由于没有细化的专业分工,所以社会角色也很少。

随着社会在科技上取得更大的进步,它们依赖于更细致的劳动分工,所以也就没人可以遗世独立。互相依赖成为群体生存的基本要素。用涂尔干的术语来说,机械团结被**有机团结**(organic solidarity)所代替。有机团结是指社会成员间互相需要的集体意识。涂尔干选用"有机团结"这一术语的原因是,他认为人和人之间相互需要,就像人体内各个器官的运行模式那样。

LO 18-1 滕尼斯的礼俗社会和法理社会

19世纪晚期,在滕尼斯(Tönnies,1855—1936)的德国老家,一座工业城市拔地而起,这一社会转变让滕尼斯感到无比震惊。他认为,城市的出现标志着社会正在从一个联系紧密的理想社区形态(礼俗社会),急剧演变为一个人情冷漠的大都市(法理社会)。

"大卫,我也想能更有人情味儿点,但出于工作职责,我只能公事公办。"

在法理社会中,人们之间的交往通常是依据他们的社会角色而非人际关系。

礼俗社会（gemeinschaft）指的是典型乡村生活的社区。在这个小型社区中，人们拥有相似的背景和生活经验。大家互相认识，人们的社会互动亲密且熟悉，就像是一家人。在这个社区里，人们都对大的社会群体持有很强的责任感，成员间都有团结一致的集体感。人们之间都有各种私人关系，而不是保持如"文员"或"经理"这样的关系。在这样的人际互动下，人们几乎没有隐私可言，相互之间都极为了解。

礼俗社会中的社会控制是通过道德劝说、闲言乃至手势等非正式手段来维持。由于人们在乎他人对自己的看法，所以这些手段非常奏效。礼俗社会的社会变迁非常有限，因此，一代人的生活可能与他们祖父母的生活非常相似。

相比之下，**法理社会**（gesellschaft）则是典型现代城市生活的理想社区。在这个社区里，大部分人都是陌生人，而且他们认为自己与其他社区居民没有什么共同点。在完成各种工作时所产生的社会角色主导着人际关系，比如，在购买商品或安排商务会议时所扮演的角色。个人利益是主导力量，而且社会上对于价值观或成员的责任和义务并未达成共识。因此，社会控制也就必须依赖更正式的手段，如法律或法律规定的惩罚。社会变迁是法理社会的重要方面；即使在一代人之内，社会的变化都会十分显著。

站在他人的角度思考问题——社区组织者

由于在现代城市生活中大部分人都是陌生人，你会采取哪些步骤来增加人们对大群体的责任感？你会如何引导他们关注彼此共享的价值观？

下表总结了礼俗社会与法理社会之间的差异。社会学家用这些术语来对比强调亲密互动的社会结构和忽视个人关系的社会结构。我们可能会认为礼俗社会是一种怀旧情结，认为礼俗社会比竞争激烈的现代社会优越，因为它能为人类提供更好的生活方式。然而，礼俗社会的亲密关系也会造成严重问题。在礼俗社会，偏见和歧视限制了人们的发展。家庭背景等先赋地位常会掩盖个体独特的才华和成就。除此之外，礼俗社会往往还不信任那些特立独行、追求创新的人。

礼俗社会	法理社会
乡村生活是典型形态	城市生活是典型形态
由于有着相似的背景和生活经历，人们对社区有强烈的归属感	人们很少达成共识。他们的差异多过共同点
社会互动亲密且熟悉	社会互动不带个人情感，是基于任务的
人们拥有合作精神和统一意志	个人利益主导一切
任务与人际关系不可分割	任务优先；个人关系次之
人们很少强调个人隐私	重视隐私
非正式社会控制为主导	正式社会控制为主导
人们不能忍受越轨行为	人们较能容忍越轨行为
强调先赋地位	强调自致地位
社会变迁非常有限	即使在一代人之内，社会变化也可能非常巨大

LO 18-1 伦斯基的社会文化演变方法

社会学家格哈德·伦斯基（Gerhard Lenski）采用完全不同的观点来看待社会和社会结构。滕尼斯用两个对立类型的社会形态进行分类，而伦斯基则认为，人类社会都在经历社会文化演变的转变过程。**社会文化演变**（sociocultural evolution）指的是由延续、创新和选择之间的互动而产生的长期社会趋势。

伦斯基认为，一个社会的科技水平是影响该社会组织方式的关键因素。伦斯基将科技定义为"关于如何利用物质资源来满足人类需求及欲望的文化信息"。现有科技并不能完全定义特定社会及其社会结构的形式。尽管如此，如果一个社会的科技水平过低，该社会可能也就很难充分依赖灌溉系统或复杂的机器设备。随着科技进步，一个社会会从前工业社会发展到工业社会，最终达到后工业社会。

前工业社会

前工业社会是如何组织经济的呢？如果我们知道这个问题的答案，我们就可以将社会进行分类。人类社会出现的第一种前工业社会是**狩猎采集社会**（hunting-and-gathering society）。在这个社会中，人们依赖那些能够轻松获取的食物和物品来维持生计。社会的技术水平很低。人们分成各种群体，总是为了寻找食物而不断迁徙，因而不存在专业的劳动分工。

狩猎采集社会由许多分散的小群体组成。每个群体的成员几乎都有血缘关系。所以，亲属关系也就决定了权威和影响力。在这种社会，家庭制度具有特别重要的影响力。按照滕尼斯的分类原则，这种社会无疑应归于礼俗社会。

在狩猎采集社会，社会地位的区分主要基于性别、年龄和家庭背景等先赋地位。由于资源非常稀缺，所以大家基本都能公平地享有物质产品。20 世纪末期，狩猎采集社会已经完全消失。

现在，前工业社会在一些偏远地区仍然存在。图中人物是来自巴西亚马逊热带雨林恩维拉（Envira）地区的土著人口。

园艺社会（horticultural society）出现在约 1.2 万年前，那时人们已经不再仅仅依赖采集现成的食物为生，他们开始学会播种和收获庄稼。初期农耕社会的成员逐渐定居下来，与狩猎采集社会的成员相比，他们很少迁徙。他们更加重视生产工具和家庭物品。但在这种社会，科技水平依然非常有限，人们只会用木棒或简单的锄头来耕种粮食。

前工业社会发展的最后一个阶段是**农耕社会**（agrarian society）。这种社会形态出现在约 5000 年前。与园艺社会一样，农耕社会的成员主要从事食物生产。不过，犁等科技发明大大提高了作物产量。好几代人都可以持续耕种同一块土地，因此聚居地的规模也随之扩大。

农耕社会依然依赖人类和动物的体力（而非机械）。但与园艺社会相比，它的社会结构中已经出现了更为细致的角色分工。人们专注于特定工作，如修补渔网或打铁。随着人类聚居地规模增大并更为稳定，社会制度变得更加复杂，同时产权也变得更加重要。农耕社会相对稳定，物质资源更为丰富，这就使得社会成员有时间去创造雕像、公共纪念碑、艺术品等人工制品并世代传承。

下表总结了伦斯基提出的社会文化演变的六个阶段。下文将解释其他两个阶段。

社会形态类型	出现时间	特征
狩猎采集社会	人类出现之初	四处迁徙；依赖易于采集的食物和物品
园艺社会	约 1.2 万年前	较少迁徙；发展出农业和有限的技术
农耕社会	约 5000 年前	形成规模较大、较稳定的聚居区；技术取得进步，农业产量提高
工业社会	1760—1850	依赖机械化生产和新能源；工作场所集中化；经济上互相依赖；正规教育
后工业社会	1960 年代	依赖服务业，尤其是信息加工和控制；中产阶级扩张
后现代社会	1970 年代末	高科技；大规模消费商品和媒体影像；跨文化融合

工业社会

工业革命并未推翻君主制，但它引发的变化与政治革命的影响一样重要。1760 年到 1830 年，英国发生了工业革命，这场科技创新革命主要关注将非动物（机器）的动力应用到劳动生产中。**工业社会**（industrial society）是指依靠机械化生产产品和服务的社会。工业社会依赖新发明来促进工农业生产，并依靠蒸汽等新能源。

随着工业革命的逐步推进，一个新的社会结构也应时而生。很多社会都经历了一段从农耕经济向工业经济发展的不可逆转的转型时期。在工业社会，个人或家庭通常不再完成整个产品的生产流程。相反，工作和生产变得更加专业化。工人（大多为男性，也有女性，甚至还有儿童）离开自己的家园，跑到集中化的工厂中参加工作。

后工业社会和后现代社会

当伦斯基在 1960 年代首次提出社会文化演变研究方法时,他几乎没有注意到,不断发展成熟的工业社会在科技进步的情况下会发生何种改变。最近,他和其他社会学家研究了工业社会中职业结构的重要改变,他们发现,随着工业社会的支柱产业由制造业转向服务业,职业结构发生了重要变化。1970 年代,社会学家丹尼尔·贝尔(Daniel Bell)把科技进步的后工业社会写入书中。在后工业社会,经济体系主要进行信息的处理和控制。后工业社会的主要产品是服务,而不是制造产品。很多人都开始从事教导、生产及传播思想的职业。后工业社会中的典型职业包括广告、公共关系、人力资源、计算机信息系统等(Bell, 1999)。

贝尔认为,从工业社会向后工业社会的转变是一种积极发展。他发现,工人阶级群体组织逐渐减少,而一些关注健康、教育和环境等国家利益的群体则在日益增加。贝尔的观点建立在功能论的基础上,因为他认为后工业社会是人们的共识。他认为,随着组织和利益群体参与到公开的决策竞争过程中,不同群体之间的冲突将会逐渐消失,社会会变得更加稳定。

冲突论者对贝尔有关后工业社会的功能论分析持有异议。例如,哈林顿(Harrington, 1980)在《另一个美国》中警告美国关注贫困问题,质疑贝尔赋予白领阶层崛起的重要意义。哈林顿承认,科学家、工程师和经济学家的确能够参与重要的政治和经济决策,但他并不赞同贝尔的观点,他认为这些参与者无法在决策过程中随心而动并免受权贵利益影响。哈林顿承继了马克思主义的观点,认为社会阶级冲突在后工业社会中仍将持续存在。

社会学家对后工业社会的讨论已经暂告一个段落,转而讨论起后现代社会的理想模式。后现代社会在科技方面高度发达,各种消费品和媒体影像极其丰富(Brannigan, 1992)。这样的社会大规模消费产品和信息。后现代社会理论家采用全球视角,关注文化跨越国界的方式。比如,美国居民可能会听牙买加的雷鬼乐,吃寿司和其他日本料理,穿瑞典的木底鞋。在线社会网络也没有国界划分。下页的专栏中就描述了后现代社会的典型例证:主题公园。

后现代理论家强调的重点是,观察和描述新兴的文化形式和社会互动模式。

全球社区里的社会学

迪士尼乐园：后现代主题公园

1970年代末期，学者们纷纷撰文，描述后现代社会及这一社会对消费产品和媒体影像的痴迷。沃尔特·迪士尼乐园就是后现代社会一个栩栩如生的例证。每年有超过1.2亿人去迪士尼乐园游玩。实际上，迪士尼公司旗下的八家游乐园非常火爆，游客人数创世界之最。迪士尼公司在世界三大洲都修建了神奇王国，引导新入园的游客穿过奇妙的美国小镇大街，在那里，灰姑娘城堡热情地迎接着孩子们的到来。

大街背后是无数的商店。在这些冷气很足的商店里，游览者可以尽享购物之乐，这印证了后现代社会对消费产品的狂热。然后，在热门景点的出口，人们还有更多的购物机会，其中售卖的商品恰好都是他们之前参观景点的纪念品。世界上各大著名博物馆也都模仿了这种销售模式，在专门艺术展览和珍宝展览的外面开设纪念品店铺。

法国社会学家让·鲍德里亚（Jean Baudrillard, 1929—2007）创造了**超级消费主义**（hyperconsumerism）这一术语，特指在某种情况下，超量购买或超出支付能力购买的行为。当然，我们并不需要走在奥兰多迪士尼乐园的美国小镇大街上疯狂地购买商品。广告已经渗进现代社会的每个角落，不论你在步行还是在上网，它们都在诱惑我们为了满足内心欲望（近乎贪念）买入各种不需要的商品。消费在后现代社会是如此重要，以至于它成为实现自我认同的一种途径。今天，人们在见面时更可能会首先问"你的婴儿车在哪儿买的"或者"你今天穿的衣服是什么牌子的"，却对困扰后现代社会的相关社会议题只字不提。

迪士尼乐园还体现出后现代主义的另一个基本要素：全球主义（globalism）。在这里，文化元素没有了国别之分，灰姑娘和白雪公主不再是从德国民间传说中走出的角色，而是"迪士尼动画人物"。与此相似，在《美女与野兽》中的贝儿身上也基本找不到18世纪法国童话的渊源，匹诺曹也失去了意大利人的身份。

迪士尼乐园的"未来世界"则采用了完全相反的思路，它模仿博物馆的做法，重新创造了特殊文化。在这里，人们不会发现文化扩散或全球化的影响：中国的"未来世界"没有星巴克咖啡店，英国的"未来世界"不会售卖康恩都乐牌甜甜圈，日本的"未来世界"没有嘻哈文化。在这里，玛雅文化的庙宇仿制品旁耸立着挪威木质教堂和北京天坛的复制品。游客们漫游在被创造的现实中，这既是一种理想化的情境，也是在有限的时空内对十种不同文化的精简展现。

后现代主义不仅仅体现在主题公园中，它可以说是无所不在。在我们所居住的信息驱动、消费者主导的全球社会中，后现代社会已不再罕见。不论我们喜欢与否，新的技术和文化的数字传播都让我们不断脱离特定时空，从而助长了我们的超级消费主义行为。

讨论

1. 在过去的24小时里，你亲眼看到了超级消费主义行为吗？
2. 你可以经常以某种方式毫无阻碍地跨越时空吗？

资料来源：Baudrillard, 1998；Scoville, 2010；Themed Entertainment Association, 2012。

在社会学中，后现代观点支持不同理论视角——功能论、冲突论、女性主义和互动论的整合，并将其他现代理论也融合在内。女性主义社会学家乐观地认为，由于后现代社会不关注等级和差异，因而它会摈弃男性主导的传统价值观，进而促进性别平等。然而，其他人则认为，尽管新技术不断发展，但后工业社会与后现代社会一样，都会饱受工业社会所面临的不平等问题的困扰（Denzin, 2004）。

涂尔干、滕尼斯和伦斯基提出了三种关于社会结构的看法。这三种看法各不相同，但却都是真知灼见，本模块中对它们也都逐一做了介绍。社会文化演变方法强调历史视角，但它没有描述共存于同一社会中的不同社会结构形式。因而，从伦斯基的研究方法来看，我们不会去想象社会中狩猎采集社会与后现代文化共存的现象。与之相比，涂尔干和滕尼斯的理论则允许不同类型的社区（如礼俗社会和法理社会）在社会中共存。因此，一个新罕布什尔州乡村社区，可以通过现代信息技术与100英里外的波士顿联系在一起。这两种理论之间的区别在于，它们强调的重点不同。滕尼斯强调，在每种类型的社区中，人们最主要的关注点是什么——究竟是个人利益还是社会福祉；而涂尔干则强调劳动分工（或缺少分工）。

这三位思想家的研究告诉我们，社会学的主要关注点之一是明确社会结构的变迁及其对人类行为的影响。从宏观上来说，我们看到社会正在转向拥有更为先进的技术。社会结构变得愈加复杂，新的社会制度逐渐出现，进而替代了曾由家庭承担的部分功能。从微观上来说，这些改变影响了社会互动的性质。每个人都承担了多重社会角色，人们越来越多地依赖于社会网络而非亲属关系。随着社会结构变得愈加复杂，人与人之间的关系也变得更加冷漠、短暂和四分五裂。

LO 18-2　社会政策和组织

我们都知道，研究者在研究中会用到多种研究工具，从最简单的观察研究到最先进的电脑技术等。在现实生活中，社会学研究会对公共政策和社会福利产生深远影响，下面我们就来看一看它对工会组织的影响。

世界范围内工会的现状

你知道有多少人参加了工会组织吗？结果可能比半个世纪前要少很多。1954年，工会代表了美国私营经济部门39%的工人；2012年，这一比例降至11.3%，创下七十多年来的最低点。工会的衰落几乎是所有发达国家中的普遍现象。是什么导致工人组织的重要性下降？没有了强大的工会作为后盾，工人的利益又由谁来保护？

工会（labor union）由有组织的工人构成，他们要么拥有相同的技术（如电子行业工人），要么就是隶属同一雇主（如邮政员）。工会最早出现在18世纪英国工业革命时期。工人群体联合在一起与雇主谈判，以争取更多权利（如更安全的工作环境和缩短每周工作时数）并保护自己的工作岗位。

纵观历史，工会采取了一些限制手段来保障工人权利，用今天的眼光来看，这些手段都带有歧视色彩。他们常常通过对性别、种族、族群、国籍、年龄等进行限定，排斥行业新进人员，进而达到保障自身工作机会的目的。有时他们甚至还会设置相当随意的技术分级措施来达到自保目的。今天我们已经很少再看到对这些特殊权利的保护。但在特定行业，工会组织在促进黑人与白人员工同工同酬方面，却是发挥着非常重要的作用（Rosenfeld and Klegkamp, 2012）。

工会的权力大小具有国别差异。在有些国家，如英国和墨西哥，工会在政府的创建中发挥着关键作用。在其他国家，如日本和韩国，它们的政治影响则非常有限，甚至对私有领域的影响力也相当微弱。在美国，有时工会会对雇主和官员选举产生重要影响，但其影响效果在不同的行业类型和不同地区有着极大的差异（Zimmerman, 2008b）。

今天，工会成员数量正在减少是一个毋庸置疑的事实。究其因，（1）行业类型发生改变。工会组织的传统核心（制造业）已经衰老，后工业社会的服务业后来居上，取而代之。（2）兼职工作增多。1982—1998年间，美国的兼职工作数量上升577%。与此同时，全职工作的数量仅增加41%。直到2000年，集体谈判法律才允许临时工加入工会组织。（3）司法系统。在美国，工会进行组织活动和集体交涉并不容易，有些政府措施还会加大工会活动的难度。这方面一个戏剧性的例子是：1981年，航空管制员工会要求与雇主签订新的劳动合同并以罢工相威胁，时任总统里根直接下令解雇了1.1万名航空管制员。（4）全球化。在全球化背景下，工厂可以搬至海外，工作机会随时可能流失。在这种威胁下，工会领袖组织国内工人的能力受到了削弱。有些人认为，工会对工资增长和福利提升的要求，使工作机会更快地流向欠发达国家，因为欠发达国家的工资水平很低，而且几乎不存在工会组织。（5）雇主的攻击。对工会愈加敌视的雇主会通过法律手段来限制工会的代表权。

纵观全球，始于2008年的经济危机给工会组织带来了特别大的影响。与非工会成员一样，很多工会成员也都失去了工作；有些人虽然未被裁员，但却被迫重新签订劳动合同。2008年，美国国会通过了价值174亿美元的汽车行业紧急救助法案，美国联合汽车工会（UAW）被迫接受近20%的工资削减。美国的工会大都接受了各种福利下降的条件，但在欧洲，成千上万的工人则选择了进行抗议。尽管美国一些工会领导认为，在经济衰退这一困难时期，工会成员数量有望增加，但是关于工会在困难时期如何发挥代表权的作用还有待观察（Greenhouse, 2009）。

工会主义的社会学观点 马克思主义者和功能论者都认为，工会是对非人性的、大规模的、正式的、异化的组织出现的一个正常回应。这一观点明确地描述了，随着劳动分工细化，工会组织在主要制造业中会不断发展壮大。然而，随着制造业的没落，工会组织不得不另觅发展契机。

在全世界范围内，如今的工会与由被剥削工人自发组织的早期工会已是大相径庭。与米歇尔斯提出的寡头政治铁律一样，在旨在保护既得利益的工会领袖领导下，工会逐渐变得官僚化。冲突论者指出，工会领袖在位时间越长，就会更少回应普通工人的需求，同时则会更加努力地维护自身地位和权力。然而，研究发现，在特定情况下，工会的领导权也会发生显著变化。领导权的变更使小型工会组织变得非常脆弱，对那些成员成分发生重大变化的工会组织（成员原先主要为白人，后来又吸收了大量非裔和拉丁裔美国人入会）来说同样如此。

社会学家认为，最近私营部门工会成员的减少，是因为工人时薪水平与管理岗位人员收入之间的差距在不断加大。随着工会成员数量减少，工会的集体谈判权力随之下降，于是雇主也就开始降低工会工人的工资水平。这一趋势最终必然会影响同一行业中非工会化的公司，因为它们为了保持竞争力，将会执行与工会化公司同样的工资水平。在这些行业中，雇主认为不再需要提高工资来吸引雇员（Western and Rosenfeld, 2011）。

劳工政策建议 美国的法律授予工人通过工会进行自我管理的权利。然而，在工业民主国家中，美国却是唯一允许雇主积极反对雇员组织工会的国家。由于最近的经济危机，雇主加大力度，采取各种方法反对工会组织，甚至危及现有工会成员的利益。今天，美国的州政府和地方政府都面临着严峻的财政赤字问题。为了减少支出，很多官员都开始削减政府工作人员通过集体谈判获得的养老金数额。有些州府官员不仅希望降低退休者的福利，还希望削弱工会工人的集体谈判权利。

欧洲的工会在政治选举中扮演着主要角色。实际上，英国的执政党就是工党。工会在美国政治中所起作用相对较小，尽管最近他们因为政治选举捐献大量资金而饱受公众批评。工会组织不仅在国内政治中发挥着作用，国际工会组织有时也会在共同议题上公开发表意见。2009年，一个国际工会严厉谴责"企业盗窃"行为：企业高管一边裁员一边大肆挥霍。尽管马克思和恩格斯早在19世纪中期就呼吁全世界工人联合起来，但时至今日全球工会仍然难觅踪迹（International Trade Union Confederation, 2009）。

工会是一股全球性力量，但它们的形式和本质却因国家而异。中国政府不顾沃尔玛集团的强烈反对，让3.1万名沃尔玛员工组建工会。中国的工会受上级控制，由于绝对控制力逐渐削弱，工会人数也随之减少。不过，这些工会并非保护工会成员利益的独立工会，而是在很多方面都要听从政府指挥（Wang, 2013；Zhang, 2009）。

🇪 评　估

1. 在滕尼斯提出的礼俗社会中，维持社会控制的方式不包括以下哪种手段？

    (a) 道德劝说　　(b) 流言　　(c) 法定的刑罚　　(d) 手势

2. 社会学家丹尼尔·贝尔用（　　）来描述社会经济体系主要进行信息的处理和控制。

    (a) 后现代　　(b) 初期农耕　　(c) 工业　　(d) 后工业

3. 全球化对美国劳动力的影响是（　　）。

    (a) 美国本土工作流向成本更低廉的国家

    (b) 越来越多的美国工人接受外语培训

    (c) 美国工人前往海外工厂工作

    (d) 越来越多的海外移民进入美国公司工作

4. 涂尔干认为，劳动分工程度很低的社会，其典型特征为_____团结；劳动分工程度很高的社会，其典型特征为_____团结。

5. _____社会中，技术高度发达，消费品和媒体影像非常丰富。

答案：1.(c) 2.(d) 3.(a) 4.机械，有机 5.后现代

🇷 反　思

1. 决定社会文化是否发展到社会文化发展新阶段的因素有哪些？
2. 从功能论和冲突论视角讨论工会组织。你对美国工会的未来有何看法？

案例分析 | 尴尬的第一印象

杰罗姆·史密斯（Jerome Smith）至今依然清楚地记得他初遇马科斯·维加（Marcos Vega）时的场景。"我们坐在边上观看街头篮球队的比赛，"史密斯回忆道，"我们俩谁也不说话，气氛非常尴尬，所以我就开了个愚蠢的玩笑，想要打破沉闷的气氛。我说：'你觉得我们有多大可能在半场结束前加入比赛？'维加盯着我的轮椅，轻蔑地说道：'对老兄你来说，还是歇菜吧。'其实我完全可以用同样尖刻的语言回敬他。马科斯人很矮，是我们年级个子最矮的男孩，而且他还是个彻头彻尾的书呆子。但我转念一想，可能正是因为他的生理缺陷，让他的日子也不好过，他才会变得这么刻薄。所以我就对他笑了一下，然后问他是否觉得我们可以参加两人三足赛跑。他回答道：'伙计，你一定疯了。'不过这次他终于大笑起来，我们之间的紧张气氛顿时一扫而光。我们开始聊天，然后发现我们竟有很多共同爱好，如国际象棋、经典的恐怖电影和解数学难题。我们成为最好的朋友。后来我们甚至在学校成立了一个数学俱乐部，我们笑称这就是我们的'体育运动'。"

维加和史密斯高中毕业后去了不同的大学，但是他们仍然保持着联系。"如今，马科斯成为美国公民自由联盟（ACLU）的律师，我则成了一名心理学家，"史密斯说，"当年我们都生活在费城北边的贫民窟中，一个是身材矮小的西班牙裔小孩，一个是残疾黑人小孩。现在我们都还过得不错。"

1. 杰罗姆和马科斯的先赋地位有哪些相似点？他们的先赋地位是否预示了他们的自致地位？在预示自致地位方面，你认为社会预期发挥了多大的作用？
2. 据说，主要地位主导其他地位并决定了个体在社会中的整体地位。你认为这种说法是否适用于童年时期的杰罗姆？在他成为职场人士之后，这种说法是否适用于他？为什么？
3. 如果外群体是让人们没有归属感的群体或类别，那么杰罗姆和马科斯的外群体特征是什么？

"强力"学习策略　　你的学习风格是什么？

每个人都有自己的学习风格——吸收并处理信息以供将来使用的方式。使用以下 P.O.W.E.R. 计划来确定你喜欢的学习风格，这样你就能扬长避短，选择最佳方式来完成课堂工作、家庭作业和做好考试准备（比如，与学习风格不同的人一起学习）。本章的"赐予我力量"练习能够帮助你找到自己喜爱的学习风格。

P
- 思考你在学校内外学习的方式。
- 思考愉快或沮丧的学习经历。

O
- 如果有可能，与他人组成学习小组，共同探索适合自己的学习风格，尤其是讨论学习方式和学习经历。
- 如果你选择自主探索，请找一个安静的地方，准备一些纸。花一些时间来冥思苦想。

W
- 思考如何尽可能提高学习效率：
  - 你主要通过阅读书本、杂志和网上的书面材料进行学习吗？如果是这样，你就是一位**阅读者**。
  - 通过听讲座、听别人解释问题并告诉自己需要如何做，你会学得最好吗？如果是这样，你就是一个**聆听者**。
  - 通过观看图片或绘制图片——绘画、图表、表格、照片或电影，你会学得最好吗？如果是这样，你就是一个视觉学习者或**观看者**。
  - 通过操作物体或做手工活动，你会学得最好吗？如果是这样，你就是一个**触摸者**。
- 大部分人都能找到自己喜欢的学习风格来达到学习目的，尽管他们也会基于学习目标采用其他风格（如，**阅读者**可能会观看 YouTube 上的视频来学习如何打领带）。

E
- 评估你最有效学习的方式。
- 讨论你在学习小组中学到的东西。
- 思考如何将自己的课程内容与学习风格结合到一起。学习风格会影响学习、上课、记笔记、做作业、温习功课和准备考试的方式。
- 例如，如果你是一个**聆听者**，你的老师可能会同意你录制授课过程。如果你是一个**触摸者**，你可以做硬纸板模型，或者移动桌上的盐包或糖包来代表概念。用你的学习风格尽情地学习吧！

R
- 几个月后，重新进行评估，判断你对学习风格的理解是否对功课带来了积极或消极的影响。作出必要的调整。

> **赐予我力量** **你喜欢的学习风格是什么？**

我们都会采用多种方法进行学习，每个人都有自己乐于接受的学习风格——阅读者、观看者、触摸者和聆听者。学习风格指的是我们学习新知识的主要方法。使用下面的量表来给每句陈述打分，判断每种策略在你学习新知识的过程中究竟发挥了多大作用。

1＝不是非常有用或完全没用　2＝有时候有用　3＝非常有用

1. 观看电影或视频展示
2. 参与小组讨论
3. 通过阅读书面指示学习复杂的程序或游戏
4. 用检索卡作为学习和复习的工具
5. 做实验或做实地展示
6. 用图片和图表来掌握复杂的内容
7. 听讲座录音或音频书籍
8. 通过看来记忆单词拼写
9. 自行操作而非阅读或聆听
10. 学习时大声重复重要概念和核心观点
11. 写下关键事实和主要观点，以此帮助记忆
12. 学习老师的课堂材料和讲座笔记

得分

圈出你给出 3 分的陈述。现在，请看下面的列表，对照自己在哪个方面选了最多的 3。不要担心，"混合型"风格很常见（"混合型"风格指的是两种或以上风格都被偏好）。使用你发现的方式来使自己更有效地学习。

学习方法列表：

阅读者（3，8，12）

聆听者（2，7，10）

观看者（1，4，6）

触摸者（5，9，11）

6

第六章

大众传媒

模块 19　关于媒体的社会学视角
模块 20　观　众
模块 21　无处不及的媒体

社会学实务——产品研发人员

阿妮亚·巴瑞（Aaniya Bahri）是一家早餐食品公司的产品研发员。她说："我们没有家乐氏（Kellogg）公司规模那么大，但我们的优势在于我们拥有一批富有远见的年轻员工。而且我们知道如何使用社交媒体发展公司业务。"以下就是最典型的案例：最近巴瑞负责为35岁以下人群设计新

式早餐。研究显示，这个人群总是不吃早餐，但是他们却又非常注重健康饮食。巴瑞和公司推特账户的粉丝们进行了互动，向他们提出了一个问题：你不吃早餐的最主要原因是什么？很快她就得到了非常中肯的答案：没有时间。粉丝们互相转发这个问题，巴瑞也参与了他们的讨论。最后，她发现，35岁以下的年轻人需要一款方便携带的健康早餐产品。这就意味着，产品必须一包一份，绝不能零零散散。为了了解更多细节，巴瑞创建了脸书粉丝页面，引导推特粉丝前来访问。她解释道："这是收集数据的方式。我也用这个方法组织了一场竞赛，以此来开发特别的产品口味。一个月后，两款便于随身携带的新式早餐产品就问世了：蔓越莓坚果酸奶条和早餐酥脆松饼。赢得比赛的粉丝每人获得1000美元奖金。同时，我们也研发出了新产品。"

本章内容概述

大众传媒是社会的核心。通过传媒，我们才能了解那些我们无法直接接触的人和事。传媒让我们了解不同的文化、不同的生活方式和最新的技术形式。对社会学家来说，关键问题是，大众传媒如何影响我们的社会制度和我们的社会行为。

为什么媒体会有如此大的影响力？谁是媒体影响的获益者？原因何在？我们如何在负面的媒体形象面前维持文化和伦理标准？本章我们将会思考如何用社会学来解答这些问题。首先，我们会了解四种主要社会学视角对媒体的看法。然后，我们会检视美国及全球媒体观众的组成。最后，则是关于信息时代隐私权的社会政策部分。

模块 19

关于媒体的社会学视角

P 准备 学习目标

LO 19-1 描述大众媒体快速传播所带来的社会影响

LO 19-2 从四种主要社会学视角出发，解读近期媒体发展趋势

O 组织 模块大纲

大众媒体
功能论视角
冲突论视角
女性主义视角
互动论视角

W 工 作

LO 19-1 大众媒体

曾经，我们能够接触到的媒体，如电台、电视和互联网，给予我们单向的体验，作为观众的我们只能被动接受制作人所制作的内容。时至今日，任何人都能自行制作各种媒体内容并向他人传播。从传统传媒技术向新型互动技术的迅速转变，急速地改变了人们使用媒体的方式。

但是，改变还远不止于此；事实上，各种媒体之间的界限日益模糊。今天，我们使用手机的目的不再只是和他人通话，我们还能在上面看电视和电影。电视与互联网都是大众媒体，它们用纸质及电子传播方式来将信息传递给广大观众。纸质媒体包括报纸、杂志和书籍；电子媒体则包括电台、卫星电台、电视、电影

和互联网。广告既是纸质媒体也是电子媒体，同时也是大众媒体的一种形式。

大众媒体的社会影响显而易见。例如，为了让无数电视迷不至于错过心爱的电视节目，电视晚餐应运而生。今天，人们紧盯荧幕的时间远不止看电视所花的时间，他们玩手机的时间更是大为增长。政府职位竞选人通过其媒体顾问的操作，在纸质和电子媒体上呈现自己的正面形象。各国领导借助各种形式的媒体来赢得政治优势，如在领土争夺或奥运会竞标方面。在亚洲和非洲的部分地方，艾滋病健康教育项目的成功，主要就是得益于媒体的运作。

事实上，大众媒体带来了非常巨大的社会影响，促使学者们开始提出**文化趋同**（cultural convergence）的观点。文化趋同指的是在多种媒体间的内容流动，以及由此引起的媒体观众转移。例如，看电视时，你可能会好奇参演明星现在正在做什么，然后你就开始上网搜索相关信息。随后，你可能会发信息告诉好友你查到的信息，并附带发送一张显示该明星所在位置的谷歌卫星地图。你甚至可以用图像处理软件（Photoshop）制作一张你和该明星的合影，并将它贴在脸书主页上，随后推特（发送微博链接）好友们，邀请他们添加标题进行评论。媒体看似错综复杂，但媒体趋同却并不是由它们本身所造成的。事实上，是人们运用在互动过程（面对面或媒体辅助下的互动）中习得的技能，才引起了媒体趋同现象（Jenkins，2006）。

尤其是在过去十年间，由于新技术的发展，美国家庭才能使用新型大众媒体形式。这些技术已经改变了人们观看和聆听的习惯。人们在媒体上花了很多时间，花在网上的时间更是越来越长。媒体消费者已经从电视转移到电脑和便携设备下载下来的数字影像上。渐渐地，他们不再仅仅是了解名人信息，而是还会通过浏览普通人的脸书主页认识他们，或者通过推特保持与朋友的联系。

人们观看和聆听的习惯如何影响他们的社会行为？接下来，我们将会从四种主要社会学视角出发，来研究大众媒体的影响和媒体使用模式的改变（Nelson，2004）。

LO 19–2　功能论视角

大众媒体的一个显著功能就是娱乐大众。除去特定的新闻或教育节目，我们

发推特的时间到了！2012年，在很短一段不适应期之后，前教皇本笃十六世很快就学会使用iPad的触摸屏并顺利地发出了他的第一条推特，其中有一句说道："我发自内心地为你们祈福。"教皇采用@Pontifex作为其推特用户定位，以全球罗马天主教徒所用多种语言里的八种发布推特信息（Donadio, 2012）。

通常认为大众媒体就是为了让人打发闲暇时间，比如从报纸上的漫画和填字游戏，到网上播放的最新音乐，都是为了达到这个明确的目的。这一点千真万确，但媒体也有其他重要功能。媒体能够让我们社会化，推行社会规范，授予地位并刺激消费。大众媒体还有一个重要的反功能，即它们可能会像麻醉剂一样，让观众对悲剧事件无动于衷（Lazarsfeld and Merton, 1948；Wright, 1986）。

社会化的媒介

媒体通过大众传播，呈现出一种共同的、大致标准化的文化观点，以此增强社会凝聚力。社会学家帕克（Park, 1922）研究报纸如何帮助美国外来移民改变他们的生活习惯并了解美国人的观点看法，从而适应他们生活的新环境。毋庸置疑，大众媒体在为社会成员提供集体体验方面，发挥了非常重要的作用。想一想，大众媒体如何通过报道重要事件或庆典（如就职典礼、新闻发布会、游行、国葬、奥运会）以及重大灾难，将一个社区乃至一个国家的成员凝聚到一起。

2001年9月11日的悲剧事件之后，人们利用哪些媒体来了解最新信息？电视、电台和电话是将美国人联系在一起的主要媒体。但是，互联网也起着重要作用，约有一半互联网使用者（超过500万人口）在网上收到了关于此次恐怖袭击的新闻（Miller and Darlington, 2002）。

今天，新闻媒体更多转战到网上。政治倾向不同的阿富汗人通过网络与海外穆斯林社区建立联系，寻求社会支持和资金帮助。流行文化领域也是如此。2009年，一代音乐巨星迈克尔·杰克逊突然去世，世界各地的人们自发上网表达对他的怀念，各种帖子数量之多，相关网站访问者之众，让谷歌、"洛杉矶时报"、TMZ名人新闻、佩雷斯·希尔顿（Perez Hilton）的博客，以及推特等各大网站纷纷瘫痪（Rawlinson and Hunt, 2009；Shane, 2010）。

不过，也有一些人对媒体的社会化功能表示忧虑。例如，许多人担心，将看电视作为安抚小孩的工具会造成不良影响，暴力节目会对观看者的行为造成负面影响。有些人采取了"责备媒体"的心理状态，认为媒体是造成一切错误（尤其是年轻人的错误）的根源。然而，媒体对年轻人也有正面影响。比如，新型部落主义正在网上兴起，即人们基于共同兴趣和共享身份认同形成了网络社区（Adames and Smith, 2008）。

推行社会规范

通过展示那些违背社会期待的人的下场，媒体经常起到了肯定适当行为的功能。例如，动画片中的坏人被击倒，或者《犯罪现场调查》（*CSI*）中的罪犯被投

站在他人的角度思考问题——教育者

在你的学生中，你会如何用互联网和手机来强化"网络暴力零容忍"这一社会规范？

入监狱时，观众就接收到了这种信息。然而，媒体有时也会推崇不受社会认可的行为，如身体暴力、不尊敬老师和使用毒品。

媒体在人类的性行为方面起着重要作用。例如，有些电视节目劝说青少年不要给特定的朋友发自己的裸照，因为这些照片常会在网上疯传，有的人甚至会利用这些照片去骚扰当事人及当事人的家庭。为了规范青少年在这方面的相关行为，某组织发起了"这并不酷"运动，其中包括可以通过电子邮件发送给裸照滥用者的跟踪信息。这些令人难堪的照片原本只为几个密友共享，但最后却在网上广泛传播，这就是一种所谓网络暴力（cyberbullying）的社会现象（Chan, 2009；Clifford, 2009a；Gentile, 2009）。

授予地位

大众传媒授予人们、组织和公共议题相关的地位。不论是无家可归者问题，还是金·卡戴珊这样的名人，媒体总是能够从成千上万个相似的议题或人物中挑出一个，然后将之作为重要议题或人物呈现给公众。下页表显示，一些公众人物常常占据杂志封面或者是提供名人信息的互联网电影数据库（IMDb）的显要位置。显然，《人物》杂志本身并不需要为将戴安娜王妃塑造为全球重要人物而负责，但是所有的媒体机构通过报道各种负面信息，导致瑞典的维多利亚王妃变得臭名昭著，这显然不会令她感到高兴。

媒体授予名人地位的另一个方法则是发布互联网搜索频率的信息。有的报纸和网站定期更新热搜榜上的人名和每周话题。自从《时代》周刊于1923年创刊以来，授予地位的方式也许发生了改变（从平面转为电子），但是现在媒体仍然可以授予地位，通常是通过网络形式。

刺激消费

后现代社会的特征就是超级消费主义。这个由法国社会学家鲍德里亚提出的术语，是指购买超出自身需求且通常超出我们支付能力的产品的行为。媒体对这种行为模式起到了推波助澜的作用。美国儿童平均每年在电视上观看了2万个商

《时代》杂志 名次/人物/封面次数	《人物》杂志 名次/人物/封面次数	《黑檀》杂志 名次/人物/封面次数	《滚石》杂志 名次/人物/封面次数	IMDb 名次/人物
1. 理查德·尼克松 (55)	1. 戴安娜王妃 (54)	1. 珍妮特·杰克逊 (18)	1. 保罗·麦卡特尼 (28)	1. 约翰尼·德普
2. 罗纳德·里根 (38)	2. 詹妮弗·安妮斯顿 (41)	2. 哈莉·贝瑞 (17)	2. 约翰·列侬 (26)	2. 布拉德·皮特
3. 比尔·克林顿 (35)	3. 茱莉亚·罗伯特 (35)	3. 迈克尔·杰克逊 (17)	3. 博诺 (22)	3. 安吉丽娜·朱莉
4. 巴拉克·奥巴马 (31)	4. 布拉德·皮特 (33)	4. 穆罕默德·阿里 (16)	3. 鲍勃·迪伦 (22)	4. 汤姆·克鲁斯
4. 希拉里·克林顿 (31)	5. 威廉王子 (24)	4. 惠特尼·休斯顿 (16)	5. 迈克·米积加 (21)	5. 娜塔莉·波特曼
7. 小布什 (31)	5. 黛米·摩尔 (24)	6. 丹泽尔·华盛顿 (11)	5. 布鲁斯·史普林斯汀 (21)	6. 克里斯汀·贝尔
7. 老布什 (25)	7. 安吉丽娜·朱莉 (21)	6. 黛汉恩·卡罗尔 (11)	7. 麦当娜 (19)	7. 斯嘉丽·约翰逊
8. 德怀特·艾森豪威尔 (22)	8. 布兰妮·斯皮尔斯 (18)	6. 莲纳·荷恩 (11)	8. 吉米·亨德里克斯 (18)	8. 詹姆斯·安妮斯顿
8. 林登·约翰逊 (22)	9. 迈克尔·杰克逊 (17)	6. 西德尼·波蒂埃 (11)	8. 基斯·理查德 (18)	9. 凯拉·奈特莉
8. 杰拉尔德·福特 (22)	9. 伊丽莎白·泰勒 (17)	10. 碧昂斯 (10)	10. 乔治·哈里森 (17)	10. 艾玛·沃森
		10. 凡妮莎·威廉斯 (10)		
		10. 比尔·考斯比 (10)		

资料来源:

作者针对各杂志自创刊号开始的封面主题进行了内容分析,包括《时代》杂志(从1923年3月3日开始),《人物》杂志(从1974年3月4日开始),《黑檀》杂志(从1945年11月开始),《滚石》杂志(1967年9月1日—2013年9月1日)。如果一期杂志上有好几张封面,每张封面都计入内容分析中。如果两份近一期杂志的封面次数相同,登上最近一期杂志封面的人物名次就会领先。IMDb 名次见是基于1.1亿独立观众在一个月内对IMDb 2003—2012年间对人物页面的浏览量进行排列的。

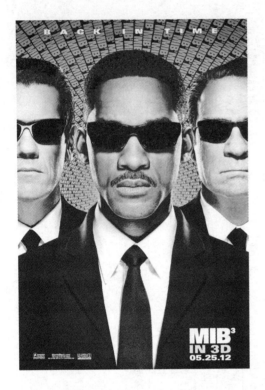

对电影公司来说，植入式广告（"品牌铸造"）成为电影公司越来越重要的收入来源。电影《黑衣人3》(2012)中植入了很多品牌，包括凯迪拉克、百事公司的焦糖爆米花、康恩都乐牌甜甜圈、约翰·迪尔牌机械、牢利齿口嚼片和万艾可（Brandchannel.com，2013）。

业广告，而这还不包括他们在其他媒体平台上看到的广告。

　　年轻人无法逃脱商业信息的狂轰滥炸。高中的比赛计分板、摇滚演唱会及网络页面的横幅上，都会出现它们的身影。它们甚至还会通过广告植入的方式出现在人们眼前。比如，《美国偶像》节目的评审面前都摆放着的可口可乐玻璃杯。广告植入并非什么新奇事物。早在1951年上映的《非洲女王号》电影中，凯瑟琳·赫本和亨弗莱·鲍嘉扮演的电影角色搭乘的船上就赫然摆放着哥顿牌金酒。然而，现今的商业促销更加普遍：《美国偶像》每一集中都会有4600个产品亮相。而且，广告商们努力在年龄更小的观众中打造品牌形象并发展品牌忠诚度（Buckingham，2007；Rodman，2011）。

　　使用广告创立一个具有全球吸引力的品牌，是鼓励消费最有效的方式。美国公司在打造全球品牌上做得格外成功。2013年对世界上最成功的100个品牌的分析显示，55%的品牌都是美国本土品牌，其他品牌来自13个不同国家（德国、法国、日本、英国、芬兰、意大利、荷兰、韩国、加拿大、墨西哥、西班牙、瑞典、瑞士）。这些品牌在利润和认可度方面主导了全球市场，其营业额至少有三分之一来自国外市场。

媒体广告有几项明确的功能：促进经济发展，提供产品信息，承担媒体运营成本。在某些情况下，广告也成为娱乐的一部分。一项全国调查显示，在观看超级碗比赛的观众中，有51%都是为了观看商业广告而收看比赛。在比赛当天和第二天关于超级碗的网上对话中，三分之一都是由超级碗商业广告所推动。然而，广告的功能与其反功能密不可分。媒体广告推动了消费文化，创造了需求并凭空建立了虚假的幸福和满足感。再者，由于媒体对广告收入的过度依赖，刊登广告的客户也就能够影响媒体的内容（Carey and Gelles, 2010；Nielsen Company, 2010）。

媒体负功能：麻醉效应

在前文所强调的功能之外，媒体同样会产生反功能。社会学家拉扎斯菲尔德和默顿（Lazarsfeld and Merton, 1948）创造了**麻醉负功能**（narcotizing dysfunction）这一术语，用来描述媒体大量提供信息导致观众变得麻木且无法对信息（不论信息多么吸引人）作出反应这一现象。对某一信息感兴趣的公民也许会接受信息，但是他们既不会作出决定，也不会采取行动。

想象一下，媒体经常会在某次自然灾害或家庭危机发生之后，发起大量慈善活动并进行诸多报道。但结果又如何呢？研究发现，随着时间流逝，观众开始对此感到疲劳。大众媒体的观众对他人的痛苦变得麻木和迟钝，甚至会认为已经找到了解决问题的办法（Moeller, 1999）。

媒体的麻醉负功能早在70年前就已被发现。那时电子媒体还未出现，只有少数家庭有电视。当时，媒体反功能现象并未受到重视，但时至今日，评论家常常指出电视成瘾或上网成瘾所带来的危害，特别是对年轻人而言。街头犯罪、露骨的性、战争和艾滋病早已成为特别严重的问题，有些观众也许会觉得，他们通过观看电视已经作出了行动，或者起码了解了他们需要知道的所有情况。

LO 19-2　冲突论视角

冲突论者强调，媒体反映了甚至是加重了许多社会及世界的区隔，包括基于性别、种族和社会阶层的区隔。他们特别指出了媒体通过所谓"守门"的过程决定何种信息可以传递给观众的能力。冲突论者还强调了利益群体控制媒体内容的方式；强势群体通过大众媒体传播社会主流意识形态的方式；以及有产者与无产者之间的技术鸿沟，这会限制部分人群对互联网的使用。

守门

当你浏览最喜欢的新闻媒体时，什么新闻事件会是今天的头条？哪部电影会在地区影院的三个放映厅上映？哪种图片绝对不会公开？在这些决策的背后，出版商、编辑和其他媒体巨头等掌权角色权力滔天，说一不二。

大众媒体是一个巨大的产业，它更重视利润，而较忽视节目质量。在大众媒体内，数量较少的一群人通过守门的工作，控制着最终传递给观众的内容。守门（gatekeeping）的意思是，节目内容在呈现给观众之前，必须先经过一道道"门"（检查关卡），然后由选出的少数人决定哪些影像可以传递给广大观众。在很多国家，都是政府扮演着守门人的角色。在互联网领域，有一些互联网自由的拥护者，他们对自己允许用户一路通行而感到沾沾自喜，但即便是他们，也可能很快就会去引导用户的上网行为。

守门在各种媒体中都是一种普遍行为，它早已不是什么新奇概念。这个术语最早是由一名新闻学者在1940年代提出的，彼时用于形容小镇报纸编辑决定吸引观众关注的新闻事件所采用的控制手段。正如社会学家米尔斯（Mills, [1956] 2000b）所观察到的，媒体的真正力量是它能够控制正在呈现的内容。在唱片业中，守门人可能会拒绝某个当地流行乐队，因为它与守门人认定的团队具有竞争关系。即便它录制了唱片，电台节目也可能会拒绝播放它的音乐，只因它不符合电台的音乐风格。电视台编剧也许会决定撤下某部新电视剧的试播片，因为他们相信它无法迎合目标观众的需求（而这有时则是由广告赞助商来决定的）。在出版行业，守门人也在做着同样的决定。

守门行为在至少一种大众媒体形式，即互联网行业中并不常见。你可以在电子布告栏上发送几乎任何信息，或者创建网页或网络日志（博客）来发表任何观点，你甚至可以坚持认为地球是平的。互联网是一种快速散播信息（或谣言）的渠道，在这里，人们不需要经历任何守门人的控制。

尽管如此，互联网也并非完全不受限制。很多国家的法律都会对赌博、色情乃至政治等内容实施管控。主要互联网服务供应商也会封禁不良行为者的账号。2001年恐怖袭击之后，易趣网（eBay）禁止人们在网上售卖世贸中心的残骸。不过，即使网上仍有各种干预手段，人们仍在源源不断地积极加入网上社区。

时至今日，很多国家都在尝试通过限制公民接触不利于政府的网络言论来控制政治异见。从2011年开始，针对埃及、突尼斯、利比亚、巴林和叙利亚等阿拉伯国家的网上批评，加剧了人们对政府的不满。这些国家的运动积极分子使用社交媒体，鼓励他们的追随者前往预先约定好的地点参加反政府示威游行。为了进一步鼓励公民参与，运动积极分子将抗议活动的手机视频发到网上。但在东方一些国家，政府则会利用国家资源，发动网络警察、软件工程师、网管员和付酬网络宣传人士来实施守门行为。这些网络"士兵"观看、过滤、审查并引导互联网用户的上网行为和言论，从而尽量消除网上的反对观点（Castells, 2012；Preston and Stelter, 2011）。

媒体监控

媒体监控（media monitoring）常被用来表述利益群体对媒体内容的监控。媒体监控的一个典型事例就是，公众对2007年4月发生在弗吉尼亚理工大学的枪击事件的反应。人们不需要连续不断地监控新闻来了解这次暴行的情况。1999年科罗拉多州利特尔顿的哥伦拜恩高中枪击案发生后，各种新闻媒体频繁地出现在案发现场，对枪击案犯及其家庭进行深入观察分析，对公众悲伤的表现和社区重建的努力进行了大量报道。尽管媒体提供了有价值的信息，并且很快就让观众、听众和读者放心，保证枪击案犯不会再造成任何威胁，但仍有许多人批判媒体通过报道建构现实的行为。

媒体监控还适用于形容在公民不知情的情况下监听个人通话的政府行为。例

站在他人的角度思考问题——医疗保健员工

如果有人在你所监控的论坛上发表了带有种族或性别歧视的帖子,你会怎么处理?

如,联邦政府未经司法许可就对窃听美国公民电话谈话提供授权,从而受到公众批评。政府官员辩称,电话窃听是出于国家安全考虑,是为了监视 2011 年 9 月 11 日恐怖袭击后美国公民与已知的恐怖组织之间的联系。但持冲突论观点的批评者认为,政府的做法显然侵害了人们的隐私权(Gertner,2005)。我们将会在本章最后的社会政策部分对隐私权展开详细讨论。

媒体监控在实践上和伦理上的限制是什么呢?在日常生活中,家长经常监视孩子的上网活动,浏览他们访问过的博客。当然,任何人都能看到这些博客。大部分家长都认为,他们对儿童的媒体使用和交流的监控,是成人监控的适当行为。然而,他们的偷窥行为很可能会被孩子加以模仿,孩子可能会用同样的方法达到自己的目的。有些媒体分析人士已经发现,青少年越来越喜欢用新媒体来了解关于自己父母的非公开信息(Delaney,2005)。

政府对私人通讯进行监控还带来了令人意想不到的好处,这种监控可以推进救灾行动的快速展开。2005 年卡特里娜飓风发生之后,美国政府就使用了媒体监控。与其相似,2010 年海地地震之后,美国政府也使用了媒体监控。在美国国土安全局中,国家运营中心的员工监控了 31 个社交媒体网站,收集关于灾难的信息。他们所收集的情报帮助救援人员确定了受困者所处的位置,并确定了太子港以外需要救灾的区域(Department of Homeland Security,2010)。

主流意识形态:建构现实

冲突论者认为,大众媒体维持了某些特定群体的特权。而且,强势群体很可能会为了保护自身利益而限制媒体呈现其他人的形象或言论。**主流意识形态**(dominant ideology)是指一套能够维持强势群体社会、经济及政治利益的文化信念和惯例。媒体传递的信息从根本上定义了我们所认为的真实世界，即使媒体建构的形象与社会大众所经历的常常截然不同。

大众媒体的决策者基本上都是富有的白人男性。因而，媒体倾向于忽视从属群体（工人阶级、非裔美国人、西班牙裔、同性恋、残障人士、体重超重者和老年人等）的生活和目标，也就不会让人感到惊讶了。更糟的是，媒体呈现的内容可能会制造关于这些群体的错误形象或刻板印象，最终却成为现实生活中人们所认可的形象。**刻板印象**（stereotypes）是指对某个群体中的所有人进行了不可靠的概括化，完全抹去了群体内的个人差异。有些节目主持人故意利用刻板印象来哗众取宠，而这种行为常常是得到了上级的默许。

很长时间以来，酷儿理论家一直都在研究媒体呈现同性恋的方式。他们经过分析发现，同性恋角色常常没有存在感，即使媒体有意要让同性恋角色引起观众注意，它所采用的呈现方式也是很有问题的。在酷儿理论家看来，非异性恋已经逐渐被刻画为异性恋之外的正常性取向，这个领域已经取得了很大的进步。然而，无论是在媒体上还是在社会中，男同性恋和女同性恋仍然被打上了耻辱的烙印（Sloop, 2009）。

电视是忽视现实的典型例子。你能说出多少超重的电视人物的姓名？尽管在现实生活中，每四个女性中就有一个超重（超出健康体重值30磅或以上），但在电视上，100个电视角色中只有3个显现出肥胖的模样。在电视节目中，与苗条的角色相比，胖子们很少能有一段浪漫的爱情，很少谈论性，经常大吃大喝，而且常常沦为嘲笑的对象（Hellmich, 2011）。

而在另一方面，电视新闻和其他媒体确实也向人们警示了过度肥胖的健康隐患。正如媒体对现实的建构一样，这些报道是否真的具有教育意义仍然有待商榷。逐渐地，媒体不仅将肥胖问题定义为个人问题，还将其定义为广泛的结构问题，例如，食物加工和销售的方式（Saguy and Almeling, 2008）。

与其相似，美国有45%的青年人都是有色人种，但他们却很少能在电视节目中看到代表他们肤色和文化传承的面孔。社会学家采用内容分析法，发现近年来60个黄金档电视剧中，仅有《丑女贝蒂》（*Ugly Betty*）和《乔治·洛佩兹》（*George Lopez*）对少数族裔演员给予关注。而且，在年轻人最可能观看的晚间七八点档节目中，多元化程度也是最低（Grazian, 2010；NAACP, 2008；Wyatt, 2009）。

冲突论者对媒体的另一个担忧是，电视是扭曲政治过程的元凶。在美国竞选资金制度切实得到改革之前，财力最雄厚的竞选人（通常都会得到强势游说组织的支持）能够花钱提高自己在选民中的曝光率，并能通过铺天盖地的商业广告来攻击他们的竞争对手。

主流意识形态：谁的文化？

《犯罪现场调查》在法国大受追捧，尽管法国社会一直致力于保护法国电影、电视及音乐制作人免遭外来竞争的伤害，且"文化例外"也让法国人民感到非常自豪。在日本，《欢乐合唱团》是大家必看的节目，《神探可伦坡》在电视台重播时依然吸引了很多观众。上述这些节目都是可以合法播放的热门节目。而在拉丁美洲，非法下载电视节目非常普遍，最受欢迎的电视剧包括《绝命毒师》《国土安全》《摩登家庭》。在朝鲜，《绝望主妇》大受追捧。尽管政府官员和文化纯粹主义分子公开谴责这些节目的流行现象，但是美国媒体仍被广为观看和模仿。正如社会学家吉特林（Gitlin，2002）所说："人们喜爱着[美国流行文化]，并对其由爱生恨。"（Agence France-Presse，2013）

然而，如果我们过于强调美国的主导地位，就有出现种族中心主义的风险。比如，《幸存者》《谁想成为百万富翁》《名人老大哥》和《料理铁人》都是美国深受欢迎的真人秀节目，但它们分别来自瑞典、英国、荷兰和日本。《美国偶像》起源于英国的《流行偶像》，西蒙·考威尔（Simon Cowell）成为这个选秀节目的灵魂人物。墨西哥和其他西班牙国家的浪漫肥皂剧，并非起源于美国的肥皂剧。与电影不同，电视剧逐渐摆脱了美国的控制，现在更可能是由当地拍摄制作完成（Bielby and Harrington，2008；Colucci，2008）。

在本世纪中，最新奇的相关发展趋势是**超本地化媒体**（hyper-local media），即专注于本地新闻报道的媒体。街上那片空地究竟是什么情况？在你的社区里，哪家中餐外卖最受欢迎？为什么前天晚上主街道上停了好些警车？超本地媒体能够回答这些问题。这个术语出现于1991年，是指在24小时电视新闻频道上报导当地新闻。

今天，随着网络和博客的发展，超本地化媒体变得更加本地化，而且面向某些特殊兴趣群体。因此，文化价值观和媒体形象不再仅仅由国家来定义，而是由社区或街区来定义。比如，在"阿拉伯之春"运动期间，开罗居民用手机和个人电脑对街区内发生的事件进行超本地媒体报道，这些事件在其国内外产生了极大的影响力（Pavlik, 2013）。

那些感觉身份认同丧失的国家，可能会尝试抵御外国文化的入侵，尤其是占有经济优势的美国。然而，正如社会学家所知，不论是在欠发达国家还是发达国家，观众并非外国文化信息的消极接受者。因此，对文化产品（包括电视、音乐和电影）消费者的研究必须被放在相应的社会情境下。人们会观看甚至是享受媒体内容，但这并不意味着他们就会接受与其自身文化相异的价值观（Bielby and Harrington, 2008）。

很多欠发达国家早就主张，在发达国家和欠发达国家之间，新闻和信息的流动必须是双向的。他们抱怨，来自第三世界的新闻非常匮乏，而且就算是有一些

好莱坞娱乐大行其道，但那些在海外为当地消费者制作的媒体同样有很好的表现。动画系列片 *Freej* 中的主要角色是穆斯林祖母们，她们在处理穆斯林婚礼传统时无意中发现了一本被诅咒的书籍。这部成人动画片在阿联酋迪拜制作完成，2006年正式上映。

关于第三世界的新闻，也都是负面消息居多。比如，你对南美洲了解多少？对大部分美国人来说，提到美国南边的那些邻邦，只会想到两个议题：革命和毒品。除此之外，他们对这片大陆所知甚少。

为了弥补这种失衡现象，联合国教科文组织在 1980 年代通过了一项决议，对传入欠发达国家的新闻和内容进行监管。美国反对这一提议，而这也成为促使美国于 1980 年代退出联合国教科文组织的一大因素。2005 年，联合国教科文组织提出了另一项意在保护文化多样性的提案，美国再次表示反对。这项提案是保护濒危文化的重要举措，尤其是要保护欠发达国家的媒体市场，它在联合国大会以 148：2 的票数获得通过。美国是两个反对国之一，它的公开反对理由是这项措施措辞模糊，但实则是因为它担心这项措施会给美国媒体业出口造成严重影响（Dominick, 2009）。

数字鸿沟

最后，很多研究都表明，通信技术的进步并未公平地惠及所有人。从全世界范围来看，低收入群体、少数族裔、农村居民和欠发达国家的居民更难接触到最新科技，这种差异被称作**数字鸿沟**（digital divide）。比如，低收入家庭、农村地区和欠发达国家的人们更难接入互联网服务。即使一些边缘群体接入了互联网，他们也仍然可能远远落后于特权群体。他们可能使用的是拨号服务而非宽带服务，而且就算是获得了宽带服务，却也无法无线上网。问题的关键不仅仅是能否接入互联网，更是宽带服务的成本和可用性。很多日常活动，如完成学校作业、咨询医疗专家和通过常规财务交易开展业务，都必须使用高速的互联网服务。

数字鸿沟现象在欠发达国家表现得尤为明显。非洲仅有 4% 的人口能接触到互联网。虽然网速慢得惊人，但这些幸运儿仍然需要支付高额网费（每月 250—300 美元）来换取这项服务。下页的专栏讨论了那些拥有信息时代工具的人和未拥有者之间的巨大鸿沟（Robinson and Crenshaw, 2010）。

全球社区里的社会学

全球脱节

博格丹·格达（Bogdan Ghirda）是一位罗马尼亚人。他每天都要参与《英雄城市》（*City of Heroes*）或《星球大战》（*Star Wars*）这类多人互动网络游戏，以挣取每小时50美分的报酬。他正在帮某位发达国家的游戏玩家代打游戏，因为这个玩家不愿天天挂机升级，但又想提升到游戏最高等级，获得最好的装备，与高级玩家同场竞技。这一现象并不少见。通过招募像格达这样来自欠发达地区的人员代表发达国家的玩家打游戏，美国本地游戏运营商可以获得颇为丰厚的报酬。

与此同时，在非洲，资源匮乏的卢旺达鼓励对信息通信技术进行投资，进而促进本国经济发展。2011年，卢旺达加大了公共投资力度，并鼓励各大电信公司相互竞争，该国的移动电话和数据传输服务的普及率达到96%。不过，卢旺达仍然面临着巨大的挑战：能源需求缺口很大，资金匮乏，计算机技术专家人数严重不足，财务状况疲软，等等。尽管这个总人口1100万的国家人均收入仅为605美元，但在新通信技术的帮助下建立起稳定的国家经济还是有可能的。

上述两种情境证明了欠发达国家与发达国家之间的科技脱节。在全世界范围内，欠发达国家在新技术的普及和使用方面，仍然远远落后于发达国家。世界经济论坛的网络就绪指数（Networked Readiness Index，NRI）对144个国家进行了排名，它充分显示了个人、企业和政府有效利用信息技术的相对成熟度。正如下表所示，世界上拥有信息技术工具的国家，如新加坡、瑞士和美国，早已准备就绪；而那些信息技术匮乏的国家，如斯威士兰、也门和海地，则为时尚早。

通过互联网，现在跨国公司可以一体化运作，实现即时回应，日夜不息。这一新能力催生了一种社会学家曼纽尔·卡斯特（Manuel Castells）所提出的"全球经济"现象。但若许多人或者也可说是整个国家都与新的全球经济完全脱节，它们的经济发展仍会停滞不前，当地人民的生活水平也很难得到提高。受过高等教育、拥有技术的人们会迁移到其他劳动力市场，从而进一步加剧边缘国家的贫困状态。

网络就绪指数

排名前 10 的国家或地区	排名垫底的 10 个国家
芬兰	毛里塔尼亚
新加坡	斯威士兰
瑞士	马达加斯加
荷兰	莱索托
挪威	也门
瑞士	几内亚
英国	海地
丹麦	乍得
美国	塞拉利昂
中国台湾地区	布隆迪

讨论

1. 对边缘国家而言，全球脱节所带来的特定社会及经济影响是什么？
2. 什么因素导致欠发达国家解决全球脱节问题的行动变得更加复杂？

LO 19-2 女性主义视角

与冲突论者一样，女性主义理论家也认为，大众媒体曲解现实，宣扬刻板印象。依据这一观点，媒体极大地影响了我们对男女两性的看法，传递不真实且刻板化的性别形象，从而限制了我们对两性的认知。

很早以来，教育工作者和社会科学家就意识到，大众媒体在描绘两性时使用了刻板印象。女性常被描绘成痴迷于美貌的肤浅女人。和男性相比，女性更可能被呈现为裸体、处于危险境地甚至遭受身体伤害。当女性在传统上由男性主导的领域（如职业体育）取得非凡成就时，媒体往往要过很久才会承认她们所作出的贡献。

即使媒体最终对她们加以报道，体育评论员也不会给予女运动员公平待遇。传播学研究者对此展开了内容分析研究，他们选取 200 小时全国新闻对职业高尔夫运动的报道。研究表明，当女高尔夫球手表现很好时，她们更可能得到"强壮"或"聪明"的评价。表现不佳时，她们更可能遭到谴责，认为她们不具备运动员的能力。相反，体育评论员花了更多时间点评男高尔夫运动员的专注力和敬业精神。这些调查结果反映出微妙的性别主义：女性往往被刻画为天资聪颖，男性则往往更具优越的心理素质和情绪控制能力（Jacobs, 2009）。

女性主义研究的另一个目标是，判定媒体是否对两性产生了不同的影响。近来，研究者发现，在青少年时期，男性玩网游的概率是女性的三倍；与此同时，与玩网游的男孩相比，玩网游的女孩更有可能参与打架斗殴并出现肥胖问题。这一领域显然值得进行进一步研究（Desai et al., 2010）。

对女性主义者和社会来说，一个长期困扰他们的议题就是色情音像制品。女性主义者倾向于支持自由表达和自主决策，但女性相比男性更难获得这些权利。色情音像制品常将女性描述为性对象，并让大众认为这样观看女性是可以接受的行为。社会几乎从不担忧色情音像制品对女性进行物化和具体形象化的表现，并默许了这种对女性施暴的行为。这种制作录影带、DVD、互联网成人影片的色情产业基本不受管控，甚至会让色情表演者处于危险境地。

女性主义理论家对新媒体表示了谨慎的乐观。博客用户中也有女性的身影，但在最受欢迎的博客中，女性博客仅占 10%。不过，在沙特阿拉伯这样非常保守的文化中，网络媒体让女性有机会去探索那些被传统媒体忽略的生活方式（Jesella, 2008）。

正如在社会学中的其他领域一样，女性主义研究者警告人们，不要认为男性使用媒体的事实适用于每个人。例如，研究者已经研究了男女两性接触互联网的不同方式。尽管与女性相比，男性使用互联网的可能性只是略高一些，但他们更可能每天都上网。不过，2009 年的一项研究发现，上网的女性数量超过了男性。在线网络竞技游戏中，91% 的玩家都是男性，这一点儿也不让人感到惊奇。但可能更具社会意义的是，女性更多是通过电子邮件来维持友谊网络（Fallows, 2006；Pew Internet Project, 2009）。

LO 19-2　互动论视角

互动论者对于人们对日常行为的共识特别感兴趣。他们从微观层面研究媒体，观察它们如何塑造日常社会行为。研究者越来越喜欢在社会资本的情境下讨论大众媒体。社会学家布迪厄提出了社会资本这一术语，用来形容建立在互惠互信基础上的社会网络利益集合体。互联网，尤其是社交媒体，让我们几乎随时随地都能与他人保持联系。这些媒体帮助我们增加了与家庭成员、朋友和熟人的接触，不论他们是与我们比邻而居，还是相隔甚远。而且这些媒体也促进了新的社会纽带和社会网络的发展（Neves, 2013）。

事实上，在线社交网络已经成为促进消费的新方式。正如下图所示，广告商推销产品和服务的传统手段往往是使用单向电视广告、群发邮件或广告牌，不论他们是要推销平板电视还是宣传"不要酒驾"等公益信息。现在，通过使用社交网络，他们能在网上找到消费者，并与消费者建立双向关系。比如，汉堡王（Burgur King）向能够删除 10 个脸书好友的用户免费赠送特大汉堡。最后，总共

通过社交媒体进行网络营销

传统的广告方式（左图）只是广告商到消费者的单向传播。社交网络（右图）则提供了双向传播的方式，允许广告商与消费者之间建立关系。

有近 24 万脸书用户因为删除好友而得到了特大汉堡，但删除好友这一行为其实违反了脸书的规定。因而，脸书的员工对汉堡王的促销行为颇有微词。尽管如此，汉堡王的确创建了喜爱特大汉堡的消费者网络。与其相似，卡夫食品鼓励人们在网络相册（Flickr）上发布热狗车（Wiener-mobile）的照片（Bacon Lovers' Talk, 2009；Burger King, 2009）。

关系营销只是在线社交网络的新用途之一。2010 年，海地大地震发生后，短信成为慈善活动的新方式。

互动论者也注意到，共同的观看习惯或对经典剧集的回忆能够催生友谊网络。家庭成员和朋友常常聚在一起观看热门节目，如超级碗比赛或奥斯卡颁奖典礼。我们也注意到，电视经常成为儿童的玩伴或保姆，甚至连婴儿都是这样。

互联网的兴起，带来了新的沟通及社会互动的形式。祖父母现在可以通过电子邮件了解孙辈们的近况，或者在电脑上用 Skype 软件与他们视频聊天。同性恋青少年能够使用网络资源得到支持和相关信息。人们能够在相亲网站上找到终身伴侣。

然而，网络也给日常生活造成了一些麻烦。如果恐怖主义者和其他极端分子在网上散布仇恨或炸弹制作方法，我们应该怎么做？我们应该如何应对网上的性表达？如何才能保护孩子不受影响？"色情聊天"和限制级电影剪辑片段是否应该接受审查？网络表达是完全自由的吗？

尽管互联网为极端分子、仇恨群体和色情者创造了新平台，但它也让人们获得了对自己所看所听内容更大的控制权。也就是说，网络允许人们控制自己的媒体内容，从而避免不喜欢或反对的声音、图片和观点。法学家凯斯·桑斯坦（Cass Sunstein）将这种个人化的新闻信息搜集方式称作自我塑造（egocasting），这种趋势可能会导致社会容忍度降低。如果我们所读、所看、所听的内容只是我们知道和我们赞同的观点和信息，我们可能更难与来自不同背景的人们相互接触，也更难与持不同观点的人进行交流。

而且，尽管许多美国人都能上网，但我们也应注意到，信息并未在所有人中得到平等分配。大体上，健康状况较差及较少有工作机会的人已被甩出信息高速公路。2013 年的一项研究（Pew Internet and American Life Project）显示，高收入人群与低收入人群之间，以及受过高等教育的人群与没有受过高等教育的人群之间，上网情况都存在巨大差异。此外，互联网使用率最低的人群包括老人、穷人和受教育程度较低的人群。农村地区互联网普及率也很低。教育者和政治家吹捧互联网能够帮助弱势群体获得潜在利益，但互联网使用可能也正在强化现存的社会阶级和种族隔阂。

互动论视角帮助我们理解了大众媒体系统的一个重要方面：观众。我们应该怎样积极参与媒体事件？我们应该如何与他人建构媒体信息的意义？我们将会在下一模块探讨这些问题。

E 评 估

1. 多种媒体间的内容流动及同时使用多种媒体的行为被称为（　　）。
   (a) 数字鸿沟　　(b) 文化趋同　　(c) 角色压力　　(d) 超消费主义

2. 社会学家帕克研究了报纸如何帮助美国外来移民改变他们的生活习俗并了解美国人的观点看法，从而适应他们生活的新环境。他的研究属于哪种社会学视角？
   (a) 功能论视角　(b) 冲突论视角　(c) 互动论视角　(d) 拟剧论视角

3. 拉扎斯菲尔德和默顿提出了_____术语，用来描述媒体大量提供信息导致观众变得麻木并无法对信息（不论信息多么吸引人）作出反应的现象。

4. 社会学家认为媒体产生并维持了_____，对某个群体中的所有人进行了不可靠的概括化，完全抹去了群体内的个人差异。

5. _____和_____理论家发现，暴力图片中的受害者常常是现实生活中的弱势群体：女性、孩子、穷人、少数族裔、外国居民和残疾人。

答案：1. (b)　2. (a)　3. 麻醉反功能　4. 刻板印象　5. 冲突论　女性主义

R 反 思

1. 在当今美国社会，你觉得媒体的哪个功能最重要？为什么？
2. 现在，美国人获取新闻信息的来源很广，并非只限于几个国家电视网络。这一现状会对媒体宣传主流意识形态的能力造成什么影响？

模块 20

观 众

🅿 准备　学习目标

LO 20-1　从微观社会学和宏观社会学层面总结观众的各个方面

🅞 组织　模块大纲

谁是观众

🅦 工　作

你有没有想过给你认识的每个人都发短信，让他们为你最喜爱的真人秀节目演员投票？如果有人拿着苹果手机观看《美国偶像》上周节目，你正好站在他身后探头跟着一起看，你是否很想告诉他比赛的结果？你是否曾翻出一张旧 CD 并试着回想起你和朋友上次听它时的情境？或者按照歌曲录制的顺序收听？通过这一方式及更多其他方式，我们认识到我们是庞大观众群体中的一员。

LO 20-1　谁是观众

社会学家将大众媒体与其他社会制度加以区分的标准是观众是否存在。观众可指一群可辨别、有界限的群体，如爵士俱乐部、百老汇音乐剧的观众，或者是范围更大且无法定义的群体，如《与星共舞》(Dancing with the Stars) 的观众或《今日美国》杂志某期的一群读者。观众既可能是聚集在大礼堂中的次级群体，也可能是初级群体，如在家观看最新迪士尼录像带的一家人。

我们可以从微观社会学和宏观社会学两个层面来看待观众。在微观层面，我们可以思考观众如何在与他人的互动中对媒体作出反应，或者在现场表演中如何影响表演者。在宏观层面，我们可以探究媒体所产生的社会影响，比如像《芝麻街》这类电视节目对早期儿童教育的影响。

即使观众分散在广阔的地理区域中且互不认识，他们仍会在年龄、性别、收入、政治党派、正规教育，以及种族、族群等方面各具特点。比如，芭蕾舞剧的观众与另类音乐的听众之间可能存在极大的差别。

观众的区隔

媒体越来越热衷于开拓面向特定观众的市场。一旦确定了它们的听众或读者群，媒体（如电台或杂志）就会将他们作为服务的目标。这种观众专业化在某种程度上受到了广告行业的驱动。媒体专家通过调研提高了确认特定观众的能力。因此，在2010年的中期选举中，民主党和共和党通过调研确定了最可能支持自己的人群，从而在这些人群中精准地投放了广告。比如，共和党在大学橄榄球赛和《美国有趣家庭》(*America's Funniest Home Videos*) 上投放了广告。民主党则购买了《菲尔博士》(*Dr. Phil*) 的广告时间 (Parker, 2010)。

对特定观众的精准定位已经让有些学者开始怀疑大众媒体的"大众性"。比如，英国社会心理学家利文斯通 (Livingstone, 2004) 描述道，媒体已经变得如此区隔，它们已经几乎完全个人化了。观众变得区隔之后，大量"集体观众"是否已然过时？目前来看，这一点尚不明了。我们似乎正生活在"个人电脑"时代，但是大型正式组织同样在向广大的、混杂而分散的观众传递着公共信息。

观众行为

很长时间以来，社会学家一直都在研究观众看到媒体播报的事件后如何与他人互动。社会研究者对观众中的意见领袖尤其感兴趣。**意见领袖**（opinion leader）是指那些通过日常人际交往与沟通来影响他人意见和决定的人。比如，电影评论家就是意见领袖。社会学家拉扎斯菲尔德与他的同事早在1948年就针对意见领袖的投票行为进行了研究。他们发现，意见领袖会鼓励他们的亲友和同事对特定候选人产生好感，并会鼓动他们去听候选人的政治发言和阅读竞选材料。

尽管意见领袖能够影响观众的想法和行为，但是观众对媒体的解读方式却并不一致。通常，他们的反应会受到其自身社会特征的影响，如职业、种族、教育和收入水平。以 1992 年洛杉矶暴乱的电视新闻报道为例。当时，殴打一名黑人摩托车司机的两名白人警察被无罪释放，从而引发了公众愤怒的反应。社会学家亨特（Hunt, 1997）想探究观众的社会组成如何影响他们对这则新闻的解读。亨特从洛杉矶地区选出 15 个小组，他将白人、黑人和拉丁裔平均分配到每个小组中。他让每个小组成员都观看一段 17 分钟有关这场暴乱的报道，然后要求他们向一名 12 岁孩子讲述刚刚看过的视频内容。亨特发现，尽管性别和社会阶级不会使人们的描述产生太大差异，但是种族差异的确会造成极大影响。

亨特不仅提出了种族在认知上的差异，还分析了这种差异的表现形式。比如，黑人观众更可能用"我们"与"他们"来描述这场暴乱。另一个差别是，与白人观众相比，黑人和拉丁裔观众在观看视频时更加激动，会发表许多批判性意见。而白人观众则基本上都只是静静地坐着，什么也不说，这说明他们在观看视频时并不像黑人和拉丁裔观众那样感到不舒服。

E 评 估

1. 社会学家拉扎斯菲尔德与他的同事开创了对_____研究的先河。

    (a) 观众　　(b) 意见领袖　　(c) 媒体的全球影响力　　(d) 媒体暴力

2. 1992 年洛杉矶发生了多起暴乱，社会学家亨特研究观众的社会组成对新闻解读的影响，其差异主要体现在_____。

    (a) 种族　　(b) 性别　　(c) 阶级　　(d) 宗教

3. 根据年龄、性别、收入、政治党派、教育、种族等特征将观众划分为不同群体的现象被称为观众_____。

答案：1. (b)　2. (a)　3. 区隔

R 反 思

1. 职业摔跤电视直播、《美国偶像》及家庭喜剧节目的制片人将会锁定哪种类型的观众？决定特定观众组成的因素有哪些？

2. 你认为哪些人是意见领袖？为什么这些人会对你产生影响？你的父母、老师或朋友会选择同样的意见领袖吗？为什么？

模块 21

无处不及的媒体

P 准备　学习目标

　　LO 21-1　描述媒体的全球性和媒体传播的社会效应
　　LO 21-2　分析制定媒体管控社会政策所引起的正反观点

O 组织　模块大纲

　　媒体的全球性
　　社会政策与大众媒体

W 工　作

LO 21-1　媒体的全球性

　　电子媒体的兴起是否已经造就出了一个"地球村"？加拿大媒体理论家麦克卢汉（McLuhan, 1967）早在近半个世纪前就作出了上述预测。今天，距离已不再是阻碍，即时信息瞬间就能传遍全球。全球手机普及率很高，不过在美国之外的有些国家，发短信比打电话要更为普遍。大众媒体的确创造了一个"地球村"。虽然并非所有国家都享有同样的便利，但是这样的进步仍然是非常巨大的，因为毕竟声音传输在 100 年前才刚刚出现。

　　社会学家吉特林（Gitlin, 2002）认为，与"地球村"相比，"全球狂潮"（global torrent）是形容媒体的全球化更贴切的比喻。媒体早已渗入我们日常生活的方方面面。以广告为例，从飞机场行李手推车上的广告到海滩上的广告，都在不遗余力地向世人推销各种消费品。所以我们不难想象，全世界的人们对特定品牌的忠诚度，他们对耐克、可口可乐或哈雷机车的忠诚度，完全不亚于他们对橄榄球队或棒球队的忠诚度。

2012年，Skyblu与Redfoo组建的LMFAO流行乐队的歌曲"性感我知道"（Sexy and I know it）高居手机铃声下载榜首位。由于现代媒体提供了多种服务，所以音乐迷们能从网上把音乐下载到手机中来收听（Billboard, 2012）。

互联网促进了各种形式的交流。无论你身处世界上任何角落，你都可以通过互联网获取参考材料或访问数据库。你只需敲几下键盘，就能获得国际金融、市场营销、贸易和制造业等相关信息。我们已经看到真实世界新闻媒体的兴起，以及与任何单一文化不尽相同的世界音乐的流行。即使最有前瞻性的思想家也必须承认，大众媒体在后工业和后现代社会的广泛传播是极为显著的（Castells, 2010b；Croteau and Haynes, 2014）。

尽管在美国，我们认为拥有电视是理所应当的，甚至觉得电视是一种老掉牙的媒体，但在世界上其他地区，情况却并非如此。在印度，半数家庭没有电视。在尼日利亚和孟加拉国，超过70%的家庭没有电视。不过，两大科技进步可能很快就会改变这种情况。首先，电池性能的增强，甚至能让人们在没有电力供应的地区看上电视。其次，电子信号传输技术让电视信息能够通过电缆或卫星传输。

在有些欠发达国家，即使自己家中没有电视，人们也会想法看上电视。在偏远的巴西亚马逊地区的古鲁帕小镇，当地最富有的三户人家购买了电视。为了取

新技术会产生新的社会规范。在巴西的古鲁帕镇，由于社区里三位电视拥有者同意让社区其他 3000 位居民共同观看电视，所以看电视也就成了这个社区的一种社交活动。

悦其他居民，他们同意把电视摆到窗前，让大家一起观看。电视的拥有者骄傲地展示着自己的新身份标识——电视，从而让看电视成为社区中的社交活动。新技术的引入创造了一种新的社会规范（Kenny, 2009）。

在欠发达国家，媒体应用还会带来其他重要影响。比如，以与美国田纳西州面积相当的肯尼亚为例。在最近一次疟疾大爆发之后，公共健康研究专家监控了 1500 万肯尼亚手机使用者所发送的手机短信，并利用信息内容绘制出这一致命疾病的传播路径。他们惊讶地发现，旅行者沿着进出首都内罗毕市人烟较为稀少的地方公路，而非交通繁忙的主干道，将疾病传播开来。他们收集的信息对集中控制疟疾的蔓延非常重要（Wesolowski et al., 2012）。

世界各地的人们越来越依赖从手机到互联网等各种数字媒体。面对这一趋势，人们开始忧虑，是否自己的隐私权会受到侵犯。就算是为了保护公众健康，政府官员是否就有权监控人们发送的手机信息呢？在接下来的社会政策部分，我们将会探讨数字媒体所带来的社会影响，如审查和犯罪行为。

LO 21-2　社会政策与大众媒体

我们都知道，研究者在研究中会用到多种研究工具，从最简单的观察研究到最先进的电脑技术等。在现实生活中，社会学研究会对公共政策和社会福利产生深远影响，下面我们就来看一下它对隐私权的影响。

隐私权

1999年，太阳微系统公司的总裁非常直白地说道："反正你也没有什么隐私。那就别管它了。"大约十多年后，脸书创始人扎克伯格在一个颁奖仪式上表示，由于社交媒体的兴起，人们已经不期望还有隐私。他认为，隐私不再是一种"社会规范"（Carr, 2010; Johnson, 2010）。

如果之前人们还不太确定大众新媒体对人们隐私的影响，那么在2013年的"斯诺登事件"发生之后，人们的疑虑已是完全荡然无存。爱德华·斯诺登（Edward Snowden）是一名受雇于美国政府的电脑专家。2013年，他开始向外披露美国安全部门的数据收集行为。他指控美国安全部门在美国境内外收集关于国外安全威胁的信息。据斯诺登揭露，在一个代号为"棱镜"（PRISM）的行动中，安全部门人员通过监控人们在谷歌、苹果、微软、脸书、美国在线、Youtube和雅虎等全球著名科技公司中的网络账户，秘密收集大量普通公民的信息。面对这一赤裸裸的事实，我们难道还能在这个后现代数字时代中保证自己的私人信息不被泄露吗？

对隐私的巨大冲击源于大数据。大数据（big data）一词是由社会学家蒂利（Tilly, 1980）提出的，用以指代超级计算机对海量信息的快速收集与分析。电子数据的积累让商业公司、政府机构、甚至罪犯可以更容易地收集和存储个人信息。在公共场所、工作地点和网上，监控设备都可以追踪我们的一举一动，不论我们只是敲击了一下键盘，还是在自动取款机上取钱。它们事无巨细地积累各种信息，包括我们的购买习惯和上网行为。

由于这些技术增强了对我们行为的监控能力，人们不由得心生恐惧：如果犯罪分子或者某些组织为了达到专制目的而利用这些技术，我们该怎么办？简单来说，它们不仅威胁到我们的隐私，还让我们难以逃离犯罪或审查所带来的伤害。一些明显的侵犯隐私行为，如盗用身份（盗用信用卡或社保账号来仿冒他人身份）

站在他人的角度思考问题——机场安保员

你认为可以采用哪些监控手段来监视旅客的行为？

已被记录在案。其他侵权行为还包括政权机构对持不同政见的政党进行网络监视，以及非法泄露机密的政府文件。2010年，维基机密在其网站上泄露了上千份机密的美国外交政策文件。有人谴责他们这种叛国行为，也有人认为这是对政府审查的大胆反抗（O'Harrow Jr., 2005）。

有一些侵犯隐私的方式则更加微妙，而且从严格意义上来说并不违法。比如，很多商业网站使用cookies（储存在用户本地终端上的数据）和追踪技术来监视访问者的上网行为。市场营销人员可以利用这些信息来评估访问者的年龄、性别、邮政编码和收入水平。然后，他们就可以选择向访问者发送对其最有吸引力的广告。所以，根据我们的身份，或者至少是我们看起来具有的身份，有人可能会收到减肥产品广告，有人则可能会收到关于国外旅游地的广告。

这种网上推销方法仅仅是为了有效地打广告，还是对人们隐私的侵犯呢？由于市场营销人员通过这种方式所收集的信息，能够和个人使用的其他设备（如手机或电脑）联系起来，所以一些评论家认为，上网痕迹追踪实际上是另一种形式的指纹鉴定（Angwin, 2010；Angwin and Vries, 2010a）。

媒体的社会学应用 从社会学角度来看，复杂的隐私和审查问题是文化滞后

图中，一辆谷歌街景车穿过一个英国小镇。它沿路录制街景，以供谷歌地图服务所用。即使谷歌公司通常都是在公共区域收集实景资料，但许多人仍然对此表示强烈反对，认为这是对个人隐私的侵犯。谷歌街景车捕捉到的影像中包括正好出现的路人和当地人的后院，甚至还有透过打开的门窗窥视到的室内摆设。

的体现。文化滞后是指非物质文化努力适应先进物质文化的一段适应不良期。物质文化（技术）的变化比非物质文化（控制科技使用的规范）的发展更快。通常情况都是，大家认为不论怎么使用新技术都行。

持有不同理论观点的社会学家，对新技术的使用和滥用也有不同的看法。功能论者对互联网基本持积极态度，他们指出了互联网在促进沟通方面的显性功能。从他们的角度来看，互联网还具有隐性功能，允许资源匮乏的人（包括仇恨群体和特殊利益组织）与大众进行沟通交流。

功能论者同样发现，电子监视可以帮助执法部门阻止或侦查出尚未实施的犯罪。比如，面部识别技术可被用来确定跟踪者、找到失踪儿童，乃至追踪恐怖分子。不过，他们也承认，对正常生活的人们来说，没有取得知情权的监控会产生反功能。

相比之下，冲突论者则强调，强势群体使用技术来侵犯弱势群体的隐私会带来巨大的危害。

互动论者则观察到，在网上公开个人信息，可能会影响我们未来的社会互动，而且这种影响还可能是负面的。每四名高校招生人员中就有一人表示，他们会访问申请者的社交媒体主页。超过三分之一的这些守门人都在网上发现了会伤害申请者的负面信息（Belkin and Porter, 2012）。

发起媒体政策 电子通讯监控立法并不总是为了保护公民的隐私权。1986年，联邦政府通过了《电子通讯隐私法案》，规定除非获得首席检察官和一名联邦法官的批准，否则对私人电话进行监控均属违法行为。不过，电报、传真和电子邮件并未得到同等程度的保护。2001年，"9·11"恐怖袭击事件发生一个月后，国会通过了《爱国者法案》，放松了对执法人员实施监控的现行法律限制。联邦机构现在可以更加自由地收集网络信息，包括人们的信用卡收据和银行记录（Gertner, 2005）。

今天，绝大多数其他形式的网络监控都未经过法庭辩论，包括追踪技术的使用，以及收集个人资料并将其卖给商家的行为。隐私权的倡导者抱怨道，1986年，在我们对互联网一无所知之前，《电子通讯隐私法案》就已经制定了，因此它根本未能与时俱进，这完全符合文化滞后的观点。比如，2011年，联邦和州政府利用1928年时高等法院所认可的方法，批准了2732次窃听行动。然而，同年，政府机构总共向移动电话公司提出了 100 多万次要求，他们只需出示一张传票，就能从这些运营商那里调查手机用户信息，根本无须法院批准。他们经常会要求了解"基站"的情况，从而掌握该区域每个手机用户的具体位置，不管这个用户是嫌疑人还是普通人。这种无差别对待的做法类似于美国国家安全部门实验的"棱镜"行动。到今天为止，提出的法案主要关注消费者的隐私权。例如，2012 年，联邦贸易委员会坚决要求立法，促使谷歌等公司在浏览器中加上"不追踪"选项，从而对互联网用户的隐私权表示尊重（Angwin, 2012；*The Economist*, 2013c）。

不管怎么说，与信息时代开始之前相比，今天的人们似乎对保护自己的隐私已经没有那么警觉了。年轻人从小就上网，似乎对 cookies 和"间谍软件"的存在早已习以为常。他们习惯接受成年人在电子聊天室对自己的对话进行监视。很多人都认为向陌生人透露自己的个人信息并无危险。难怪大学教授发现学生压根儿不理解隐私权的政治重要性（Turkle, 2011）。

然而，对网络隐私权的需求却在不断增长。在网络分隔（weblining）这一新现象中，数据收集公司监控人们网络行为的目的不再是为了售卖商品，而是为了收集人们的负面信息。他们会收集各种个人信息，包括人们搜索了哪些网站或产品，以及人们选择加为好友的对象情况，不过这些信息很可能会让一个人失去工作机会或减少信用积分。数据收集公司还会提供与抑郁狂躁型抑郁症和焦虑症等精神问题相关的个人搜索信息，从而导致相关个人痛苦地承受骤然提高的医保费用。尽管线上用户评级现象现在还未引起决策者的重视，但是将来它肯定会被提上日程（Andrews, 2012）。

在不久的将来，新的技术创新会再次定义监控的界限。为了提高使用体验，越来越多的物品，包括电器和电子阅读器，都安装了传感器。制造商对我们如何使用冰箱和微波炉或者我们如何阅读的海量信息进行收集，仅仅只是一个时间问题。有些公司已经在安全徽章中装上了传感器，用来记录员工的活动和对话。

对很多人来说，大数据的使用与老大哥的监控虽然很相似，但这两者之间还是有很大的区别。老大哥是乔治·奥威尔的小说《1948》中的一个虚构人物。该小说于 1949 年出版，描述了由神化领袖"老大哥"所领导的未来政府秘密监控人们的一举一动，并操控人们对社会的观点和对自我的认知。难怪在"斯诺登事件"爆发一周之内，《1948》的销量就上升了 70 倍（Price, 2013；Silverman, 2013）。

乔治·奥威尔在小说《1984》中描述了这样一个未来：所有居民都受到政府（"老大哥"）的密集监视。在1956年版的电影海报中，"老大哥"盘踞在由埃德蒙·奥布赖恩（Edmund O'Brien）扮演的编剧温斯顿·史密斯（Winston Smith）的头顶上，制造出一种非常压抑的气氛。

E 评 估

1. 1960年代，加拿大媒体理论家（　　）预言，电子媒体兴起后，地球村就会应运而生。

   (a) 奥威尔　　(b) 扎克伯格　　(c) 蒂利　　(d) 麦克卢汉

2. 从社会学角度来看，目前隐私保护与审查制度之间的争议是_____概念的表现。

答案：1. (d)　2. 文化滞后

R 反 思

1. 使用社会学的三个视角来评估全球电视节目对欠发达国家的影响。
2. 在考虑媒体管控的议题时，讨论言论自由、隐私权及国家安全这三大价值观之间的冲突。你认为这三种价值观中，哪种价值观最重要？为什么？

案例分析 | 推特自己的人生

达利亚·哈珀（Daria Harper）编织着关于品质生活的各种幻景，她希望我们能对此深信不疑，愿意付钱买单，或者更准确地说，她是希望我们能够购买她推荐的产品。哈珀是纽约一家大型广告公司的业务经理。要问她手上最强大的工具？那就是数不胜数的媒体选择。她说："这不仅是我们在哪里投放广告的问题，这同时也是发掘趋势和收集数据的问题。"她认为，如果没有互联网和智能手机，尤其是社交媒体网站，她根本没法完成客户交代的工作。社交网络对她格外重要。这些东西可以让她了解电影和电视节目的热点话题。她说："它们比任何助理都有用。"

哈珀每天的常规工作是跟踪 50 多个推特信息来源，详细了解与她家公司正在推广的任何产品相关的消费者反馈、偏好和需求。她说："我还得了解竞争产品的情况。"哈珀还订阅了一种服务，这种服务能够根据她所设置的预选项，通过网络自动将最新电视广告分成几类。她承认："翻看这些信息是我午餐时的下饭小菜。"夜间，哈珀会浏览网页，查询汽车、食品、服装、白酒、娱乐、家具及政治等多种行业的全球趋势。她说："我的工作与生活方式密切相关，就是要根据我的客户想要售卖的产品来创造和推广某种生活方式。但是，这种幻想的生活方式也不能完全脱离外界社会的现实情况。我必须了解社会热点，超越社会现实，引领新的潮流。这就是我生活的全部，千真万确。"

1. 哈珀是"守门员"吗？在你给出理由之前，请思考她在设计广告活动中作出的决定。
2. 广告如何授予地位？请举例说明。
3. 哈珀所谓的"幻想生活方式"是她为客户的产品所建构的世界。你认为，广告在某种程度上建构了现实吗？为什么？
4. 哈珀的广告公司及类似公司能被视为"意见领袖"吗？为什么？

"强力"学习策略　你的个性属于什么类型？

除了学习风格，人们都有自己的个性类型，这也会极大地影响他们的学业表现和生活成就。例如，内向的人在课堂上怯于发言，而老师则可能会因他们不参与课堂活动而给出低分。另一方面，美国的教育体系可能会偏好理性思维者而非直觉思维者。使用下面的 P.O.W.E.R. 计划来了解你的个性类型，并弄清楚怎样才能从中获得帮助。

P · 思考自己在不同情境下的个人经历，想想自己到底属于哪种个性类型。

O · 如果可能，利用学习小组来探索自己的个性风格。

W · 想想自己在学校里、课外活动中、工作场所及其他情境中的经历。
　· 尽管大部分人的个性类型都是介于外向型与内向型、直觉型与感觉型、思想型与情绪型、判断型与感知型两者之间，但你应该能够将自己定位在以下四种维度上。你的个性是更加：
　　· 外向型还是内向型？外向的人喜欢与他人一起工作，而且会考虑他人的想法和行动。内向的人喜欢独自工作，受他人影响较小。
　　· 直觉型还是感觉型？直觉型的人关注大格局，他们的思维跳跃度很大，敢于作出判断，创造性地解决问题。但是，他们很少关注细节。感觉型的人很"关注细节"。他们倾向于采用具体而有逻辑的方法，仔细分析事实。但是，他们往往会以偏概全。
　　· 思想型还是情绪型？思想型的人偏好逻辑，不受情绪控制。他们能够有条不紊地作出决定。情绪型的人容易感情用事，常常受到个人价值观和对他人情感的影响。
　　· 判断型还是感知型？判断型的人很快就能作出决定，喜欢设立目标、达成目标然后再继续前进。感知型的人则会尽可能收集所有信息，对某个问题展开全面分析，这种做法有时也会干扰任务的完成。

E · 综合考虑这四个维度，然后描述你的个性类型。比如说，"我是一个内向、凭感觉、情绪化的判断者。"
　· 在学习小组中讨论自己个性类型可能造成的后果。

R · 思考在教育、工作、家庭生活，以及生活中的其他方面，你的个性类型的优缺点。

赐予我力量　　你的个性

通过以下选项来判断你究竟属于哪种个性类型：外向型/内向型，直觉型/感觉型，思想型/情绪型，判断型/感知型。不论你属于哪种个性类型，你都可以利用各种个性优势来帮助自己在学业和生活中取得更大的成就。

1. 我喜欢独立完成任务。
2. 我很少按菜谱做饭。利用现有食材做饭更有趣味。
3. 我从不会让情绪影响判断。
4. 我喜欢仔细思考事情。一个有说服力的观点能够改变我的想法。
5. 我觉得完美的假期就是租个木屋和朋友们待在一起。
6. 分析问题时，我喜欢把所有事实都摆出来。
7. 我觉得我们的感情能够提示我们什么才是对的。
8. 我每天都会列出一个任务计划表。每完成一个任务，我就会把它从计划表中划掉。
9. 我喜欢团队工作，因为我们可以分享思路，一起解决问题。
10. 在新的情境里，我会根据直觉来决定要采取什么行动。
11. 我喜欢制定工作体系，这会使生活变得更容易。
12. 我会全面考虑重要问题，对此我很自豪。
13. 我喜欢独自旅行，这样我就可以欣赏自己喜欢的景色，做自己感兴趣的事情。
14. 在开始一个项目之前我会制定计划或大纲，这样我就可以按部就班地去完成任务。
15. 我会依据自己的个人价值观来做决定。
16. 购物对我来说很容易。我知道自己喜欢什么，我能很快作出决定。

请将你选择了"是我"的陈述所对应的数字都勾出来，以此来确定你的个性类型。我们还会提供一些如何利用你的个性的小建议。

外向	____5,	____9	在小组里和他人一起学习和做项目。
内向	____1,	____13	寻找你能独立完成的任务。
直觉者	____2,	____10	寻找需要创意性解决方案的任务。
感觉者	____6,	____14	选择能够运用逻辑法则的具体任务。
思考者	____3,	____11	系统分析情境，寻找模式。
情绪者	____7,	____15	利用情绪反应来充实你对内容的理解。
感知者	____4,	____12	寻找能够让你探索和分析多种观点的项目。
判断者	____8,	____16	设定目标来促进学习。

7

第七章

越轨、犯罪和社会控制

模块 22　越　轨
模块 23　社会控制
模块 24　犯　罪

社会学实务——小学教师

凯莱布·路易斯（Caleb Lewis）是布朗克斯一所学校二年级的教师。他不仅仅强调传统读写算（3Rs）基本素养目标，还坚决提倡他自己提出的社会素养目标：规则（rules）、权利（rights）和尊重（respect）。"我的学生大都来自问题家庭，他们的父母都忙于生计，疲于奔波。他们拼尽了全力，但是能做的也只是养家糊口而已。我的许多学生都经历过无家可归的生活。对他们来说，生活很艰难，因为大多数时候他们都很难过上主流社会所认为'正常'的生活。"路易斯的社会素养就在这里发挥了作用。他说："你必须知道规则，必须知道大家对你的行为有什么期待，你才能在学校和社会上取得成功。"每年路易斯都会与他的学生共同制定一些课堂规则。"我们谈论的是，什么行为对班上同学有益，什么行为会影响别人学习。"这样一来，权利目标（2nd R）也就自然地产生了。"我告诉他们，你有学习的权利。你有在学校感到安全的权利。你有发表自己观点的权利。但别忘了，别人也有同样的权利。这时我们就会开始讨论尊重目标（3rd R）。"那么，学生们对路易斯的社会素养目标有何回应呢？"他们的内心得以平静，"他说，"如果孩子们知道他人对自己的期待和自己对他人的期待，他们就会有自我控制感和安全感，这是让他们和睦共处的办法。"

本章内容概述

本章探讨了越轨与遵从，以及犯罪与社会控制之间的关系。我们首先会定义越轨行为，描述与越轨行为相关的污名。然后，我们会区别从众与顺从，检视一个著名的顺从权威实验。我们将会研究，为了鼓励从众并减少越轨行为，社会采取了哪些正式及非正式的社会机制。同时，我们会特别关注法律，以及法律如何反映我们的社会价值。

接下来，我们将会从理论上去理解越轨行为，包括功能论、互动论、结合了互动论和冲突论的标签理论，以及冲突论。本章最后一节，我们将会关注特定的越轨行为：犯罪。我们将会了解美国的各种犯罪类型、犯罪的衡量方式和国际犯罪率。最后，社会政策部分将会讨论枪支管控这一争议话题。

模块 22

越 轨

ⓟ 准备　学习目标

LO 22-1　从社会学家的视角去理解越轨行为

LO 22-2　对比三大主要理论视角、标签理论和女性主义视角对越轨行为的不同理解

ⓞ 组织　模块大纲

什么是越轨行为

越轨行为与社会污名

越轨行为与科技

关于越轨行为的社会学视角

ⓦ 工　作

LO 22-1　什么是越轨行为

对社会学家来说,"越轨行为"一词并不意味着堕落或邪恶。**越轨行为**(deviance)是指破坏规范或违反群体及社会期待的行为。在美国,酗酒者、病态赌徒和精神病患者都被归类为越轨行为者。上课迟到是一种越轨行为,在正式婚礼现场穿着牛仔裤也是一种越轨之举。从其社会学定义来看,我们都会不时出现越轨行为。特定情境下,我们中的每个人都会违反某些普遍接受的社会规范(Best, 2004)。

超重是否是一种越轨行为呢?美国及很多其他文化都对外表和身材提出了不切实际的标准或期望,而这往往会让人们承受巨大的压力,尤其是对成年女性和女孩而言更是如此。新闻记者伍尔芙(Wolf, 1992)用"美貌神话"(beauty

2009年，官方公布，棒球巨星亚历克斯·罗德里格斯（Alex Rodriguez）与其他一些棒球主力一样，偷用违禁药物并企图说谎隐瞒，这个消息让他的粉丝们大感震惊。2013年，他被禁赛211场，包括整个2014赛季。

myth）来表示只有极少数女性能够达到的理想美貌形象，这种理想形象过于夸张，往往会导致不幸的后果。为了摆脱"越轨"的形象，并且顺从于不切实际的社会标准，很多女性和女孩都热衷于改变自己的样貌。然而，在某个国家被视作越轨的行为，在另一个国家却可能会得到充分认可。

越轨行为包括违反可能会以及可能不会变成正式法律条文的群体规范。因此，越轨的含义非常广泛，它不仅包括犯罪行为，也包括很多不会受到法律惩罚的行为。政府官员收受贿赂是对社会规范的公然挑战，中学生拒绝坐在指定的座位上或者旷课同样挑战了社会规范。当然，对抗规范并不总是负面的。在一个会员制俱乐部中，如果其中一名成员对俱乐部拒绝女性、黑人和犹太人进入的传统规范发表反对意见，也就违背了俱乐部规范。与其相似，如果一名警察揭发警局内部的贪污腐败及虐囚行为，他也同样违反了团队规范。

在不同的时代中，越轨行为的定义也会发生很大变化。大部分情况下，都是由具有最高社会地位及权力的个人和群体定义什么是可接受的行为、什么是越轨行为。比如，从1964年起就有关于吸烟危害的严重健康警告，但人们在过去几十年里仍然接受吸烟这一行为，而这则在很大程度上归因于烟草种植者和烟草制造商的强势地位。经过公共健康和反癌症活动分子的长期努力，人们才开始认为吸烟是越轨行为。今天，很多州和地方法律都对人们的吸烟地点设置了限制。

越轨还是正常行为？2010 年，电视名人和唱片艺术家海蒂·蒙塔格（Heidi Montag）自曝曾在一天之内接受了 10 项整容手术，这让她的粉丝感到震惊。蒙塔格接受的整容手术包括隆胸、丰唇和隆鼻。你觉得她的行为违反了社会规范吗？

LO 22-1 越轨行为与社会污名

人们可以通过多种方式变成越轨行为者。有些人因为外貌或行为特征而被迫扮演负面的社会角色。一旦被打上越轨角色的标记，他们就很难向他人展示其正面形象，甚至个人自尊心都会因此而降低。例如，某些群体会通过特定方式被标签化，如"矮子"或者"红头发的人"。戈夫曼创造了"污名"这一术语，描述社会用来贬低特定群体成员的标签（Goffman, 1963；Heckert and Best, 1997）。

在 2012 年康涅狄格州纽敦市校园枪击案之后，关于精神疾病问题的讨论立马甚嚣云上，社会上谣言四起，很多人都相信枪击者患有严重精神疾病但却没有得到治疗。在很多人眼中，这种假设完全没有考虑精神疾病的含义，直接将所有精神病人都打上了潜在犯罪分子的污名。而实际情况则正好相反，大量证据显示，绝大多数精神失调的患者都没有作出暴力之举。在美国，只有 4% 的暴力行为可以归咎于精神病患者。在本章最后的社会政策部分，我们将会进一步讨论枪支暴力和枪支管控问题（Friedman, 2012）。

社会污名同样影响了外表不符合群体规范的人。对美貌和身材的普遍期待，阻碍了那些被认为丑陋或肥胖的人充分施展自己的才能。社会大众常常主观判定肥胖者或厌食者有人格缺陷，认为他们要么是食欲的奴隶，要么是媒体形象的奴隶。由于不符合"美貌神话"，他们可能会被认为外表"丑陋"或"奇怪"，被迫承受着戈夫曼所定义的"被损害的身份"。然而，关于外表缺陷，人们有不同的理解。美国每年有170万次整形手术，绝大部分接受整形手术的人都是客观上具有正常外貌的女性。女性主义社会学家发现，"美貌神话"让绝大多数女性都对自己的外貌感到不满意；与此同时，男性也对自己的外形感到不自信。近年来，选择接受整形手术的男性数量激增（American Academy of Cosmetic Surgery, 2010）。

通常，即使不再继续作出某种越轨行为，人们也可能会因这种越轨行为而被污名化。"病态赌徒""前科犯""正在戒酒的酗酒者""已回复正常的精神病人"等标签，可能会伴随人们的一生。戈夫曼指出了声望符号与污名符号之间的区别。声望符号是指将人们的注意力导向人们身份认同积极方面的象征，如结婚戒指或徽章。污名符号则是败坏人们身份认同的象征，如儿童性骚扰犯人。污名符号并不总是很明显，但它们也可能会变得众所周知。从1994年开始，很多州都要求有前科的性骚扰犯到居住地警局进行登记。有些社区还会公布他们的姓名和地址，有些社区甚至将他们的照片发到网上。

尽管有些类型的越轨行为会让个人得到污名，但其他形式的越轨行为并不会受到严重惩罚。得到社会容忍的某些越轨行为出现在高科技领域。

在芬兰（左图），一位年轻人在牢房中休息，这间牢房很像大学宿舍。在美国（右图），最高警戒监狱里的犯人正在牢笼中坐着看电视，他们不能与守卫和狱友有身体接触。芬兰的入狱率不到英国入狱率的一半，不到美国入狱率的四分之一。

LO 22-1 越轨行为与科技

寻呼机和语音信箱等科技创新能够重新定义社会互动及与其相关的行为标准。在人们最初接触互联网时，社会上并没有规范互联网使用的管理规范或标准。由于在网络沟通中网络用户几乎完全匿名，所以不文明行为，如辱骂他人或长期独占聊天室空间，也就迅速发展为普遍现象。例如，网上留言板最初的设计目的是用于呈现符合社区利益的各种话题，但是现在各种商业广告却大肆侵占了这片领地。这种侵害公众权利的越轨行为，正在促使人们呼吁建立网络行为的正式规范。例如，政策制定者就是否应对散布仇恨言论和色情内容的网站进行管制，展开了激烈的辩论。

对科技的某些越轨使用是犯罪行为，尽管并不是每位行动参与者都这样认为。走在街头，我们可以看到，盗版软件、电影及音乐已经形成了巨大的产业链，很多人都在网上下载音乐，虽然这种行为侵犯了他人的版权，但却成为人们普遍接受的行为。音乐和电影产业已经公开采取行动，禁止这些非法使用其产品的行为。但对很多人来说，非法使用这些产品并不会带来污名。因而，越轨行为是一个非常复杂的概念。有时，它根本不值一提；有时，它又会带来巨大的危害。有时，它会被社会所接受；有时，它又会遭到彻底排斥。

LO 22-2 关于越轨行为的社会学视角

社会控制（social control）是指任何社会中阻止越轨行为的技术和策略。越轨行为受到正式和非正式的社会控制。人们随意采用**非正式社会控制**（informal social control）来强化社会规范。**正式社会控制**（formal social control）则由权威机构执行，如警察、雇主、军队或电影院的经理。不愿从众或顺从的人可能会受到非难、失去朋友、缴纳罚款乃至锒铛入狱。既然如此，为什么还会出现越轨行为呢？

对越轨行为的早期解释指向超自然因素或遗传基因（如"罪恶的血缘"或返祖现象）。19世纪时，为了找到导致越轨行为，尤其是犯罪行为的生物因素，研究者作出了许多努力。尽管这些研究在20世纪已不被采纳，但主要由生物化学家

在新加坡，一位管理员在本就一尘不染的地面上捡起了一丁点垃圾。严格的社会控制是这个城邦之国中非常普遍的现象。在这里，随意丢弃烟头或糖纸，会被罚款 200 美元。

进行的当代研究已经排除了遗传基因导致特定人格特征的可能性。尽管犯罪（有时是越轨）根本不是人格特征，但研究者已经开始关注可能会导致犯罪的人格特性，如攻击性。当然，攻击性也可能会让个人在商界、职业体育或生活中的其他方面取得成功。

在现今社会，仍有研究认为也许能够确定导致犯罪行为的生物学根源，但这种研究只不过是社会学争论的众多问题之一。总的来说，社会学家反对强调犯罪和越轨行为的基因根源。人们现在对基因与反社会行为之间的关联所知甚少，使得他们基本上都是采用其他方法来解释越轨行为（Walsh，2000）。

功能论视角

功能论者认为，越轨行为是人类生活中普遍存在的一种现象，对社会稳定既有正面影响也有负面影响。越轨行为有助于定义适当行为的界限。孩子看见父母中的一人责备另一人在餐桌上打嗝，从而了解了什么才是得到认可的行为。收到超速罚单的司机、因吼叫顾客而被解雇的超市收银员，以及因为晚交论文而受到惩罚的学生，同样在自己的经历中了解了何为越轨行为和适当行为。

涂尔干的遗产 涂尔干的社会学调查主要集中于犯罪行为，但他的研究结论对所有类型的越轨行为均有启发。涂尔干认为，某个文化中制定的惩罚（包括正式和非正式的社会控制机制）有助于定义社会中被接受的行为，促进社会稳定。如果不恰当的行为没有得到应有的惩罚，人们就可能会改变他们对适当行为标准的认识。

社会学家埃里克森（Erikson, 1966）对17世纪新英格兰的清教徒进行了研究，说明了越轨行为在维持界限方面所起的作用。用今天的标准来看，清教徒非常重视和强调传统道德。清教徒迫害和处决女巫的行为，代表着他们在不断定义和再定义自己社区界限的努力。事实上，正是他们不断变化的社会规范，导致犯罪数量激增；很多之前被接受的行为突然被重新定义为越轨行为，使得行为人受到惩罚（Schaefer and Zellner, 2011）。

涂尔干在社会学文献中引入了**失范概念**，用来描述当社会对个人行为的控制失效时，社会所经历的失序感。失范是发生在社会重大变革和无序时期的一种无规范状态，如经济崩溃时期。在这一时期，人们变得更具攻击性或更加沮丧，导致犯罪率和自杀率提高。由于在革命、突然繁荣或经济衰退时期，人们对何为适当行为缺少共识，因而从众（conformity，与同伴保持一致）和顺从（obedience，听从等级制度下更高权威的命令）等社会力量就会变得不那么重要。此时，人们也很难清楚地说明什么是越轨行为。

默顿的越轨行为理论 抢劫犯与老师有什么共同点？他们都在"工作"挣钱，以换取想要的商品。就像这个例子所描述的，违背社会规范的行为（如抢劫），与那些追求常规生活方式的人的行为，可能具有相同的目标。

基于上述分析，社会学家默顿（Merton, 1968）调整了涂尔干的失范概念，以便解释人们为什么会接受或拒绝社会目标，以及人们为什么会接受或拒绝社会所认可的实现目标的方式。默顿认为，在美国，成功是一个重要的文化目标，而衡量成功的重要标准就是金钱。社会不仅会为我们设置目标，还会专门指导我们如何获取成功，即好好上学、努力工作、绝不放弃、把握机会等。

在一个将财富作为成功标准的社会中，个人会受到哪些影响呢？默顿推论，人们会用特定方式来适应社会，要么遵从文化规范，要么脱离文化期望。由此，他提出了**越轨的失范理论**（anomie theory of deviance），假设了五种行为类型或基本适应形式（参见下表）。

个人是否接受	行为类型				
	非越轨行为	越轨行为			
	遵从	退缩	创新	仪式主义	反抗
社会的目标，如获得财富	👍	👎	👍	👎	👎 👍
使用可接受方法达到目标，如努力工作	👍	👎	👎	👍	👎 👍

遵从社会规范，是默顿类型学中最常见的适应形式。它与越轨行为是完全对立的。顺从包括接受普遍的社会目标（"获得财富"）和得到认可的手段（"努力工作"）。默顿认为，可接受的文化目标与合法获取的途径之间必须有一定共识。没有这样的共识，社会中可能只是存在一群缺乏共同文化的人，如同一盘散沙，并有可能经历持续不断的混乱局面。

上表中展示的其他四种行为都在一定程度上背离了社会规范。**退缩者**（retreatist）基本上会逃避（躲避）社会目标，以及实现目标的手段。在美国，瘾君子和流浪者都被认为是退缩者。人们越来越担心，酒精成瘾的青少年可能年纪轻轻就会沦为退缩者。**创新者**（innovator）会接受社会目标，但却会通过不适当的手段来实现目标。比如，保险箱窃贼可能会用偷来的钱去买消费品或去度豪华假期。**仪式主义者**（ritualist）放弃了物质成功的目标，近乎强迫性地坚持遵守社会制度的行为方式。工作变成一种生活方式，而不是实现成功的手段。例如，官僚体制内的工作人员盲目地应用规章制度，将组织的总体目标完全抛诸脑后。社会福利工作者可能会因某个家庭之前住在另一个区域而拒绝帮助目前无家可归的他们。默顿确定的最后一种适应行为类型，反映了人们创造新的社会结构的努力。**反叛者**（rebel）完全脱离了主流的方法和目标，可能会寻求截然不同的社会秩序。政治变革团体的成员，如武装群体，都被归类为反叛者。

默顿对越轨行为的社会学理解所作出的重大贡献在于，他指出，越轨行为者，如创新者和仪式主义者，与从众者具有很多共同点。重刑犯可能会与没有犯罪记录的人一样拥有相同的抱负。他的理论有助于我们去理解，越轨行为其实是社会创造的行为，而非一时病态冲动行为的结果。然而，这一理论并未被系统地用来分析现实生活中的犯罪行为。下页的专栏中展示了学者们为了证明该理论的有效性所作出的各种研究努力。

互动论视角

越轨行为的功能论视角揭示了，人们在从众和顺从的巨大压力下，为什么还会选择违反规则或法律。**法律**可被定义为政府所施加的社会控制。然而，功能论者并未解释为什么个体会实施越轨行为，或者为什么在某些情况下，犯罪行为会发生或不会发生。关注并强调日常行为的互动论者提出了自己的解释：文化传递理论（cultural transmission theory）。

文化传递 在研究洛杉矶帮派涂鸦的过程中，社会学家菲利普斯（Phillips，1999）发现，涂鸦者们会互相学习。事实上，菲利普斯非常吃惊于这些涂鸦者恒定不变的关注点。她还注意到，其他少数族群也会模仿非裔美国人和芝加哥帮派的涂鸦文化，但也会融入柬埔寨、中国或越南的符号。

人类会学习如何在社会情境下实施行为，不论行为是否恰当。人们之间的互动并没有所谓固有的自然方法。今天，人们已不再对这样的观点进行争论，但当社会学家埃德温·萨瑟兰（Edwin Sutherland，1883—1950）首次提出个人在学习顺从或越轨行为时都会经历同样的基本社会化过程这一观点时，学界中又对此争议不休。

今日研究 犯罪有收益吗？

一个司机为了准时参加工作面试而超速行驶，经济窘迫的父母在商店中偷窃家庭生活必需品。这些人可能会认为自己的违法行为非常正当，因为他们是为了达到合理的目标。依据默顿的类型学，他们就是典型的创新者，这些人通过违反社会规范来达到大家共享的社会目标。他们的行为是违法的，而且可能会给他人造成伤害，但这些行为在短期内却能发挥重要的功能。

从逻辑上可以判定，创新能够且的确成为某些人的事业。然而，单是从经济角度来看，犯罪能够带来收益这一事实都是极具争议的，因为这种举动似乎代表着容忍或鼓励违反规则。最具争议性的看法是，有人认为黑帮毒品交易能够产生巨大的利润，而且提供了"很好的工作"。尽管有些人可能会认为毒贩身上既有工商管理硕士从业人员的渊博学识，又有企业家的社会精明，但社会通常从不认可这些创新者。

社会学家素德·文卡特斯（Sudhir Venkatesh）对芝加哥街头帮派进行了观察研究，收集了有关非法毒品交易的翔实数据。他与畅销书《怪诞经济学》作者之一经济学家斯蒂文·莱维特（Steven Levitt）共同合作，一起分析了可卡因贩卖生意。他们发现，即使在帮派首领中，也只有不足5%的人每年能挣到10万美元。其他首领和普通成员的收入还未达到社会最低收入标准。实际上，绝大多数帮派成员为了提高自己在帮派等级结构中的地位，沦为了免费劳动力。（因而莱维特书中某一章节的标题就是"为什么毒贩仍住在父母家？"）正如莱维特所注意到的，毒品帮派与大部分企业一样：组织中2%的上层人员拿走了绝大多数收益。

那么，从社会学和经济学的角度来说，这些毫无利润的活动为什么还会继续存在呢？尤其是考虑到每四个经营毒品交易的街头帮派成员中就有一人最终会横遭杀害。当然，其中一个原因是大众对毒品不知足的需求。从毒贩角度来看，来自贫困地区的年轻人很难在城市或乡村中找到合法工作，他们只能通过贩毒来增加家庭收入，这对他们来说是最有效的方法。

学者们认为，有必要进一步研究默顿的创新概念。比如，为什么有些弱势群体会比其他弱势群体犯罪率要低？为什么有些处于困境中的人拒绝将犯罪视为可行的替代方法？默顿的越轨理论很难清楚地解释这些问题。

讨论

1. 你认识因生存所需而偷窃财物的人吗？如果认识，那么这个人是否认为自己的偷窃行为是正当的呢？他/她会有负罪感吗？偷窃行为的时长是多久？
2. 从经济学角度来看，利润是收益与成本之间的差额。非法毒品贩卖的经济成本与社会成本是什么？这一经济行为能为社会带来利润吗？

资料来源：Clinard and Miller, 1998; Kingsbury, 2008; S. Levitt and Dubner, 2006; S. Levitt and Venkatesh, 2000; Rosen and Vankatesh, 2008; Venkatesh, 2008。

萨瑟兰的观点现已成为犯罪学研究中的主流力量。他凭借文化传递学派的理论，强调人们通过与他人的互动来学习犯罪行为。这种学习过程不仅包括犯罪技术（比如，如何快速而悄无声息地闯入他人车中），还包括犯罪动机、欲望和对犯罪行为的合理化解释。我们也可以用文化传递理论来解释酒精成瘾者或毒品成瘾者的惯性行为。

萨瑟兰认为，人们通过与初级群体和重要他者的互动，来掌握适当行为和失当行为的定义。他提出了**不同交往理论**（differential association），来描述接触赞成犯罪行为的态度而导致违反规定的过程。研究表明，这种不同交往理论同样适用于非犯罪性的越轨行为，比如抽烟、旷课和早期性行为。

萨瑟兰举了一个例子来证明他的观点。一个性格外向、体格健壮、善于交际的男孩居住在青少年犯罪高发地区。他经常与那些破坏公物、逃学旷课的同辈交往，因此他可能受其影响，开始染上这些不当行为。但是，一个住在同一地区的内向男孩可能与这些同辈从不接触，因此他就避免了青少年犯罪行为。在另一个社区，一个性格外向、体格健壮的男孩也许会因与同伴互动而选择参加少年棒球队或童子军。因此，萨瑟兰认为，不当行为是由个体所属群体的类型，以及与他人所建立的友谊所导致的结果。

但有批评者认为，文化传递方法也许能够解释少年犯或涂鸦艺术家的越轨行为，但却无法解释因冲动而在商店偷窃的初犯，或者是穷人为生活所迫而偷窃生活必需品的行为。不同交往理论并不能非常准确地描述成为罪犯的过程,但它的确让我们注意到社会互动在加强个人实施越轨行为动机中的首要作用(Loughran et al., 2013)。

社会解组理论　社区或邻里间存在的社会关系也会影响人们的行为。社会心理学家津巴多(Zimbardo, 2007a)曾做过一个实验来揭示社区关系的力量。他把两辆车分别丢弃在两个不同的社区,他打开了车子引擎盖并卸下了所有轮毂盖。在其中一个社区,在津巴多安装好远程监控摄像头之前,人们就已把车拆得七零八落,将他们需要的零部件都拿走了。在另一个社区,好几个礼拜过去了,人们都没有碰过这辆车,只有一个行人在下大雨时停下来关上了引擎盖。

为什么津巴多在这两个社区进行的实验会产生如此截然不同的结果呢?根据**社会解组理论**(social disorganization theory),犯罪行为和越轨行为的增加归咎于社区关系与社会机制(如家庭、学校、教堂及当地政府)的缺失和瓦解。20世纪初,芝加哥大学学派提出了这一理论,用来描述由于移民人数激增和农村人口大

根据社会解组理论,牢固的社区联系能够增强社区关系,减少犯罪行为的发生。

站在他人的角度思考问题——政府工作者

如果因为郊区居民没有及时交税，市政府就停止提供上门回收垃圾服务，这种行为会产生什么后果？

量融入城市，城市规模不断扩大过程中所发生的明显社会解组现象。利用最新调查技术，克利福德·肖（Clifford Shaw）和亨利·麦凯（Henry McKay）描绘了芝加哥地区社会问题的分布情况。他们发现，在建筑物破败和人口减少的社区，社会问题的发生比例最高。有意思的是，尽管社区的族裔构成发生了改变，但这些模式却是一如既往，从未变化。

根据社会解组理论，牢固的社区联系能够增强社区关系，减少犯罪行为的发生。

这一理论总是饱受批评。某些人认为，该理论似乎总是在"批评受害者"，而从未把责任归结于广泛的社会影响（如缺乏工作机会或教学质量良好的学校）。批评者还认为，即使在问题社区也存在有效、健全的组织，即使社区中存在很多问题，这些组织仍会持续运行。

近来，社会解组理论家开始强调社交网络对社区联系的影响。这些研究者认为，社区并不是孤岛。社区居民与现居社区之外群体之间的纽带，可能会加强或削弱社区内居民之间的联系（Jensen，2005；Shaw and McKay，1942）。

标签理论

"圣徒"（the Saints）和"莽夫"（the Roughnecks）是两个高中男生群体，他们都长期参与酗酒、危险驾驶、逃学旷课、偷窃小物品和蓄意破坏公物的活动。但是，他们之间的共同之处也就到此为止。"圣徒"的成员从未被抓住过，而"莽夫"的成员则经常被警察和镇上居民"找麻烦"。为什么他们会受到差别对待？基于对他们所在高中的观察研究，社会学家钱布利斯（Chambliss，1973）发现，社会阶级在这两个群体的不同遭遇方面扮演着重要角色。

"圣徒"用备受尊敬的形象来掩饰自己的越轨行为。他们来自"体面家庭"，积极参加学校组织，打算进大学深造，学业成绩良好。人们通常认为，他们放荡不羁的越轨行为仅是极少数的个案。相比之下，"莽夫"就没有体面身份的光环。他们开着破汽车在城里转悠，学习成绩普遍都很差。不管做什么，人们都会用怀疑的眼光看待他们。

我们可以通过一种分析越轨行为的方法，即**标签理论**（labeling theory），来理解这种偏差。和萨瑟兰的研究不同，标签理论并不关注为什么有些人会出现越轨行为。相反，它试着去解释为什么特定的人们（如"莽夫"）会被看成越轨者、坏小孩、失败者和罪犯，而其他有相似行为的人（如"圣徒"）却没有遭受这种语言暴力。标签理论反思互动论者的理论观点，强调个体如何被贴上越轨者的标签，或越轨者如何接受这种标签。社会学家贝克尔（Becker, 1964）将这一理论普及开来，并作出如下结论："越轨行为就是被人们贴上越轨标签的行为。"

标签理论又称**社会反应论**（societal-reaction approach），它让我们知道，人们对行为的反应，而非行为本身，决定了越轨行为。例如，研究表明，有些学校的工作人员和治疗师拓展了为学习障碍者设计的教育项目，将有行为问题的学生也纳入其中。因此，"捣乱者"会被不恰当地贴上"学习障碍者"的标签，而"学习障碍者"则被不恰当地贴上"捣乱者"的标签（Grattet, 2011）。

标签理论和社会控制的媒介　在传统意义上，越轨行为研究一直关注违反社会规范的人。相反，标签理论则关注警察、缓刑人员监督官、法官、教师、雇主、学校行政人员，以及其他社会控制管控者。这些媒介指定某些人（而非其他人）为越轨行为者，从而在创造越轨行为身份中扮演着重要角色。标签理论的一个重要观点是，有些人或群体有权力来定义标签，并将标签贴在别人身上。这一观点与冲突论视角一样，都强调权力的社会意义。

近年来，**种族侧写**（racial profiling，又译"歧视性种族评判"或"种族化犯罪推定"）受到公众广泛质疑。种族侧写是指仅仅依据人们的种族就去定性犯罪嫌疑人的身份这一做法。研究已经证实了社会大众的猜想，在某些管辖区域，警察在例行交通违章检查中更可能会拦下黑人男性的车，白人男性被叫停的几率相对较低，警察倾向于认为在黑人男性的车中更可能发现毒品或枪支。民权运动分子讽刺道，这些案件其实可以称为"黑人驾驶"（Driving while black）的违规。从2001年开始，种族侧写发生了新的转变，看上去像阿拉伯裔或穆斯林的人受到了特别的审查（第八章中有对种族侧写更加详细的评述）。

标签理论的流行，反映出一个相关视角，即**社会建构论**（social constructionist perspective）的兴起。社会建构论认为，越轨行为是我们所处文化的产物。社会建构论者特别关注创造越轨行为身份的决策过程。他们指出，"诱拐小孩者""游手好闲的父亲""杀人狂"和"约会强暴犯"一直都生活在我们所处的社会中，但是他们却会因为媒体的密集报道而变成政策制定者所关注的社会焦点（Wright et al., 2000）。

特定行为是如何逐渐被视为问题行为的呢？抽烟曾被视为一种礼貌的绅士行为，现在却在公众心目中变成严重的健康隐患，不仅会危害抽烟者的健康，还会伤害附近不抽烟的人。近来，人们越来越关注三手烟所带来的危害，尤其是对小孩子的危害。三手烟是指附着在衣物上或残留在房间、汽车乃至电梯内的香烟类化学物质（Winickoff et al., 2009）。

冲突论视角

冲突论者指出，掌权者为了保护自身利益，定义越轨行为来满足自己的需要。社会学家昆尼（Quinney, 1974）首先提出，司法系统是为掌权者的利益服务的。昆尼认为，犯罪是在由各种政治力量组成的社会中，社会控制权威机构（如立法者和执法人员）对行为所制定的定义。他和其他冲突论学者都认为，法律制定通常是掌权者迫使他人接受他们的道德体系的行为（参见 Spitzer, 1975）。

这一理论有助于解释，为什么我们的社会中有禁止赌博、吸毒和娼妓的法律，但却还是有很多人都违反过这些法律（我们将在后面的章节中讨论"无受

1930年代，美国联邦麻醉品管理局发起了一场宣传运动，将大麻刻画为危险的毒品，而非带来快感的药物。从冲突论视角来看，掌权者常会使用类似的策略来迫使他人接受不同的观点。

害者犯罪"问题)。冲突论者认为,刑法并非代表一致性的社会价值观的应用,而是反映了相互冲突的价值观和利益。因而,由于认定吸食大麻会对人体造成伤害,美国法律就宣布大麻为违禁物品。而香烟或酒精也会对使用者造成健康危害,但它们却在美国各地被合法地销售。

实际上,冲突论者承认,美国的整个犯罪司法系统会根据嫌疑人的种族、民族或社会阶级背景对其进行差别对待。很多时候,司法系统官员都会根据自己的判断,随意作出是否控告嫌疑人、是否交保释金及保释金的具体金额、是否批准假释等有偏见的决定。研究者发现,这种**差别公正**(differential justice),即对不同群体采取不同的社会控制形式,使非裔美国人和拉丁裔人在司法系统中处于弱势地位,不论他们是青少年还是成年人。总的来说,与拉丁裔和黑人罪犯相比,白人罪犯的刑期更短,即使在考虑过先前的逮捕记录和罪行严重程度的情况下也是如此(Brewer and Heitzeg, 2008;Schlesinger, 2011)。

冲突论者和标签理论者看待越轨行为的理论视角与功能论视角形成鲜明对比。功能论者认为,越轨行为的标准仅仅只是反映了文化规范;冲突论和标签理论学者则指出,是社会的掌权者在决定法律和标准,决定谁应该(/不应该)作为罪犯受到起诉。这些群体不会把"越轨行为者"的标签贴到企业主管身上,即使他们的决定会造成大面积环境污染。冲突论者认为,社会控制的代理人及拥有权力的其他群体能够将符合自身利益的越轨行为定义强加于公众身上。

女性主义视角

弗雷达·阿德勒(Freda Adler)和梅达·切斯尼-林德(Meda Chesney-Lind)等女性主义犯罪学家指出,现有的越轨和犯罪行为理论几乎都只考虑到男性的需求。比如,在美国,长期以来,丈夫未经妻子同意,违背其意愿,强迫发生性行为,在法律上却不被视为强奸。法律将强奸定义为婚姻关系以外的男女采用强迫手段所发生的性行为。这种情况反映了当时男性在国家立法机构中所处的主导地位。

经过女性主义组织不断的抗议,刑法中对强奸的定义终于发生了变化。从1993年开始,在美国50个州中,丈夫都可能因强奸妻子而被起诉。但在不少于30个州中,仍然存在令人不安的例外情况。比如,在妻子熟睡、没有意识、身体或智力不健全时,丈夫没必要用暴力强迫妻子与之发生性行为,在这种情况下他就完全免罪。这些解释仍然建立在婚姻契约保障丈夫进行性行为之权利的观念之上(Bergen, 2006)。

女性主义学者将来可能会取得更多的研究成果。尤其是在白领犯罪、饮酒行为、药物滥用、不同性别的犯罪判决比率,以及如何定义越轨行为等方面,女性主义学者将会获得更多的话语权。

E 评 估

1. 根据默顿的越轨理论,以下哪一个是创新的例子?
   (a) 一名新型政府的倡导者创建博客
   (b) 一名官僚机构人员要求涨工资
   (c) 一名监狱看管人员要求建立工会
   (d) 一个学生从网上抄袭论文

2. 以下哪种理论认为,当社区关系和社会机构崩溃时,犯罪率会上升?
   (a) 标签理论　(b) 冲突论　(c) 社会解组理论　(d) 不同交往理论

3. 下面哪位学者对两组高中男生("圣徒"和"莽夫")进行了观察研究,从而得出结论,认为社会阶级影响了两个群体的不同境遇。
   (a) 昆尼　　(b) 萨瑟兰　(c) 涂尔干　　(d) 钱布利斯

4. _____ 是发生在社会重大变革和无序时期的一种无规范状态,如经济崩溃时期。

5. _____ 理论家认为越轨行为的标准仅仅反映了社会规范,而 _____ 和 _____ 理论家则认为,社会的掌权者能够决定法律和标准,以及决定谁应该是(/不应该)作为罪犯受到起诉。

答案:1.(d) 2.(c) 3.(b) 4.失范 5.功能论　冲突论　标签理论

R 反 思

1. 使用工作或大学生活里的例子,解释默顿提出的五种个人适应模式。
2. 使用互动论视角,解释罪犯和守法公民在市中心社区的共存现象。

模块 23

社会控制

ⓟ 准备 学习目标

LO 23-1　解释规范和奖惩在建立社会控制中所扮演的角色
LO 23-2　说明从众与顺从的区别
LO 23-3　对比正式和非正式社会控制
LO 23-4　讨论社会学家将法律制定看成一个社会过程的原因

ⓞ 组织 模块大纲

规范与社会控制
从众和顺从
非正式和正式社会控制
法律与社会

ⓦ 工　作

LO 23-1　规范与社会控制

我们在第三章中已经看到，每种文化、亚文化和每个群体都有特定规范来规定适当的行为。法律、着装规范、组织内部章程、课程要求、运动及游戏规则，都体现了社会规范。

社会控制发生在社会的每个层面上。在家庭中，通过社会化过程，我们习惯于顺从父母，我们顺从的唯一原因就是他们是我们的父母。同辈群体让我们了解了非正式规范，如着装规范，这些规范管理着群体行为。大学制定有校规，借此表示校方对学生的期望。在官僚化组织内，员工受到规章制度体系的管理和控制。最后，每个社会的政府都会通过立法来强化社会规范。

我们大多数人都会尊重并接受基本的社会规范，并认为别人也会和我们一样。我们甚至会不假思索地遵从警察的指示，遵循工作中的日常规则。如果有人进入电梯，我们还会主动走到里面。这些行为反映了顺应某种文化主流标准的有效社会化过程。与此同时，我们也清醒地意识到，个人、群体和机构期望我们作出"适当的"行为。这种期望伴随着奖惩，或者说是对符合/违背社会规范之举的惩罚/奖励。我们若是未能遵守规范，可能就会受到各种惩罚。这些惩罚是通过恐惧和嘲笑等非正式奖惩，或者监禁和罚款等正式奖惩来实施的。

人们通常都会接收到有关行为规范的不同信息，因为有效的社会控制也会遇到阻碍。尽管国家或政府可以明确定义社会所接受的行为，但朋友或同事则可能会鼓励人们采取不同的行为模式。纵观历史，旨在禁止种族、族群、性别、年龄及性取向歧视的法律措施从来都很难实施，因为很多人都会心照不宣地鼓励违反上述法律措施的行为。

功能论者认为，为了确保社会或群体继续存在，人们必须遵守社会规范。从他们的角度来看，如果很多人都反抗社会所公认的适当行为标准，社会就会陷入停顿。相反，冲突论者则认为，社会的有序运行符合有权势群体的利益，但却损害了弱势群体的利益。他们指出，社会大众反抗社会规范的行为不仅让美国脱离英国控制赢得独立，还推翻了奴隶制，为女性争取到投票权，保障了民权并结束了越战。

LO 23-2　从众和顺从

社会控制的技巧同时适用于群体层面和社会层面。我们的同辈或与我们平等的人，影响着我们采取特别的行为方式；同样，具有权威或处于令人敬畏地位的人也会影响我们。社会学家米尔格拉姆（Milgram, 1975）有效地区分了社会控制的两个层面。

米尔格拉姆实验　米尔格拉姆用**从众**（conformity）来表示与同辈保持一致行为，同辈是与我们处于同等地位、无特别权力指导我们行为的个人。相反，顺从则是对等级结构中更高权威的服从。因此，入伍新兵通常都会与其他新兵的习惯和语言保持一致，同时服从上级军官的命令。学生会与同伴的饮酒习惯保持一致,同时服从校园警卫的要求。

在实验中,你是否会服从实验人员的指示,逐步提升电击强度,增加被试者的痛苦呢?绝大多数人都说自己不会;然而,米尔格拉姆的研究表明,大部分人都会服从命令。用他的话来说:"个人会毫不犹豫地听命行事,哪怕所行之事在正常情况下是不可想象的。"

米尔格拉姆在康涅狄格州纽黑文市的报纸上刊登广告,声称他将在耶鲁大学进行一项学习实验,因此需要招募实验对象。前来应聘的被试者包括邮局工作人员、工程师、高中教师和工人。他们被告知,这项研究的目的是调查惩罚对学习的影响。穿着灰色技师外套的主实验者解释道,在每项测试中都会有一名被试被随机选为学习者,另一名被试则扮演老师。不过,由于抽签过程受到人为操控,所以真正的被试者总是扮演老师,而米尔格拉姆的助研则扮演学习者。

随后,电击装置被捆在学习者手上。老师则拿着一个有30个开关的电击发生器,这30个开关对应不同的电流强度,从15伏到450伏不等。在实验开始之前,所有被试都接受了45伏的电击,好让他们相信实验的真实性。主实验者告诉老师,当学习者在记忆测试中回答出错时,他们就要增加电击强度;电击非常痛苦,但并不会造成永久性的组织损伤。实际上,学习者没有受到任何电击。

根据预先安排好的剧情,学习者会故意答错,并在受到"电击"时故意表现

在米尔格拉姆的一项实验中,学习者答错时就会受到电击,但实际上并未真正受到电击。当电击强度达到150伏时,学习者会要求离开,并拒绝将手放在电击板上。实验者会要求老师,即真正的被试,强行将学习者的手放在电击板上(如图所示)。40%的真正被试会停止遵从米尔格拉姆的命令行事,但仍有30%的被试者会无视学习者表现出的极度痛苦,强行把他们的手放在电击板上。

得非常痛苦。比如，当电击强度达到 150 伏时，学习者会大声叫喊："让我出去！"达到 270 伏时，学习者会故意痛苦地尖叫。当电压达到 350 伏时，学习者会突然安静下来。如果老师希望停止实验，主实验者会用"这项实验要求你继续做下去"和"你没有选择；你必须这样做"等话语，坚持要求教师继续完成实验（Milgram 1975：19—23）。

对米尔格拉姆实验的反思　这场不同寻常的实验产生了令米尔格拉姆与其他社会科学家感到震惊和沮丧的结果。一些精神病学家原本预计，所有被试基本都会拒绝对无辜的受害者进行电击。他们认为，只有少于 2% 的"心理病态的"人才会持续电击别人，直到强度达到最高等级。然而，在米尔格拉姆的实验中，近三分之二的参与者都属于"顺从型被试"。

为什么这些被试会顺从主实验者？为什么他们愿意将看似造成极大痛苦的电击施加在无辜者身上？并没有证据表明，这些被试有特别的施虐倾向；很少有人很享受对他人进行电击的过程。米尔格拉姆认为，造成顺从行为的关键是，主实验者具有"科学家"和"知识寻求者"的社会角色。

米尔格拉姆指出，在现代工业社会，我们习惯于服从某种非人化的权威角色，他们的地位由头衔（教师、中尉和医生）或制服（技师的外套）所赋予。由于我们认为权威人物比个人更高级、更重要，所以我们也就认为自己的行为应由权威人物来负责决定。米尔格拉姆的被试经常表示："如果让我来决定，我不会进行电击。"他们认为自己仅仅是在尽责而已（Milgram, 1975）。

从冲突论视角来看，我们对那些受到我们行为影响的个体的看法，可能会对我们的顺从行为造成影响。米尔格拉姆的实验证实，通常人们都会服从权威个体，但其他研究则表明，当他们认为"受害者"理应受罚时，他们会更加愿意服从权威。社会学家舒尔曼（Schulman, 1974）重新进行了米尔格拉姆的实验，他发现，白人学生更可能对黑人学习者而非白人学习者进行电击。他们对黑人学习者的电击比例为 70%，对白人学习者的电击比例则低至 48%。

从互动论视角出发，米尔格拉姆实验的一个重要发现是，在接下来的研究中，被试与受害者之间的身体距离靠近后，被试对受害者施行电击的可能性则会减少。互动论者还强调指出了每次递增 15 伏电压这一命令所造成的影响。实际上，主实验者会与老师进行协商，并说服他们将惩罚的电击强度提到更高等级。

然而，如果主实验者要求老师立即对受害者进行 450 伏电击，是否还会有三分之二的被试听命行事，就很值得怀疑了。

米尔格拉姆开展这项关于顺从的实验，是为了更好地理解德国在二战期间对 600 万犹太人和数百万其他人口的屠杀行为。在他的研究结果发表很久之后，他接受了一次采访，他在采访中说："如果在美国也建立起像纳粹德国那样的集中营，人们将会发现，在美国任何中型城镇都能找到足够的人员进入集中营实施暴力行为。"很多人都质疑他这句话的合理性，但在 2004 年，伊拉克阿布格莱布监狱的照片揭露了美军士兵的虐囚行为，这就让人不由得想起几十年前米尔格拉姆所做的这项实验。在某些环境下，原本正常的人也常会残忍地对待他人（CBC News, 1979; Hayden, 2004; Zimbardo, 2007a）。

今天，这项实验的参与者还会愿意电击他人吗？很多人都质疑米尔格拉姆实验得出的高顺从比例，近来一位社会学家重新进行了这项实验，结果再次证实了他的结论。2006 年，社会学家伯格（Burger, 2009）招募了一批大学本科生，重新进行了米尔格拉姆实验的部分环节。为了避免参与者的偏见，伯格非常谨慎地剔除了那些听说过米尔格拉姆研究的学生。这次实验的结果与米尔格拉姆的观察惊人地相似：参与者非常愿意对学习者进行电击，就像几十年前米尔格拉姆实验中的被试一样。伯格测量出的顺从率为 70%，略低于米尔格拉姆在几十年前得出的 82.5%。

LO 23-3　非正式和正式社会控制

人们用奖惩制度来鼓励从众和顺从，防止违反社会规范。这种奖惩制度是通过非正式及正式社会控制来实现的。在日常生活中，人们会随意使用非正式社会控制，如微笑、笑声、皱眉和嘲讽，来强化规范。

在美国和很多其他文化中，成人通常认为，打屁股、扇耳光、踢小孩，是实施非正式社会控制适当而必要的手段。儿童发展专家对此表示反对，他们认为这样的体罚是不适当的，这会让孩子学会用暴力手段来解决问题。他们警告道，扇巴掌和打屁股可能会升级为更加严重的虐待。美国儿科学会的一份政策报告说明，体罚不仅没有好效果，还会给孩子带来伤害，但却仍有 59% 的儿科医生支持使用体罚，至少是在某些场合下可以这样。我们的文化中广泛地接受了这种非正式社会控制（Chung et al., 2009）。

正式社会控制是由具有权力的机构来执行。当社会化和非正式奖惩无法带来社会期望的行为改变时，正式机构进行正式社会控制就成了最后一招。有时，非正式社会控制还会破坏正式社会控制，鼓励人们违反社会规则。

站在他人的角度思考问题——高中辅导老师

如果你想避免诉诸正式社会控制来阻止学生中的暴力行为，你会使用哪些非正式社会控制方法？

纵观历史，死刑历来都被视为一种重要的社会控制方式。死刑不仅是对犯罪者的惩罚，还有威慑作用，防止人们犯下谋杀罪。然而，研究者并未能确定死刑是否具有威慑力，因此很多人都开始怀疑死刑的效力。不过，美国至今仍有35个州保留了死刑，即使各州死刑的适用范围不尽相同。

2007年弗吉尼亚理工大学连环枪击案发生之后，很多学校官员都检讨了学校的安全措施。管理人员不愿终止或限制学生所享有的校园活动自由。他们转而集中精力改进校园警察与学生、教师及员工之间的紧急沟通。学校领导要求放弃过去用电子邮件通知的方式，改为通过即时消息将安全警告发送到所有人的手机中，这反映出维持社会控制时对技术的依赖。

"9·11"恐怖袭击事件之后，新的社会控制措施在美国成为规范。社会公众都能很明显地感受到机场和高层建筑中加强了安全警戒。联邦政府也公开希望公民采用非正式社会控制措施，密切留意身边人事物并随时向政府举报形迹可疑者（Monahan, 2011）。

很多人都认为，这样的社会控制太过极端。民权组织担心，政府对可疑活动的信息需求，会让人们对穆斯林及阿拉伯裔美国人产生负面刻板印象。显然，在监控的益处与隐私权之间，需要进行权衡。

LO 23-4　法律与社会

因为有些规范对社会极其重要,所以它们被正式转化为控制人们行为的法律。法律可以被定义为政府的社会控制。有些法律,如禁止谋杀,适用于社会所有成员。有些法律,如钓鱼和狩猎的规定,基本上只会影响特定群体的人们。其他一些法律则是用于管控社会机构的行为(如公司法和管理非营利组织纳税的法律)。

社会学家认为,法律的制定是一个社会过程。由于法律的制定是为了响应社会对正式社会控制的需求,所以社会学家一直希望能够解释这一社会需求产生的方式与原因。他们认为,法律并非只是代代相传的静态规则,而更是反映了不断发生变化的对错标准、决定何为违反规范行为的标准,以及应用哪种奖惩方式的标准(Schur, 1968)。

持不同理论视角的社会学家都认为,法律秩序反映了有权力群体的价值观。因而,民事和刑事法律的制定也是最有争议的问题。雇用非法移民、堕胎、允许在公立学校进行祷告或在飞机上抽烟是否违反了法律?这些问题都成为激烈争论的焦点,因为人们必须在相互冲突的价值观中作出自己的选择。不出意料,一些不受欢迎的法律,如第十八条宪法修正案中的禁酒令,以及高速公路上限速55英里的普遍法律,就很难实施,因为人们并没有就这些法律形成共识。

当前一个颇有争议的问题是,政府是否应该允许人们为了医疗目的而合法地使用大麻。在全国调查中,大部分成人都投出了赞成票,但联邦政府却继续认定,不论出于何种目的,任何使用大麻的行为都是非法的。2005年,最高法院支持了联邦政府的立场。然而,有19个州和哥伦比亚特区都赋予公民因医疗目的使用大麻的权利,尽管这种权利的法律理由并不充分。

社会化是从众和服从行为(包括服从法律)的主要来源。通常,我们并不是因为来自同辈群体或权威人物所施加的外在压力而被迫遵循社会规范。实际上,我们都是主动遵循社会规范,因为我们已经内化了这些规范,认可它们的有效性,并坚定地遵循它们。从根本上来说,我们希望自己能够成为忠诚的、有合作精神的、负责任的、尊重他人的人。在美国和世界上的其他社会,人们被社会化的结果就是,人们希望成为群体中的一员,害怕被认为是异类或越轨者。

控制理论(control theory)认为,我们与社会上其他成员之间的联系,使我们系统地遵从社会规范。根据社会学家特拉维斯·赫希（Travis Hirschi）和其他控制理论家的看法，我们与家庭成员、朋友及同辈的联系，使我们遵从社会道德习俗。我们很少考虑的是，如果我们违反了这些规范将会受到什么惩罚。在社会化过程中，我们产生了强烈的自控力，因而我们并不需要更多的压力来迫使我们遵从社会规范。控制理论并不能有效地解释顺从行为的原理，但它却提醒我们，在媒体可能关注犯罪和混乱的同时，大部分社会中的绝大多数成员都会顺从和遵守基本社会规范（Brewis et al., 2011；Gottfredson and Hirschi, 1990）。

E 评 估

1. 社会用防止越轨行为的技巧和策略来确保人们接受基本规范。这一过程被称为（   ）。
   (a) 污名化　　(b) 标签化　　(c) 法律　　(d) 社会控制

2. 哪种社会学视角认为，人们必须尊重社会规范，以维持群体或社会的生存。
   (a) 冲突论视角　(b) 互动论视角　(c) 功能论视角　(d) 女性主义视角

3. 米尔格拉姆用"从众"一词来表示（   ）。
   (a) 与同辈行为一致
   (b) 遵从等级结构中的更高权威
   (c) 防止社会中越轨行为的技巧和策略
   (d) 对符合或违背某种社会规范的奖惩

4. 如果我们没有遵守社会规范，我们可能会通过非正式和正式_____接受惩罚。

5. 社会认为有些社会规范非常重要，因此将其正式化为_____以控制人们的行为。

答案：1.(d)　2.(c)　3.(a)　4.制裁　5.法律

R 反 思

1. 想一想你曾做过的工作。你的雇主如何对雇员进行社会控制？作为一位雇员，你如何在与他人的相处中使用社会控制？
2. 哪些非法毒品应该合法化？为什么？

模块 24

犯 罪

准备　学习目标

LO 24-1　区别越轨行为和犯罪行为并描述六种犯罪类型。

LO 24-2　解释搜集犯罪数据的方法并解释其局限性。

LO 24-3　总结美国国内及国际犯罪趋势。

组织　模块大纲

犯罪的类型

犯罪统计

犯罪趋势

国际犯罪率

社会政策和社会控制

工 作

犯罪就是每个人心中挥之不散的梦魇。不久之前，大学校园还被认为是安全指数极高的避风港。然而，时至今日，校园内的犯罪开始泛滥，远不止是作弊或高年级的恶作剧。

犯罪（crime）是一种违反刑法的行为，有些政府机构会对此采取正式惩罚。犯罪代表违反政府认可的正式社会规范的越轨行为。法律根据违法行为的严重性、违法者的年龄、潜在惩罚，以及法院对案件拥有司法管辖权等因素，将犯罪分为不同类型。

LO 24-1 犯罪的类型

与犯罪分类的法律类别不同，社会学家是根据罪犯如何犯罪，以及社会对犯罪行为的看法，来对犯罪进行分类。本部分，我们将会探讨社会学家提出的六种犯罪行为：无受害者犯罪、专业型犯罪、组织型犯罪、白领犯罪及高科技犯罪、仇恨犯罪，以及跨国犯罪。

无受害者犯罪

一说起犯罪，我们往往就会想到违背受害人意愿（或者在他们不知情的情况下）侵犯他们的经济利益或个人福祉的行为。相反，社会学家用**无受害者犯罪**（victimless crime）来描述成人之间自愿交换需求广泛但违背法律的商品或服务，如卖淫嫖娼（Schur, 1985）。

有些活动家努力四处活动，力图将这些非法行为合法化。但是，这些合法化运动的支持者却深受为成年人设立道德法则的社会行为的困扰。在他们看来，人们无法阻止卖淫、吸毒、赌博和其他无受害者犯罪行为。本就不堪重负的司法系统应该将有限的资源用于处理"街头犯罪"，以及其他有明显受害人的犯罪。

"无受害者犯罪"这一术语得到广泛应用，但却有很多人都反对这个概念，认为这些犯罪中不可能只有违法者而没有受害者。过量饮酒、病态赌博和吸毒会造成巨大的人员和财产损失。酗酒者可能会虐待配偶或孩子，病态赌博者或吸毒者可能会通过偷窃来满足自己的欲望。女性主义社会学家认为，卖淫及色情产业

站在他人的角度思考问题——医疗工作者

你会如何向他人解释贩卖大麻并不是无受害者犯罪行为？

中某些更令人困扰的方面，强化了对女性作为"玩物"的误解，让社会误认为女性可以作为"物"而不是"人"来对待。对批评合法化运动的人来说，社会决不能默许这些产生有害后果的行为（Farley and Malarek, 2008）。

关于合法化的争论提醒我们关注冲突论者早前提出的关于标签理论的重要观点。这一争论包含了两个问题：谁有权将赌博、卖淫和公共场合里的酗酒定义为"犯罪"？谁有权给这些行为贴上"无受害者"犯罪标签？这两个问题的答案通常都由国家立法机构作出；在某些情况下，警察和法庭也有这些权力。

专业型犯罪

"犯罪是要付出代价的"这一谚语早已是众所周知，但也确有很多人将非法活动作为自己的职业。**专业型犯罪者**（professional criminal），又叫职业犯罪者，是将犯罪作为日常职业的人，他们发展并提高相关的职业技能，在犯罪同行中享有一定地位。有些专业型犯罪者精于盗窃、撬保险箱、拦路劫货、扒窃和入店行窃。这些人掌握了一定的技术，从而可以帮助他们减少被抓捕、定罪和监禁的可能。因而，他们在其选择的职业中可能有着很长的职业生涯。

萨瑟兰（Sutherland, 1937）发表了一位职业小偷的批注记录，从而提出了关于专业型犯罪行为的开创性见解。与那些偶尔小偷小摸的人相比，职业小偷将偷窃作为谋生手段。他们将所有工作时间都用于计划和实施犯罪上，有时他们甚至会在全国流窜，以履行他们的"专业职责"。与从事常规工作的人们一样，职业小偷也会与同行进行咨询交流，了解工作的要求，由此也就在这群职业相似的人群中形成了一种亚文化。他们会相互交换关于盗窃地点、销赃地点，以及被捕后获得保释金的方法等方面的信息。

组织型犯罪

在1976年的一份政府报告中，有整整三页内容都被用来定义组织型犯罪（organized crime）。为了便于讨论，我们将其定义为管控涉及非法活动（如卖淫、赌博、非法走私和贩卖毒品等）的犯罪集团的组织活动。组织型犯罪操控非法交易，就像大集团公司控制传统商业世界一样。他们分配领地，为商品和服务设价，在内部纠纷中扮演仲裁人的角色。组织型犯罪是一种通过密谋得以实施的活动，常能躲过法律制裁。他们接管合法商业，影响工会，贿赂公务人员，威胁刑事审判中的见证人，甚至强迫商家缴纳"税金"以换取他们的"保护"（National Advisory Commission on Criminal Justice，1976）。

"回扣、挪用、定价、贿赂……这个地区的犯罪率真是高得吓人。"

对于竭力摆脱贫困的人来说，组织型犯罪是他们提升自身社会经济地位的手段。社会学家贝尔（Bell，1953）用**族群演替**（ethnic succession）来形容组织型犯罪领导权的不断更迭。爱尔兰裔美国人在 20 世纪早期取得领导权，1920 年代让位于犹太裔美国人，后者又于 1930 年代由意大利裔美国人接手。族群演替逐渐变得更为复杂，反映出美国近期移民人口的多样化。比如，哥伦比亚裔、墨西哥裔、俄国裔、华裔、巴基斯坦裔和尼日利亚裔移民，都曾在组织型犯罪活动中扮演过重要角色（Chin，1996；Kleinknecht，1996）。

白领犯罪及高科技犯罪

逃避个人所得税、操控股市、欺骗消费者、行贿和收取佣金、盗用公款、虚假宣传都是**白领犯罪**（white-collar crime）的例子。白领犯罪是指在商业活动中从事非法活动，犯罪者常为富有且"受尊敬"的人们。1939 年，萨瑟兰在就职美国社会学学会主席的致辞中，将这些犯罪称为组织型犯罪，因为这些犯罪分子通常都是利用职务之便进行犯罪。

最近几十年来，一种新型白领犯罪大为兴起，那就是计算机犯罪。罪犯利用高科技来挪用公款或进行电子欺诈。在这种情况下，犯罪活动几乎无迹可寻。或者，他们也可以足不出户就能获取某家公司的存货清单。根据美国联邦调查局和国家白领犯罪中心的研究，每年都会发生超过 30 万起互联网犯罪案件，包括拍卖网站上的骗局和身份盗用等（Internet Crime Complaint Center, 2012）。

当库利讨论自我而戈夫曼讨论印象管理时，他们肯定从未想到会出现身份盗用犯罪。每年都会有约 14% 的成年人发现，有人为了达到犯罪目的，盗用了自己的个人信息。不幸的是，由于我们的社会越来越依赖电子金融交易，伪装他人的身份也是变得越来越容易（Vamosi et al., 2010）。

身份盗用并不一定需要技术。犯罪分子可以通过扒窃或截获邮件来获取他人个人信息。网络信息的频繁交换使得犯罪分子能够获取大量个人信息。"9·11"恐怖袭击过后，检察人员发现，几名劫机分子使用了伪造的身份信息在银行开户、租用公寓和登机，由此社会大众才骤然意识到身份盗窃会带来的潜在危险。2004 年颁布了一项新的法律，其中规定若因身份盗用导致其他犯罪，盗用者将被投入监狱，受到法律制裁。但是，未获授权的信息泄露（哪怕是偶然发生的）仍然存在（Brubaker, 2008）。

萨瑟兰在 1939 年创造了白领犯罪这一术语，用来指代个人行为，但近年来这一术语的意义大为扩展，将企业和集团公司进行的犯罪活动也包括在内。**企业犯罪**（corporate crime）是指受到政府惩罚的任何企业行为，涉及多种形式，其受害者包括个人、组织和机构。企业可能会进行反竞争性行为、环境污染、医疗诈骗、骗税、股票诈骗和操控股市、做假账、生产危险货品、贿赂与贪污，以及侵犯劳工的健康安全等（Coleman, 2006）。

多年来，企业犯罪者往往会因提供过去的慈善捐款记录，或同意协助司法机关找出其他白领罪犯，而在法庭上轻松涉险过关。不幸的是，现在的情况几乎一如既往。2004 年，多媒体平台名人玛莎·斯图尔特（Martha Stewart）锒铛入狱，成为家喻户晓的事件，再加上媒体近来不断披露"华尔街的贪婪"，都让普通民众以为政府正在打击白领犯罪。但是，一份独立的分析报告发现，从 2000 年到 2009 年，被起诉的白领犯罪数量增幅并不显著（Transactional Records Access Clearinghouse, 2009）。

美国并非唯一包容白领犯罪的国家。直到 2012 年，日本才开始对某家主要金融公司的内部交易处以罚款。这次犯罪的收益为 11.9 万美元，而罚金则仅为

600 美元（Fukase and Inagaki，2012）。

即使某人被判定实施了企业犯罪行为，他/她也不会像街头犯罪者那样，声誉及职业愿望都被彻底摧毁。显然，"白领犯罪"这一标签并不具有与"暴力犯罪者"标签一样的污名。冲突论者表示，这样的差异并不让人意外。他们认为，司法系统在很大程度上忽略了富人的犯罪，而只关注穷人的犯罪。通常，如果犯罪者的经济地位更好，社会影响更大，那么他们的犯罪行为也会因此被看成较为轻微，在量刑上也会得到宽大处理（Simpson，2013）。

仇恨犯罪

与其他犯罪不同的是，**仇恨犯罪**（hate crime）是由犯罪者的行为及其行为目的所共同定义的。当犯罪者是因为种族、宗教、民族、国籍和性取向而选择犯罪对象，且有证据显示犯罪者是在仇恨的驱使下进行的犯罪活动，政府就会将这个普通案件定为仇恨犯罪。有时，人们也称仇恨犯罪为偏见犯罪（bias crime）(Department of Justice，2008)。

1990 年，国会通过了《仇恨犯罪数据法案》（*Hate Crimes Statistics Act*），从而批准在全国范围内确定基于种族、宗教、民族和国别的犯罪。（在此之前，仅有 12 个州对这类犯罪进行监控。）在此之后，仇恨犯罪的定义也得到拓展，将针对生理及心理残疾和性取向的犯罪行为也包括在内。除此之外，有些司法管辖区还会对仇恨犯罪处以更高的惩罚，如增加监禁时间和提高罚款金额。比如，如果人身侵犯罪获刑一年，那么被认为是仇恨犯罪的人身侵犯罪就可能会获刑两年。

2013 年，执法机构向联邦政府提交了关于仇恨犯罪的数据。数据中包括了对 7200 起仇恨犯罪和因偏见而产生的犯罪的官方报告。报告中约 48% 的犯罪都受到种族仇恨的驱使。尽管破坏公物和恫吓威胁是最常见的犯罪，但约 40% 的犯罪事件都涉及人身侵犯、强奸和谋杀。

绝大多数仇恨犯罪（尽管并非全部）都是由社会主流群体针对相对弱势群体而实施的行为。每六起种族仇恨犯罪中就有一起是伤害白人的。除了情节特别严重的仇恨犯罪，几乎没有媒体会报道这些案件；伤害白人的事件得到的媒体关注就更少了。显然，种族仇恨和敌对是漫无止境的。

跨国犯罪

　　学者和警察将越来越多的精力都转向了**跨国犯罪**（transnational crime），或者说是那些发生在多国边境上的犯罪。过去，国际犯罪通常是在两国边境上秘密进行的商品运输。渐渐地，与合法商业行为一样，犯罪不再受到国家边界的限制。国际犯罪现在早已横跨全球，而非限制于特定国家。

　　纵观历史，最臭名昭著的国际犯罪就是贩卖奴隶。起初，政府并未将奴隶贩卖视为犯罪，而仅仅是把他们当成一般商品进行管控。进入20世纪后，跨国犯罪包括贩卖濒危物种、毒品以及偷窃所得的艺术品和古董。

　　跨国犯罪并未将我们讨论过的其他犯罪类型排除在外。比如，组织型犯罪正在变得更加国际化。科技为非法活动创造了便利的条件，如儿童色情行业的非法交易。从1990年代开始，联合国开始对跨国犯罪进行分类；最常见的跨国犯罪类型包括：破产和保险诈骗，计算机犯罪（将电脑作为犯罪工具和犯罪目标），公职人员贪污受贿，环境犯罪，劫机，非法毒品交易，非法转移资金（洗钱），非法售卖枪支弹药，法律业务的渗透，知识产权犯罪，犯罪组织网络，海盗，恐怖主义，盗窃艺术和文物，贩卖人体器官（包括非法器官移植），贩卖人口（包括性交易）。

　　多年来，打击走私者等边境罪犯的双边合作早已是一种普遍现象。国际刑警组织（Interpol）的成立，就是多国在控制国际犯罪上所做努力的体现，这是一个由欧洲各国警察力量组成的网络，旨在遏制政治革命跨境蔓延。这些打击跨国犯罪的努力看起来非常高尚，似乎是所有国家政府都应参与合作的活动，但却因为敏感的法律与安全问题而变得更加复杂。签署了联合国协议的大多数国家，包括美国在内，都表示担心这些协议会侵害各国司法系统和威胁国家安全。因此，它们并不愿意分享特定类型的情报数据。2001年9月11日发生的恐怖袭击事件，一方面提升了打击跨国犯罪的兴趣，另一方面也增加了分享情报数据的敏感性（Deflem, 2005；Felson and Kalaitzidis, 2005）。

LO 24-2　犯罪统计

　　犯罪统计并不如社会科学家所期待的那样精确，尤其是当这些统计数据与美国人非常关注的问题密切相关时。不幸的是，这些统计常被视作非常可靠的数据加以引用。这样的数据的确成为警方行动和特定犯罪活动程度的指标。然而，这些数据并不能确切地反映犯罪率。

犯罪指数和受害调查

一般来说，美国公布的犯罪数据都是基于犯罪指数，或者说每年美国联邦调查局所公布的年度八大犯罪指数。这类犯罪行为通常包括那些非常严重的罪行，即当人们想到国家的犯罪问题时就会想到的犯罪行为。犯罪指数包括谋杀、强奸、抢劫和人身侵犯（以人为犯罪对象的暴力犯罪），还包括财产犯罪，如盗窃、扒窃、飞车盗窃和纵火罪（参见下表）。美国联邦调查局会在年度《统一犯罪报告》(Uniform Crime Reports)中公布最新犯罪指数。

犯罪指数 2012年犯罪事件	上报警方的案件	每10万居民中的案件发生率	自2003年以来的百分比变化
暴力犯罪			
谋杀	14 827	5	—17
强奸	84 376	27	—17
盗窃	354 520	113	—21
严重人身伤害罪	760 739	242	—18
总计	1 214 462	387	—19
财产犯罪			
入室盗窃	2 103 787	670	—10
扒窃	6 150 598	1 959	—19
飞车盗窃	721 053	230	—47
总计	8 975 438	2 859	—20

注：纵火自1979年以来被指定为犯罪指数；纵火案数据直到2012年也不完善。因为四舍五入的原因，各类犯罪数量的总和与此处的总计可能存在差异。

资料来源：Department of Justice, 2013: Tables 1, 1a。

显然，很多严重犯罪，如白领犯罪，并未包含在这个指数里（尽管它们在其他文件中被记录了下来）。另外，犯罪指数对财产犯罪关注过多，而大部分市民更担心的则是暴力犯罪。因此，强奸案和抢劫案数量的明显下降，可能会被汽车偷盗案数量的上升所掩盖，从而让人产生错误印象，认为个人的处境比以前更加危险了。

官方犯罪统计数据最严重的局限性是，它们仅仅包括执法机构记录在案的那些犯罪数据。由于少数族裔成员常常对执法机构缺乏信任，所以他们往往不会向警察求助。女性主义社会学家和其他人已经注意到，很多女性因为害怕社会的责难（认为犯罪是她们自己招来的），而选择不向警方报告强奸或家暴等罪行。

部分原因是官方数据不够完善，1972 年，美国开始启动"全国犯罪受害者调查"（the National Crime Victimization Survey），司法统计局在搜集该报告数据的过程中，不仅从执法机构调取数据，还会访问美国全境许多家庭，询问他们上一年是否受到过某种类型犯罪行为的侵害。总的来说，实施受害者调查的人员通过询问普通民众，而不是警察，来了解他们是否曾沦为犯罪行为的受害者。

不幸的是，与其他犯罪数据一样，受害者调查也有其特定的局限性。这些调查要求受害者理解罪行经过并愿向访问者透露自己的受害信息。因而，欺诈、逃税和敲诈勒索在受害者调查的案情记录中出现的几率几乎为零。

LO 24-3　犯罪趋势

电视、互联网和报纸上充斥着关于各种犯罪事件的新闻报道，因而公众也就将犯罪看成一个主要的社会问题。不过，美国的暴力犯罪数量在历经多年增长之后，近年来出现了大幅下降的趋势。

犯罪减少了多少呢？请看：2012 年记录在案的犯罪率与 1963 年相同，而当时油价仅为每加仑 29 美分，平均年收入少于 6000 美元。过去十年，犯罪率急剧下降。2012 年的犯罪率不到 1993 年犯罪率的一半。暴力犯罪和财产犯罪在这十年间都下降了约 20%。尽管 2012 年约有 14 827 人不幸遭到谋杀，但在 1991 年，谋杀受害者的数量则达到了惊人的 24 700 名。全国犯罪受害者调查中也已显示出犯罪率呈下降趋势。

是什么原因导致犯罪指数及受害率的下降呢？其中一些原因包括：社区治安维护和预防犯罪项目；新的枪支管控法律；被监禁人口大量增加，这至少可以防止他们在监狱外进行其他犯罪活动；新的监控科技；更安全的住宅区和商业环境；1980年代末盛行的吸食强效可卡因行为持续下降；人口老龄化：50—60岁的人口增加，20—30岁的人口减少。任何单个原因都无法解释如此显著的犯罪率变化。然而，如果我们综合考虑公共政策、公共健康、科技和人口变化等因素，就能对此作出更有效的解释（Florida, 2011; Uggen, 2012; Wood, 2012）。

女性主义学者提醒我们关注一个重要的逆趋势，即女性参与重大犯罪的比率有所增加。然而，女性实施的暴力犯罪却减少了（尽管女性实施暴力犯罪本就很少）。小报杂志上常以"凶残的女性"等惊悚标题来夺人眼球，但任何一种可靠的数据都显示，女性犯罪者实施的斗殴、持有武器、人身侵犯和暴力伤害情况在过去十年中已大幅下降（Males and Lind, 2010）。

LO 24-3　国际犯罪率

如果在美国都很难搜集到可靠的犯罪数据，那么想要进行有效的跨国比较就更是难上加难了。尽管如此，只要我们足够谨慎，我们仍然可以提供关于世界各地不同犯罪率情况的初步结论。

1980年代至1990年代之间，美国的暴力犯罪比西欧更加普遍。在美国，上报警方的谋杀、强奸和抢劫等案件的发生率更高。而在其他国家，其他某些类型犯罪的发生率则要更高。比如，与美国相比，英国、爱尔兰、丹麦和新西兰发生了更多起汽车偷盗案。由于社会骚乱和政治冲突等缘故，在欠发达国家，上报警方的凶杀案发生率非常高（van Dijk et al., 2007）。

一个特别令人担忧的发展趋势是，在向发达国家（尤其是美国）提供毒品的欠发达国家中，凶杀案的发生率急速增长。与北美和欧洲进行可卡因交易所带来的巨额利润，让贩毒集团获得充足的资金来武装自己的队伍，形成了非法武装力量。墨西哥的凶杀案发生率现在几乎是美国的两倍。洪都拉斯、危地马拉、委内瑞拉和萨尔瓦多的凶杀案发生率则是墨西哥的3—5倍（*The Economist*, 2010c）。

为什么美国的暴力犯罪率会比西欧高出这么多？社会学家柯里（Currie, 1998）认为，这是因为美国社会比其他社会更加强调个人经济成就。与此同时，很多观察家则认为，美国文化长期包容（即使并非宽恕）许多不同形式的暴力行为。再加上极大的贫富悬殊、严重的失业问题、酗酒和毒品滥用，这种容易滋生暴力的环境在诸多因素的综合作用下也就产生了。

造成美国的暴力犯罪率较高的另一个因素是枪支泛滥。持枪权活动家宣称，拥有枪支并不会导致暴力行为，但与其他对持枪进行严厉控制的国家相比，美国的枪支暴力发生率的确要高出很多。在接下来的社会政策部分，我们将会讨论枪支管控的利与弊。

社会政策和社会控制

我们都知道，研究者在研究中会用到多种研究工具，从最简单的观察研究到最先进的电脑技术等。在现实生活中，社会学研究会对公共政策和社会福利产生深远影响，下面我们就来看一下它对枪支管控的影响。

枪支管控

在科罗拉多州奥罗拉市，人们正在Century 16影院中观看《蝙蝠侠：黑暗骑士崛起》的零点首映。影片开始二十分钟后，一名心理失常的青年詹姆斯·霍姆斯（James Holmes）带着手枪、散弹猎枪和半自动步枪闯入放映厅，开始对人群进行扫射。在这起恶性枪击事件结束之后，12人不幸遇难，58人身负枪伤。这起枪击事件发生在2012年7月。记者发现，这是科伦拜恩高中枪击事件之后第125起致命枪击案件。

2012年底，康涅狄格州纽敦镇的桑迪胡克小学发生了一起严重枪击事件，至少造成26人遇难，其中大多数遇难者都是孩子。与其他重大枪击案不同的是，纽敦镇的枪击案让公众更加愤怒和震惊，他们呼吁对枪支进行更加严格的管理。然而，正如持枪权支持者们指出的，康涅狄格州的枪支管理条例在全美各州的严格程度排名第五（Brady Campaign, 2013；Hopper and Ortiz, 2012）。

枪支和军火是美国的重要产业。美国宪法第二修正案赋予"人们拥有和携带武器的权利"。现今有35%的美国家庭在室内拥有某些类型的武器。一些既具有初级群体也具有次级群体性质的非正式枪支俱乐部，在美国全境如茶如荼地发展起来。在全美范围，势力庞大的正式组织鼓励民众持枪。显然，在我们的社会中，持枪并非越轨行为（Federal Bureau of Investigation，2012）。

美国持枪家庭的持枪数量惊人。据可靠数据，美国人均枪支拥有量超过其他任何国家——每100人拥有888支枪支。也门的枪支拥有量全球排名第二——每100人拥有55支枪支；瑞士和芬兰的枪支拥有量分别为每100人持有46支和45支（Zakaria，2012）。

过去20年，要求严格进行枪支管控的呼声逐渐减弱。在支持率最高的时期，曾有66%的美国人认为枪支管控比保护持枪权更重要。2012年，尽管刚刚发生过纽敦镇枪击案，但是枪支管控的支持率却下降到49%。在那段时间，美国全国步枪协会（National Rifle Association）利用其巨大的社会政治影响力来阻止各种枪支管控努力，并竭力淡化公众对这些努力的关注。

近年来上报警方的犯罪已在减少，但枪支犯罪却是一如既往。过去五年，三分之二的谋杀者都持有枪械。枪支拥有者总是坚持认为，他们需要持枪自卫并要保护自己所爱的人不受伤害，但约翰·肯尼迪总统、参议员罗伯特·肯尼迪、马丁·路德·金博士和披头士乐队灵魂人物约翰·列侬等公众人物相继被暗杀，这些备受关注的刑事案件也迫使立法者不得不考虑对枪支进行更加严格的管控。

最早的枪支管控立法是《布雷迪手枪暴力防制法》，以白宫新闻秘书吉姆·布雷迪（Jim Brady）之名命名。1981年，在一场针对里根总统的暗杀事件中，布雷迪身受重伤。约翰·辛克利（John Hinckley）自称是这场暗杀的实施者，他在购买用于射击里根和布雷迪的枪支时，向店员提供了虚假的个人信息。《布雷迪法案》于1994年生效，规定枪支经销商必须对购枪者进行犯罪背景调查。在背景调查之后，约2%的枪支购买请求被拒绝。如果购买者是重刑犯或因家暴而身负人身限制令，其购买请求常会被否决（Federal Bureau of Investigation，2012；Frandsen et al.，2013）。

枪支管制倡导者对《布雷迪法案》深感不满，他们声称还需制定更加严格的立法。反对者则认为，《布雷迪法案》仅仅限制了诚实的人；有犯罪意图的人们完全可以通过其他途径获取枪支。他们认为，我们不需要再进一步立法，而是应该加强对非法使用枪支的惩罚。

2008年的"哥伦比亚特区诉赫勒案"（*District of Columbia v. Heller*）具有里

一位枪支拥有者用拉栓式步枪进行射击练习。很多枪支爱好者都热衷参加枪法比赛。

程碑意义,最高法院以5∶4的裁决结果,几乎完全解除了美国首都的禁枪令。两年之后,在"麦当劳诉芝加哥市案"(*McDonald v. City of Chicago*)中,法院推翻了在芝加哥市存在了28年的禁枪令。持枪倡导者对这两次法院裁决大加赞扬,控枪倡导者则对此极力谴责。枪支拥有权利群体继续检验其他控制持枪权的禁令是否符合宪法要求,而枪支管控倡导者则努力推敲法律用词,以争取法官的支持(Pilkington, 2010)。

枪支管控的社会学应用 正如我们所看到的,社会学家和其他研究者常常很难获得资助来支持其对争议议题展开研究。1993年,疾控中心(CDC)进行的一项研究表明,从统计数据上来看,家中存放枪支更可能导致家人死亡,而非被用于自卫。作为回应,拥枪倡导者指控疾控中心的研究具有政治动机。三年后,在游说者施加的压力下,国会禁止所有联邦机构收集相关数据、接受资助或进行有关持枪权和枪支暴力的研究。这一禁令自1996年起开始生效。尽管接受私人资助的研究仍在继续,但是捐助者的支持意愿和资金能力也会随着时间推移而发生改变(Lee, 2013)。

对社会学家来说,特别令人吃惊的是联邦政府中止提供用于研究枪支暴力产生原因的资助。关于电子游戏、媒体形象、枪支暴力三者关系的研究遭到有效制止,因为有人担心这类研究会支持枪支控制的行动。游说者甚至还掐断了疾控中心的资金来源,不让它更好地了解枪支使用通过什么方式或在什么时间导致暴力性死亡(Hillsman, 2013)。

冲突论者承认,全美步枪协会等强势群体能够操纵立法过程,因为他们枉顾绝大多数人的意愿，动员各种资源来达到满足其自身利益的目的。全美步枪协会成立于 1871 年，拥有 400 多万会员；州级步枪协会拥有 400 万—500 万成员，支持全国步枪协会的许多目标。相比之下，枪支管控运动的关键组织，即"布雷迪防止枪支暴力中心"仅有 40 万成员。与全美步枪协会拥有的庞大资金相比，布雷迪中心的资源非常有限。

互动论者注意到，枪支管控的支持者和反对者都会利用对自己有利的符号。反对者常常以宪法为基石，并追溯拥枪传统。支持者则会指出各种严重暴力案件，如大学校园枪击案，以此作为他们支持控制枪支售卖的例证。然而，拥枪倡导者则认为，这些事件恰恰表明，大学生需要拥枪自卫（Lio et al.，2008）。

互动论者还研究了全美步枪协会等持枪权利组织如何向其会员表达观点。在同情者面前，他们会避重就轻，不会着重探讨安全或犯罪议题，而是极力宣扬人民的权利。拥枪倡导者认为，宪法是他们推动拥枪权利运动的法律基础（Gregory，2007）。

枪支管控政策建议　倡导制定更加严格枪支管控法律的人们，对他们所希望制定的法律，提出了一系列具体措施建议：加强执法官员所需要的工具，来制裁腐败的枪支经销商和非法枪支交易；将《布雷迪法案》规定的背景调查扩展到所有的枪支售卖中；管控攻击型武器和发行量很大的军火杂志；停止为枪支贩子大批量供应枪支。镇、州和联邦政府都有权管控枪支持有和售卖，枪支管控倡导者努力促使这些措施能在政府各个层面得到通过。

这些倡导者提出的枪支管控措施，遭到全美步枪协会和枪支制造商的极力反对。全美步枪协会在 2012 年的选举周期中耗资 2000 万美元，支持那些倾向于削弱枪支限制令执行力度的政治候选人，成功地阻止了支持枪支管控的政治候选人当选。除了少数州，大多数州的政治候选人都不敢表示支持枪支控制的立场。由于全美步枪协会发布危言耸听的警告，很多投票者害怕枪支管控会限制他们持枪自卫的能力，使得他们只能仰赖执法部门的保护。因此，在纽敦镇枪击案过去一年之后，国家立法机构制定了 109 条新的枪支管理法律，其中有 70 条都放松了枪支管控力度（Scherer，2013；Yourish and Buchanan，2013）。

公共健康倡导者一直都在权衡这一议题所带来的利与弊。他们注意到，美国每年有 3 万人以不同方式（自杀、他杀或擦枪走火）死于枪支暴力。这一群体呼呼让枪支使用变得更加安全，比如在枪支上安装指示器，提醒使用者枪已上膛，或者装上安全栓，避免使用者在仍有子弹停留在枪膛中时取出弹药仓。为了提高枪支的安全性，更复杂的方法是生产"个性化"枪支，这种枪支要求枪支拥有者／使用者在开枪前激活密码。公共安全官员也发表了看法。他们观察到，在十个州中，枪支造成的死亡案例超过了机动车事故造成的死亡案例（Brown, 2008; Violence Policy Center, 2012）。

E 评 估

1. 与其他类型犯罪相比，白领犯罪（　　）。
   (a) 遭受更严酷的社会制裁和刑事惩罚
   (b) 与隐秘行为、欺骗和逃税更为相关
   (c) 对犯罪者的声望和未来职业生涯的影响更小
   (d) 一般是随意作案，没有计划或预谋

2. 偏见犯罪是哪个术语的别称？
   (a) 仇恨犯罪　　(b) 专业型犯罪　　(c) 高科技犯罪　　(d) 组织型犯罪

3. 从女性主义视角考虑，卖淫和其他色情活动不是_____犯罪。

4. 贝尔用_____来形容组织型犯罪领导权的不断更迭。爱尔兰裔美国人在20世纪早期取得领导权，1920年代让位于犹太裔美国人，后者在1930年代由意大利裔美国人接手。

5. 消费者欺诈、贿赂和逃税被认为是_____犯罪。

答案：1. (c)　2. (a)　3. 无受害者　4. 民族演替　5. 白领

R 反 思

1. 在统计上报警方的犯罪数据之外，社会学家还需要进行受害者调查，为什么需要这么做？有什么作用？

2. 和其他类型的罪犯相比，实施白领犯罪的罪犯受到的惩罚更小，不论是法律上的惩罚还是社会惩罚。标签理论会对这一现象作出何种解释？

案例分析 | 我行我素

埃琳·马丁（Erin Martin）和她的伴侣拉乌尔·戴维斯（Raoul Davis）住在新墨西哥州一个结构松散的社区。马丁解释道："把我们跟附近家庭紧密联系在一起的是，我们都想找到一种全新的、更环保且更人性化的生活方式。"与朋友们一样，马丁和戴维斯也是自己耕种和制作食物，穿旧衣物，骑自行车出行。马丁说："我们不看电视，我们不希望电视节目向我们灌输那些价值观。电视上总是告诉我们：'买这个你就会感到快乐。拥有更多的东西，你就会被他人喜爱。'这实在很难让我们相信。"为了满足日常生活所需，马丁和戴维斯与他们的朋友交换产品和服务。马丁说："上周我们帮助邻居挖了一个储藏根块蔬菜的地窖。这周他们会来帮我们修整靠后的一片屋顶。"

马丁和戴维斯并非对身边的世界一无所知。马丁说："我们大约半个月进一次城，人们看我们的眼神就像看飞车党恶棍一样。"在怀疑的驱使下，有人甚至还会找麻烦上门。马丁说："警察曾上门来检查。他说有人举报我们这里藏有危险毒品，有奇怪的'性关系'活动。尽管他没有搜捕令，但我们还是让他查看了我们的房子。最后，他对自己的闯入感到很抱歉。"马丁摇了摇头："人们总是觉得，如果你做的事情和他们不一样，那你做的事情肯定是错的。"

1. 你认为马丁和戴维斯是越轨者吗？如果是，他们如何违反了社会的行为标准或预期？
2. 有哪些证据表明马丁和戴维斯遭到了城里人的污蔑？
3. 马丁对电视的态度如何表明她对社会控制的理解？
4. 为什么有城里人向警官编造马丁和戴维斯藏毒并有"奇怪的"性活动的故事？
5. 你觉得马丁和她的朋友们所选择的生活方式是社会解组的结果吗？为什么？

"强力"学习策略　　课堂笔记

记好课堂笔记并不容易,特别是在社会学这门课上,因为社会学中有很多理论术语和新概念。记笔记是你应该掌握的关键技能。老师在课堂上总是会讲他们认为最重要的知识。以下行之有效的方法能够提高你做社会学笔记的技能。

P
- 完成上节课布置的作业:在上课之前做好预习,并完成作业。
- 在教室中找一个能让你听清和看清的位置。
- 在课前快速预习:略览上堂课的笔记,找出可记笔记的空白页。

O
- 准备一个书写流畅的工具(笔、铅笔或电脑)和备用工具。
- 小窍门:在笔记本每页的正面做笔记,留下背面来添注或详细说明。

W
- 仔细听课,理解老师的讲解。不要机械地记录每个词,这样做毫无意义。
- 浓缩笔记内容!不要记录完整的句子,使用简写。
- 记住自己的学习风格:如果你是视觉学习者,就请使用图表和图画,甚至是卡通。如果你是阅读学习者,可以请求老师在白板上写上关键词。
- 如果有些地方没听懂,可以请老师来帮你解答。你可能并不是唯一有困惑的学生。(遵从自己的个性风格:如果你很内向,请在课后私下请教老师。)

E
- 查看自己的笔记。如果你漏记了,请向老师或同学求助。
- 花几分钟充实笔记,这样以后翻阅笔记时你就不会感到困惑难解。

R
- 使用记忆法来记忆关键概念和重要内容。
- 课后迅速回顾笔记,一天之后再回顾一遍。这个过程能帮你将学到的信息从短期记忆变为长期记忆。现在花几分钟记忆,就能帮你节省日后数小时时间。
- 你可以和学习小组成员进行讨论。

赐予我力量　评价自己的记笔记能力

记笔记的能力对于回忆任何课程的核心内容都很关键。好的笔记可以帮你节省很多复习时间。如何知晓自己所记的笔记正好能满足自己的需要呢？请阅读下列陈述，核对自身情况，每个选项 1 分。

1. 在阅读上周的笔记时，我仍能看得懂。
2. 我的笔记只包含重要内容，没有多余内容。
3. 如果我在回顾笔记时发现有"漏洞"，我会重新看书，或者查找课堂资料，或者向老师询问来填补缺失的信息。
4. 在阅读三个月前的笔记时，我能重构课堂的基本内容。
5. 我的笔记解释和总结了老师所想传达的真正意思。
6. 我会根据"你需要知道"和"不要忘记"等提示来决定自己应该记下什么内容。
7. 我会在笔记中使用简写，比如，"i.e."来代替"那就是"或"意味着"，"e. g."代替"例如"。
8. 我用大纲形式来记笔记，或者绘出图表来表示概念之间的关系。
9. 我关注老师最感兴趣的内容，并会将其记在笔记里。
10. 我注意到老师在黑板上所写出和幻灯片上所标出的定义、引用和公式。

得分

9—10 分：你有很好的记笔记技能。考前复习对你来说应该不难。

6—8 分：你有一些好的记笔记技能，但你还可以再从这个列表中选择一些有用的技巧。你的目标是能够达到第 4 个陈述的要求。

0—5 分：从下堂课开始请使用这里列出的方法。一旦你不再记录老师课上讲的每句话，你就会发现记笔记和复习材料变得更加容易了。

8

第八章

美国的社会阶层分化和社会流动

模块 25　社会阶层分化
模块 26　社会阶层的阶层分化
模块 27　贫　困

社会学实务——社区救济厨房的经理

李·戈林鲍姆（Lee Greenbaum）在匹兹堡开着一家饭馆。每天下午 5 点到 8 点，他和志愿者们都会为超过 3000 人准备食物。他们为此付出了很大努力：一早就要起来忙碌，一直到深夜才能休息。同时，作为厨房管理人员，戈林鲍姆需要到处募集食物捐赠，并做好协调工作。"我们现在更容易从社区得到捐款。近来媒体进行了大量报道，让人们意识到了我们国家里的巨大贫富差异，"戈林鲍姆说道，"1990 年代，我们这里每天有 2000 人寻求救济，但是人们完全不想知道。他们的态度是：'别扫我兴。'"戈林鲍姆说，境况不同的人们纷纷上门寻求救济。"有人因为工厂迁往海外而失去工作，养老金又被偷；还有依靠最低工资生活的工人。他们在这里吃饭，但却不知道晚上能去哪里过夜。那些带着孩子讨饭的人，看着就让人心碎。"甚至有一些大学生也跑来寻求救济。他说，许多大学生的负担也很重。"很多学生每周要工作二三十个小时，身负贷款，付不起房租，也吃不起饭。有五分之一的家庭都无法满足基本生活需要，也就是说，他们都吃不饱饭，"戈林鲍姆说，"说老实话，但凡还有办法，没人会上我这儿来。"

本章内容概述

自从人们开始思考人类社会的本质，他们就注意到社会中的个人差异和群体差异。**社会不平等**（social inequality）这一术语近来频繁出现在新闻头条，它描述了社会中不同成员拥有不同数量的财富、声望或权力这一状况。每个社会中都存在一定程度的不平等。

当一种社会不平等的系统是建立在群体等级制度的基础之上时，社会学家就称其为**阶层分化**（stratification）。阶层分化是指对所有群体进行结构化等级排序，它维持了不平等的经济利益和社会权力。这些不平等的利益是显而易见的，不仅体现在社会财富和收入的分配上，甚至还体现在贫困社区令人痛心的死亡率上。社会阶层分化涉及社会不平等代代相传的方式，产生了社会地位从低到高排列的群体。

　　阶层分化是社会学研究中的一个重要议题，因为它对人类互动和制度的影响广泛且深远。它不可避免地导致社会不平等问题，因为某些群体社会地位更高，控制稀缺资源，支配权力，并享受特殊待遇。正如我们将在本章看到的，阶层分化的社会后果是，工业社会的收入和财富明显分配不均。**收入**（income）指薪水和工资。**财富**（wealth）的含义则要更广，它包括个人的所有物质资产，如土地、股票和其他类型的财产。

　　社会不平等是社会不可避免的一部分吗？政府政策如何影响"穷忙族"的生活机会？我们国家还是一个辛勤工作就能提高社会地位的国度吗？本章关注社会利益的不平等分配及其后果。本章开头，我们将会探讨普遍的阶层分化系统，包括我们最熟悉的社会阶级体系。我们将会讨论关于阶层分化的三大社会学视角，尤其是马克思和韦伯的理论。我们将会讨论阶层分化是否具有普遍性，以及包括功能论者和冲突论者在内的社会学家又是如何回答这个问题的。

　　我们同样会讨论社会学家如何定义社会阶层，并分析阶层分化对人们的财富和收入、安全感及教育机会的影响。然后我们会仔细剖析贫困问题，尤其是谁属于社会底层，以及为什么他们会处于社会底层的问题。随后我们会直面社会流动议题，包括向上及向下社会流动。最后，我们会在社会政策部分讨论最低工资法。

模块 25

社会阶层分化

ⓟ 准备　学习目标

LO 25-1　定义阶层分化并描述四个普遍的阶层分化系统

LO 25-2　描述罗西兹的五阶级模型在美国的应用

LO 25-3　使用马克思和韦伯的观点及主要社会学视角来分析阶层分化问题

ⓞ 组织　模块大纲

阶层分化系统

社会阶级

关于阶层分化的社会学视角

阶层分化具有普遍性吗?

Ⓦ 工　作

LO 25-1　阶层分化系统

社会学家从很多层面研究阶层分化：从阶层分化对个人的影响，到世界各国的不平等模式。不论我们怎么看，财富和收入之间的差距都是巨大的。以美国的收入和贫困模式为例，一些州的平均家庭收入能比其他州高25%，而一些州的贫困率则是其他州的两倍。

我们将四种普遍的阶层分化系统，即奴隶制、种姓制度、庄园制度和社会阶级，作为便于分析所用的理想型。任何阶层分化系统都可能包括多种类型。比如，内战之前，美国南部各州中既有白人内部所划分的社会阶级差异，还有黑人奴隶制。

为了更好地理解这些系统，我们需要回顾第五章中解释过的自致地位与先赋地位的区别。**先赋地位**是由社会"分配"给个人的，它并未把个人的独特才能或特征考虑在内。**自致地位**则是通过个人努力或行动而获得的社会地位。先赋地位与自致地位密切相关。最富裕家庭的成员通常会从家族中继承财富和地位，而少数族裔成员继承的则是弱势地位。年龄和性别也是先赋地位，也会影响个人的财富和社会地位。

奴隶制

奴隶制（slavery）是对个人和群体的不平等进行法制化的最极端例子。这一阶层分化系统非常具有压迫性，其最显著特征是：被奴役的个人为他人所拥有，他人将被奴役的个人视为财产，就像他们是家庭宠物或用品一样。

奴隶制在各个历史时期中呈现出不同的形式。古希腊时期，奴隶主要来源于海盗掠夺和战俘。尽管奴隶的后代会继承奴隶地位，但这一地位也并非永久不变。个人的地位也可能会发生改变，具体取决于哪个城邦国家在军事冲突中取胜。实际上，所有公民都有可能变成奴隶或获得自由，这一切都由历史车轮行驶的变化所决定。相反，在美国和拉美，奴隶一度为先赋地位，它们设置种族和法律的障碍来阻止奴隶重获自由。

如今，联合国所有成员国都必须遵守《世界人权宣言》，该宣言严禁任何形式的奴隶制。但如今，与世界历史上任何一个时期相比，受奴役者数量更多。在很多欠发达国家，许多签订工作契约的劳工，终其一生都得为雇主工作，形同监禁。在某些国家，人们甚至可以完全成为他人的所有物。奴隶制甚至也存在于欧美，在那里，外籍工人和非法移民被迫在非常恶劣的条件下常年工作，他们要么是为了偿清债务，要么是为了避免被遣送到移民局。

这些情况很可能会涉及人口贩卖的跨国犯罪。人口贩卖组织每年会将60万到80万男性、女性和孩子偷运出境，进行跨国贩卖，这些人有些被迫成为奴隶，有些则遭受性剥削。2000年，美国国会通过了《人口贩卖受害者保护法案》（*Trafficking Victims Protection Act*），制定了根除人口贩卖的最低标准。法案要求国务院监督其他国家是否积极调查、起诉和判处参与人口贩卖活动的个人，包括政府官员在内。国务院每年都会发布相关报告。

种姓制度

种姓制度（castes）是一套通常由宗教控制、固定不变的世袭等级制度。种姓制度的成员身份是一种先赋地位（婴儿一出生就自动承袭与父母亲相同的地位）。每种种姓制度都有非常严格的划分，不同种姓之间通常不能通婚。

种姓制度一般与印度及其他国家信奉的印度教密切相关。印度有四大种姓，称为"瓦尔纳"（varnas）。第五个种姓，即所谓的"不可接触者"，占印度总人口的16%；这个种姓的成员被视为最低下、不洁的人，在印度阶层分化体系中没有一席之地。为了让那些身负历史污名的种姓能够摆脱这种状况，政府现在将"不可接触者"改称为"在册种姓"（scheduled caste）。这些"不可接触者"更喜欢自称"达利特人"（Dalit，又称"贱民"），意为被压迫的人，这种称谓表达了他们想要摆脱弱势地位的愿望。

1950年，印度摆脱英国控制赢得独立，颁布了一部新宪法，正式宣布种姓制度不合法。但在过去的十到二十年间，城市化和科技进步给印度种姓制度带来了巨大的变化，远超政府或政治制度在过去半个多世纪中所带来的改变。城市生活的匿名性模糊了种姓界限，让达利特人能够不为人知地出现在寺院、学校和工作场所。高科技全球化也开启了新的印度社会秩序，让拥有这些技能的人们能够获得新的机会去施展自己的本领。

种姓制度一词同样适用于印度以外的当代历史情境中。比如，从美国内战结束直到1960年代，美国南方特有的社会阶层分化系统就类似于种姓制度。与其相似，从1948年到1990年代，南非盛行的种族隔离制度也类似于种姓制度。在这两个例子中，种族都是决定个体社会等级地位的最关键因素。

庄园制度

第三种社会分化系统叫庄园制度，它与中世纪的封建社会密切相关。**庄园制度**（estate system）又称"封建制度"（feudalism），要求佃农必须向贵族租地耕种，以换取军事保护及其他服务。这一制度的基础是贵族对土地拥有所有权，这对他们的优越感和特权地位至关重要。与上面两种阶层分化系统一样，庄园制度的特性也是继承制。贵族可以继承他们的封号和财产，佃农则一出生就在农耕社会中处于非常低下的地位。

随着庄园制度的发展，它变得更加具有差异性。贵族开始获得不同程度的权威。12世纪，在欧洲大部分地区，教士群体、商人和工匠阶级开始兴起，历史上首次出现了不需要依赖土地的所有权或农业来获取财富的群体。这一经济变化造成了深远的社会影响，庄园制度就此终结，社会阶级的阶层化开始形成。

LO 25-2　社会阶级

社会阶级系统（class system）是一套主要基于经济地位而建立的社会等级系统，在社会等级中，自我取得的特质影响着社会流动。与奴隶制和种姓制度相比，阶级之间的界限并不是很清晰，个人可以在不同阶层或等级之间流动。即便如此，阶级体系仍然维持着稳定的阶层顺序和阶级划分形态，并具有财富和权力分配不

你是否担心过有一天会失去房屋抵押赎回权？富人可没有这种困扰。富裕家庭现在会花费5万到25万美元来修建孩子们的游乐室和树屋。

均的特点。阶级地位虽说是自致地位，但仍非常依赖家庭和先赋因素，如种族和族群。

社会学家罗西兹（Rossides，1997）用五阶级模型来描述美国的阶层体系：上层阶级、中上层阶级、中下层阶级、工人阶级和下层阶级。尽管在他的模型中，社会阶层之间的界限并不似种姓之间的界限那么严明，但这五个阶层成员之间的差别仍然很大，不仅仅只是体现在收入水平上。

上层和下层阶级　罗西兹将1%—2%的美国人描述为上层阶级。这个群体人数非常有限，拥有巨额财富，并且只在专属的高级俱乐部和名流社交圈活动。相比之下，下层阶级则占美国总人口的20%—25%，其中绝大多数都为黑人、拉丁裔、养育未成年孩子的单亲妈妈、无法找到正规工作的人，以及必须从事低收入工作的人。这个阶层收入很低，没有财产，在政治上处于弱势，无法行使权力。

这两个阶层在美国社会等级中各居一端，反映出先赋地位与自致地位的重要性。种族和残疾等先赋地位显著地影响了个人的财富和社会地位。残疾人士更容易受到失业的打击，他们收入很低，基本上都从事着职业阶梯上最低端的工作。不论工作表现如何，他们总是身负社会污名，被认为无法挣钱糊口。在讨论贫困问题和社会福利政策时，我们将会再次审视社会下层阶级的困境。

经济学家加尔布雷斯（Galbraith，1977）发现，"在所有的社会阶级中，富人总是最受关注但却最少得到研究的群体"。记者、社会活动家和政策制定者非常关注穷人，想要减轻他们的贫困状况。但是，远离其他人群的极富阶层基本上仍是非常神秘的。在加尔布雷斯的评论之后，富人更喜欢离群而居。报纸上的社会专栏可能会让我们窥见这个阶层成员生活的冰山一角，但我们对他们的日常生活仍是所知甚少。从统计数据来看，美国超过200万家庭的家庭总资产都超过了1000万美元。这些人中只有不到10%的人继承了巨额遗产，而且他们从不抛头露脸（Massey，2007）。

中产阶级　夹在上层阶级与下层阶级之间的是中上层阶级、中下层阶级和工人阶级。中上层阶级占总人口的10%—15%，其中包括医生、律师和建筑师等专业人士，他们积极参与政治，并在志愿组织中担任领导职务。中下层阶级占总人口的30%—35%，其中包括生活不太富裕的专业人士（如小学教师和护士）、小企业主和为数众多的办公室职员。这个阶层的成员并非都拥有大学学位，但他们却都希望能将自己的孩子送入大学。

中产阶级如今正在承受着巨大的经济压力。深入分析显示，在20世纪末失去中产阶级地位的人群中，约有一半上升到社会地位的更高等级，而另一半则下降到更低一级的社会地位。这些数据显示，美国正在走向"两极化的收入分配格局"。也就是说，曾经拥有广泛基础的中产阶级，正在被逐渐扩大的富裕和贫困群体所取代。

社会学家和其他学者已经确定了几个导致中产阶级规模不断减小的因素：(1) 对未接受教育人士而言，工作机会不断消失。如今绝大部分工作都需要正规教育背景，然而，35—44岁的成年人中，拥有大学学历的人不到三分之一。(2) 全球竞争和科技飞跃发展。这两大趋势在数十年前就已开始，这意味着与过去相比，工人更有可能被机器取代。全球化和科技发展使得工作变得越来越复杂，而那些工作则曾是中产阶级工人的生计所在。(3) 越来越依赖临时工。对没有其他工作的工人来说，临时工作的收入非常微薄，因为它们几乎从不提供健康保险或退休金。(4) 新兴产业和非工会工作场所的出现，如快餐店。新的产业可能会带来更多的就业机会，但这些就业机会仍然处于薪资收入的低端。

中产阶级家庭希望拥有舒适的住所、他们的孩子能够获得大学学位、每年能够享受一两次家庭度假、能够付得起医疗保险（其成本增速很快，已经远远超出通货膨胀的速度）且能享受退休保障。对很多人来说答案都是，要么放弃这些福利，要么就是花更长的工作时间来从事多份工作（Blank，2011；Khan，2013）。

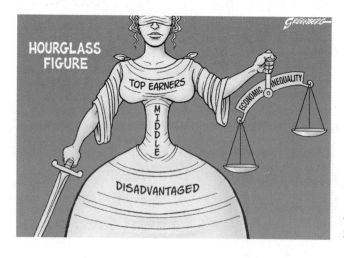

今天，曾经拥有广泛基础的中产阶级处于守势，正在缓慢地被不断壮大的富裕阶级和贫困阶级所取代。

工人阶级　罗西兹将占人口40%—45%的工人阶级定义为从事体力或蓝领工作的人。这一阶级的特定人群，如水电工，可能会比中下阶级的人获得更高的收入。然而，即使他们拥有一定的经济保障，他们还是倾向于认同劳力工作者和他们长期参与的美国劳工运动。

在这五个阶层中，工人阶级的数量显著减少。在美国的经济结构中，服务类和技术类工作正在逐渐取代制造业和运输业的工作。

阶级战争　2011年9月17日，2000名抗议者在纽约集会，声称代表绝大多数美国人的利益。用他们的话来说，这些后来被称为"占领华尔街运动"的成员，代表"99%的美国人"，即那些处境艰难的美国人，剩下的1%则是财富不断积累的富裕阶层。在接下来的数周内，首先发源于加拿大的这一运动，很快就席卷美国全境，最终则蔓延至世界各地（Peralta，2011；Scherer，2011）。

当"占领华尔街运动"出现在新闻头条时，政治领导人开始讨论阶级冲突问题。对有些人来说，占领运动呼吁减少社会不平等，似乎是对联邦政府为富裕阶层制定税收优惠政策这一举措作出的回应。在经济衰退开始之前，小布什政府降低了高收入人群的个人所得税。2009年，"茶党"向国会施压，要求继续维持减税政策，完全不顾国内日趋严重的财政赤字情况。其他人则坚持认为，富裕阶层实际上比普通市民交税更少，因为他们能够利用很多漏洞，如海外银行账户等方式来逃税。有人在国会建议，富裕阶层成员应该与其他公民一样，按照同等所得税有效税率缴税，但这一建议引起了愤怒的抨击，认为是意图引起阶级战争。

就像我们下面将要看到的，不管使用哪种统计方式，美国的富裕阶层与其他人之间的鸿沟，在过去十年（实则是在过去五十年）一直在不断加深。然而，人们一般并不会将自己视为特定社会阶层的成员。随着在2012年总统大选中，候选者激烈争论，同时占领"华尔街运动"影响犹存，越来越多的人都认为阶级冲突显然存在。2011年12月，66%的公众（2009年仅为47%）认为，他们感受到贫富之间的"强烈"冲突。年轻人、女性和非裔美国人更可能这样认为。有意思的是，个人收入并非影响这种认识的因素：与贫困阶层一样，富裕阶层也认同阶级冲突的存在（Archer and Orr，2011；Morin and Motel，2013；Skocpol and Williamson，2012）。

人们越来越倾向于认为，富裕阶层的财富积累之路是建立在牺牲其他阶层利

人们所处的社会经济地位不同，其对"占领华尔街运动"的反应也不同。前任纽约市长鲁迪·朱利安尼（Rudy Giuliani）反驳道："先占个工作岗位怎么样？"在该运动的支持者中，美国印第安人领袖则说，本属于印第安人的土地已经被占领了五个世纪。

益的基础上。这一观点的确可以用事实来佐证。2002年到2012年，在占美国总人口1%的上层阶级中，1%的顶端极富人群获得了76%的家庭收入增长，平均家庭总收入为2160万美元，而且这一数额还未包括价值惊人的股票、债券和房产。在同一时间内，占人口总量90%的社会底层人士，其家庭总收入下降了11%，平均家庭总收入则跌至3.4万美元（Saez, 2013）。

LO 25-3 关于阶层分化的社会学视角

关于阶层分化和社会不平等问题，社会学家早就进行了激烈的讨论并得出了不同的结论。没有一位理论家像马克思那样，强调阶级在社会和社会变迁中的重要性。马克思将阶级差异视为社会、经济及政治不平等的决定因素。相比之下，韦伯则质疑马克思对经济因素的过分强调，他认为，对阶层分化的分析研究应该有多种维度。

马克思的阶级差异观点

马克思关注从原始农业部落到封建制度等各种人类社会的阶层分化。然而，他的主要关注点在于，分析经济不平等对 19 世纪欧洲社会的影响。工人阶级的困境让他意识到，社会阶级结构的改变势在必行。

马克思认为，任何历史阶段的社会关系都取决于对主要经济生产模式的控制，如对土地或工厂的占有。获得稀缺资源的不同方式塑造了群体之间的关系。因而在封建庄园体制下，绝大部分经济生产都是农业生产，贵族控制着土地。贫农别无选择，只能服从土地拥有者的命令行事。

马克思采用这种研究方法，继续深入研究资本主义内部的社会关系。**资本主义**（capitalism）是一套私人掌握生产工具，而经济活动的主要动力在于积累利润的经济体系。马克思非常关注随着封建庄园制度衰败而兴起的两大阶级：资产阶级和无产阶级。**资产阶级**控制了生产工具，如工厂和机器；**无产阶级**则是工人阶级。在资本主义社会，资产阶级成员在与其他公司的竞争中，竭尽全力追求最大利润。在这一竞争过程中，他们剥削那些必须以劳动换取基本工资的工人。马克思认为，每个阶级都有其独特的文化，而他则对无产阶级文化最感兴趣。不过，他也研究了资产阶级的意识形态，资产阶级正是通过其意识形态来证明资产阶级支配工人的合理性。

马克思认为，对无产阶级的剥削势必导致资本主义体系崩溃，因为工人阶级会奋起反抗剥削阶级。但在此之前，工人阶级必须先形成**阶级意识**（class consciousness），这是一种主体意识，即主观上能够意识到共同既得利益，以及采取集体政治行动引发社会变迁的必要性。工人阶级必须时常克服**虚假意识**（false consciousness），即阶级成员持有的无法正确反映其客观立场的态度。拥有虚假意识的工人阶级可能会对资本主义剥削产生个人化的认识（"我被我的老板剥削"）。相反，具有阶级意识的工人则会意识到，所有工人都被资产阶级剥削，被剥削阶级都在革命中有着共同的利害关系。

对马克思而言，阶级意识只是无产阶级开始确认资产阶级为其压迫者这一集体过程中的一部分。革命领袖将会带领工人阶级进行阶级斗争，最终无产阶级将会推翻资产阶级及其政府（马克思认为政府代表资产阶级利益），消除生产资料的私人所有制。在马克思的乌托邦观点中，阶级和压迫终将在后革命时期的工人阶级政权中消亡。

马克思预言的准确度有多高呢？他没有预料到工会的兴起，而工会的集体谈

图中是皮博迪能源公司在伊利诺伊州科尔特维尔市开采的某个矿井，一位矿工正在黑暗中四处张望。马克思将这些煤矿工人视为无产阶级或工人阶级。时至今日，矿工的工作仍然非常危险，但他们却并未得到与其危险的工作性质相配的报酬。资产阶级对工人阶级的剥削是马克思主义理论的核心观点。

判能力则削弱了资产阶级对工人阶级的束缚。他没有预见政治自由主义和相对的经济繁荣会带来多少虚假意识。很多工人都认为自己处于流动频繁的自由社会中，能够为个人发展而奋力打拼。他们并不认为自己属于备受压迫而拥有共同命运的社会群体。时至今日，就连"阶级战争"似乎也更多指向越来越低的个人期待，而非集体身份认同。最后，他也没有预见共产党政权的建立及瓦解。当然，马克思的阶级研究方法，对于强调社会阶层分化决定贫富阶层的社会行为，以及各种社会的根本区隔，还是颇有助益的。

韦伯的阶层分化观点

与马克思不同，韦伯坚持认为，没有任何单一社会特征（如阶级）能够完全定义个人在阶层分化系统中的地位。因此，韦伯在其1916年的著作中区分了阶层分化的三个组成要素：阶级、地位和权力。

韦伯用**阶级**（class）来表示拥有等量财富和收入的群体。比如，美国有些工人靠从事偿付最低工资的工作来养家糊口。根据韦伯的定义，这些工薪阶层就组成了一个阶级，因为他们有着相同的经济地位和命运。韦伯与马克思一样，都认同在阶层分化中经济维度十分重要，但他则认为，不能仅从经济角度去解释个人和群体的行为。

韦伯用**地位群体**（status group）来表示具有相同声望或生活方式的人群。个体通过加入某个想望的群体，如医疗行业群体，来获取地位。但是，地位与经济阶级地位不同。在我们的文化中，单就取得的收入而言，成功的扒手有可能与大学教授同属一个阶级。但在社会大众眼中，小偷社会地位低下，不像大学教授那样受人敬仰。

对韦伯来说，阶层分化的第三个要素则属于政治维度。**权力**（power）是指将个人意志加诸他人的能力。在美国，权力来自属于某个特别有势力的群体，如企业董事会、政府机构和利益群体。冲突论者通常认为，权力的两大来源即大企业和政府之间有着千丝万缕的联系。例如，许多大公司的领导也在政府或军队中充当要职。

总而言之，韦伯认为，我们每个人在社会中不止拥有一个地位，实际上应是三个。我们在阶层分化体系中的地位反映了阶级、地位和权力这三大要素的综合作用。任何因素都会影响其他两个因素，事实上，基于这三个维度而获得的不同地位也经常相互重合。约翰·肯尼迪来自一个非常富裕的家庭，他先在贵族式预备学校就读，后从哈佛大学毕业，然后成为美国总统。还有很多与肯尼迪一样的富家子弟，最后都获得了显赫的身份和巨大的权力。

互动论视角

马克思和韦伯主要是从宏观社会学视角来看待不平等问题，他们考虑的是整个社会乃至全球经济。不过，在强调个体发展真正阶级意识的方式时，马克思的确也指出了微观社会学分析的重要意义。

长期以来，互动论者与经济学家都对社会阶级在塑造个人生活方式上的重要影

站在他人的角度思考问题——教师

学校发起为贫困儿童收集节日礼物活动，如果你班上有些孩子恰好是这些贫困儿童中的一员，你会如何应对？

在远处喜马拉雅山的掩映下,一位富有的高尔夫球手将球远远击出,他需要坐直升机才能到球落地的位置进行查看。这种不辞万里来到异国他乡享受体育运动(绝大多数人都是在国内进行此项运动)的行为,就是凡勃仑提出的"炫耀性消费"的典型事例,这是处于社会阶级最顶端的人中一种常见的消费模式。

响很感兴趣。理论家凡勃仑(Veblen, 1857—1929)发现,处于社会阶级最顶端的人们,通常会将部分财富转化为**炫耀性消费**(conspicuous consumption),也就是说,他们购买商品的目的并不是为了维持生存,而是为了宣扬他们的巨额财富和社会地位。例如,他们可能会购买许多超出实际需要的汽车,或者建造一栋许多房间空置的房子。他们还会参加炫耀式休闲(conspicuous leisure),坐着私人飞机跑到偏远之地,只为吃一顿晚餐,或者观赏某处历史遗迹的日落景观。

今天,炫耀性消费在互联网上也是大行其道。现在,社交媒体用户可以在网上看到朋友晒出的度假照片和时髦的新车,研究者认为这样的体验可能会导致人们产生"脸书嫉妒"(Facebook envy)。在美国和德国所做的研究表明,即使原本非常快乐的人们,可能也会因为别人在网上分享的炫耀性消费而感到嫉妒和难过(Shea, 2013)。

另一方面,被认为是底层阶级的行为,不仅会遭到嘲笑,甚至还会招致法律控告。许多社区都会时不时地禁止人们把拖车放在前院,甚至是把沙发放在前廊。

在有些社区，将小货车整晚停在门前是违法的。在其他社区，由于抢走了店铺的生意，售卖水果、鲜花和水的街头小贩受到各种限制，而这些限制显然并非是为了保护大众利益（Campo-Flores，2013）。

阶层分化具有普遍性吗？

某些社会成员必然会比其他人获得更多的回报吗？人们难道都需要感觉比其他人更加优越吗？社会生活能否去除结构性不平等呢？过去数百年来，社会各界，尤其是政治运动家，针对这些问题展开了激烈的争论。抱有乌托邦思想的社会学家、宗教少数群体，以及近年来的反主流文化分子，都在尝试建立消除社会关系不平等的社区。

社会科学家发现，所有社会都存在不平等。哪怕是最简单形式的社会也不例外。比如，在研究新几内亚岛的基瓦伊巴布亚人（Kiwai Papuans）时，人类学家兰特曼（Landtman,[1938]1968）刚开始并没有发现他们之间有什么差异。村中的每个人都做着同样的工作，住在相似的房子里。然而，经过仔细观察，兰特曼发现，勇士、渔猎者和男巫师等巴布亚人被认为"高人一等"。相比之下，无业或未婚女性村民则被认为"低人一等"，并被禁止拥有土地。

阶层分化普遍存在，因为所有社会都在成员之间维持着某种形式的社会不平等。依据社会价值观念不同，一个社会会根据其成员的宗教知识、狩猎技巧、美貌、贸易知识或提供医疗保健的能力，将他们分为不同等级。可是，为什么人类社会会发展出这些不平等现象呢？人们之间的差异又有多少是必不可少的呢？

功能论者和冲突论者对社会阶层分化的存在及其必要性作出了不同的解释。功能论者认为，一套差异化的奖惩系统有助于社会的有效运行。冲突论者则认为，对稀缺资源的竞争，势必导致严重的政治、经济及社会不平等。

功能论视角

如果做清洁工能够挣得和医生一样多的钱，赢得与医生一样的社会尊重，人们还会愿意寒窗苦读多年以获得当医生的资格吗？功能论者认为答案是不，而这

电视真人秀《冰路卡车司机》(*Ice Road Trucker*) 现在播到了第七季。这个真人秀节目指出，尽管卡车司机职业声誉不高，但他们却为这份职业感到骄傲。从冲突论视角来看，形成社会主流意识形态的文化信念，如卡车司机作为英雄的流行文化形象，帮助富裕阶级维护了权力和控制力，但这却是以牺牲社会底层利益为代价的。

也在一定程度上解释了为什么他们会认为社会阶层分化是一种普遍存在的社会现象。

戴维斯和摩尔（Davis and Moore, 1945）认为，社会必须将其成员分配到不同的社会位置上。社会不仅需要确保这些岗位都有人来填补，还要保证这些岗位的承担者拥有恰当的才能和资格。金钱和名誉的回报取决于位置的重要性，以及适任人员的稀少程度。但是，这样的评价体系常会低估社会某些组成部分所从事的工作价值，如女性的家庭劳动、惯常由女性从事的工作，或者是快餐连锁店中的低级工作。

戴维斯和摩尔认为，阶层分化是一种普遍存在的现象，社会不平等有其存在的必要性，因为只有这样人们才有动力去承担更加重要的位置。但是，批评者认为，差别回报并非唯一鼓励人们填补重要位置和职业的方式。个人意愿、内在满足感和价值导向也能驱使人们进入特定行业。功能论者同意这一观点，但他们也注意到，社会必须使用某种奖励措施，去激励人们从事枯燥或危险的工作，或者是需要长期训练的职业。这种说法无法用来解释那些社会地位基本靠世袭继承所得的社会，如奴隶制或种姓制度的社会。再者，即使阶层分化是一种不可避免的现象，功能论关于差别回报的理论，也无法解释贫富之间的巨大差异（Collins, 1975；Kerbo, 2012）。

冲突论视角

马克思的著作是冲突论的核心。马克思认为，历史是一场压迫者与被压迫者之间的持续斗争，直至最终迎来一个平权、无阶级差别社会的诞生。就社会阶层分化而言，他认为，在资本主义体系下，剥削阶级（资产阶级）控制了经济和政治体系，以便维持对被剥削阶级（无产阶级）的控制。马克思不相信社会阶层分化是必然存在的，但他的确认为不平等和压迫是资本主义制度所固有的孽根性（Wright, 2011）。

与马克思一样，当代冲突论者坚信，人类往往会争夺稀缺资源，如财富、地位和权力。不过，马克思主要关注阶级冲突，而现代的理论家则将他的分析方法加以拓展，应用到性别、种族、年龄和其他维度的冲突上。英国社会学家达伦多夫（Dahrendorf, 1929—2009）是冲突论研究领域最具影响力的学者。

达伦多夫修正了马克思对资本主义社会的分析，并将之运用于现代资本主义社会中。对达伦多夫来说，社会阶级是一群因为权力关系而享有共同利益的群体。在确定社会中最有权力群体的过程中，他不仅将占有生产工具的资产阶级包括其中，还考虑了企业经理、立法者、法官、政府部门领导及其他人。就这方面而言，达伦多夫将马克思对阶级斗争的强调与韦伯对阶层分化权力因素的强调融合到了一起（Cuff et al., 1990）。

包括达伦多夫在内的冲突论者都认为，今天的掌权阶级就像马克思时代的资产阶级一样，希望社会能够顺利运转，好让他们享有自己的特权地位。由于社会现状对有权有势、非富即贵者非常有利，所以他们显然很愿去阻止、消除或控制社会冲突。

掌权阶级维持现状的一种办法就是定义并散播社会的主流意识形态。**主流意识形态**描述了一套能够维持强势群体社会、经济及政治利益的文化信念和运作方式。对马克思而言，资本主义社会的主流意识形态是为剥削阶级服务的。从冲突论视角来看，主流意识形态的社会意义不仅仅是帮助掌权群体及机构控制财富和财产；更重要的是，他们还通过宗教、教育和媒体，控制了制造社会观念的方式（Robertson, 1988）。

掌权阶级，如政府领导，也会利用有限的社会改革来收买被压迫者，以减少后者对其统治的挑战。比如，最低工资法和失业救助无疑给贫困阶级提供了相当有用的帮助。但是，这些改革也安抚了那些可能进行反抗的人们。当然，冲突论者认为，这样的手段并不能完全消除冲突，因为工人会继续要求平等待遇，而掌权阶级也绝不愿放弃对社会的控制。

冲突论者认为，社会阶层分化是社会紧张与冲突的主要来源。他们反对戴维斯和摩尔的观点，认为社会阶层分化既不能给社会带来积极影响，也不能给社会带来稳定，相反，社会阶层分化不可避免地会导致社会动乱和变革（Collins, 1975；Coser, 1977）。

伦斯基的观点

让我们回到之前的问题上："社会阶层分化是普遍存在的吗？"并思考社会学的解答。不论在哪种文化中，从最原始的社会到当代最先进的工业社会，都存在着不同程度的社会阶层分化。社会学家伦斯基使用社会文化演化方法，描述了经济体系如何随着技术水平日趋复杂而发生改变。在他看来，由于人类的技术日益复杂，人类社会从原始的狩猎采集社会最终发展为现代工业化社会。

在以生存为本的狩猎采集社会中，人们关注的是生存问题。尽管不平等和差异现象也初现端倪，但基于社会阶级的阶层分化系统尚未成型，因为人们并未获得可供占有的真正财富。随着社会技术发展，社会开始生产出大量剩余物资。剩余资源的出现大大增加了地位、影响力及权力不平等的可能性，并促使明确而严格的社会阶级体系最终成型。为了尽可能减少罢工、怠工和破坏工业设施等行为，精英阶层也会与下层阶级分享一部分经济剩余资源，但是分享的数量绝不会多到削弱他们自身权力和特权的地步。

正如伦斯基所言，财富权力阶级对其控制的剩余物品及服务进行分配，会强化伴随着阶层分化体系而产生的社会不平等问题。尽管这一奖励体系曾经满足了社会的整体目标，正如功能论者所认为的那样，但是同样一套体系已经无法解释现代社会中的巨大贫富差异。在当代工业社会，社会及经济不平等程度远远超过了物品和服务供应的需求（Nolan, 2004；Nolan and Lenski, 2009）。

E 评 估

1. 马克思认为，只有工人阶级产生（　　），资本主义体系才会走向毁灭。
   (a) 资本主义意识　　　　　　(b) 虚假意识
   (c) 阶级意识　　　　　　　　(d) 种姓意识

2. 韦伯认为阶层分化的组成部分有哪些？
   (a) 从众、越轨行为和社会控制　　(b) 阶级、地位和权力
   (c) 阶级、种姓和年龄　　　　　　(d) 阶级、声望和尊敬

3. （　　）视角认为阶层分化具有普遍性，社会不平等具有存在的必要性，促使人们有动力去填补重要职位。
   (a) 功能论　　(b) 冲突论　　(c) 互动论　　(d) 标签理论

4. 在阶层分化或封建主义的（　　）系统中，贵族要求农民在租赁土地上劳作，以换取军事保护和其他服务。

5. 马克思认为（　　）差异是社会、经济及政治不平等的决定因素。

答案：1. (c)　2. (b)　3. (a)　4. 庄园制度　5. 经济

R 反 思

1. 从你的观点来看，美国的社会不平等程度对社会发展是有利还是有害？请解释。
2. 请举出你亲身经历的炫耀性消费事例（不是从电影或电视上看到的）。它们是非常明显还是比较微妙？

模块 26

社会阶级的阶层分化

准备　学习目标

LO 26-1　总结社会学家用来测量阶层分化的方法

LO 26-2　描述美国的收入和财富分配

组织　模块大纲

测量社会阶级

收入和财富

工　作

一直以来，我们都是通过别人开的车、住的房子、穿的衣服等来评估他们的富有程度。然而，要想为他们在我们的社会等级中定位非常困难，并不像在奴隶制或种姓制度社会中那么容易。在判定一个人的社会地位时，社会学家常会使用多种测量方法。

LO 26-1　测量社会阶级

社会学家倾向于使用测量社会阶级的统计方法，因为这些方法是基于可量化的类别，而非取决于研究者或研究对象的主观评价。这些测量方法基本上都依赖于客观方法。

客观方法

在测量社会阶级的**客观方法**（objective method）中，阶级基本上被视为一个

站在他人的角度思考问题——银行女经理

假设你的伴侣或丈夫是汽修工人,如果让你将他介绍给你的工作伙伴,你会感觉自在吗?请解释你为什么会有这样的感觉。

统计类别。研究者根据个人的职业、教育、收入和居住地等标准,将他们分配到不同的社会阶级中。客观方法的关键之处在于,个人的社会地位是由研究者而非个人来决定。

使用客观方法的第一步是,决定需要进行客观测量的指数或偶然因素,其中包括财富、收入、教育和职业。职业声望排行对个人的阶级地位来说是一个有用的指标,因为它比收入或财富更容易进行判断。**声望**(prestige)是指一种职业在社会上所受到的尊重和钦佩。"我女儿是物理学家"与"我女儿是服务员"相比,具有非常不同的意涵。声望独立于从事工作的特定个体,这是一种不同于评价的特征。**评价**(esteem)是指个人在职业中所建立的名声。因此,我们可以说,美国总统享有很高的声望,尽管出任美国历任总统的个体获得了不同的评价。一名美发师可能会赢得顾客的高度评价,但却没有公司总裁的声望。

下表对一系列职业的声望进行了排序。在一系列全国调查中,社会学家列出了从外科医生到报贩等约500种职业的声望排行。声望最高的分数是100;最低为0。外科医生、内科医生、律师、牙医和大学教授是最有声望的职业。社会学家用这些数据来将所有职业进行声望排行,他们发现这样的排行情况从1925年至今都相当稳定。类似研究在其他国家也发展出了有用的职业声望排行(Nakao and Treas, 1994)。

职 业	得 分	职 业	得 分
内科医生	86	银行职员	50
大学教授	78	电工	49
律师	76	农场管理员	48
牙医	74	保险代理人	47

职 业	得 分	职 业	得 分
银行家	72	干事	46
建筑师	71	邮递员	42
飞行员	70	农民	41
教士	69	狱警	40
持证上岗的护士	66	木匠	40
高中教师	63	理发师	38
立法者	61	儿童护理员	36
药剂师	61	酒店职员	32
小学教师	60	巴士司机	32
兽医	60	卡车司机	30
警员或侦探	60	销售员（鞋类）	28
学前教师	60	服务员	28
会计	57	厨师（快餐）	28
图书管理员	55	酒保	25
消防员	53	收垃圾的人	17
丧葬承办人	52	清洁工	16
社会工作者	52	报贩	15

注：声望分数区间是 0—100。

资料来源：General Social Survey, 2012。

性别与职业声望

多年来，对社会阶级的研究都忽略了将女性的职业和收入作为社会地位的决定因素。现在，随着超过半数已婚女性走出家门从事社会工作，原来的方法已经过时了。我们应该如何评价双职工家庭的阶级或地位呢？是根据声望更高的职业，还是两个职业的平均声望？或者是二者的其他组合方法？社会学家，尤其是英国女性主义社会学家，正在采用新的方法来评价女性的社会阶级地位。其中一种方法是以个人（而非家庭）为基础来区别女性的阶级地位。这样一来，女性的地位就不是由其配偶的地位，而是由其个人的职业地位来决定。

女性主义者测量女性对经济贡献的另一种方法，反映出一个更加清晰的政治议题。全球性的草根女性主义组织，即全球妇女权益保障联盟（International Women Count Network）曾试着对女性的无偿工作进行金钱价值估算。除被用来代表对女性劳动价值的象征性认可，这些价值估算也会被用来计算其养老金和其他福利结算。联合国计算出的女性无偿劳动的价值为11兆美元，这些无偿劳动大多是抚养孩子、家务劳动和农活。不论具体数额是多少，持续低估劳动者对家庭乃至整体经济的贡献，意味着阶层分化的所有测量方法都急需进行变革（United Nations Economic and Social Council, 2010）。

多元测量方法

在测量社会阶级中还有一个复杂情况，即由于统计方法和计算机科技的进步，客观方法中衡量阶级的因素增加了。社会学家不再限于用年收入和教育来评估一个人的社会地位。今天，社会阶级研究的标准更加多元化，囊括了房产价值、收入来源、资产、工作资历、社区环境，以及对双职工家庭的考虑。增加这些变量不一定会使美国的阶级差异面貌大为改观，但它却能让社会学家运用更复杂多元的方法来测量社会阶级。研究者在使用多元测量方法时常会谈及**社会经济地位**（socioeconomic status, SES），这是一种基于个人收入、教育和职业情况对社会阶级进行测量的方法。他们会用父母的收入、教育和职业来测量年轻人（如未满25岁的大学生）的社会经济地位。

不管用来测量社会阶级的方法是什么，社会学家总是对社会中的权力、特权和机会上存在的巨大差异尤感兴趣。阶层分化研究就是社会不平等研究，没有什么能比收入和财富分配更明显地揭示出这一社会真相。

LO 26-2 收入和财富

所有测量方法都显示，美国的收入分配是不均等的。诺贝尔经济学奖得主保罗·萨缪尔森（Paul Samuelson）曾如此描述：“如果我们用积木垒起一座收入金字塔，每一层代表500美元的收入，塔顶会比珠穆朗玛峰还要高；但是，大部分人的收入都离地面不过几英尺的距离。”（Samuelson and Nordhaus, 2010）

最新数据印证了萨缪尔森的类比。2012年，美国的家庭收入中位数为51 017美元。换言之，有一半家庭的收入高于这一中位数，另一半家庭的收入则低于这一中位数。然而，这一事实并不能完全展现出我们社会的收入差距。要想更清楚地了解收入不平等问题，我们可以把收入中位数与收入平均数进行对比。2012年的收入平均数为71 274美元，显然高于当年的收入中位数。究其因，应该是一些人的收入远超其他人，从而将平均数拉高了。因而，与中位数相比，平均数的数据在描述平均或典型收入方面用处更小（DeNavas-Walt et al., 2013）。

通过观察家庭在收入分配中的相对位置，我们可以更深入地了解美国的收入不平等问题。最常见的一种方法是，把所有有收入的家庭按照从高到低的顺序进行排列，然后将之分为五位段。美国约有1.2亿户家庭，所以每个分段中包括2400万户家庭。这种方法能让我们了解每个分段中的平均收入，以及每个分段总收入在国民总收入中所占的比例。

这种人口分析方法揭示了显著的收入不平等。在最低分位中，家庭平均年收入为11 490美元；而在最高分位中，家庭平均年收入则高达181 905美元。然而，占据收入分配阶梯最顶端的0.01%，即约1.5万户家庭，每年赚取的家庭收入至少达到1150万美元。这就意味着，这些占据收入顶端的家庭共同控制了6%的国家总收入（Sloan, 2009）。

过去80年来，美国的收入一直在适度地进行重新分配，但却并非总是符合穷人乃至中产阶级的利益。1929—1970年，政府的财税政策将少量收入向穷人倾斜。然而，在过去的40年里，尤其是在1980年代及2001—2010年间，联邦税收政策却在向富裕阶层倾斜。而且，高级技工和专业人士的工资持续上升；与此同时，在控制通货膨胀的情况下，技术含量不高的工人的工资实际上却在下降。

细致的经济分析显示，过去30年内，联邦与各州的税收政策倾向于加强收入不平等趋势。在25年的时期内，位于收入阶梯顶端的1%的人群发现他们的税后收入增加了2.28倍，相较而言，处于中间分位的家庭税后收入仅增加了21%。在这种情况下，中产阶级的规模不断缩小也就不足为怪了（Billitteri, 2009；Sherman, 2007）。

人们经常将日趋严重的不平等归咎于全球化，因为全球化迫使技术含量很低的工人与国外低收入工人进行竞争。尽管这是千真万确的事实，但研究表

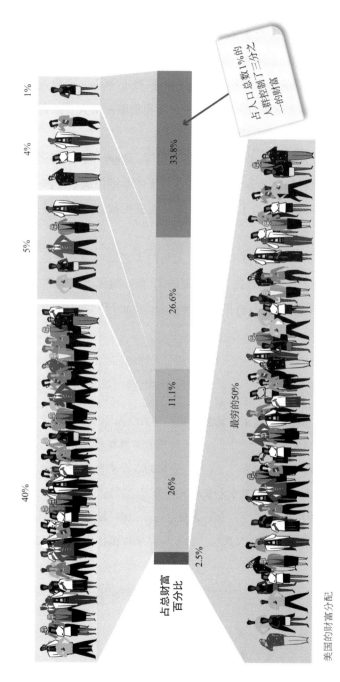

美国的财富分配

资料来源：2007 年的数据，根据 2009 年联邦储备银行的研究报告。参见 Kennickell, 2009：35。

第八章　美国的社会阶层分化和社会流动

明，那些被取代却又找到薪金相近或更高工作的工人，与收入下降的工人数量相同（Zimmerman，2008a）。收入不平等的加剧也反映在财富不平等的加剧中。以1980—2010年为例，在这不到一代人的时间内，中产阶层的实际财产净值仅仅增加了2%，低收入家庭的实际财产净值则下降了7%。然而，高收入家庭的实际财产净值却增加了87%。这种收入模式的意义不言而喻：最大受益者始终是富裕阶层（Pew Research Center，2012b）。

在美国，财富分配的确比收入分配更不均等。2009年，联邦储备银行的研究显示，一半人口控制着全国2.5%的财富；剩下一半则控制着全国97%以上的财富（参见上图）。换言之，位于顶端的1%的人群控制的财富，超过了90%的底层人群所拥有的财富总和。

研究者还发现，非裔和拉丁裔美国人与白人之间的财富差距相当巨大。目前，白人家庭的财产中位数是拉丁裔家庭的18倍，是黑人家庭的20倍。而且有证据显示，这一鸿沟还在不断扩大（Pew Social and Demographic Trends，2011；Shapiro et al.，2010）。

🅔 评 估

1. 测量社会阶级的客观方法的最大优势在于，定义个人阶级地位的是（　　）。
   (a) 使用数据的研究者　　　　(b) 使用选举数据的政府官员
   (c) 采用专业判断的社会学家　(d) 分配到各个类别的个人
2. 一种职业在社会上所受到的尊重和钦佩被称为（　　）。
   (a) 地位　　(b) 评价　　(c) 声望　　(d) 排名
3. 社会学家最常用的、基于个人收入、教育和职业情况对社会阶级进行测量的方法是（　　）。

答案：1.(d) 2.(c) 3.社会经济地位

🅡 反 思

1. 你认为学生究竟会在多大程度上受到理想职业声望的驱动？
2. 在"教师"这一职业类别中，你认为高中教师的职业声望比学前老师要高的主要原因是什么？你认为性别是其中一种因素吗？为什么？

模块 27

贫 困

P 准备　学习目标

LO 27-1　解释贫困的决定因素并描述贫困阶层

LO 27-2　分析贫困的社会影响

LO 27-3　描述生活境遇和社会流动与社会分化的联系

LO 27-4　分析与社会阶层分化、贫困和流动性相关的最低工资问题

O 组织　模块大纲

研究贫困

解释贫困

生活机会

社会流动

社会政策和阶层分化

W 工　作

美国约有 15% 的人口生活在联邦政府划定的贫困线下。2012 年，全美贫困人口不少于 4650 万人。1990 年代的经济繁荣并未惠及他们的生活。一份人口普查局的报告显示，五分之一的家庭难以维系基本生活开支，不论是缴纳水电费还是购买食物，都让他们感觉捉襟见肘（DeNavas-Walt et al., 2013）。

造成美国高贫困率的原因之一是，有一大批靠最低工资养家糊口的工人。按照目前相当低的最低工资标准，绝大多数工人基本上都无法实现收支平衡。本模块的社会政策部分将会讨论最低工资法及其对贫困人口的影响。然而，在美国广泛的社会问题中，最低工资仅是冰山一角，高收入工作及专业工人短缺等其他社会问题同样值得关注。通常，靠最低工资度日的工人从事的工作都没有什么技术含量。

社会学家对亚标准工作（substandard work）对社会的影响一直都很感兴趣。最初他们是在马克思、涂尔干和韦伯的著述中发现了这个问题的存在。2008年以来，全球经济开始衰退，许多人被迫从事不喜欢的工作，还有不少人失去了工作。这种社会形势让他们对这个问题产生了更加浓厚的兴趣。下页的专栏展示了近来有关不稳定工作（precarious work）的社会学研究。

在本模块，我们将会讨论社会科学家如何定义贫困。我们也会详细考察贫困人群，包括"穷忙族"。

LO 27-1　研究贫困

难以定义贫困，让社会学家和其他社会科学家更难透彻地理解贫困问题。甚至是在各种政府计划中，这个问题也非常显眼，因为政府对贫困的考量要么是绝对贫困，要么是相对贫困。**绝对贫困**（absolute poverty）是指一个家庭维持生存的最低生活水平。

绝对贫困最常用的衡量方法是联邦政府划定的贫困线。贫困线是一种每年都会加以调整的货币收入数据，根据家庭的组成和大小来反映家庭消费需求。贫困线是官方用来定义贫困的依据。例如，2012年，如果一个四口之家（两位家长和两名儿童）的家庭总收入不到23282美元，这个家庭就处于贫困线下。这一定义决定着哪些个体或家庭能够得到政府援助。

虽然以绝对贫困标准来衡量，美国的贫困率有所下降，但是美国的贫困率仍高于其他发达国家。这是因为美国公民在住房、卫生医疗、儿童保育及教育上的支出比其他发达国家都要高，在那些国家，通常都会对这些花费提供政府补贴。

相反，**相对贫困**（relative poverty）是关于贫困的一个浮动标准，依据这一标准，那些处于社会底层的人，不论其生活方式是什么，都被视为弱势群体。因此，即使身处2014年的穷人在绝对意义上比身处1930年代或1960年代的穷人拥有更好的生活条件，我们也依然认为他们需要接受特别援助。

社会上对联邦政府测量贫困的准确性产生了越来越激烈的争论，因为政府的测量标准从1963年来基本一成不变。如果将老年人医疗保险制度（Medicare）、公

> **今日研究**
>
> ## 不稳定工作

2008年，底特律的汽车制造业已然每况愈下，39岁的吉姆·马歇尔（Jim Marshall）遭到裁员。他觉得别处的就业情况更好，遂决定搬去佛罗里达州试试运气。但到2009年5月，吉姆失去了他的房产，不得不住进圣彼德斯堡北边的帐篷城市（tent city）。"我的父母以前经常告诫我，好好学习，上完高中上大学，拿到学位，以后的日子就会一帆风顺。他们说我会比他们那一辈过得更好，"马歇尔说，"我什么都做到了……我确实也曾有过那样的好生活，但现在的我却是一无所有。"（Bazar 2009: A2）

吉姆的故事实在太普遍了，他的生活就是数百万美国人的真实写照。这个庞大的人群已经沦为不稳定工作的从业者，只能得到极低的劳动报酬。在他们看来，这些工作完全无法带来安全感，也没有任何保障。从事不稳定工作的人很难养家糊口，一不小心就会跌入贫困的深渊。

甚至在经济学家于2009年承认经济衰退来临之前，就已经有足够的统计数据证明不稳定工作的数量正在不断增长，尽管在那段时间，失业率并未发生太大波动。在美国社会学学会的新任主席致辞中，阿恩·卡勒博格（Arne Kalleberg）提出了以下五个社会指标：

1. 雇员从事同一份工作的平均时间减少。这一趋势在年长的白人男性中表现得尤为明显，他们的工作曾经很有保障。
2. 长期失业人口增加。进入21世纪，失业超过半年的人口比例上升。在这一时期，制造业工作大量萎缩，新工作的数量则严重不足。
3. 工作稳定性降低。由于长期失业情况增加，而从事同一份工作的平均时长缩短，工人对自己失业后能否找到新工作越来越没有信心。

4. 外包和临时工作增加。为了应对周期性的供求变化，雇主越来越依赖于非传统劳动资源。今天，几乎所有工作都能外包，包括会计、法律和兵役。
5. 风险从雇主向雇员转移。现在几乎已经没有愿为员工提供传统养老福利的公司了。公司会要求员工至少承担一部分养老金投资，以及医疗保险计划的成本和风险。

不稳定工作的从业者通过社交媒体和其他通讯方式，试图引起政界的关注。"占领华尔街运动"就是通过社交媒体扩大了其影响力，其中也有部分不稳定工作的从业者参与其中。在意大利，服装产业工人组织了一场具有讽刺性的时装走秀，来揭露自身行业中工作的不稳定性。从纸质媒体到网络媒体，从主流媒体到非主流媒体，都对他们的惊世之举进行了铺天盖地的报道，从而引起了社会的广泛关注。

我们可以采取什么方式来复苏劳动力市场，让工人不再从事亚标准工作呢？或者至少是减少人们的不安全感呢？丹麦作出了伟大的尝试。尽管丹麦政府并无法让工作变得更加稳定，但它确实为失业者提供了切实的帮助，如帮助失业工人重新找到工作，提供高额的收入补偿（一年内无条件为失业者提供工资的 90% 作为补偿）、免费职业教育和培训，等等。

讨论

1. 对不稳定工作愈加依赖的社会趋势是否给你的家人朋友造成了影响？在你认识的人中，有没有谁失业半年以上？
2. 在你展望未来的工作时，能否想出一种可以避免不稳定工作、经常性失业及长期失业的策略？

资料来源：European Metalworkers' Federation, 2010; Fudge and Owens, 2006; Kalleberg, 2012; Mattoni, 2012; Purser, 2013。

共医疗补助制度（Medicaid）、税务优惠、食品券（补充营养援助计划，SNAP）、为低收入者建造的公共住房、卫生保健，以及由雇主提供的其他福利计算在内，公布的贫困率可能还会有所下降。另一方面，如果将需要现金支出的医疗花费、强制性支出的通勤费用和儿童保育费用计算在内，贫困率则可能还会上升。尽管现在的贫困标准考虑到了家庭的大小，但它并未考虑到家庭所居住的位置，究竟是在如纽约这样的高消费城市，还是在生活花销较低的农村地区。而且它也没有考虑户主是否需要支付房租或偿还贷款，究竟是住在家里还是与他人合住等。

为了弥补这些缺陷，联邦政府在2010年推行了第二套统计方法，即贫困测量补充方法（Supplemental Poverty Measure，SPM），主要用来估量经济困难状况。贫困测量补充方法是一种根据多项浮动的家庭资源及支出的相对贫困测量方法。它于2011年末开始投入使用，但尚未取代贫困线在决定家庭是否有权获得政府福利上的作用（Blank, 2011; Short, 2012）。

谁是穷人？

穷人这个类别并不能简单加以定义，这个类别的现状实际上完全颠覆了社会加诸穷人身上的刻板形象。例如，很多美国人都认为，穷人就是那些有工作能力却不愿工作的人。然而，40%的贫困成年人的确在外工作，其中27%从事全职工作，而全国成年人拥有全职工作的比例则为65%。这样的刻板印象导致社会对穷人的妖魔化。

尽管许多穷人住在城市贫民窟，但大多数贫民都生活在贫民窟之外。贫困在农村地区也不是什么罕见现象，从阿巴拉契亚山到遭受严重打击的农场地区，再到印第安人保留区，贫困现象简直随处可见。下表提供了关于美国低收入群体的统计信息。

谁是美国的穷人？

群体	占美国人口的比例	占美国贫民的比例
年龄		
18岁以下	24%	35%
18—64岁	63%	57%
65岁以上	13%	8%

族群		
白人（非西班牙裔）	63%	41%
黑人	13%	23%
西班牙裔	17%	29%
亚裔和太平洋群岛裔	5%	4%
家庭构成		
以男性为户主的家庭	73%	39%
以女性为户主的家庭	19%	50%
残疾人	8%	16%

注：表中的残疾人包括年龄在18—64岁的残疾人。

资料来源：DeNavas-Walt et al., 2013: 14, 17。

贫困女性化

自从第二次世界大战以来，女性在美国穷人中的比例不断提高，其中大多数都为离婚妇女或单亲母亲。1959年，在美国的贫困人口中，女性户主占到26%；2012年，这一比例上升到50%（参见上表）。这一趋势被称为**贫困女性化**(feminization of poverty)。不仅是在美国，世界各地都明显出现了这一趋势。

美国约有一半贫困女性都处于"过渡期"，她们需要面对因丈夫的离开、残疾或死亡而突发的经济危机。另一半贫困女性则依赖福利系统或近处的亲友度日。造成贫困女性化的一个主要因素是，以女性为单一户主的家庭增加。冲突论者和其他观察者认为，女性的高贫困率由三个因素造成：难以找到费用合适的托儿所、工作场所中的性骚扰，以及性别歧视（Burns, 2010）。

社会最底层

2012年，42%的美国穷人居住在中心城市。这些随处可见的城市贫民是政府消除贫困政策的重点。然而，许多观察者都发现，城市贫困人口的生活每况愈下，究其因，在于他们的受教育程度不足，以及就业机会相当有限。对缺乏技术含量的工人而言，传统制造业工作基本上已不复存在。而对低收入黑人或西班牙裔美国人由来已久的歧视，则使问题变得更加严重。

在其他社会科学家的支持下，社会学家威尔逊（Wilson, 1996, 2012a, 2010b）与他的同事用**社会最底层**（underclass）来描述缺乏训练和技能且长期处于贫困状态的穷人。根据对人口普查数据的分析，有1030万人居住在极度贫困区域。尽管并非这些地区的居民都是穷人，但居住在这些弱势社区中则意味着受教育机会非常有限、犯罪和健康风险增加、私人投资机会减少，以及食品与服务价格高昂。在这些社区，约38%的人口为黑人，30%为西班牙裔，26%为非西班牙裔白人（Bishaw, 2011）。

即使单亲母亲通过工作实现了向上流动，她也很难维持家人生活。

这些统计数据可能听上去很高，但它们还可能会继续提高。有些学者预言，近期的经济衰退可能导致社会最底层人群数量大增，他们在美国总人口中所占的比例也会随之提高。事实上，经济衰退的确促使某些效率低下、赢利较少的公司走向衰亡。然而，就算经济下行趋势终结，不景气的行业也无法重新提供工作机会。

对穷人的分析显示，贫民并非一个静态的社会阶级。穷人的整体组成总是在不断发生变化，有人或家庭摆脱了贫困向上发展，有人或家庭则向下跌入贫困的深渊。而且，仍有成百上千人陷入长期贫困而难以脱身。与白人相比，黑人和拉丁裔更可能陷入长期贫困状态。在社会福利改革的影响下，拉丁裔和非裔美国人要比白人更不容易脱离等待社会救济的行列（Jantti, 2009；Sampson, 2011）。

LO 27-2　解释贫困

为什么在美国这样一个如此富裕的国家中还会有如此普遍的贫困现象呢？时至2013年，贫困程度竟然与半个世纪前相同。社会学家甘斯（Gans, 1995）用功能论来分析贫困的存在。他认为，社会各阶层实际上都能从穷人的存在中获益。

甘斯列举了贫民所发挥的一些社会、经济及政治功能（Porter, 2013）：

- 穷人的存在意味着，"肮脏的"工作（实质意义上的肮脏或危险、费力、低廉、无尊严、枯燥的工作）只用花费极低的成本就能得以完成。
- 由于贫困的存在，社会创造出为穷人服务的职业和工作机会，包括合法工作（如公共健康专家、社会福利工作者）和非法工作（如毒贩、赌场跑堂人）。
- 确定穷人越轨身份并进行相应惩罚，从而维持传统社会规范和主流价值观（勤奋、节俭与诚实）的正当性。
- 在等级社会中，穷人的存在保证了富人的高社会地位。富人常以"咎由自取"为借口，来解释社会不平等和穷人弱势地位的正当性，从而让自己得到心理满足感。
- 由于缺乏政治权力，穷人只能承受社会变革代价。在去机构化（deinstitutionalization）的政策下，长期入院的精神病人被迫出院，沦为低收入社区的居民。与其相似，让吸毒者接受戒毒服务的"中途之家"常常遭到富裕社区的排斥，最后只能选择设在贫困社区。

因此，甘斯认为，对美国社会中许多非贫困群体来说，贫困现象和穷人实际上发挥着积极的社会功能。

LO 27-3　生活机会

韦伯认为，阶级与人们的生活境遇息息相关。**生活机会**（life chances）指的是个人为自己提供丰富的物质产品、创造优越的生活条件及生活经历的机会。生活机会反映在诸如居住环境、教育和健康等因素上。社会地位较高的阶级能够改善个人的生活机会，并能给自己带来更丰厚的社会回报。相反，生活在社会底层的人则必须将自己手中几乎全部有限资源都用于生活必需之上。有些情况下，生活机会更是攸关生死。根据2011年公布的一项医疗研究，美国每年约有13.3万例死亡与个人贫困相关，11.9万例死亡由收入不平等所致。也就是说，资源稀缺每年会导致超过25万例死亡（Galea et al., 2011）。

阶级地位会影响到个人在面对自然灾害时的承受力。1912年，"泰坦尼克号"不幸沉没，头等舱乘客的生还人数远高于三等舱旅客。这张照片是最近在海底拍摄的，展示了这所豪华游轮中头等舱所残留的景象。

在危急时刻，相比普通人群，有钱有势的群体拥有更高的存活几率。1912年，号称永不沉没的"泰坦尼克号"撞上冰山后，船上却没有足够的救生艇来疏散乘客。在制定逃生方案时，只考虑了疏散头等舱和二等舱的乘客。约有62%的头等舱乘客得以生还。尽管当时乘客们大都遵循了"妇孺优先"的规则，但获救的乘客中仍有三分之一为男性。相比之下，仅有25%的三等舱乘客生还。在头等舱和二等舱乘客接到弃船通知很久之后，三等舱乘客才得到通知。具有讽刺意味的是，这种社会不平等直至今日依然显露无遗，豪华旅游公司Bluefish最近向每位游客收取6万美元的旅行费，让他们乘坐深海潜艇去观看"泰坦尼克号"的残骸（Dickler, 2011）。

阶级地位同样会影响个人在面对自然灾害时的承受力。当卡特里娜飓风于2005年席卷美国的墨西哥湾时，富人和穷人似乎都沦为了受害者。但是，没有汽车的穷人（新奥尔良地区约有10万名）比其他人更难在风暴来临前撤退到安全地区。从肆虐的飓风中生还的穷人早已家徒四壁，因而他们比别人更可能要接受社会服务机构的重新安置，而重新安置地点有时则远在千里之外。而重返家园者则不得不费力地清理飓风扫荡之后的有毒残留物（Bullard and Wright, 2009）。

财富、地位和权力也许不一定就能带来快乐，但它们的确能够提供解决其他问题或困局的方法。因而，对社会底层的人们来说，任何自我发展的机会，即社会流动的机会，都显得尤为重要。绝大多数人都想得到上层阶级才能享有的财富和特权。社会如何才能提高社会底层向上流动的机会呢？其中一种策略就是为来自低收入家庭的大学生提供资助，因为从理论上来说，教育能够帮助人们脱离贫困。然而，这些项目并未产生如项目发起者所预想的那般重要影响。

LO 27-3　社会流动

在 2002 年上映的电影《曼哈顿女佣》（*Maid in Manhattan*）中，詹妮弗·洛佩兹（Jennifer Lopez）在这部现代灰姑娘电影中出演女主角。她从一个大城市的低级宾馆清洁女工一跃成为公司的管理人员，最后还跟前途光明的政治家谈起了恋爱。一个人从贫困背景上升到具有声望、权力及财富的位置是社会流动的例子。**社会流动**（social mobility）指的是个人或群体从社会阶层分化体系中的某个阶层到另一个阶层的活动。但在美国这样的阶级社会，社会流动有多么重要？多么频繁？变化又有多么剧烈呢？

开放与封闭的阶层分化体系

社会学家用开放的阶层分化体系和封闭的阶层分化体系来形容一个社会的流动程度。**开放体系**（open system）是指个人的社会位置受其自致地位的影响，这样的体系鼓励社会成员之间的竞争。美国正在朝这个方向发展，以减少女性、少数族裔和底层人民所面临的障碍。即使在 2008—2009 年的经济危机中，仍有约 80% 的美国人认为自己还有向上流动的机会（Economic Mobility Project, 2009）。

社会流动的另一个极端是**封闭体系**（closed system）。在封闭系统里，人们几乎没有任何向上流动的可能性。奴隶制和种姓制度就是封闭体系的典型例子。在封闭社会，社会位置的定位基于不能改变的先赋地位，如种族或家庭背景。

社会流动的类型

如果一名小学教师转行成为警察,他/她就是从原来的社会位置转移到另一个同等级的社会位置上。这两种职业在 0 到 100 的职业声望排名中有着相同的声望指数：60 分。社会学家将这种同等级社会流动称为**水平流动**（horizontal mobility）。然而,如果这位老师转行成为律师（声望指数为 76）,他/她就是经历了**垂直流动**（vertical mobility）,即从一个社会位置转移到另一个不同等级的社会位置上。垂直流动也包括个人在阶层分化体系中的向下流动,比如,如果这位老师转行为银行职员（声望指数为 50 分）。社会学家索罗金（Sorokin, [1927] 1959）首次区分了水平流动和垂直流动。不过,大部分社会学分析关注的都是垂直流动,而非水平流动。

一种讨论垂直社会流动的方法是比较代际流动与代内流动。**代际流动**（intergenerational mobility）是指孩子相对于父母社会地位的变化。因而,父亲为内科医生,儿子是垃圾收集工,这就是向下的代际流动。著名电影明星莱昂纳多·迪卡普里奥（Leonardo DiCaprio）从小与母亲相依为命,居住的社区中常有毒贩和妓女出没,他所经历的就是向上的代际流动。教育是促进向上代际流动的重要因素,因此任何阻碍获取高级学位的行为都会限制代际流动。

下表显示了收入的代际流动。1978—1980 年间,一项全国调查分析了 6000 名年轻人的家庭收入。20 年后,即 1997—2003 年间,研究者追踪了那批年轻人的发展和收入情况。调查结果显示,位于收入五分位顶层和底层的收入分配很可能会停滞不变。父母位于底层分位的年轻人中,超过 33% 在成年后仍然未能走出贫困的泥沼；父母处于顶层分位的年轻人中,37% 在成年后保持相同的地位。不过,这项研究也显示了流动的存在；处于底层分位的人群中,66% 都经历了向上流动,而在顶层人士中则有超过 60% 的人经历了向下流动。

在 1960 年代出生的人口中,持续性的代际流动主要得益于经济增长。从平均水平来看,与同龄时段的父亲相比,这些人的工资更高,因而他们的家庭收入也增长了。然而,这一趋势并未持续到下一代。现在,与同龄时段的父亲相比,年轻人挣得更少,平均工资水平减少了约 12%。虽然家庭收入比上一代人稍高,但这只是因为女性加入了有偿劳动力大军,从而不仅弥补了自己丈夫工资的减少,还提高

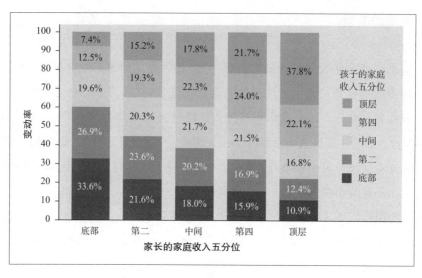

收入的代际流动

在超过 25 年的时间里，孩子在成年后常会与自己的父母处于相同的收入区间。就像第一列所示，在处于底层分位的人们中，只有 7% 在成年后进入顶层分位；他们可谓是白手起家的传奇人物。相较而言，33% 的人在成年后并无改变，继续深陷底层分位而无力脱身。

资料来源：Mazumder, 2008：11。

了家庭总收入。如今几乎再无多少女性加入劳动力大军，所以绝大多数家庭都需要增加工资，以进一步提高家庭收入（Sawhill and Haskins, 2009）。

代内流动（intragenerational mobility）指的是个人在成年生活中社会位置的变化。一位一开始为教师助教后来却成为学区教育长的女性，经历的就是向上的

如果这位律师是汽车修理工的女儿，她现在所获得的中上层地位就代表着她经历了代际流动。如果她最初是律师助手，通过努力逐渐提升到现在的位置，那她所经历的就是代内流动。

代内流动。一位因会计事务所倒闭而被迫转行开出租车的男性会计师经历的则是向下的代内流动。

美国的社会流动

在我们的社会中，向上流动的信念是一种重要的价值观。这是否意味着美国的确是一个遍地机会的国度呢？除非等到种族、性别和家庭背景等先赋因素不再影响个人的生活前景，这种信念才能算是得以实现。下面我们就来看一下这些因素对职业结构的影响。

职业流动　两项相隔十年的社会学研究，深入地探讨了美国职业结构内的流动性（Blau and Duncan, 1967; Featherman and Hauser, 1978）。总的来说，这两项研究提出了几个非常值得注意的结论：第一，职业流动（不管是代际流动还是代内流动）在男性中很常见。与自己的父亲相比，约有60%—70%的男性都从事着声望排名更高的工作。

第二，美国的社会流动程度较高，但流动幅度却大都很小。也就是说，那些职业等级高于或低于自己父母的人，实际上只是在八大职业分级中与自己的父母前后相差一两个等级。因而，劳工阶级的孩子可能会变成工匠或技工，但他/她不太可能变成经理或专业人士。除非某人一开始的起点就非常高，否则他/她几乎没有可能爬到最顶端。

教育的影响　这两项研究得出的另一个结论是，教育在社会流动中发挥着关键作用。比起家庭背景，正规教育对成人的社会地位有着更大的影响（尽管我们已经看到，家庭背景会影响个人接受高等教育的可能性）。教育是代际流动的重要途径。出身贫困的个人在获得大学学位后，就有五分之一的机会挤入顶层收入分位中（Issacs et al., 2008）。

然而，过去十年来，教育对社会流动的影响有所降低。本科学位已经不像过去那般好使，并不能保证学位获得者必然实现向上流动，这是因为越来越多的求职者都有本科学位。而且，代际流动也渐渐陷入停顿，因为世代之间已经不再存在明显的差距。过去几十年中，许多只有中学学历的父母都成功地把他们的孩子送进了大学。而在今天，越来越多的大学生的父母本身也都接受过大学教育

站在他人的角度思考问题——高中学生辅导员

如果你清楚地知道,对班上某个学生来说,昂贵的大学学费会给他/她的家庭造成沉重负担,背上沉重的债务,你还会建议他/她进入大学深造吗?哪些因素会影响你的决定?

(Sawhill and Morton, 2007)。

种族和族裔的影响　社会学家很长时间以来都注意到,社会阶级体系对非裔美国人比对其他种族更为严格。比如,与白人男性相比,即使黑人男性拥有好职业,他们的小孩在长大后维持与自己父亲同等社会地位的可能性也会较低。歧视所带来的累积负面效应,从很大程度上导致白人和黑人在生活体验方面的差异。与白人家庭相比,黑人家庭的财产相对较少,这就意味着在黑人儿童长大后,他们能够获得父母经济支持的可能性较低。实际上,年轻的黑人夫妻比起年轻的白人夫妇,更可能必须帮衬自己的父母,而他们为家庭所做的牺牲很可能会阻碍其自身社会流动。

与白人相比,黑人更有可能经历向下的代际流动,不太可能攀爬社会阶梯向上流动,并不足为奇。一项针对在 1980 年代与 1990 年代出生人口的研究发现,根据他们成年时期的预期收入,68% 的白人在 40 岁前应该能够成为中产阶级或达到更高的地位,然而仅有 34% 的黑人能够拥有相同的生活体验。如果我们关注黑人与白人摆脱贫困能力的对比,那么这一差异甚至还会更为明显。

过去几十年来,随着经济不断发展,以及 1960 年代的民权运动,非裔中产阶级的规模已经扩大了。但是这些黑人家庭几乎没有存款,所以在遇到危机时往往会陷入困境。如前所述,与白人家庭相比,经济衰退对黑人和拉丁裔家庭的打击更大。各种研究都表明,黑人比白人更有可能向下流动(Conley, 2010;Oliver and Shapiro, 2006;Sawhill et al., 2012;Wessel, 2012)。

拉丁裔人口的境况也没比黑人好多少。根据某项研究分析,非拉美裔白人家庭的财富中位数是拉美裔家庭的 18 倍。自从 1980 年代政府首次公布相关数据以来,此次的财富差距最为悬殊。拉美裔源源不断移民美国是造成这一差距的部分原因：大多数新移民都很贫困。但是，甚至是拉美裔中最富有的 10% 所拥有的净资产，也仅仅是最富有的 5% 白人家庭的三分之一（Kochhar et al., 2011）。

性别的影响　与对阶级的研究相比，对社会流动的研究往往更容易忽略性别因素的重要性。不过，现在我们已经有了一些探讨性别与社会流动之间关系的研究发现。

和男性相比，女性的就业机会受到更严格的限制。而且，根据最近的研究，能力远超工作范围所需的女性，比男性更有可能从劳动力市场中退出。这种现象违背了传统流动研究的一种假设：大部分人都有努力向上流动的欲望，他们会竭尽全力利用所有机会。

女性比男性更可能从事行政工作。但这些岗位薪水微薄，晋升机会渺茫，从而限制了女性向上流动的可能性。除此之外，男性向上流动的重要途径，如开店和成立独立工作室等自雇型工作，对女性来说更为困难，因为她们发现这种职业很难为自己提供稳定的资金来源。大多数男性都会追随父亲的职业轨迹，而女性则不太可能做到这一点。所以，性别仍是影响社会流动的重要因素。美国（及世界上其他地区）的女性都极有可能陷入贫困境地，无力摆脱自己的低收入地位（Beller, 2009）。

通用汽车首席执行官玛丽·巴拉（Mary Barra）在 1980 年参加工作时，只是工厂的一名工程师。2014 年，她爬到了公司权力金字塔的顶端。虽然机会公平法律早已通过，但是女性的社会流动仍然受到职业障碍的极大限制。2014 年世界 500 强企业中，女性执掌的企业仅为 25 家；其余 475 家均是男性的天下。

从积极的一面来说，尽管现在女性的就业情况远逊于男性，但与同龄段的母亲相比，她们的收入增速更快，因而她们的收入大大提高。显然，这一社会趋势也有例外情况，后者主要体现在低收入家庭的女性身上。由于这些女性常要照顾孩子（许多人都是单身母亲），而且有时她们还要照顾亲属，所以她们的社会流动受到了严重的限制（Isaacs, 2007b）。

LO 27-4　社会政策和阶层分化

我们都知道，研究者在研究中会用到多种研究工具，从最简单的观察研究到最先进的电脑技术等。在现实生活中，社会学研究会对公共政策和社会福利产生深远影响，下面我们就来看一下它对最低工资法律的影响。

最低工资法律

谁的工作工资最低？一代人以前，拿最低工资的人大都是在课后和节假日兼职的青少年。今天，在拿最低工资的工人中，只有12%未满20岁，33%都超过了40岁。

莫里斯·康利（Morris Cornley）现年57岁，是密苏里州堪萨斯城的吉米·约翰公司（Jimmy John's）的送货司机。他的时薪为7.35美元，每两周的税后收入是370美元。除此之外，他每月还能领到1000美元的退伍军人终身残障补贴，以及46美元的食品券。康利每月需要支付475美元的房租。他说："我努力想要一次性付清账单。我不是在生活，我只是想活下去。"（Davidson, 2013；Dube, 2013a）

康利的案例非常典型：仅靠最低工资，根本无法维持工人的生活。收入不足会带来严重的后果。在美国，由于拿最低工资的工人大量存在，从而导致社会贫困率居高不下，而社会最底层也应时而生。

最低工资不仅很低，而且它的购买力也在不断缩水。联邦政府一直在提高最低工资标准，从1950年的时薪75美分涨到2009年的时薪7.25美元，但就通货膨胀后货币的真实价值而言，最低工资根本无法跟上生活成本的涨幅。自从政府规定了现行最低工资标准以来，其购买力已经下降了6%；事实上，其真实价值已经低于1968年的最低工资标准（*The Economist*，2013d）。

联邦政府制定的最低工资标准并不适用于特定工作，比如那些能得到小费的工作。服务员、美甲师和停车场服务员的最低时薪仅为2.13美元。不过，也有一些州和城市的最低工资标准则高于联邦标准。下表列举了这些州现行的最低工资标准。

每小时（美元）	最低工资
7.25	联邦最低工资
7.40	密歇根州
7.50	缅因州、密苏里州、新墨西哥州
7.75	阿拉斯加州
7.79	佛罗里达州
7.90	亚利桑那州、蒙大拿州
7.95	俄亥俄州
8.00	加利福尼亚州、科罗拉多州、马萨诸塞州、纽约、罗德岛
8.25	哥伦比亚特区、伊利诺伊州、内华达州、新泽西州
8.70	康涅狄格州
8.73	佛蒙特州
9.10	俄勒冈州
9.32	华盛顿州

注：表中为2014年7月1日以来的最低工资标准。在州最低工资低于联邦最低工资的各州（阿肯色州、佐治亚州、明尼苏达州和怀俄明州），雇主必须按照联邦最低工资标准支付工资。

资料来源：Bureau of the Census, 2011a; Table 653; Department of Labor, 2013a; Loecke, 2014。

最低工资的社会学应用　冲突论者认为，低收入员工不仅很难支付生活账单，他们在其他方面也非常脆弱。尽管法律限定了最低工资，但雇主们也并非总是遵守。很多低收入员工都担心，如果向政府当局投诉自己的工资低于最低工资标准，自己可能就会失业。

低工资员工也很容易受到薪资拖欠（wage theft）的伤害，即雇主刻意扣留他们工资的行为。雇主可能会要求员工无偿加班、不按基本工资的1.5倍支付加班工资、收走员工得到的小费、故意将其划入独立合约员工类别，或者非法削减他们的工资，从而克扣员工的合法工资收入。雇主可能会逼迫员工放弃申请工伤赔偿，从而克扣他们的工资。根据一项针对从事各类低收入工作员工的调查，员工因为这些违反工资条例的行为而损失了15%的合法工资（Bernhardt et al., 2009）。

互动论者注意到，工资仅仅是工作回报的一部分；员工在工作环境中能够进行社会交往，这对他们自身也是非常有益的。最低工资对员工生活的影响因工作场所而异。研究发现，有些低收入工作场所能够提供一个积极的环境。特别是对年轻员工来说，他们只是把工资看成"零花钱"，因此工作就是他们与朋友社交的场所，同时他们还能逃离父母的监管。然而，其他研究发现，挣最低工资的员工常会表现出很高的疏离感。尽管高收入员工也有疏离感，但他们至少能靠工资过上不错的生活（Bessen-Cassino, 2013）。

最低工资政策建议　极少有人反对应该增加低收入员工的收入。相反，他们只是反对这种收入增加所带来的后果。最低工资增加会提高消费者所消费物品的价格吗？员工收入增加会刺激经济增长吗？雇主会雇用更少的员工，还是会削减最低工资员工的工作时间呢？其他措施，如劳动所得税扣抵，能够更好地解决"穷忙族"的需求吗？每当社会各界讨论起最低工资增加问题时，不论增幅是低是高，这些担忧总是如影随形，挥之不去（Neumark, 2007）。

研究显示，最低工资调整所带来的影响极其复杂。为了预测最低工资再次增加所带来的影响，经济学家对过去最低工资调整所带来的影响展开了研究。他们还检视了各州最低工资变化对本州内和邻近各州的影响。然而，这些研究的结果还远未能得出最终结论。

即使最低工资的确具有经济影响，我们仍然必须将许多其他经济和社会变量考虑在内，如整体经济状况等。再者，经济学家也不一定会认同其他变量的影响。例如，有些研究发现，一些工资增长碰巧发生在经济衰退期；其他一些研究则注意到，经济衰退主要影响制造业，但这个行业几乎没有拿最低工资的员工。在零售业或酒店业及食品餐饮业中并未发现经济衰退的迹象，但这些行业却雇用了66%的最低工资员工。根据最近一项美联储的研究，将最低工资增加到每小时9.25美元，低收入工人的消费就会增加，而一般消费者则会因物价上涨而减少购买行为。总的来说，这种调整会带来每年480亿美元的消费增长（Aaronson and French, 2013; Dube, 2013b）。

在2013年的国情咨文中，奥巴马总统建议在2015年前将最低工资提高到每小时9美元，这一调整预计将会影响1500万员工的切身利益。这项提案的反对者认为，这一调整将会提高企业的劳动成本，进而促使企业裁员。但是，公众舆论似乎站在了总统一边。最近的一项全国调查发现，尽管25%的受访者反对提高联邦最低工资，但却有33%表示赞成，另有36%希望最低工资能够提高到每小时10.10美元。女性、低收入人群和30岁以下人群更可能成为这场改变的支持者(Greenhouse, 2013; Peterson, 2013; White House, 2013)。

在美国，最低工资调整需要经过一系列立法流程，由此导致这种调整常会滞后于工资增加的社会需求达数年之久。有些劳动专家建议，美国应该采用不同的模式，如英国或其他国家的模式。在这种模式下，最低工资与通货膨胀的经济指数挂钩，或者政府也可以专门成立一个独立经济学家委员会来制定最低工资标准(*The Economist*, 2013d)。

很多人都认为，对低收入员工来说，仅仅提高最低工资还远远不够。这些人士提出了生活工资（living wage）这一概念，即能够满足工人基本生活需求的工资，这可以保证他们在自己的社区中维持有保障且体面的生活水准。由于在不同地区，维持社区生活的需求大不相同，所以生活工资也必须体现出区域差别。对内布拉斯加州林肯市的一名成年人来说，可能只需每小时8.08美元的生活工资就能满足生活需求；佛罗里达州盖恩斯维尔市的每小时最低生活工资可能为9.27美元；洛杉矶的每小时最低生活工资可能是11.37美元；而纽约市的每小时最低生活工资则可能达到12.75美元。如果这个成年人还要独立抚养一个孩子，那么其每小时最低生活工资可能就要翻倍了(National Employment Law Project, 2013)。

许多员工和生活工资的倡导者为此发起了一场大型公共活动来推广这个新的概念。2013年，从8月份到假日购物季，他们在快餐店和大型商城外示威抗议，要求将最低工资涨到每小时15美元。行业发言人宣称，最低工资标准猛然提高，原本售价为3美元的汉堡会涨到3.6美元；其他人则对此表示反对，认为最多也就会涨30美分(Dewan, 2013; Dube, 2013a)。

在政治家为最低工资政策展开辩论时，评论家则对可能出现的失业问题表示担忧。他们认为，现在经济正在好转，如果提高最低工资，企业就会削减工作岗位。麦当劳公司建议员工干双份工作以满足其生活所需，但却并未考虑到员工抚养孩子及健康保险的成本。几乎与此同时，俄亥俄州沃尔玛超市的经理则发起了一次食品募捐活动，以确保超市员工能够吃饱肚子(Davidson, 2013)。

E 评 估

1. 哪位社会学家用功能论视角分析贫困的存在，并认为社会多数群体受益于穷人？
   (a) 涂尔干　　(b) 韦伯　　(c) 马克思　　(d) 甘斯

2. 某人是垃圾收集工，其父是内科医师，这是（　　）的例子。
   (a) 向下代际流动　　　　(b) 向上代际流动
   (c) 向下代内流动　　　　(d) 向上代内流动

3. （　　）贫困指一个家庭最低限度的生活水准，而（　　）贫困指一种浮动的贫困标准，处于社会底层的人不论其生活方式是什么，总是被视为弱势群体。

4. 韦伯用（　　）术语来表示人们拥有物质产品、良好生活环境及有利生活经历的机会。

答案：1. (d)　2. (a)　3. 绝对；相对　4. 生活机遇

R 反 思

1. 人们的生活境遇如何影响整体社会？
2. 你认为教育、职业、种族及民族、性别这几个因素中，哪个因素对你所处社会的流动造成了最大的影响？请解释。

案例分析 | 止步不前

菲奥娜·默里（Fiona Murray）是一家高端牙科诊所的前台接待。她说："我们的客户大都是身价百万的新秀人物。但我一个小时只能挣16美元。而旧金山的生活成本又很高，对我来说实在太贵了。"默里和她10岁的儿子租住在社会下层聚居社区的一居室中。默里说："这里的确是个多种族多文化的大熔炉，我很喜欢。但我们住的公寓很挤，我只能睡在沙发上。公寓里的东西常常坏掉。"

默里本科学的传播学，但却没能拿到学位。她说："我读不起了。我的父母没钱帮我念完学业。当时我在工作，用工资还贷款。但是过了一段时间，我在想：这有什么意义呢？当时我有1万美元负债，而我们学院的毕业生又很难找到工作。"默里承认，有时她也想重回校园，学些能够改善目前处境的知识。"但转念一想，'我都有一个儿子了'，大学学费还在猛涨，我现在完全负担不起。"

默里说，眼下最糟的是，她必须假装她的生活非常体面。她说："比如，因为我们诊所服务的都是上流人士，所以我必须衣着得体，换言之，就是衣服价格高昂。我试着找到价廉物美的衣服，但我很厌恶花费我和我儿子需要维持生活的钱来掩盖真相。"

1. 默里的故事如何佐证贫困女性化？
2. 请思考导致中产阶级规模减小的因素，你是否认为默里如本案例标题所暗示的那样止步不前了呢？或者说，她其实是在走下坡路？请解释你的理由。
3. 用声望和评价来描述默里的工作。
4. 你认为默里是处于相对贫困状态中吗？为什么？
5. 如果旧金山将要发生一场大地震，默里的社会经济地位会如何影响她的生活境遇？

"强力"学习策略　有效管理时间

　　现代大学生活非常繁忙，大学生经常需要兼顾课程、作业、兼职工作和家庭生活。如果你习惯"兵来将挡"，你很可能会陷入一系列繁杂的任务、责任、承诺和担忧中。在这种情况下，有效的时间管理不再遥不可及，它能拯救你的生活。以下是一些小窍门。

P
- 非常严格地使用日历，可以是手机日历、电脑日历或纸质日历。
- 每天记录自己的时间日记，了解你把时间都花到了何处。
- 将学期事务按照重要程度进行排序。

O
- 最多使用两个日历，随身携带一本日历，以及记录所有必要事务的"正规"日历。
- 用"正规"日历来记录每天需要做的事情。

W
- 在日历上写下需要做的每件事情，包括睡眠时间、预约和职责。
- 进行长期规划。如果某个重要作业需要在5月3日前提交，就请在日历上划出在此截止日期之前进行计划、研究、写作和回顾的日期。
- 为意料外的事情留出时间（如，修车、生病）。
- 安排定期休息和锻炼时间。这一点非常关键：你的日历可以连轴转，但你不能。
- 安排"奖励时间"。如果可以，请在周五下午3点结束工作安排。如果很难做到，请在重大事件过后安排奖励时间，如期末考试之后。
- 遵守日程安排。不要浪费时间，不要有拖延行为。
- 学会对干扰自己日程安排的事情说不，不管它们看起来有多么诱人。

E
- 每周评估一次工作的效果。
- 如果你需要一个不同的日历，那就赶紧去买一个。如果你的日历不清晰，请用不同颜色进行标注。
- 如果你觉得负担太重，就请调整工作时间或课程负担。
- 你在浪费时间吗？找出那些在不经意间耗费时间的事情，然后采取行动。你可能需要减少自己查看脸书或推特的次数，或者在学习时间把手机关掉。

R
- 在学期中，花一两次重新阅读这些建议，然后反思自身经历，作出必要调整。

赐予我力量　你能有效地管理时间吗？

毋庸置疑，现代生活非常忙碌。你需要兼顾很多方面：学校、工作、锻炼、朋友，希望还有睡眠。掌控自己的时间，即知道自己现在拥有多少工作时间，以及如何有效地使用它们，是成功生活的关键。请对照下面的描述来给自己评分：

总是 = 2 分　有时 = 1 分　从不 = 0 分

1. 似乎总是有一些干扰或危机让我无法完成目标。
2. 我一天中常会查看自己的脸书页面和推特信息。
3. 我在笔记本的页边空白处或小纸片上写上考试日期和其他重要事情。
4. 我的工作时间和课业负担让我没有时间去做别的事情。
5. 我总是临时抱佛脚来写论文或准备考试。
6. 我总是太累了，所以完成不了任务。
7. 我没有列出任务清单。我凭心情选择要做的事。
8. 我拖延任务，只因找不到完成的动力。
9. 我随便找个地方学习。如果有人来了，我就不学习了。
10. 我不清楚自己的时间去哪儿了。

得分

0—5 分：你很好地利用了时间并排列了优先顺序。

6—10 分：你有很好的时间管理习惯，但还有提升空间。

11 分或更多：你可能会拖延工作，做事没有条理，并且容易分心。使用左页专栏"有效管理时间"中的方法来更好地管理你的时间。

目 录

(下)

第九章　种族与族群不平等 337
　　模块 28　弱势群体、种族和族群 339
　　模块 29　关于种族和族群的社会学视角 359
　　模块 30　美国的种族和族群 369

第十章　性别分层 394
　　模块 31　性别的社会建构 396
　　模块 32　女性：被压迫的大多数 413

第十一章　家庭和人类性行为 429
　　模块 33　关于家庭的全球观点 431
　　模块 34　婚姻和家庭 441
　　模块 35　家庭生活与性行为的趋势 456

第十二章　健康与环境 472
　　模块 36　关于健康与疾病的社会学视角 474
　　模块 37　社会流行病学与健康 482
　　模块 38　美国的医疗保健 488
　　模块 39　有关环境的社会学视角 502

第十三章　教育……520
模块 40　关于教育的社会学视角……522
模块 41　作为正式组织的学校……535

第十四章　全球社区的社会变迁……552
模块 42　社会运动……554
模块 43　社会变迁……563
模块 44　全球社会变迁……572

第十五章　全球不平等……589
模块 45　世界体系中的分层……591
模块 46　国家内部的分层……603

第十六章　宗教……617
模块 47　宗教的社会学方法……619
模块 48　宗教的组成与组织……632

第十七章　政府与经济……650
模块 49　经济体制……653
模块 50　权力、权威和政府体制……661
模块 51　美国的政治行为……672
模块 52　不断变化的经济体……683

9

第九章

种族与族群不平等

模块 28 弱势群体、种族和族群

模块 29 关于种族和族群的社会学视角

模块 30 美国的种族和族群

社会学实务——社区学院招生人员

保罗·陈（Paul Chen）每年都要走访十几所高中，与学生们讨论其未来的人生计划，并鼓励他们考虑报读他所工作的当地学院中的某一个专业。"我希望我们学院能够反映真实世界的面貌，所以我总是留意寻觅那些所谓非传统型学生。考试分数是很重要，但才华的表现形式应该是多元的。"陈举了一个例子，他最近从某个城区中学招收了一个小伙子。"那个学校几乎没有什么资源，对学生也没有很高的期待。这个学生的成绩并不好，但他却组织了一场为海地灾民募捐的乐队比赛。他希望能为非洲的公共健康略尽绵薄之力。我在这名学生身上没有看到'平庸'的表现；我发现这是一位有想法且敢于将想法付诸实践的年轻人；虽然他自己时运不济，但却心怀服务他人的理想。我确信，他就是我们学院热烈欢迎的学生。"

本章内容概述

什么是偏见？偏见是如何转变为体制化歧视的？种族和族群如何影响外来移民的体验？在美国，发展势头最强劲的少数族群是什么？本章我们将会探讨种族和民族的含义。我们会列举弱势群体的基本特征，对种族和族群加以区分。然后，我们会讨论偏见和歧视的驱动力。探讨过四种社会学视角对种族和族群的看法，我们将会分析族群间关系的共同模式。接下来的模块将会描述美国主要的族群。最后在社会政策部分，我们将会探讨全球人口迁徙这一议题。

模块 28

弱势群体、种族和族群

P 准备 学习目标

LO 28-1 定义并区分弱势群体、种族和族群

LO 28-2 区别偏见和歧视，并解释为什么"种族中立性"意味着隐性种族主义

O 组织 模块大纲

弱势群体

种族

族群

偏见和歧视

W 工 作

社会学家经常对种族和族群进行区分。**种族**（racial group）描述了因具有社会意义的生理差异而区别于其他人种的群体。白人、非裔美国人和亚裔美国人都被视为美国的种族群体。正如我们随后将会看到的，尽管生理差异的确成为种族的表现特征，但却是特定社会的文化建构了种族的差异性，并赋予其社会意义。与种族群体不同的是，**族群**（ethnic group）主要是因为民族血统或不同的文化模式而区别于其他群体的群体。在美国，波多黎各人、犹太人和波兰裔美国人都被认为是族群（参见下表）。

2010 年美国的种族和族群

分 类	人数（单位：千人）	人口比例
种族		
白人（非西班牙裔）	195 371	60.3
黑人/非裔美国人	37 686	12.2

分　类	人数（单位：千人）	人口比例
美国印第安人／阿拉斯加原住民	2 247	0.7
亚裔美国人	15 553	5.0
中国人	3 347	1.1
亚裔印度人	2 843	0.9
菲律宾人	2 556	0.8
越南人	1 548	0.5
韩国人	1 424	0.5
日本人	763	0.2
太平洋岛屿／夏威夷原住民	1 847	0.6
其他亚裔美国人	1 225	0.5
阿拉伯裔美国人	1 517	0.5
两个或以上种族	9 009	2.9
族群		
白人后裔		
德国裔	49 341	16.0
爱尔兰裔	35 664	11.6
英国裔	26 873	8.7
意大利裔	17 486	5.7
波兰裔	9 757	3.2
法国裔	9 159	3.0
苏格兰裔和苏格兰－爱尔兰裔	9 122	3.0
犹太裔	6 452	2.1
西班牙裔（或拉丁裔）	50 478	16.4
墨西哥裔美国裔	31 798	10.3
波多黎各裔	4 624	1.5
古巴裔	1 785	0.6
萨尔瓦多裔	1 648	0.5
多米尼加裔	1 415	0.5
危地马拉裔	1 044	0.3
其他西班牙裔	8 164	2.7
总人口	**308 746**	

注：阿拉伯裔美国人被排除在白人总人口之外。表中为2010年数据。由于分类有所交叉，部分人口可能属于不止一个族群（比如，波兰裔美国犹太人或爱尔兰人和意大利人的混血后代），百分比总和并不等于100%。

资料来源：American Community Survey, 2011; Table C04006; Asi and Beaulieu, 2013; DellaPergola, 2012; Ennis et al., 2011; Hixson et al., 2012; Hoeffel et al., 2012; Humes et al., 2011; Norris et al., 2012。

LO 28-1　弱势群体

少数群体是指数量上未及其他主要族群人口一半的群体。美国的人口包括数以千计的少数群体，包括电视演员、绿眼睛的人群、税务律师和那些乘坐"五月花号"来的英国清教徒移民后裔。然而，这些人并不是社会学意义上的弱势群体；实际上，群体人数并不能决定群体作为社会弱势群体（或主要群体）的地位。社会学家在定义弱势群体时主要考虑群体是否拥有经济和政治力量。**弱势群体**（minority group）指的是，与主要群体或多数人群体成员相比，群体成员对自己生活的控制力明显较小的次要群体。社会学家列出了弱势群体的五个基本特征：不平等待遇、生理或文化特征、先赋地位、团结和族内通婚（Wagley and Harris, 1958）。（1）与主要群体成员相比，弱势群体成员都受过不平等待遇。比如，公寓大楼的管理部门可能会拒绝把房子租给非裔美国人、拉丁裔美国人或犹太人。社会不平等可能是由偏见、歧视、种族隔离乃至种族灭绝而产生或维持的。（2）弱势群体成员具有与主要群体不同的生理和文化特征。每一个社会都会任意决定哪些特征是定义群体最重要的特征。（3）弱势群体（或主要群体）的成员身份并不是自愿取得的；人们一出生即成为某个群体的成员；因此，种族和族群都被认为是先赋地位。（4）弱势群体成员有强烈的群体团结感。萨默纳在其1906年的著作中注意到，人们将自己的群体成员（内群体）与其他群体成员（外群体）分得很清。如果某个群体经历了长期的偏见和歧视，那么这种"我们与他们对立"的感觉往往会变得非常强烈。（5）弱势群体成员通常都是与本群体内的人结婚。主要群体成员一般都不愿与地位低下的弱势群体成员通婚。而且，弱势群体的团结感也鼓励他们进行族内通婚，而劝阻他们不要与外族人员通婚。

LO 28-1　种族

许多人都认为种族是一系列不同的生理类别。然而，研究表明，这并非区分不同种族的有效方法。种族之间并没有足以影响人们社会行为和能力的基因体系差异。相反，社会学家用种族来指因明显的生理差异而区别于其他群体的弱势群体（以及相对应的主要群体）。但什么是"明显的"生理差别呢？每个社会都会建构一些人们认为很重要的差别，而忽略其他可能会被当成社会差异基础的特征。

种族的社会建构

由于种族是一种社会构成，所以定义种族的过程通常更加有利于拥有更多权力和特权的群体。在美国，人们关注肤色和头发颜色的差异。然而，人们却在不知不觉中认识到肤色差异具有非常重要的社会和政治意义，而头发颜色差别就没有这种作用。

美国人往往根据对他人肤色的观察，笼统而随意地将其他种族归入"非裔""白人"或"亚裔"的传统种族类别中，而肤色的细微不同却往往无人注意。而在很多中美洲及南美洲国家，人们却会辨别从浅色到深色的颜色梯度变化。巴西约有40种颜色类别；而在其他国家，人们可能会被描述为"洪都拉斯混血儿""哥伦比亚黑白混血儿"或"非裔巴拿马人"。所谓"明显的"差异都取决于每个社会的社会定义。

美国最大的少数族群是非裔美国人（或黑人）、美国土著（或美国印第安人）和亚裔美国人（日裔美国人、美籍华人及其他亚洲人）。下表展示了过去五个世纪美国的种族和族群的人口信息，并对2060年的人口状况进行了估计。

在现有人口模式下，美国的人口多元化显然还会继续增加。2011年，人口普查数据首次揭示，3岁以下的美国儿童中，绝大多数都是西班牙或非白人裔。美国人口模式的这个转折点标志着，美国国内的少数族群将会逐渐变为多数族群。到2050年，或者在此之前，美国绝大多数学龄儿童都将是来自目前的少数族群。

奥米和怀南特（Omi and Winant, 1994）用**种族形成**（racial formation），清晰地定义了种族。种族结构是种族类别被创造、占据、转变和摧毁的社会历史过程。在这个过程中，掌权阶层根据种族社会结构来界定人类群体。19世纪晚期，美国政府为印第安人制定了保留地制度，这一制度随后极大地影响了查尔斯·特林布（Charles Trimble）的生活和工作，这就是种族形成的典型示例。联邦政府工作人员把明显不同的部落整合为今天所称的美国土著种族。种族结构对人类的影响广泛且频繁，没有人能够完全置身事外。

19世纪，种族结构的另一个例子就是"一滴血法则"。一个人哪怕只有一滴

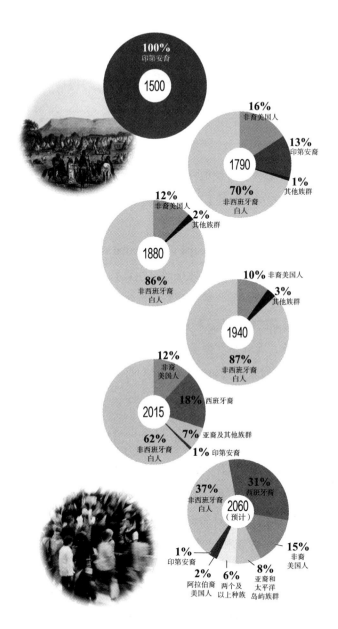

美国的种族和族群，1500—2060（预计）

今天的美国种族和族群构成不仅在过去半个世纪中发生了改变，而且在过去五百年中也在不断变化。五个世纪前，这片土地上只有印第安人。

资料来源：Bureau of the Census, 2004a, 2012e：Table 4, 2013b；Humes et al., 2011。

第九章　种族与族群不平等

站在他人的角度思考问题——警官

由于美国多种族背景的新生儿出生率持续增长,你认为仇恨犯罪的数量会随之下降吗?为什么?

"黑人血液"也会被认为是黑人,即使他/她的外表看上去是白人。种族显然具有社会意义,其重要性如此之大,以至于白人立法者制定了关于谁是"黑人"和谁是"白人"的官方标准。

"一滴血法则"是种族社会建构(social construction of race)的生动例子。在这个过程中,人们对种族的界定并不单纯是通过生理特征,而是还会基于历史、文化和经济因素。比如,在19世纪,意大利裔和爱尔兰裔美国人最初都未被视为"白人",而是被视为不可靠的外国人。种族社会建构是一个持续不断的过程,它总是受到各种争议的影响,尤其是在像美国这样的多元社会更是如此。在美国,每年都有很多有着不同种族背景的父母诞下新生婴儿。

多元身份的认同

1900年,在伦敦反奴隶制联盟的发言中,学者杜波依斯预言到,"种族界限"将会成为20世纪最严重的问题。杜波依斯生于1868年,是一名黑人自由人,在他的一生中亲眼见证了美国社会对黑人的偏见和歧视。他的预言非常准确。在一百多年后的今天,种族和民族问题仍是美国社会中非常重要的问题(DuBois,[1900]1969)。

然而,自1900年以来,种族界限已经大为模糊。种族间的通婚不再为法律或习俗所禁止。因而,土生土长的密歇根州安娜堡市居民吉萨·拉克希米-纳拉亚南(Geetha Lakshmi-narayanan)既是白人,又是亚裔印度人。但她却总是被误认为菲律宾裔或拉丁裔女性,而她也早已习惯了人们突然唐突地问她"你是哪族人"(Navarro,2005)。

20世纪晚期,随着拉丁裔移民增加,种族形成的流动性变得愈加明显。突然间，人们纷纷谈论起美国的"拉丁美国化"（Latin Americanization），即美国的双种族社会（白人/黑人社会）逐渐被三种族社会取代的过程。2010年人口普查中，超过900万美国人（约占美国总人口的2.9%）兼有两个种族的血统。未满18岁的美国年轻人中有一半都可归为多种族血统的类别，表明多种族身份人口还将不断增多。自称是白人和印第安人后裔的美国人是规模最大的多种族身份居民（Bonilla-Silva，2004；Humes et al.，2011）。

数以百万计的多元种族人群的统计数据掩盖了各种要求人们确定自己身份的操作方式。比如，政府项目的登记表格通常包括少数宽泛的种族和族群类别。这种种族类别宽泛化的方法也展现了强制单一种族身份认同的漫长历史。然而，许多个体，尤其是年轻的成年人，奋力抵抗迫使自己选择单一身份认同的社会压力，公开接受自己的多元身份认同。许多公众人物也都不再掩盖自己的混血血统，而是非常自豪地将之公之于众。歌星玛利亚·凯莉为自己的爱尔兰血统感到自豪，奥巴马总统向公众讲述自己的肯尼亚裔父亲和来自堪萨斯的白人母亲，以及自己在夏威夷出生的经历。世界顶级职业高尔夫球手老虎伍兹，则认为自己是拥有亚洲和非洲血统的美国人。

LO 28-1　族群

与种族不同，族群是因其民族血统或特定文化模式而与其他族群区分开来。在美国的族群中，有一群以西班牙语为母语的人们，他们被统称为拉丁裔或西班牙裔，如波多黎各人、墨西哥裔美国人、古巴裔美国人和其他拉丁美洲人。其他族群还包括犹太裔、爱尔兰裔、意大利裔和挪威裔美国人。尽管这种群体分类非常方便，但它却掩盖了族群类别内部的各种差异（如西班牙裔美国人的例子），同时还忽略了许多美国人拥有多重民族血统的情况。

少数种族和少数族群之间的差异并不总是非常清晰。少数种族的一些成员，比如说亚裔美国人，可能和其他种族群体有着非常明显的文化差异。与此同时，特定的少数族群，比如说拉丁裔，可能和美国的其他族群有着非常显著的生理差异。

尽管族群类别化存在很多问题，但社会学家仍然认为，区别种族和族群有重大社会意义。在包括美国在内的大多数社会，社会建构的生理差异比民族差异更加明显。正因如此,根据种族界限产生的阶层分化要比根据族群界限而产生的阶层分化更难改变。随着时间推移,某个少数族群的成员有时会变得与多数族群无甚区别,尽管这个过程可能会经历好几代人,而且也许永远都无法包括这个群体的所有成员。相反,少数种族成员发现他们更难融入主流社会,也更难为多数种族成员所接受。

LO 28-2 偏见和歧视

纵观 21 世纪的美国,有些人非常怀疑种族和族群是否仍与社会阶层分化息息相关。毕竟,非裔美国人担任了国务卿、国防部长和参谋长联席会议的主席;历任司法部长中也出现了非裔美国人和西班牙裔的身影。最引人注目的是,非裔美国人现在成为美国总统。不过,即便是这些具有种族背景的领袖取得了历史性

2009 年奥巴马总统的就职典礼显然具有划时代意义。不过,为了更加透彻地了解这一历史事件的重要性,我们应该看到,当奥巴马卸任参议员职位就任总统时,参议员们又变回了清一色的白人面孔。四年之后,在 2012 年的总统选举中,超过一半白人投票者(59%)都将选票投给了奥巴马之外的其他候选人。

的成就，但在每种情况下，他们职位的提升，也就意味着美国政府各部门和国会实际上只剩下清一色的白人面孔。

与此同时，大学校园成为种族歧视事件的高发地。学生们办的报纸和电台嘲讽少数种族和族群；恐吓信被塞进少数族裔学生的门缝；大学墙上的涂鸦包含了一些3K党等白人种族优越组织的观点。有时，白人和黑人学生之间甚至还会发生暴力冲突（Southern Poverty Law Center, 2010）。是什么导致这些丑陋事件的发生呢？

偏见

偏见（prejudice）是对某类人群，通常是针对少数种族或族群的负面态度。如果你因为室友非常懒散而心生不满，这不一定是偏见。但若你立刻根据他的种族、族群或宗教信仰等特征产生刻板印象，这就是偏见。偏见往往会使对个人或群体的错误定义变得更加持久。

有时，偏见是由种族中心主义造成的。种族中心主义是指认为自己的文化和生活方式代表社会规范，或比其他种族更为优越的倾向。种族中心主义者会用本群体的标准去评判其他文化，因而他们很容易对自己所认为的劣等文化产生偏见。

种族主义（racism）是一种增强偏见的重要且广泛的意识形态，它推行的信念是：某个种族优越无比，其他种族则天生劣等。当种族主义在社会中盛行时，从属群体的成员通常会遭受偏见、

就连少数族裔中的成功人士，如休斯敦火箭队的得分后卫林书豪，也会被种族言论所冒犯。2012年，林书豪带领球队取得一波连胜后，遭遇了一场惨败。美国娱乐与体育节目电视网ESPN在其官网上用了带有种族侮辱性的标题"穿着盔甲的中国佬"来评价他的赛场表现。后来ESPN又为其不当言论向林书豪道歉。

第九章　种族与族群不平等　347

歧视和剥削。1990年，出于对美国种族袭击事件剧增的担忧，国会通过了《仇恨犯罪数据法案》。自此以后，仇恨犯罪的报案与调查方式也开始与侵犯财产和人身的传统犯罪一般无二。

偏见同样根植于种族和族群的**刻板印象**中，刻板印象是对有关群体所有成员不可靠的概化，往往忽略了群体内部的个体差异。主导群体或多数群体会在种族形成的过程中产生对其他种族和族群的刻板印象。正如互动论者托马斯（Thomas, 1923）所注意到的，主导群体的"情境定义"常常具有强大的影响力，它能塑造个体的人格。也就是说，人们不仅会对个体或环境的客观特征产生反应，还会对个体或情境所承载的社会意义（social meaning）进行响应。因而，主导群体创造的错误形象或刻板印象就会变成现实。

色盲种族主义

过去60—90年间，各种全美调查纷纷显示，白人越来越支持种族融合、跨种族通婚，以及选举少数族裔成员为政府官员，包括美国总统。考虑到美国社会根深蒂固的社区隔离和每年数以千计的仇恨犯罪情况，我们该如何解释这种趋势呢？一定程度上，这是因为，现在偏见或歧视再也不能像过去那样自由地表现出来，这些丑陋的态度和行为常会隐藏在机会平等的伪装之下。

色盲种族主义（color-blind racism）是利用种族中立原则来维护种族不平等的现状。种族中立的支持者宣称，他们相信每个人都应得到公平对待。然而，他们将这一原则运用于政府政策的方式却并不中立。他们反对平权法案和公共福利援助，反对政府补贴的健康保险，因为他们认为这些政策会让弱势群体获利。然而，他们却从不反对那些赋予白人特权的惯例，比如优先考虑校友孩子的大学录取标准。他们也从不反对针对房屋业主（绝大多数都是白人）的所得税扣抵，更不反对政府对大学生发放补贴，因为接受大学教育的人大都是白人。种族中立主义并不是基于种族优越性或劣等性，但它提出的"社会应该不分肤色"的观点，却让种族不平等现象更加挥之不去。

色盲种族主义又被称为"隐形种族主义"。尽管它的支持者很少提及种族主义，但社会阶层或公民权等其他指标很可能会取代种族成为决定社会地位的重要

政府公共援助办公室里挤满了寻求帮助的人。那些反对政府福利项目但是支持其他政府援助（如政府为大学生提供补贴）的人，就可能表现出了色盲种族主义态度。

因素。因此，许多白人都坚信自己不是种族主义者，也不认识任何种族主义者，但却仍然会对"接受社会福利救济的单亲妈妈"和"移民"抱有偏见。他们误以为，对不同种族和族群的包容已经实现了。他们甚至认为，种族与族群平等也已经实现了。

过去几十年，研究者就白人对非裔美国人的态度展开了诸多研究，这些研究不约而同地得出了两大结论。第一，人们的态度确实发生了改变。在社会动荡时期，一代人的观念态度也会发生剧烈变化。第二，与1950年代至1960年代这段较短的时期相比，20世纪末到21世纪初并未取得重要的种族平等进步。今天，非裔美国人和拉丁裔等经济弱势群体，与城市衰败、无家可归、福利和犯罪等问题逐渐产生了紧密联系。虽然这些问题并未贴上种族标签，但实际上现代社会已经将它们视为种族问题。由于社会倾向于认为这些社会顽疾的受害者"咎由自取"，问题的解决也就变得更加复杂，尤其是当政府受因于经济衰退、抗税倡议和恐怖主义的忧患，难以抽出精力来解决社会问题时更是如此。简而言之，肤色界限仍然存在，尽管有越来越多的人都拒绝承认它的存在（Ansell, 2008；Bonilla-Silva, 2006；Coates, 2008；King, 2007；Quillian, 2006）。

歧视行为

偏见常会导致**歧视**（discrimination），歧视是因偏见或其他武断的原因导致的对个体或群体机会及平等权利的否定。比如，一名对亚裔有偏见的白人企业主管想要招一位行政管理人员。最适合这份工作的候选人是一位越南裔美国人。如果这名主管拒绝聘用他，而是用了一位比他逊色的白人，这名主管就有了种族歧视行为。

偏见态度并不能与歧视行为画上等号。这两者虽然相互关联，但却并不一致；它们是可以独立存在的，即使不存在偏见也可能有歧视，反之亦然。一位有偏见的人并不一定会作出有偏见的行为。比如，上段中提到的那名白人公司主管尽管对亚裔有刻板印象，但也可能会留下那位越南裔美国人，这叫摈弃歧视的偏见。另一方面，一个对越南裔美国人完全尊重的白人主管，也可能会因担心有偏见的客户另选合作对象，而拒绝聘用他担任行政职务。在这种情况下，这位主管的行为就叫摈弃偏见的歧视。

社会学家德瓦·佩格（Davah Pager）在威斯康星大学麦迪逊分校读博士时做过一个实地实验，为招聘中的种族歧视提供了佐证。佩格让四位举止礼貌、穿着考究的年轻人前往密尔沃基应聘初级工作职位。他们四个人都是年满23岁的大学生，但在求职过程中却自称只有高中学历，他们提供的工作经历基本相同。四个人中分别为两名白人和两名黑人，其中有一名黑人求职者和一位白人求职者自称曾因犯下重罪入狱18个月，罪名为企图贩卖可卡因。

毫不意外，在与350名雇主打交道的过程中，这四位求职者受到了非常不同的对待。那位自称曾经入狱服刑的白人求职者进入第二轮面试的几率为17%，仅为另一位白人求职者的一半（34%）。但是，种族的负面影响远超犯罪记录。尽管曾入狱服刑，但那位白人求职者进入第二轮面试的几率仍然略高于无犯罪记录的黑人求职者，他们的机会分别为17%和14%。这说明，比起犯罪记录，雇主更看重种族因素。

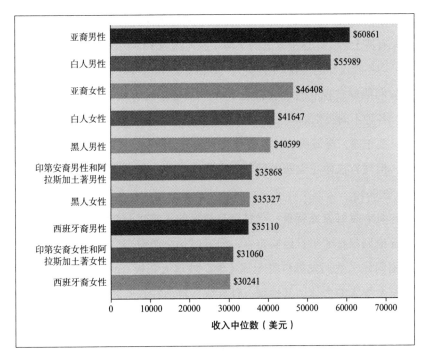

基于种族、民族和性别的美国收入中位数

即使白人和黑人都有最高等级的学位,两者之间的收入差距依然存在。教育程度对男女之间的收入差异并未产生明显影响。就连最简单的分析都能揭示出白人男性与女性,尤其是非裔美国人、印第安裔和西班牙裔女性之间非常显著的收入差距。

注:2013 年公布的 2012 年的收入数据。收入中位数来自各种渠道,只限于从事全职工作的 25 岁以上全勤员工(印第安裔的数据包括年满 16 岁及以上人口的收入)。白人男性和女性特指西班牙裔白人。

资料来源:American Community Survey, 2013a;Table B20017C;DeNavas-Walt et al., 2013;PINC-03。

这项研究并非只是密尔沃基城的个别现象。社会学家在包括芝加哥、纽约、长岛和华盛顿等其他城市所做的研究,也都印证了就业歧视。长此以往,雇主在招工上的差别对待行为就会极大地影响员工的收入待遇。上表清晰地说明了白人男性以及其他几乎所有人之间的收入不平等(Pager, 2007;Pager et al., 2009)。

如果种族是障碍的话,为什么亚裔男性会比白人男性的收入还要略高呢(参见上表)?并非所有亚裔男性都能挣到非常高的工资;实际上,有些亚裔群体,如老挝裔和越南裔,贫困率非常高。不过,那些学历背景良好的亚裔的确有能力找到高收入工作,从而提升了这个群体的收入中位数。这些受过良好教育的亚裔能够获得很高的收入，但他们的收入却低于同等条件的白人。亚裔家庭中，如果有一个人有博士学位，这个家庭的平均年收入约为12.4万美元，而同等情况的白人家庭平均年收入却能达到14万美元（DeNavas-Walt et al., 2013）。

种族和族群歧视有时也会公之于众。Craigslist.org 或 Roommate.com 等网络论坛上，各种不同类别的广告中常会提及："非裔和阿拉伯裔常会与我发生冲突"或者"只要干净、虔诚的男性基督徒"。尽管反歧视法律禁止报纸上出现这类广告标语，但现有法律还无法做到禁止在网络招聘和租房广告中出现的偏见言论（Liptak, 2006）。

就连具有良好家庭背景、受过高等教育的高素质弱势群体成员也会受到歧视。尽管他们颇有才华且经验丰富，但有时仍会遭受态度或组织上的偏见，这些偏见则阻碍了他们发挥自身全部才能。**玻璃天花板**（glass ceiling）这一术语指的是符合要求的个体因其性别、种族或族群而在晋升之路上碰到的无形障碍（Schaefer, 2014）。

1995年早些时候，美国联邦政府的"玻璃天花板"委员会对美国的职场晋升障碍展开了全面研究。委员会发现，"玻璃天花板"仍在阻碍着女性和弱势群体男性晋升到美国各大产业的最高管理职位。

主要群体的特权

关于歧视一个常被忽略的方面就是主导群体所享受的特权，这些特权是以牺牲其他人的利益为代价的。比如，我们更加关注女性兼顾工作和家庭的困难程度，而往往忽略了男性避免家务并获得成功的容易程度。我们更为关注少数种族和族群所受到的歧视，而常常忽略了白人主导群体所享有的特权。实际上，大多数白

站在他人的角度思考问题——人力资源经理

在你就职的行事传统且机构庞大的金融公司中，你会采取什么措施来减少白人特权和性别歧视？

白人习惯于看到职场中的高级职位全都是白人面孔。白皮肤的确会带来特权。

人都很少会想到自己是"白色的",他们将之视为理所当然。

社会学家和其他社会科学家对"白色的意义"问题越来越感兴趣,因为白人的特权是广为人知的种族歧视的另一面。在这种情景下,**白人特权**(white privilege)指的是只因他们是白人就能享有的特别权利或豁免权(Ferber and Kimmel, 2008)。白人特权的观点正好符合杜波依斯的一个观察发现:白人工人并不想要人人平等的工作环境,他们早已接受了作为白人能够享受的"公共和心理报酬"。

女性主义学者麦金托什(McIntosh, 1988)注意到,大多数男性并不承认作为男性所具有的特权,尽管他们承认作为女性是存在一些劣势。自此她就对白人特权产生了兴趣。白人是否也会对自己的种族特权视而不见呢?她对此深感好奇,从而开始将她自己从白人身份上享受的所有好处全都罗列出来。她很快就意识到,那些未曾明言的特权不仅多得惊人,而且都非常重要。

麦金托什发现,作为一名白人,不管走到哪里,她都从未踏出过自己的舒适区。只要愿意,她就可以绝大多数时间都与自己同种族的人们待在一起。她可以在好社区找个好房子住下来，在几乎任何一家百货店买到自己喜欢的食物，在几乎任何一家美发店做头发。她可以随意参加公共会议，而不会感觉与身边人格格不入或与众不同。

麦金托什还发现，她的肤色为自己打开了一扇大门。她可以兑现支票，不用在别人怀疑的眼光下使用信用卡，在商店里闲逛时不会被保安尾随监视；她可以轻松惬意地在餐厅里用餐休息。如果想要见经理，她认为对方一定会是和她同一种族的人。如果需要看病或打官司，她都能得到帮助。

麦金托什也意识到，自己的白皮肤使得养育孩子的事情变得更加容易。她不用操心如何保护自己的孩子免受怀有恶意者的伤害；她能确信，孩子的教科书中有着与他们一样肤色的人的图片；历史课本上描述的都是白人取得的成就。她知道，他们看的电视节目里准会有白人角色。

最后，麦金托什必须承认的是，别人也不会总是用种族身份来评价她。当她出现在公共场合，她不用担心自己的衣着或行为会给白人抹黑。如果她取得了成就，人们都会认为这是她个人的成就，而不是整个种族的成就。没人会认为她的个人意见代表所有白人的观点。由于麦金托什与她周围的人紧密地融合在一起，所以她不会始终一个人站在舞台上。

这还不是因为白人是美国的主导族群就理应享有的所有特权。正如德瓦·佩格的研究所表明的，白人求职者在和那些同等资质乃至资历更高的黑人竞争时享有巨大的优势。白皮肤的确承载着特权，白人所能享受的特权的确远超他们的想象（Fitzgerald, 2008；Picca and Feagin, 2007）。

体制性歧视

歧视不只是在相互打交道时才会出现，它们也会出现在机构的日常运作中。社会科学家对就业、住房、健康医疗和政府运作等结构因素如何维持种族和族群的社会意义很感兴趣。**体制性歧视**（institutional discrimination）指的是由社会的日常运作而产生的对群体和个体机会与平等权利的拒绝和排斥。这种类型的歧视会一直影响特定的种族和族群。

民权委员会（Commission on Civil Rights, 1981：9—10）确定了体制性歧视

《民权法案》(1964) 通过前,公共设施的种族隔绝是整个美国南部地区的社会规范。白人使用最现代化的浴室、候车室、甚至饮水机,黑人("有色人种")只能使用老旧设施。这种种族隔离且不平等的安排是体制性歧视的典型示例。

的多种形式:(1) 规章制度规定工作场所只能使用英语,即便当时限制使用其他语言并非出于工作必需。(2) 法学院和医学院在招生时更倾向于录取有钱有势校友的子女,而这类校友几乎都是白人。(3) 制定限制带薪休假和禁止兼职工作的政策,使得单亲家庭的户主(大多为女性)很难找到并保住工作。

在某些情况下,就连看似中立的体制标准都会产生歧视效果。美国中西部州立大学的非裔学生抗议学校的一项政策,该政策规定兄弟会和女生联谊会如果想要借用学校设施举办舞会,必须交 150 美元作为押金,以备赔偿可能会被损坏的设施。非裔学生抱怨道,这项政策对少数族群学生组织有歧视。校园警察对这种控诉表示反对,说学校政策对所有想要使用学校设施的组织都一视同仁。然而,由于学校中势力庞大的白人兄弟会和姐妹联谊会都有举办舞会的专属场地,所以这项政策的确只会影响非裔美国学生和其他少数族群。

今日研究：投票站的体制性歧视

小埃迪·李·霍洛威（Eddie Lee Holloway Jr.）从年满18周岁起就一直在履行公民投票权。几十年过去了，现在他却麻烦缠身，不仅无法参与投票，连残疾人福利也无法领取。眼下这一困境全拜他出生时的行政操作失误所赐。出生证明上把他的姓名写成了埃迪·朱尼尔·霍洛威（Eddie Junior Holloway），所以威斯康星州不允许他投票。埃迪社会保障卡上的名字是正确的，那张早已过期的伊利诺伊州带照片的身份证上的名字也是正确的。尽管出生证明上出现了他父亲的名字埃迪·李·霍洛威，但州政府仍然没有认可他的美国公民身份。和许多非白种美国人一样，体制性歧视让埃迪失去了与生俱来的权利。

政府应该如何确定个人投票权的真实性呢？如今很多州都开始要求投票人出示政府颁发的带照片的身份证件，以防出现选民欺诈行为。其他州则认可各种带照片的证件。过去，选民通常都不需要在投票点出示任何身份证明；登记投票时他们的身份就已经得到了确认。

法庭不愿支持新的选民身份确认法律，因为并非所有拥有投票权的公民都能轻易获得这些证明。这类法律让大批老年人和弱势群体成员失去投票权，只因他们没有驾照。根据一项全国调查，25%的非裔美国人公民和16%的拉丁裔美国公民未持有政府颁发的带照片的有效身份证件，相比之下，只有8%的白人没有这些证件。这些发现恰好印证了体制性歧视的含义，因为在这种情况下，通过社会的正常运作，有色人种相较其他人更可能丧失自身权利。实际上，对谁有投票权的研究表明，我们的全国选举中存在体制性歧视。

为什么会突然想起强调选民的身份呢？事实上，几乎没有证据表明，有人在投票点仿冒合法选民的身份。然而，各种调查显示，绝大多数美国人都赞成实施严格的选民身份确定方法，不论这种方法是否构成体制性歧视。2013年，一项全国电话调查发现，70%的美国选民认为，所有选民都必须在投票前证明自己的身份。只有25%的选民对此表示反对。

这些发现再次印证了隐藏在美国社会环境中复杂而尖锐的群体关系。体制性歧视总是不断地对特定种族和族群设置更多的障碍，并削减他们原本能够享有的好处。

讨论

1. 你是注册选民吗？如果是，你所在的当地投票站是怎样验证选民身份的？你在选举日当天是否遇到过难以确定自己身份的麻烦事？
2. 为什么公民和各州立法者会突然如此关注选民的身份确认问题？

资料来源：ACLU, 2013；Brennan Center, 2006, 2013；Dade, 2012；Rasmussen Reports, 2013。

美国社会一直试图消除或补偿体制性歧视所带来的问题。1960年代，国会通过了许多开创性的民权法律，其中包括1964年具有里程碑意义的《民权法案》（禁止由于种族、肤色、信仰、国籍和性别而在公共场所和公共设施歧视他人）。然而，时至今日，某些州的投票权问题依然未能得到有效解决（参见上页专栏）。

四十多年来，各种基于平权法案的项目在机构中得以实施，用以消除过去的歧视。**平权行动**（affirmative action）指的是积极采取措施招聘弱势群体成员或女性参加工作，并获得晋升和受教育机会的权利。很多人非常仇视这些平权项目，认为提高某个群体的地位只会将歧视转嫁给另一个群体。比如，在招生方面给予非裔美国学生得到优先录取的权利，学校就可能会忽略更有资质的白人学生。在全国各地和各种经济领域中，平权行动都被终止，即使它从未得到彻底实施。

歧视性行为持续不断地渗入美国生活的所有领域。某种程度上，这是因为许多个体和群体都从种族和族群歧视中获得了金钱、地位或影响力等方面的好处。歧视允许主导群体牺牲他人利益来增加自己的财富、权力和声望。资历不够的人们可能仅仅因为自己是主导群体的成员就能得到工作和晋升机会。这些既得利益者是不会轻易放弃这些好处的。

E 评 估

1. 种族主义属于（　　）表现形式？
   (a) 种族中心主义　(b) 歧视　(c) 偏见　(d) 刻板印象

2. 假如一位白人老板拒绝雇用一位符合要求的越南裔美国人，但却雇了不够优秀的白人求职者。这一决定是（　　）的表现？
   (a) 偏见　(b) 种族中心主义　(c) 歧视　(d) 污名化

3. 假设一个工作场所规定所有员工都必须使用英文，即便禁止使用其他语言并非因为工作需要。这个规定是（　　）的例子。
   (a) 偏见　(b) 代罪　(c) 自证预言　(d) 体制性歧视

4. （　　）是对有关群体所有成员的不可靠的归纳，往往忽略了群体内部的个体差异。

5. 社会学家用（　　）来表示对某类人群，通常是针对少数种族或族群的负面态度。

答案：1. (c)　2. (c)　3. (d)　4. 刻板印象　5. 偏见

R 反 思

1. 为什么种族的社会建构反对将种族视为生物类别的传统观念？
2. 消除偏见和消除歧视，哪一项更具社会意义？

模块 29 关于种族和族群的社会学视角

P 准备　学习目标

LO 29-1　用功能论、冲突论、标签理论和互动论视角分析种族和族群不平等

LO 29-2　描述社会学家所定义的群际关系模式

O 组织　模块大纲

功能论视角

冲突论视角

标签理论视角

互动论视角

群际关系色谱

W 工　作

种族和族群关系宜于通过四种主要社会学视角来进行分析。功能论者从宏观层面看待种族，观察到种族偏见和歧视对主导群体产生了积极作用。冲突论者认为经济结构是对弱势群体剥削的核心因素。标签理论家注意到，弱势群体遭到执法人员的差别对待。在微观层面上，互动论者强调来自不同种族和族群背景的人，如何在日常接触中形成宽容或敌对的态度。

LO 29-1　功能论视角

种族偏见可能会产生什么作用呢？功能论者赞成不应提倡种族敌视，但他们也指出了它对实施歧视的人所具有的积极功能。

人类学家纳什（Nash, 1962）确定了种族偏见对主导群体的三个功能：（1）种族主义观点从道德层面上解释了经常剥夺弱势群体权利和义务的不平等社会之存在合理性。美国南部的白人相信非洲人在身体和精神上不能算作人类且毫无灵魂可言，从而为奴隶制辩护。（2）种族主义观点阻止了那些处于从属地位的弱势群体质疑自身地位，这些质疑会动摇社会根基。（3）种族主义迷思提出，任何重大社会变化（如终止歧视）都只会给弱势群体带来更严重的贫困，并降低主导群体的生活标准。因而，一旦社会价值体系（如殖民帝国或奴隶制的价值观基础）受到威胁，种族偏见就会加剧。

种族偏见和歧视对掌权者有利，但这些不公平的对待也会对社会乃至对主导群体产生反作用。社会学家罗斯（Rose, 1951）列出了四种与种族歧视相关的反功能：（1）实施歧视的社会无法充分利用所有个体的资源。歧视导致社会只在主导群体中挑选人才和领袖，忽略了其他群体中更有才干的人。（2）歧视既加剧了贫困、青少年犯罪和一般犯罪等社会问题，也加重了主导群体为解决这些问题所承受的经济负担。（3）社会必须投入大量时间和财力来阻止所有成员参与社会活动。（4）种族偏见和歧视常会破坏国家之间友好而善意的外交关系。

LO 29-1　冲突论视角

冲突论者当然会赞同罗斯的观点，即认为种族偏见和歧视会对社会产生危害。考克斯（Cox, 1948）、布劳纳（Blauner, 1972）、亨特（Hunter, 2000）等社会学家用**剥削理论**（exploitation theory，或马克思主义阶级理论）来解释美国种族压迫的基础。马克思认为，对底层阶级的剥削是资本主义经济体制的基础。从马克思主义观点来看，种族歧视使得弱势群体只能从事低收入工作，从而为资产阶级提供了大量廉价劳动力。而且，通过迫使弱势群体接受低工资，资本家就能压低所有无产阶级的工资水平。如果来自主导群体的工人要求提高工资，那他总是会被那些别无选择只能接受低工资的弱势群体所取代。

种族关系的冲突论观点得到很多实证支持。日裔美国人在与白人产生工作竞争之前几乎从未受到歧视。19世纪后半叶，由于美国社会中的工作机会不断减少，中国移民与白人的就业竞争愈演愈烈，因此将中国移民赶出美国的运动空前高涨。强迫黑人成为奴隶，以及对印第安人的灭绝政策和西进运动，也都受到经济因素的驱使。

不过，剥削理论局限性太强，无法解释多种形式的偏见。并非所有弱势群体都受到同等程度的剥削。除此之外，很多群体（如贵格会教徒和摩门教徒等）都是因为经济以外的原因而受到歧视。但正如奥尔波特（Allport, 1979）总结的那样，剥削理论确切地"解释了造成偏见的一种原因，那就是……使上层阶级的自身利益合理化"。

LO 29-1　标签理论视角

一种既符合冲突论又符合标签理论的方法就是种族侧写。**种族侧写**是权威机构基于种族、族群和国别而非个人行为而任意实施的行动。总的来说，当海关工作人员、机场安检人员和警察等执法人员认为符合特定描述的个人可能会进行非法活动时，种族侧写就发生了。1980年代以来，随着高纯度可卡因市场交易的兴起，肤色成为种族侧写的关键特征。种族侧写通常基于赤裸裸的刻板印象。比如，联邦政府发起的一项反毒品运动，就鼓励官员们留意蓄有满头细发辫的人和结伴旅行的拉丁裔男性。

今天，美国当局仍然依赖于种族侧写，尽管早就有无数证据表明这种评判方法具有误导性。近期一项研究发现，与白人相比，黑人更可能被执法人员拦下，受到搜身或暴力对待。而事实上，白人要比黑人更可能持有武器、非法携带毒品或偷窃财物（Farrell and McDevitt, 2010）。

各种研究都显示种族侧写无效，加之弱势群体强烈呼吁结束这种对他们污名化的行为，从而促使结束这种惯例的需求变得更加迫切。但在"9·11"恐袭事件之后，美国社会对穆斯林和阿拉伯移民的怀疑迅速增加，这些努力随之也被搁浅。来自阿拉伯国家的留学生都要被安全部门传唤审理。被认为是阿拉伯裔或穆斯林的合法移民，则会因其可能进行非法活动而受到仔细盘问。与此同时，他们还会因有某些违法行为而受到起诉，而其他族群和其他宗教信徒如果实施了相同的违法行为，当局则往往视而不见。全国调查发现，自"9·11"以来，公众一直坚定地支持安全部门在机场对阿拉伯裔美国人实施种族侧写。2010年，53%的美国人赞成对飞机乘客（即使这些人已是美国公民）进行"伦理和宗教侧写"，他们也支持对符合特定侧写描述的乘客进行更加细致的安检（Zogby，2010）。

LO 29-1　互动论视角

一位西班牙裔妇女在流水线上从某个位置换到了一位白人男性身旁。起初，这位白人男性总是盛气凌人，认为她能力不足。她的态度也变得非常冷淡，心中充满怨恨；即使需要帮助，她也绝不开口。一个星期后，两人之间的气氛越来越紧张，最终爆发了一场激烈的争吵。然而，一段时间过后，他们都开始渐渐欣赏起对方的优点和才华。共事一年之后，他们开始友好合作，变成一对相互尊重的朋友。这个故事是互动论者所称的接触假设的示例。

接触假设（contact hypothesis）是指，在一种合作情境下，处于同等地位的人们进行跨种族接触，会让他们减少偏见，并抛弃旧有的刻板印象。人们开始将对方看成独立的个体，并会抛弃笼统概括的刻板印象。请注意定义中所用的同等地位（equal status）和合作情境（cooperative circumstances）。在上述故事中，如果这两个工人要竞争同一个主管职位，他们之间的种族敌对很可能会加剧（Allport，1979；Fine，2008）。

随着拉丁裔和其他少数群体成员逐渐得到高收入的工作和更好的工作机会，接触假设将会变得愈加重要。我们社会的趋势是增加主导群体与从属群体成员之间的接触，这是消除或者至少是减少对种族和族群的刻板印象和偏见的一种方法。另一种方法就是社会学家威尔逊（Wilson，1999）所提出的建立跨种族联盟。这样的联盟显然需要建立在所有成员平等的基础之上。

接下来我们将会看到，基于种族和族群两大先赋特征的不平等，会如何破坏人际关系和剥夺某些群体的机会（其他群体视为理所当然的机会）。

LO 29-2　群际关系色谱

种族和族群通过非常广泛的方式相互联系，从建立友谊和相互通婚到充满敌意,从相互认可的行为到由主导群体强加的行为等。

群际关系的一种毁灭性模式就是**种族灭绝**(genocide),即系统性地对某个人群或民族进行蓄意的屠杀。这个术语描述了土耳其从 1915 年起对 100 万亚美尼亚人的屠杀,但它最常被用来指代纳粹德国在二战期间对 600 万欧洲犹太人、同性恋和吉普赛人的屠杀。同时,种族灭绝也适用于美国在 19 世纪对印第安人的政策。1800 年,美国约有 60 万印第安人;然而,因为与美国骑兵作战、疾病和被迫迁往恶劣之境,他们的人口到 1850 年时骤减到 25 万人。

驱逐某个民族是族群偏见的另一种极端形式。比如,1979 年越南把近 100 万华人驱逐出境,这主要是因为中越两国之间的敌意所致。不久之前(从 2009 年开始),法国将一万多名从保加利亚和罗马尼亚迁移来的吉普赛人驱逐出境,这一行为违反了欧盟禁止针对特定种族的政策和欧盟人员"自由流动"政策。2011 年,法国修改政策,决定只驱逐那些居住在"非法营地"的吉普赛人,因此欧盟也就不再威胁要对法国采取法律手段。但许多观察者认为,法国政府的让步只是一种略微收敛的行动,意在绕过欧盟长期奉行的人权政策。

驱逐的另一种表现行为为分离,即种族或族群矛盾无法解决时,导致群体之间的正式分割。1947 年,印度分裂为两个国家,以此结束印度教徒与穆斯林教徒之间的暴力冲突。主要由穆斯林教徒占领的印度北部地区建成一个新的国家:巴基斯坦;印度其他地区则成为以印度教徒为主的印度。

图中,法国警察正在将一名对抗驱逐、不愿回国的吉普赛人赶出去。对特定种族和族群的驱逐是偏见的极端后果。

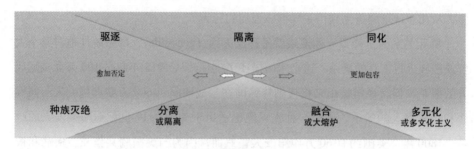

群际关系色谱

分离、驱逐和种族灭绝都是极端行为，全部聚集在群际关系色谱的负极（参见上表）。更多典型的群际关系大致遵照四种可以辨别的模式：(1) 种族隔离，(2) 融合，(3) 同化和 (4) 多元化。每种模式都定义了主导群体的行为和弱势群体的反应。群际关系很少仅限于这四种模式中的一种，尽管某种模式可能会起主导作用。所以，我们可以将它们看成理想型模式。

隔离

20 世纪早期，美国南部地区种族隔离盛行，非裔美国人就读不同学校，在公交车和餐馆中有特别划定的就座区，使用专设的卫生间，甚至还有单独的饮水区，完全与白人相隔绝。**隔离**（segregation）是指两个群体的人在居住地、工作场所和社会事件等方面的分离。通常都是主导群体将这一隔离模式强加于弱势群体。不过，隔离并不是绝对的。即使在隔离最严的社会里，群体之间的接触也是在所难免。

从 1948 年（取得独立）到 1990 年，南非通过种族隔离政策严厉限制黑人和其他有色人种的活动范围。政府甚至还专门为黑人划定了单独的居住区。然而，南非当地人们几十年来坚持不懈地抵抗种族隔离，再加上国际社会施加的压力，南非终于在 1990 年代迎来了政治变革。1994 年，著名黑人运动领袖曼德拉在第一届黑人有权参与选举的总统大选中（黑人占南非总人口的绝大多数）获胜。曼德拉因为领导反种族隔离运动而被反动当局逮捕，度过了 28 年的铁窗岁月。他的当选被认为是对南非种族隔离政策的最后一次重击。

与南非的强制性种族隔离不同，美国政府虽然没有强制推行种族隔离，但这种现象却在美国社会中根深蒂固。社会学家梅西和登顿（Massey and Denton, 1993）在《美国种族隔离》中，借助 1990 年的人口普查数据，描述了美国各城市中的种族隔离。正如书名所示，美国社区的种族构成，非常类似于南非政府强制推行多年的种族隔离。

对近期人口普查数据的分析显示，尽管美国的种族和族群非常多样化，但种族隔离的阴影仍然挥之不去。为了测量群体间的隔离程度，学者们使用了数值介于 0（完全融合）到 100（完全隔离）区间的隔离指数。指数值代表需要搬离居住地以达到种族分布平衡的少数人群体比例。比如，如果黑人与白人的隔离指数为 60，那么就有 60% 的非裔美国人需要搬离原住地，从而实现与白人一样的种族分布。

下表列出了美国隔离指数最高的八大城市群；这些城市都有人数众多的非裔、拉丁裔和亚裔美国人。黑人和白人在底特律的隔离程度最高；白人和拉丁裔在洛杉矶 / 长滩城市带的隔离程度最高。亚裔和白人在新泽西地区新不伦瑞克市的隔离程度最高。如果这些地区想要达到种族 / 族群在城市及周边郊区的平均分布，一半至四分之三的人口都要搬离原住地。

美国种族隔离城市带

黑人—白人	西班牙裔—白人	亚裔—白人
1. 底特律 79.6	1. 洛杉矶 / 长滩 64.4	1. 爱迪生 / 新不伦瑞克 53.7
2. 密尔沃基 79.6	2. 纽约 / 白原 63.1	2. 纽约 / 白原 49.5
3. 纽约 / 白原市 79.1	3. 纽瓦克 62.6	3. 休斯敦 48.7
4. 纽瓦克 78.0	4. 波士顿 62.0	4. 洛杉矶 / 长滩 47.6
5. 芝加哥 / 内珀维尔 75.9	5. 加州萨利纳斯 60.0	5. 波士顿 47.4
6. 费城 73.7	6. 费城 58.8	6. 萨克拉门托 46.8
7. 迈阿密 / 迈阿密海滩 73.0	7. 芝加哥 / 内珀维尔 57.0	7. 旧金山 46.7
8. 克利夫兰 72.6	8. 加州牛津 / 文图拉 54.5	8. 沃伦 / 法明顿希尔斯 46.3

注：数值越高，种族隔离程度越高
资料来源：Logan and Stults, 2011。

过去 40 年，黑人和白人的隔离程度仅有一定程度的下降。西班牙裔和白人以及亚裔和白人的隔离程度虽然更低，但却并未在过去 30 年发生显著变化。尽管的确有极少一部分社区是多种族混居，但即使我们想到社会阶级因素，弱势群体隔离的模式依然如旧（Bureau of the Census, 2010b; Frey, 2011; Krysan et al., 2008; Wilkes and Iceland, 2004）。

融合

融合（amalgamation）发生在一个主导群体与一个弱势群体结合为新群体时。通过几代以上的相互通婚，社会中的不同群体就能形成一个新群体。这一模式可以用 A+B+C → D 的公式来表示，其中 A、B、C 代表的是社会中的不同群体，D 表示的是最终结果，即一个与最初群体不同的独特的文化种族群体。

将美国视为一个"大熔炉"的观念在 20 世纪初非常盛行，尤其是这种国家形象表明，美国肩负起了一个把不同群体融合成一个新群体的神圣使命；然而，事实上，很多居民都不愿将美国土著、犹太人、非裔美国人、亚裔美国人和爱尔兰罗马天主教徒纳入这个大熔炉。因此，这一模式并不能够充分描述美国的主体–从属关系。近年来，白人、黑人、亚裔与西班牙裔人之间的跨种族通婚比例显然大有提高。

同化

在印度，许多印度教徒都抱怨印度公民模仿英国的传统和风俗习俗。在法国，阿拉伯裔和非洲法国人（大多为穆斯林）则抱怨自己被视为二等公民，最后他们的不满越演越烈，最终引发了 2005 年和 2012 年的骚乱。在美国，一些意大利裔美国人、波兰裔美国人、西班牙裔和犹太人改掉了带有鲜明族群特征的姓氏，用上了白人新教徒家庭的常用姓氏。

同化（assimilation）是一个人为了加入另一种文化而抛弃自身文化传统的过程。通常，由于弱势群体成员想要顺从主导群体的标准，他们就会采取同化方式。同化模式可以被描述为 A+B+C → A。A 是主导群体，在社会上占据主导地位，因此弱势群体 B 和 C 都效仿 A 的生活方式，想要变得与 A 毫无差别（Newman, 1973）。

今天，弱势群体成员仍然纠结于是否要同化。这些成员即使已经同化，仍要经常面临偏见和歧视。种族、族群和阶级影响着人们在分级体系中的位置和地位，并非美国所独有，而是在世界各地都是如此。高收入、说一口流利的英语且有含金量极高的专业证书，并非总能超越种族和族群刻板印象的影响，也不一定总能保护他们免受种族主义的伤害。

最近一项对美国、加拿大和欧洲的移民群体的比较研究发现，很大程度上，美国的同化程度比欧洲更高，但同化进程却比加拿大慢。在美国，群体之间的同化率一直较为恒定。但是，近期的经济衰退阻碍了新群体获得广泛的工作机会（Myers and Pitkin, 2011；Vigdor, 2011）。

多元化

在多元化社会中，从属群体不需要放弃自己的生活方式及传统来避免偏见或歧视。**多元化**（pluralism）建立在群体间对彼此文化尊重的基础上。在这一模式中，弱势群体可以自由地表达自己的文化，在参与社会活动时也不会受到任何偏见。在上文中，我们将融合描述为 A+B+C → D，将同化描述为 A+B+C → A。使用同样的方法，我们可以将多元主义描述为 A+B+C → A+B+C。所有的群体都在社会中共存（Newman, 1973）。

在美国，多元化更像是一种理想而非现实。多元化的例子有很多，比如说主要城市中的其他族群社区，如韩国城、小东京、安德森维尔（瑞典美国人）和西班牙裔哈莱姆区，但在文化自由上仍有限制。为了生存，一个社会的成员必须在理想、价值观和信仰方面达成共识。因此，如果一位匈牙利移民想要在职业阶梯上向上攀登，他/她就必须学习英语。

瑞士是现代多元化国家的典范。由于这里没有国语，没有占主导地位的宗教信仰，因此多种文化得以共存。这里还有各种政治手段保护各族群的利益，而这则正是美国所缺乏的。相对而言，英国虽然也是多种族社会，但却很难实现文化多元化。东印度人、巴基斯坦人、来自加勒比和非洲地区的黑人，都在英国受到白人主流社会的偏见和歧视。有些英国人建议禁止亚洲人和黑人移民英国，一小部分人甚至呼吁驱逐居住在英国的非白人群体。

E 评 估

1. 一位西班牙裔女性和一位犹太人男性都是电子公司的电脑程序员，在合作过程中，他们克服了起初的偏见，开始逐渐欣赏彼此的优点。这是（　　）的例子。
   (a) 接触假设　　(b) 自证预言　　(c) 融合　　(d) 反向歧视

2. 种族间经历几个世代的相互通婚，最后产生一个新的群体，这是（　　）的例子。
   (a) 融合　　(b) 同化　　(c) 隔绝　　(d) 多元化

3. 阿方索·达阿布鲁佐（Alphonso D' Abruzzo）改名艾伦·阿尔达（Alan Alda）。他的行为是（　　）的例子。
   (a) 融合　　(b) 同化　　(c) 隔绝　　(d) 多元化

4. 南非政府强制执行白人与其他人种的隔离，被称为（　　）。这项政策持续了几十年，直到曼德拉领导的反抗运动最终结束了这种不平等状态。

5. （　　）建立在群体间对彼此文化尊重的基础上，在美国这更像是一个梦想而非事实。

答案：1. (a) 2. (a) 3. (b) 4. 种族隔离制 5. 多元文化（或多元文化主义）

R 反 思

1. 描述给你熟悉的事情打上标签的一个事例。
2. 列举你在校园和工作场所亲眼看到的融合、同化、隔离和多元化的例子。

模块 30

美国的种族和族群

P 准备 学习目标

LO 30-1 描述美国主要的种族和族群人口

LO 30-2 用功能论、冲突论和女性主义视角分析美国及其他国家的移民议题

O 组织 模块大纲

非裔美国人

美国土著

亚裔美国人

阿拉伯裔美国人

拉蒂诺人

犹太裔美国人

白人族群

社会政策和种族与族群不平等

W 工 作

美国社会的人口多样性在全世界范围内都极其罕见；美国是一个多种族多族群社会。当然，美国也并非一直如此。事实上，自欧洲人于17世纪来到美国定居之后，美国的人口发生了巨大的变化。移民、殖民主义和奴隶制，影响了当今美国社会的种族和族群构成。

今天，美国最大的少数种族群体是非裔美国人、美国土著和亚裔美国人。最大的族群是拉蒂诺人、犹太人和各种白人族群。

LO 30-1　非裔美国人

黑人作家埃里森（Ellison, 1952）在他的小说《隐形人》中写道："我是一位隐形人。我是一个实打实的人。我的身体中有血液、骨骼、纤维和液体，据说我甚至可能还有思想。但我是隐形的，明白吗，只因人们不愿看见我。"

半个世纪过去了，很多非裔美国人仍然觉得自己是隐形人。黑人人口众多，但他们长期以来都被视为二等公民。现在，根据美国联邦政府的标准，超过四分之一的非裔美国人都是穷人，而非拉丁裔白人中则仅有 9% 为穷人（DeNavas-Walt et al., 2011）。

现今美国社会对非裔美国人的体制性歧视和个人偏见，完全来自美国的奴隶制历史。其实，当时许多其他从属群体也是一贫如洗，但正如杜波依斯和其他几位社会学家所注意到的，黑人奴隶处于更为糟糕的境地，因为法律规定，他们既不能拥有财产，也不能将自己劳动所得的收入传给后代。今天，越来越多的非裔美国人和同情黑人遭遇的白人都在呼吁，要求对曾经遭受奴役的黑人进行补偿。补偿方式包括美国政府对他们公开致歉，制定有效措施提升非裔美国人的经济地位，或者是对奴隶后代直接赔偿（Williams and Collins, 2004）。

内战结束并未给黑人带来真正的自由和平等。美国南方政府通过了歧视黑人的《吉姆·克劳法》来强制施行公开的种族隔离，1896 年最高法院判定该法符合宪法精神。除此之外，19 世纪晚期和 20 世纪早期，黑人还面临三K党策划的私刑运动的威胁，人身安全从未得到保障。从冲突论视角来看，白人通过将种族隔离合法化的正式手段，以及秘密的恐怖行为和暴力等非正式手段，来维持自己的主导地位（Franklin and Higginbotham, 2011）。

1960 年代，各种民权运动风起云涌，产生了许多相互竞争的社会变革派别和策略。马丁·路德·金博士创建的南方基督教领袖大会（SCLC），采用非暴力不合作方式来反对种族隔离。全国有色人种协进会（NAACP）经常通过法律手段来为非裔美国人争取平等权利。但是，很多更年轻的黑人领袖，如知名的马尔科姆·X，则转向推行黑人权力意识形态。黑人权力（Black Power）的支持者反对融入白人中产阶级。他们保卫黑人和非洲文化的美好和尊严，支持创建由黑人控制的政治和经济机构（Ture and Hamilton, 1992）。

尽管涌现出很多勇敢促进黑人民权的运动，但是黑人与白人仍被分割开来，不平等情况仍然存在。在其一生当中，黑人的生活境遇很差。对无数穷困的黑人来说，生活依然非常艰难。虽然美国社会失业率居高不下，许多住房被废弃，贫民区破败不堪，但是黑人仍然需要非常努力地在这里生存下去。今天，黑人家庭收入中位数是白人家庭的60%，而失业率则是白人的两倍。

有些非裔美国人，尤其是中产阶级，在过去半个世纪取得了很高的经济收入。比如，数据显示，全美担任管理职位的非裔美国人从1958年2.4%上升到2010年的6.4%。但在医生、工程师、科学家、律师、法官和营销经理等职业中，黑人占比不到7%（Bureau of Labor Statistics，2013b）。

站在他人的角度思考问题——房产中介

尽管你的客户没有公开表态，但你完全能够感受到，他/她并不想让非白人家庭购买自己的房子。你会怎样应对这种情况？

LO 30-1　美国土著

今天，美国约有220万美国土著，他们根据语言、家庭结构、宗教信仰和生活方式而产生了非常多元的文化。那些移居美国的外来者，包括欧洲移民及其后代，将这些人的祖先称为"美国印第安人"。1824年，美国政府在美国陆军部下面专门设立了印第安人事务局（BIA）。在此之前，印第安人与白人之间的敌对关系持续了两个多世纪，导致白人对印第安人的屠杀。19世纪，白人与印第安人之间发生了无数次血腥的交战，许多印第安人丧生。19世纪末，由印第安人事务局或传教士开设的印第安人学校禁止宣讲美国印第安人的文化。与此同时，这些学校几乎完全没能帮助印第安人儿童成功地融入白人社会。

时至今日，对美国554个印第安人部落来说，生活依旧举步维艰，不论他们是生活在城市里还是印第安人保留地。比如，六分之一的印第安人青少年尝试过自杀，这一比例是其他种族青少年自杀率的四倍。传统上，一些印第安人选择了放弃自身部落文化，努力融入主流社会，希望由此可以摆脱各种形式的偏见。不过，到1990年代，越来越多的美国人开始公开承认自己是印第安人。自从1960年以来，联邦政府统计的印第安人数量增长了三倍。

印第安人要求美国政府对他们受过的虐待作出赔偿，在这方面他们取得了一些进展。2009年，联邦政府终于了结了一桩历时13年的旧案，即政府为征用部落土地进行油气开发和放牧而偿付土地租金。政府为此支付了340亿美元巨额租金，但这早就是陈年旧账，而且其中一些政府债务甚至可以追溯到1887年。在部落领袖看来，这一赔偿来得太迟了，比起他们的遭遇，这一数额完全不值一提。除了美国，还有一些国家也对政府过去对原住民的不当行为作出了补偿。比如，1967年，澳大利亚政府认可原住民的公民权和投票权，允许他们获得福利和失业补助。

印第安人艺术家常常开辟新的方式来表现自己的生活经历。邓扎（Dunne-Za）部落的成员布莱恩·荣根（Brian Jungen）用多双耐克鞋摆出了这个三维作品，既呈现出自己太平洋西北岸的部落文化，又突出了他的家庭旧物利用、节约生活的传统。

传入印第安人保留地的赌博业改变了一些美国印第安人的生活。1988年，国会通过了《印第安人赌博管理法案》，自此印第安人开始进入赌博行业。法律规定，各州必须与对商业赌博感兴趣的部落进行协商；各州政府不能阻止部落参与赌博，即使该州法律禁止赌博活动。然而，赌博行业得来的巨大收益并未得到平均分配。近三分之二的印第安人部落都未从事赌博行业。从赌博行业中获益颇丰的部落仅占印第安人的一小部分（Conner and Taggart, 2009）。

与印第安人一样，许多美国原住民也成功地确立了自主权，从而赢得了对他们的资源和企业的控制权。

LO 30-1　亚裔美国人

亚裔美国人是一个非常多元化的群体，也是美国人口中增长最快的部分（2000—2010 年间增长了 43%）。亚裔美国人的后代主要包括越南裔、华裔、日裔和韩裔。

亚裔群体内部的经济地位差别很大：日裔中有富人也有穷人，菲律宾裔中有富人也有穷人；其他亚裔群体同样如此。事实上，在美国所有的种族或族群中，东南亚裔人口对福利的依赖程度最高。2011 年的一项研究发现，在美国，柬埔寨、老挝和泰国移民的孩子成年后，贫困率特别高。尽管亚裔美国人比其他族群的受教育程度更高，但他们的收入中位数仅略高于白人，而他们的贫困率则更高。2012 年，每个家庭年收入超过 15 万美元的亚裔家庭，就对应着另一个年收入少于 2 万美元的亚裔家庭（DeNavas-Walt et al., 2013；Takei and Sakamoto, 2011）。

亚裔群体能够获得与白人一样的工作，这一事实证明他们是成功的。事实上，很多亚裔都很成功。然而，这两个群体之间也存在相当大的差异。与其他更早到美国的少数群体和移民一样，大多数亚裔移民都只能从事低收入服务行业。同时，受过更好教育的亚裔则集中在专业和管理上层职位，尽管他们基本上从未登上最高职位的宝座。相反，他们会撞上"玻璃天花板"，或者如某些人所说，他们试图"攀爬一个断裂的梯子"。

具有讽刺意味的是，亚裔美国人常被视为名不副实（unqualified）的成功范例。人们普遍认为，尽管过去受到了偏见和歧视，但亚裔美国人已经非常成功地适应了美国主流文化，而且也未与白人进行对抗。将亚裔美国人刻画为**模范/理想少数族群**的做法，完全忽略了亚裔美国人内部的经济地位多样性，同时也暗示黑人、西班牙裔和其他群体应该为自己的失败遭遇负全责。

华裔美国人

与黑人奴隶和印第安人不同，美国政府最初是鼓励中国人移民美国的。1850—1880 年，由于淘金热带来众多工作机会，成千上万的中国人自愿移民美国。然而，随着就业机会减少和采矿业工作竞争加剧，中国人成为仇视运动的攻击目标，该运动旨在减少华工人数并限制其权利。中国劳工先是遭到剥削，然后在失去利用价值后又被残忍地抛弃。

1882年国会颁布《排华法案》，禁止中国移民入境，甚至拒绝华裔美国人的家人入境。因此，二战开始前，华人的数量一直在减少。后来，来自中国香港和台湾地区的移民融入美国，成为除19世纪华裔移民后代之外一股新的华裔力量。这批新移民与旧移民后代在同化程度、居住在中国城的渴望和对中美关系的看法上有非常大的差别。

现今有300多万华人居住在美国。有些华裔美国人进入了回报颇丰的行业，但仍有很多移民在极差的生活和工作环境中苦苦挣扎，他们就完全不符合模范少数族群的刻板印象。纽约唐人街遍布非法的"血汗工厂"，大量新进华裔移民（大多为中国妇女）在这里辛苦工作，却只能拿到非常微薄的工资。在中国城之外，23%的亚裔美国人属于低收入群体。在收入分配链的另一端，仅有不到5%的唐人街居民家庭年收入超过10万美元，而在纽约其他地区，25%的亚裔美国人家庭年收入超过10万美元（Logan et al., 2002；Wong, 2006）。

亚裔印度人

印度裔移民和他们的后代是仅次于华裔的第二大亚裔美国人群体，其数量超过280万人。我们很难笼统地概括印度裔美国人的情况，因为这个群体非常多元

除了功夫电影，亚裔美国人很少成为美国电影的主角。约翰·丘（John Cho）和卡尔·潘（Kal Penn）打破了这个常规，主演了一系列大获好评的夺宝奇遇电影。潘是凯尔朋·默迪（Kalpen Modi）的艺名，他是一位印度裔移民的后代。2009年，奥巴马总统任命默迪为美国白宫公共关系办公室副主任，由他负责联络亚裔美国人和太平洋岛屿移民社区。

化。印度人口超过 12 亿，正在以很快的速度跃居人口大国榜首，其国内民族众多。可能是因为亚裔印度移民感觉到美国主流文化带来的威胁，第一代印度移民的宗教信仰比在故土还要正统。新移民也会开展自己的宗教活动，就像在印度时一样，而非参与其他移民群体已经创建的集会。

对美国的印度裔移民来说，保持家庭传统是一个巨大的挑战。在这些移民中，家庭纽带十分牢固，与美国人对附近亲戚的态度相比，很多印度裔美国人与印度的亲属之间联系仍然十分紧密。这些德西（Desi，发现自己的祖先来自南亚尤其是印度的人）尤其担心家庭的传统权威地位受到侵蚀。印度裔美国人孩子衣着与同辈无异，他们也吃快餐，甚至还吃汉堡，他们拒绝接受印度教教徒和很多印度裔穆斯林的素食生活方式。印度裔男孩们的心中并未产生太多家庭责任感，这与其民族传统完全背道而驰。在印度，家庭能够控制女孩们的职业和婚姻伴侣选择；而在美国，印度裔女孩们则坚持主张自己选择职业乃至选择伴侣的权利（Rangaswamy，2005）。

菲律宾裔美国人

菲律宾裔美国人是美国第三大亚裔群体，总人数约 260 万人。从菲律宾的地理位置来看，社会学家认为菲律宾人与其他亚裔具有亲缘关系，但是这个群体的外貌特征和文化，同样还反映出长达几个世纪的西班牙及美国殖民统治，以及更近的美国军事占领的影响。

1899 年美西战争落下帷幕，美国政府赢得了菲律宾群岛的占领权，从那时起许多菲律宾人就以美国公民的身份移居美国。1948 年菲律宾赢得独立后，菲律宾人就再也不能随意移民美国，尽管夏威夷的菠萝果园需要大量农业工人去工作。除此之外，在 1965 年之前，美国政府还限定每年只有 50—100 个菲律宾人能够获得移民资格。1965 年，美国《移民法案》提高了这一移民配额。

今天的很多菲律宾移民都是受过良好教育的医疗领域专业人士。他们是美国非常重要的人力资源，但他们的离去也让菲律宾的医疗行业人才大量流失。在美国移民归化局不再将医生列为优先考虑的移民职业后，菲律宾医生纷纷申报自己的职业为护士，从而得以获准移民美国，这种情况充分显示出两国之间巨大的收入差异。和其他移民群体一样，菲律宾裔美国人也是省吃俭用，将大半收入储存起来，最后将大笔存款，即外汇，全部寄回菲律宾的大家庭补贴家用。

多种原因使然，尽管菲律宾裔美国人数量众多，但他们并未联合起来组建正式的社会组织。他们忠于家庭，对教会（尤其是罗马天主教）特别虔诚，因而他们对独立组织的需求并不强烈。除此之外，菲律宾国内因各种群体在地域、宗教信仰和语言上的差异而四分五裂，导致菲律宾裔美国移民群体的多元化倾向，进而也加大了团结菲律宾裔美国人社区的难度。因此，菲律宾裔美国人已经组建的许多群体多为俱乐部或兄弟会性质。这些群体无法代表广泛的菲律宾裔美国人，所以盎格鲁人（白人群体）常常对他们一无所知。菲律宾裔美国人对其本国情况很感兴趣，但他们也希望能够加入广泛的社会组织，与非菲律宾裔的种族和族群进行交往，避免总是在本族群内部开展活动（Bonus, 2000; Lau, 2006; Padilla, 2008）。

越南裔美国人

越南裔美国人主要是在越战期间和战争结束后移民到美国来的，尤其是在美国于1975年从冲突中撤军之后。在当地机构的帮助下，来自越共政权控制下的越南难民在美国定居下来，数以万计的越南人分布在美国全境的小城镇里。然而，随着时间推移，越南裔美国人逐渐向大中型城市迁移，在自己的族群聚集区经营起越南餐馆和百货店。

1995年，美国与越南恢复正常外交关系。越侨（海外越南人）逐渐开始探访自己的故土，但他们一般都会申请在越南的永久居住权。在越战结束35年后的今天，越南裔美国人仍对越战和越南现任政府持有各种不同观点，这在老一辈越南移民中尤为如此（Pfeifer, 2008）。

韩裔美国人

韩裔美国人的数量有140多万，现已超过日裔美国人的数量。但是，韩裔美国人常常生活在其他亚洲群体的阴影之下。

今天的韩裔美国人群体主要来自三股移民潮。第一波移民潮出现在1903—1910年间，那时韩国劳动力大量移居夏威夷。第二波移民潮出现在1953年朝鲜战争结束后，这次移民中的大部分人都是美国军人的妻子和战争孤儿。第三波移民潮一直持续到现在，反映了1965年《移民法案》确立的移民优先权。这些受过良好教育的韩国移民拥有专业技能，但因语言障碍和种族歧视，很多初到美国的韩国人必须先接受一份比原本在韩国的工作差得多的职业，而且还得经过一段幻灭期来看清现状。压力、孤独和家庭冲突，都是在痛苦的适应期会经历的事情。

1990年代早期，韩裔美国人与非裔美国人之间的明显冲突引发全国关注。两个群体的冲突在斯派克·李（Spike Lee）拍摄的电影《为所应为》（1989）中非常戏剧性地表现了出来。由于那些攀上经济阶梯的群体不用再继续迎合内城人口的需求，而这些韩国移民又恰好成为填补这个空缺的新进移民群体，这种紧张局面也就应运而生。这种摩擦也并不是什么新鲜事；犹太人、意大利和阿拉伯裔商人的后代，同样要面对来自其他受压迫弱势群体的敌意，而在局外人看来，受压迫群体相互敌视则是一件多么匪夷所思的事情。

日裔美国人

约有76.3万日裔美国人居住在美国，这个群体相对而言是新来的移民者。1880年，仅有148名日本人生活在美国，但到1920年，美国的日裔人口已经超过11万。"一世"（Issei）即第一代日本移民，通常都是寻找就业机会的男性。很多白人将他们和中国移民一并视为"黄祸"，对他们抱有偏见和歧视。

1941年日本偷袭珍珠港，这对日裔美国人产生了极为不利的影响。联邦政府命令，住在西海岸的日裔美国人必须离开家园，前往"疏散营"（evacuation camps）。美国其他居民对日本在二战中的行径感到非常愤怒，日裔美国人自然也就成了替罪羊。1943年8月之前，带着因日本血统所产生的罪恶感，11.3万名日裔美国人被迫居住在临时搭建的营地里。与之形成鲜明对比的是，只有极少数德裔美国人和意裔美国人被送进"疏散营"（Hosokawa, 1969）。

1983年，联邦政府的一个委员会建议政府应当向曾被拘留在"疏散营"中的日裔美国人进行赔偿。委员会指出，对日裔美国人的拘留是"种族偏见、战争狂热和政治领导的失败"所驱使的行为。同时，日裔美国人"并未进行任何有关间谍、破坏或内奸的罪行"。1988 年，里根总统签署了《公民自由法案》，要求联邦政府向每位宪法权利受到侵犯的日裔美国公民道歉，同时成立一个 12.5 亿美元的赔偿基金，向曾被拘留的 7.75 万名日裔幸存者进行赔偿（Department of Justice, 2000）。

LO 30-1　阿拉伯裔美国人

阿拉伯裔美国人是指来自阿拉伯世界 22 个国家的移民及其后代。根据阿拉伯国家联盟的定义，这些国家主要分布在北非和中东地区，包括黎巴嫩、叙利亚、巴勒斯坦、摩洛哥、伊拉克、沙特阿拉伯及索马里。这些国家的居民并非都是阿拉伯人。比如，居住在伊拉克北部的库尔德人就不是阿拉伯人。也有些阿拉伯裔美国人是从非阿拉伯国家移民到美国的，比如，有些人的家族可能世世代代都生活在英国或法国。

在芝加哥，一名年轻的穆斯林女性穿着一件胸口印着"我爱纽约"字样的 T 恤。美国的种族和民族多样性显著增加。

阿拉伯语是团结阿拉伯人的最重要力量，尽管并非所有阿拉伯人（也不是所有阿拉伯裔美国人）都会讲阿拉伯语。而且，阿拉伯语在漫长的岁月中早已发生了变化，在阿拉伯世界的不同地区，人们说着不同的方言。但是，由于《古兰经》的经文是阿拉伯语，因此阿拉伯语对穆斯林教徒具有特别的重要性，就像用希伯来语著述的《摩西五经》使希伯来语对犹太人具有特别重要的意义一样。

人们对阿拉伯裔美国人社区的规模有不同的估计。约 400 万拥有阿拉伯裔血统的人居住在美国。在那些自认为是阿拉伯裔美国人中，大都是来自黎巴嫩，接下来是叙利亚、埃及和巴勒斯坦。2000 年，来自这四个国家的阿拉伯人占到阿拉伯裔美国人总数的67%。阿拉伯裔美国人数量的上升，促使阿拉伯零售中心在数个美国城市中发展起来，如密歇根州的迪尔伯恩和底特律、洛杉矶、芝加哥、纽约和华盛顿。

作为一个族群，阿拉伯裔美国人也非常多元化。很多家庭都已有好几代人居住于此，其他的则是在外国出生。他们有些来自埃及开罗这样的国际大都市，有些来自摩洛哥的农村地区。外界对这个族群抱有刻板印象，但大部分阿拉伯裔美国人实际上并非穆斯林。阿拉伯裔美国人也并不具有特定的家庭类型、性别角色或职业模式（David，2004，2008）。

阿拉伯裔美国人群体具有复杂的多样性，但是机场却经常把阿拉伯裔美国人和美籍穆斯林看成潜在的恐怖分子，并对他们进行特别监控。多年来，很多航空公司和执法机构都是通过外表和极具民族特色的姓名来确认阿拉伯裔美国人，将其带走搜索他们的随身行李。"9·11"事件之后，由于公众对公共安全更加担忧，人们对这项行为的反对声逐渐减少。

LO 30-1　拉蒂诺人

拉蒂诺人这个大类包括的各个群体，代表了美国最大的少数群体。共有5000多万西班牙人生活在这个国家，其中包括3200万墨西哥裔美国人，400多万波多黎各人，另有一部分古巴裔美国人，以及来自中美洲和南美洲的居民。后一个群体代表了西班牙裔群体中增长最快和最多元化的群体。

根据人口普查局的数据，在美国十个规模最大的城市中，纽约、洛杉矶、芝加哥、达拉斯-沃斯堡、休斯敦和迈阿密-劳德代尔堡六大城市的拉丁裔人口数量已经超过了非裔美国人。由于高出生率和高移民率，美国的西班牙裔人口数量激增，拉丁裔人开始在投票者中占据更多的比例。2012年总统大选中，拉丁裔选民占到选民总数的10%。随着西班牙裔人口平均年龄的增长，以及越来越多的移民获得移民身份，美国政坛将会越来越多地感受到这个群体票数的影响力（Bureau of the Census，2011a；Lopez，2011）。

各个拉丁裔群体都使用西班牙语，并继承了西班牙的文化传统，这对他们融入美国社会构成严重阻碍。即使一个学生天资聪慧，如果他的母语是西班牙语，他也会被以英语为母语的学生或老师看成是反应迟钝，甚至蛮横无理。给拉丁裔孩子打上"后进生""有学习障碍"或"精神错乱"等标签，对某些孩子而言就会变成自证预言，对他们造成持续一生的不良影响。双语教育的目的就是要减轻西班牙裔孩子和其他母语非英语国家的孩子在接受教育时会遇到的困难。

拉丁裔学生在教育上的困境，的确导致西班牙裔通常有着低下的经济地位。2012 年，约有 17% 的西班牙裔家庭收入低于 15000 美元，而在非西班牙裔白人家庭中，仅有 11% 低于这一水平；西班牙裔的贫困率为 25.6%，而非西班牙裔白人的贫困率仅为 9.7%。尽管拉丁裔人并没有非西班牙裔白人富裕，但在他们的群体中也有中产阶级出现（DeNavas-Walt et al., 2013）。

墨西哥裔美国人

拉丁裔群体中人数最多的就是墨西哥裔美国人，他们还可以再往下细分为 1848 年美国与墨西哥战争中夺取的领地上的居民后代，以及一部分从墨西哥移民到美国的人。他们在美国的时薪就相当于在墨西哥的日薪，巨大的收入差距促使很多墨西哥人通过各种合法或非法途径一路向北进入美国。

很多人都认为墨西哥裔美国人主要是移民群体。然而，从 2000 年开始，在美国出生的墨西哥裔美国人的总数远远超过了墨西哥移民人数。总体来说，2000—2010 年间，墨西哥裔美国人占据美国新增人口的 42%，其中 67% 是在美国出生，另外 33% 为新移民（Bureau of the Census, 2011a：8；Pew Hispanic Center, 2011）。

波多黎各裔美国人

美国的第二大拉丁裔群体由波多黎各裔美国人组成。从 1917 年起，波多黎各居民就成为美国公民，很多人都移居到纽约和其他一些东部城市。遗憾的是，无论是在美国还是在波多黎各岛上，波多黎各人都生活贫苦。生活在美国大陆的波多黎各人的家庭收入仅为白人家庭的一半。因此，1970 年代出现了一场反向移民：更多波多黎各人离开大陆回到岛上，而非从岛上迁至大陆（Torres, 2008）。

索尼娅·索托马约尔（Sonia Sotomayor）的父母都是波多黎各人，而她则出生在纽约布朗克斯。2009年，她成为美国历史上首位最高法院的西班牙裔法官，也是仅有的四位女法官之一。在其他108位法官中，2位为非裔男性，其余106位都是白人男性。

波多黎各裔美国人在政治上并未像西班牙裔美国人那样成功地组织力量争取自身权利。对很多美国本土的波多黎各人和波多黎各岛上的人来说，最重要的政治问题就是波多黎各岛自身的命运：它是应该继续维持现在的自由邦状态，申请成为美国的第51个州，还是应该尝试成为一个独立国家？在这个问题上存在的分歧，使波多黎各陷入长期分裂状态，并依然是波多黎各选举中一个最关键的问题。在1998年的全民公投中，选民们对这两个选择均不赞同，实际上就是赞成波多黎各继续维持当前的自治状态，而非成为美国的一个州或取得独立。

古巴裔美国人

美国的古巴移民最早可以追溯到1831年，但真正的移民潮却是始于古巴革命（1959年）中卡斯特罗掌权之后。第一波古巴移民的数量约为20万，其中包括很多受过良好教育的专业人士；这些人当时被视为遭受共产主义暴政的难民而受到美国社会的热烈欢迎。然而，更近的移民潮却让美国社会愈加担忧，部分原因是他们很少是有技术的专业人士。每当古巴裔美国人涌入美国，美国政府都会鼓励他们分散到美国各地安家落户。然而，很多人都会选择继续定居（或者回到）

迈阿密和佛罗里达州的大城市,那里气候温暖,离古巴也比较近。

古巴人在美国的经历复杂多样。有些恶意诋毁这个群体的人担心古巴裔美国人中反共情绪高涨,以及一些从事毒品交易和帮派暴力的犯罪组织力量明显壮大。近来,迈阿密的古巴裔美国人对该城市中罗马天主教会的冷漠表示担忧。与其他西班牙裔一样,古巴裔美国人担任教会领导职务的比例很低。而且,尽管有很多古巴裔美国人取得了成功,但作为一个群体,迈阿密的古巴裔美国人仍然在收入、就业和专业人士的比例方面落后于白人(Masud-Piloto,2008)。

中美洲和南美洲裔美国人

从中美洲和南美洲来的移民非常多元化,但他们并未得到深入研究。事实上,大部分政府统计数据都将这个群体笼统地称为"其他",而几乎从未根据国别将其加以区分。来自智利和哥斯达黎加的人,除了都讲西班牙语和都来自南半球外,并没有其他共同点。实际上,并非所有中美洲和南美洲的人都说西班牙语。比如,巴西移民说葡萄牙语,来自法属圭亚那的人说法语,来自苏里南的人说荷兰语。

许多中美洲和南美洲国家都采用了非常复杂的种族分类体系,可以辨别极其细致的肤色差别。这些移民对这种多种族体系早已习以为常,因此很难适应美国社会特有的黑-白种族分类系统。来自这一地区的移民不仅在肤色和语言上有差异,还存在各种社会阶级差异、宗教差异、城乡差异和方言差异。有些人可能是当地原住民,尤其是来自危地马拉和伯利兹的移民。倘若如此,他们的社会认同就不同于对国家的忠诚了。

简而言之,约700万中美洲和南美洲移民拒绝接受外界对其进行的泛泛概括,也不接受外界笼统地总结他们与其他拉丁裔和非拉丁裔群体的关系。中美洲和南美洲人并未形成也不可能形成一个具有凝聚力的群体。他们也不会轻易就与古巴裔美国人、墨西哥裔美国人或波多黎各人联合在一起。

LO 30-1　犹太裔美国人

犹太人占美国总人口的2%。他们在全世界的犹太人群体中发挥了重要作用，因为美国是犹太人最集中的国家。与日本人一样，尽管也受到了偏见和歧视，但是很多犹太人都来到这个国家并成为白领职业人士。

反犹主义（anti-Semitism），即对犹太人的偏见，在美国的影响范围并不大，也不像在欧洲那样组织化，但它的表现却非常邪恶。在很多情形下，犹太人经常被当成别人错误的替罪羊。犹太人在美国并未获得平等地位，并不让人感到意外。尽管犹太人接受了高等教育和专业训练，但他们却很难跻身大企业的管理层（除非是在几家犹太人创办的公司中）。尽管如此，2009年的一项全国调查显示，每四个美国人中就有一个人认为金融危机就是"犹太人"造成的。除此之外，私营社交俱乐部和兄弟会群体常常拒绝接受非犹太人会员，最高法院在1964年的"贝尔诉马里兰案"（*Bell v. Maryland*）裁决中对这种做法表示支持（Malhotra and Margalit, 2009）。

为了进行犹太教活动，希伯来语是宗教教育中非常重要的组成部分。这名犹太教师正在教这名小学生学习希伯来字母表。

圣约之子会（B'nai B'rith）的反诽谤联盟（Anti-Defamation League，ADL）支持记录每年的反犹事件。尽管数量上下波动，但在2012年，上报警方的骚扰、威胁、破坏财产和人身袭击案件达到了927起。很多事件都是由新纳粹光头党发起的，他们是一群持种族主义观念和反犹主义的年轻人。这种具有威胁性的事件让很多犹太裔美国人更加恐惧，让他们不由得回想起二战期间的大屠杀。

和本章已经讨论过的其他少数族裔一样，犹太裔美国人也需要选择究竟是继续保持与自身悠久的宗教和文化传统的联系，还是尽量与非犹太人保持一致。很多犹太人都选择了融入主流社会，犹太人与基督徒之间的通婚数量增加也印证了这一趋势。1970年代，超过70%的犹太人同族通婚，或是与改信犹太教的人结婚。从1996年以来，这种婚姻组合形式的比例降至53%。这种趋势表明，对犹太裔美国人来说，同族婚姻和异族婚姻的比例大致相当。对很多人来说，宗教已经不再成为问题，因为就连父母辈都不再进行宗教活动了。在犹太人和非犹太人缔结的婚姻中，67%的孩子都不会被培养成犹太教徒。最后，2005年，67%的犹太人认为，反犹主义是对犹太人生活最大的威胁；只有33%的犹太人认为异族通婚才是最大的威胁（American Jewish Committee，2005；Sanua，2007）。

LO 30-1　白人族群

美国人口的主要组成部分是白种人，他们的祖先在过去150年间从欧洲迁至美国。美国的白人人口包括约4900万自称至少拥有部分德国血统的人、3600万爱尔兰裔美国人、1700万意大利裔美国人、1000万波兰裔美国人和从其他欧洲国家来的白人移民。他们中有一些人仍然居住在关系亲密的少数群体社区，而其他人则已融入新的社会，并完全抛弃了传统习俗。

今天，很多白人都只是偶尔认同自己的传统。**象征族群**（symbolic ethnicity）指的是更重视民族事务或政治议题，而非与自己的民族传统保持更深入的联系。这反映在全家偶尔光顾具有本族特色的面包店，或者意大利裔美国人庆祝圣约瑟夫节（St'Joseph's Day）这样的传统节日，或者爱尔兰裔美国人关注北爱尔兰未来的命运等上。这些举动从另一个方面体现了种族和族群社会建构的过程。新移民的到来有时会增强本族文化传统，但象征族群正一代代地衰落下去（Alba，1990；

Winter, 2008）。

　　白人的族群认同会让拥有这种身份的人感到骄傲，但他们并不一定就会以牺牲弱势群体为代价来庆祝这一点。我们太容易认为种族关系就是一场零和博弈，即一个群体受益也就必然意味着另一个群体受损。其实事实未必如此，爱尔兰人和意大利人等几个白人族群的发展历史表明，曾经处于边缘地位的群体最后能够一跃而起，获得极富声望和影响力的地位（Alba, 2009）。

　　当然，这并不是说，白人族群与其他弱势群体就不会因经济竞争而形成敌对关系，这种解读也正好符合社会学冲突论的观点。随着黑人、拉丁裔和印第安人的地位提升，他们势必会为了工作、住所和教育机会与白人工人阶级展开竞争。在高失业率和高通胀率的时期内，任何这样的竞争都会导致非常紧张的群际关系。

　　在很多方面，白人族群所面临的困境与美国其他从属群体都是一样的问题。在社会因人们想要变得与众不同而施以惩罚之前，人们具有多少"民族性"，或者说人们能在多大程度上让自己不再像一个盎格鲁-撒克逊血统的白人且不再遵守

美国白人经常通过举行特殊的庆祝仪式来表达自己的族群性质，比如图中俄勒冈州章克申城举办的斯堪的纳维亚节日游行。游行者们非常骄傲地举起丹麦国旗。

第九章　种族与族群不平等　　385

新教的规范呢？我们的社会似乎一直都在鼓励人们同化，然而，正如我们看到的，同化并不是一个容易的过程。在未来的数年内，随着移民不断增加，不仅是美国，全世界各国中越来越多的人都会面临如何融入新社会的挑战。在接下来的社会政策部分，我们将会关注全球人口迁徙及其对未来的影响。

LO 30-2　社会政策和种族与族群不平等

我们都知道，研究者在研究中会用到多种研究工具，从最简单的观察研究到最先进的电脑技术等。在现实生活中，社会学研究会对公共政策和社会福利产生深远影响，下面我们就来看一下其对全球人口迁徙的影响。

全球人口迁徙

纵观全球，全球人口迁徙率一直居高不下。每年约有 1.91 亿人从一国迁至另一国，这一数量大致相当于俄罗斯和意大利的总人口数。他们中有 100 万人会通过合法渠道移居美国，成为占美国人口 13% 的外来移民。可能更重要的是，四分之一的美国劳动力都是外来移民，这一比例达到 120 年来的最高值（Motel and Patten, 2012）。

从全球范围来看，大量的人口迁徙带来了非常深刻的社会影响。移民数量的增加及其对迁入国的就业和福利体系造成的压力，对世界上许多经济强国来说都是十分棘手的问题。谁应获准进入这些国家？到什么程度就该削减人口迁徙量呢？

人们的迁徙活动在时空上并不一致。在特定时代，战争或饥荒可能会加速暂时性或永久性的大量人口迁徙。如果人们待到故国安全时返回家乡，这就是临时性人口迁徙。然而，越来越多的人都觉得祖国无法让他们体面地生活，于是他们就选择永久性地迁移到发达国家。大规模的移民源源不断地流向北美地区、中东石油产区，以及西欧与亚洲的发达国家。现在，世界上最富有的七个国家（包括德国、法国、英国和美国在内）接受了全球约 33% 的移民人口，但少于世界总人口的 20%。只要国家之间仍然存在不均等的就业机会，期待全球人口迁徙趋势出现逆转也就毫无道理可言。

全球人口迁徙的结果之一就是出现了跨国人士。**跨国人士**（transnational）是指维持联系祖国与定居国之间多种社会关系的移民。20 世纪早期的工业大亨拥有比世界上许多城邦（nation-states）更强大的力量，他们是世界上最早的一批跨国人士。今天，数以百万计的普通人士在国家之间穿梭往来，就像每天来往于城市和郊区之间的通勤者一样。这些人中有越来越多的人都拥有双重公民身份。他们的身份认同深深地扎根于跨国活动的生存奋斗中（在某些情况下还会蓬勃发展），而不是通过对某个特定国家的忠诚而得以塑造起来。

那些长期以来都是移民目的国的国家，如美国，一般都制定有允许哪些人优先进入的政策。这些政策里通常都会带有明显的种族和族群偏见。1920 年代，美国政策偏向于西欧移民，但却为南欧、东欧、亚洲和非洲的移民设置了重重障碍。1930 年代和 1940 年代，联邦政府拒绝取消或放宽移民配额，不让逃离纳粹德国的犹太难民进入美国。遵照这一政策，1939 年，装载 900 名犹太难民的"圣路易斯号"客轮未能获准在美国靠岸。随后，这艘船被迫返回欧洲，据估计，这艘船上好几百名乘客后来都不幸遇害（Morse，1967；Thomas and Witts，1974）。

从 1960 年代开始，美国政策鼓励美国居民的亲属及有特定技能的外国人移民美国。移民政策的变化大大影响了移民输出国的模式。之前来到美国的移民以欧洲人居多，但在过去半个世纪，移民主要来自拉美和亚洲。因此，美国人口中，亚洲和西班牙裔移民的数量一直在不断增加。很大程度上，对种族和族群多样性的恐惧和憎恨是反对移民的关键因素。很多国家的人们都担心，新移民无法反映出他们自身的文化和种族传统。

人口迁徙的社会学应用 研究表明，移民很好地适应了美国的生活，成为国家经济的重要资产。在某些区域，大量迁徙会带走当地社区的资源，但在其他区域则有助于盘活当地经济。

尽管人们仍有恐惧，但是人口迁徙起到了许多重要作用。对移民接收国来说，移民缓解了劳工短缺问题，增加了美国健康护理和科技行业的劳动力。对移民输出国来说，人口迁徙出境可以缓解经济无法支撑大量人口的问题。不过，移民寄回家乡的大笔资金（外汇）常被忽视。

人口迁徙也会带来负面作用。尽管研究显示，人口迁徙通常都会对移民接收国的经济产生正面影响，但在那些移民高度聚集的地区，短期内满足这么大群人的社会需求是件非常困难的事情。如果具有技术或高学历的移民离开欠发达国家，他们的离开很可能会给这些国家产生负面影响。无论移民寄多少钱回国，都无法抵消贫困国家所受到的人力资源损失（Borjas et al.，2006；Kochhar，2006）。

冲突论者关注哪些争议是从经济角度来解释移民问题。当移民来自与接收国完全不同的种族和族群背景时，这一争论就会变得更加激烈。比如，欧洲人总是提到"外国人"，但这并不一定就是指在国外出生的人。在德国，"外国人"指非德国血统的人，哪怕他们就出生在德国；而并不指那些在其他国家出生、可能选择返回祖国的拥有德国血统的人。对"新"族群的恐惧和憎恨将世界各国划分开来。

女性主义视角特别关注女性在全球人口迁移中的角色。女性移民除了要面对男性移民所面临的所有问题，还会遇到更多挑战。她们常常需要料理家务，尤其是抚育孩子。由于男性更可能将全部时间和精力都用于工作，所以女性也就需要独自处理学校、城市服务、医疗设施等繁杂的机构事务，以及前往陌生商店和超市为全家人采购食物。需要特殊医疗服务或者遭受家暴的女性往往不愿寻求外界帮助。比起男性，她们更可能成为家庭、社区和宗教机构之间的纽带。而且，由于很多新移民都认为美国是一个危险的地方，因而女性会特别注意孩子的生命安全（Hondagneu-Sotelo，2003）。

发起移民政策建议　　美国和墨西哥之间的边境线很长，这为进入美国的非法移民提供了充足的机会。1980年代，公众愈加认为，美国失去了对边境的控制。面对控制移民的压力，国会在1986年通过了《移民改革和控制法案》，从而结束了长达十年的辩论。该法案标志着美国移民政策发生了历史性改变。在美国历史上，该法案首次认定雇用非法进入的外来者是违法行为，违反法律的雇主会受到罚款乃至被监禁。另一个重要改变是，已经在美国定居的许多非法移民得到了政府特赦，取得了合法的公民身份。然而，二十多年后，该法案似乎产生了非常复杂的后果。每年仍有大量非法移民进入美国，非法移民的总数任何时候预计都能达到1100万或以上；2000年的非法移民约为800万，而也正是从这一年开始，移民人数显著增长（Passel et al.，2013）。

2010年，由于非法移民不断跨过美墨边境线进入美国，亚利桑那州不胜其扰，从而颁布相关法律，授权警察自行决定拘留那些他们有理由怀疑是非法移

尽管自从始于2007年的经济下滑以来非法移民人数出现下降，但因确认非法移民的巨大压力，被驱逐出境者人数却在增加。这些可疑的非法移民被关押在加州。

民的人，然后再确认他们的移民身份。反对者立即指控新法律会导致种族侧写行为。2012年，最高法院判定，如果警方有理由怀疑某人是非法偷渡者，他们可以叫住或拘留嫌疑人，再行确定嫌疑人的移民身份。在支持严格边境控制者和支持改革美国移民法者之间，这一争论仍在继续。法律专家质疑各州对移民法的实施是否符合宪法精神。尽管法律的实施过程问题重重，但它加强了那些意图加强边境管理者的决心，同时也激起了寻求改革美国移民法者的反对。

近年来，拉丁裔发起多次大规模游行向国会施加压力，促使它加速外来移民入籍的过程并允许非法移民取得合法居住权。尽管面临如此大的政治压力，但国会却并未采取行动，甚至都没有对此展开讨论。在2012年总统大选中，西班牙裔选民纷纷支持民主党，共和党的支持者人数相应也就下降了，由此也促使两党同意进行移民改革。新政策可能会采取其他措施来加强美墨之间的边界管控，但它可能也会促进美国产业所需要的工人进入美国。

整个世界都感受到了全球化对人口迁徙模式的巨大影响。1997年欧盟合约授权管理委员会起草欧盟范围内人口自由迁移的政策。欧盟这项允许欧盟国家居民在欧盟内部自由迁移的政策，可能会让土耳其等移民输出国加入欧盟组织的过程变得更加复杂。从土耳其来的移民多为穆斯林，在许多欧盟国家都不受欢迎（Denny，2004）。

"9·11"事件过后，出于发现潜在恐怖分子的需要，移民程序变得愈加漫长而复杂。在世界各国，尤其是非法移民，甚至包括合法移民在内，都受到政府官员更为细致的盘查。对于那些打算迁移到其他国家的人来说，就算移民的目的是为了与亲人团聚，也需要花更长时间等候取得进入迁入国的权利，因为移民官员对以往视为例行公事的移民申请检查，现在会进行更加繁复和细致的检查。

关于移民的激烈争论，反映了很多国家的文化之间存在深刻的价值观冲突。比如，美国文化一直强调人人平等的原则和帮助处于困境中的人的愿望。与此同时，对潜在移民者和难民的敌意——不管是1880年代的中国人、1930年代到1940年代的欧洲犹太人，还是今天的墨西哥人、海地人和阿拉伯人——不仅反映了种族、民族和宗教偏见，还体现了通过赶走外来者来维持内群体主流文化的愿望。

E 评 估

1. 马克思主义阶级理论的倡导者认为，美国种族压迫的基础是资本主义经济体系。这个观点是（　　）的体现？

   (a) 剥削理论　　(b) 功能论理论　　(c) 互动论理论　　(d) 接触假设

2. 1960年代，（　　）的支持者反对融入白人中产阶级社会。他们捍卫黑人和非洲文化的精髓和尊严，支持创建由黑人控制的政治和经济机构。

3. 亚裔美国人被推崇为＿＿＿＿＿或＿＿＿＿＿少数群体，因为尽管他们过去饱受偏见和歧视，但他们现在已经在经济、社会和教育上取得了一些成就，而且没有与白人产生政治冲突或暴力冲突。

答案：1. (a)　2. 黑人力量　3. 模范、成功

R 反 思

1. 很多民族文化都会经常展示和庆祝自己的文化认同。为什么很少发现白人族群的身份认同？

2. 美国社会的多元化程度如何？从自身经历中举例说明。

| 案例分析 | 不同的生活轨迹

罗莎·马丁内斯（Rosa Martinez）和埃琳娜·马丁内斯（Elena Martinez）是相差两岁的两姐妹，她们在亚利桑那州度过了自己的童年和青少年时期。埃琳娜说："小时候我俩很亲近，但是长到十几岁时，我们就各玩各的了。"现在自称"罗丝·马丁"的罗莎也表示同意。她说："我有很多抱负。但我知道，如果我拒绝采用美国人的方式，我就什么也做不了。我已经不是在墨西哥了。我现在是在美国。如果我想成功的话，我就必须接受美国主流文化。"

埃琳娜说她姐姐的观念让她非常烦恼。她说："是的，她想成为业绩斐然的金融顾问，但你不至于为了达到目的，连自己的名字都不要了吧。你应该对自己的身份感到自豪。你要尊重自己的民族本源。你要尊重他人，你也要坚持尊重自己。"埃琳娜很清楚美国还远未能实现这种理想状态，但她认为，如果多一个人认同这种观念，多元化社会发展的障碍就会又少一个。她说："我是建筑师助理。我的理想是成为一名设计师，设计能够促进文化交流的城市景观。我会受到偏见吗？当然会。我会受到性别歧视吗？当然会。我的爱尔兰裔老板曾对我很不好。但当他对我摆架子时，我就会说：'嘿，别忘了美国也曾不接受爱尔兰人。现在时代变了，人们也变了。让我们一起把公司做好。'"

1. 马丁内斯姐妹各自选择的群际关系模式是什么？
2. 罗丝说成功的前提是融入美国主流文化。你觉得她的看法对吗？为什么？
3. 为什么埃琳娜提醒她的老板说美国人也曾歧视过爱尔兰人？
4. 埃琳娜认为文化间的相互理解是能够实现的，你觉得呢？为什么？
5. 你认为尝试融入主流文化的罗丝能得到白人特权吗？或者她是否仍会受到歧视？请解释你的理由。

"强力"学习策略　养成批判思考习惯

　　社会学需要具备批判性思维。你经常需要口头或书面回应突如其来的争议看法。这些看法可能来自你读过的书、老师或同班同学,你可能会同意或反对这些看法。批判思考习惯包括巧妙地思考新看法和合理地作出回应——一旦你养成这种习惯,它就可以帮助你在社会学、其他学科甚至是你的生活中所向披靡。以下是一些养成批判思考习惯的小窍门。

P · 看到新的观点、意见或论据时,先花上几分钟时间回想一下你对这个话题已有的了解。

O · 根据自己已知的信息,初步决定你是否同意这个观点。如果可以找到好的论据和证据,准备好随时改变自己原来的观点。

W · 学会区分观点和事实。事实可被验证,观点则基于论据和反对观点。
　· 质疑每条陈述。你要问的主要问题并不是"这是真的吗",而是"我怎样才能知道这是不是真的?"我们需要寻找有逻辑的论据和证据。
　· 确定某论据的逻辑推理是否恰当,或者是否遗漏了某些步骤。确保逻辑推理的顺序为 A 到 B 到 C 到 D,而非直接从 A 跳到 D。
　· 确定证据是否可靠。查看提供的任何统计数据。这些数据是否有意义?有足够的研究对象吗?这些数字令人信服吗?有数据吗?
　· 牢记因果关系与相关性的区别。如有必要,重新阅读本书第一章。
　· 考虑数据和资料的来源。证据来自可靠来源(如科学期刊)还是未知来源?陈述证据的人是否值得信赖?他们是该领域的专家吗?他们的态度是否看似不偏不倚,还是看似倾向某种观点?
　· 警惕偏见的存在,包括自己的偏见。了解他人和自己根深蒂固的主观认识。保持开放心态,乐于学习新知识。
　· 如果你对他人的观点产生了情绪性反应,如愤怒或愤慨,先不要急着否认。你可以这样处理:保持理性和尊重,但也要敢于说出自己的想法。
　· 不要担心自己显得不够聪明。不要让恐惧阻碍你提出自己的观点,在学术领域要敢于冒险!

E · 检视自己的观点,尝试加以反驳。找出漏洞和缺点,尽最大可能去弥补。

R · 如果老师或同学对你的观点进行了评价,请仔细阅读或聆听他们的评论。学会从他人的批评中获益。

赐予我力量　你是批判思考者吗？

批判思考能力指的是解读、分析、推理、评价、阐明和排除偏见的能力，养成批判思考习惯对理解和使用所学知识非常重要。为了评价你的批判思考能力，请阅读以下陈述，选择"这是我"或"这不是我"，最后计算自己的分数。

"这是我" = 0　"这不是我" = 1

1. 我认为所有的"事实"都只是别人的观点。
2. 数据只是依据之一。
3. 当我们看到两个不同报告时，我会选择更有说服力的一个。
4. 我认为大部分书籍和报纸都是没有偏见的。
5. 我通常基于自己的经验和感觉来形成结论。
6. 我觉得很难向别人解释自己的想法。
7. 我从最喜欢的电视新闻节目或新闻网站得到事实。
8. 我从来不看新闻，新闻只是一系列随机事件。
9. 我并不是解密节目的粉丝。我从来都找不到线索。
10. 预测徒然浪费时间。没人知道以后会发生什么。

得分

9—10分：你用批判思考能力来筛选和评价自己读到、看到和听到的信息。你也非常谨慎小心，尽量不让偏见影响自己的判断。

6—8分：你掌握了一些很好的批判思考技巧，但还有提升空间。

0—5分：你很难理解自己所读所听的信息，但若你认真学习左页专栏"养成批判思考习惯"中的方法，你就可以开始养成有助于你成功的思维习惯。

10

第十章

性别分层

模块 31　性别的社会建构

模块 32　女性：被压迫的大多数

社会学实务——人力资源经理

卡拉·努南（Kara Noonan）是一家科技研发公司的人力资源经理。她的工作职责是，监管工资名单、评价员工、促进员工发展，以及决定员工的薪资水平。但在她看来，自己工作中最让人兴奋的是公司的新人才管理项目，该项目由她提出并全程监督。努南的人才管理项目是为了招

聘更加多元化的员工，提高员工整体在性别和种族及族群方面的多样性。"我希望寻找多元化的想法。来自不同背景的人们会带来不同的视角，我们需要通过这些视角来不断获取新鲜的想法。"努南想要建立所谓的"人才队伍"，来应对商业发展的策略化需求。"我所寻找的不是符合公司文化的人，而是能够创造公司文化的人。在我们这个工作领域，一旦停止创新，就会止步不前。"

本章内容概述

本章我们将会研究不同的文化如何将男女两性分配到不同的社会角色中。随后我们将会探讨各种社会学理论对性别分层的解读。我们将会看到，女性成为世界人口中被压迫的大多数。我们将会了解，女性已经建立了对自身压迫地位的集体意识。与此同时，她们也清楚地知道，社会不平等是女性性别与其他社会因素共同作用的产物。本章结尾的社会政策部分，将会讨论有关女性堕胎权的争议。

模块 31

性别的社会建构

P 准备　学习目标

LO 31-1　解释"性别的社会建构"的意义

LO 31-2　描述女性和男性的社会角色和美国的性别角色社会化过程

LO 31-3　运用四种主要社会学视角来解释性别分层

O 组织　模块大纲

性别角色是由社会建构的吗？

美国的性别角色

关于性别的社会学视角

W 工　作

LO 31-1　性别角色是由社会建构的吗？

如果机上广播传来女机长的声音，你觉得会有多少乘客对此感到惊讶？如果一位父亲告诉大家，因为他儿子要做常规医疗检查，所以他今天上班会迟到，大家又会如何看他？我们会有意识或无意识地认为，开飞机是**男性**的工作，大部分家长职责则应由**女性**来承担。性别是我们日常生活中习以为常的部分，因而只有当某人背离传统行为或期待时，我们才会注意到。

少数人在生活之初并无清晰的性别认同，但绝大多数人都非常清楚自己的性别角色，并且很快就接收了有关性别行为的社会信息。实际上，几乎所有社会都确定了两性之间的社会区别，而这则并非必然是由两性之间的生物差异所引起（如女性繁衍后代的能力）。

在研究性别时，社会学家对引起两性不同行为的性别角色社会化非常感兴趣。在第四章中，**性别角色**是指对男女两性适当行为、态度和活动的期待。主导性别角色的应用导致两性之间形成多种形式的差异。男性和女性都能学会做饭和缝纫，但大部分西方社会都是决定应由女性来完成这些任务。男女两性都能学会焊接和开飞机，但这些工作职责通常都分配给了男性。

然而，正如我们将会在本章看到的，社会行为无法反映出这些性别角色的相互排他性。性别角色也不是独立存在的：在现实生活中，男性的行为方式影响着女性的行为方式，反过来，女性的行为方式也影响着男性的行为方式。因而，大部分人并不总会表现出严格意义上的"男子气概"或"女性气质"。实际上，这些标准可能是模糊的。比如，社会对男性的期待是不能外露感情，但人们却认为，当男性最喜欢的运动队赢得或输掉关键比赛时，他们可以表露自己的情感。然而，我们的社会仍然关注"男子气概"和"女性气质"，就像男性和女性必须依据这些标准来进行评价。近来女性开始进入一些原本由男性主导的职业领域，但是我们的性别建构仍然使我们对两性抱有不同的期待。

性别角色不仅会在工作和行为中显著地表现出来，还会在我们如何回应他人中表露无疑。我们的一举一动都在体现出性别角色的意识，但我们却对此毫无察觉。如果上文中提到的父亲带着儿子在工作日去看医生，他可能会获得前台接待人员和其他病人赞许的目光。他们会想："他难道不是一位称职的父亲吗？"但若是男孩的母亲放下她的工作带孩子去看医生，她可能就不会得到这样的默默赞许。

我们在社会中建构自己的行为，进而创造或加深两性之间的差异。比如，两性有不同的身高、体重和年龄。然而，关于婚姻乃至非正式约会的传统规范告诉我们，在异性恋伴侣中，男性应该比女性更年长些、高些和聪明些。正如我们将会在本章中看到的，这样的社会规范有助于强化并美化男性主导模式。

LO 31-2　美国的性别角色

性别角色社会化　男性宝宝盖蓝毯子，女性宝宝盖粉毯子。人们期望男孩玩卡车、积木和玩具士兵，女孩玩洋娃娃和厨房玩具。男孩必须要有男子气概：活跃、进取、坚韧、大胆和主导力，女孩则必须要有女性气质：温柔、情绪化、甜美和顺从。这些传统性别角色模式一直都在影响着美国儿童的社会化进程。

在适宜的"男子气概"和"女性气质"行为的传统观点中，有一个重要因素就是**恐同症**（homophobia），即对同性恋的恐惧和偏见。恐同症极大地促进了严格的性别角色社会化，因为很多人都会刻板地将男同性恋与女性气质联系在一起，并将女同性恋与男性气质联系起来。因此，那些背离传统性别角色期待的男性和女性总是被认定为同性恋。同性恋自由运动带来了社会进步，但在我们的文化中，同性恋还是经常受到污蔑，从而迫使所有男性（不论是不是同性恋）都尽力展现狭隘的"男子气概"，所有女性（不论是不是同性恋）都仅仅展现狭隘的"女性气质"（Seidman, 1994）。

当然，成年人在引导孩子进入这些得到社会认可的性别角色中起着关键作用。家长通常是第一个和最关键的社会化媒介。但在世界各地，其他成年人、哥哥或姐姐、大众传媒，以及宗教和教育机构，也在性别角色社会化中有重要影响。

我们不难发现性别角色的社会化有多么严苛。你可以试着违反一些性别规范，如女性在公共场所吸烟或男性拎着女式小提包。而这也恰是科罗拉多大学和爱荷华州路德学院为社会学系学生布置的一项任务。老师们要求学生按照他们所认为的违反两性性别行为规范的方式去行事。学生们轻而易举地就想出了违反性别规范的方法（参见下表），然后他们仔细地记下了别人对他们行为的反应，这些反应包括忍俊不禁到非常厌恶不等（Nielsen et al., 2000）。

违反女性行为规范	违反男性行为规范
给男性送花	涂指甲油
在公共场所吐痰	在公共场所做针线活
使用男士卫生间	参加特百惠厨具派对
买下身护体	在公共场所哭泣
买香烟/嚼烟草	修脚
对汽车知识如数家珍	要求照看婴儿
为男士开门	刮体毛

注：在一项测试性别角色刻板印象的实验中，社会学系学生根据要求，按照他们所认为的违反两性性别行为规范的方式去行事，并要记下别人对他们行为的反应。这份行为选择样本是这项长达七年的社会实验的一部分。你是否认同这些行为能够测试传统性别行为的界限呢？

资料来源：Nielsen et al., 2000：287。

站在他人的角度思考问题——小学教师

如果班上有一群男孩非常霸道,从选择橄榄球队队员(总是将女孩放到最后)到欺负年龄更小的安静男孩,什么都要管,你会怎么处理?

女性性别角色 女孩如何发展出女性自我形象?男孩又如何发展出男性自我形象?某种程度上,他们是通过认同家庭、社区和媒体中的男性或女性来形成自我形象。如果一个年轻女孩常常看到不同年龄和体型的女性电视角色,她就可能会产生正常的身体形象认知。如果她认识的女性,如母亲、姊妹、父母的朋友和邻居,都对自己的身材感到满意,从未纠结于减肥问题,她就不会受到身体形象的伤害。相反,如果这个女孩看到的全是电视上非常骨感的演员和模特,她的自我形象认同就会截然不同。即使她日后成为受过良好教育的专业人士,她仍然可能会暗自后悔未能达到媒体宣传的女性刻板印象——身穿比基尼、苗条性感的年

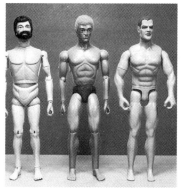

我们的社会向两性传递了理想身体形象的不同信息。对女性来说,"美国小姐"选美大赛推崇纤瘦、如雕像般的体型。而对男性来说,G. I. Joe 娃娃等"可动人偶"宣扬的则是夸张的肌肉体型,而这通常都是职业摔跤选手才会拥有的体型(Angier, 1998; Byrd-Bredbenner and Murray, 2003)。

第十章 性别分层 399

轻女性。

　　塑造女性刻板印象的途径远非只有电视。对美国1940、1950、1960年代出版的儿童读物研究发现，女性很少成为主角，书中的插画也常常忽略女性。几乎所有女性角色都显得无助、被动且无能，非常需要强壮的男性予以照顾。对从1970年代到现在出版的儿童图书研究发现，这些情况有所改善，但男性依然是主角。虽然各种图书将男性刻画为各种多变的角色，但是女性的形象却仍然主要表现在传统角色上，如母亲、祖母或志愿者。就算她们从事非传统工作，如从事专业工作的职业女性，她们也无法摆脱自己的传统角色（Etaugh, 2003）。

　　与男性相比，女性更易受到传统性别角色的束缚。本章将会展示女性在美国的政治和经济制度中如何受限成为从属角色。然而，性别角色限制着男性，这也是真的。

　　男性性别角色　全职父亲？搁在数十年前，这种想法简直不可想象。然而，在2012年的一项全国调查中，22%的男性表示，他们更愿待在家里照顾家庭。女性显然更偏爱这种生活方式：44%的女性更愿成为全职太太或母亲。人们关于性别角色的观念显然已经发生了改变，但事实上，男性全职在家照顾孩子仍是一种较为少见的现象。每有一位全职父亲，就有38位全职母亲（Fields, 2004；Saad, 2012）。

　　抚育孩子的态度也许正在改变，但研究显示，传统男性性别角色几乎没有任何变化。男性角色和女性角色一样，都受到社会的建构。家庭、同辈和媒体都在影响男孩或男人如何看待社会中适合他的角色。男性性别角色除了反女性气质（不娘娘腔）外，还包括在工作和运动中证明自己的男子气概，而这通常都意味着：专横霸道地对待他人，以及在两性关系中采取主动和控制（Coontz, 2012）。

　　如果男性不遵循社会建构的性别角色，通常就会不断受到批评乃至羞辱：在孩童时代，他们会受到其他男孩的嘲讽，成人后则会受到其他成年人的羞辱。如果一个小男孩被称为"小妞"或"娘娘腔"，他可能会特别痛苦，尤其是如果这样的评论来自自己的父亲或兄弟，他的痛苦就会更甚。那些想要从事非传统职业的男性，如幼教或护理，必定经常都要面对他人惊疑的目光。在某项研究中，访谈者发现，这类男性必须改变自身行为，以减少他人对自己的负面反应。一位35岁的男护士报告称，在夜总会里，他不得不说自己是"木匠或其他类似的职业"，因为女性没有兴趣与男护士深入交往。这些研究对象在与其他男性随意交谈时，也会进行类似的调整（Cross and Bagilhole, 2002）。

与此同时，那些成功适应男子气概文化标准的男孩慢慢长大，成为一群从不与他人交流情感的内敛之人。他们仍然强大有力，坚韧不拔，但却也成为自我封闭和孤独之人。事实上，一个人数虽小但却在不断发展的学术分支指出，对两性而言，传统性别角色可能会产生不利影响。在美国的许多社区，女孩在高中似乎胜过男孩，如毕业生代表、班长到年刊编辑等学生领导位置（除了男子体育队队长之外）大都被女孩占据。她们的优势在高中毕业后还能继续保持。1980年代，美国的女孩比男孩更有可能升入大学。自此之后，女性一直占据着全美社区学院和四年制大学大一新生总数的54%—55%，这一趋势预计至少会持续到2021年。

除了这些劣势，许多男性还发现传统男子气概让他们在职场上表现欠佳。过去五六十年，服务经济不断增长，但新增工作对技能、态度和行为的要求，与传统男子气概完全背道而驰。这个行业日益成为低技能男性必须寻找工作的领域。英国的一项研究显示，许多失业男性都不愿干服务行业工作，因为这类工作要求他们对顾客毕恭毕敬、善解人意。

性别角色阻止男性进入某些由女性主导的低薪行业，如儿童保育。只有5%的托儿所员工是男性。

过去 40 年，受到当代女权运动（本章后面有深入介绍）的积极鼓励，越来越多的美国男性都开始批评传统男性性别角色对男性的限制。一些男性公开支持女性为争取完全平等所做的斗争，甚至还为此组建起志愿者联合会。但是，他们的行动遭到其他男性的强烈反对，后者认为自身受到了与赡养费、抚养费、儿童监护、家庭暴力和平权行动相关法律条款的不公正惩罚（Kimmel, 2008；National Organization for Men Against Sexism, 2012）。

性别角色研究还显示，实际上，社会并未塑造简单单一的男性性别角色。澳大利亚社会学家康奈尔（Connell, 1987, 2002, 2005）提出了**多重男子气概**（multiple masculinities），意指男性具有多重性别角色。在主导女性的传统性别角色之外，男性角色还包括养育－照料角色和柔弱－同性恋角色。但与其他角色相比，社会更加强调男性传统的主导角色（McCormack, 2010）。

在当代生活中，唯有现代战争才能凸显当代性别角色的改变。下页专栏呈现了现代军队中的女性角色。

性别和人类性行为　　性别角色如何影响个人的性行为？我们不可能将性与性别完全分开。但将男性与刻板印象中的男性性行为表达画上等号，或者将女性与刻板印象中的女性性行为表达画上等号，这都是错误的做法。

随着时间流逝，性别角色发生变化，关于性行为的社会规范也在发生变化。今天，"都市型男"和"兄弟情"等流行热词的出现说明，男性也可以轻松自在地接受传统上被认为具有女性气质的品位，或者与其他男性发展深厚的友谊。与其相似，社会不仅开始接受同性伴侣，也认可那些性别和认同不符合任何传统模式的个人，如双性人或跨性别者。

正如我们在第七章看到的，社会用"好孩子"或"坏孩子"等标签来宽恕或惩罚特定群体的特定行为，在性行为上同样如此。在第十一章关于家庭的内容中，我们将会看到社会如何用标签来将特别的性行为定义为越轨行为。而那些标签则正是来源于传统性别角色区分。

跨文化视角

两性间实际上的生物差异在多大程度上造成了与性别相关的文化差异呢？这

全球社区里的社会学 — 世界各国的参战女兵

2012年，约有25万名女性在军队服役，这些女兵占到美军士兵总数的16%。然而，女兵从未获准与男性一起并肩作战——至少美国军方从不同意。

一段时间以来，女军人一直在战争前线从事后勤等支持工作，有时甚至也会付出生命。2004年，后备军人谭美·达克沃思（Tammy Duckworth）成为在伊拉克服役的美军军机副驾驶员。在一次执行任务中，一枚火箭弹击中她驾驶的黑鹰直升机，达克沃思身负重伤，并因此获得了紫心勋章。现在她是美国伊利诺伊州的国会女议员。

军方的确承认女性在战争中所作出的卓越贡献，比如达克沃思在遇袭后很快就被提拔为陆军少校，但纵观历史，军方发布的"禁止女性参战"命令，却使她们的贡献难以完全得到认可。美国军队里最理想的工作和职业道路都需要有作战经验。由于在2013年前女性都不能正式参战，所以她们被许多自己也许感兴趣的职位挡在了门外。这也就难怪如今五角大楼的高级官员基本上都是男性。

冲突论者把对女性在军队中的升迁障碍称为**黄铜天花板**（brass ceiling）。他们发现，对女性而言，既做着危险工作，又处于次等地位，这早就不是什么新鲜事。纵观历史，女性和弱势族群经常在危险境地进行工作，但他们的贡献却始终无法得到充分的认可。

2013年，美国军方意识到这种不公平状况，最终解除了不许女性直接参与地面作战的禁令。从社会学观点来看，这一决定与过去官方对弱势族群的指令有着莫大的关联。功能论者认为，从历史上看，非裔美国人、亚裔美国人和同性恋都被禁止参战，部分原因在于军方担心他们的出现会产生负面效果。也就是说，

现任国会议员达克沃思在2004年时是一名后备军人。有一次，她与另一名飞行员共同驾驶着黑鹰直升机执行任务时，一枚火箭弹击中了这架直升机，她身负重伤，失去了双腿。当时，女军人经常从事一些危险任务，但却被军方禁止参与战争行动。

对这些群体的偏见会导致军队内部发生冲突,进而降低军队在战场上的作战效率。当事实证明与弱势族群接触并不会带来这些问题后,军方便取消了之前的排除政策。

对女性而言,反对女性参战也与两性固定的性别角色紧密相连,充分地反映出男子气概和女性气质的刻板印象。

互动论者发现,参战经历让女性感觉获得了权力和力量。然而,尽管她们全面参与军队事务,她们也常要被迫承担基于传统性别期待的角色。在以色列,社会学家豪泽(Hauser, 2011)采访了一群18—31岁之间的女兵。她发现,与普通劳动力中的女性一样,很多女兵都成为性骚扰对象。在战争区域,与男兵相比,这些女兵更可能被安排执行教育或培训任务,或者是一些基本的社会工作。在战场之外,女兵说经常有人要她帮忙选择一张新地毯,或者烘焙蛋糕。

军队解除女性参战禁令后不久进行的一项全美民意调查显示,75%的美国选民支持这一决定。男性和女性在这个议题上几乎毫无差别。然而,关于这一变化是否会提高军队的效率,民意调查结果却显示出显著的性别差异。46%的女性投票者认为女性参战会提高军队效率,但却只有36%的男性认同这一观点。总而言之,与男性相比,女性更少认为这一决定会导致问题。

尽管如此,唯有关于谁有资格加入军队(事实上是任何组织)的争论,才与其效率性直接相关。为了应对这些问题,军队需要重新审视男女新兵的训练要求。一些身体标准,若是要求过高,可以重新考虑和适当降低。心理和智力标准则可以适当提高。

美国并不是第一个允许女性参战的国家。不仅是在以色列,许多其他国家的女性也早就参与到战斗中。二战时,苏联女性就可以参加战斗,尽管俄罗斯现已不许女性参战。自1990年代末以来,以色列经常交予女性参战重任。澳大利亚、加拿大、中国、丹麦、法国、德国和荷兰都允许女性参战。我们不应该认为这种转变是平稳顺利的(加拿大和以色列都是经历了漫长的法律程序才赋予女性参战的权利),但是性别平等的新型参战部队确实具有作战能力和效率。

与其他允许女性参战的国家一样,美国的新政策实施过程将会十分漫长。就在新政策公之于众的同时,五角大楼的官员强调指出,参战职位的标准是"性别中立"。力量测试,如反复背负55磅重的油罐等,可能会限制女性进入特定岗位。与其相似,在海豹特遣队、陆军游骑兵和绿色贝雷帽等特战部队的新兵招募中,女性也要拥有与男性同样的资质。

讨论

1. 你或者你认识的女性有过参战经历吗？如果有，请描述女性在战场上和战场附近所面临的困难和机会。你是否认为女兵应该获准自由参战？请解释你的理由。
2. 你觉得女性参战会造成什么军事影响？这一新政策会让军队变得更强还是更弱？请解释你的理由。

资料来源：Bowman, 2013；Domi, 2013；Hauser, 2011；Llana and Eulich, 2013；Mulrine, 2012；Myre, 2013；Quinnipiac University, 2013。

个问题将我们带回到"先天和后天"的讨论中。在评估两性所谓的差别和实际差别时，审视跨文化数据是一种有效的办法。

人类学家在世界各地记下了多种多样的性别建构方式，它们并不总是符合我们关于男子气概和女性气质的理想。玛格丽特·米德（Margaret Mead）首先开创了该领域的研究，随后更多当代学者继续进行实地调查，这些学者的研究结果显示，性别角色随着物质环境、经济和政治体系不同而发生变化。

不拘在任何社会，性别分层不仅要求个人在家庭内按照传统性别角色进行社会化，还会通过宗教和教育等社会机构来促进和支持这些传统角色。而且，即使所有主要机构都想把年轻人社会化为传统性别角色，但每个社会也都有成功反抗刻板印象的男性和女性：成为领导者或专业人士的女强人，以及照顾孩子的暖男等。因此，两性之间的区分显然不是由生物性来决定的。事实上，维持传统性别角色需要持续不断的社会控制，但这些控制并不总能奏效。

当社会承受着战争和社会巨变带来的巨大压力时，我们就能看到性别角色的社会建构过程。美国向阿富汗派军主要是为了镇压恐怖主义活动，但也是为了保护那些生活在社会秩序和法治分崩离析国家中女性的权益。在这个因贫困和战争而变得千疮百孔的父权社会，阿富汗女性从未得到安全感；只要她们出现在公

在公共交通工具上遭遇性骚扰或咸猪手,是世界各地女性都会遇到的问题。东京地铁设有女性专用车厢,以此保护女性远离性骚扰。

共场所,就有可能遭遇危险。在阿富汗,对女性施暴是常见现象,但却几乎没有任何机构会对此加以审查或提出起诉,哪怕是最残暴的暴力案件。如果受害者选择向警方报案,她们很可能会被判处通奸罪。不过,多亏联合国的干预,阿富汗人已经开始逐渐意识到对女性的暴力是一个社会问题(Organisation for Economic Co-Operation and Development,2012b)。

LO 31-3 关于性别的社会学视角

跨文化研究表明,男性主导的社会比女性主导的社会更加常见。社会学家用四种主要理论视角来理解这些社会区分如何及为何得以建立。这些视角都认为,文化而非生物学差异因素是性别差异的主要决定因素。但在其他方面,这些社会学视角的倡导者则有很大的分歧。

功能论视角

功能论者认为，性别分化有助于维持社会整体稳定。社会学家帕森斯和贝尔斯（Parsons and Bales, 1955）认为，为了最有效地发挥作用，家庭需要有专门承担特定角色的成人。他们认为，由于夫妻双方需要建立劳动分工，传统性别角色也就应运而生。

帕森斯和贝尔斯认为，女性承担着表达性、提供情感支持的角色；男性则承担着工具性、实用的角色，这两种角色是互补的。**表达性**（expressiveness）意味着关注维持和谐和家庭内部的情感问题。**工具性**（instrumentality）则意味着强调任务，关注远期目标和关心家庭与其他社会结构之间的外部关系。根据这一理论，女性对表达性目标的兴趣使男性能够专注于工具性目标，反之亦然。女性开始专心在家庭中扮演妻子、母亲和家庭主妇的角色，男性则一心一意地奋战在家庭以外的职场中。当然，帕森斯和贝尔斯是在1950年代提出的这一框架，那时全职家庭主妇的数量远远超过现时。这些理论家并没有明确地支持传统性别角色，但却暗示了伴侣间的劳动分工对家庭的正常运转产生了积极作用。

考虑到美国男女两性典型的社会化形象，功能论者的观点最初是很有说服力的。不过，这一视角会让我们希望，所有女性都应该肩负起照顾孩子和成为母亲的角色，哪怕她们自身对此毫无兴趣。与其相似，即使那些喜欢陪着孩子玩耍的男性，也必须按照既定程序，进入商业世界开始自己的职业生涯。这样的区分可能会对那些不适合规定角色的人不利。同时，它也会让许多受限于性别刻板印象的能人失去为社会作出贡献的机会。而且，功能论视角也无法令人信服地解释：为什么男性就应该被分配到工具性角色，而女性就应该被分配到表达性角色？

冲突论视角

从冲突论视角来看，功能论视角掩盖了男女两性之间潜在的权力关系。帕森斯和贝尔斯从未明确指出表达性角色与工具性角色具有不平等的社会价值，尽管二者之间的不平等再明显不过。社会机构也会在口头上表扬女性的表达性技能，但男性的工具性技能却在金钱和地位上为他们赢得了更高的回报。所以在女性主义理论和冲突论看来，依据性别对工具性和表达性任务进行劳动分工，在对女性

冲突论者强调，男性的工作受到普遍重视，而女性的工作（不管是在家庭内的无偿劳动还是外部的有偿工作）则经常受到贬低。图中是新泽西州泽西市通用铅笔厂的内景，这位女工正在从传送带上把铅笔取下来。

的影响上远远不是中立的。

　　冲突论者认为，两性之间的关系一直都是不平等的权力关系，即男性可以支配女性。男性在前工业时代早就拥有极大的权力，这是因为他们的体格、力量和免于照顾孩子责任的自由都能让他们从身体上支配女性。在当代社会，这些考虑因素都不再像过去那般重要，但是关于性别的文化信念早已根深蒂固地存在于人类社会，就像人类学家玛格丽特·米德和女性主义社会学家哈克（Hacker, 1951, 1974）所强调的那样。这种观念支持着这个由男性处于主导地位的社会结构。

　　冲突论者将性别差异视为一个群体（女性）被另一个群体（男性）征服的反映。若用马克思关于阶级矛盾的分析来类比，我们可以说男性就像资产阶级，因为他们控制了社会上大多数的财富、特权和能力。而女性则像无产阶级，因为她们只有通过服从上级命令才能获得有价值的资源。男性的工作总是受到普遍尊重，而女性的工作，无论是在家庭内的无偿劳动还是外部的有偿工作，都受到社会的无情贬低。

女性主义视角

在关于性别分层的冲突论中，有一个重要部分借用了女性主义的观点。尽管**女性主义理论**这一术语的使用出现时间较晚，但对女性社会文化地位的批判则可以追溯到一些对社会学产生重要影响的早期研究中。其中，最重要的研究著作包括玛丽·沃斯通克拉夫特（Mary Wollstonecraft）的《为女权辩护》（1792）、约翰·穆勒（John Mill）的《妇女的屈从地位》（1869）和恩格斯的《家庭、私有制和国家的起源》（1884）。

恩格斯是马克思的亲密战友，他提出妇女的隶属地位伴随着工业化过程中私有财产的出现而确立下来。只有当人类社会的发展超越农业经济，男性才能无比奢侈地享受闲暇，并且不让女性获得报酬和特权。借助马克思和恩格斯的观点，很多当代女性主义理论家认为，女性的从属地位是资本主义社会固有的全面剥削和不公正的部分表现。不过，有些激进的女性主义理论家认为，在所有由男性支配的社会中，不论是资本主义、社会主义还是共产主义社会，女性都不可避免地会受到压迫（Tuchman，1992）。

女性主义社会学家对冲突论者的视角毫无异议，但她们的观点更可能包含政治目的。她们不愿陷入对过去二三十年取得的性别平等进步的讨论中，而更希望引起社会对进一步改革的关注。女性主义者还提出，1970年代之前，不论关于女性和社会的讨论出于多少善意，由于女性被排除在学术思想（包括社会学）之外，这种讨论的意图也就遭到了扭曲。我们已经注意到简·亚当斯和韦尔斯－巴尼特取得的许多成就，但她们都未能进入学科内部，只是关注我们现在所称的应用社会学和社会工作的一些领域。在那个时候，尽管她们的努力被赋予了人道主义价值，但却被认为是与学界研究及所得结论毫无关系，因为当时的学界是受到男性支配的（Andersen，2007；Ridgeway，2011）。

性别与种族、阶层和其他社会因素的相互交叉

当代女性主义者认为，有些女性遭受的差别对待不仅是因为性别，还因为她们的种族、族群和社会经济地位的综合因素。简言之，白人支配贫困的、非白人女性的原因是她们不是白人；男性支配她们，是因为她们是女性；富裕阶层支配她们，则是因为她们是穷人。非裔女性主义理论家柯林斯（Collins, 2000）用**支配矩阵**（matrix of domination）来形容多种社会力量的综合作用所导致的社会地位低下女性的从属地位（参见下图）。

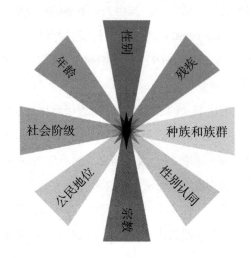

支配矩阵

支配矩阵描述了多种社会因素，如性别、社会阶级、种族和族群如何综合作用，对个体的社会地位产生累积影响。

性别、种族和社会地位并非美国人民受压迫的唯一原因，尽管它们对女性和有色人种有深刻影响。支配矩阵也可能包括其他归类和污名标记形式，如性取向、宗教、残疾和年龄等。如果将这个模型扩展到整个世界，我们还可以将公民地位或感知到的殖民或新殖民地位加入其中（Winant, 2006）。

女性主义者努力想法解决弱势群体女性的需求，但这些女性受压迫的绝大部分原因还在于自己的种族或族群，而非性别因素。摆在西班牙裔女性、非裔美国女性、亚裔美国女性和印第安女性面前的问题似乎是，她们究竟应该与本种族的男性联合起来反抗种族主义，还是与这些男性对抗以反对性别歧视？这个问题的答案是，我们的社会必须根除性别歧视和种族主义这两大顽疾（Beisel and Kay, 2004; Breines, 2007）。

关于非裔美国人性别角色的讨论总是会引发各种争议。黑人民族主义的倡导者认为，女性主义只会让女性无法全身心投入非裔美国人的民族斗争中。在他们看来，黑人女性主义群体的存在只是为了分裂黑人社区，从而让主导群体渔翁得利。相比之下，胡克斯（Hooks, 1994）等黑人女性主义者认为，接受主流社会的性别角色分类不会有任何好处,反而会让女性陷入孤立和从属的地位。媒体经常负面地反映黑人女性的形象:没有文化,依赖福利,甚至沦为娼妓,但黑人女性主义者强调,并非只有白人和白人控制的媒体才会揪住这些负面形象不放。黑人男性(近来尤其是黑人男性说唱歌手)同样在抹黑黑人女性的形象(Threadcraft,2008;Wilkins, 2012)。

纵观历史,印第安人是北美大陆父系社会传统的一个例外。当欧洲人千里迢迢来到北美定居时,每个印第安人部落中的性别角色都是各具特色,相互之间存在巨大差异。南部部落通常是母系氏族,族人认为自己继承了母亲的血统,不过现代学者仍不清楚为什么这些部落会出现这种情况。欧洲传教士希望改造这些印第安人,让他们顺从欧洲人的行为标准,因而他们着手改变这种独特的社会安排。与其他群体成员一样,也有一些印第安人女性一直在抵抗性别的刻板印象(Marubbio, 2006)。

拉丁裔女性常被认为是拉丁裔运动或女性主义运动的一个组成部分,但她们所特有的社会经历却完全被忽略。过去,家庭和教会这两大最能影响她们日常生活的社会制度,早已将她们排除在决策制定之外。特别是在社会底层,拉丁裔家庭更易受到男权思想的影响。天主教会将女性置于辅助角色之上,把领导位置留给了男性(Browne, 2001)。

在本章之前,我们基本上都在讨论种族和族群、贫困、低收入和微薄财富所带来的社会影响。支配矩阵则凸显了这些因素与性别歧视的综合作用,而这也正是我们在充分理解有色人种妇女的困境方面必须要考虑的因素。

互动论视角

研究性别分层的功能论者和冲突论者通常关注的是宏观层面的社会力量和机构,而互动论者则倾向于检视在日常行为这一微观层面上的性别分层。这一方法的关键是,性别如何在日常互动中进行社会建构。我们通过强化传统意义上的两性行为来"建构自己的性别特征"。比如,男性为女友打开门,从而体现自己的男子气概和风度;而她也会接受他的帮助,从而体现自己的女性气质。性别的社会建构显然远远不止这些较为琐碎的行为习惯。互动论者也认识到,人们可以挑战传统性别角色。穿着男式球衣的女高尔夫球手，以及积极安排生日午餐的职业男性，都在重新建构自己的性别角色（Deutsch，2007）。

社会学家不断研究的主题是跨性别交谈（又称"交叉谈话"）中的性别角色，尤其是男性相较女性更容易打断另一性别说话人说话。有意思的是，实证研究并未明显地支持这种看法。显然，处于权威地位的人们（通常是男性）支配着人际语言交流。但这并不一定就意味着女性本身的观点无人倾听。未来的研究可能不会再去强调女性必须清楚表明自己观点的陈词滥调，而是会去关注将男性置于主导地位的情境结构（Cameron，2007；Hyde，2005）。

E 评 估

1. 男性和女性都能学会烹饪和裁缝，但绝大多数西方社会都决定让女性来承担这些工作。这体现了（　　）。

   (a) 性别角色　　(b) 社会生物学　　(c) 恐同症　　(d) 相对价值

2. 关于"男子气概"和"女性气质"恰当行为的传统观点中，有一个重要因素是对同性恋的恐惧。这种恐惧以及与之相伴的偏见，被称为_____。

   (a) 女同性恋　　(b) 女性宿命论　　(c) 恐同症　　(d) 幽闭恐惧症

4. 帕森斯和贝尔斯认为，女性在家庭中承担着（　　）、情感支持的角色，男性则承担着（　　）、实践性角色，二者相互补充。

5. 关于性别分层的（　　）视角的一个重要组成部分借用了女性主义观点。

答案：1.(a) 2.(c) 4.表达性、工具性 5.冲突论

R 反 思

1. 对比性别的社会建构和种族的社会建构。
2. 在功能论和冲突论对性别的解读中，你认为哪些方面最有意义？请解释。

模块 32

女性：被压迫的大多数

准备　学习目标

LO 32-1　总结现代社会中女性的地位和世界范围内性别歧视的影响

LO 32-2　比较美国男性和女性在不同职业中的劳动力参与和补偿

LO 32-3　描述美国女性主义的主要发展，包括堕胎之争的影响

组织　模块大纲

性别主义和性别歧视

世界妇女地位

美国的职业女性

集体意识的出现

社会政策和性别分层

工　作

很多人（既有男性也有女性）都感到很难把女性看成从属的、被压迫的群体。但看一下美国的政治结构就会发现：女性所占的比例仍然严重不足。比如，2012 年大选过后，美国 50 个州只有 5 个州（亚利桑那州、新罕布什尔州、新墨西哥州、俄克拉荷马州和南卡罗莱纳州）的州长是女性。

女性在某些政治领域已经取得了缓慢但稳定的进步。1981 年，535 名国会议员中只有 21 名女性：19 名在众议院，2 名在参议院。与其相比，2012 年大选过后，国会中出现了 98 名女性议员：78 名在众议院，20 名在参议院。不过，国会的席位和领导层中，绝大多数仍由男性把持。

1981 年 10 月，桑德拉·奥康纳（Sandra O'Connor）宣誓就职美国最高法院法官，她是美国有史以来担任这一职务的第一位女性。然而，美国仍然没有任何女性成为美国总统、副总统或最高法院首席法官。

LO 32—1 性别主义和性别歧视

就像非裔美国人是种族主义的受害者一样，在我们的社会中，女性也正在遭受着性别主义的伤害。**性别主义**（sexism）是一种认为某个性别优于另一个性别的意识形态。该术语常被用来表示男性对女性的偏见和歧视。我们在第九章注意到，黑人同时遭受着个体种族主义行为和体制性歧视。体制性歧视是指由社会的日常运作而产生的对群体和个体机会与平等权利的拒斥。与其相似，女性也遭受着个体性别主义行为（如性别歧视言论和暴力行为）和体制性性别歧视。

这并不只是说个别美国男性对女性有偏见。在我们的社会中，所有主要机构，包括政府、军队、大型企业、媒体、大学、医疗系统，全都牢牢地掌控在男性手中。这些机构在常态化的日常运作中，经常歧视女性并维持社会中的性别歧视。比如，如果一家全国性银行的中心办公室制定一项政策，认定不论单身女性的收入和投资情况如何，她们的贷款风险评估都不好。那么，这家银行就会歧视美国全体女性。即使支行的信贷员并不歧视女性，他们也只能"执行命令"照章办事。

站在他人的角度思考问题——美国军队官员

你会采取什么措施来促进对女兵的尊重，并确切表明性骚扰和强奸会受到严厉制裁？

我们的社会按照由男性主导的制度来运行，然而男性在获得权力的同时还伴随着责任和压力。男性据称比女性更容易患上特定类型的精神疾病，而且他们死于心脏病或中风的概率也要更高。男性需要成功并要在工作竞争中保持领先地位，他们所承受的社会压力尤为巨大。这并不是说性别分层对男性造成的伤害与对女性一样剧烈，但很显然，男性所享有的权力和特权并不是个人幸福的保证。

LO 32-1　世界妇女地位

2012年世界银行发布了一份关于世界妇女地位的详细报告,认为女孩和妇女的生活在过去25年中发生了巨大的变化。然而,进步只限于某些方面。在世界上很多地方,女性在收入水平和发挥政治影响力等方面仍然远远落后于男性(World Bank, 2012b)。

这一评论不仅适用于西方国家,也适用于非西方国家。西方人往往认为某些社会,如穆斯林国家,对女性非常严苛,但这种印象显然过于笼统化。穆斯林国家非常多样和复杂,并不总是符合西方媒体所宣扬的刻板印象。

然而,不论文化如何不同,世界各地的女性都处于二等地位。据估计,女性种出了世界上一半的食物,但却很少拥有自己的土地。她们占世界上有偿劳动力的33%,但却大都从事着最低收入的工作。单亲母亲家庭的数量不断增加,特别是在最贫困的人口中。贫困女性化已经成为一种全球现象。与美国女性一样,世界女性在政治上仍未得到充分代表。

面对这些挑战,女性并未消极以待。她们不仅个人努力行动,还加入组织集体动员。然而,考虑到女性在政府办公室和国家立法机构中的代表人数极低,这是一项非常艰难的任务。

毫不意外,发达国家的财富与欠发达国家的女性贫困之间存在联系。从冲突论视角来看,或者从沃勒斯坦的世界体系分析来看,欠发达国家的经济受到发达国家和这些国家跨国集团的控制和剥削。许多欠发达国家的剥削性劳动,特别是在非产业部门,都由女性来完成。女性工人通常需要长时间辛苦劳作,才能获取非常微薄的报酬,不过她们的工作确实给家庭收入作出了重要贡献(Chubb et al., 2008)。

在发达国家,家务劳动分工、女性工作类型和收入水平,都能体现出女性的不平等地位。社会学家海西希(Heisig, 2011)对33个发达国家中富裕人口(收入顶层)和贫困人口(收入底层)的性别不平等问题进行了分析。贫困男性通常会比富裕男性做更多家务(包括洗衣服、去杂货店购物、准备晚餐、照顾生病的家人)。但不论贫富,男性所做的家务都要远少于女性。最近的经济衰退使家务不平等分配问题变得更加突出。显然,失业后两性都有更多时间去做家务杂事。

然而，失业女性所做的额外家务却是失业男性的两倍之多（Gough and Killewald, 2011）。

LO 32-2　美国的职业女性

大约四十年前，美国民权委员会（1976）总结道，长久以来，社会早已习惯于从字面上去理解《独立宣言》中宣扬的"人人（男人）生而平等"，尤其是在关于女性就业机会的问题上。本部分我们将会看到，性别偏见如何限制女性在家庭之外的就业机会，以及迫使女性承担过多的家庭负担。

劳动力参与

贯穿整个20世纪及进入21世纪后，美国女性对有偿劳动的参与度一直都在稳步增长。今天，无数女性，不论是已婚还是单身、育有子女或无子女、怀孕或刚刚生产，都加入了劳动力大军。2011年，60%的单身女性和56%的已婚女性都加入了有偿劳动的大军中。

总体上，2011年，58%的美国成年女性在外工作，而在1970年这一比例仅为41%。2011年，71%的美国成年男性在外工作，而在1970年这一比例却为76%（Bureau of Labor Statistics, 2013a：Table 4）。

但是，进入劳动力市场的女性发现，自己的选择在很多方面都受到了限制。女性在那些传统上被视为"男性工作"的职业上人数仍然过少，而这些工作往往能带来比女性工作更高的经济收益和声望。例如，2011年，女性占美国有偿劳动总人口的47%，但女性土木工程师、电脑系统分析师和内科医生分别仅占该职业从业总人数的14%、31%和34%（参见下表）。

这种职业隔离不仅出现在美国，在其他发达国家中也是如此。比如，在英国，只有6%的工程师是女性，但却有71%的收银员和88%的护士都是女性（Office for National Statistics, 2013）。

来自所有群体的女性和来自弱势群体的男性有时会遭遇态度或组织偏见，这些偏见使他们无法充分施展自身才华。我们在第九章中看到，"玻璃天花板"是指

特定职业中的美国女性：女性在该职业全部从业人员中所占的比例（%）

人数过少	百分比（%）	人数过多	百分比（%）
消防员	3	高中教师	57
飞行员和飞机工程师	4	收银员	72
警察	13	社会工作者	81
土木工程师	14	小学教师	81
神职人员	21	档案管理员	81
主厨	22	图书管理员	87
牙医	24	出纳员	87
电脑系统分析师	31	文字处理员和打字员	89
律师	31	注册护士	91
内科医生	34	前台	92
运动员、教练和裁判	37	儿童保育员	95
邮递员	38	洗牙师	99

注：女性占全部劳动力的47%。

资料来源：Bureau of Labor Statistics, 2013b: Table 11。

符合要求的个体因其性别、种族或族群而在晋升之路上碰到的无形障碍。女性和少数族裔男性不仅面对着限制他们向上流动的"玻璃天花板"，还面对着阻碍自己进行平行流动的玻璃墙，他们没有机会进入那些可以直接晋升到公司管理顶层的工作快车道。对美国500强企业的研究表明，2013年，女性仅占据16%的董事会成员席位（Alliance for Board Diversity, 2013）。

即使女性进入了企业董事会，金融界对此的反应也并不完全积极。不少客观评测显示，在性别多元化的领导层下，企业的盈利表现非常抢眼，但一些投资者仍会畏缩不前。2010年进行的一项研究显示，当女性成为公司领导，小投资者通常会卖出自己持有的公司股票，显然他们完全相信男性代表成功的刻板印象。大投资者通常则不会选择卖出股权，因为他们一直认为，唯有性别多元化的领导层才能让企业实现良性运转。

并非美国才存在这种不平等现象。在世界范围内，女性只占据不到1%的企业管理职位。挪威立法机构已经意识到公司董事会中女性所占人数过少，因而规定了董事会中女性成员的最低配额。就像这项计划的设计者所说："我们不能假设人们在工作中不能做什么。我们应该为员工提供证明自己能力的机会。"这项计划的目标并不是实现两性完全平等，而是在 2008 年前达到 40% 的女性代表配额。但到 2012 年，这一比例仍然止步于 18%（European PWN，2012）。

补偿

他工作，她也工作。他们都是内科医生，这是一份有着可观收入的高地位职业。他挣 14 万美元，她却挣 8.8 万美元。

美国人口普查局公布了美国内科医生的年收入中位数。这些数据典型地反映了人口普查局对职业和收入的细致研究结果。就拿空中交通管制员来说，男性能挣 6.7 万美元，女性却只能挣 5.6 万美元。或者拿管家来说，男性能挣 1.9 万美元，女性却只能挣 1.5 万美元。那么助教呢？男性能挣 2 万美元，女性则只能挣 1.5 万美元。人口普查局的统计专家们研究了不下 821 种职业的年收入中位数，这些职业下到洗碗工上到总裁。在调查过工人的年龄、教育和工作经验之后，他们得出了毫无差错的结论：从各方面来看，全体全职员工在年收入中位数上存在巨大的性别差距。

做同一种工作时，男性并不总是比女性挣得多。人口普查局的研究者发现，在这 821 种职业中，女性在两种职业中的收入普遍比男性高 1%。这两种职业为有害材料回收和电信安装。在人口普查局调研的每 1000 名工人中，从事这两种职业的工人不到 1 人。预测分析并未提供任何令人信服的证据来说明工资差异在缩小。

究竟是哪些主要因素造成男女两性在同种职业中存在巨大的工资差距呢？人口普查局的学者研究了同种职业里男女两性的如下特征：年龄和受教育程度；婚姻状态和孩子；职业内部的专业化程度（如家庭医生或外科医生）；工作年限；

站在他人的角度思考问题——政策分析师

除了公平之外，你还会用什么观点来支持男女同工同酬？

每年的工作时间。把上述因素全部加以考虑后，男女之间的收入差异仅仅缩小了 3 美分。事实上，男性每挣一美元，女性则挣 80 美分。总的来说，男女之间的收入差异并不能只从女性职业选择这方面来进行解释（Government Accountability Office，2003；Weinberg，2004，2007）。

从法律上来说，工资收入体现出的性别歧视很难得到证实。就拿莉莉·莱德贝特（Lilly Ledbetter）起诉其前东家美国固特异轮胎有限公司为例。直到为该公司工作了 19 年后，她才得知自己的工资低于从事同工种的男性员工。莱德贝特将公司告上法庭，法院判决她的前东家赔偿她的损失，但最高法院却推翻了这一决定，其判决理由基于她是在收到第一份歧视性工资半年之后才提出索赔要求。2009 年，国会放宽了这一限制（Pear，2009）。

女性在工作场所面临的障碍并非全都来自管理层的限制。遗憾的是，很多男性和女性员工都不愿意接受女性的领导。

如果男性进入了传统上由女性支配的职业领域，他们会有什么遭遇呢？研究表明，女性面临的"玻璃天花板"似乎并不会阻碍男性的发展。相反，那些进入传统女性职业领域的男性，比女性更容易成为高层管理者：男性小学教师成为校长，男性护士变成主管。**玻璃自动扶梯**（glass escalator）被用来指称男性在女性支配领域所占据的优势。进入传统男性职业领域奋力打拼的女性可能会被视为一种象征，而进入女性职业领域的男性则可能会处于有利的地位。

性别差异与收入差异相互关联。2013 年发布的一项全国调查显示，在全职注册护士中，女护士的平均收入比男护士少 7%。即使将专业化考虑在内，收入差异仍然存在；在收入最高的护士群体中，如护理麻醉师，两性之间的收入差异甚至更大（Budig，2002；Bureau of the Census，2013c）。

女性就业的社会影响

今天，很多女性都面临着努力协调工作和家庭所带来的挑战。她们的处境产生了多重社会影响。比如，它对儿童保育设施、日托所的公共资金，甚至是那些给妇女提供餐点以代替其亲自制作食品的快餐行业，都带来了巨大的压力。另外，女性的处境也使得社会不断去讨论男性劳动者在家庭中应该承担什么样的责任。

当女性在外工作赚取薪水时，谁来做家务呢？研究表明，在家务承担问题上，有一道非常清晰的性别鸿沟，尽管这一差异正在不断缩小。不论是在工作日还是非工作日，与男性相比，女性承担了更多的家务劳动，并会花费更多时间去照顾孩子。总之，女性的工作日比男性要长得多（Sayer et al., 2004）。

社会学家霍克希尔德（Hochschild, 1990, 2012）用第二班（second shift）来描述女性面临的双重负担：在外忙碌工作下班回到家还要照顾孩子和做家务——这是很多妇女面临的困境，然而男性几乎从未平等地去分担她们的压力。不幸的是，由于移动信息技术的发展，今天的工作场所正在变成全天候的虚拟办公室。这些移动设备侵蚀了员工少得可怜的个人时间，让女性员工承担起更为沉重的体力负担。

这些女性的生活是什么样的呢？基于对52对夫妇超过八年的访谈和观察，霍克希尔德指出，妻子（而非她们的丈夫）在下班开车回家的路上就要计划好家务安排和与孩子的玩耍活动，随后就会开始她们的第二班工作。根据国内研究，她认为女性比她们的丈夫在休闲活动上每周少花费15个小时。在一年里，以24小时为一天计算，这些女性的工作时间比男性多出整整一个月，因为她们需要从事第二班工作；十二年后，她们的工作时间会比男性多出一年。霍克希尔德发现，她所研究的已婚夫妇不断发生各种摩擦和争吵，他们的职业和婚姻都面临重重问题。基于这些报告，很多女性主义者都倡导政府和企业更多地扶持儿童保育，设置更灵活的家务假政策，并为减轻国内家庭重担而设计其他规定（Eby et al., 2010）。

女性在照顾孩子上投入更多时间，花在家务上的时间就会越来越少，这让那些追求个人事业的女性付出了特殊的代价。在《哈佛商业评论》上刊登的一个调查中，约40%的女性表示她们已自愿离开工作数月或数年，与其相比，仅有24%的男性作出了类似选择。女性比男性更可能因为家庭原因而辞去工作。即使那些从事最有声望职业的女性，也很难平衡家庭和工作的责任。

LO 32-3 集体意识的出现

女性主义（feminism）是赞成女性获得平等权利的意识形态。美国女性主义运动于1848年夏天诞生于纽约上州一个小镇塞尼卡福尔斯。7月19日，第一届妇女权利会议召开，参会者包括伊丽莎白·斯坦顿（Elizabeth Stanton）、卢克雷蒂娅·莫特（Lucretia Mott）和其他为女性权利而斗争的先驱。这是人类历史上第一波女性主义浪潮，参与者与来自社会各界的嘲讽和轻蔑进行抗争，为争取女性在法律和政治上的平等奋不顾身。她们为了自己的事业，不惧遭遇争议；1872年，苏珊·安东尼（Susan Anthony）因为试图在那年的总统选举中投票而被逮捕。

最终，早期女性主义者赢得了许多胜利，比如宪法第十九条修正案得到通过和批准，从此女性自1920年开始拥有了国家选举的投票权。但选举权并未给女性带来有助于其社会和经济地位提高的其他改革，而且在20世纪的早期和中期，女性运动在社会变革方面的影响力也是大为削弱。

美国第二波女性主义浪潮出现在1960年代，并在1970年代进入全盛时期。某种程度上，这一运动受到讨论妇女权利的三本先驱性著作的鼓舞：德·波伏瓦（de Beauvoir）的《第二性》、贝蒂·弗里丹（Betty Friedan）的《女性的奥秘》和凯特·米勒特（Kate Millett）的《性政治》。此外，1960年代广泛的政治激进主义运动，使得女性（其中很多人都在为黑人民权做斗争或者参与反越战活动）重新审视了自己无能为力的困境。性别歧视经常出现在宣称进步和激进的政治圈子内，因此很多女性都认为她们需要发起一项女性自由解放运动（Stansell, 2011）。

越来越多的女性开始意识到性别歧视者的态度和行为，其中包括她们自身在社会化过程中已经接受的传统性别角色。她们开始挑战男性主导模式，姐妹情谊在女性主义运动中清楚地显现出来，这是一种非常类似于马克思所希望在无产阶级中产生的阶级意识。女性个体将自己的利益与集体女性视为一体。女性不再乐于扮演顺从、附属的角色（马克思主义术语中的"虚假意识"）。

然而，到了1980年代，这场运动的影响却又开始逐渐减弱。1998年，《时代》在某一期封面上刊登了一幅非常带有挑衅性的插图，而编辑们则毫不客气地追问："女性主义已死？"他们在文中写道，年轻女性将女性已然提升的地位视为理所当然，她们认为母亲为女性平等所做的斗争与自己的生活毫无关系。他们注意到，认为自己是女性主义者的女性越来越少。

今天的女性又是如何看待女性主义运动的呢？2013年进行的一项全国调查显示，约23%的女性（12%的男性）认为自己是女性主义者。我们没有理由相信年轻女性比年长女性更加不愿接受这个标签。相比而言，更能说明问题的是，

32%的女性和42%的男性认为"女性主义"这一词语带有负面意涵。

女性主义消亡了吗？很多女性主义者都很厌恶这个问题，因为这似乎意味着她们所关注的问题全都解决了。今天的女性主义者认为，她们所做的工作早已超越了早期女性运动的局限。早期女性运动过于关注白人中产阶级女性所关心的问题，而将黑人和其他族裔的女性主义者边缘化；实际上，现在的民意调查显示，黑人及拉丁裔女性更可能自称女性主义者。女性主义者认识到自己在过去40年中所取得的法律和经济成就，现在他们在为改善欠发达国家女性的生活而努力。他们的目标是，在那些国家中消除营养不良、饥饿、极度贫困和暴力（Breines, 2007；Schnittker et al., 2003；Swanson, 2013）。

LO 32-3 社会政策和性别分层

我们都知道，研究者在研究中会用到多种研究工具，从最简单的观察研究到最先进的电脑技术等。在现实生活中，社会学研究会对公共政策和社会福利产生深远影响，下面我们就来看一下它对堕胎的影响。

全球视角下的"堕胎之争"

很少有什么问题能像堕胎一样引发如此多的激烈争论。1973年，美国最高法院授予女性终止妊娠权，为堕胎合法化所做的斗争终于取得重大胜利。法庭的裁决，即世人熟知的"罗伊诉韦德案"（*Roe v. Wade*），其法律依据为妇女的隐私权。最高法院的决定受到支持女性拥有自我选择权团体的欢迎，他们相信女性有权对自己的身体作出决定，并认为女性应该能够选择安全且合法的堕胎。不过，这个决定也遭到了那些反堕胎人士的谴责。在反对者看来，堕胎是一个道德问题，常常还涉及宗教问题。他们认为，人类的生命从受孕那一刻就正式开始了，因而通过堕胎终结生命在本质上就是一种谋杀行为。

伴随"罗伊诉韦德案"而来的争论，主要围绕着完全禁止堕胎或者是至少限制堕胎展开。例如，1979年，密苏里州要求未成年人堕胎必须获得父母同意，最高法院对这一规定表示支持。告知父母和征求父母同意在争论中成为非常敏感的问题。反堕胎活动家认为，未成年人的父母有知情权，并有权允许或反对孩子的堕胎行为。他们认为，在传统核心家庭备受攻击之际，家长的权威需要得到全力支持。然而，主张女性有权选择堕胎的活动家则对此表示反对，他们指出：很多怀孕的未成年人都来自问题家庭，他们曾在家中遭受虐待。这些年轻女性有充分理由避免与自己的父母讨论这些爆炸性问题。

在美国，人们支持女性进行合法堕胎的权利，但支持力度也有所保留。2012年一项全国调查显示，52%的人认为，不管在什么情况下堕胎都是合法的；28%的人认为，堕胎在一定情况下合法；18%的人则表示，堕胎在任何情况下都是不合法的。在关于这一议题的看法上并未出现性别差异：男性和女性对堕胎合法性持有相似的观点（Saad, 2013）。

美国并非唯一对堕胎合法性进行争论的国家。拉美国家往往对堕胎制定有最为严格的规定，但偶尔也会出现改变。2007年，墨西哥放宽了几十年来一直实施的限制，允许女性出于任何理由在怀孕后前三个月内进行人工流产（Davis, 2010）。

堕胎议题的社会学应用 社会学家将性别和社会阶级视为围绕堕胎的定义问题。也就是说，关于堕胎的激烈争论反映了社会对女性地位更广泛的分歧。维护堕胎权利的女性主义者通常认为两性从根本上来说是相似的。他们支持女性充分参与家庭以外的工作，反对任何形式的性别歧视。女性主义者宣称，怀孕和分娩的社会建构是在以男性为中心的健康医疗系统和家长制宗教传统下进行的。相反，大部分反堕胎活动家则认为，男女两性从根本上就存在差异。他们认为，男性适合从事公共场合的工作，女性则适合抚育孩子这种精细的重要任务。由于女性越来越多地参与到社会工作中，这些活动家倍感困扰，他们认为女性出外工作势必会对家庭乃至社会造成毁灭性的危害（Lorber, 2005）。

穷人面临的另一个障碍是获得堕胎的医疗服务。面对反堕胎者的呼吁，全球允许医生实施堕胎手术的医院越来越少，除非是在危及生命的情况下。此外，有些诊所医生还受到死亡威胁和谋杀恐吓，这使得他们不敢进行堕胎手术。对农村地区的穷人来说，这些服务的减少，使他们更难找到并前往能够满足他们需求的医疗设施。从冲突论视角来看，这将造成更沉重的财政负担，尤其是对低收入女性而言。

更为雪上加霜的是，国家及地方政策还进一步阻止医生和诊所提供堕胎服务，即对公共资金设置要求和限制；对公共健康保险设置限制或完全禁止，如公共医疗补助制度和奥巴马的医疗改革。其他政策，比如漫长的等待期和必要的超声波检查，都可能会促使女性选择放弃堕胎的想法。自 2000 年以来，这些要求变得更加苛刻。2014 年，"支持"堕胎的 15 个州最多也就采纳了一个要求；而 27 个"反对"堕胎的州则接受了几乎所有要求。这 27 个州拥有全国约 56% 的人口。反对堕胎人士认为，通过这些限制条款，这些州正在努力"创造和维持一种生命文化"(Guttmacher Institute, 2014; Paulson, 2013)。

发起堕胎政策建议 1973 年，最高法院以一票之差通过了支持女性堕胎权的法案。反堕胎活动家仍想推翻"罗伊诉韦德案"的结果，但在此期间他们也无法集中全力采取策略削弱这项决定，这些策略包括限制在医学实验中使用胚胎组织，以及禁止他们称为"部分分娩"的晚期堕胎。最高法院仍在为涉及相关限制的案件举行听审。

其他国家的政策又是如何呢？和美国一样，很多欧洲国家也是响应公共舆论，从 1970 年代开始逐渐放宽堕胎限制。不过，其中很多国家都将堕胎限制在怀孕 12 周内（对比来看，美国允许堕胎的期间在 24 周内，甚至还可超过 24 周）。受到美国强大反堕胎运动的鼓励，欧洲的反堕胎活动家更加敢于直言，特别是在英国、法国、葡萄牙、西班牙、意大利和德国。在 190 个国家里，有 58 个国家允许堕胎。

美国的政策和欠发达国家的政策构成了错综复杂的关系。从 1980 年代到 2009 年 1 月，反对堕胎的国会议员成功地阻止了美国对那些可能利用基金鼓励堕胎的国家提供外来援助。然而，这些欠发达国家通常都制定有最严苛的堕胎法律。在非洲、拉美和亚洲部分国家，女性不允许堕胎。就像可以预料的那样，在这些国家中，非法堕胎非常普遍。据估计，全球 25% 的妇女都生活在这些认定堕胎非法的国家中，只有怀孕危及母体生命时才允许堕胎。实际上，在这些制订有限制堕胎法律的国家中，堕胎率与允许堕胎的国家相差无几。因此，每年全球 40% 的堕胎案例（约 1600 万例）都是在非法状态下进行的（Baker, 2009; Guttmacher Institute, 2008）。

E 评 估

1. (　　) 区分了工具性角色和表达性角色?
   (a) 功能论视角　　　　　(b) 冲突论视角
   (c) 互动论视角　　　　　(d) 标签理论

2. 当代女性主义者认为,女性不仅因自身性别而受到区别对待,还因(　　)而受到压迫。
   (a) 种族　　　　　　　　(b) 民族
   (c) 社会经济地位　　　　(d) 以上所有

3. 在当代女性主义运动中,姐妹情谊越来越清楚地显现出来,这是一种非常类似于马克思所希望的(　　)。
   (a) 异化　　(b) 辩证法　　(c) 阶级意识　　(d) 虚假意识

4. 女性与少数族裔男性有时会遭遇态度偏见或组织偏见,让他们难以充分发挥自身潜力,这就是所谓的(　　)。

5. 社会学家霍克希尔德用(　　)来描述女性所面临的双重负担:在外忙碌工作,下班回到家还要照顾孩子和承担家务劳动,而男性则几乎从未平等分担她们的压力。

答案:1. (a) 2. (d) 3. (c) 4. 玻璃天花板 5. 第二班

R 反 思

1. 对多国女性地位进行比较会带来什么挑战?
2. 今天,女性主义更可能产生社会变革还是响应社会变革?请解释。

案例分析 | 角色转变

史蒂夫·雅各布森（Steve Jacobs）曾是保险公司的理赔人。由于公司裁员，他失业在家，而他的妻子米娅（Mia）则借机将自己的"兴趣爱好"变成全职工作。米娅说："因为我一直在家照顾三个孩子，我非常熟悉学校的各种常规项目和课外活动。也就是说，我经常为资金筹募人烘焙食品。这些年来我意识到了两件事：我对烘焙很在行，我也很喜欢烘焙。"

起初，史蒂夫非常厌烦妻子的"米娅蛋糕"商业计划。但米娅给他展示了自己的商业计划：她会租用商业烘焙场所，仅在婚礼季雇一个助手，自己亲自送外卖。史蒂夫说："她的确进行了细致全面的考虑。她根据相似商业项目的真实数量进行规划。我觉得很惊讶，她很了不起。"

米娅开始制作蛋糕并从中赚钱，史蒂夫则承担起大部分家务劳动，并接送孩子去参加课外活动。他说："听起来很简单，但家务活简直没完没了。孩子们有很多需求，他们不仅会占据你的时间，他们更需要你。"当然，史蒂夫发现他非常享受与孩子们建立的新关系。他说："我喜欢甚至很享受找出方法来精简需要做的事情。实话告诉你，我一直不喜欢保险行业，我讨厌每天去办公室上班。但作为一个男性，上班是你必须做的。"

1. 如果米娅想继续从事有孩子前的全职工作而非开始一个新事业，她会遇到什么挑战？
2. 为什么史蒂夫会对米娅制定出一份漂亮细致的商业计划感到震惊？
3. 史蒂夫是如何证实多重男子气概理论的？
4. 初次与史蒂夫会面，如果他自称是位全职父亲，男性会对此有何反应？女性呢？

"强力"学习策略　　写作课程论文和学术论文

社会学专业学生需要撰写各种课程论文和学术论文，对某个重要议题展开讨论。具体来说，你需要陈述一个观点；提出理由证明自己的观点；用证据和逻辑推理来支持自己的观点，最后得出结论。在这个板块，你需要将我们在第 392 页讨论的批判思考能力用于写作中。以下是一些具体操作方法。

P
- 写作前先阅读作业要求。仔细阅读，多读几遍。思考这个话题，回想已知的知识。

O
- 采取头脑风暴方法，全面思考这个议题，绝不过滤掉任何观点。花 15 分钟写下你想到的任何内容。
- 使用视觉概念图，通过图表形式显示概念之间的关系，将你的笔记进行归类：事实、意见、主要观点、支持性观点、证据、反驳观点和结论。

W
- 以书面形式简单陈述自己的主要观点，例如：这篇论文将要讨论美国的收入不平等问题。
- 写下论题陈述，这是你在论文其他部分需要论证的观点，例如：富人与其他人群之间的收入和财富差距，就像即将爆炸的定时炸弹。在这篇论文中，你需要用论据和逻辑来证明你的观点是事实。
- 写下你计划用来支持自己论点的观点。写下获得论据的至少三种来源（如，书籍、文章和网络期刊）。这些来源必须非常可靠。你暂时还不需要引用，只是要知道引用的来源。
- 写下你希望得到的结论（除非我们这样做，否则结果将会变成别样）。在做研究的过程中，你的结论可能会发生改变，但有一个目标能起到不错的效果。
- 写下论据大纲。一定要遵循清晰且有逻辑的路线，例如（1）收入差距的论据；（2）差距增大的论据；（3）差距产生负面影响的论据；（4）公众日渐反对这一差距的论据；（5）结论。
- 充实大纲：做研究，收集事实和论据，添加段落内容。你的论文应该包括一个介绍性段落、三到五个支持和论述段落，以及一个总结段落。
- 陈述观点时一定要追问自己：我怎么知道这是对的呢？

E
- 阅读初稿，检查论文的意思表达、打印错误、拼写问题、措辞和语法。可以请别人阅读，然后进行修改。
- 你的逻辑清晰吗？你有没有遗漏一些步骤？你能说服自己吗？

R
- 老师发回论文后，仔细阅读评价。若有疑惑，请向老师请教。
- 不要灰心。在撰写每一篇论文的过程中，你都会有所收获。

> **赐予我力量** **你是一个有策略的作者吗？**

想要让自己的课程论文和学术论文获得高分，你需要具备周密思考和组织能力。即使你可以在论文提交前三小时一挥而就，你的论文可能写得也并不好。为了评估你在这个领域的技能，请根据以下陈述判断自己的论文写作习惯，然后用文末的量表算出最后得分。

总是=2 有时候=1 很少=0

1. 写论文时，我会花一些时间进行头脑风暴，然后选择最好的观点。
2. 我的论题陈述是我在文中会论证的清晰观点。
3. 写作之前，我会列出自己将会使用的资料来源。
4. 首先我会反复阅读作业要求，以确保我充分理解老师的意图。
5. 我会准备一个列出我的主要观点的概念图。然后我会添加论据、观点和反驳观点。
6. 我会留出时间来修改论文。
7. 我会列出我在论文中将会使用的论点大纲，看它是否具有意义。
8. 我至少会使用三种可靠来源。我不会用网络材料来拼凑自己的论文。
9. 写论文前我会先写结论，这样我就知道文章的导向，即使我可能会在写作中途修改结论。
10. 我会检查论文在论据和逻辑上的问题。

得分

17—20 分：你理解要撰写一篇好论文，前期思考和组织非常重要。你也知道审查和修改会使论点变得更有力且更精简。

13—16 分：你的计划性可能很好，但执行力却不够。或者说，你的写作技能良好，但你可能毫无准备就提笔开写，如果你能多进行写作前的规划，你的论文会更加出彩。无论如何，你都可以用上述策略来填补自己的弱项。

0—12 分：如果你能遵守上页专栏"写作课程论文和学术论文"中的方法，你就可以更容易写出好论文。

11

第十一章

家庭和人类性行为

模块 33　关于家庭的全球观点
模块 34　婚姻和家庭
模块 35　家庭生活与性行为的趋势

社会学实务——伴侣治疗师

罗宾·滨田（Robin Hamada）在西雅图一所家庭治疗中心工作。她说："我所做的工作曾被称为婚姻咨询，现在则常被称为伴侣咨询。"预约服务名单上有许多客户都想请滨田提供咨询服务。"我试着推荐他们去找别的治疗师，因为一旦一段关系出现问题，不可能等上两三年再行干预。但我认识的其他咨询师的预约名单也都早已满员。当今社会，亲密关系承受着很多压力。父母都在工作，或者都失去工作。贷款收回。养老金丢失。回到空巢的啃老族。继子。养子。因而在亲密关系中，爱常常受到极大的冲击。"

滨田还为越来越多的同性恋伴侣提供了咨询，这体现出这个时代的另一个特点。"关于同性恋婚姻的争论很有意思。从我的角度来看，不管是异性恋伴侣还是同性恋伴侣，他们都经历着相同的矛盾。他们总是争论权力分配的方式。然后，他们都遇到了有关金钱、性和如何抚育孩子等具体问题。尽管这些问题令人痛苦，但我却在人类相互共建生活的共同需要中发现了一种美。"

本章内容概述

本章讨论美国及世界上其他地区的家庭和人类性行为。我们首先会关注家庭这一社会制度，并从四种主要社会学视角对其进行剖析。我们将会研究婚姻模式和家庭生活的差异，包括儿童抚育，并特别关注双薪家庭和单亲家庭的数量增长现状。随后我们会审视美国的离婚问题，并思考同居和丁克婚姻等多元生活方式。在本章的末尾，我们将会讨论人类性行为的复杂性，以及社会对同性恋关系的逐步接受。最后，在社会政策部分，我们将会直击同性恋婚姻这一争议话题。

模块 33

关于家庭的全球观点

P 准备 学习目标

LO 33-1 描述存在于不同文化中的家庭形态

LO 33-2 解释全球各地家庭中的不同亲属形态和权威形态

LO 33-3 使用四种主要社会学视角分析家庭

O 组织 模块大纲

普遍原则

关于家庭的社会学视角

W 工 作

西藏的女性可能会同时嫁给不止一位男性,而这些男性通常都是亲兄弟关系。这种体系能让家里的儿子们分享有限的肥沃土地。对生活在马达加斯加的贝齐寮人而言,一位男性可以拥有好几位妻子,他的妻子们住在不同的村庄中,她们的丈夫在这些不同的村庄里都种有水稻。如果其中一位妻子居住的村庄中有他产量最佳的水稻田,她就会被视为他的第一或者地位最高的妻子。对身处巴西和委内瑞拉的亚诺玛米人来说,与异性表亲(如果他们是你的舅舅或姑姑的孩子)发生性关系是很正常的事。但若发生性关系的表亲是你的姨妈、伯伯或叔叔的孩子,这种行为就会被视为乱伦(Haviland et al., 2008;Kottak, 2011)。

LO 33-1 普遍原则

这些例子表明,不同文化中的家庭形态具有很大的差异。但即便如此,家庭这种普遍的社会机制还是存在于所有文化中。**家庭**(family)可以被定义为通过血缘、婚姻或其他被认可的关系或收养关系而产生联系的人们,其首要责任是生育和照看社会成员。关于家庭的组成、亲属形态和权威形态的一般原则,也是具有普遍性的。

家庭组成:什么是家庭?

今天的家庭完全不同于一个世纪之前,甚至也不同于一代人之前。在新的角色、新的性别区分和新的儿童抚养模式的共同作用下,家庭生活呈现出焕然一新的形式。比如,今天有越来越多的女性都承担起了挣钱养家的角色,不论她们是已婚女性还是单亲母亲。离婚和再婚产生了混合家庭,这种家庭形式几乎成为常态。很多人都渴望拥有婚姻关系以外的亲密关系,他们要么发展同性恋关系,要么过起同居生活(Cherlin, 2011)。**家庭**一词已经不再能够充分描述同居、同性恋婚姻和单亲家庭等不同的家庭形态。2011年,美国跨越了一个主要的临界线:30岁以下女性的子女大多为非婚生育子女(Cherlin, 2011; Wildsmith et al., 2011)。

很多人仍对家庭持有狭隘的认识,认为家庭就是一对已婚夫妇与未婚的孩子住在一起。然而,这样的家庭只不过是许多家庭形态之一种,社会学家将其称为**核心家庭**(nuclear family)。"核心家庭"这个名称非常恰当,因为这种家庭就像原子核一样,其他更庞大的家庭群体都围绕着它而建立起来。

大多数美国人都认为核心家庭是最理想的家庭形态。然而,到2000年,只有33%的美国家庭符合这种类型。过去40年,美国核心家庭的比例逐年稳步下降(从1970年的70%降到2012年的50%),并呈现出持续下降态势。与此同时,单亲家庭的数量则在不断增长(女性为户主的单亲家庭从1970年的9%增长到

站在他人的角度思考问题——学前班老师

你会采取哪些措施,展示学生们所代表的各种家庭形态(扩大家庭、单亲家庭、同性恋父母、再婚家庭),并促使学生们相互尊重各种家庭形态呢?

2012 年的 13%；男性为户主的单亲家庭则从 1970 年的 2% 增长到 4%）(Vespa et al., 2013)。

其他亲属，如祖父母、姑姑、姨妈或叔伯，与父母及其子女同住在一个屋檐下，这种家庭被称作**扩大家庭**（extended family）。扩大家庭并不常见，但它在美国也的确存在。与核心家庭相比，扩大家庭的结构具有其特定优势。当遭遇死亡、离婚或疾病等危机时，扩大家庭的成员承受的压力更小，因为他们有更多的亲人能够提供帮助和情感支持。此外，比起核心家庭，扩大家庭可以形成更大的经济单位。如果一个扩大家庭共同经营一个家族产业，不论是农场还是小店，家庭成员的数量可能意味着家族繁荣或萧条，即人口越繁盛，家族产业越兴旺，而人口越减少，就会越衰败。

在思考这些不同的家庭形态时，我们只是将自己局限在美国最典型的婚姻形态：单偶婚中。**单偶婚**（monogamy）是指一个人只有一个配偶这一婚姻状态。直到最近，大众对婚姻形态的期待仍是一位男性和一位女性组成婚姻伴侣。不过，同性伴侣也逐渐成为合法婚姻形态。尽管如此，由于许多观察家发现美国的离婚率居高不下，因而建议采用"连续单偶婚"来更准确地描述美国的婚姻形式。在**连续单偶婚**（serial monogamy）中，一个人在其一生中可以有好几位配偶，但是每个时间段里只能有一位配偶。

在有些文化中，一个人可以同时有几位丈夫或妻子。这种婚姻形态叫**多偶婚**（polygamy），即一夫多妻或一妻多夫制。实际上，不论过去还是现在，全世界大部分社会都更加倾向于多偶婚。根据 20 世纪中期对 565 个社会的研究，超过 80% 的社会都偏好多偶婚。尽管进入 20 世纪后多偶婚逐渐退出了历史舞台，但在至少五个非洲国家，20% 的男性仍然拥有多名妻子（Population Reference Bureau, 1996）。

多偶婚有两种基本形式。根据默多克的研究，在他采样的绝大多数社会，最常见的多偶婚为**一夫多妻制**（polygyny）。一夫多妻制指的是一位男性同时拥有好几位妻子的婚姻形式。他的妻子们通常是姐妹，持有相似的价值观，并有共同生活在一个家庭中的经验。在一夫多妻制社会中，只有相对少数男性能同时拥有几位妻子。大多数人仍然生活在一夫一妻制的家庭里；同时拥有多名配偶被认为是拥有较高社会地位的象征。

另一种形式是一妻多夫制（polyandry），这是一种女性同时拥有好几个丈夫的婚姻形态。宁巴人的文化就是如此。然而，一妻多夫制在当今世界非常罕见，尽管一些极端贫困的社会仍然接受这种婚姻形态。与很多其他社会一样，一妻多夫制的文化贬低了女性的社会价值（Zeitzen, 2008）。

到20世纪末，多偶婚在美国社会已经完全被边缘化，或者被认为只是存在于其他文化中。不过，近年来，它们重又浮出水面。由于"婚姻"概念已经进行了重新定义，将同性婚姻也包括其中，所以摩门教原教旨主义者和施行多偶婚的穆斯林人也提出了质问：为什么不能接受多偶婚？有些人支持这一观点；其他人则怀疑是反对同性婚姻者故意提出了这个问题。这当然不是家庭文化习俗第一次与社会规范发生冲突（Keenan, 2013）。

LO 33-2　亲属形态：我们和谁有亲属关系？

我们中的很多人都会翻看家谱，或者是听家族中的长者追忆他们过去的生活及其先人的生活，得以了解自己家族的渊源。然而，一个人的家族世系所呈现的远非只是个人史，而是也反映出支配家族世系的社会模式。在各种文化中，孩子们在遇到亲属时，他们的家人都期望他们对亲戚表现出亲昵的态度。人们之间相互联系的状态就被称为**亲属关系**（kinship）。不过，亲属关系是在文化中学习而得，并不全由血缘或婚姻关系决定。比如，收养也可以创造出亲属关系，这不仅得到法律认可，也为社会所普遍接受。

家庭与亲属群体并不一定就是相同的。家庭以家户为单位，亲属则并不一定住在一起，在日常生活中也不一定会集体行动。亲属群体包括姨妈、姑妈、婶婶、舅妈、叔伯、舅舅、表亲及姻亲等。在像美国这样的社会里，亲属群体通常很少聚在一起，除了在婚礼或葬礼上会相互见面之外。不过，亲属关系经常意味着义务和责任。我们会认为帮助亲属是分内之事，并会很自然地打电话向亲戚求助，如借钱或照看小孩。

我们如何认定亲属群体？世系原则是人们根据他人与父母的关系，决定他们与我们的亲属关系。决定世系的方法有三种。美国依据的是**双系继嗣**（bilateral descent），这意味着父母双方的家族被视为同等重要。比如，父亲的兄弟与母亲的兄弟同等重要。

根据默多克的调查，大部分社会（64%）都会认为某一边的家族更为重要。在父系继嗣（patrilineal descent）社会，就财产、继承和情感纽带而言，父系亲属更为重要。相反，在母系继嗣（matrilineal descent）社会，母系亲属则被视为最重要。

生殖技术的新发展迫使人类社会重新看待亲属关系问题。今天，生物和社会过程的结合也能"创造"出家庭成员，在这种新情况下，我们需要对亲属关系进行更为深入的区分。

权威形态：谁当家做主？

假定你新婚宴尔，必须开始为小家庭的未来做决定。你和你的配偶将会面临很多问题。住在哪里？如何装修房子？谁来做饭、购物和打扫卫生？请哪些朋友来家吃饭？每当必须作出决定时，问题也就产生了：谁有权做决定？简单说就是谁当家做主？冲突论者在传统的性别分层情境下审视了这些问题。他们认为，男性始终处于支配女性的地位上。

不同社会有着不同的家庭权力分配方式。期望男性主导家庭全部决策的社会为**父权制社会**（patriarchy）。在伊朗这样的父权制社会，最年长的男性通常最有权力，尽管家中的妻子们也有望获得尊重和善待。伊朗女性的地位通常由她与男性亲属的关系来界定，比如作为妻子或女儿。在很多父权制社会，与男性相比，女性想要离婚是很难实现的。相反，在**母权制社会**（matriarchy），女性比男性更有权威。母权制社会非常罕见，它只出现在北美印第安人的部落社会，以及那些男性因战争或觅食而长期外出的地方（Farr, 1999）。

第三种权威形态是**平权家庭**（egalitarian family）。在平权家庭中，配偶双方是平等的，但这并不意味着所有决定都由配偶双方共同作出。妻子与丈夫分别在不同领域行使决定权。很多社会学家都认为，平权家庭已经逐渐替代父权制，开始成为美国的社会规范。

尽管平权家庭的配偶并不会共同作出所有决定，但他们认为彼此处于平等地位。在美国，这种权威模式正在变得愈加普遍。

LO 33-3 关于家庭的社会学视角

我们真的需要家庭吗？早在一个世纪之前，马克思的亲密战友恩格斯就已指出，家庭是社会不平等的最终根源，这是因为家庭在权力、财富和特权转移中扮演着重要角色。近来，冲突论者认为，家庭导致社会不公平、不让女性获得男性常有的机会、限制性自由权和配偶选择权。相反，功能论视角关注家庭满足其成员需求的方式，以及对社会稳定作出的贡献。互动论视角关注亲密、面对面的家庭关系。女性主义视角则研究妻子和母亲的角色，尤其是在父亲缺位下妻子和母亲的角色。

功能论视角

约八十年前，社会学家奥格本列出了家庭的六个主要功能（Ogburn and Tibbits, 1934）：(1) **繁衍**（reproduction）。社会要想持续存在，就必须能够进行新老接替。从这个角度来说，家庭通过繁衍功能维系了人类的生存。(2) **保护** (protection)。所有文化中的家庭都承担着保护和养育孩子的最高职责。(3) **社会化** (socialization)。父母与其他亲属监管孩子的行为并将文化规范、价值观和语言传递给孩子。(4) **规范性行为** (regulation of sexual behavior)。随着时间的推移（例如，约会方式古今差异），以及文化的变迁（对比管制严格的沙特阿拉伯和放任自由的丹麦），性行为的规范也在不断发生变化。但在一个社会中，不论处于哪个时期或持有哪种文化价值观，家庭内部都会清楚地定义性行为的标准。(5) **爱与陪伴** (affection and companionship)。理想的家庭会给家人提供温暖和亲密的关系，让他们产生满足感和安全感。当然，家庭成员也能从家庭外部获得情感交流，如同伴、学校或工作单位；当然，也有人会认为家庭是一个令人不愉快的地方。但不管怎样，我们都期望亲人能理解并照顾自己，在我们需要的时候能够陪伴左右。(6) **提供社会地位** (provision of social status)。我们从家庭背景及父母和同胞手足的社会名声中继承了家庭的社会位置。家庭为新生儿提供了种族与族群的先赋地位，决定了他们在社会分层系统中所处的地位。此外，家庭资源也影响着孩子未来追求机会的能力，比如接受高等教育。

传统上，家庭还履行了一些其他功能，如提供宗教训练、教育和娱乐休闲方式。但奥格本认为，其他社会制度逐渐接手了这些功能。过去孩子们围坐在火炉旁聆听父母亲人的教诲；现在，教育后代已成为学校专业人士的职责。甚至就连家庭的传统娱乐休闲功能也转移到了外部群体中，如足球联盟、运动员俱乐部和推特。

冲突论视角

冲突论者认为，家庭并非社会稳定的贡献者，而是反映出社会中的财富和权力不平等。女性主义和冲突论者认为，就传统而言，家庭维持了男性的主导地位并使之合法化。纵观人类历史，大多数社会都是丈夫在家庭中拥有绝对的权力和权威。直到19世纪中叶美国兴起第一波女性主义运动浪潮，妻子和孩子是丈夫合法财产的历史地位才遇到切实的挑战。

平权家庭近几十年来成为美国更为普遍的家庭形态（主要得益于20世纪六

七十年代的女性主义运动),但男性在家庭中的主导地位并未完全消失。社会学家发现,已婚男性正在越来越多地参与到养育孩子的活动中,但他们的妻子仍是这项责任的主要承担者,夫妻双方的付出完全不成比例。而且,全职奶爸与全职妈妈的比例竟为1∶38。更不幸的是,很多丈夫都会通过家暴来强化其对妻子和孩子的控制力(Fields,2004;Garcia-Moreno et al.,2005)。

冲突论者将家庭视为加深社会不平等的经济单位。家庭是权力、财富和特权进行代际转移的基础。美国常被视为"机会之国",但其社会流动仍然受到多方限制。孩子继承了父母双方拥有的社会经济特权(/非特权),有时甚至能继承好几代的社会经济特权(/非特权)。家长的社会阶层显著地影响着孩子的社会化进程及其获得的保障。因而,家庭的社会经济地位对孩子的营养、医疗保健、住房情况、教育机会及成年后的生活际遇有着非常重要的影响。基于这一原因,冲突论者认为,家庭助长了社会的不平等。

互动论视角

互动论者关注家庭的微观层面和其他亲密关系。他们对同居伴侣或多年夫妻之间的互动方式很感兴趣。比如,研究者在对黑人和白人双亲家庭的研究中发现,当父亲与孩子相处时间更长时(陪伴孩子阅读、辅导作业或限制他们看电视的时

互动论者对夫妻关系和父母与子女之间的关系深感兴趣。图中展现的亲密和关爱关系,是建立一个强大家庭的基础。

间）时，孩子很少会出现行为问题，与他人相处也更为融洽，而且更有责任感。

互动论者还探讨了继父母的角色。再婚单亲父母的数量不断增加，使互动论者对那些帮助抚养他人孩子的继父母产生了浓厚的兴趣。研究发现，与继父相比，继母更可能会为自己与继子女关系不佳而产生自责心理。互动论者认为，继父和大多数父亲一样，当孩子的母亲不在家时，并不习惯跟孩子进行直接的互动（Bray and Kelly, 1999）。

女性主义视角

由于"女性工作"的传统重心都放在家庭生活上，所以女性主义社会学家对家庭的社会制度角色有着非常强烈的兴趣。社会学家早就进行了大量关于儿童抚育和家务劳动中的性别角色的研究。社会学家特别关注女性在家庭外的工作如何影响她们对孩子的照顾和家务劳动，即霍克希尔德所称的"第二班"。今天，研究者们认识到，对大多数女性而言，"第二班"也包括对父母的照料。

女性主义理论家促使社会科学家和各种社会机构重新思考：为什么没有男人的家庭自然就会成为关注的焦点，甚或是被视为功能失调的？他们投入很多时间精力，对单亲母亲、单亲家庭和女同性恋家庭进行研究。在单亲母亲的案例中，研究者将注意力放到这些家庭如何在沉重的经济压力下仍然表现出非凡的韧性。根据佐治亚大学的默里及其同事（Murray et al., 2001）的研究，在非裔美国人中，单亲母亲非常依赖亲人提供物质支持、养育经验和社会支持的帮助。一位研究者综合思考了女性主义者对家庭的研究后认为，家庭是"女性的力量来源"（Taylor et al., 2009）。

最后，采取互动论视角的女性主义者强调，有必要调查家庭研究中被忽视的议题。比如，妻子收入高过丈夫的双薪家庭数量日渐增加。2005 年，一项针对 58 对已婚夫妇的调查显示，26% 的妻子收入超过丈夫。1981 年，这一比例仅为 16%。但在个案研究之外，几乎从未有人研究过这些妻子收入高于丈夫的家庭，与那些丈夫为主要经济来源的家庭有何不同。

E 评 估

1. 7岁的爱丽丝和自己的父母、祖母和姑姑住在一个私人住宅里。爱丽丝的家庭是（　　）的典型例子。

    (a) 核心家庭　　　　　　(b) 功能失调家庭

    (c) 扩大家庭　　　　　　(d) 一夫多妻家庭

2. 在（　　）婚姻中，一个人一生中可以有多个配偶，但每次只能有一个配偶。

    (a) 连续单偶婚　　　　　(b) 一夫一妻制

    (c) 多偶婚　　　　　　　(d) 一妻多夫制

3. 根据功能论视角，（　　）不是家庭的最主要功能。

    (a) 调解　　　　　　　　(b) 繁衍生殖

    (c) 规范性行为　　　　　(d) 爱和陪伴

4. （　　）理论家指出，父母的社会阶层极大地影响了孩子的社会化经历及其能够受到的保护。

5. （　　）关注家庭和其他亲密关系的微观层面；比如，他们对人们是同居伴侣还是多年夫妻很感兴趣。

答案：1. (c)　2. (a)　3. (a)　4. 冲突论　5. 互动论理论家

R 反 思

1. 从女性的角度出发，一夫一妻制、一夫多妻制和一妻多夫制家庭各有什么优缺点？对男性来说，这些家庭各自的优缺点又是什么？

2. 功能论、冲突论、互动论和女性主义理论家分别会如何解释多偶婚家庭结构？

模块 34

婚姻和家庭

P 准备　学习目标

LO 34-1　描述美国和其他国家中婚姻形态与家庭生活的不同类型

LO 34-2　讨论当代美国家庭生活中各种常见的育儿模式

O 组织　模块大纲

求偶与择偶

多样化的家庭生活与亲密关系

育儿模式

W 工　作

现今美国，超过95%的男性和女性在其一生中都会至少结过一次婚。长期以来，美国家庭生活中最稳定的现象就是结婚率居高不下。事实上，尽管美国的离婚率也很高，但有迹象表明，近年来美国的结婚率仍有小幅上升趋势。

本模块，我们将会探讨美国的恋爱、婚姻和父母身份的不同层面，并会将其与不同文化进行对比。我们习惯于认为恋爱和择偶只是个人偏好问题，但社会学分析告诉我们，社会制度与文化规范和价值观也对其产生了深刻的影响。

LO 34-1　求偶与择偶

过去，大多数夫妻都是通过家人或同事朋友介绍认识。而现如今，网络则成为许多夫妻的相识之所，网络相亲服务让越来越多的人得以牵手一生。

网恋是最近几年才兴起的求偶行为。在中亚乌兹别克斯坦或许多其他秉承传统文化的国家，求偶过程通常是在男女双方家长的互动中决定的，父母为孩子安排结婚对象。在社会文化的影响下，年轻的乌兹别克斯坦女性都会热切地盼望与异性结合，但是她与自己未来的伴侣通常在婚前只见过一面，也就是男方在看女方嫁妆时才初次结识。相反，在美国，求偶通常是互有好感的男女双方的个人行为。美国文化中的求偶过程比较复杂，常常需要男女双方在恋爱小把戏、肢体动作和暗示中增进感情。虽然各种文化中的求偶行为大不相同，但无论是在美国、乌兹别克斯坦还是在其他国家，这一行为都受到社会规范和价值观的影响（Williams，1995）。

在择偶现象中，有一个千真万确的趋势就是：现在择偶所花的时间要比过去长。现代社会的人在择偶时会考虑各种因素，包括经济保障和个人独立性等，这势必导致婚龄延迟。1966 年，男性的初婚年龄通常在 23 岁以下，女性的初婚年龄通常不到 21 岁。2013 年，男性的平均初婚年龄为 29 岁，女性的平均初婚年龄则接近 27 岁（Bureau of the Census，2013b）。无论在美国还是在许多其他国家，大多数人都要到二十好几岁才会结婚。例如，2013 年，芬兰的初婚年龄中位数是（前面为女性，后面为男性，下同）30.3 岁和 32.6 岁；加拿大为 28.4 岁和 30.2 岁；澳大利亚为 27.9 岁和 29.6 岁；巴西为 27.1 岁和 29.5 岁；俄罗斯为 22.6 岁和 24.8 岁；印度为 17.8 岁和 23.7 岁（*Demographic Yearbook*，2013）。

择偶的几个层面

很多社会都有明确或暗示的规则，来确定某些人是不是合适的结婚对象。这些规范可以用内婚制和外婚制来加以区分。**内婚制**（endogamy）规定，必须在自己族群内部找寻配偶，禁止与外族通婚。比如，在美国，很多人都会被期待与同种族、族群或宗教团体的人结婚，与群体之外的人通婚的行为会遭到强烈反对，甚至还会被明令禁止。内婚制建议年轻人跟"同类人"结婚，意在加强群体的凝聚力。

即使在美国，跨种族和跨族群通婚也仍然比较少见。根据 2012 年发布的一项报告，在白人新婚夫妇中，约 9% 为跨种族或跨族群通婚。非裔美国人新婚夫妇中的这一比例为 17%；拉丁裔新婚夫妇中的这一比例为 26%；亚裔美国人新婚夫妇中的这一比例最高，为 28%（Wang，2012）。

相对而言，**外婚制**（exogamy）要求团体成员在团体之外选择配偶，这些团体常常属于一个家族或亲属团体。**乱伦禁忌**（incest taboo）是一种几乎所有社会都存在的社会规范，它禁止人们与特定亲属发生性关系。对美国人来说，这一禁忌意味着不能与自己核心家庭的成员结婚。所以，美国人不能与同胞兄弟姐妹结婚，而且在大多数州内，也不能跟自己的表兄弟姐妹和堂兄弟姐妹结婚。

影响择偶的另一个因素是**同型结合**（homogamy）。同型结合是指人类有意或无意地选择与自己拥有相似特征的配偶。"同类相配"法则常会在具有相似个性和文化兴趣的夫妇身上得到印证。不过，配偶的选择是不可预期的。尽管很多人都会选择与同类型的人结合在一起，但其他人则遵照了"异性相吸"法则，即依赖性很强、性情柔顺的人常常比较孩子气，而她（他）的另一半则充满控制欲，主导着家中的一切。

尽管大多数跨种族夫妻并不像罗伯特·德尼罗（Robert De Niro）和葛瑞丝·海桃尔（Grace Hightower）这一对那么引人注目，但是这种婚姻组合正在变得越来越普遍且得到社会认可。他们的结合也正在模糊种族的定义。这些夫妻生育的后代究竟会被视为黑人还是白人呢？你为什么会这样认为？

恋爱关系

今天的大学生似乎更可能厮混在一起或到处留情，而不像他们的父母和祖父母那辈人那样认真建立浪漫的恋爱关系。当然，在人生的某一时刻，他们大都还是会遇到自己的挚爱，并建立一段以结婚为目的的长期恋爱关系。

美国的家长常常认为，爱情才是婚姻的基础，因而他们鼓励自己的孩子发展基于爱情的亲密关系。歌曲、电影、书籍、杂志、电视节目，甚至是卡通和漫画书，都一直在强化爱情这一主题。与此同时，我们的社会则希望父母和朋友尽力限制个人在"得到社会接受的"异性朋友圈中找寻自己的伴侣。

大多数美国人都认为谈恋爱是理所当然之事，但先恋爱后结婚却并不是一种普遍的文化准则。世界上有很多文化都认为，在择偶时，浪漫的爱情并不是首要考虑因素，其他某些因素要更为重要。在某些社会中，父母或宗教权威一力促成"包办婚姻"，这些决策者们认为，经济能力是非常重要的考虑因素。因此，他们常常期望新婚夫妇在缔结合法婚姻后再行恋爱，如果双方真能产生爱情的话（Lee, 2013）。

LO 34-1　多样化的家庭生活与亲密关系

在美国，不同的社会阶级、种族和族群，创造了不同类型的家庭生活。通过研究这些不同的差异，我们可以更深入地理解美国当代生活方式的复杂性。

社会阶级差异

许多研究都记录了美国不同社会阶级在家庭组织上存在的差异。上层阶级家庭强调世系和家庭社会地位的维持。如果你出身上层阶级，你就不仅是核心家庭的成员，还是传统大家族的一分子（如洛克菲勒家族和肯尼迪家族）。因而，上层阶级家庭非常关注孩子从小就应接受的适当训练。

下层阶级家庭并不常有关心"家族名声"的闲工夫；他们必须首先努力支付账单，在贫苦生活中常有的各种危机中挣扎起伏。这样的家庭有很大比例为单亲家庭，这些家长在子女抚育和家庭经济收入等压力下举步维艰。与来自富裕家庭的孩子相比，下层阶级家庭的孩子更早就会负起成人职责，包括婚姻和为人父母。某种程度上，这可能是因为这些穷苦出身的孩子没有钱再继续上学。

与过去相比，家庭生活的社会阶级差异并不那么突兀。过去，家庭专家一致认为，不同社会阶级在抚育子女的方式上存在巨大差别。下层阶级家庭的家长在抚育子女时，更多会摆出唯我独尊的态度，而且更可能会体罚孩子。中产阶级家庭对孩子更加放任，而且会克制对孩子的惩罚。与下层阶级家庭相比，中产阶级家庭常会把孩子的大部分时间都安排得满满的，有时甚至会过度安排。然而，现在这些差异正在不断缩小，因为越来越多来自各个阶级的家庭都在使用同样的书籍、杂志乃至电视谈话节目来寻求育儿建议（Kronstadt and Favreault, 2008；Sherman and Harris, 2012）。

在贫困家庭中，女性在家庭生计方面总是发挥着非常重要的作用。她们的丈夫可能工资很低，可能会失业，甚至还会抛妻弃子。2012 年，31% 的女性户主家庭（家中无男性）生活在联邦政府划定的贫困线下。相比而言，双亲家庭的贫困率只有 6.2%。女性户主家庭在贫困户中的比例居高不下并呈持续增长态势，社会学家将这种现象称为**贫困女性化**（DeNavas-Walt et al., 2013）。

最后，纽曼（Newman, 2012）在其著作《手风琴家庭》中注意到，"手风琴家庭"（accordion family）或"回巢家庭"（boomerang family）由于社会阶级不同而存在差异。中上层阶级家庭完全负担得起成年子女继续求学的各种费用，但弱势家庭就常常需要成年孩子早点工作，赚取收入来支撑家庭开支。

很多种族和族群团体都具有独特的家庭特征。不过，种族和阶级因素总是紧密相关。在讨论少数种族和族群的家庭生活时，我们必须谨记：某些家庭形态可能不仅仅是文化因素的反映，而更是阶级的产物。

种族和族群差异

美国少数种族和族群的从属地位，也深刻地影响着他们的家庭生活。比如，非裔美国人、印第安人、大多数拉丁裔族群和某些亚裔族群的家庭收入较低，使得他们很难创建并维持成功的婚后家庭生活。社会学家威尔逊（Wilson, 2009）和其他学者描绘了过去 60 年间进行的经济重组，这对居住在内城或如原住民保留地这样偏远乡村的人们产生了很大影响。此外，美国的移民政策也使来自亚裔和拉丁裔家庭的整体重新安置变得更加困难。

非裔美国人家庭遭受了很多负面且不准确的刻板印象。与白人家庭相比，黑人家庭中单亲妈妈的比例的确要高很多（2010 年，两者分别为 19% 和 56%）。但黑人单亲妈妈常能得到稳定且有效的亲属网络的庇护，这也在一定程度上减轻了性别歧视和种族主义所造成的压力。这些亲属网络的成员多为女性亲属，如母亲、祖母和阿姨等，她们通过分享物品和服务，减轻了单亲妈妈的经济压力。除了这些强大的亲属关系，黑人的家庭还很强调宗教义务，并鼓励他们追求事业，实现抱负（Furstenberg, 2007）。

和非裔美国人一样，印第安人也是用家庭关系来缓解自己面临的诸多困境。比如，在纳瓦霍人保留地，青少年早早为人父母并不被社会视为危机，但这在美国其他地区就并非如此。纳瓦霍人根据母系追溯自己的血统。传统上，夫妻婚后会同女方家庭住在一起，这样祖父母就能帮助他们照看小孩。纳瓦霍人并不赞同青少年即为人父母，但他们对扩大家庭的深沉情感能为无父亲的孩子创造非常温暖的家庭环境（Dalla and Gamble, 2001；John, 2012）。

社会学家也注意到其他种族和族群中家庭形态上存在的差异。比如，墨西哥裔美国人常被认为喜欢展现雄风和个人价值，并为自己身为男性而骄傲，而这也正是所谓的**男子气概**。与其他亚文化相比，墨西哥裔美国人的家庭主义观念更强。**家庭主义**（familism）指的是对扩大家庭的自豪感，主要表现为核心家庭成员与外部家庭成员保持紧密联系并怀有强烈的责任感。一直以来，墨西哥裔美国人都将其与扩大家庭的联系放在其他欲望和需求之上。

家庭主义常被视为一种积极向上的文化特性，但它也可能会带来消极后果。社会学家对拉丁裔学生较低的大学申请率现象进行了研究，发现这些学生非常希望留在家里。即使他们的父母受过大学教育，他们也还是想要留在家里，因而他们也就不太可能去接受四年制大学教育，更不可能去申请名校。

不过，随着拉丁裔的社会阶级、教育成就和职业上出现的改变，这些家庭形态也在发生变化。与其他美国人一样，很多以工作为重的拉丁裔在择偶时，由于缺乏闲暇时间而转向了互联网。随着拉丁裔和其他群体被美国主流文化所同化，他们的家庭生活也具有了白人家庭的优点和缺点（Negroni, 2012；Suárez and Perez, 2012）。

LO 34-2　育儿模式

印度南部的那亚族人（Nayars）承认父亲的生育角色，但照顾孩子的责任却是由母亲最年长的兄弟来担当。相反，在美国的文化里，舅舅的作用微乎其微。照顾孩子是家庭的普遍功能，但在不同的社会中，家庭成员为履行这一功能所进行的分工却是各不相同。即使在美国国内，也有多种育儿模式。接下来我们将会探讨父母和祖父母身份、收养、双薪家庭、单亲家庭和重组家庭。

父母和祖父母身份

孩子的社会化对任何一种文化的延续都是至关重要的。因而，在美国，父母身份是最重要（要求最高）的社会角色之一。社会学家罗西（Rossi, 1968, 1984）确认了造成一个人转变为父母身份和社会化角色非常困难的四个因素。第一，照顾者的社会角色几乎没有预先社会化。正规学校的教材中，几乎从未关注过如何维持良好家庭生活的主题，如儿童照顾和家庭管理。第二，怀孕期间，准父母们对其将要扮演的角色所学有限。第三，向父母身份的转变相当突兀。与青春期相比，它的时间不长；也不像工作的社会化，照顾者必须马上适应自己的责任，无法按部就班慢慢地来。第四，罗西认为，我们的社会缺乏关于扮演成功父母角色明确而有效的指导方针。至于家长如何培养出快乐的、适应能力很强的孩子，社会上并没有共识——甚至就连何谓"适应能力很强"，人们都提出了五花八门的定义。因而，父母身份的社会化过程，对美国的男性和女性都充满了挑战。

在有些家庭中，满巢家庭也包括孙辈。2009年，9%的白人孩子、17%的黑人孩子和14%的西班牙裔孩子与至少一位祖父母住在一起。其中约有33%的家庭中没有任何一位父母承担起照料孩子的责任。在这样的关系中存在许多固有问题，包括法定监护权问题、经济问题，以及成年人与青少年的情感问题。难怪现在已经出现了像"祖父母当父母"（Grandparents as Parents）等组织，来提供相关的援助（Kreider and Ellis, 2011）。

9 岁的布莱克·布伦森（Blake Brunson）参加篮球比赛时，他的八位祖父母都到场观看。由于他的父母各自再婚，所以他就有了八位祖父母。虽然混合家庭能给孩子们提供非常大的支持，但它们也给孩子们传达了哪些关于持久婚姻的信息呢？

收养

在法律意义上，**收养**（adoption）是将父母身份所具有的法律权利、责任和特权，转移给新的法定父母的过程。在许多情况下，这些权利都是从生身父母（又称生父生母）转移到养父母手中。每年约有 13.5 万孩子被人收养（Child Welfare Information, 2011）。

从功能论视角来看，鼓励收养符合政府的根本利益。事实上，政策制定者在这个过程中存有人道和经济上的考量。理论上，收养能为孩子提供一个稳定的家庭环境，否则这些孩子很难得到良好照顾。此外，政府统计数据显示，独立抚育孩子的未婚母亲往往处于较低的社会经济地位，通常需要社会福利援助。如果孩子被经济自足家庭收养，政府就可以减少社会福利支出。然而，从互动论角度来说，被收养的孩子则需要适应一个非常不同的家庭环境，以及一种不同的家长抚养方式。

收养与自己没有血缘关系的孩子有两种法定途径：一是由法定机构安排，二是由法庭裁定的私人协议。被收养的孩子可能来自美国国内，也可能来自其他国家。2012年，超过8600名由美国居民收养的孩子成为美国公民（Bureau of Consular Affairs, 2013）。

对家庭里的每个人来说，新生命的到来都会引发重大的生活调整；收养孩子则会带来更大的调整。如果养子女来自另一种文化，或者与收养家庭分属不同的种族或族群，这个家庭就会面临更加巨大的挑战。下页的专栏记录了某个美国家庭收养韩国孩子时所发生的生活转变。

2010年的海地地震让人们关注起美国以外各国对跨国收养的看法，而这些看法往往并不总是积极的。许多来自美国的好心人来到海地，想要拯救孤儿和安排他们前往其他国家的收养事宜，但却遭到政府拒绝。有些孩子其实并不是孤儿，只因他们的父母太过贫困而无法养育他们。对那些不堪重负的欠发达国家来说，收养固能解决燃眉之急，但也会造成一些问题。

收养不单是在国外颇具争议，在美国国内也不例外。在有些情况下，一些未婚人士也会收养孩子。1995年，纽约某法庭作出重要判决，表示未婚伴侣也可以收养小孩。在这一规定下，未婚异性恋伴侣和男女同性恋伴侣都可以在纽约合法地收养孩子。今天，大部分州都允许男女同性恋伴侣收养小孩。不过，密西西比州、内布拉斯加州和犹他州则对此有非常明确的限制，或者干脆直接禁止（ACLU, 2014）。

许多被收养儿童仍然处于那些得到州政府支持的儿童保护服务中心的监护下。不拘任何时候，美国都有约50万孩子生活在寄养中心。每年约有5.2万孩子被收养；另有10.1万符合收养条件的儿童正在等待被人收养（Department of Health and Human Services, 2013）。

双薪家庭

曾经"家庭"的概念是，丈夫在外工作，妻子在家照顾孩子，但这种单薪家庭已经逐渐被双薪家庭所取代。2010年，25—64岁的已婚夫妇中，96%的男性和69%的女性都在外工作（Bureau of the Census, 2011a）。

今日研究 跨种族收养：韩裔孩子的经历

卡莱布·利特尔（Caleb Littell）出生于韩国，他还是个婴儿时就被美国一对白人夫妇收养。从此，他加入了一个温暖的家庭，他们幸福地生活在华盛顿州兰顿市的一个白人社区，那里离西雅图非常近。卡莱布现已30多岁，他一直都知道父母深爱着他，也很需要他。但他还是纠结于自己的身份认同问题。为什么他和父母看起来不一样？为什么他会被收养？韩国人的身份意味着什么？在家里，他从不会为这些问题所困扰，但在学校和社区，他人总是取笑他是"东方佬"或"亚洲人"。他总是在想：他的白人父母从不觉得他是异类，为什么家庭之外的人却总是用异样的眼光看着他呢？卡莱布不仅感到心伤，也感到非常困惑。

对那些有着跨种族收养经历的孩子们来说，这个由教育学家 Mia Tuan 和社会学家 Jiannbin Lee Shiao 讲述的故事可谓再熟悉不过。**跨种族收养**（transracial adoption）是指白人父母收养非白人孩子，或者非拉丁裔父母收养拉丁裔孩子。根据2011年统计的估算数据，当今美国约有30万16岁以下的孩子被跨种族收养。尽管这种收养类型早已存在，但直到1990年代，由于跨国收养的增加，跨种族收养才变得更加普遍。约85%的跨国收养都属于跨种族收养。

尽管没有典型案例，但被跨种族收养的孩子在社会化过程中的确会遇到一些特殊挑战。孩子与父母的关系，以及其自身所属的种族和族群，都是先赋地位。被白人家庭收养的韩裔孩子发现，一旦他们踏出保护自己的核心家庭，他们的先赋身份就会立即遭到质疑。社会学家和其他研究者指出，他们的经历反映出美国当代的种族和族群关系。也就是说，在新的祖国中，这些孩子发现：有人愿意接受他们，也有人对他们横眉冷对；他们既得到很多机会，也势必会陷入冲突之中。

很难评估跨种族收养的长期成果，因为总的来看，抚育孩子成长所取得的结果非常复杂。研究者必须把一般的抚养问题和跨种族抚养问题分而论之。一个普遍存在的跨种族抚养问题是，白人父母可能缺乏将积极的身份认同信息传递给子女的资源和个人经历。家长常常转向支持群体或网络聊天室来寻求建议。有些人把孩子送去参加传统文化露营活动，这一活动兴起于过去30年内，旨在让孩子充分沉浸在自己原来的文化背景中，如非洲、亚洲或拉丁裔文化等。这样的文化活动不仅教授语言，还会让

跨种族收养带来了特别的挑战。

孩子与其他被跨种族收养的孩子进行交流。其他亲属和邻近社区的支持程度和力度，对孩子的适应过程同样重要。

孩子们产生了多种多样的成人身份认同感。被跨种族收养的韩裔可能会在成人期自称"韩裔美国人"和"高加索人，除了在照镜子时不是"或者是"尝试成为白人的美国亚裔人"。研究表明，随着提供支持的社会机构逐渐得到改善，新近被收养孩子的韩裔身份认同有所加强，但总的来说，他们对韩裔身份的认同仍然偏弱。他们中几乎没人会认真学说韩语，或者发自内心地享受韩国饮食。

讨论

1. 在你小时候，你认识某个跨种族被收养者吗？如果有的话，这个孩子能和同伴们融洽相处吗？将你的回答与你成长的社区联系起来。
2. 比较跨种族收养的经历和加入混合家庭的经历。从孩子的视角来看，跨种族收养和加入混合家庭的优缺点分别是什么？从家长的视角来看，它们又分别带来了什么挑战？

资料来源：Kreider，2011；Randoph and Holtzman，2010；Tuan and Shiao，2011。

迈尔斯·哈维（Miles Harvey）正在通过Skype给孩子讲故事。婚后哈维住在距离芝加哥900英里远的地方。由于经济原因，他接受了新奥尔良市内的一份工作。

为什么双薪家庭数量会增加？经济需求可能是主要因素，同时男女两性都渴望追求自身事业。越来越多的已婚夫妇并非因婚姻不睦而选择两地分居，从而印证了这一发展趋势。现在两地分居的家庭数量达到360万，这也就是说，每33对夫妻中就有1对分居两地。这类家庭中有一半以上的夫妇相隔100英里以上，其中更有一半甚至相隔1000英里或更远。当然，两地分居一点儿也不新奇；多年来，从事短期工作的男性，如士兵、卡车司机或旅行推销员，经常也与家人两地相隔。不过，现在女性的工作常常导致夫妻两地分居。这种家庭形态的存在表明，社会对平权家庭类型更为接受（Higgins et al., 2010; Holmes, 2009）。

单亲家庭

范特西·波里诺（Fantasia Barrino）在2004年成为《美国偶像》第三季冠军，她的歌曲"宝贝母亲"赞美了年轻单亲母亲，而这也正是她的切身体会。波里诺17岁怀孕，现在她的女儿已经3岁了。尽管批评者指责这首歌曲向青少年传递了错误信息，但波里诺认为，这首歌曲并非鼓励青少年发生性行为，而是一首对那些鼓足勇气单独抚养孩子的年轻妈妈的赞歌（Cherlin, 2006）。

最近几十年来，加诸未婚妈妈及其他单亲父母身上的污名已大幅减少。**单亲家庭**（single-parent families）指的是只有一位家长照料孩子的家庭，这种家庭形态在美国并不少见。2010 年，24% 的白人家庭为抚育 18 岁以下孩子的单亲家庭，39% 的拉丁裔和 62% 的非裔家庭也是独立抚养孩子的单亲家庭。

单亲家长和孩子的生活并不一定就比传统核心家庭成员的生活更加困难。我们不能假设单亲家庭的境况十分悲惨，就像我们不能假设双亲家庭一定富足快乐一样，因为这种假设是不准确的。不过，单亲家庭的生活不论在经济上还是情感上，都可能会遭受重重压力。如果单亲家庭的户主是少女妈妈，这个家庭面临的问题还会更加严峻。

为什么低收入的少女妈妈会想要孩子，并且愿意面对成为母亲后沉重的经济压力？从互动论视角来看，这些女性通常缺乏自尊，而且也没有什么选择的余地；对那些在我们的社会上经济能力有限的青少年来说，生育小孩可以为生活带来动力和目标。很多年轻女性都要面对性别、种族、族群或阶级设置的重重障碍，因而她们可能会认为，她们没有什么好失去的，生育小孩反而可能让她们获得新生。

根据美国社会上广为流传的刻板印象，大多数"未婚母亲"和"少女妈妈"都是非裔美国人。然而，这个观点并不准确。虽然非裔未婚妈妈及青少年怀孕人口的比例非常高，但就未婚生育的总量而言，白人未婚少女妈妈仍然占据大多数。而且自 1980 年以来，黑人青少年中的儿童出生率已在逐步减少（Martin et al., 2009）。

美国的绝大多数家庭都不是由父母双亲与其未婚子女组成的。

站在他人的角度思考问题——婚礼策划人

假设你要为参加一对新人婚宴的亲人安排座位，但这对家人的家庭关系相当复杂：新娘的母亲原是单亲妈妈，但最近再婚了，再婚对象有三个孩子和两个继子；新郎则有一对生身父母、两位继父，以及一个亲兄弟和三个继姐妹。你会如何为他们的正式晚餐安排座位？

美国84%的单亲家长是母亲，但从1980年到2013年，美国的单亲爸爸家庭却增长了四倍。单亲妈妈常会建立社交网络，但单亲爸爸往往都很孤立。此外，单亲爸爸们还必须学习如何与学校和社会福利机构打交道，而这些社会机构则往往习惯于认为母亲才是孩子的监护家长（Bureau of the Census, 1981, 2013d）。

重组家庭

在美国，大约45%的人都会经历结婚、离婚、再婚的过程。离婚率与再婚率的走高，导致重组家庭数量显著增长。

混合家庭的性质对成人和孩子都产生了社会影响。当然，当成人变为继父母，或孩子变成继子女和继兄弟姐妹时，他们必须进行再社会化过程。此外，我们也必须将首次重组家庭和那些经历多次离婚、分手或改变孩子监护权的家庭分开讨论。

在评估重组家庭数量增加这一现象时，有些观察者认为，孩子可能会从父母再婚中获益，因为他们可以得到两对家长的照顾，获得较稳定的经济保障。然而，在回顾过许多针对重组家庭的研究后，社会学家切林（Cherlin, 2010）总结道，再婚家庭的孩子不一定比离异单亲家庭的孩子更幸福。

继父母在继子女的生活中发挥着非常重要和独特的作用，但他们的参与并不能保证家庭生活的质量就一定会提高。实际上，继子女的生活标准很可能会下降。研究认为，与由生母抚养的孩子相比，由继母抚养的孩子会获得更少的医疗保健和教育，花在饮食上的金额也更少。同样，对由继父抚养的儿童来说，研究结果也是负面的，但他们面临的问题仅为由继母抚养的孩子所面临问题的一半。不过，这些结果并不代表继母都是"邪恶"的，究其因，很可能是因为继母不想显得过于干涉孩子生活，所以才有所保留，或者是她们错误地依赖孩子的生父来承担抚养责任（Schmeeckle，2007；Schmeeckle et al.，2006）。

E 评 估

1. 下列哪种规范要求在自己的家庭和亲属之外择偶？
   (a) 外婚制　　(b) 内婚制　　(c) 母权制　　(d) 父权制

2. 根据文中有关家庭生活及亲密关系中社会阶级差异的讨论，以下哪种表述是正确的？
   (a) 在家庭生活中社会阶层差异比以前更突出了
   (b) 上层阶级强调世系和家庭地位的维持
   (c) 在穷人里，女性在对家庭的经济支持中发挥着重要作用
   (d) 通过研究不同族群的家庭生活，大部分模式都是文化因素而非阶级因素的产物

3. _____ 准则规定，必须在自己族群内部找寻配偶，并禁止与外族通婚。

4. 从 _____ 视角来看，政府非常鼓励收养行为。

答案：1. (a)　2. (b)　3. 内婚制　4. 功能论

R 反 思

1. 文化和社会经济因素如何助长以下趋势：晚婚、扩大家庭增多和回巢一代？
2. 从功能论和互动论视角解释择偶问题。

模块 35

家庭生活与性行为的趋势

ⓟ 准备　学习目标

LO 35-1　解释美国离婚率上升的原因和影响

LO 35-2　讨论多元化生活方式对家庭这一社会机制的影响

LO 35-3　从社会学视角来分析有关性行为的政策

ⓞ 组织　模块大纲

离婚

多元化的生活方式

人类性行为

社会政策与家庭

ⓦ 工　作

美国社会的最新发展，导致有关婚姻与性行为的传统观念和习俗发生了重大改变。自1950年代以来，社会革命浪潮一波波袭来，对美国文化造成冲击，引发了非常剧烈的改变。我们将会在本模块中讨论两种变化：离婚率上升，以及在得到社会文化认可的人类性行为的性质及限制上不断变化的定义。

LO 35-1　离婚

美国的家庭生活形态包括对婚姻及对自我表达和个人发展的承诺。不用说，这两种承诺相互矛盾，此消彼长，势必会对婚姻造成危害，让人类很难确定一段长久的关系。这种家庭生活方式是美国社会的典型特点。但在有些国家，如意大利，当地文化强烈支持婚姻，并不鼓励离婚。而在其他国家，如瑞典，人们则认为婚姻和同居一样都是长久的家庭形态。

离婚的统计趋势

离婚到底有多普遍？令人惊讶的是，这并不是一个简单的问题，因为关于离婚的统计数据并不容易解读。媒体经常报道每两对夫妻就有一对以离婚收场，但这个数字是有误导性的。这种数据完全是基于某个年度中离婚案件数（不管双方什么时候结婚）与同年度新婚案件数的对比。

在很多国家，离婚率都是从 1960 年代末期开始上升，但随后保持稳定；自 1980 年代晚期以来，离婚率下降了 30%。出现这一趋势的部分原因在于婴儿潮一代的老龄化，以及伴随而来的适婚人口比例下降。但它同样表明，近年来婚姻愈加呈现出稳定趋势（Coontz, 2006）。

离婚显然并未使人们对婚姻失去希望。美国约 63% 的离婚人士会选择再婚。女性再婚比例低于男性，究其因，许多女性在离异后都要负责监护孩子，这使她们很难建立新的关系（Saad, 2004）。

有些人认为，美国的高再婚率代表对婚姻制度的认可，但它也的确带来了新的挑战，因为再婚家庭的亲属网络中涉及当前婚姻关系和上段婚姻关系。如果再婚夫妇在各自的上段婚姻关系中都育有子女，亲属关系就会变得愈发复杂。

影响离婚的因素

也许在过去几百年中，造成离婚率增加的最主要因素在于，社会对离婚的接受度更高了。社会不再认为人们有必要忍受不幸福的婚姻。更重要的是，许多宗教教派都已不再坚决地反对离婚，最为严苛的宗教领袖也不再将离婚看成一种罪恶。

对离婚的逐渐接受在全世界都是一种普遍现象。十年前，韩国最知名的婚介机构桑诺（Sunoo）从未遇到过离异客户。那时韩国人几乎从不离婚；那些离异者都会感受到自己重归单身一族强大的社会压力。但最近七年来，韩国的离婚率已是十年前的两倍。今天，15% 的桑诺客户都是离异人士（Onishi, 2003；United Nations Statistics Division, 2009）。

在美国，有几个因素导致社会越来越接受离婚：(1) 过去 30 年来，大部分州都采用了较为宽松的离婚法律。无过错离婚的法律允许夫妻双方在均无过失（如外遇）的情况下也可以终止婚姻。这一法律在 1970 年代正式启用以来，导致离婚率在随后一段时间迅速上升，但其影响也仅止步于此。(2) 在新组建的家庭中，离婚已经成为一种更加实际的选择，因为现代家庭不愿生育太多小孩。(3) 家庭收入普遍增加，以及穷人夫妇能够获得免费法律服务，意味着越来越多的人都承担得起昂贵的离婚诉讼程序。(4) 随着社会为女性提供更多机会，妻子在经济和情感上对丈夫的依赖减少。因而，一旦觉得婚姻无望，她们也就更有能力结束这段糟糕的婚姻。

离婚对孩子的影响

离婚对所有牵涉其中的人都会造成创伤；不过，它对每年 100 多万父母离异的孩子尤其具有特别意义。当然，对其中一部分孩子而言，离婚是一件令人愉悦的事情，它象征着一段混乱关系的终结。也许正因如此，一项全国调查在追踪了 6332 名儿童在父母离婚前后的表现后发现，他们的行为并未受到父母婚姻破裂的负面影响。其他研究表明，如果孩子一直生活在冲突不断的家庭，他会比父母离异的孩子更不快乐。当然，我们并不能由此简单地认为，父母婚姻破裂后，孩子自然就会过上幸福生活。对父母有利的事情，并不一定也会对孩子有利（Kim, 2011；Zi, 2007）。

LO 35-2　多元化的生活方式

婚姻不再是从青少年到成年的必经路径，而仅被视为走向成熟的一条可选通道。因而，结婚仪式也就失去了其作为过渡仪式的社会意义。自 1960 年以来，美国的结婚率不断下降，这是因为越来越多的人推迟结婚年龄，且有越来越多的恋人（包括同性恋人）决定舍弃婚姻，只愿保持同居伴侣关系（Haq, 2011）。

同居

在美国，在二三十岁的慎婚族中，结婚之前选择同居来试婚是一种普遍做法。选择未婚便一起共同生活的恋人数量大幅上升，**同居**（cohabitation）这一做法成为近年来最引人注目的发展趋势。

美国约有一半已婚夫妻表示，他们在婚前就已住在一起了。这一比例很可能还会增加。美国由未婚异性伴侣组成的家庭数量仍在稳定攀升，2012年达到780万。约40%的同居伴侣育有未满18岁的孩子，这一比例与已婚家庭非常接近（Jacobsen et al., 2012；Vespa et al., 2013）。

站在他人的角度思考问题——银行信贷员

在进行贷款风险评级时，你是否会认为同居伴侣比已婚夫妇的风险系数更高？为什么？

在欧洲许多地区，同居非常普遍。所以普通大众的感受是："爱情，必不可少；结婚，想想再说。"在冰岛，62%的儿童都由单亲妈妈所生；在法国、英国和挪威，这一比例也达到约40%。这些国家的政策并未在法律上对已婚配偶和未婚伴侣或家庭进行区分。也许正因如此，同居恋人的伴侣关系并非一定非常短暂或没有责任义务。比如，与出生在美国同居伴侣家庭中的孩子相比，出生在瑞典同居伴侣家庭中的孩子更少遇上父母分手问题（Cherlin, 2009；Lyall, 2002；Moore, 2006）。

一提到同居，人们往往就会联想到没有小孩的年轻恋人。尽管在一代或几代人之前这种刻板印象也许是千真万确的现实，但现在已是今非昔比。自1970年起，生育后代的未婚伴侣数量增加了12倍。

立法者时不时地就会想要强调一下男女缔结婚姻并承诺共度一生的必要性。2002年，小布什总统资助了一项倡议，以鼓励接受公共援助的伴侣缔结婚姻。在"健康婚姻倡议"下，联邦政府组建了促进婚姻相关项目的资源中心。批评者抨击，这项计划缺乏资金支持，而且联邦政府也不该横插一脚。奥巴马政府表示希望推动这一倡议，并将其重新命名为"健康婚姻和尽责父亲"倡议。顾名思义，这一倡议将会资助一些项目，有助于这些项目继续致力于增强父亲与孩子及其伴侣之间的纽带。它同样设置了一些试点项目，为有前科的家长及其家庭服务，其目的是组织各种活动来加强其婚姻纽带，鼓励他们承担起育儿责任，并帮助他们获得经济保障（Jayson, 2009; Office of Family Assistance, 2014）。

保持单身

如果你平时经常看电视，你可能会理所当然地认为，大部分家庭都由单身人士组成。尽管这并不是事实，但的确有更多的美国人推迟初婚的年龄。美国约33%有孩子的家庭都是单亲家庭。即便如此，选择终身不婚的人也只有不到4%（Bureau of the Census, 2011c）。

现代社会之所以会出现人们长时间保持单身的趋势，部分原因在于年轻人在经济上越来越独立。这一现象在女性身上表现得尤为明显。女性获得经济自主权后，也就无须通过婚姻来满足自己的物质需求。除此之外，离婚、晚婚和长寿也在影响着这一发展趋势。

保持单身的理由五花八门。有些单身人士不希望一辈子只有一个固定的性伴侣。有些男性和女性不想变得过于依赖他人，同时也不希望别人过于依赖自己。在极力推崇个性和自我实现的社会中，单身这一生活方式的确能够带来比婚姻更多的自由。甚至离异人士也不认为有再婚的必要。切林（Cherlin, 2009）认为，如果单亲家长能与其他成年人，如祖父母或外祖父母，共同形成稳定且相互支持的育儿关系，他们就不会迫切地想要寻觅下一任配偶。

尽管如此，保持单身依然意味着与社会期望相背离；实际上，单身人士曾被视为"上帝摈弃的子民"。单身成人势必会遭遇外界对他们的错误看法：单身人士都是孤独的，是工作狂，心智不成熟。在美国及其他社会中，这些刻板印象有助于支持传统假设，即一个人必须结婚并组建家庭才能获得真正的快乐和满足。为了反对这样的社会期望，单身人士组建了很多支持团体（Hertz, 2006; Klinenberg, 2012; Lundquist, 2006）。

无子女的婚姻

无子女家庭数量在美国一直稳步上升。人口普查数据显示，约16%—17%的女性在度过了自己适合生育的年龄后，仍然没有生育小孩；而在1980年，这一比例仅为 10%。目前，在 30 多岁的女性群体中，约有 20% 不想生孩子（Biddlecom and Martin, 2006）。

无子女的婚姻常被认为是一个问题，人们往往会通过收养或人工受孕来加以解决。然而，今天有越来越多的伴侣选择不要孩子，他们认为自己不是不能生，而是不想生。他们并不认为婚后一定要有孩子，也不认为生育是已婚伴侣的责任。无子女夫妇已经组建了支持团体（如 No Kidding，双关语，意思为不要小孩和不开玩笑），并创建了网站。

经济考虑也是导致态度发生变化的一个原因，现在养育子女的费用已经变得相当高昂。根据政府 2012 年的一项统计，中产阶级家庭将一个孩子养到 18 岁，在衣食住行方面所需要的平均花费为 24 万美元。1960 年，父母只用将其收入的 2% 用于孩子养育和教育；现在，同种花销的比例则增至 16%，这反映出人们愈加依赖家庭外的儿童保育服务。在巨大的经济压力下，有些夫妻开始衡量无子女婚姻的好处（Lino, 2013）。

无子女的夫妻正在开始质疑目前职场上的例行做法。他们认同雇主应该尽力提供儿童保育服务和弹性工作时间安排，但有些无子女夫妻则开始不满雇主对那些提前下班带孩子看医生、看球赛和参加课后辅导的雇员的宽容态度。当越来越多肩负双重责任的夫妻共同加入有偿劳动大军中，他们必须竭力平衡工作和家庭的责任，而且他们与无子女的同事在工作中的矛盾冲突也会加剧（Biddlecom and Martin, 2006）。

LO 35-3　人类性行为

人类性行为所涉及的范围非常宽泛，甚至包括某些社会并不认可的行为。然而，从社会学家的角度来看，性行为不仅仅是身体行为，它还包括共同规定性行为表达的信念、价值观和社会规范。例如，由于性表达影响着家庭，尤其是影响着妇女和儿童的福祉，所以大多数社会都力求将性表达限制在婚姻之内（Schneider, 2008）。

所有社会都有人类性行为表达，但在不同地区和不同历史时期，其奖惩方式却有极大差异。1990 年南非的种族隔离正式结束后，立法者废除了跨种族同居和婚姻的禁令。1998年，南非通过了《习俗婚姻法案》，使某些非洲部落群体中盛行的多偶婚得到法律认可。但是，穆斯林和其他宗教群体中的多偶婚习俗却仍未获得合法地位。最后，根据2006年通过的《民事结合法案》，南非授予男女同性恋伴侣与异性伴侣同等的权利和责任（Stacey，2011）。

性态度和习俗显然会随着时间推移而发生改变。1948年，金赛（Alfred Kinsey）关于人类性行为的第一部研究报告出版问世，给美国人带来了极大的震撼。今天，在线网站定期征求有关人类性行为的各种描述。新文化倡导性开放态度，除此之外，医学进步也促进了所谓的性解放运动。例如，1965年口服避孕药问世，以及1998年勃起功能障碍找到解决方法（伟哥和其他类似药品），从而降低了风险，增加了频繁性行为的可能。今天，年轻人在性行为方面远比前几代人要为大胆豪放。

标签理论和人类性行为

前面我们已经看到，社会如何挑出特定人群给其贴上正面或负面的标签，如"好孩子"或"小流氓"。标签理论家也研究人们如何用标签来惩戒"越轨者"的性行为。

在不同的历史时期，以及不同的文化中，对越轨性行为的定义发生了重大变化。直到1973年，美国精神病学会（APA）仍将同性恋视为"反社会型人格障碍"，而这也就是说，同性恋者应该寻求治疗。不过，两年之后，该学会就将同性恋从精神病名单中剔了出去。今天，该组织公开宣称"同性恋和异性恋一样健康"。用戈夫曼的术语来说，精神健康专家已经清除了附在这种性表达形式上的污名。因而，在美国和很多其他国家，同性成年人出于自愿发生性行为已不再是犯罪行为（American Psychological Association, 2008；International Gay and Lesbian Human Rights Commission, 2010）。

健康专家的态度改变了，但关于同性恋的社会污名仍然挥之不去。因而，很多人都倾向于用Gay（男同性恋）和Lesbian（女同性恋）这两个具有更加积极意义的名词。其他人则骄傲地使用含有贬义的酷儿（Queer）一词，他们刻意如此，以回应因自己的性取向而遭受的嘲笑，同时也是为了表示自己对所负污名的蔑视

嘎嘎小姐2011年发行的热门单曲"天生完美",歌颂了社会多元化和对包括同性恋在内的所有人的认可。

和反抗。还有人则认为,将自己的性取向建构为同性恋或异性恋实在太过狭隘。实际上,这种标签忽视了双性恋人群(即受到两种性别吸引的人)。

另一种不常见的性身份群体是跨性别人群(transgendered persons),它是指这类人群的当前性别认同不同于自己与生俱来的生理性别。有些跨性别人士认为自己既是男人也是女人。另一些跨性别者,即所谓的变性人(transsexuals),可能会接受荷尔蒙注射或变性手术来改变自己的外表,努力更为接近自己选定的性别身份。有时人们会把跨性别者与异装癖者混为一谈,异装癖者(transvestites)是指那些喜欢穿异性服装的人。异装癖者通常为同性恋或异性恋的男性,他们喜欢穿戴女性服饰。

使用这些称呼,即使使用者态度积极或从不加以评判,也会造成问题,这是因为这些词语暗示着,人类性行为可以简单地划分为互不相容的类别。除此之外,这些标签得以去除其污名,往往反映出享有社会特权的人即富裕阶层所带来的影响,因为这些人拥有克服污名的资源。相反,印第安人的传统中早就有"双灵"概念,但这种混合了男子气概和女性气质的人格,却常常遭到大众的嘲弄或忽视(Gilley, 2006; Wentling et al., 2008)。

什么会构成性越轨行为?关于这个问题,每代人都给出了不同的答案。今天，美国法律允许已婚女性控告丈夫强奸，而在一代人之前，婚内强奸并未被认定为犯罪行为。与其相似，恋童癖（pedophilia），即成年人与未成年人发生性关系，在当今社会受到人们的唾弃，哪怕当事双方完全出于自愿。然而，很多国家都有边缘群体支持"两代间性行为"，他们辩称"童年"并非生理概念（Hendershott，2002）。

尽管恋童癖和其他方面的性行为仍是违法行为，但标签的含义正在开始变得模糊。儿童色情作品并不合法，而且让很多人感到十分厌恶，但许多主流杂志的时尚广告却似乎都在打擦边球。虽然对大多数人而言，性工作和性交易都是极其不当的，但社会都在容忍甚至管控着这些活动的方方面面（Barton，2006）。

女同性恋和男同性恋的关系

21岁的帕克是一名大三学生。他成长在一个稳定、有爱的家庭中。他自称在理财方面非常保守，他感谢自己的父母一直给他灌输一种强烈的工作责任感。这听起来就像是一个生活在普通家庭的平凡孩子，对吧？但与传统预期唯一的不同点是，帕克是一对女同性恋情侣的儿子（Brown，2004）。

女同性恋和男同性恋者之间的生活方式多种多样。有些同性恋伴侣维持着长期稳定的关系，类似于异性恋夫妻的单偶婚；有些同性恋伴侣独居或与室友住在一起。有些同性恋者继续维持"空有其表"的异性恋婚姻，并不愿意公开自己的性取向。其他一些同性恋伴侣带着之前异性恋婚姻所生的孩子同住，或者共同领养小孩。基于选举调查，全民健康与社会生活调查（the National Health and Social Life Survey）和选民新闻服务（Voter News Service）的研究者估计，2%—5%的成年人认为自己是同性恋。2010年普查数据分析显示，美国约有60万男同性恋家庭，所有同性恋的人口趋近1000万人（Laumann et al. 1994b：293；Lofquist，2011）。

过去几年，法律上对同性恋者、双性恋者和跨性别者（LGBT）的歧视已经发生了剧烈的变化。尽管现在仍然存在各种巨大障碍，尤其是在家庭法律和公开表露的偏见态度方面，但在其他领域已有明显进步。越来越多的企业都看到了雇用同性恋者、双性恋者和跨性别者（LGBT）群体所带来的好处。过去中情局和其他联邦机构总是拒绝对同性恋者进行忠诚度调查,但从 2012 年起,中情局开始积极招募来自 LGBT 群体的雇员,这种做法显然与过去截然不同。因而,2012 年的调查显示,美国有 91% 的同性恋者都亲身感受到,社会公众对其生活方式更加认同和接受(Allen, 2012; Page, 2012)。

禁止同性婚姻的观念不仅广为传播,而且同性婚姻仍在继续遭到禁止。不能结婚意味着同性恋伴侣无法享受已婚夫妻理应拥有的权利,比如为丧失行动能力的配偶做决定的权利,以及获得政府的福利,如正常领取社会保障的费用。尽管同性恋伴侣认为他们组成了一个家庭,与街头巷尾的异性夫妻家庭一般无异,但他们通常并不会受到同等对待。

可能正是因为这样的不平等现象,很多同性恋情侣现在都要求赋予他们结婚的权利。在接下来的社会政策部分,我们将会讨论引起极大争议的同性恋婚姻话题。

LO 35-3 社会政策与家庭

我们都知道,研究者在研究中会用到多种研究工具,从最简单的观察研究到最先进的电脑技术等。在现实生活中,社会学研究会对公共政策和社会福利产生深远影响,下面我们就来看一下它对同性婚姻的影响。

同性婚姻

美国人对待婚姻的态度非常复杂。与往常一样,社会和流行文化都建议年轻男女找到完美的伴侣,安定下来结婚,生儿育女,从此幸福快乐地生活在一起。但年轻人也不断受到其他负面信息的轮番轰炸,如偷情频繁度和离婚接受度。在这种氛围下,同性婚姻的想法让某些人大为震动,成为对传统婚姻各种冲击中一股最新的力量。对他人而言,这似乎代表着完全认可忠诚可靠的单偶婚同性伴侣所形成的正式关系,虽然这种认可已是姗姗来迟。

是什么让同性婚姻成为全国关注的焦点?两个州里发生的事件将这个问题推到了公众面前。1999 年,佛蒙特州赋予同性伴侣通过民事结合(civil union)组成家庭的法律权利,但却并未将之称为婚姻。接着,2003 年,马萨诸塞州最高法庭以 4∶3 的投票结果裁定，在美国宪法的规定下，同性伴侣有权结婚，但美国最高法院拒绝审核这一裁定。得知这一裁定结果后，同性伴侣立马涌入马萨诸塞州，在该地顺利地获得合法婚姻关系。

截至 2013 年，美国有 12.4 万对同性伴侣成为已婚配偶，他们抚养了 3 万多名孩子。由于有些同性伴侣之间的合法婚姻关系已经存续了十年以上，学者们也就开始将他们的家庭经历与异性配偶进行对比研究（Rodriquez and Gatlin, 2014）。

在 2014 年的全国调查中，55% 的受访者认为，法律应该认可同性伴侣婚姻。不过，仍有 42% 的受访者认为，这样的婚姻形态不应该得到认可（McCarthy, 2014）。

同性婚姻的社会学应用　功能论历来都是将婚姻视为一种与人类繁衍生殖紧密相连的社会制度。同性婚姻乍看似乎并不具备这种功能。然而，很多同性伴侣也在抚养孩子，为孩子的社会化过程负责，不论他们的关系是否得到州法律认可。功能论者也不知道是否可以忽略与婚姻相关的宗教观点。法庭也在关注公证结婚，但即使在美国这个遵循政教分离的国家中，宗教观点也很难被排除在外，不予考虑。事实上，宗教教化甚至让一些坚定的同性恋权利支持者在精神层面上反对同性婚姻。

冲突论者指责，否认同性婚姻的权利强化了同性恋者的二等公民地位。有些人将禁止同性婚姻与 1967 年之前 32 个州禁止跨种族婚姻的政策相提并论。

互动论者通常都会避免触及政策问题，转而关注同性家庭的本质。他们提出很多关于同性伴侣关系和孩子抚育的问题。当然，与其他家庭相比，关于同性家庭的研究仍是少得可怜，但迄今为止发表的研究已经提出了同样适用于传统夫妻的问题，以及一些其他问题。对同性伴侣而言，家庭、同事和朋友的支持或反对都能产生显著的影响（Powell et al., 2010）。

酷儿理论家认为这些议题非常重要。他们认为，学者对这些议题的研究远远不够（尽管情况已有所改变）。酷儿理论家特别指出，社会学界较为缺乏关于 LGBT 家庭和这些家庭与外部社会之间关系的高质量研究，更别说这些家庭与非 LGBT 亲属的关系研究了。随着同性婚姻支持运动掀起猛烈的势头，一些学者认为有必要关注并不符合新"同性恋规范"的男女同性恋者群体，这类同性恋者拒绝组建核心家庭。酷儿理论家一直关注社会边缘人物，他们主张跨性别者社区中的有色人种、工人阶级、穷人和移民应该得到更多关注（Moore and Stambolis-Ruhstorfer, 2013）。

发起同性婚姻政策建议　美国并非第一个考虑这个问题的国家。2001年，荷兰成为首个将同性婚姻合法化的国家。之后不到十四年时间，另有15个国家也相继承认了同性婚姻的合法地位，这些国家包括阿根廷、比利时、巴西、加拿大、丹麦、英国、冰岛、新西兰、挪威、葡萄牙、南非、西班牙、瑞典和乌拉圭。通常来说，同性婚姻占到这些国家婚姻总量的2%—3%（Taylor, 2013）。

在美国，婚姻历来都是州立法者的管辖范围。然而，1996年，为了应对保守主义者的抗议，国会出台了《捍卫婚姻法案》（*DOMA*）。该法案规定，婚姻必须是一名男性与一名女性的结合，并允许各州和联邦政府拒绝从法律上认可同性婚姻。同性恋社区和同性婚姻支持者纷纷对此提出批评，但这项措施却很受公众欢迎。

2013年，在"美国诉温莎案"（*United States v. Windsor*）中，最高法院以5∶4的投票结果认定*DOMA*中某个关键部分违宪，事实上这也就是宣称联邦政府必须承认12个州内合法缔结的同性婚姻。截至2014年10月，31个州和哥伦比亚特区向同性伴侣颁发了结婚证书。在仍未承认同性婚姻合法的州内，"美国诉温莎案"的裁决继续推动着立法进程。

在地方上，同性婚姻的反对者正在寻找新的方法来公开表达他们的观点。有越来越多的证据表明，一些摄影师、婚礼蛋糕店和花店拒绝为同性伴侣的婚礼仪式提供服务。只因客户的性取向就拒绝为其提供服务，这种歧视性做法引发了复杂的法律问题，有待日后法庭进行裁决（Dimrock et al., 2013；Koppel and Jones, 2013）。

并非LGBT群体中的每个人都认为同性婚姻的合法化必然为中心问题。同化指的是个人放弃自己的传承而融入另一种文化的过程。在同性恋群体中，同化已经成为热门话题。有些人辩称，LGBT群体中的人只是尝试进行同化，让自己变得与压迫者一样，并采用压迫者的社会习俗，进而促进婚姻平等。但很多人都害怕这种做法会破坏帮助更多边缘化同性恋群体的努力，如有色人种、跨性别人士和偏好婚姻以外其他亲密关系的人（Bernstein and Taylor, 2013）。

E 评 估

1. 人们选择长期保持单身的趋势与下列哪种社会发展密切相关?
   - (a) 年轻已婚人士中离婚率的上升
   - (b) 向新买房人收取的高按揭费率
   - (c) 年轻人经济独立性的增加
   - (d) 婚姻税法中的经济处罚

2. 下列哪项关于同居的陈述是正确的?
   - (a) 同居行为在美国比在欧洲更普遍
   - (b) 在目前美国的已婚伴侣中,大约一半在婚前同居过
   - (c) 美国的同居率在1960年代有所上升,但随后又不断地稳步下降
   - (d) 大多数同居伴侣家庭都有未成年的小孩

3. 下列哪个因素与美国的高离婚率相关?
   - (a) 离婚法律放宽限制
   - (b) 当今家庭比以往家庭生育更少孩子
   - (c) 家庭收入增加
   - (d) 以上都是

4. 由于一项2003年的法庭裁决,(　　)州首先承认同性伴侣结婚的权利。

5. 当前性别认同不同于自己与生俱来的生理性别的人群被称为(　　)。

答案:1. (c)　2. (b)　3. (d)　4. 马萨诸塞　5. 跨性别人士

R 反 思

1. 在努力使家庭成员利益最大化的社会中,离婚对夫妻来说是否很容易?结婚容易吗?

2. 同居与婚姻之间有哪些异同?同性伴侣能否在未婚状态下获得婚姻所带来的全部好处呢?为什么?

案例分析 | 一大家子人

托丽·里斯（Tori Reese）和她的丈夫摩西·阿拉德（Moses Allard）的家庭成员众多：托丽与前夫生有两个女儿，小女儿刚刚大学毕业；摩西与前妻则有三个孩子。托丽说："我俩刚认识的时候，我们最小的孩子已在上高三。我们觉得孩子最需要父母照顾的时候已经过去了。我们觉得：'好的，也许现在我们可以享受下个人的生活了。'"但是，18个月后，托丽的妈妈突然中风，半身瘫痪。托丽说："我们没钱送她去好的疗养中心，所以我只能把她接回家。摩西在她的房间外建了可爱的小门廊，她喜欢坐在那里晒太阳。"

托丽和摩西刚刚安顿好母亲，摩西的大儿子就出现在他们门前。他失去了工作，身无分文。他们给他安排了一个房间，让他住在托丽妈妈的隔壁。摩西给他安排了一份工作。摩西说："我开了家小建筑公司。幸运的是，他来的时候，正好我那儿还有一个职位空缺。"

托丽说："我们以为摩西的儿子最多过上一年就能独立生活，但没过多久，我的女儿就打电话说她男友跑了而她则怀孕了。我跟她说：'你在外面没有家人，日子肯定很难过。还是回家来吧。'"现在，托丽的女儿和外孙正在后院看摩西的儿子搭建一座两层"客房"。客房盖好后，托丽的女儿和外孙会住在第二层，摩西的儿子和新婚妻子则住在第一层。托丽笑着说："我在等着看，下一个回家的会是谁。"

1. 对托丽和摩西这户家庭来说，扩大家庭给每位家庭成员带来了什么积极影响？
2. 你认为家长应该为回家的成年孩子留出房间吗？为什么？
3. 你认为托丽的女儿在未婚先孕情况下选择回家是否明智？如果她成为一个远离家人的单亲妈妈，她的生活又会怎样？
4. 如果托丽和摩西很富有，在处理每次家庭危机时，他们会有什么别的选择？

"强力"学习策略   参加社会学考试

考试会让许多学生焦虑。如果你一直都认真做作业,除了未知因素,你就没有什么可担心的。下述策略可以帮助你尽可能减少考试内容和情境中的未知因素。

P
- 学习是最佳准备方法。仔细阅读笔记、材料、之前的考试,以及作业和教材。
- 询问老师考试的时长、范围和考题类型。
- 练习回答问题。把学习小组分为若干小组,分别负责部分考试内容,相互提问以考察自己的知识掌握情况。
- 考试之前睡个好觉,第二天早上提前到达考场。

O
- 最好的学习方法就是和学习小组一起学习。现在就组建或者加入一个学习小组吧。
- 收集全部考试工具:铅笔、草稿纸、手表(也许你不能用手机)等。

W
- 浏览考卷。迅速了解题量和题目类型,便于你分配好考试时间。
- 答题之前,仔细阅读题目要求。
- 从易到难。先做最简单的问题,在跳过未答的问题旁做上记号,以便稍后能够快速找到它们,然后继续答题。
- 做选择题时,请仔细阅读问题,找出如"非"或"除……之外"等关键词。
- 如果你找出了一个正确选项,请看其他选项中是否还有"以上全部都是"选项。如果有,请一定在做最终判断前查看其他选项是否正确。
- 划掉立即就能排除的答案,至少要把自己的正确率提高到50%。
- 做简答题时,如果你不能马上作答,请做好标记,跳过不答,然后继续回答下面的题目。
- 做论述题时,请你回忆先前学过的论文框架:议题、观点、支持(证据和逻辑)和结论。有效地使用时间,但首先花几分钟时间来进行"头脑风暴"。
- 在论述中,请你尽量多写点内容。你可能因此得到部分分数。
- 返回之前略过未答的题目,思考并作答。
- 控制自己的焦虑情绪。没有人能在考试时毫不紧张。控制好紧张情绪,你就能顺利通过考试。

E
- 交卷前留出足够的检查时间。

R
- 拿到分数后,反思自己的考试准备和做题过程。思考自己在哪些方面做得好,以及还有哪些可以提升的空间。

赐予我力量 评估应试技巧

你是否曾在某次考试中表现平平,甚至拿到极差的分数,但你却觉得自己在本科目的学习上并不比高分学生懂得少呢?就像写大论文一样,应试也是一门技巧,而你完全可以通过学习来掌握。为了了解你应该如何温习功课,请为以下每个陈述标上"是我"或"不是我",然后计算自己的最后得分。

是我 = 1 不是我 = 0

1. 考前我会通宵学习,喝一大杯咖啡,然后前去参加考试。
2. 我会在考前复习所有内容,因为没人知道老师究竟会考什么。
3. 我常会花很多时间解答一道难题,所以我做不完试卷。
4. 选择题总是让我感到困惑,因为大多数选项看上去都是对的。
5. 我答完最后一题就会马上交卷离场,我很高兴能离开那里。
6. 我讨厌论述题,最后我通常会把书中关于这个问题的所有内容都写上去。
7. 考试让我非常紧张,我的大脑一片空白。
8. 我总是试图先答最难的问题,这样我就能解决最大的麻烦。
8. 在阅读选择题的题干时,我常常感到迷茫,不知道哪些才是关键词。
10. 我从不参加学习小组,因为那样会花太长的准备时间。

得分

0—1 分:考试对你来说不难。你只需做好准备,睡个好觉,然后分配好考试时间即可。

2—4 分:你具备应试的基本技巧,但你可以参考一些应试的小窍门,这样有助于你提高考试成绩,展示自己的学习所得。

5—10 分:请返回上一页,重新阅读上页小专栏"参加社会学考试"中的各种应试技巧,了解应试能力强的人如何准备考试。

12

第十二章

健康与环境

模块 36　关于健康与疾病的社会学视角

模块 37　社会流行病学与健康

模块 38　美国的医疗保健

模块 39　有关环境的社会学视角

社会学实务——环境分析师

杰克·巴伯（Jake Barber）在俄勒冈州一家非营利性环保机构工作。他说："我们关注的重点是可持续发展。我们收集各种信息来绘制地球可持续发展，以及人类、动物和益虫生活可持续发展的蓝图。"过去两年，巴伯一直在研究转基因作物和食物方面的知识。

"科学家们培育转基因植物，进而改变植物基因，使其具有抗虫害和抗旱的能力。"巴伯说道。"他们认为这些技术应该能够提升作物产量，让欠发达国家的人们免于饥饿。这给予人们极大的希望，但这却并非全部事实。"分析过数百项研究后，巴伯开始担忧转基因技术会损害地球的物种多样性，同时还会导致抗药性杂草和害虫滋生。"还有证据表明，转基因可能会对人体健康造成伤害，比如转基因食物会导致肥胖问题，甚至可能会损害重要器官。"巴伯说："我的工作就是，根据维持地球上生命可持续发展的需要，我要权衡所有的证据，然后将信息传播出去，这样个人、机构和决策者就能作出明智的决定。"

本章内容概述

健康环境的定义是什么？环境如何与我们社会的健康联系在一起？健康和医疗保健的阶级及国别差异是什么？本章我们将会呈现关于健康、疾病、医疗保健和药物的社会学观点。在本章之始，我们将会审视功能论者、冲突论者、互动论者和标签理论者对健康议题的看法。随后我们将会研究社会阶层、种族、性别和年龄等因素所造成的疾病社会分布。

我们将会了解美国医疗保健系统的变迁。我们将会分析医师、护士和病人之间的互动；传统医疗健康以外的其他途径；政府在提供人们所需要的医疗保健服务中所发挥的作用；精神疾病患者所面临的问题。

在本章后面的部分中，我们将会讨论21世纪的世界环境问题。我们将会从功能论和冲突论视角出发，去更好地理解环境议题。我们将会看到，健康与环境之间的关系不能被过度简化。最后，在社会政策部分，我们将会探讨人们对环保主义重新燃起的兴趣。

第十二章　健康与环境　473

模块 36

关于健康与疾病的社会学视角

准备　学习目标

LO 36-1　使用四种主要社会学视角来分析健康和疾病

组织　模块大纲

健康与幸福的定义

工　作

LO 36-1　健康与幸福的定义

如何定义健康？我们可以想象一个连续体，一端是健康，另一端是死亡。1946 年，世界卫生组织制定了《世界卫生组织宪章》，在其序言中将**健康**（health）定义为："健康不仅是没有病和不虚弱，而且是身体、心理、社会功能三方面的完美状态。"根据这一定义，连续体上"健康"那一端并非代表一种确切的状态，而是一种理想状态。

在这个连续体上，人们根据自己、亲友、同事和医生所建立的标准，来确定自己健康与否。换言之，健康和疾病是由社会建构而成的观念。它们根植于文化之中，是由问题提出者——将自己描述为健康人士或患病者的人，以及各种利益团队，包括医护机构、医药公司甚至还有食品生产商所共同界定的（Conrad and Barker, 2010）。

因为健康是由社会建构的观念，所以我们可以考虑不同情况下或不同文化中健康观念上的差别。为什么你认为自己生病或健康时，别人却不这样认为？谁能在我们的社会中对健康和疾病下定义？有何目的？接下来我们将会利用四种社会

保护健康的做法因国而异。与大多数社会不同,在公共场所,日本人常会戴上医用口罩,保护自己免受疾病或污染伤害。这种做法最早出现在1919年,当时西班牙流感席卷全球,造成巨大的公共健康危害。今天,人们依然习惯于佩戴口罩,哪怕并无公共健康威胁。

学视角,即功能论、冲突论、互动论和标签理论,深入探讨形成健康和疾病治疗定义的社会情境。

功能论视角

疾病会暂时中断人们在工作和生活中的社会互动。因此,根据功能论视角,疾病必须得到控制,才不会导致太多人同时搁下自己所负担的社会责任。功能论者认为,如果疾病的定义过于宽泛,社会运转势必会受到干扰。

疾病要求个人必须扮演一种社会角色,哪怕只是暂时为之。**病人角色**(sick role)是指社会期望被视为患病的人所具有的态度和行为。著名社会学家帕森斯(Parsons, 1951, 1975)为功能论的发展作出了许多贡献,他列出了病人得到认可的行为。他们不需要承担正常的日常责任,而且不会受到他人指责;但是他们有恢复健康的义务,包括寻找适当专业照顾的义务。病人需要承担这项义务,是因为社会所持有的普遍观念,即疾病是反功能的,会对社会稳定造成不良影响。在全世界欠发达国家,寻求疾病康复尤为重要。现代自动化工业社会比园艺社会或农耕社会能够忍受更大程度的疾病或残疾,在后两种社会中,健康劳动者的数量多少有着很重要的影响(Conrad and Leiter, 2013)。

根据帕森斯的理论,医生对病人角色发挥着"守门人"的功能。他们可以证明患者是生病还是已经康复了。病人会依赖医生，因为后者能够控制有价值的回报（不仅是能治好病，还能为患者请假不工作或不上学开具证明）。帕森斯认为，医患关系类似于亲子关系。医生如父母一样，帮助病人成为一个完好健全的人回到社会中（Weitz, 2009）。

病人角色观念也受到各种批评。首先，病人对自己健康的判断，可能与其性别、年龄、社会阶层和种族群体相关。比如，年轻人可能不会察觉危险疾病的征兆，而老年人则可能会过度留意非常细微的身体不适。其次，病人角色可能更适用于短期病人，而非患有慢性疾病的老病号。最后，即使最简单的因素，如个人工作与否，似乎也会影响人们承受病人角色的意愿，就像社会化对特定职业或活动的影响。比如，在童年时代之初，运动员就开始学习界定所谓的"运动损伤"，因此他们并不认为运动损伤会让自己成为"病人"。尽管对病人角色批评声不断，但社会学家仍然坚持采用帕森斯的模型，对疾病和社会对疾病的期望之间的关系进行功能论分析（Curry, 1993）。

冲突论视角

冲突论者观察到，医疗职业的重要性早已超越了让学生有理由不用上学，或者让雇员有理由不用上班的范畴。社会学家弗赖森（Freidson, 1970）将现今医学的地位比拟于往昔宗教的地位，即它具备了定义健康、疾病和治疗疾病的垄断性权力。冲突论者用**社会医疗化**（medicalization of society）来指医学逐渐具有成为一种主要社会控制制度的作用（Conrad, 2009；Zola, 1983）。

社会医疗化 社会控制包括调控行为的技术与策略，旨在加强某种文化的特别规范和价值观。通常，我们认为存在于家庭和同辈群体之间的社会控制是非正式的，而由权威媒介，如警察、法官、学校主管和雇主执行的社会控制则是正式的。从冲突论视角来看，医学绝不仅仅是提供"专业治疗"，它还是一种调控机制。

医学如何实施其社会控制？首先，最近几十年来，医疗的专业范围几经扩展。现今，医生需要检查很多方面的问题，包括性行为、老年、焦虑、肥胖、儿童发展、酒精成瘾及毒品成瘾等。我们之所以会容忍医学不断扩大，是因为我们希望医学专家能为复杂的人类问题带来新的"奇迹疗法"，就像他们能够很好地控

年轻人越来越担心肥胖问题，所以他们开始关注自己的饮食习惯和锻炼需求。对肥胖的担忧也是社会医疗化的一种现象。

制某些传染病那样。

在定义这些新情况的过程中，医生能够决定并控制治疗过程，甚至还会影响病人对自身的看法。一旦用**医疗范例**（medical model）来分析某个问题，普通人就很难参与讨论并影响决策制定。同样，由于这些问题受到社会、文化或心理因素的影响，而非仅受生理或医学因素的影响，所以我们也就更难对它们进行估量（Caplan, 1989；Conrad, 2009）。

其次，医学通过对很多医疗保健过程保持绝对的管辖权而成为一种社会控制机构。为了捍卫自己的管辖权，它甚至想要把脊椎推拿按摩师和助产士等医疗专业人士都排除在其规定的医学领域之外。在美国和墨西哥，事实上是助产士首先让分娩助产变得专业化，但医学界却将他们刻画为侵犯"合法"产科领域的人。助产士希望通过取得执照来赢得职业尊重，但医生却继续施加压力，以确保助产术仍然处于从属地位（Scharnberg, 2007）。

医疗保健不平等　在冲突论者评估医疗保健机构的运作情况时，社会医疗化只是他们关注的其中一个问题。正如我们在本书中所见，不论分析什么问题，冲突论者都力求确定受益者、受害者和牺牲他人获得主导权的对象。从冲突论视角来看，美国的医疗保健服务存在严重不平等。比如，贫困地区普遍缺乏医疗服务，因为医疗服务大都集中在人口富裕地区。

第十二章　健康与环境　　477

站在他人的角度思考问题——医疗保险中介

社会医疗化可能会对保险公司提供的服务和保险费的总成本造成什么影响?

与其相似,全球医疗保健服务显然也存在极大的不平等。在今日美国,每1万个人中约有24个医生,而在非洲国家,每1万个人中的医生数量不到1个。那些本国迫切需要的技术工人、专业人才和技术人士纷纷移民美国或其他发达国家,这种人才外流现象使得医疗不平等情况更加恶化。作为这股人才外流潮的一部分,医生、护士和其他医疗保健行业的从业者,从印度、巴基斯坦和许多非洲国家移民到美国。冲突论者将这股来自第三世界的移民潮,视为世界核心发达国家牺牲欠发达国家的利益、提高自我生活品质的又一种途径。欠发达国家所受到的伤害之一表现为预期寿命更低。很多亚非及拉美国家的预期寿命都比发达国家要低很多(World Bank, 2013)。

冲突论者强调,医疗保健不平等产生着生死攸关的显著影响。从冲突论视角来看,全球婴儿死亡率上的巨大差异(从中非共和国的116‰到日本的2.2‰),从某种程度上反映出基于国家贫富不均而造成的医疗资源分配不均。**婴儿死亡率**是指在某年内每1000名新生婴儿中未满周岁婴儿的死亡数量。它是判断社会医疗保健水平的重要指征;它反映出产前营养、生产过程和婴儿筛查手段等各方面的情况。美国拥有巨大的财富,但其婴儿死亡率仍然高于至少48个国家。冲突论者指出,这些国家不同于美国,它们为所有公民都提供了某种公立医疗保障,所以它们的公民更容易获得产前保健,并能享受到产前保健的实际效果。

互动论视角

根据互动论视角,病人并不是被动消极的;他们常会积极寻求健康医疗从业者的服务。所以互动论者在审视健康、疾病和作为一种社会制度的医学时,也会从微观层面上去分析医护人员和病人的角色。互动论者对医生如何学习自己的职业角色很感兴趣。例如，社会学家贝克尔（Becker，1961）在其早期著作中提出，医科教育不仅将医学知识传授给学生，同时也完成了医学院学生担负医生角色的社会化过程。

比根（Beagan，2001）延续了这种研究方法，发现学生在医学院学习的技术语言，成为他们作为新手医生所遵循的脚本。我们熟悉的白大褂是他们的制服，能让他们显得自信且专业，同时也在病人和其他工作人员面前确立了他们的医生身份。比根发现，许多医学院学生都力求表现出他们认为医生角色要求他们具备的能力。最近，她思考了医护人员与接受变性手术和荷尔蒙疗法的病人之间的互动，这些病人希望通过这些医疗手段让自己的身体符合自我期待的性别身份。由于大多数医疗保健提供者在从事这项复杂工作前并未接受或者只接受过极少量的相关正规教育，所以他们只能向有经验的同行学习。他们可能还会从病人身上得到"教育"，这种情况出现的几率远高于其他大多数医疗场景（Beagan et al.，2013）。

有时，病人会因不听医嘱而在医疗保健中扮演主动角色。比如，有些病人会提前停药，或故意服用错误的剂量，甚或是不按处方买药。他们的任意行为从某方面来说源自社会中自我治疗的盛行，即很多人习惯自己诊断病情并自行治疗。另一方面，病人积极参与医疗保健，有时也会产生积极效果。有些病人阅读预防疾病方法的书籍，尝试保持健康和营养的饮食，仔细监督药物的副作用，并根据自己对副作用的了解调整服药剂量。

标签理论视角

标签理论可以帮助我们理解为什么有些人被视为越轨者、"坏小孩"或罪犯，而其他具有相似行为的人却不会被贴上此类标签。标签理论学者认为，"健康"或"疾病"的指定也包含了其他人所作出的社会定义。就像警察、法官和其他社会控制的管控者有权判定某些人为罪犯，医疗保健专业人员（特别是医生）同样有权判定哪些人是病患。此外，就像暗示不顺从或有罪的标签一样，与疾病相关的标签也会影响别人对待我们的态度和我们的自我看法。我们的社会将"生理或精神不健全"的标签与严重后果联系在一起（Becker，1963；Clark，1983；Schwartz，1994）。

美国历史上发生过的一件事情，恰好能够说明这种将社会行为定义为疾病的极端方式。19世纪，由于奴隶制受到越来越猛烈的攻击，医学权威为白人对黑人的压迫行为提供了新的合理化解释。一些著名医生在其发表的文章中指出，因为非洲黑人患有先天性麻风病，所以他们的肤色不同于"健康的"白人皮肤。此外，非洲黑人不断逃离白人奴隶主的行为则被归类为逃跑狂热"疾病"（或"脱逃狂热症"）。极有名望的《新奥尔良医学与外科期刊》（*New Orleans Medical and Surgical Journal*）建议，治疗这种疾病的方法就是，白人奴隶主把奴隶当成小孩对待。这些医学权威显然不愿承认，脱离奴隶制或参加奴隶反抗活动是一种健康合理的行为（Szasz, 2010）。

与其相似，标签理论学者认为，今天被视为心理疾病的行为可能并不真的就是疾病。相反，个人的问题来源于社会而非身体病症。从这个角度出发，被视为疾病的生活经历可能根本就不是疾病。经前综合征、创伤后应激障碍和多动症早已在医学上被界定为失调病症，但标签理论学者对此却是深表怀疑。

目前最引人注目的标签化医学示例可能就是同性恋。很多年来，精神病学家一直都是将男女同性恋当成精神失调来进行治疗，他们并不认同这是一种生活方式。美国的同性恋运动就将医学上作出的这一正式认定作为其早期的攻击目标。1974年，美国精神病学会投票同意将同性恋从精神疾病标准手册中删除（Conrad, 2009）。

关于健康与疾病的四种主要社会学观点，看似不尽相同，但却有两个共同的主题。第一，任何人的健康或疾病都不仅仅是个别有机体的状况，因为它会受到他人解释的影响。文化、家人、朋友和医疗行业的影响意味着，健康和疾病不仅是生理事件，同样也是社会事件。第二，由于社会成员（特别是工业社会的成员）共享相同的医疗保障体系，健康自然也就成为群体和社会关注的重点。尽管健康可被定义为个体的健全良好，但它也是个体所处社会环境的结果，正如下一部分所示（Cockerham, 2012）。

E 评 估

1. 哪位社会学家提出了"病人角色"概念?
   (a) 涂尔干　　(b) 帕森斯　　(c) 米尔斯　　(d) 戈夫曼

2. 考虑到医疗保健不平等,冲突论视角会注意到(　　)。
   (a) 医生是病人角色的守门人,他们需要确认患者是"生病"还是"健康"
   (b) 通过不听医嘱,病人在医疗保健上扮演了主动角色
   (c) 第三世界的医生移民潮是世界核心发达国家牺牲欠发达国家的利益、提高自我生活品质的又一种途径
   (d) 健康与疾病的指定通常包括他人作出的社会定义

3. 冲突论者在指出医学逐渐具有社会控制主要制度的作用时,使用了以下哪个术语?
   (a) 病人角色　　　　　　　(b) 社会医疗化
   (c) 医学标签化　　　　　　(d) 流行病学

4. 从(　　)视角来看,疾病必须得到控制,才不会让太多人同时搁下自己所负担的社会责任。

5. 那些本国迫切需要的技术工人、专业人才和技术人士纷纷移民美国或其他发达发达国家的现象被称为(　　)。

答案: 1.(b)　2.(c)　3.(b)　4.功能论　5.人才外流

R 反 思

1. 从功能论、冲突论和互动论视角定义"健康"。
2. 描述你认识的人反对某个全社会通用医学标签的场合。那个标签是什么?为什么人们表示反对?

模块 37

社会流行病学与健康

P 准备　学习目标

LO 37-1　解释社会流行病学的含义

LO 37-2　描述社会阶层、种族、性别和年龄如何影响人口的整体健康水平

O 组织　模块大纲

研究健康与疾病

社会阶层

性别

年龄

W 工　作

LO 37-1　研究健康与疾病

社会流行病学（social epidemiology）是一门研究人口疾病分布、危害及整体健康水平的学科。早期流行病学家侧重于传染病的科学研究，关注传染病的成因和传播方式。当代社会流行病学的研究范围则要更为广泛，不仅关注传染病，也重视非传染性疾病、伤病、药物成瘾、酗酒、自杀和精神疾病等问题。现如今，流行病学家又承担起追踪生物恐怖主义的新责任。2001 年，他们动员起来追踪炭疽疫情，同时随时准备应对恐怖分子利用天花或其他致命性微生物制造的恐怖袭击。流行病学家借用了科学家和研究者的广泛成果，包括医生、社会学家、公共卫生官员、生物学家、兽医、人口学家、人类学家、心理学家和气象学家所做的贡献。

流行病学家发现，截止 2013 年末，全球约有 3500 万人感染 HIV/AIDS 病毒。在新增加的艾滋病患者中，女性占比不断攀升，尤其是来自少数族群的女性。尽管艾滋病的传播趋于稳定，新增病例越来越少，但它的分布并不均衡。受害最深的是非洲撒哈拉沙漠以南的欠发达国家，它们几乎不具备应对艾滋病的资源和能力。

当疾病数据以比率形式或以每 10 万人中发病病例的数量来呈现，它就被称为**发病率**（morbidity rates）（死亡率则是指特定人群中死亡人口所占的比率）。社会学家发现，发病率非常有用，因为它们可以显示出某种特定疾病发生在某一群体中的几率高于另一个群体。正如我们将会看到的，社会阶层、种族、族群、性别和年龄都会影响一个群体的发病率。

LO 37-2　社会阶层

社会阶层显然与发病率和死亡率的差异相关。美国和其他国家的研究一致表明，人们所处的社会阶层越低，死亡率和残疾比例就会越高。

为什么社会阶层会与健康相关？拥挤的居住环境、不合标准的住房、不良的饮食和较大的压力，都会对许多美国低收入人群的健康状况造成负面影响。在某些情况下，教育水平低下可能会导致民众甚少意识到有必要采取措施来维持健康。经济压力当然也是导致低收入人群健康问题的主要因素。

关于社会阶层的差异，尤其让人困扰的是，它们所造成的影响就像滚雪球一样。童年或青年时代缺乏或缺失医疗保健，很可能会导致在日后生活中患上更多的疾病。低收入人群难以获得适当医疗保健的时间拉得越长，他们的疾病就越容易转为慢性病，更难完全治愈（Pampel et al., 2010；Phelan et al., 2010）。

将社会阶层与健康联系起来的另一个原因是，很多低收入人群都属于少数族裔，因而他们大都负担不起优质医疗保健的开销。相比之下，高收入人群更可能有医疗保险，这可能是因为他们付得起保费，或者是因为他们的工作单位会为他们购买保险。根据药剂师的报告，人们只会购买他们最需要的药物，或者只会买很少量的药物，比如一次买四个药片。即便是儿童，尽管他们大都可以获得政府补贴的医疗保险，但是保险覆盖范围却存在很大差别：马萨诸塞州和缅因州的医保报销比例最高，达到 96.2%，阿拉斯加州的比例最低，仅为 83.5%，其他各州

站在他人的角度思考问题——医疗保健提供者

你会如何向一位自我感觉良好的25岁青年解释预防保健的重要性?

则介于这两个数字之间。

最后,从马克思和当代冲突论者的角度来看,与产业工人的健康和安全相比,美国等资本主义社会更为关注其自身利益最大化,所以政府机构并未采取强有力的措施来规范工作环境,致使工人患上一些原本可以预防的工伤或疾病。研究同样表明,社会阶层较低的人群更容易受到环境污染的影响,这不仅是工作场所的污染,还有居住环境的污染。

少数族裔的健康档案反映了美国明显的社会不平等问题。非裔美国人、拉丁裔美国人和印第安人的贫困经济及环境状况,在这些群体中的高发病率和死亡率中显露无疑。虽然有些疾病,如在黑人群体中高发的镰状细胞贫血症,的确属于遗传性疾病,但在大部分情况下,环境因素都是造成发病率和死亡率差异的主要因素。

正如前文所示,婴儿死亡率是医疗保健的关键指标。在美国,非裔美国人的婴儿死亡率与白人存在很大差别。总的来说,非裔美国人的婴儿死亡率要比后者高出两倍(MacDorman and Mathews, 2009)。

医疗机构同样无法免受种族主义影响。不幸的是,媒体总是聚焦于显而易见的种族主义形式,如仇恨犯罪,而忽略了社会机制(如医疗机构)中更为隐蔽的种族主义形式。即使这些少数族裔群体有保险,他们获得的医疗保健质量也会较差。尽管能够获取医疗保健服务,但黑人、拉丁裔和印第安人也会因种族歧视和不同医疗保健项目的质量差异而受到不公正对待。此外,国家临床研究表明,即使控制了收入和保险覆盖面上的差异,少数族裔群体仍比其他群体更难获得常规的医疗保健和对艾滋病感染等重大疾病的抢救治疗(Centers for Disease Control and Prevention, 2010b)。

从冲突论视角出发,社会学家维茨金(Waitzkin, 1986)认为,种族关系紧张也对黑人的医疗问题产生了影响。他认为，因种族偏见和歧视而导致的压力，有助于解释非裔美国人（和拉丁裔人群）与白人相比有着更高高血压发病率的原因。黑人患上高血压的几率是白人的两倍，而这据信也是导致黑人在心脏病、肾病和中风上死亡率极高的关键因素（Centers for Disease Control and Prevention, 2011b）。

有些墨西哥裔美国人和其他拉丁裔美国人坚持本族文化信仰，导致他们更少使用健全的医疗体系。他们可能会根据传统的拉丁美洲民间医学"curanderismo"（一种整体健康护理和治疗方式）来解释自己的疾病。"curanderismo"影响了个人看待医疗保健乃至定义疾病的方式。大部分拉丁裔人群都会经常使用民间治疗师"curanderos"，但约20%的人仍然信赖家庭疗法。有些人根据民间信仰将这些疾病定义为"susto"（恐怖的疾病）和"atague"（激烈的攻击）。由于这些关于疾病的抱怨基本都有生物学基础，细心的医疗从业者需要仔细审视它们，才能更准确地诊断和治疗疾病。此外，将拉丁裔人群所接受的低劣医疗保健归咎于文化差异，可能是完全错误的。相比于通过家庭医生获得常规预防保健，拉丁裔人更可能因为突然犯病而前往诊所或急诊室去寻求医疗服务（Cetners for Disease Control and Prevention, 2011b; Durden and Hummer, 2006）。

LO 37-2　性别

大量研究表明，与男性相比，虽然女性的预期寿命更长，但女性患病的几率也要更高。男性与女性之间存在一些差异，如男性更可能感染寄生虫病，而女性则更可能患上糖尿病，但就整体而言，女性似乎并不如男性健康。

女性健康状况不佳但其预期寿命却要更长，这显然有些前后矛盾，有必要对这一现象作出解释，因而研究人员提出了一种理论：女性中吸烟者比例较低，减少了她们罹患心脏病、肺癌和肺气肿的风险；酗酒几率较低，减少了她们发生车祸和患上肝硬化的风险；她们从事危险性职业的几率也较低，这三大因素解释了女性寿命比男性长约三分之一的原因。而且，有些临床研究发现，女性与男性在发病率上的差异，可能并无数据显示的那么明显。研究者认为，女性比男性更可能寻求治疗，更多得到患病的诊断，所以流行病学家的数据更能反映她们的患病情况。

从冲突论视角来看，由于从生产到美容的一切内容都越来越频繁地发生在医疗情境中，女性更易受到社会医疗化的影响。这样的医疗化可能导致女性较男性有着更高的发病率。具有讽刺意味的是，尽管女性特别容易受到医疗化的影响，但医学研究者却常常将她们排除在临床研究之外。女性医生及研究者指控性别歧视是导致这类研究行为的罪魁祸首，她们坚持认为，社会迫切需要对与女性相关的问题展开研究（Centers for Disease Control and Prevention，2011b）。

LO 37-2　年龄

健康是老年人最重视的问题。美国大部分老年人都至少会患有一种慢性病，但只有少数情况会危及生命或需要治疗。同时，健康问题也深刻地影响着老年人的生活质量。在美国，大约半数老年人深受关节炎困扰，很多人有视觉或听力障碍，这些问题都会妨碍他们的日常生活。

老年人也特别容易患上某些精神疾病。阿尔茨海默症是痴呆症的主要病因，它让约540万65岁以上的老年人（占这一年龄段老年人口的13%）深受折磨。尽管有些阿尔茨海默症患者症状轻微，但此病导致严重症状的危险性会随着年龄增长而逐渐增加（Alzheimer's Association，2012）。

毫不意外的是，美国75岁及以上老年人使用医疗服务的次数比15—24岁的年轻人高出五倍。因此，在讨论医疗保健成本和可能对医疗保健体系实施的改革时，老年人对美国医疗保健体系不均衡的使用现象，应为必须考虑的关键因素（Bureau of the

Census, 2011a)。

总的来说,为了让民众更容易获得医疗服务并减少医疗不平等,联邦医生官员必须克服深植于年龄、社会阶层、种族与族群和性别中的不平等。除此之外,他们还必须解决医疗保健资源在地域分配上存在的巨大差异。

E 评 估

1. (　　) 认为,相比产业工人的健康和安全,美国等资本主义社会更为关注利益最大化?

   (a) 托马斯·萨斯　　(b) 马克思　　(c) 戈夫曼　　(d) 帕森斯

2. (　　) 研究社会阶层、种族与族群、性别和年龄对人口疾病分布、危害及整体健康水平的影响。

3. 社会学家认为,考虑 (　　) 率十分有用,因为它们可以显示出某种特定疾病发生在某一群体中的几率高于另一个群体。

答案:1. (b)　2. 社会流行病学家　3. 发病

R 反 思

1. 种族和性别这两个因素,哪个更能影响适当医疗保健服务的提供?请解释。

2. 美国于2010年通过的《患者保护与平价医疗法案》(又称"奥巴马医改法案")可能会带来哪些社会影响?

模块 38

美国的医疗保健

ⓟ 准备　学习目标

LO 38-1　描述美国医疗保健体系的历史与实践

LO 38-2　总结传统医疗保健的替代方案，解释政府在美国医疗保健体系中的角色

LO 38-3　讨论美国的精神疾病治疗的基础和发展

ⓞ 组织　模块大纲

历史角度

医生、护士和病人

传统医疗保健的替代方案

政府的角色

精神疾病是什么？

精神紊乱的理论模型

看护模式

ⓦ 工　作

全美上下都意识到一个问题，那就是医疗保健成本飞速上涨。1997年，美国医疗保健的总支出超过一万亿美元大关，是1980年总支出的四倍以上。2000年，医疗保健总花费等于教育、国防、监狱、农业补贴、食品券和国外援助支出的总和。到2020年，美国的医疗保健总支出预计将会超过4.6万亿美元。倘若患上重大疾病或者只能住进养老院，高涨的医疗保健成本将会带来极其沉重的负担。在治疗癌症、阿尔茨海默症和其他需要监护的慢性病时，医院账单动辄就会达到数万美元。

美国的医疗保健体系显然早已变得面目全非，过去医生住在邻近地区或社区，到病人家出诊并收取适当诊疗费的年代已经一去不返。医疗保健如何变成一个包含全国连锁医院及营销活动的巨大产业？这些改变又如何重新塑造了医生、护士和病人之间的互动？在本模块中，我们就来讨论这些问题。

LO 38-1　历史角度

今天，由州政府授权并颁发行医执照和医学学位已是一种由来已久的做法。然而，美国的医疗保健体系并不总是遵循这个模式。1930 年代到 1940 年代的"大众健康运动"强调预防保健和"自我救助"。人们对"行医"成为一项收费行业提出了激烈的批评。新兴医学哲学或学派创建了自己的医学院，挑战传统医生的权威和做法。到 1840 年代，大部分州都废除了医疗执照法。

作为回应，在 1848 年成立的美国医学会（American Medical Association, AMA）的领导下，"正规"医生开始攻击未受过正统医学教育的行医者、宗派医生和女性医生。一旦他们通过标准教育课程和执照项目使自身权威制度化，那些成功完成课程的人就能获得相关行医执照，从此医生权威不再取决于外行人的观点或病人的角色，而是融入医学行业和医疗保健体系之内。随着医疗保健制度化的不断推进，医学行业赢得了对服务市场和多种组织等级结构的控制权，进而掌控了各种医疗实践、资金来源和政策制定。到 1920 年代，医生控制了医学科技、医疗工作人员的分工，并间接控制了看护和制药等其他专业活动（Coster, 1984）。

病人素来仰赖医护人员来了解自身健康问题，但他们越来越转向通过媒体来获取医疗保健信息。制药公司早就把握了风向，不断通过电视和杂志广告直接向潜在顾客推销自己的处方药品。互联网也越来越成为病人获取信息的来源。许多医学专业人员都对这些新的信息来源深表质疑，这不难理解。

今天，消费者还能通过新的途径获取医疗保健信息之外的东西。过去十年，他们发现了获取传统药物的新途径：前往商店购买（参见下页专栏）。

今日研究 医疗保健，零售风格

贺卡在 7 号货架上，疫苗在 4 号货架上。今天有 1200 多家医疗诊所进驻全美各大零售商店，包括沃尔格林（Walgreens）、西维士（CVS）和沃尔玛。这些店内的医疗诊所雇员全部为专业护士和具有高级学位的护士，他们能够治疗部分疾病，如咽喉肿痛、耳朵感染、红眼病，以及简单的呼吸系统疾病。这些护士也会开处方。

这些新兴诊所对传统医疗保健带来了什么影响？在美国，由于许多人都没有医疗保险，而且企业健康计划不断发生变动，所以总是接受同一名医生的诊疗已经越来越少见。不管你喜欢与否，今年给你看病的医生，可能明年就不能为你提供服务了。在这些情况下，零售医疗服务可能不会对传统医疗实践造成很大的挑战。

这些店内诊所的服务质量又如何呢？近年来，研究者比较了零售诊所与坐诊医生、急诊中心和急诊室提供的服务。就咽喉肿痛、中耳炎和尿路感染这三种急性病而言，零售诊所提供的医疗服务并不逊色于传统医疗场所，甚至比后者还要好，这种服务还包括第一次看病中以及病后的预防性治疗。和急诊室相比，零售诊所收费更低。

店内诊所是麦当劳化的另一个例子，官僚化原则在这个过程中逐渐塑造了全球组织。麦当劳化能让人们享受明码标价的服务，但却缺乏人情味。家庭医生注意到，40%的诊所病人都寻求家庭医生的服务。然而，考虑到美国医疗保障服务的缺点，我们很难反对这种能够提供医疗保障服务的新途径。

讨论

1. 你是否曾在店内诊所接受过治疗？如果有，你对医疗服务满意吗？你的花费是多少？定价合理吗？
2. 从功能论和冲突论视角来评价这种诊所的兴起。总体而言，你认为这类诊所对社会有益吗？

资料来源：Pickert, 2009；RAND, 2010；Ritzer, 2013：63—64。

LO 38-1 医生、护士和病人

医生在处理与病人及护士的关系中历来都是处于主导地位。通过功能论和互动论视角，社会学家提供了理解医生专业社会化的框架，让我们得以了解专业社会化与病人医疗保健之间的联系。功能论者提出，执业医生和医学院教授发挥了导师或角色模范的作用，向被动的学习者——医学院学生传授知识、技能和价值观。互动论者强调，学生是在与同学互动的过程中由医学院环境塑造而成。

这两种理论都认为，美国典型的医生训练导致医生与病人之间的互动缺乏人性。纳瓦霍族医生奥尔沃德（Alvord, 1999）在《手术刀与银熊》中写道："培训我的医生们更加强调专业能力和临床技能，而忽视关爱与感受能力。"很多人都尝试将人性关怀引入医学院课程，但过多的病人和医院削减成本的做法，导致医生难以与病人产生积极关系。此外，媒体对医疗事故诉讼铺天盖地的报道，以及高额的医疗费用，更是进一步扭曲了医患关系。互动论者深入地研究了医生与病人之间的顺从及协商关系。他们与帕森斯的观点一致，即医生与病人之间的关系是不均衡的，医生占据主导地位，并控制着最终的结果。

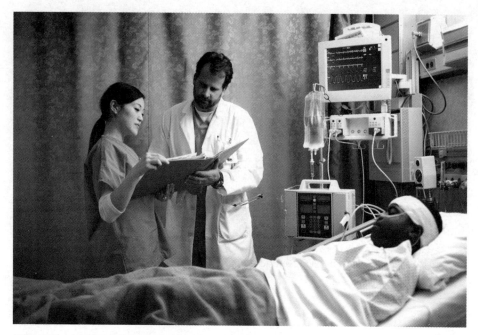

好像还嫌护士与医生之间的地位差异不够清楚一样，护士的彩色制服与医生的白大褂之间的鲜明色彩对比，更是进一步强化了这种等级差异。

医生不仅主导着与病人之间的互动，也主导着与护士之间的互动。护士也受过专业训练，具有专业地位，但他们通常都是听命于医师。一般来说，医护之间的关系就像美国男性对女性的主导关系：大部分医生都是男性，而几乎所有护士都是女性。

与其他处于弱势地位的女性一样，人们期望护士履行自身职责，但决不能挑战男性权威。精神病学家斯泰因（Stein, 1967）将这个过程称为"医生-护士的博弈"。根据这一"博弈"规则，护士绝对不能公开反对医生。如果她对病人的病情有建议，她必须用恭敬的语气间接地与医生沟通交流，比如，如果一名住院医生问起："以前哪些安眠药物对布朗夫人有帮助？"（一种间接询问建议的方式）护士只能佯装建议作出回答，如"前晚用了100毫克戊巴比妥比较有效"。她谨慎的回答让医生能够以权威身份开出同样的药方，就像本就是他自己的主意那样。

与护士一样，女医生也总是发现自己因性别而处于从属地位，但随着女医生数量增加，这种情况已经有所改变。

LO 38-2 传统医疗保健的替代方案

在传统医疗保健形式中，人们必须依赖医生和医院来治愈疾病。然而，美国至少33%的成年人都尝试通过其他医疗保健的替代方案来维持身体健康或治疗疾病。比如，最近几十年来，人们对起源于中国的整体医疗原理愈发感兴趣。**整体医疗**（holistic medicine）是指医疗保健从业者考虑到个人身体、精神、情绪和精神特征的治疗方式。个人被视为一个整体，而非各种相关器官的结合体。诊疗方法包括按摩、指压疗法、针灸、呼吸疗法和草药疗法。营养、锻炼和图像联想法也可被用来治疗通常需要通过药物或住院治疗的疾病（Sharma and Bodeker, 1998）。

整体医疗从业者并不一定就完全脱离传统医疗保健体系。他们有的拥有医学学位，会用 X 射线和常规心电图来辅助诊断。其他那些在整体健康诊所中工作的从业者则拒绝使用医学技术。近来整体医疗的兴起，是因为社会普遍意识到营养的重要意义，以及过度依赖处方药（特别是用于减压的处方药，如安定）所带来的危险。

医疗机构（专业组织、研究型医院和医学院）往往就像传统医疗保健技术的严格捍卫者。然而，1992 年实现了重大突破，当时国家卫生研究院（National Institutes of Health）（美国生物医学研究的主要赞助者）成立了"替代医学国家中心"，他们有权力接受研究资金申请。国家卫生研究院赞助的调查发现，约25%的美国成年人上个月或前一年使用了某种形式的"补充或替代医疗"，包括针灸、民间医药、冥想、瑜伽、顺势疗法、超剂量维生素疗法和指压疗法。如果将祷告也归入替代医疗的类别，那么用过替代医疗的成人比例就会攀升到62%以上（参见下表）。

在国际上，世界卫生组织（WHO）开始监控世界范围内医药替代品的使用。根据世界卫生组织提供的数据，生活在世界上最贫困国家的人中，80%都会使用某种替代医疗，如从草药治疗到信仰治疗服务。在大多数国家，尽管有些方法可能会产生致命后果，但它们几乎从未得到管控。比如，太平洋岛屿居民用卡瓦酒（kava kava）来缓解压力，但这种草药茶的浓缩成分对肝脏有毒性。不过，已经发现其他一些替代性治疗方式对某些严重疾病（如疟疾和镰状细胞性贫血）具有

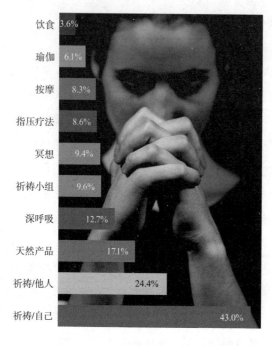

替代医疗的使用情况

注：来自 2007 年的调查数据，祈祷数据来自 2002 年的调查。

资料来源：Barnes et al., 2004, 2008。

很好的疗效。世界卫生组织的目标就是编写这些医疗实践清单，并鼓励各国发展替代医疗从业的普遍培训计划和职业道德规范。到目前为止，世界卫生组织已经公布了 100 种植物的药用价值研究报告，但仍有 4900 种被认为可用于草药治疗的植物需要继续进行研究（McNeil, 2002）。

LO 38-2　政府的角色

直到 20 世纪，联邦政府才开始资助医疗保健，首个重要举措是 1946 年的《希尔伯顿法案》，这项法案给修建和改善医院（尤其是农村医院）提供补贴。1965 年，两项大范围的政府援助项目带来了更加重要的改变：老年人医疗保险制度，这是专为老人设计的强制性健康保险计划，以及公共医疗补助制度，这是一种联邦和州政府共同负担的、专为穷人设计的非缴费型保险制度。这些项目极大地提升了联邦政府为有需要的男性、女性和儿童提供医疗保健财政支持的参与度。

由于老年人中的疾病和残疾发生几率很高，老年人医疗保险制度对美国医疗保健系统产生了极大的影响。起初，这一制度仅仅用于补偿医疗保健提供者，如医生和医院的服务费用。然而，1983年，随着老年人医疗保险制度的成本全面大幅提高，联邦政府采用了物价控制制度。在这种制度下，私人医院通常会将那些让自己无利可图的病人转入公立卫生机构。实际上，很多私人医院都开始实施"钱包检查"，以调查潜在病人的财政状况。那些被判定为不想接收的病人就会被拒收乃至被抛弃。尽管1987年通过的一项联邦法律规定，任何参与老年人医疗保险制度的医院，如若遗弃病人，就会构成违法行为，但这种恶行仍然时有发生（Gould, 2007; Light, 2004）。

当最高法院就新联邦医疗保健立法的合宪性举行听证会时，这项饱受争议的立法引发了日益高涨的紧张气氛。图中这些公民对《2010年平价医疗法案》表示坚决反对。

《2010年平价医疗法案》提高了所有公民的医疗保险覆盖率，特别是延长了年轻人使用父母保险的期限。奥巴马政府一直推行这项法案，以应对未参保人的高额现金开支，以及个人因早先存在的情况而无法参保等几项问题。2012年，最高法院支持联邦政府实施这项法律的条款。这项立法的反对者将之称为"奥巴马医改"，发誓定要在2014年寻求立法变革并提出法律挑战。批评者认为这项法案对纳税者而言耗资过大，而且毫无必要（甚至有违宪法精神）地强制限定了公民的医疗保健决策。

LO 38-3　精神疾病是什么？

和其他疾病一样，精神紊乱不仅会影响个人与家庭，还会对社会产生不利影响。在发达国家，精神紊乱是造成残疾的重要原因。因此，英国某家医学期刊在全球精神健康峰会上公开表示："精神不健康，人体无健康。"

悲哀的是，**精神疾病**（mental illness）和**精神失常**（insanity）这两个名词，会让人们对情绪问题产生戏剧性但常常不准确的印象。媒体经常强调精神失常患者最骇人听闻的暴力行为，但事实上，精神健康和精神疾病更应被视为人们行为的连续体。通过使用这个定义，我们可以认为，"如果一个人在处理日常事务时感到十分烦乱，每天的生活都难以为继或无法进行"，那他便患有精神紊乱问题。**精神疾病**这一术语应该用于描述影响人们思想、感觉和与他人互动能力的大脑紊乱（Coleman and Cressey, 1980：315；National Alliance on Mental Illness, 2008）。

美国人历来都对精神紊乱抱有负面且怀疑的态度。如果一个人被冠以"精神病人"甚或是"前精神病患者"之名，他／她很可能会遭受不幸且不值当的后果。在有些情况下，他们会被剥夺投票权，很难承担陪审团职责，过去的情绪问题也会导致他们在离婚或监护权案件中处于劣势。此外，对网络电视和电影的内容分析显示，精神病患者的形象总是遭到贬低：很多人都被贴上"丧心病狂""古怪"或"精神病"的标签。从互动论视角来看，一个关键的社会制度正在通过操纵符号和增强人们对精神病患者的恐惧心理来塑造社会行为（Diefenbach and West, 2007）。

2012年，康涅狄格州纽敦市一所小学发生了一起悲惨的大规模枪击案，促使人们开始重新审视精神疾病在枪支暴力案件中所扮演的角色。本案枪击者据称患有精神疾病，但他显然并未接受治疗。因此有些人主张，对立法者而言，控制枪支暴力的要务是关注精神疾病而非管控枪支。不幸的是，这类公众讨论往往会固化人们对精神病患者极具危险性的错误假设，从而将附加在精神疾病上的污名继续延续下去。

回顾现有调查数据后发现，随着时间推移，公众对精神疾病的看法已经变得更加成熟，也能以稍微开放的态度公开承认并回应精神健康问题。然而，自1950年起，人们一提到"精神疾病"往往更可能联想到"暴力行为"，尽管无数证据都指向了这种认知的反面。实际上，绝大多数精神紊乱者都没有暴力行为。在美国，仅有4%的暴力犯罪者是精神病患者（Friedman, 2012；Nocera, 2012；Pecosolido, 2013）。

当然，社区心理健康中心的许多人都对拓宽对精神病患者的服务范围深表欢迎，尤其是考虑到目前经济下行，心理健康项目的资金减少了数十亿美元。但该社区中心成员也对仓促制定的提案提出质疑，他们认为这些提案可能会降低接受

2011年,演员凯瑟琳·泽塔-琼斯(Catherine Zeta-Jones)宣布自己正在接受双向障碍症的治疗,双向障碍症患者约占美国人口的2%。由于社会名流站出来公开讲述自己的精神疾病治疗情况,精神疾病背负的污名正在慢慢消失不见。

强制治疗的门槛,或放宽将有潜在危险的患者报送权威机构的要求。不过,法院可能并不会为他们担忧的问题举行一场公正的听证会,因为社区心理健康中心的政治影响力远逊于代表枪支产业的支持群体(Goode and Healy, 2013)。

尽管精神疾病仍然身负污名,但与过去相比,现在有越来越多的人正在寻求医疗和专业帮助。在军事方面,退役军人的抑郁症和创伤后应激障碍问题越来越受到关注。立法者正在逐渐意识到为精神病患者提供服务的必要性(Kessler et al., 2006; Tanielian, 2009)。

LO 38-3 精神紊乱的理论模型

我们可以用两种研究模型来研究精神疾病:医学模型和从标签理论发展而来的社会学方法。这两种模型分别基于它们对精神疾病患者治疗的不同假设。

根据医学模型,精神疾病源自生理因素,所以完全可以通过医学干预得到治疗。大脑结构问题或者大脑内的化学生物失衡,有时是由伤病,有时则是基因遗传所致，这些问题都被视为精神疾病的原因。美国公共卫生部长（1999）发表了一篇关于精神健康的完整报告，他声称，大量科学证据显示，生理因素无疑是导致精神疾病的根源。

这并不是说社会因素就绝不会导致精神疾病。正如文化会影响疾病的发生和治疗一样，文化也会影响精神疾病。实际上，精神疾病的定义就因文化不同而有所差异。比如，美国主流文化认为幻觉是极不正常的，而其他许多传统文化则认为幻觉是受神眷顾的证据，并授予产生幻觉的人以特殊地位。就像我们在本书中一再强调的要点，某个特定行为可能会在一个社会中被视为正常，在第二个社会中被视为不可取但能忍受，在第三个社会中则会被贴上"病态"的标签，几乎没有容身之地。

关于医学模型争议的主要焦点在于《精神障碍诊断和统计手册》，该手册在2013年已经出到第五版。该手册于1952年由美国精神医学学会首次出版，旨在建立诊断精神疾病的标准。但随着时间推移，各种情况的分类都发生了改变，精神紊乱是固定精神状态的观念似乎也有所改变。比如，1978年的修正版删除了"性取向混乱"的诊断结果，从此同性恋不再被视为一种可以治愈的疾病。该手册第5版将暴饮暴食和囤积强迫症加入精神疾病名单，而把丧亲之痛从抑郁的症状中剔除了出去。

重要的是，《精神障碍诊断和统计手册》不仅仅是一本学术手册，它确立的类别还成为保险范围、特殊教育和行为服务，以及医药处方的基础。它可能会使那些被诊断为精神疾病患者的人有资格享受残疾人福利。该手册的支持者也承认它仍然具有局限性，但他们强调，从业者有必要就精神疾病的定义和治疗达成一致意见（American Psychiatric Association，2013；Satel，2013；Scheid，2013）。

与医学模型相反，标签理论提出，有些被视为精神疾病的行为并不是真的有病。比如，美国公共卫生部长（1999）的报告指出，若"丧亲之痛"未能持续两个月，就不能被称为精神紊乱，但若超出两个月就需要重新进行定义。社会学家将此丧亲之痛的认定方式，视为那些有权贴标签者所附加的标签，而非认可一种生理状况。

精神病学家托马斯·萨斯在《精神疾病的神话》（2010）一书中提出，很多性格紊乱都不是疾病，而仅仅是被其他重要人士标定为紊乱的行为模式。萨斯的观点极富争议，引起十分尖锐的反应：纽约州卫生部官员要求解除萨斯的大学教职，因为他不"相信"存在精神疾病。但是，很多社会学家都接受了他提出的模型，认为这是在社会情境下审查个人行为的逻辑延伸。

总而言之，医学模型更具说服力，因为它指出了精神疾病的原因，并提出了针对精神疾病的治疗方法。然而，标签理论视角的支持者则坚持认为，不论精神疾病涉及多少其他过程，它显然就是一种社会过程。从社会学视角来看，看待精神疾病的理想方法是将标签理论和医学模型的观点合二为一（Horwitz, 2002; Scheid, 2013）。

LO 38-3　看护模式

纵观人类历史，绝大多数时期，家庭都要对患有精神疾病的人负起责任。但政府对精神疾病的关注却要早于对身体疾病的关注，这是因为严重的情绪紊乱会破坏稳定的社会关系，造成长期社会瘫痪。早在17世纪，欧洲城市就开始限制精神失常者的行动，将之与贫民和罪犯关入公共监狱。这种做法遭到囚犯的反抗，因为他们对被迫与"疯子"同住感到无比愤怒。由于精神病患者在监狱中和社会上都处于孤立无援的地位，医生也就成为决定他们命运的最终权威。

《社区心理健康中心法案》（1963）的通过，是照顾精神疾病患者政策方面的重大发展。社区心理健康中心计划不仅促使联邦政府积极参与治疗精神疾病患者的行动，还建立起以社区为基础的心理健康中心，以门诊方式诊治病人，使病人能够继续工作并在家居住。这一计划表明，门诊治疗方式比州县级精神医院的制度化治疗计划更加有效。

联邦政府资助的社区心理健康中心计划得到拓展，使得住院病人数量大减。到1980年代，以社区为基础的心理健康保健，取代了典型的住院治疗方式。在全美范围，精神疾病的去制度化蓬勃发展。去制度化被认为是能够有效地让精神病人重新融入外界的社会改革。然而，隐藏在去制度化背后的真正人文关怀，不过是政客们更方便削减费用的权宜之计。1950年，每10万人中就有339人居住在州立精神病院。到2010年，这一数字降为每10万人中有14人（Kely, 2009; Szabo, 2013; Torrey, 2013）。

很多年来，成千上万的精神病患者被迫脱离社会，迁入特定居住设施。现在已经废弃的哈林谷精神疾病中心坐落在纽约州多佛市，这家医疗设施总共有 80 栋建筑。它于 1924 年投入运行，1993 年正式关闭，在其最高峰时可以同时收容 5000 名患者。

过去 30 年，公共政策发生了重大转变，近来好几个州的规定都使得精神病患者很容易遭到强制治疗。这些改变在某种程度上是因为，社区群体和居民对越来越多患有精神疾病的游民居住在他们附近（大多在街头游荡）非常害怕和气愤。严重精神疾病患者常会犯下足以起诉的罪行，最后被送入监狱遭到监禁。具有讽刺意味的是，精神病患的家庭成员总是抱怨，除非他们作出暴力行为，否则他们无法让自己所爱之人得到充分治疗。尽管如此，一些主张公民权利的团体和由精神病人自发成立的组织，纷纷担心这种做法否定了他们的宪法权利，并举出精神病人住院期间恐怖的受虐遭遇（Marquis and Morain，1999；Shogren，1994）。

《心理健康平等与成因平等法案》（2008）于 2010 年正式生效，它要求承包人（保险公司）为心理健康和身体健康提供同等保障。国会为了确保精神疾病患者获得平等待遇的努力并非其首创。该法案有助于消除精神疾病背负的污名，但大部分心理健康服务提供者都承认，精神疾病患者并未获得财政福利方面的真正平等对待。比如，如果提供同等心理健康福利将会使保险费增加 1% 或以上，那么该法案就会免除集体健康保险计划。此外，更高的医疗费、免赔额和自付费上限也会削弱法律的有效性（Health Cost Institute，2013；Hernandz and Uggen，2012）。

最后，尽管心理医疗保健常被认为与其他医疗保健类型具有本质上的差别，但很多适用于传统医学的观察也适用于心理医疗保健。比如，非裔美国人、拉丁裔美国人和印第安人更容易患有几种精神疾病，但与白人相比，他们能够得到治疗的机会却更少。医疗从业者的偏见也导致这种不平等待遇，同时保险范围不足和地理隔离也会造成这种问题。在农村和市中心贫民区，人们很难获得心理医疗保健，即使能够获得，服务质量常常也很低下，特别是对少数族裔群体来说尤为如此（McGuire and Miranda，2008）。

E 评　估

1. 将医学教育和授予行医资格的独断权力赋予美国医学会，是医疗保健（　　）的例子。

    (a) 社会化　　(b) 污名化　　(c) 制度化　　(d) 民主化

2. （　　）医疗是指医疗保健从业者考虑到个人身体、精神、情绪和精神特征的治疗方式。

3. 传统医护关系类似于社会中的（　　）主导模式。

4. 老年人医疗保险制度使用的报销体系导致（　　）病人的情况，那些让医院无利可图的病人会被转入公立医院。

答案：1.（c）　2. 整体　3. 势权　4. 拣选

R 反　思

1. 从冲突论视角解释医生在医疗保健体系中的主导地位。
2. 在拥有世界闻名的医疗系统的美国，为什么会有很多人寻求医疗保健的替代形式？

模块 39

有关环境的社会学视角

P 准备　学习目标

LO 39-1　用人类生态学、冲突论和环境公平视角解释环境议题

LO 39-2　描述环境问题的本质和程度，包括全球化和科技如何影响环境

LO 39-3　分析环保主义对社会政策的影响

O 组织　模块大纲

人类生态学

冲突论视角下的环境问题

生态现代化

环境正义

环境问题

社会政策与环境

W 工　作

我们已经看到，人们居住的环境对他们的健康产生了明显影响。如果居住环境过于拥挤，生存压力过大，这里的居民就会更容易患上疾病。同样，人们对其居住的环境也产生了极大影响。纵观全球，人口增长以及伴随而来的经济发展，都造成了非常严重的环境后果。不论我们是住在圣路易斯、墨西哥城，还是住在尼日利亚的拉各斯港，人类对环境大肆掠夺的迹象几乎无所不在：我们的空气、我们的水和我们的土地，都在遭受污染。

我们很容易发现环境问题，但却很难制定出既能满足社会需求又能满足政治需求的解决方案。我们将会在本模块中看到，社会学家在权衡经济增长及发展和其对环境的影响方面有何看法。在社会政策部分，我们将会详细分析具体的环境问题。

LO 39-1　人类生态学

人类生态学（**human ecology**）以人类与环境的相互关系为研究领域。正如环保主义者康芒纳（Commoner, 1971）所说："一切事物都是相互关联的。"人类生态学家关注自然环境如何塑造人们的生活，以及人们又是如何影响周围环境的。

人与环境的相互联系从不缺少相关的描述和说明。比如，科学研究将自然环境中的污染物与人类的健康及行为联系起来。哮喘、铅中毒和癌症发病率的增加，与人类对环境的改变息息相关。皮肤癌的增加则与全球变暖不无关系。而在我们的食物和饮食中发生的生态变化，则与早期肥胖和糖尿病关系匪浅。最后，全球人口增长对环境造成了巨大的影响（参见下表）。

世界人口增长

人口水平	达到新人口水平所需时间	实现增长的年份
第一个 10 亿	1800 年以前的人类历史	1800
第二个 10 亿	130 年	1930
第三个 10 亿	30 年	1960
第四个 10 亿	14 年	1974
第五个 10 亿	13 年	1987
第六个 10 亿	12 年	1999
第七个 10 亿	12 年	2011
第八个 10 亿	13 年	2024
第九个 10 亿	21 年	2045

注：200 年的时间内，人口急速增长给环境带来了巨大的压力。但更重要的是，人类对自然物质和制造品的消费与浪费，才是造成环境问题的主要原因。

资料来源：Population Reference Bureau and United Nations in Kunzig, 2011。

根据"一切事物都是相互联系的"观点，人类生态学强调在每个改变环境的决定内部加以平衡取舍。面对 21 世纪的环境挑战，政府决策者和环保主义者必须确定，如何在满足人类对食物、衣服和住所迫切需求的同时，保护好我们赖以生存的环境。

LO 39-1　冲突论视角下的环境问题

世界体系分析揭示了，欠发达国家越来越多的人力资源和自然资源，如何被重新分配到核心发达国家。这一过程只是加剧了对世界贫困地区自然资源的破坏。从冲突论视角来看，较为贫困的国家正在被迫使用本国的矿产、森林和渔业资源来偿还外债。穷人只能求助维系生存的唯一途径：他们开垦山坡，焚林［热带森林］而田，过度放牧（Pellow and Brehm, 2013）。

巴西国内的情况充分地体现了经济困境与环境破坏之间的相互作用。每年都有超过570万英亩雨林遭到砍伐，用于作物种植和牲畜养殖。雨林面积不断减少，就会对全球气候模式造成影响，逐渐提高地球的温度。这些社会经济模式产生了可怕的环境后果，这不单是在拉丁美洲表现得尤为严重，就是在许多亚非地区也表现得非常明显。

冲突论者非常清楚第三世界的土地使用政策将会造成什么样的环境后果，但他们承认，把矛头对准欠发达国家是一种种族中心主义行径。首先，在大部分历史时期，发达国家一直是温室气体排放的罪魁祸首。只是最近一段时期，欠发达国家排放的温室气体才刚开始达到发达国家的排放量水平。（后面我们将会更加仔细地讨论温室气体问题。）

其次，虽然欧美发达国家人口只占全球人口的12%，但他们却消耗了全球60%的能源。这些理论家质疑道：谁应该对环境恶化负责？是世界上极度贫困的"缺食者"人群呢，还是"大量消耗能源"的发达国家呢？发达国家居民每年花在海上航行上的钱，足够为世界上每个人提供干净的饮用水。单是欧洲的冰淇淋消费都能为世界上每个孩子接种疫苗。因此，冲突论者认为，对环境最大的威胁来自全球的消费者阶级（Pellow and Brehm, 2013）。

施奈贝格（Schnaiberg, 1994）把自己的关注点从富裕的消费者转向资本主义体系，认为后者才是造成环境问题的原因，从而进一步完善了这一分析。他认为，由于资本主义体系具有扩大利润的内在需求，所以它创造了一个"生产跑步机"。这个跑步机需要不断增加产品需求，以最低成本获得自然资源和尽可能又快又便宜地制造产品，而不管由此会造成什么样的长期环境后果。实际上，早在一个多

站在他人的角度思考问题——垃圾填埋场的操作人员

你认为推动无节制消费是否影响了当今环境状况?

世纪前,韦伯就作出了预言,不到"最后一吨化石燃料烧为灰烬",工业主义绝不会停下疯狂发展的步伐。

LO 39-1 生态现代化

人类生态学和冲突论模型的批评者认为,这些研究方法过于执着于过去。他们指责采用这些研究方法的人,认为后者一心只想解决现有做法,完全裹足不前。**生态现代化**(ecological modernization)是兴起于1980年代的研究方法,该方法的支持者一心想要通过不断进行调整和重组,将环保实践与经济自我利益结合起来(Mol, 2010;Mol and Sonnenfeld, 2000)。

生态现代化既可以出现在宏观层面,也可以发生在微观层面。在宏观层面,调整和重组意味着整合工业垃圾,使其重新进入生产过程。在微观层面,它意味着重新塑造个体的生活方式,包括人类的消费模式。某种意义上,实施生态现代化的人力图反驳一种常可听闻的概念,即拥有环保意识就意味着"回归自然"或"远离电网的生活"。他们认为,即使生产模式和消费模式中最细微的改变,都能提高环境的可持续发展能力(York et al., 2010)。

LO 39-1 环境正义

1982年秋季,约500位非裔美国人参加了为期六周反对北卡罗来纳州一个有害垃圾填埋场的抗议活动。由于填埋场中的化学物质非常危险,极易引发癌症,因此他们一直不停地进行抗议并采取法律措施,直到2002年这片受污染地区最终开始进行清污净化处理,他们才停止了各项行动。这场长达20年的鏖战,实际上也是一个"不要放在我家后院"(not in my backyard, NIMBY)事件。但时至今日，沃伦县（Warren County）的斗争已被视为现代环保主义的变革时刻，成为环境正义运动的开端（McGurty, 2000；North Carolina Department of Environmental and Natural Resources, 2008）。

环境正义（environmental justice）是基于少数族裔群体尤其容易遭受环境危害这一论断的一种合法策略。有些观察家称赞环境正义是"21 世纪的新民权"（Kokmen, 2008）。自环境正义运动开始以来，活动家和学者已经发现了因种族和社会阶级界限而产生的其他环境差距。总体而言，贫困人口和有色人种比其他人群更易沦为人造环境日常影响的牺牲品，这些影响包括高速公路和垃圾焚烧炉产生的空气污染。

社会学家莫哈伊和萨哈（Mohai and Saha, 2007）研究了美国六百多个已知的危险物处理、储存和处理装置。他们发现，在这些危险区域方圆一英里内，非白人和拉丁裔居民占了该区域总人口的 42%。怀疑论者经常辩称，少数族裔群体是为了低房价才搬到这些区域居住。然而，跨度分别超过 30 年和 50 年的两项纵向（长期）调查发现，有毒设施往往落户在少数族裔群体聚居的社区内（Mohai et al., 2009）。

出于几种原因，环境正义运动已经变得全球化了。很多国家的活动家都注意到，有害废料填埋场的选址方式非常相似。这些群体已经开始跨越国界，组成国际网络，以分享他们的策略和补救措施。采取联合的办法非常明智，因为环境

环境正义让人们注意到，穷人、少数族裔群体，比起富裕阶层，更可能居住在炼油厂、垃圾堆和其他遭受环境危害的附近地区。

破坏者往往是跨国企业，它们的行动很难受到影响，更别说起诉它们的违法行为。正如我们之前看到的，关于全球变暖的争论总是集中火力抨击中国和印度等欠发达国家，而鲜有针对长期排放温室气体的发达国家的批评之辞（Pellow and Brehm, 2013）。

社会学家不仅强调人类与环境的相互联系，还关注不同种族和社会阶层在看待人类及其对环境的改变时的差异。科学家也采取了不同的方法，他们在环境变化可能造成的后果这个问题上有很大分歧。当这些分歧可能对政府政策和经济调控产生影响时，它们就会变得高度政治化。

LO 39-2　环境问题

世界各地的人们都认识到有必要解决环境所面临的挑战。然而，在美国，调查对象却并未将环境问题视为最紧要的问题，他们总是想要避免实施已经提出的解决方法。不幸的是，将环境问题设为"问题"，势必一叶障目，让人们难以意识到环境恶化是机构恶行和人们自身行为所产生的恶果。因此，在2013年的一项全国调查中，41%的调查对象认为全球变暖的严重性被夸大了（Saad, 2013b）。

接下来，我们将会讨论全球变暖带来的巨大挑战，并会讨论环境议题三个广泛的领域，其中两个领域，即空气污染和水污染，被认为是造成全球变暖的主要因素。

空气污染

人们能够改变自己的行为，但却并不愿进行永久性的改变。1984年，洛杉矶奥运会举办期间，当地政府要求居民拼车出行和错峰上班，以缓解交通堵塞并改善空气质量。这些改变的结果是大气中的臭氧含量明显降低了12%。但在奥运选手们离开后，人们又回复了原来的行为习惯，臭氧含量也再度回升。同样，2008年北京奥运会期间，中国采取了很多严厉措施，以确保空气质量不会影响赛事顺利进行。城市建设工作全部叫停，污染企业和发电厂全部关闭，道路每天都用洒水车清扫几次，但这些临时举措从来都是治标不治本，赛事一结束，空气质量便

人们将这类图片与科学数据结合起来，以此引起社会对全球变暖问题的重视。

又恢复原状（Jacobs, 2010）。

在日常情况下，即不举办全球体育赛事的时期，城市就不会减少废气排放量，所以空气污染仍是一个非常严重的问题。今天，全球一半人口暴露在重度空气污染中，这些污染有些只是短期问题，有些则是常年如此。解决空气污染的方法形式多样，从社区共同努力清洁电力工厂，到强制执行或加强空气质量标准以规范个人行为，如减少开私家车或节约用电（American Lung Association, 2011）。

水污染

在美国各地，各种工业和当地政府倾倒的废弃物污染了小溪、河流和湖泊。结果，很多水体都变得不适合饮用、垂钓或游泳。在全球各地，海洋污染也愈来愈受到关注，这些污染一般都是来自不断倾倒的废弃物，而轮船的燃料泄漏和偶有发生的原油泄漏则使海洋污染变得更加严重。1989年，"埃克森·瓦尔迪兹号"（Exxon Valdez）油轮在阿拉斯加的威廉王子海湾航行时，运载的1100多万加仑原油发生泄漏，流入海中，并被冲上海岸，污染了长达1285英里的海岸线。约1.1万人投入到大规模的清理行动中，总花费超过20亿美元。纵观全球，油轮漏油事件时有发生。2010年，英国石油公司的"深海地平线"（Deepwater Horizon）

钻油平台发生大规模漏油事件，泄漏的原油量估计约为"埃克森·瓦尔迪兹号"的 16 倍或以上（ITOPF，2006；Shapley，2010）。

与大型事故或灾害相比，基本水供给问题就显得平淡多了，但在世界上多个地区却是更为常见。由于城镇、工农业和采矿业的运转，地表水和地下水遭到大面积严重污染，水供给问题面临更加严峻的形势。最典型的是，在埃及，大量工农业废弃物流入尼罗河。每年约有 1.7 万名埃及儿童在接触到污染的河水后，不幸死于痢疾与脱水。北美的水源状况并不会造成致命的后果，但从 2000 年到 2014 年，美国西部和加拿大经历了中重度干旱，对水的需求也在逐渐增加（Hengeveld，2012；National Oceanic and Atmospheric Administration，2014）。

在纯天然的自然天堂里度假！现在，发达国家的人们越来越青睐生态旅游，认为这才是了解世界的环保方式。这种新趋势在环保主义者和商人的利益间架起了一道桥梁，尤其是在欠发达国家。图中的观鸟者们在当地导游的陪同下，正在乌干达享受生态旅游度假。

气候变化

气候变化（climate change）是一种可以观测到的全球大气变化，它对自然天气形态产生的影响可以长达数十年或更长时间。在人类出现之前，地球上也经历了多次阶段性的气候变化。近年来，气候变化包括迅猛的全球变暖现象。

全球变暖（global warming）是指，当二氧化碳等工业气体将地球的大气层转化为真正的温室时，地表温度就会急剧上升。排放的温室气体还包括甲烷、一氧化二氮和臭氧，这些气体将热量锁住，保持在低层大气中。甚至地表温度平均只要升高 1 度，森林大火、河流和湖泊面积缩减、沙漠面积扩张，以及疾风暴雨（包括台风和飓风）发生的可能性就会增加。美国、俄罗斯和日本等发达国家的人均温室气体排放量最高,而这些国家的煤炭和石油消耗量也非常巨大。由于中国、美国和印度三国庞大的人口规模,以及其对化石燃料的高依赖度,它们必须为全球一半的温室气体排放量负责(Myers and Kulish, 2013)。

"雪花永远消失了?"2014年冬奥会期间,某家报纸的新闻头条打出了这个巨大的问号。尽管地球上还有雪,但据气候专家预计,人类将会越来越难以找到合适的场地来举办滑雪类国际赛事。现有19个举办过冬奥会的城市中,到2050年,仅有10个可能保持低温,拥有足够的降雪量,而到2100年,硕果仅存的城市可能仅剩下6个。对那些挖出2013—2014年大雪灾消息的人来说,他们可能会认为上述预测荒谬可笑,但全球大趋势确实表现为日渐稀少的降雪量。积雪场的减少正在威胁美国东北部半数以上的滑雪胜地;如果这种趋势持续下去,30年后这些滑雪胜地就将不复存在。美国西部的滑雪胜地也在遭遇类似威胁。更重要的是,积雪场不仅仅是滑雪者的福利;积雪融化的春水对于维持水供应也是至关重要(Fox, 2014)。

科学界对全球变暖问题日渐关注,但政策制定者对气候变化的关注度却仍然很低。这个问题看上去似乎很抽象,以至于很多国家的官员都认为,他们所采取行动的真正影响取决于其他国家的决定性行为。1997年签署的《京都议定书》旨在减少全球温室气体的排放量,因为温室气体是导致全球变暖和气候变化的主要原因。迄今为止,191个国家都签署了这项协议,但美国和加拿大却是仅有的拒绝加入的两个主要国家。反对者辩称,加入该协议会让国家在全球市场上处于不利地位。美国尝试采用其他办法来解决全球变暖和气候变化问题。比如,美国与中国签订了多项双边协议,来减少两国的温室气体排放量。然而,这些努力却常常因为其他政治和经济问题所造成的冲突而陷入困局。

活动家在书写全球环境时经常强调"我们密不可分"。尽管我们的确密不可分,但事实却是,最脆弱的国家往往也是最贫困的国家。与其他国家相比,欠发达国家的经济更可能建立在有限资源和易受干旱、洪涝及全球市场波动影响的少量作物的基础之上(Nordhaus and Shellenberger, 2007; Revkin, 2007)。

我们可以从世界体系分析的角度来看待全球变暖问题。核心国家历来都是温室气体的主要排放源。然而,时至今日,制造业已经转移到了半边缘和边缘国家,而这些国家的温室气体排放量正在逐步上升。可笑的是,现在很多重要势力都在呼吁减少导致全球变暖的人类活动，而这些势力却都位于造成严重全球变暖问题的核心国家。我们想要吃汉堡包，但是我们却对建造放牛牧场的毁林行为大加谴责。我们想要便宜的衣服和玩具，但是我们却在批评欠发达国家依赖燃煤电厂的行为。未来几十年，煤发电量有望每年增加2%—4%，在2010年到2050年间将会增加三倍，超过石油成为世界上最主要的能量来源（Smith，2011）。

全球环境危机的主因是什么？保罗·埃利希（Paul Ehrlich）和安妮·埃利希（Anne Ehrlich）等观察家认为，全球人口增长是环境恶化的核心因素。他们认为，要想防止大范围的饥荒和环境退化，控制人口增长是最基本的做法。

生物学家康芒纳认为，引起环境问题的主要原因是对环境产生破坏性作用的革新技术的使用率增加，其中包括塑料、洗涤剂、合成纤维、杀虫剂、除草剂和化肥等。冲突论者从世界体系分析的角度发现了对环境的掠夺。互动论者则强调具有环保意识的个人和群体通过谨慎选择自己消耗的物品为减少碳足迹所作出的努力。**碳足迹**（carbon footprint）是指人类每天或终生产生的温室气体（Carbon Trust，2012；Commoner，1990，2007；Ehrlich and Ellison，2002）。

全球化的影响

全球化对环境的影响有好有坏。从消极方面来说，全球化造成**逐底竞争**（a race to the bottong，恶性循环），因为污染企业会搬迁到环境标准较为宽松的国家。同样，在全球化的驱使下，跨国企业也会为了谋取短期利润而掠夺欠发达国家的资源。从墨西哥到中国，与全球化相伴而来的工业化，也增加了各种类型的污染问题。

不过，全球化也有积极的影响。随着物品、服务和人口在全球流动的障碍逐渐消除，跨国公司更有动力仔细考虑自然资源的成本。过度使用或浪费资源变得毫无意义，尤其是当资源面临枯竭的危险时（Gallagher，2009；Kwong，2005）。

全球化与环境之间的相互作用反映在环境难民的出现上。这些**环境难民**（environmental refugee）因海平面上升、毁灭性风暴、沙漠扩张、水资源匮乏和高浓度有毒污染物而被迫迁徙；欧洲更是首当其冲，无数来自欠发达国家的环境难民正在大量涌入该地域。从世界体系分析的角度来看，边缘国家可能会因环境问题而承受更多的负担，促使更多的人口迁移到发达国家，或者引发无数冲突，迫使当地人口大规模迁徙。就是在美国国内，环境变化也迫使当地人口迁徙。在美国西部，由于严重的干旱问题，过去主要依赖淡水捕鱼或灌溉作物为生的人们只能无奈地离开家园。在阿拉斯加，冰雪融化导致海平面升高，迫使很多沿着海边或水道居住的印第安人不断向他处迁徙（Martin, 2013；National Public Radio, 2013）。

面对全球化带来的消极影响，我们必须注意到所谓"绿色产业"提供新工作的潜力。绿领工作（green-collar job）包括安装太阳能电板，建造自然控温房屋，生产生物燃料，生产混合燃料汽车，种植有机食物，生产有机衣物和建造风力涡轮机。但是，怀疑者质疑这种类型的工作究竟能提供多少岗位，又能在多大程度上抵消因石油、汽油和煤矿等污染型企业倒闭所导致的失业问题（Greenhouse, 2008b；Pinderhughes, 2008）。

LO 39-3 社会政策与环境

我们都知道，研究者在研究中会用到多种研究工具，从最简单的观察研究到最先进的电脑技术等。在现实生活中，社会学研究会对公共政策和社会福利产生深远影响，下面我们就来看一下它对环境之争的影响。

环保主义

1970 年 4 月 22 日，约有 2500 万人共同庆祝了美国的首个地球日，这充分说明越来越多的草根阶层都开始关注自然环境保护问题。2000 个社区策划了活动庆典，两千多所大学和一万多所学校举办了环境保护宣讲会。在美国很多地区，人们聚到一起上街游行，为特定环境问题振臂高呼。同年，由于这些早期环保主义者的积极活动，国会认为有必要设置环境保护局。《大气清洁法案》《清洁水源法案》《濒危物种法案》随即得以制定生效（Brulle and Jenkins, 2008）。

社会学家卡斯特（Castells, 2010a）宣称，环保主义是"我们这个时代中最广泛、最具影响力的运动"。数种社会趋势助长了环保运动。首先，1960年代和1970年代早期的激进运动亚文化鼓励人们，特别是年轻人，直接参与到解决社会问题的运动中。其次，关于严重环境问题（石油泄漏和空气污染等）科学知识的传播，让很多美国人忧心忡忡。最后，户外休闲活动日渐盛行，心系环境问题的人口数量也随之不断增加。在这种全民关注环境问题的大气候下，很多曾经只狭隘地关注自然资源保护的组织，也都逐渐转变为真正意义上的成熟环保组织（Dunlap and Mertig, 1991）。

今天，在世界各地的市议会、动物园和博物馆中，地球日已被标注在日历上，成为一个重要节日。环境问题也被列入主流政党的议程。互联网逐渐成为努力宣传环境问题和建立环保行动的支持力量的主阵地。尽管时代已然发生改变，但有两个信念仍在激励着环保主义者：环境急需得到保护，政府必须采取强有力的措施来保护环境。环保主义者认为他们必须"从当地实际情况出发思考问题"并监测自己的碳足迹，但他们也将环境保护问题视为一种全球性挑战。他们注意到，虽然在环境保护方面取得了重大进步，但政府的环境调控举措却在某些方面遭到了削减（Brulle and Jenkins, 2008；Rootes, 2007；Sieber et al., 2006）。

公众对环境问题反应不一。一方面，有很多人质疑气候变化背后的科学依据；另一方面，也有很多人认识到，人类需要在廉价能源与环境保护之间进行权衡（参见下图）。在这个问题上，持不同意见的公众数量似乎完全持平。

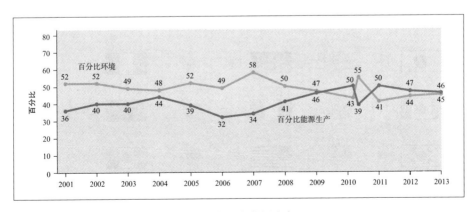

环境保护与能源生产

资料来源：Saad, 2013；Jones, 2013。

在经济危机时期，人们往往会推迟考虑或者直接忽视环境问题。因此，公众似乎对积极、卓有远见的生态现代化发展道路不感兴趣。毫不意外的是，2000—2012年间，关于环境问题的政治辩论变得更具党派倾向性：民主党赞同保护环境，共和党则反对保护环境（Dunlap, 2010）。

和过去的大学生相比，今天的大学生对环境不太感兴趣。2012年，26.5%的美国大学新生希望清洁环境，这一比例远低于1972年时的45.9%。正如下图所示，美国高中生对环境保护的兴趣大大低于其他国家的青少年。一项对30个国家进行的比较研究发现，就环境问题知识而言，美国与排名第22位国家的青少年水平相当（Pryor et al., 2007, 2013）。

环保主义的社会学应用 就连那些支持环保主义者目标的人们也感到非常困扰，因为美国境内最有权力的环境组织主要由富有的白人男性组成。某项研究注意到，尽管在环保运动中女性参与人数极多（尤其是在草根环境群体中），但男性却继续在主流全国性组织中占据着绝大多数知名度极高的上层管理职位。考虑到与环境危害相关的阶级、种族和族群因素，环保运动的中产阶级倾向尤其重要。正如我们之前在环境正义情景中所看到的，少数族裔群体人口众多的低收入社区和区域，比起富裕的白人社区，更有可能位于靠近垃圾场的地带。社会学家唐尼和霍金斯（Downey and Hawkins, 2008）发现，与年收入少于1万美元的白人家

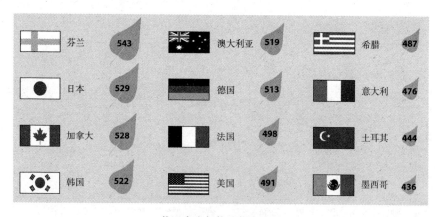

美国青少年的环保意识强吗？

注：年满15岁的学生在气候变化和生物多样性等环境问题知识了解方面的平均得分。平均分数为543。
资料来源：Organisation for Economic Co-operation and Development, 2009b。

庭相比，年收入介于 5—6 万美元之间的黑人家庭更可能需要应对更严重的污染问题。

从冲突论视角来看，由于长期暴露于环境污染危害之下的是贫困人口和少数族裔群体，这可能会导致其他人不愿采取行动。正如沙茨（Szasz, 2007）在《花钱买安全》中提到的，更为富裕的家庭可以饮用瓶装矿泉水、在家中安装净水器和空气过滤器、购买有机食品，从而让自己和自己的后代避免健康危害。不幸的是，这种个人行为虽然并非有意为之，但实际上却造成了削弱集体环保努力的后果。

从冲突论视角来看，另一个问题是，很多环保运动要么并未把贫困人口和少数族裔群体纳入其中，要么并未解决自身关注的问题。环境正义问题早已广为人知，但环保主义者并不总会考虑他们的需求对遭到排斥的群体所造成的影响（Rudel et al., 2011）。

发起环保政策　对环保主义者而言，始于 2008 年的全球经济衰退所造成的影响可谓悲喜交加。现今美国公众更关心经济增长而非环境保护。不过，与此同时，近期的经济衰退也极大地减少了对煤和石油等化石燃料的使用。再者，联邦政府致力于刺激经济活动，这种做法强调了创造绿领工作的重要性。根据某项估计，在计划周密的绿色产业中，每投资 10 亿美元，每年就会随之产生 3 万多份工作，节省 4.5 亿美元成本。不过，更具体的环保措施，如提高美国机动车油耗标准，则在国会中遭遇严峻挑战（Houser et al., 2009）。

从首个地球日诞生至今，环保主义已经发展到了更广阔的阶段。2008 年，八国集团（美国、日本、德国、英国、法国、意大利、加拿大和俄国）首脑首次设立了明确的长期目标，旨在消除科学家长期以来都在警告的导致全球变暖的温室气体。"长期"一词太过轻描淡写了，实际上，它们对温室气体排放量减半所设定的目标时间是 2050 年。环保主义者批评八国集团并未设立短期的具体目标。由于在最初 15 年内八国集团的温室气体排放量增长了 35%，因而它们面临着非常严峻的挑战（Longhofer and Schofer, 2010）。

传统思维总是认为，只有富裕的发达国家才会关心环境问题。然而，针对 47 个国家的调查显示，在全世界范围内，人们很难忽略环境问题的严重性。在拉美、欧洲、日本和印度，人们的环保意识大为增强。这项调查也显示，将污染和环境问题视为首要全球威胁的人口比例普遍增长。其他国家的许多人都将环境问题归咎于世界上最大的两个经济体,他们希望华盛顿能够给出解决方案。只有时间才能告诉我们,美国或其他国家的决策者究竟能否解决环境问题(Pew Global Attitudes Projects, 2007)。

E 评 估

1. 以下哪种研究方法强调环保实践与经济利益的结合?
   (a) 冲突论   (b) 人类生态学
   (c) 生态现代化   (d) 环境正义

2. 冲突论者认为,将全球环境恶化归咎于欠发达国家是_____的体现。
   (a) 种族中心主义   (b) 崇他文化中心主义
   (c) 分离主义   (d) 目标置换

3. 生物学家_____认为环境退化的元凶是科技创新,如塑料和杀虫剂的使用。

4. 四个主要环境问题领域是:_____污染,_____污染,_____和_____。

5. _____是基于少数族裔群体尤其容易遭受环境危害论断的一种合法策略。

答案:1. (c) 2. (a) 3. 康芒纳 4. 空气,水,全球变暖(或气候变化),垃圾处理 5. 环境正义

R 反 思

1. 在你生活的社区中,自然环境与人文环境如何相互联系?
2. 在你生活的社区中,空气污染和水污染哪个问题更为重要?为什么?

| 案例分析 | 治疗抑郁症的案例

　　伊娃·杜瓦尔（Eva Duval）时年约25岁，患抑郁症多年。她说："我总是感到一种莫名的忧伤。"16岁时，她的父母将她送去治疗。她说："能找个人倾诉真不错，但却没能改变我的情况。我也说不出我到底出了什么问题。我的家庭不错，我有一些朋友，但是……"升入大学后，她的医生建议她服用抗抑郁症药物。她说："我在网上查了资料，我的发现让我感到非常害怕。有些抗抑郁药物甚至夺去了患者的生命。我告诉医生说我感觉好些了，从此他再也没有提起用药的事。"

　　大学毕业后，杜瓦尔在一家书店工作。她说："我实在没有精力反复折腾，所以我申请的第一份工作就成了我现在的工作。"六个月后，她的老板请她喝咖啡。老板跟她说："你是我手下最棒的员工，但你看起来总是很忧伤。"老板建议她读一本有关整体医疗的书籍。杜瓦尔说："这本书改变了我的命运。它让我了解到，我的一切，包括心灵、身体和情绪，都在一起工作。我的饮食会影响我的思维。我的感觉会影响我的免疫系统。这本书说得很有道理，但却从未有人向我提出过类似的建议。"

　　基于所阅读的内容，杜瓦尔接受了甲状腺功能检查。检查结果显示，她面临甲状腺衰退的危险，而这种情况很可能是导致抑郁的元凶。杜瓦尔说："医生建议采用合成激素疗法，但这种药物也有副作用，而我则非常讨厌一辈子依赖药物为生。因此我从根本上改变了我的生活：每天坚持锻炼，不吃加工食品，不摄入糖分和麸质。我研究人体所需的基本维生素类型，并且保证自己能够充分摄入。"一年之后，杜瓦尔说她感觉好极了。"这是我人生中第一次感到浑身充满力量，我每天起床时心情都很好。"

1. 在你看来，为什么没有任何医生向杜瓦尔提及精神与身体的联系？
2. 杜瓦尔的医生建议她服用抗抑郁药和合成激素。你认为美国具有药物依赖文化吗？为什么？
3. 越来越多的人依赖互联网来诊断自己的病症并了解药物的有害副作用。你认为这种做法的优缺点各是什么？
4. 传统西医会如何帮助杜瓦尔找到"治愈"抑郁症的方法？

"强力"学习策略　管理压力

　　压力是不可避免的，对忙碌的大学生来说尤为如此。在第八章的"强力"学习策略中，我们讨论了帮助学生减压的一种基本方法：时间管理。在这里，我们将会更为全面地探讨压力问题。

P
- 保持良好的体形，你的精神状态也会随之变好。定期锻炼，哪怕每天只能锻炼15分钟。
- 养成良好的饮食习惯。吃新鲜食物，杜绝快餐食品，保证蔬菜和水果的充分摄入。
- 减少饮用含糖类饮料和咖啡。咖啡因会增加压力。

O
- 列出你的生活中导致压力的任何事情，然后将它们按照压力大小进行排序，从而首先解决最主要的压力源。

W
- 保持控制。当我们感到失去控制时，压力就会随即产生，所以一定要控制住局面。比如，如果两份重要作业的上交最后期限为同一天，你可以与其中一位老师进行沟通，说明你的情况，请求老师允许你推迟提交日期。如果这位老师不同意，你可以找另一位老师进行沟通。
- 不要违背自己的承诺，你可以重新进行调整。如果你手头事情过多，你可以调整日程安排，将工作划分为更小的环节，缩减工作范围或者作出其他改变。如果你仅仅违背承诺却未做调整，你的负罪感势必会让你压力倍增。
- 将压力重定义为机会。比如，如果你必须快速学会一个新的电脑程序或常规工作，你就需要将这种压力视为学习机会。你的新技能可能很快就能在下一门课程或下一个场景中发挥重要作用。
- 不要沉湎于过去。如果你上周考试成绩不理想，干脆忘掉这件事，努力争取下次做得更好。回首不可更改的往事没有任何意义。
- 得到支持。与家人、朋友、同学和学习顾问沟通交谈，以此发泄压力。即使他们只是聆听和点头，你也会感觉舒服一点。甚至他们还会有一些很好的建议，来帮助你克服当前的压力。
- 放松自己。使用放松技巧，如冥想或瑜伽。在网上找到好的自助放松方法并进行尝试。放松的确能够打破压力的束缚。

E
- 每天早上监测自己的情绪和压力水平。如果你需要做更多事情来减压，请回顾上述建议，或者也可尝试一些新方法。

R
- 反思压力本身，尝试与压力和平共处。如果没有压力，生活会是什么样子？挑战是会带来压力，但是没有挑战的人生会是非常无趣的。
- 不要为些小事忧心忡忡。你可能会惊讶地发现，你所承受的很多压力可能都是小事造成的。一定要保持理性。

赐予我力量 你在管理压力，还是压力在控制你？

没有人能够完全按照自己的喜好来安排人生。各种需要突然出现。意外事件层出不穷。即便艰难时期出现好机会，人们也会觉得它们让自己倍感压力。没有人能够完全控制事态，但是每个人都能控制随之而来的压力。为了评价你的压力管理技能，请在以下各项后选出适当的回答，然后算出总分。

几乎没有 =0　有时 =1　经常 =2

1. 我的晚餐常常是外带的墨西哥肉卷、32 盎司的软饮料和 1 夸脱 Ben & Jerry 牌冰淇淋。
2. 我总是很忙，但却似乎总是落后很多。
3. 我感觉当自己考得很差时，继续努力没有任何意义。
4. 任务清单上总有事情要做时，我总是感到很紧张。
5. 我不能谈论自己的压力。我认识的每个人都能各方面兼顾，我不想让自己显得像个失败者。
6. 我在忙碌的时候会喝很多咖啡。
7. 在开始一项新任务，如新课程、新工作和重大改变时，我总是非常焦虑。
8. 我记不起上次放一天假或睡一整晚是什么时候。
9. 我不知道什么让我感到压力巨大。我只是觉得承受不了。
10. 我很想出去走走，但在干完工作前，我完全无法甩开手头的事情。

得分

0—5 分：你能有效管理自己的压力。你知道什么导致压力，也知道如何减压。

6—10 分：你具备一些压力管理技能，但你处理压力的方式并不稳定，这意味着你承受着不必要的压力。

11 分或以上：你需要认真看待压力管理，这不仅仅是为了应付课程，更是为了你的健康。请重新阅读上一页中的建议，更轻松地开始呼吸吧。

13

第十三章

教　育

模块 40　关于教育的社会学视角

模块 41　作为正式组织的学校

社会学实务——非母语英语教程的老师

伊米莉亚·华瑞兹（Emilia Juarez）是加州一所小学的非母语英语教程的老师。她的学生的母语是西班牙语、日语和汉语。她说。"我的工作就是教这些小孩子英语的听说读写，让他们能听懂一般课程。"华瑞兹能说一口流利的西班牙语，她也研究过学生们的多样性文化。"就像他们在1960年代时说的，如果你想了解并帮助自己的学生，你就必须知道他们来自哪里。"

华瑞兹用宏观教学法的课程来教英语。"我既用普通方式：教科书、视频和考试来教大家基本技能，也会用电脑游戏来教大家语法。这是一种学习枯燥无味内容的'无痛'方式。"华瑞兹很喜欢在实地考察中与学生交谈，他们可以在实际情境中学习听说技能。"我的角色是帮助他们展示自己学到的东西。学会第二种语言对孩子们来说是一个非常大的挑战。我的学生们大都非常聪明和有能力。我的工作就是帮他们学会英语，这样他们就能展露自身天赋。"

本章内容概述

本章我们将会关注教育的社会功能。首先，我们将会讨论四种主要社会学视角如何看待教育。随后，我们将会检视作为正式组织的学校，即学校的官僚化和师生的亚文化。我们也会审视背离制度化教育的运动，即居家教育，以及其广为人知的失败案例。最后，在社会政策部分，我们将会讨论教育法修正案第九条，这则联邦法律力图促进教育上的性别平等，它是其中最有效力的相关法律，但也激起了广泛的争议。

模块 40

关于教育的社会学视角

准备 学习目标

LO 40-1　用功能论视角描述学校的显性功能和隐性功能

LO 40-2　用冲突论、互动论和女性主义理论视角分析教育

组织 模块大纲

功能论视角

冲突论视角

女性主义视角

互动论视角

工 作

当学习成为明确且正式的过程，即有人有意识地教有人则充当学习者角色，这种社会化过程就被称为**教育**（education）。与宗教和家庭一样，教育也是一种普遍的文化模式。

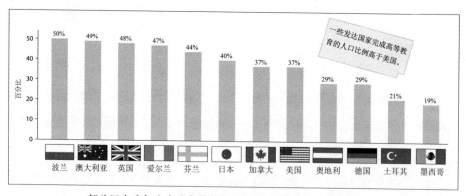

部分国家成年人完成高等教育的比例（文学学士或理学学士）

注：2009 年 25—64 岁的成年人。

资料来源：Organisation for Economic Co-Operation and Development, 2012c; Table A3。

教育不仅是美国的主要产业，也是正式对其社会成员进行社会化的社会制度。过去几十年，越来越多的人取得了高中、大学及其他高级专业学位。上图展现了部分国家拥有大学学历的人口比例。

纵观全球，教育已经成为一种庞大而复杂的社会机制，负责训练公民适应如家庭、政府和经济体系等其他社会制度所需要的角色，关于教育这种社会制度，功能论、冲突论、女性主义和互动论视角都提供了独到的见解。

LO 40-1 功能论视角

与其他社会制度一样，教育同样具有显性功能和隐性功能。教育最基本的显性功能就是传播知识。学校教会学生许多技能，如怎么阅读，怎么说外语，如何修理汽车。教育的另一个重要显性功能则是授予地位。由于很多人都认为教育并非公平地执行这种功能，所以我们将会把这一内容留待冲突论视角部分再加以探讨。

除开这些显性功能，学校还有一系列隐性功能，如传播文化、促进社会及政治融合、维持社会控制，以及作为社会变迁的媒介。

在电影《哈利·波特和死亡圣器（下）》里，哈利·波特就读的魔法学校完全是虚构的，但这所学校就像真实学校一样，向学生们传播得到社会认可的文化。

传播文化

作为一种社会制度，教育发挥着相当保守的功能，即传播主流文化。学校教育让每一代年轻人充分接触并接收社会既存的信仰、规范和价值观。在我们的社会中，我们学习对社会控制和既存制度表示尊敬，如宗教、家庭和掌权者。当然，在很多其他文化中，教育也发挥着相同的作用。当美国的学生聆听华盛顿和林肯的伟大成就时，英国的学生也正在学习女皇伊丽莎白一世和丘吉尔的卓越贡献。

有时国家也会重新评价其向学生传播文化的方式。过去十年，中国政府修改了历史教科书。现在，中国学生在历史课堂上学到，二战中，中国共产党在击败日本的过程中发挥了关键作用。不过，中国的历史课本中甚少提到"大跃进"并未成功地将以农业为经济基础的中国催熟为工业化强国（French, 2004）。

促进社会及政治融合

很多大学都要求大一和大二的学生住校，以此让这些来自不同群体的学生形成集体归属感。教育将来自不同种族、族群和宗教背景的学生转变为拥有一定程度共同身份认同的群体，由此实现其促进社会及政治融合的隐性功能。美国的学校历来都扮演着将移民后代社会化，使其接受主流文化的规范、价值观和信仰的重要角色。从功能论视角来看，教育所培养出的共同身份认同及社会融合，对社会稳定和共识大有贡献（Touraine, 1974）。

过去，教育强调推广使用通用语言，以此显著地展现出教育的融合功能。移民的小孩需要学习英语。有时，学校甚至禁止他们在校内说母语。近来倡导双语教育的人捍卫双语教育，因为双语教育具有教育价值，而且能够鼓励文化多样性。但批评者则认为，双语教育会削弱传统教育促进社会及政治融合的作用。

维持社会控制

学校在发挥传播知识的显性功能时所实现的作用，远远超过教导阅读、写作和数学技能。就像家庭和宗教等其他社会制度那样，教育让年轻人学习社会规范、价值观和奖惩制度，从而逐渐长大成为行为高效、遵守秩序的成年人。

通过行使社会控制，学校教给学生多种重要的技能和价值观，以备他们日后在职场上使用。他们学习守时、自律、安排时间和工作责任等基本素质，并学习如何在复杂的官僚体系中通过协商解决问题。作为一种社会制度，教育反映了家庭和经济（另一种社会制度）的利益。学校训练学生各项技能，使其能够承担未来的工作，不论是在生产线上还是在医生办公室。实际上，学校是社会控制的过渡性媒介，在存在于大多数人生命历程中的家长与雇主之间架设了沟通的桥梁（Bowles and Gintis, 1976；Cole, 1988）。

有时，学校会以一种反映社会价值观和偏见的方式去引导乃至限制学生的发展志向。学校管理人员可能会为体育项目提供充足的经费，但却会减少对音乐、艺术和舞蹈的经费支持。教师和咨询老师可能会鼓励男生追求科学领域的职业发展，同时却会鼓励女生去当早教老师。这种将学生进行传统性别角色分化的社会化过程，也可被视为一种社会控制形式。

作为社会变迁的媒介

到目前为止，我们只讨论了教育的保守功能，即传播既存文化、促进社会及政治融合，以及维持社会控制。然而，教育也能促进或带来理想的社会变迁。性教育课程被引入公立学校课程中，以此来应对未成年人怀孕率逐年攀升的问题。优先考虑女性或少数族裔群体就学的平权运动，被视为用以消除种族及性别歧视的途径。"先行教育计划"（Project Head Start）是一项每年服务 90.4 万名儿童的早期教育方案，旨在弥补低收入家庭孩子在入学准备方面的劣势（Bureau of Census, 2011a；Table 574）。

这些教育项目能够改变而且已经改变了人们的生活。例如，接受更长年限的正规教育可以帮助人们提高收入水平；受教育水平越高，收入中位数也会随之显著提高。想一想，一生之中，不断增加的收入能起到多么重要的作用。显然，不同种族和性别之间的收入差距也非常明显。尽管这些因素也造成了收入不平等问题，但影响个人终身收入的最重要指标却仍是个人接受正规教育的时长（参见下表）（Julian and Kominski, 2011；Wessel and Banchero, 2012）。

由于少女中未婚先孕率居高不下，为了应对这种情况，现在很多学校都开设了性教育课程，以倡导禁欲和安全性行为。当学校努力纠正负面的社会发展趋势时，它们就在扮演社会变迁媒介的角色。

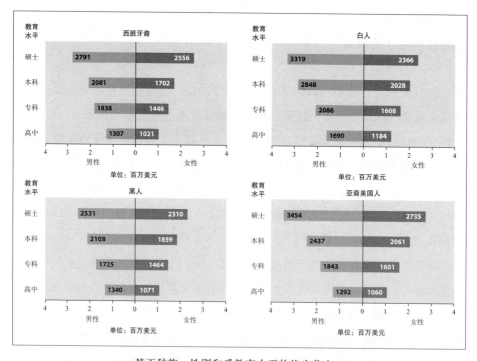

基于种族、性别和受教育水平的终生收入

注：基于 2006—2008 年间美国社区调查结果，对 25—64 岁全职在岗工人终身收入的估算数据。

资料来源：Julian and Kominski, 2011: 6。

大量社会学研究显示，接受更长年限的正规教育会使公众以开放的态度接受新观点和自由主义社会和政治思潮。社会学家威廉斯（Williams，1964）指出，受过良好教育的人更能获取事实信息，持有多元主义观点，并有能力在分析中发现最细微的差异。正规教育强调具体而详尽的陈述（而非宽泛的推论）之重要意义，以及质疑（而非直接接受）现存真理和习俗的需要。科学方法依赖对假设的检验，由此反映出现代教育中典型的怀疑精神。

LO 40-2　冲突论视角

功能论视角将当代教育描绘为一种基本良性的制度。比如，它认为学校会理性地筛选学生，让他们日后能够承担社会地位较高的工作，因而教育能够满足社会对人才及专业技术人员的需求。相反，冲突论视角则将教育视为精英阶层维持其控制权的工具。冲突论者指出，在不同族裔群体获得的教育机会上存在严重的不平等问题。2014年，美国庆祝了最高法院作出的"布朗诉教育局案"60周年纪念日，这一裁决具有里程碑意义，裁定公立学校种族隔离制度违宪。然而，时至今日，美国学校仍然存在明显的种族隔离。比如，白人学生仅占全国入学人数的一半多点儿，但他们却会选择学生人群大多为白人的学校就读，在这类学校中，白人学生的比例达到75%。15%的非裔学生和14%的拉丁裔学生会就读所谓的"种族隔离学校"，在这类学校中，白人学生的比例竟然不足1%。最近几十年来，美国全境的非裔和拉丁裔家庭出现了急剧的郊区化发展趋势，但仍有80%的拉丁裔学生和74%的非裔学生选择了大多为非白人学生的学校就读，也就是说，这些学校中少数族裔群体的比例达到50%—100%。

冲突论者指出，教育体系通过社会化过程，教导学生接受掌权阶层的价值观，并借维持社会秩序之名行扼杀个人主义和创造力之恶行。而且学校教育所促进的社会变迁程度相对并不显著。从冲突论视角来看，教育的抑制作用在"隐藏课程"和地位授予的不同方式上表现得尤为明显。

隐藏课程

学校是高度官僚化的组织，接下来我们将会逐渐了解这一点。为了维持秩序，很多老师都依赖于规章制度。不幸的是，学校对控制和纪律的要求常常超过对学习过程的重视。老师们有时甚至会把服从规则视为学习的目标。在这种情况下，学生和老师就会成为杰克逊（Jackson, 1968）所称"隐藏课程"的受害者。

隐藏课程（hidden curriculum）是指，学校通过潜移默化的教育过程，传递社会认为适当的行为标准。根据这一课程，上课时老师没有点到自己的名字，学生绝对不能开口讲话，而且学生必须按照学校的铃声或钟声来调整自己的活动时间。除此之外，学校还会要求学生专心于自己的学业，而不应该去帮助那些学习吃力的同学。隐藏课程在世界各国的学校中都很明显。比如，日本的学校提供辅导课程，力图改善课堂体验和培养健康的生活技能。实际上，这些辅导课程仍在不断地向日本学生灌输在职场行之有效的价值观，如自律、集体解决问题和集体决策，并鼓励他们具有相应的行为（Okano and Tsuchiya, 1999）。

在过度强调服从的教室里，学生会非常重视取悦老师并保持安静，而非追求创造性思考和学术学习。习惯性地服从权威很可能会引发令人痛苦的行为，就像米尔格拉姆在其经典的服从实验中记录的那样。

文凭主义

60年前，高中文凭是进入美国有薪劳动力市场的最低门槛。今天，大学文凭基本上已是最低要求。这一改变反映了**文凭主义**（credentialism）的发展过程。"文凭主义"一词被用来描述进入一个领域所需要的最低教育水平的提高。

最近几十年来，被视为专业的职业数量增加了。文凭主义是这一趋势的征兆。雇主和职业协会通常都认为，这种改变是针对许多日益复杂的工作合乎逻辑的反应。然而，在很多情况下，雇主之所以会提高某一职位的学历要求，仅仅是因为所有申请者都达到了现行最低文凭要求（Brown, 2001）。

冲突论者观察到，文凭主义可能会强化社会不平等现象。来自贫困和少数族裔群体的申请者尤其可能会因职业要求的提高而提前出局，因为他们缺乏足够的资金来源去追求更高的学位。除此之外，文凭的升级是为最应为这一趋势负责的两个群体服务。由于学生需要留校继续深造，不得不投入更多的时间和金钱，所以教育机构就能从中获利。此外，正如赫恩（Hurn，1985）所提出的，现在的从业人员与不断提高的职业要求之间存在利益关系，因为文凭主义能够提高职业地位和工资。韦伯早在1916年就预计到了这一可能性，他总结道："对各个领域中学历证书的普遍大力提倡，使得企业和办公室中产生了特权阶层。"（Gerth and Mills，1958）

地位授予

社会学家早就意识到教育在社会分层中所起的核心作用。功能论者和冲突论者都认为，教育具有授予地位的重要功能。根据戴维斯和摩尔的看法，社会必须将其成员分配到各种社会位置上，而教育则正好具有这种功能：它筛选适当的课程给学生就读，让他们学会不同的技能，为日后进入劳动力市场的不同位置做好准备。

正如本章开篇所见，获得高中文凭、大学学位和更高级的专业学位的美国人越来越多。从功能论视角来看，地位授予的范围不断变得更为宽泛，不仅能让某个地位的获得者获益，而且对整个社会也是非常有益的。

冲突论者对教育授予地位上的差别对待方式抱持高度批判态度。他们强调指出，学校是根据学生的社会阶级背景来筛选学生。教育体系可以帮助来自穷苦家庭的子女跻身中产阶级职业位置，但却不会让大多数弱势群体的孩子享受与富裕人家孩子同等的教育机会。学校往往通过这种方式将前一代中的社会阶层不平等继续传承给下一代人。特别是高等教育，它发挥了类似筛网的功能，将合适的人才从受过教育的人群中筛选出来，而非是为那些一心向上的人架设助其社会地位上升的阶梯（Alon，2009；Giroux，1988；Sacks，2007）。

高等教育和培训所授予的地位往往花费不菲，最近几十年来这笔费用越发变得昂贵。1981—2011年间，美国私立大学学费上涨17581美元，四年制公立大学学费上涨9324美元；社区大学学费上涨3155美元，增速与通货膨胀率大致持平；两年制学院学费增速远低于四年制大学（National Center for Education Statistics，

2013)。而在学费增加的同时,财政资助却是更难获得。

甚至单独一所学校,都会通过能力分流的方式来强化阶级差异。**能力分流**(tracking)是指学校根据考试成绩和其他标准,让不同水平的学生学习不同程度的课程这一做法。能力分流从很早时期就开始了,往往从小学一年级阅读分组时就开始进行。如果贫困家庭的子女在幼年时从未接触过图书、电脑或其他形式的教育激励资源,这一做法就会使他们面临更加不利的局面。忽视能力分流与学生种族和社会阶层的关系,会使我们从根本上误解社会维持现有社会结构的方式。

毫不意外的是,最近大多数关于能力分流的研究都对其效果提出了质疑,尤其是对低能力学生而言。在一项针对加州低收入学校的研究中,研究者发现,进行能力分流的学生与并未进行能力分流的学生之间存在惊人的差异。在某所学校,所有感兴趣的学生都获得允许,可以选择学习大学预修课程(AP),选课者不再局限于那些由学校管理人员选出的学生。自由选课的学生中有一半都考出了足够获得大学学分的分数,这一比例远远高于选择性进入项目,后者中仅有17%的学生具备获得大学学分的资格。因而,能力分流项目并不一定能够筛选出具备成功潜质的学生。

冲突论者认为,能力分流所产生的教育不平等,是为了迎合现代资本主义社会的需求。鲍尔斯和金迪斯认为,资本主义需要有技术且守纪律的劳动力,美国的教育体系正是为了这个目的而设置的。他们引用了诸多研究来支撑他们所谓的**对应原则**(correspondence principle)。根据这一理论,学校提倡与每个社会阶层相对应的个人价值观,并使社会阶级差异得以代代相传。因而,工人阶级的孩子就被认为必定要处于从属位置,他们很可能会被分配到学校的职业能力班或普通班,这些班级强调的是密切的监管和对权威的顺从。相反,富裕阶层的子女则更可能被分到大学预备班,这些班级强调领导力和决策力,即他们在成年后被期望具备的各种技能(McLanahan and Percheski, 2008)。

LO 40-2 女性主义视角

与其他社会制度一样,一直以来美国教育体系的典型特征就是歧视女性。1833年,奥柏林学院成为第一所招收女学生的高等学府,而第一所男性学院则成立于此前两百多年前。但是奥柏林学院认为，女性应该渴望成为妻子和母亲，而不是律师和知识分子。除了上课之外，女生要为男生洗衣服，收拾房间，并在他们用餐时提供服务。1840年代，奥柏林学院的女本科生露西·斯通（Lucy Stone）拒绝写毕业典礼致辞，因为它将会由一位男生来宣读。这位女生后来成为美国最敢于直言的女性主义领导者之一。

进入20世纪，教育中的性别歧视表现在很多方面，比如教科书中关于女性的负面刻板印象，指导老师对女生施加压力，让其为"妇女的工作"做好准备，以及在资助女生和男生运动项目上存在的不平等。但是，性别歧视表现最明显的地方还是在教师聘用上。美国的大学教授和学校管理人员拥有较高的社会地位，基本上全由男性来担任。与其相比，公立学校的教师收入要低上很多，因而基本上都是由女性来担任。

女性在一个领域中取得了巨大进步，那就是继续学业的女性比例。1969年，获得本科学位的男性数量仍是女性的两倍。今天，参加本科毕业典礼的女性数量已经超过了男性。此外，由于1972年教育法案的实施，过去几十年，女性获得研究生教育和医学、牙科及法学院教育的机会急剧增加。本章最后的社会政策部分将会探讨宪法第九条修正案的深远影响，这项法案关注的是教育领域的妇女歧视问题。

女性已经取得了许多卓越的学术成就。今天，研究者正在开始研究女性在校期间表现抢眼的原因，或者也可说是男性表现平庸的原因。有研究表明，男性的攻击性，以及就算男性受教育程度偏低但在工作场所也会比女性做得更好的事实，让他们非常容易低估高等教育的价值。大学校园中"男性缺席"已占据头条，但它在公共舆论上却造成了虚假的危机。几乎没有哪个学生会完全通过正规教育实现自身潜力；实际上，往往是野心和个人才能等其他因素促使他们取得成功。而且许多学生，包括低收入家庭和移民群体的子女在内，都面临着比所谓"性别鸿沟"更加严峻的挑战（Buchmann et al., 2008；Corbett et al., 2008）。

在社会规范仍然强调传统性别角色的文化中，女性受教育情况更糟。自2001年9月11日以来，世界各国更加了解塔利班对阿富汗女性的压迫，这种认识使欠发达国家在教育方面的性别不平等变得更为显著。研究表明，女性对经济发展和政治管理起着至关重要的作用，唯有教育才能让她们日后更好地承担这些角色。

对女性（尤其是年轻女性）的教育，能够降低生育率，并通过良好的管理提高农业生产力，进而产生巨大的社会回报（Coleman，2004）。

LO 40-2　互动论视角

高中生知道自己是谁——有资格获得免费午餐的孩子。他们不堪背负污名，所以在有的学校中，这些孩子会在收银处购买少量食物，或者直接不吃饭，这样他们就可以避免被打上"穷孩子"的标签。旧金山的学校官员非常关注他们的困境，因而决定使用零现金食堂，在这里，不论贫富，所有人都只能用一张借记卡（Pogash，2008）。

这种标签理论说明，如果我们以特定方式对待他们，他们可能就会作出完全符合我们预期的行为。打上"麻烦精"标签的孩子会逐渐认为自己就是坏小孩。

在东京，一对家长护送女儿到一家炙手可热的私立学校参加入学面试。有些日本家庭在孩子刚满两岁时就会将其送入补习学校。与美国家长一样，日本家长也知道，高等教育能够授予地位。

同理，主流群体对少数族裔群体的"刻板印象"，则会限制他们打破预期角色的机会。

这种标签过程会出现在课堂上吗？互动论者关注微观层面的课堂动态，所以他们对这个问题非常感兴趣。社会学家贝克尔（Becker, 1952）针对芝加哥低收入地区和富裕地区的公立学院进行研究。他发现，学校管理人员对来自低收入地区的学生期望较低，并猜想教师是否可能会完全接受管理人员的看法。十年后，在《教室中的皮格马利翁》中，心理学家罗森塔尔和校长雅各布森（Rosenthal and Jacobson, 1968, 1992）记录了他们认为的**教师期望效应**（teacher-expectancy effect），即老师对学生表现的期望，可能会对学生的实际表现产生影响。这在低年级（一至三年级）中表现得更加明显。

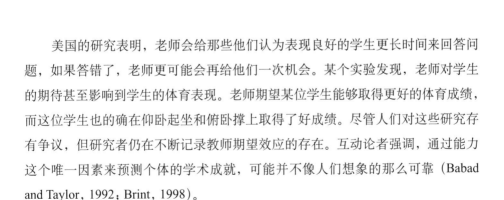

站在他人的角度思考问题——小学教师

在课堂上，关于性别角色的教师期望效应该如何发挥作用？

美国的研究表明，老师会给那些他们认为表现良好的学生更长时间来回答问题，如果答错了，老师更可能会再给他们一次机会。某个实验发现，老师对学生的期待甚至影响到学生的体育表现。老师期望某位学生能够取得更好的体育成绩，而这位学生也的确在仰卧起坐和俯卧撑上取得了好成绩。尽管人们对这些研究存有争议，但研究者仍在不断记录教师期望效应的存在。互动论者强调，通过能力这个唯一因素来预测个体的学术成就，可能并不像人们想象的那么可靠（Babad and Taylor, 1992；Brint, 1998）。

E 评 估

1. 最近大多数对按能力分组的研究都质疑了它的_____。

   (a) 效度，特别是对成绩较差的学生而言

   (b) 不能够提高成绩较好学生的前景

   (c) 将成绩较好和较差的学生混合安排在相似课程中的趋势

   (d) 无法与老师的期待保持一致

2. 半个世纪前，高中学历是进入有薪劳动力市场的最低要求。如今本科学历已经变成最低要求。这一变化反映了（　　）的过程。

   (a) 能力分流　　(b) 文凭主义　　(c) 隐藏课程　　(d) 对应原则

3. 鲍尔斯和金迪斯认为，资本主义需要有技术且守纪律的劳动力，而美国的教育体系正是为了这个目的而建构的。通过引用诸多研究，他们印证了所谓的（　　）。

   (a) 能力分流　　(b) 文凭主义　　(c) 对应原则　　(d) 教师期望效应

4. 教师期望效应与（　　）的联系最为紧密

   (a) 功能论视角　　　　　(b) 冲突论视角

   (c) 互动论视角　　　　　(d) 女性主义视角

5. 学校发挥多种（　　）功能，如传播文化、促进社会及政治融合、维持社会控制。

   答案：1. (a)　2. (b)　3. (c)　4. (c)　5. 潜在

R 反 思

1. 整合与社会控制的功能如何互相促进？它们之间存在何种矛盾？

2. 学校进行能力分流具有哪些功能和反功能？能力分流从哪些方面能对不同学生的自我认识产生积极影响？什么情况下会产生消极影响？

模块 41

作为正式组织的学校

P 准备 学习目标

LO 41-1 解释学校的官僚化和对教学的影响

LO 41-2 分析老师和学生在正规教育中的角色

O 组织 模块大纲

学校的官僚化

教师：员工兼指导者

学生亚文化

居家教育？

社会政策与教育

W 工 作

19 世纪的教育家可能会对 21 世纪美国学校的规模感到大为震惊。今天，美国共有 1500 万高中生，而 1961 年这个数字为 1000 万，1931 年则仅为 500 万（Bureau of Census, 2011a: Table 246；2012c: Table H S−20）。

从很多方面来看，如果我们把今天的学校视为一种正式组织，那么它就会跟工厂、医院、公司非常相似。与那些组织一样，学校也并非自主运作；它们会受到潜在学生市场的影响。私立学校尤为如此，但若对传票制度（voucher plan，担保人计划）和其他择校项目（school choice program）接受度提高的话，其影响可能还会更为广泛。在我们探讨学校的官僚化本质、教学作为一种职业和学生的亚文化时，学校与其他正式组织之间的共同点就会变得更加明显（Dougherty and Hammack, 1992）。

LO 41-1　学校的官僚化

单靠一位教师来向一群年龄不同、日后会进入不同行业的儿童传输文化或技能，这显然是一项不可能完成的任务。学校体系中接受教育的学生数量不断增加，科技程度更为复杂的社会对专业化要求的提高，在这两种情况的综合作用下，学校逐渐发展成为官僚化组织。

韦伯指出了官僚化的五个基本特征，这些特征在绝大部分学校里表现得都很明显，不论是在小学、中学，甚或是在大学。

（1）**劳动分工**。各种专家负责教导特定年龄段的孩子和特定的科目。公立小学和中学现在还聘用特殊教育老师，这些老师的唯一责任就是教导有学习障碍或身体残疾的孩子。

（2）**权威等级**。学校系统中的每位雇员都对其上级权威负责。老师必须向校长或校长助理汇报工作，并可能受到部门领导监管。校长对学校主管负责，学校主管则由教育董事会聘用或解聘。

学校努力帮助师生建立积极关系，但很多年轻人仍然认为学校是一个非人性化的机构。

（3）**明文法规**。老师和管理人员在行使职责时必须遵守许多法规。这一官僚化特征可能具有反功能：填写表格的时间，本可用于准备课程或与学生沟通。

（4）**非人性化**。随着中小学和大学班级规模的扩大，老师们很难对每个学生都给予个人关注。实际上，官僚规范可能会鼓励老师采用相同的方式对待学生，尽管学生的个性和学习需要各不相同。

（5）**基于专业资质聘用**。至少在理论上，中小学和大学教师的聘用是基于其专业能力和专业知识。晋升通常都由书面人事准则来决定：表现优异的人可以获得终身教职，进而得到终身工作保障。

功能论者对教育官僚化抱有基本积极的看法。老师们能够努力掌握教导特定学生所需要的技能，因为社会不再期望他们成为全能型教学人才。学校的命令环节非常清晰。由于规则都是统一应用，学生应该能够得到平等对待。最后，职位保障保护老师免受不公平的解聘。总的来说，功能论者强调，教育的官僚化增加了学生、老师和管理人员得到公平对待的可能性，只要评判标准是理性和公平的。

相反，冲突论者则认为，愈加集中化的教育会对处于劣势地位的人们造成危害。教育课程（包括教科书）的标准化，主要反映出社会上掌权群体的价值观、利益和生活方式，而会忽略少数族裔群体。此外，弱势群体发现，他们比富裕阶层更难了解复杂的教育官僚机构，也很难组织起有效的游说群体。因此，冲突论者认为，低收入和少数族裔群体的家长对市级和州级教育主管人员的影响，远低于其对当地学校官员的影响（Bowles and Gintis, 1976；Katz, 1971）。

有时学校过于官僚化，往往会扼杀而非培养学生的求知欲。这种担忧使得很多家长和政策制定者一起推动择校方案，即允许家长选择适合他们子女需求的学校，并强迫学校相互竞争，争取更多"顾客"。

在美国，网络教育的普及是另一种与学校官僚化相抗衡的重要趋势。越来越多的大学通过网络网罗更多学生，让他们舒舒服服坐在家中就可以学习整个课程，乃至全部专业课程。网络课程对那些半工半读的学生和其他因距离或残疾而难以进入传统课堂学习的人来说，是一种非常灵活的学习途径。对这类学习的研究才刚刚开始，因而师生接触能否在网上蓬勃发展暂时仍未可知。以计算机为媒介的指导可能会对老师的雇员身份造成影响，关于这一点我们接下来将会展开进一步的讨论。同时，它也会影响居家教育（又称"在家上学"）等其他教育替代形式。

美国教育：力争上游

从幼儿园到中学，美国教师面临着很多挑战，包括帮助学生备考标准化考试。

LO 41-2　教师：员工兼指导者

不论是学龄前幼教还是研究生导师，老师们都是在有着官僚化结构的正式组织中工作的员工。在一个官僚体系中承担专业人士的工作，这本身就存在着固有的冲突。组织遵循等级原则，期望组织内的员工都遵循规则，但专业化又要求专业人士担负起个人责任。这种冲突对老师来说是非常真实的，他们经历了所有在官僚体系内工作的利与弊。

每位老师每天都要承受很多复杂的压力。老师的学术任务变得更加专业化，但他们的工作对时间的要求仍然非常多样且相互矛盾。老师必须同时身兼数职，包括教师、训导员和学区雇员，这势必会产生冲突。在很多学校，纪律意味着处理暴力问题（参见下页专栏）。面对这些压力，结果就是职业倦怠：约25%—33%的新教师在任教后头三年内就会退出这个行业，约一半老师在从教头五年内就会从贫困的市区学校辞职。

今日研究　校园暴力

科罗拉多州的利特尔顿、明尼苏达州的红湖、阿肯色州的琼斯伯勒、肯塔基州的西帕迪尤卡、康涅狄格州的纽敦市、宾夕法尼亚州的埃丁伯勒和俄勒冈州的斯普林菲尔德——现在这些地名都已不再只是小镇或中等城市的名字。这些名字中回荡着枪声,学生们在校园内屠杀其他学生的声音。由此造成的结果就是,人们不再将学校视为避风港。但是,这些印象的准确度又有多少呢?

对校园暴力的研究关注最近接连发生的校园暴力事件:从 2009 年到 2010 年,仅有 17 个 5—18 岁的孩子在校内遇害;孩子在校遇害的比例低于 2%;约 7% 的老师报告自己曾遭到本校学生的暴力危险。

由此可见,学校仍然比街区安全,但因媒体对近期事件的大肆报道,人们对校园暴力猛增现象仍然感到非常不安。有些冲突论者反对近期对校园暴力事件的强调。他们指出,贫民区学校内外的暴力事件早已是家常便饭。似乎只有当中产阶级白人孩子成为校园暴力的受害者时,校园暴力才会成为国家政策议程的重要部分。当暴力伤害中产阶级时,这个问题就不再被视为一种新型不法行为,而是一个结构性问题,需要通过立法手段如枪支管控来予以解决(参见第七章的社会政策部分)。

女性主义者观察到,几乎所有校园暴力的罪犯都是男性,而在有些案例中,如琼斯伯勒案例,受害者则大多为女性。这些暴力事件的诱因往往是恋爱关系破裂,这也是男性对女性实施暴力的另一个例子(或者说,在上述案例中,男孩针对女孩的暴力)。

抵制校园暴力的努力逐渐集中在年轻人的社会化过程如何造成暴力这一问题上。例如,美国医学会开发了一套针对小学生的暴力预防课程,教给他们与愤怒处理、冲动控制和移情相关的社会技能。

有些人认为,防止校园内外暴力的关键所在是家长加强对孩子的监管。帕特丽夏·赫什(Patricia Hersch)在《一个不同的部落:美国青少年心理探寻》(1999)中,记录了三年来生活在弗吉尼亚州郊区的八位青少年的生活经历。她认为:孩子们在生活中需要与成年人建立起有意义的关系。前教育部长理查德·赖利(Richard Riley)则引用多项研究并指出,如果青少年觉得与家长和学校联系紧密,他们就不太可能会作出高危举动。

讨论

1. 你的学校是否发生过枪击或其他暴力行为？如果发生过此类事件，学生们有何反应？专家认为学校比家里更安全，你是否也有相同的感觉？
2. 在你的学校，管理人员采取了哪些措施来防止暴力行为？这些措施是否奏效？还是应该采取其他措施？

资料来源：Centers for Disease Control and Prevention, 2008b; Department of Education, 1999, 2004; National Center for Education Statistics, 2002。

考虑到这些困难，教学在美国是否仍是一个受欢迎的职业呢？2012年，大一新生中约3.2%的男性和8.2%的女性希望成为小学或中学老师。相比1966年，11%的大一男生和37%的大一女生希望进入教育行业大展身手，这些数据显然大为下降（Pryor et al., 2007, 2013）。

毋庸置疑，经济方面的考量影响到了学生对教学吸引力的感受。2012年，公立小学和中学教师的平均薪水是55418美元，基本相当于全国有薪劳动者的平均收入水平。在大多数发达国家，教师的薪资都会高于一般生活水平。当然，美国各州的教师工资各不相同（2011—2012年度，南达科他州最低，为38804美元，纽约州最高，为73998美元，其他各州则介于两者之间），甚至不同学区之间都有较大差别。尽管如此，与其他职业相比，教学的经济回报可以说是不值一提：大公司首席执行官一天的收入都会高于一般老师一年的收入。

站在他人的角度思考问题——学校管理人员

除了提高工资待遇，还可以采取哪些措施，使教师这一职业变得更具吸引力？

职业地位反映了许多因素，包括所需教育水平、经济补偿、社会对该职业的尊重度。教育职业在以下三个领域都倍感压力。首先，该职业所需要的正式教育水平仍然很高，而且社会公众已经开始呼吁对教师进行新的能力测试。其次，上述数据表明，教师的工资明显低于其他专业人士和技术工人。最后，该职业的整体声望在过去十年中有所下降。很多教师都有失落感和挫折感，所以他们选择离开教师岗位，进入其他行业另谋发展。

LO 41-2 学生亚文化

教育的一个重要隐性功能与学生生活直接相关：学校可以满足学生社交和娱乐的需要。教育有助于学步儿童和小孩子发展在青少年和成人时期非常重要的人际交往技巧。在中学和大学生活中，学生可能会遇到未来的另一半，建立持续终生的友谊。我们必须切记，中小学、社区学院和大学的上述非正式方面，不可能独立于其显性教育功能而存在。而且非正式社会体系在决定学生未来成败方面，其重要意义绝不亚于学术体系（Crosnoe，2011）。

当人们从外部观察中小学、社区学院或大学时，学生似乎组成了一个团结一致的群体。但是，学生的亚文化实际上相当复杂和多元。根据种族、社会阶层、外表吸引力、学业成绩、体育能力，以及在学校和社区的领导角色，一些中学小团体与社交群体可能就会突然形成。在霍林斯赫德（Hollingshead，1975）对"榆树镇"的经典研究中，他在一所中学里就发现了259个小圈子。这些小圈子的平均规模是5个人，集中在学校本身、娱乐休闲活动，以及宗教和社会团队等各种主题上。

处于这些结构紧密且常常相互隔离的小圈子中，同性恋学生特别容易受到伤害。在这个年龄段中，同辈群体要求顺从的压力非常强烈。尽管对青少年而言还很难说出自己的性取向，但性取向不符合社会预期的学生，很可能会面临非常危险的境遇。

老师和学校管理人员对这些问题越来越敏感。可能更重要的是，有些学校正在建立同性恋-异性恋联盟（gay-straight alliances, GSAs），并对这些组织给予赞助，以此让同性恋青少年与同情同性恋的异性恋学生联合起来。该联盟1984年始于洛杉矶,到 2005 年全美已有近 3000 个类似联盟。后来建立的联盟大多是在 1998 年同性恋大学生马修·谢泼德(Matthew Shepard)被谋杀后成立的。在有些地区,家长激烈反对这些联盟,但是保障保守圣经团体在校内集会权利的法庭裁决令,同样也保障了同性恋-异性恋联盟的权利。2003 年,纽约市公立学校把专为同性恋、双性恋和跨性别学生开设的课程,全部挪入一所单独的专门学校,这可谓是同性恋-异性恋联盟运动的一个里程碑事件。这所学校被命名为哈维·米尔克中学(Harvey Milk Middle School),是为了纪念在旧金山第一位公开承认自己是同性恋的市政府官员,他在 1978 年惨遭暗杀(Gay, Lesbian and Straight Education Network, 2012)。

我们在各大院校也能发现类似的多元化学生团体。克拉克和特罗(Clark and Trow, 1966),以及更近的霍洛维茨(Horowitz, 1978),指出了大学生中存在的四个特有亚文化:

与过去相比,今天的学生亚文化更加多元化。很多成年人重返校园接受继续教育,推进职业生涯或者改变工作行业。

（1）**社团**（collegiate）亚文化关注玩乐和社交。这些学生定义什么是"合理的"学业量（以及多少是"过多的"工作量，进而导致被贴上"苦事"的标签）。社团亚文化的成员不太关注学业。运动员通常非常适合这个亚文化。

（2）**学术**（academic）亚文化认同学院的学术关注，并重视知识本身的价值。

（3）**职业**（vocational）亚文化对职业前景很感兴趣，把大学学习视为获得对晋升很重要的学位的途径。

（4）最后，**非遵从者**（nonconformist）亚文化敌视大学环境，寻求与学业可能相关或无关的想法。该群体可能会通过校园出版物或议题导向团体找到发泄途径。每个大学生最终都会接触这些相互竞争的亚文化，他们必须决定哪个（如果有一个的话）最符合自己的感觉和兴趣。

这些研究者使用的分类学提醒我们，学校是一个复杂的社会组织，几乎类似于拥有不同街区的社区。当然，这四种亚文化并不是美国大学生活中出现的所有亚文化。比如，我们可能会在社区大学或四年制走读学校中发现越南老兵或前全职家庭主妇的亚文化。随着越来越多来自少数族裔群体的学生决定在高中毕业后继续接受正规教育，基于种族和族群的亚文化将会变得更加明显。到2019年，大学校园将会变得更加多元化（Hussar and Bailey，2011）。

社会学家费金（Feagin，1989）研究了一种独特的社团亚文化：以白人为主的大学里的黑人学生。这些学生必须在几乎没有黑人教师和管理人员、校警经常找黑人学生麻烦且课程从不强调黑人贡献的大学里完成自己的学业和社交。费金认为："对少数族裔群体学生来说，生活在一个主要都是白人的大学院校中，意味着必须旷日持久地与'无处不在的白色'进行斗争。"他认为，在这样的学校中，黑人学生总是遭受着公然或微妙的种族歧视，这势必会严重损害他们的自信心。

LO 41-2　居家教育？

大多数人一想到学校，就会想到围墙、老师、管理人员和教学楼里的其他工作人员。但对美国越来越多的学生而言，家就是教室，而老师就是自己的父亲或母亲。现在约有150万学生在家接受教育，约占接受美国基础教育学生总人数的3%。对这些学生来说，与公立学校的学生相比，官僚化和社会结构问题并未对其有明显影响（Grady et al., 2010）。

在19世纪公立学校建立之后，在家教育孩子的家庭，要么是生活在封闭的环境中，要么就是持有与公立学校的世俗环境相冲突的严格宗教观念。但是，如今的居家教育吸引了更多的家庭，而这些家庭则并非一定与有组织的宗教相关。学校教育质量低下、同辈压力和校园暴力，促使很多家长选择在家教育子女。此外，一些移民也选择在家教育子女，以此减轻孩子在转入新社会环境时所承受的压力。比如，越来越多的阿拉伯裔家庭最近纷纷加入居家教育的运动中（MacFarquhar, 2008；National Center for Education Statistics, 2009）。

居家教育的支持者坚信，在家接受教育的孩子，其表现绝不亚于，甚至还会好于公立学校的学生，但批评者则认为，在家上学的孩子完全孤立于外面更大的社区，从而失去了提升社交能力的重要机会。但居家教育的支持者坚称，自己的孩子能从接触自己年龄层外的人中获益。与此同时，他们认为，对于那些患有小儿多动症（ADHD）和学习障碍（LDs）的小孩来说，居家教育是一个上佳选择，这些孩子在小班中常常会有更好的表现，因为这种环境下通常没有太多分心事来扰乱他们的专注力。

居家教育的质量控制是一个问题。在美国50个州中，居家教育都是合法的，但有10个州没有要求如果孩子在家上学必须提交报告，另有14个州只需提交报告即可。剩余各州则要求家长提交孩子所学课程和考试成绩用以进行专业评估。尽管缺乏统一标准，但居家教育法律保护机构（Home School Legal Defense Association, 2005）完成的一项研究述评指出，接受居家教育的学生在所有科目和所有年级的标准测试中，都取得了比其他学生更高的得分。

在家里教育孩子的父母都是哪些人呢？总的来说，他们的收入水平和教育水平都高于平均值。大部分家庭都是双亲家庭，他们的孩子看电视的时间也低于平均水平——这两个因素可以解释为何他们的孩子会有更优秀的学业表现。同样的学生，如果从父母那里获得同等帮助，他们在公立学校中可能也会有同样优异的表现。研究结果不断证实，小班比大班的教学效果更好，而父母和社区的大力支持也是非常关键的因素（Cox, 2003）。

不管在美国围绕居家教育有多少争议，这个问题都不会像在其他一些国家那么严重。2010年，美国移民归化局开始对在家里教育孩子的德国家庭提供政治避难，因为在德国居家教育违反了宪法。在家教育孩子的德国家长会因这种行为而被罚款或锒铛入狱（Francis，2010）。

LO 41-2　社会政策与教育

我们都知道，研究者在研究中会用到多种研究工具，从最简单的观察研究到最先进的电脑技术等。在现实生活中，社会学研究会对公共政策和社会福利产生深远影响，下面我们就来看一下它对教育中性别公平的影响。

关于宪法第九条修正案的争论

很少有联邦政策会像宪法第九条修正案一样能对教育产生如此明显的影响，宪法第九条修正案规定，在联邦政府拨款的公立学校中实行性别平等。国会对1972年教育法的修订，给各种层次学校中的男性和女性都带来了重要变化。宪法第九条修正案取消了按性别分班的制度，禁止在招生和经济援助方面的性别歧视，规定根据入学情况和兴趣，给予女生更多机会参加体育运动。

今天，宪法第九条修正案仍是联邦政府为了促进公民平等而进行的最具争议的一种尝试。它对大学体育项目拨款的影响引起热烈讨论，但它对大学招生和就业问题所产生的真实而深远的影响却常被遗忘。

宪法第九条修正案强调的问题完全符合男女公平对待原则。1972年，在对法律进行重新考虑后，政府决定对接受联邦财政拨款的公立学校强制施行严厉的一致标准，以此支持性别平等。由于大部分公立学校都属于这个类别，所以它们必须重新修改策略，让男性主导的体育项目和其他教育项目都能符合法律要求。

根据这一具有里程碑意义的法案，学校必须通过三项测试中的一项，才能获得联邦政府拨款。第一，男女运动员的数量必须与入学男女学生人数成正比。第二，如果未能满足第一项条件，学校必须证明它们一直以来都在不断地增加女性运动员的机会。第三，学校必须证明，女性的体育运动参与程度完全符合其兴趣或能力水平。

拥有大型大学生运动队（尤其是橄榄球队）的学校，则不得不手忙脚乱地努力平衡球队中男性运动员的庞大数量与不断增加的女性选手数量。有些学校在达成法律要求的后两项测试时成败参半，这两项测试分别是证明本校一直在不断增加女性运动员的机会和评估女学生的兴趣或能力水平。其他学校则选择增加女性能够参与或男女均能参与的体育项目数量。有些学校甚至不惜孤注一掷，毅然取消了一些男性体育项目（如摔跤），或者放开限制，吸引女性加入某些体育项目（如击剑），然而，这种做法引起了能为那些拥有男子运动强队的院校提供实实在在支持的校友团队极大的反感。

法律产生了显著的效果。越来越多的女性开始涉足历来都由男性把控的大学学术领域，如法律和科学。此外，在各大院校，参与篮球、足球、游泳、田径和长曲棍球等体育活动的女性数量猛增。但这项法律依然饱受争议，主要是因为它对男性运动员的影响。如果一所学校选择削减或取消一项男子传统运动项目，它能获得的校友支持就会不断减少。

宪法第九条修正案的社会学应用　宪法第九条修正案的支持者认为，法律已经向之前缺乏机会的学生群体开放了许多学术领域并提供了运动机会。他们认为，这项法律之所以会得到支持，最主要的原因是它能防止女性学生群体因自己的先赋地位或价值观而遭受歧视。简单来说，支持者认为这项法律解决了根本性的不平等，对抗了教育中存在的偏见和歧视。事实表明，女性已经从这项法律中获益；例如，自1972年宪法第九条修正案生效到2013年，参与中学体育运动的女性学生数量从30万猛增至320万。

有些批评者主要关注这项法律对大学体育赛事的影响，他们指控，由于学校必须按照比例对女子运动队提供经费，并向女性提供运动员奖学金，因而男子运动队深受其害，因为运动经费预算紧张的学校只能以牺牲男子运动为代价来拓展女子运动。他们认为，对一个群体的平等是对另一个群体的"逆向歧视"。这项法律的支持者则回应道，"平等"就是这样，解决现存的不平衡并非歧视，而是公正。

除此之外，支持者们认为，增加对女性运动的资助，从某些方面也能让男性受益。自宪法第九条修正案通过以来，男性逐渐替代女性成为女性运动项目的教练和管理者。今天，仅有19%的女子运动队管理人员是女性，而在1970年代这一比例则超过90%。关于中学运动项目教练的情况并未有准确的全国数据，但是一项对明尼苏达州青少年橄榄球队的分析显示，仅有 15% 的球队总教练是女性。

一些社会学家从另一个角度来看待这个问题，他们警告，体育对大学校园的社会影响并非一定会对女性产生积极影响。南加州大学社会学教授迈克尔·梅斯纳（Michael Messner）指出了女性体育运动基金会（Women's Sports Foundation）调研所显示出的令人不安的结果。研究显示，与不参加体育活动的少女相比，因好玩而参与体育运动的少女有更加正面的身体形象。但从事专业体育运动的女孩却比其他女孩更可能服用类固醇，并更敢于冒风险。梅斯纳写道："大家心照不宣地认为，似乎应该把男子运动视为标准，而女性则应该努力争取平等的参与机会。"在这一体系下，每年仅有少数幸运的大学生运动员能够成为体育巨星，而绝大多数人，其中大多为非裔美国人，都只能黯然离场，既没有发展事业，也没能获得学业保障。梅斯纳对这一体系深表怀疑。毫无疑问，这绝不可能是当初立法者制定宪法第九条修正案时设想的那种平等机会。

教育领域的性别平等政策建议 尽管某些力量不断想要削弱或彻底摈弃宪法第九条修正案，但它仍是美国的法律。最近一次意图修改这一法律的尝试发生在小布什总统执政时期。2002 年，小布什总统组建了一个专门小组"运动机会委员会"，力图重新审视这项法律并提出修改意见。

当委员会起草的不同版本的报告正式对记者公开后，委员会中的两名女性委员提交了一份少数派报告，强烈谴责委员会提出的修改意见，指出委员会使用欺诈性的计算方案，帮助那些实际上蔑视法律的院校伪装成遵守法律的模样。在一些女性团体和知名女性的支持下，"拯救宪法第九条修正案"运动蓬勃发展，并最终获得了成功。所有想要动摇这项法律的企图暂时都遭到了失利。

教训是刻骨铭心的。宪法第九条修正案仍然存在争议，并且一直处于反对者的枪口之下。该项法律的支持者必须坚定不移地维护它，因为只要这项让无数年轻女性从中受益的宪法第九条修正案仍然保持效力，反对者就会冥顽不灵地继续展开破坏活动。

E 评 估

1. 以下哪项不是韦伯提出的官僚制度的基本特征?
   (a) 明文法规
   (b) 权威等级
   (c) 关注文凭主义
   (d) 非人性化

2. 以下哪种教师的理想特征与教学的日渐官僚化相冲突?
   (a) 个人责任和独立
   (b) 扎实的课程知识
   (c) 作为社会控制媒介的核心角色
   (d) 对高标准的明确期待

3. 与传统的学校学习相比,网络教育能带来什么好处?
   (a) 更高的学术质量和责任感
   (b) 和老师一对一互动的增多
   (c) 和同学的非正式互动程度增加
   (d) 对半工半读的学生来说,灵活度更高

4. 在家教育孩子的家长大都（　　）。
   (a) 拥有高于平均值的收入和受教育水平
   (b) 拥有低于平均值的收入水平
   (c) 与将孩子送入公立学校的家长相比,和社区的联系更少
   (d) 和居家教育更为普遍的其他国家相比,在美国受到更强烈的反对

5. 美国院校中的四种亚文化分别是_____、_____、_____和_____。

答案：1. (c) 2. (a) 3. (d) 4. (a) 5. 求闻亚文化、学术亚文化、职业亚文化、非墨从者亚文化。

R 反 思

1. 选择教育的两项功能,说明它们如何通过居家教育得以实现?
2. 功能论者、冲突论者和互动论者如何看待大学校园中学生亚文化的存在?

| 案例分析 | 出身贫贱的错

　　夏库尔·泰勒（Shakur Taylor）家搬离巴尔的摩之前，他在一所贫民区学校就读，这所学校95%的学生都是黑人。现在，他在马里兰州一所郊区中学上学，这所学校85%的学生都是白人。他回忆道："我在巴尔的摩上的学校是在一座低矮的建筑中，水管一直都是坏的。每个班上都有很多学生，书本太少，从来不够一人一本。我的新学校则是一座钢筋玻璃组成的现代宫殿，有一个美术馆，还有很多其他东西。"泰勒承认，他很喜欢这所学校，他有一个完好无缺的储物柜。他说："但这并不是说原来的学校就完全不好或这个学校就很完美。在原来的学校中，我们都是黑人小孩，所以我们学的东西完全一样。可能外面的人对我们没有什么期待，但有些老师却对我们期望很高。在这里，我完全就是少数人。学校把学生进行能力分流，他们把我分到商业班级，这就是委婉地告诉我，我不是读大学的料。我猜，我应该感到高兴，因为他们还没有把我丢进职业班。每个人都知道那是最差的等级。"泰勒说，他上的课程包括浅显版的大学能力课程，以及应用数学和数据录入。"商业班级并不会提供一些申请大学必需的课程，他们已经帮我做好了决定。"他说。"来这儿后，我甚至从未参加过考试。他们只是看了一眼我的肤色，了解我有资格获得免费午餐，他们就认为，只要再加把劲儿，这个男孩就有可能开一家便利店了。"

1. 泰勒的新学校施行的能力分流体系，是否会让社会阶级差别继续保持下去？请解释。
2. 教师期待效应如何在学校的三种分流班级：大学班级、商业班级和职业班级中发挥作用？
3. 如果泰勒的学校使用考试的方式来决定学生的能力分流，这是否会使分班结果变得合理化？为什么？
4. 如果泰勒能够选择，你认为他能否采取某些措施升入更高等级的"班级"，并获得就读大学的资格？你有何建议？

"强力"学习策略　在公开场合发言

也许你永远都不会发表重要的公共演讲，但在课堂上，老师希望你能总结自己的观点并捍卫自己的立场。如果你害怕公开发言，想一想其实并非只有你一个人害怕，你的心里就会好受许多。实际上，人们最恐惧的事情就是公开发言，死亡都不会让他们感到更可怕。这种恐惧还有一个科学名称，即公开演讲恐惧症（glossophobia）。公开演讲恐惧症非常普遍，这一事实可以帮助你克服恐惧心理。

P
- 切记，每个观众，包括你的老师，都讨厌公开演讲。这就意味着他们绝对全力支持你。
- 讲话之前，先确定自己的主要观点。你希望观众从你的讲话中获得什么信息？

O
- 如果有准备时间，你可以写份提纲或编制信息卡片。使用关键词，而非句子或段落。然后练习带提纲或卡片讲话。
- 如果有可能，创建一些图表、表格或幻灯片来传达你的观点。
- 如果必须即兴发言，你可以拖延一会儿时间。整理一下纸张，查看笔记本，清清喉咙，然后慢慢走上讲台——不管如何，都要为自己多争取一点时间。使用这段时间来确定自己的信息并准备一些讲话的要点。

W
- 切记，观众是支持你的。他们希望你圆满完成发言。
- 正常呼吸。如果呼吸急速加快，你可能会失去对身体的控制，不由自主地浑身颤抖。
- 控制自己的声音。一个常用技巧就是采用"电台声音"说话——比平时说话声音稍微低沉和有力一些。
- 昂首挺胸，如果你显得无精打采，你的呼吸就会变得急促，你也会觉得缺氧。
- 句与句之间要适当停顿。尝试让自己慢慢说话，不要因为急于完成讲话而加快语速。
- 假装与观众进行眼神接触。你可以盯着他们的前额或发际线。他们会觉得你在注视他们。
- 或者，找到坐在观众席上的朋友，然后直接与他们进行眼神接触。
- 有些患有公开演讲恐惧症的人会想象自己正在扮演角色，就像一个演员背诵台词一样。通过这种方法，他们可能假装观众消失不见了。
- 偶尔扫一眼笔记，但是不要太过依赖笔记。
- 在训练时，避免使用"嗯""呃""像""你知道"等语气词。如果你一定需要语气填充词，就不要发出声音：试着把它们咽下去。

E
- 请听众来评价你的发言。下次公开发言时，请根据他们的反馈建议调整自己。

R
- 发言结束后询问自己：我是否成功地传达了主要思想？如果没有，下次发言时争取做得更好。

赐予我力量 　**你准备好进行发言了吗？**

你的老师是否会因你从未参与课堂讨论而扣掉你的分数？你是不是宁死也不愿在课堂上公开发言？在公共场所发言不可能完全不紧张，但是的确有可以帮助你放松神经并改善发言质量的技巧和策略。根据你平常发言的感觉，选择最符合你情况的选项；然后算出最后得分。

经常 = 2　有时候 = 1　从不 = 0

1. 在做口头发言时，我会使用写着关键词的大纲或信息卡。
2. 在课堂发言时，我会紧盯着教室后面某个物体或朋友的脸。
3. 我会用录音机来训练口头发言，然后反复聆听，找出弱点，改进自身演讲能力。
4. 我准备了一张表格或图表供观众阅读，这样我就不用记住很多数字了。
5. 我的语速较慢，我会注意调整呼吸，这样我就能理清思路了。
6. 我会与学习伙伴进行角色扮演，轮流解释一个观点或者就某个观点进行辩护。
7. 我会在做展示的过程中看笔记，但我不会直接读笔记。
8. 在课堂讨论中，我会在发言前写下几个关键要点。
9. 在准备口头发言时，首先我会决定到底应该向观众传达什么主要信息。

得分

　　15—18 分：不管你发言前感受如何，你都做好了随时发言的准备。你清楚你想要讲的要点，并能清晰地把它们呈现给观众。

　　11—14 分：在发言前，你做了一些准备，并且利用了一两个有效的演讲技巧，但你还有进步的空间。

　　0—10 分：控制住自己想要落荒而逃并躲藏起来的冲动。学习上述技巧和诀窍，然后返回左页"在公开场合发言"，以获取更多建议。

14

第十四章

全球社区的社会变迁

模块 42　社会运动

模块 43　社会变迁

模块 44　全球社会变迁

社会学实务——社区组织者

利亚姆·伯恩斯（Liam Byrnes）是布鲁克林区的一位社区组织者。他每天都会走上街头，与社区成员交谈，讨论当地学校的设施状况。伯恩斯说："这里可不是富庶之地，当地人没钱送孩子去上私立学校，而公立学校则条件堪忧：房屋摇摇欲坠，教室拥挤不堪，教材破破烂烂。"伯恩斯收集了当地每一所学校的

数据，包括标准测试分数排名和辍学率。他说："我毫无保留地把我所知的一切分享给社区里的人们，同时也鼓励他们讲述自己的故事。然后，我们会坐在一起共同讨论接下来的举措，以及可能实现目标的方法。"

伯恩斯认为他的主要作用是影响大众。他解释道："我只需要提出问题，让人们思考和讨论，然后我就扮演推动者的角色，安排各种会议，并帮助社区联系相关职能部门。"伯恩斯认为，真正的改变总是从基层开始的。他说："绝大多数普通大众都搞不清楚政府事务。我只想让他们发现，众人拾柴火焰高，普通老百姓只要团结一致就能变得十分强大。"

本章内容概述

社会变迁被定义为行为模式和文化的重大变化（Moore，1967）。社会变迁是怎样发生的呢？社会变迁过程是不可预期的吗？或者说我们能否归纳总结出它的规律？全球化是否促进了社会变迁？本章我们将会审视社会变迁的过程，并专门强调全球化的影响。首先，我们将会讨论社会运动，即可以造成社会变迁的集体努力。我们将会看到，近期通信技术的变革推动了某些社会变迁浪潮席卷全球。接下来，我们将会探讨三种社会变迁理论：进化论、功能论和冲突论。随后，我们会讨论既得利益，它经常试图阻碍可能对其自身造成威胁的社会变迁。我们也认识到全球化在推动全球社会变迁方面的影响力，如中东城邦迪拜在过去几十年内发生的飞速社会变迁。最后，我们会转而探讨意料之外的社会变迁，它们常常发生在新技术等发明创造席卷社会之时。本章结尾的社会政策部分，将会重点关注全球社会变迁的争议话题：跨国者的出现，即对多个国家宣誓忠诚的移民。

模块 42

社会运动

准备 学习目标

LO 42-1　描述社会运动中的相对剥夺理论、资源动员理论和性别

LO 42-2　解释新型社会运动的含义

LO 42-3　分析新型通信技术对社会运动的影响

组织　模块大纲

社会运动的兴起

新兴社会运动

通信与社会运动的全球化

工　作

LO 42-1　社会运动的兴起

自然环境、人口、技术和社会不平等这些因素都会成为引发社会变迁的原因，但却是许多个体所进行的**集体**努力形成有组织的社会运动，最终导致社会变迁。社会学家用**社会运动**（social movements）来指那些在现存群体或社会中引起或阻碍根本变迁的有组织的集体活动（Benford, 1992）。布鲁默（Blumer, 1955）更是早就认识到社会运动的特殊重要性，并将其定义为"为了建立社会新秩序的集体事业"。

在包括美国在内的许多国家，社会运动对历史进程和社会结构的变革产生了巨大的影响。想想废奴主义者、争取妇女参政权者、民权活动者、反越战活动家，以及"占领华尔街"的抗议者的行动。每场社会运动的成员在带来社会变迁时从不因循守旧，从而对公共政策产生了显著的影响。在东欧，同样剧烈的集体行动

以基本和平的方式推翻了国家政权，而很多观察者原本以为这些国家是对这类社会变革完全"免疫"的（Ramet, 1991）。

尽管社会运动暗示了冲突的存在，但我们仍然可以从功能论视角来分析它们的活动。就连不成功的社会运动也能促进公共舆论的形成。最初人们认为玛格丽特·桑格（Margaret Sanger）和其他倡导生育控制的人非常激进，而现如今，避孕药品的应用在美国早已变得非常广泛。

因为社会运动没有国界，所以国内社会运动也会受到全球事件的深刻影响。越来越多的社会运动从最初就呈现出国际化的特点。尤其是全球化企业更是通过全球动员活动来实现自己的目标，不论是麦当劳这样的大企业还是如世贸组织这样的政府组织。然而，全球化运动并非新生事物；早在马克思的著作中就有它的身影。马克思曾尝试动员其他发达国家中受压迫的人们参与社会运动。今天，互联网促进了活动家关系网络的形成。现在，参与跨国行动变得更加普遍，而且人们的参与热情也更容易被点燃。

2010年，伦敦的抗议者将自己化装成电影《阿凡达》中的角色，以此引起公众对印度某土著部落困境的关注。抗议者控诉道，一家跨国公司的建矿项目威胁了东加里亚空达（Dongria Kondh）人的生活。印度政府完全赞同抗议者的看法，它认为该公司的项目将会损害土著部落的权利，因此叫停了该项目。

社会运动如何及为何会产生？显然，人们经常对现状感到不满。什么促使他们组织起来，在一个特定的时间利用集体力量来产生改变？社会学家针对人们进行动员提出了两种解释：相对剥夺理论和资源动员理论。

相对剥夺理论

对社会和经济状况最感失望和不满的社会成员，并不一定是在客观意义上境况最差的人。社会科学家早就意识到，最重要的因素是人们看待自身状况的方式。正如马克思所指出的，尽管工人们的悲惨遭遇明显地影响着他们对自身受压迫地

站在他人的角度思考问题——教师

从相对剥夺感概念出发,你认为有资格获得免费午餐券的学生可能会有什么感觉?

位的认识,但这同样也反映了他们相对于资本主义统治阶级所处的地位。

相对剥夺感(relative deprivation)是指对合理期待与既存现实之间存在的负面差异的有意识感受(Wilson, 1973)。换句话说就是,事情并不像你原本希望的那样好。这种状态的特征是物资稀缺,而不是完全缺乏生活必需品(就像第八章中的绝对贫困与相对贫困之间的不同)。一个被剥夺了权利的人感到不满,是因为相较于一些参照群体,他或她觉得自己受到了压榨。因此,对于两家合住并拥有同一块小草坪的蓝领工人来说,尽管他们并未处在社会经济地位的最底层,但与那些居住在富人区豪宅中的公司经理和专业人士相比,他们可能仍会感到被剥夺了权利。

除了相对剥夺感,另有两个因素在不满情绪导致社会运动之前也必然会出现。人们必须感觉到他们有**权利**实现自己的目标,感觉到他们应该获得比现在更好的东西。与此同时,弱势群体必须意识到,借助传统方式不可能实现自己的目标。这一想法可能是对,也可能不对。不管如何,只有当这个群体的所有成员一致认为,只有通过集体行动才能结束自己所遭受的相对剥夺状态,这个群体才会动员起来,汇入社会运动的大潮中(Morrison, 1971)。

针对这一理论,有人提出了批评,他们强调,人们不必因剥夺感而被迫采取行动。除此之外,这一理论也无法解释特定的剥夺感催化社会运动的原因,而在类似情况下,人们却并未采取集体行动来重塑社会。因此,近年来,社会学家越来越关注促成社会运动的力量(Orum and Dale, 2009)。

资源动员理论

发起一场社会运动,不只需要愿望,还需要资金、政治影响力、媒体资源和人力资源。**资源动员**(resource mobilization)是指社会运动使用这些资源的方式。实际上,一场社会运动的成败在很大程度上取决于它所拥有的资源和资源动员的

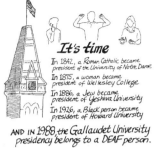

位于华盛顿特区的加劳德特大学（Gallaudet University）是美国唯一一所专为聋哑人开设的四年制文理学院。1988年，学生、教师和校友四处散发传单（左图），成功地迫使政府任命该校首任聋哑人校长。2007年，那位校长退休后，学生们再次就选举程序进行抗议（右图）。包括传单在内的资源动员是促成一场社会运动取得成功的关键因素之一。

效率。换言之，动员支持者和整合资源，对社会运动的发展和成功起着至关重要的作用（Miller，2014；Tilly，2003；Walder，2009）。

在动员不满情绪者发起社会运动的过程中，领导力可谓核心要素。社会运动通常都是由像马丁·路德·金博士这样充满领袖魅力的人物所领导。**领袖魅力**是个体区别于普通人的特质。当然，领袖魅力也可能会突然消失，这也有助于解释某些社会运动的脆弱性（Morris，2000）。

很多社会运动都是由体制内部人士进行动员的。比如，在2009年针对奥巴马医改的全国讨论中，医疗保险公司鼓励员工参加白宫组织的论坛。经理向员工发放"市政厅发言提示"，其中包括一系列员工可以提出的问题，并建议他们如何使自己的评论看似完全代表个人的立场，其中一种办法就是讲述自己的身体健康问题（Walker，2010）。

为什么有些人参加了社会运动，而其他处于相似境况中的人却并未加入呢？他们中有些人是被鼓动加入的。马克思在号召工人意识到自己受压迫的地位并形成阶级意识时，认识到了动员的重要性。马克思与资源动员理论家一样认为，社会运动（尤其是无产阶级的反抗）需要领导提高被压迫者的认识。他们需要帮助工人克服**虚假意识**，或者是不能反映工人客观地位的心态，进而组织一场革命运动。与此相似，女性解放活动家在1960年代晚期和1970年代早期所面临的挑战之一就是说服女性，让她们认识到自己的权利和重要社会资源正在遭到剥夺。

性别与社会运动

社会学家指出，性别是理解社会运动的一项重要因素。在这个男性主导的社会中，女性发现，与男性相比，她们更难在社会运动组织中担任领导职务。尽管女性大多参与运动中的志愿工作，但她们的努力却并不总是会得到认可，而且她们也并未获得与男性相等的话语权。性别偏见使得她们的实际影响力被忽视。事实上，历来对社会政治体系所进行的审查，往往更关注男性主导的权力中心，如立法机关、公司董事会，而忽略更多由女性主导的领域，如家庭、社区群体和基于信仰的联系网络。然而，影响家庭价值观、孩子养育、家校关系和精神价值观的努力，显然也会对文化和社会有着重要的影响力（Ferree and Merrill, 2000）。

社会运动学者现在认识到，性别甚至会影响我们理解有组织的行为引发或抵制变革的方式。比如，强调采用理性思维和无情的逻辑来实现目标，就会淡化热情和感情在成功的社会运动中的重要性。但我们发现，对任何社会运动（从劳工纠纷、投票权到动物权利运动）来说，热情都是形成共识的力量中必不可分的组成部分。然而，呼吁对情感作用进行更加严肃的研究却常被视为仅适用于女性运动，因为情感从来都被视为女人的专利（Taylor, 2004）。

LO 42-2　新兴社会运动

自1960年代晚期开始，欧洲社会科学家便观察到，新兴社会运动在组织结构和目标方面都发生了变化。过去的传统社会运动关注经济议题，通常由工会或同行业人员进行领导。然而，近年来，包括当代女性运动、和平运动和环保运动在内的很多社会运动都变得非常活跃，但却并未具有上个世纪欧美劳工抗议所特有的社会阶级根源（Tilly, 2004）。

新兴社会运动（new social movement）是指强调价值观、社会认同和提高生活质量的有组织的集体行动。这些运动可能涉及发展集体认同。很多社会运动都有复杂的议程，超越了单一议题，甚至还跨越了国界。有些新兴社会运动的重要代表是受过教育的中产阶级，如女性运动、同性恋权利运动等。下页专栏描述了韩国和印度的女性运动。

新兴社会运动通常并不把政府视为他们在建立一个更好的社会这一斗争中的盟友。他们通常并不寻求推翻政府，但却会批评、抗议或骚扰政府官员。研究者发现，新兴社会运动成员几乎从不接受现存权威，甚至包括科学或技术权威。这一特征在环保运动和反核运动中表现得尤为明显。这些运动的活动家们常常推举自己的专家来抗衡政府或大财团（Polletta and Jasper, 2001）。

当今社会，许多新兴社会运动都放眼全球问题，环保运动就是其中一种（参看第十二章的社会政策部分）。环保运动活动家一直努力减少空气污染和水污染、遏制全球变暖趋势和保护濒危动物，但他们已经意识到，单靠一个国家实施严格的管控措施远远不够。同样，如果跨国企业可以任意将工厂搬迁到用工成本更低的国家，工会领袖和人权倡导者就无法充分地指出它们在欠发达国家所建"血汗工厂"的工作状况。传统的社会运动观点往往强调本地资源动员，而新兴社会运动理论则针对社会和政治运动提出了一个更加广泛且全球化的视角。

LO 42-3 通信与社会运动的全球化

相对其他通信手段而言，现今通过全球信息服务和互联网，社会活动家几乎可以不用花费多少金钱和精力，就能在极短的时间内将信息传递给全世界的许多人。互联网的名单服务与聊天室（社会关系网络联系方式），允许社会运动组织者无须面对面的交流或即时互动，就能通过网络聚齐许多志同道合之人（Kavada, 2005）。

除此之外，电视和互联网与书籍和报纸形成了鲜明的对比，由于前者传递信息的即时性，它们常会让人形成错误的亲密感，比如最新名人消息让阅读者感同身受，电视和互联网的影响由此可见一斑。最新技术让我们一起行动，在电子地球村中作出各种反应（Della Porta and Tarrow, 2005）。

这种网络团结延伸到社会运动中，使得在线社会运动如雨后春笋般不断涌现。通过这种网上即时通讯方式，墨西哥萨帕塔民主反政府势力和其他本地组织，

全球社区里的社会学

韩国和印度的女性社会运动

长期以来,女性在社会运动中一直扮演着非常重要的角色。学者们采用了两种不同的方法来研究这些运动:针对新兴社会运动的宏观层面的全国视角和微观层面的本地视角。

在研究韩国女性运动方面,宏观研究方法发挥了重要作用。1987年,一场全国性的运动推翻了韩国长期以来的独裁统治,很多女性组织也都积极投身其中。在独裁政权被颠覆后的民主社会环境中,韩国女性联合起来,组建了韩国女性协会联合会(Korean Women's Association United, KWAU),力求以此获得在家庭、环境、教育,以及性骚扰和性侵害等各种议题上的话语权。韩国女性协会联合会举行游行示威、听证会和请愿活动。韩国政府认识到应该保护女性权利,进而专门成立了特别委员会来密切关注女性议题。

最终,韩国女性运动与中央政府进行多方合作,实现了自身的制度化,甚至还获得了政府拨款。但是,女性问题的进展并不稳定,因为有些行政机构对韩国女性协会联合会的态度并非那么友好。为了获得广泛的支持,韩国女性协会联合会与联合国建立联系,致力于促进女性在社会中的平等地位,并努力寻求与其他国际组织的合作,如那些力图制止人口贩卖的组织。

过去十年,年轻一代女性(通常为接受大学教育的女性)开始质疑韩国女性协会联合会是否能够代表她们的权利。她们指责韩国女性协会联合会实际上已经成为一种国家机关,甚至其本身就是"问题所在"。比如,残疾女性和女同性恋就认为韩国女性协会联合会不能代表她们的权利。某娼妓组织呼吁要使性工作合法化,这显然与韩国女性协会联合会反对人口贩卖的立场完全对立起来。

印度的女性社会运动往往具有地方性,通常发生在农业社区,而在该国庞大的12亿人口中,约71%都居住在农村地区。与其他欠发达国家一样,印度的农村家庭非常贫困。在很长时间内,农村人口一直不断向城市迁移,以期获得更高的收入,结果却不幸遭受"血汗工厂"和跨国企业的残酷剥削。1980年代中期,5000名罢工的纺织工人回到农村,动员大众支持他们的运动。随着罢工的进行,一些女性滞留在农村,在政府的抗旱项目中找到了工作。但是,当地并无足够的工作岗位可以提供给村民,更不用说那些罢工的纺织工人了。

这次经历引起了印度一场农村新兴社会运动的爆发。当失业问题日益威胁到不断膨胀的农村人口时，运动分子们组建了后来被称为 Shoshit, Shetkari, Kashtakari, Kamgar, Mukti Sangharsh（SSKKMS）的运动，即"受剥削的农民""辛苦劳动的劳动者"和"为解放奋斗的工人"运动。这场运动的最初目标是为村民缓解旱情，但其更深远的目标则是让农村居民获得权力。

印度女性也通过小额信贷计划来努力改变自己家庭的命运。她们在政府办公大楼前游行，要求妇女在议会中占有至少三分之一的席位。显然，印度女性维持家庭健康和营养的传统角色，对于家庭的生存具有至关重要的意义。因此，她们在寻求提高生活条件过程中的领导能力，已经为她们在印度这个父权社会中赢得了更多的尊重。

从工人投票权、受教育权到免受性暴力的自由权，在韩国和印度政治中，女性问题越来越成为一个共同的特征。

讨论

1. 你认为是什么导致韩国和印度女性社会运动的差异？
2. 如果美国的"弱势"群体发起自己的社会运动，可能会出现什么结果？这场运动会成功吗？为什么？

资料来源：Hur, 2011；Korean Women's Association Untied, 2010；Suh, 2011；Working Women's Forum, 2012。

将自己的主张转变为国际游说运动。绿色和平组织则通过其成员的手机录像，将全世界的环保主义者联系起来。

社会学家已经开始将这类依靠电子技术增强影响力的社会运动称为**以电脑为媒介的交流**（computer-mediated communication，CMC）。以电脑为媒介的交流可被定义为通过两个及以上网络设备（如电脑或手机）进行的沟通互动。该术语适用于很多文本或视频互动，包括电子邮件、聊天室和短信，其中某些互动可以通过社交媒体完成。这种网络交流方式增强了组织的团结程度，使得新生社会运动能够更加迅速地发展起来。因此，对社会运动来说曾经非常关键的面对面互动已经不再必要。不过，至于这些在线社会运动是否具有合法性，那就是见仁见智的事情了（Castells, 2010b；Niezen, 2005）。

新型全球通信技术也有助于为志同道合的人打造一片乐土。《变化的世界》一书的编辑史蒂芬（Steffen, 2008）注意到，互联网正在改变人们与遥远之地的他人进行联系的方式，让一小群受到关注的人成为全球对话的一部分。通过这种做法，他们可能会找到共同的目的。由于互联网的技术结构，这些社会联系才能发生。网站并非自发形成，也无法独立存在；它们由全球电子网络联系起来。一个网站通常会列举一系列其他网站链接。比如，在网上寻找结婚交友信息时，你可能会被引导进入支持男女同居或同性婚姻的网络交流区。通信技术的新发展，明显拓宽了我们与他人互动的方式（Calhoun, 1998）。

E 评　估

1. 你是一名学生，没有私家车。而你所有的大学好友都有自己的汽车。为此你感到遭受压迫，内心很是不满。你正在经历（　　）。

    (a) 相对剥夺　　(b) 资源动员　　(c) 虚假意识　　(d) 抑郁

2. 发起一场社会运动，不只需要愿望，还需要资金、政治影响力、媒体资源和人力资源。社会运动使用这些资源的方式被统称为（　　）。

    (a) 相对剥夺　　(b) 虚假意识　　(c) 资源动员　　(d) 经济独立

3. 马克思认为，社会运动领袖必须帮助工人克服（　　）。

    (a) 阶级意识　　(b) 虚假意识　　(c) 社会主义意识　　(d) 剩余价值

4. 促进自主权、自我决定权和生活质量改善的有组织的集体行动，被称为（　　）。

    (a) 新兴社会运动　(b) 社会革命　　(c) 资源动员　　(d) 狂热

5. 一个被剥夺了权利的人感到不满，原因在于，相较于一些（　　）群体，他或她感觉受到了压榨。

答案：1. (a)　2. (c)　3. (b)　4. (a)　5. 希望。

R 反　思

1. 传统性别角色的哪些方面可以解释女性和男性在社会运动中承担不同角色的原因？
2. 全球通信技术可能存在哪些缺点？

模块 43

社会变迁

准备　学习目标

LO 43-1　根据进化论、功能论和冲突论分析社会变迁。

LO 43-2　描述制造抗拒社会变迁的因素

组织　模块大纲

社会变迁理论

抗拒社会变迁

工　作

新的千年为我们提供了解释社会变迁的情境。但是，什么构成了"重要"变迁呢？正规教育在过去一百年中快速盛行，代表一种带来深远社会影响的变迁。带来长期而重要影响的其他社会变迁还包括作为分层体系的奴隶制的兴起、工业革命、欧美女性在有偿劳动力中所占比例增加。社会变革通常都是伴随着新技术的出现而发生。社会变革既会非常缓慢地发生，甚至慢得就连受其影响的事物也很难察觉；也会突如其来。正如下表所示，过去150年中，美国社会发生的变迁有些相对缓慢或轻微，有些则非常迅速而激烈。

美国：一个变化中的国家

人口	1850	1940	1960	2012
总计（百万）	23.2	132.1	180.7	308.8
15岁以下人口比例	41%	25%	31%	20%
教育	1850	1940	1960	2012
未完成高中或相等学历的人口比例	88%	18%	13%	7%

19—24 岁的人口中接受高等教育的比例	低于 1%	8%	40%	41%
劳动力参与	1850	1940	1960	2011
20—29 岁的工作男性比例	94%	88%	86%	81%
20—29 岁的工作女性比例	22%	39%	74%	76%
健康	1850	1940	1960	2010
每 10 万人口中医师比例	176	133	150	272
出生时预期寿命	38	63	70	78.7
科技	1870	1940	1960	2011
版权	5 600	176 997	243 926	670 000
专利	12 127	42 238	47 170	253 155
家庭	1890	1940	1960	2013
初婚年龄中位数				
男性	26	24	23	29
女性	22	22	20	28.6
家庭子女平均数量	3.25	2.7	3.65	1.9

注：虽然在具体定义上存在差别，但数据具有可比性。1850—1940 年间和 1940—1960 年间定义为美国的变迁。家庭子女平均数量的最早数据来自 1905 年。

资料来源：作者基于以下信息：Bureau of the Census 2011a, 2012f, 2013b；Bureau of Labor Statistics, 2013a；National Center for Education Statistics, 2013；National Center for Health Statistics, 2013；Table 10, 18；Sutch and Carter, 2006；Untied States Copyright Office, 2012；United States Patent and Trademark Office, 2012；World Bank, 2013。

LO 43-1　社会变迁理论

在我们所处的这个多元而复杂的世界上，解释社会变迁的确具有挑战性。尽管如此，来自不同学科背景的理论家已然尝试去分析社会变迁。在有些情况下，他们已经分析了历史事件，对当代变迁有了更准确的理解。我们将会检视三种关于变迁的理论视角，即进化论、功能论和冲突论，随后再分析对社会变迁的抵抗。

进化论

达尔文在生物进化方面的开创性研究，对19世纪的社会变迁理论产生了积极的促进作用。达尔文的理论强调生命形式代代相传，不断发生进化。比如，与爬行动物相比，人类的进化程度更高，表现出更为复杂的生命形式。社会理论家寻找社会与这种生物模式的相似之处，从而提出了**进化论**。根据这种理论，社会朝着特定方向不断前行。早期的进化论学者基本赞成社会必然会向更高状态进化。正如所料，他们的论调充满了种族中心主义色彩，武断地认为自己的行为和文化比早期文明更进步。

社会学奠基人孔德是变迁进化论者。他将从迷信神话到追求科学方法看成人类社会思考方式的向前发展。同样，涂尔干也认为社会会从简单进化到更复杂的社会组织形式。

今天，进化论以多种方式影响着社会学家，比如它鼓励社会生物学家研究人类与其他动物之间的行为联系。它还影响了人类生态学，该学科研究社区与社会环境的互动（Maryanski，2004）。

功能论

由于功能论者关心什么维持一种体系，而不是什么改变了体系，因而他们似乎在社会变迁研究中毫无建树。但正如社会学家帕森斯的研究所示，功能论者同样对这一领域的社会学研究作出了杰出贡献。

帕森斯是功能论者中的领军人物，他认为社会处于一种自然均衡状态。他使用"均衡"一词，意在指出社会趋于实现稳定或平衡状态的倾向。帕森斯甚至将长期的罢工或平民暴动视为对现状的短暂干扰，而非对社会结构的重要变革。因此，根据他的**均衡模型**（equilibrium model），如果社会的某一部分发生了变化，其他部分必然会进行调整。如果没有进行调整，社会均衡就会受到威胁，进而产生压力。

在反思进化论时，帕森斯认为社会变迁有四个阶段不可避免。第一个阶段是分化（differentiation），这是指社会组织日渐复杂化。在健康领域，从"医药人士"向医生、护士和药剂师的转变就是分化的体现。伴随这个过程的是适应性增强（adaptive upgrading），社会机构在此过程中变得更加专业化。医生进一步细化为产科医生、内科医生、外科医生等，便是适应性增强的示例。

帕森斯提出的下一个阶段是接纳（inclusion），即接纳那些先前因性别、种族或社会阶层等因素而遭到社会排斥的团体。医学院通过招收更多女性和黑人学生来表现出自己的接纳性。最后，帕森斯认为社会会经历价值泛化（value generalization），从而发展出包容活动更多元的新价值观。对预防医疗和另类医疗的接纳就是价值泛化的例子：我们的社会已经拓展了它的医疗健康观点。帕森斯所提出的四个阶段都强调共识，即对社会组织和价值观本质的社会认同（Wallace and Wolf, 1980）。

帕森斯的方法显然吸收了进化论持续发展的观点，但他的模式主题是稳定。社会可能会改变，但它仍会通过新的组合形式来保持稳定。比如，社会发展法律、司法程序，以及新的价值观和信仰体系，取代了过去提供社会凝聚力的亲属关系。

冲突论

功能论极力贬低变迁的重要性。它强调社会生活的持续性，并将变革视为维持社会均衡的方式。相反，冲突论者则认为，社会机构和行为因掌权阶级具有维持现状的能力而得以持续。变革具有重要意义，因为人们需要通过变革来纠正社会不公平与不平等。

马克思同样认为社会沿着特定方向前进。但与孔德和斯宾塞不同，他并不认为下一个阶段必然比上一个阶段更先进。他认为，历史按照一连串阶段向前发展，每个阶段都存在对某个特定阶层的剥削现象。古代社会剥削奴隶，封建等级制度剥削农奴，现代资本主义社会剥削工人阶级。最后，通过由无产阶级领导的社会主义革命，人类社会将会朝着最终发展阶段前进：没有阶级的共产主义社会，或是1867年马克思在《资本论》中所述的"自由个人社区"。

正如我们所见，马克思对社会学的发展产生了重要影响。他有关经济、家庭、宗教和政府制度的思想提供了深刻的见解。马克思主义对社会变迁的观点颇具吸引力，因为它并未将人们限制在回应不可避免的循环或物质文化变迁的被动

在阿根廷布宜诺斯艾利斯郊区,一片贫民区与市中心闪闪发亮的高楼大厦形成鲜明对比。马克思主义者和冲突论者认为社会变迁是解决照片上所示之明显不平等的方式。

角色上。相反,对那些渴望控制历史进程并从不公平中获得自由的人来说,马克思主义理论为他们提供了一种工具。与强调稳定的功能论者不同,马克思主张冲突是社会变迁中一种正常且必需的要素。实际上,社会变迁必须得到鼓励,以此作为消除社会不平等的途径(Lauer, 1982)。

冲突论者达伦多夫注意到,功能论对稳定的强调和冲突论对变迁的看重,反映出社会的矛盾本质。人类社会是稳定且持久的,但它们同样也会经历严重的冲突。达伦多夫发现,虽然功能论者与冲突论者在许多方面存在分歧,但这两种研究视角最终是能够相互包容的。事实上,帕森斯讨论了由社会变迁而产生的新功能,而马克思也发现,社会变迁可以让社会更公正地运转。

LO 43-2 抗拒社会变迁

促进社会变迁的努力总是会遇到抵抗。这是因为在科技快速革新的过程中,很多人都对日渐变化的社会所提出的高要求感到害怕不已。而且，维持社会现状也符合一些个人和团体的利益。

凡伯伦创造了**既得利益者**（vested interests）一词，用来形容那些在社会变迁时遭受损失的人或群体。比如，2010 年，奥巴马总统叫停了 NASA 的星座计划（Constellation Project），该计划的主要目标是让人类重返月球。很多人都对放弃人类太空航行的决定表示失望，但最强劲的反对力量则来自 27 位国会议员，他们代表亚拉巴马州和德克萨斯州，而这两个州的重要产业则恰好与宇航用品供应相关。具有讽刺意味的是，这些成员大都曾公开表示反对耗资巨大的联邦政府发展计划。总的来说，那些占有大部分社会财富、地位和权力的人，如国会议员和财阀代表，都是维持社会现状的既得利益者（Friedman, 2010）。

经济与文化因素

经济因素在抗拒社会变迁上扮演着重要角色。比如，为了满足极高的产品安全标准和工人的安全生产标准并保护环境，生产者需要付出昂贵的成本。冲突论者认为，在资本主义经济制度下，很多公司并不想为符合严格的安全标准和环保标准买单。它们可能会寻找捷径，或向政府施压要求放宽标准，从而抗拒社会变迁。

社区通常会以"保护财产价值"的名义来保护自己的既得利益。NIMBY 是"不要在我家后院"的缩写，我们常常听到人们在抗议垃圾填埋场、监狱、核能设施、自行车道、发展障碍症干预机构在社会中开设时发出这样的吼声。这些社区并非反对这些设施的必要性，而只是坚决要求将这类设施迁到别处。"不要在我家后院"的态度变得非常普遍，政策制定者已经很难找到愿意接受危险废弃物填埋

站在他人的角度思考问题——环保活动者

反对清洁环境和扭转全球变暖趋势措施的既得利益者有哪些？

场的地点。

在世界舞台上,"不要在地球"的运动已然兴起。这项运动的成员强调很多议题:从牟取不当暴利到核扩散,从劳工权益到消除贫困和疾病等。这项运动的反全球化本质,在贸易部长和国家领袖参加的国际会议上显露无遗。

与经济因素一样,文化因素也常会引发对变革的抗拒。奥格本区分了文化中的物质和非物质两个层面。**物质文化**包括发明、文物和科技;**非物质文化**包括观点、规范、沟通和社会组织。奥格本指出,在新技术产生之前,人们无法设计出控制并使用新技术的方法。因此,非物质文化通常必须响应物质文化的变迁。奥格本用**文化滞后**来形容非物质文化努力适应新物质环境的混乱调整期。互联网就是一个例子。它不受控制的快速发展引发了是否需要对其予以控制的问题,以及如果需要对它进行控制,管控力度又该有多大。

在某些事例中,物质文化变迁导致社会机构之间的关系变得紧张。比如,最近几十年来,新的避孕方式已经研发出来。大家庭在经济上不再必要,也不再得到社会规范的支持。但是,一些宗教信仰(如罗马天主教)仍然继续推崇大家庭,反对避孕和堕胎等控制家庭规模的方法。这个问题代表了物质文化(科技)和非物质文化(宗教信仰)之间的失衡。在生育控制和计划生育信息传播方面,宗教与其他社会机构之间也可能会发生冲突,如宗教与政府或教育制度(Riley et al., 1994a, 1994b)。

抗拒科技

科技(technology)是关于环境中的物质资源被用来满足人类需求和欲望的可能方式的文化信息(Nolan and Lenski, 2009:357)。科技创新是物质文化变迁的例子,常会引发抗拒。工业革命主要发生于1760—1830年间的英国,它是一场致力于将非动物能源应用于劳动任务的科技革命。随着这场革命深入发展,社会渐渐依赖于推动工农业生产的新发明和蒸汽等新能源。在一些产业中,由动力驱动的机器的出现,减少了工厂对工人的需求,由此企业主也就能更为容易地削减工人工资。

有些国家中出现了强烈抵制工业革命的行为。在英国,自1811年开始,蒙面的手工业者采取了极端行为：他们在午夜袭击工厂，捣毁新机器。政府追捕这些被称为"卢德分子"的反抗者，将他们驱逐或吊死。法国也出现了类似行为，愤怒的工人把他们的木鞋（sabots）丢进工厂的机器中，破坏机器内部装置，由此产生了"破坏"（sabotage）一词。"卢德分子"和法国工人的反抗非常短暂，而且均以失败告终，但他们却成为抗拒科技的象征。

现在我们身处第二次工业革命阶段中，是否有进行反抗的现代卢德分子呢？很多社会学家都认为，我们正处于**后工业社会**。我们很难确切地指出这个阶段开始的具体时间。人们通常认为这个阶段始于1950年代，因为从那时开始，发达国家的大部分劳动者都在从事服务业，而不是从事实际商品的生产工作。

与"卢德分子"反抗工业革命一样，很多国家的人们也在抵制后工业时代所带来的科技变迁。**新卢德分子**（neo-Luddites）提防科技创新，质疑工业化的不断扩张和对自然及农业世界的不断破坏，并对现代资本主义的"用过即弃"思维方式及其造成的环境污染感到非常担忧（Volti，2010）。

现在3D打印机得到广泛应用，尽管其价格仍很昂贵。为了展示设计和物体，人们越来越多地利用3D打印机。2014年，在印度班加罗尔，这个《星球大战》中的电影角色通过3D打印机构造完成。

新俚语词汇"城市阿米什人"（urban amish）专指那些抗拒已经成为人类日常生活一部分的科技设备（如手机）的人。这类人坚持认为，不论工业和后工业技术究竟带来了哪些可能的好处，它们都会消耗大量社会成本，可能会对人类和地球的未来造成威胁（Salck and Wise, 2007；Urban Dictionary, 2012）。

其他人也会抵抗新科技，而这则要么是因为他们发现新科技很难使用，要么就是因为他们怀疑自己的生活会因此变得更为复杂。这些反抗行为在新信息和媒体科技中表现得尤为明显。不论是TiVo、苹果手机，还是最新款数码相机，很多消费者都对这些所谓"必买品"的设备感到非常怀疑。

E 评 估

1. 根据帕森斯的均衡模型，社会机构在哪个阶段变得更加专业化？

   (a) 分化　　(b) 适应性增强　　(c) 接纳　　(d) 价值泛化

2. 帕森斯用（　　）来指代社会组织的日渐复杂化。

3. 凡伯伦创造了（　　）术语来描述那些在社会变迁时遭受损失的人或群体。

答案：1.(b)　2.分化　3.既得利益者

R 反 思

1. 你认为哪种社会变迁理论视角更具说服力？进化论、功能论还是冲突论？为什么？
2. 在经济因素和文化因素中，你认为哪种因素在抗拒社会变迁方面扮演了更加重要的角色？为什么？

模块 44

全球社会变迁

ⓟ 准备　学习目标

LO 44-1　讨论全球社会变迁的性质与程度

LO 44-2　总结科技的全球传播所带来的进步与问题

LO 44-3　分析跨国移民问题

ⓞ 组织　模块大纲

预测变迁

科技与未来

社会政策与全球化

ⓦ 工　作

近年来发生了许多重大社会变迁，对于我们思考全球社会变迁问题正是最好的时机。哈利南（Hallinan, 1997）在美国社会学学会的会长致辞中，请在座人士思考近来发生的一些事件：共产主义运动的溃败，世界各地（包括美国）的恐怖主义，非洲、中东和东欧的政权更迭及由此造成的严重经济破坏，艾滋病的蔓延，计算机革命。在她发表讲话几个月后，第一只复杂动物的复制品——克隆羊多莉便诞生了。

LO 44-1　预测变迁

在这个规模巨大的全球社会、政治及经济变迁的时代中，预测变迁还有可能吗？有些科技变革看起来非常显著，但 1990 年代早期苏东政权的迅速分崩离析却让世人大为震惊。然而，早在苏联解体之前，冲突论社会学家柯林斯（Collins, 1986, 1995）就已观察到了被许多观察家所忽视的一连串关键事件。

早在1980年的研讨会和1986年出版的书中，柯林斯就已提出，20世纪苏联的扩张主义已经导致资源的过分消耗，包括为扩充军备而进行无度花费。这样的过分扩张破坏了政权的稳定性。而且，地理政治理论认为，像苏联这种在地理区域上居中的国家，往往都会慢慢地分裂成几个小国。柯林斯预测，如果苏联几个边界上恰好同时出现社会危机，就会导致苏联解体。

柯林斯的预测最终成为现实。1979年伊朗革命的成功，使得伊斯兰原教旨主义在邻近的阿富汗和拥有大量穆斯林人口的苏联大为盛行。同时，在东欧和苏联国内，反抗政府统治的行为愈加普遍。柯林斯预言，苏联内部异见分子的崛起将会加速该政权的崩溃。从1980年代晚期开始，苏联领导者戈尔巴乔夫选择不再运用武力和其他高压形式来镇压东欧的异见人士。相反，他提出了民主化和苏联社会改革的计划，似乎有意要将苏联重新调整为一个由相对自主的国家组成的松散联邦。但是，1991年，苏联西部边界的六个共和国宣布独立。在接下来的几个月内，苏联正式解体为俄罗斯和其他几个独立国家。

哈利南在她的会长致辞中向我们提出了警告，提醒我们必须超越限制性的社会变迁模式，即进化论的线性观点和功能论对均衡的假设。哈利南注意到，动乱

从1990年到2008年，迪拜阿联酋航空高尔夫俱乐部（the Emirates Golf Club）的附近区域已然旧貌换新颜。

和重大变革总是不断发生，社会学家必须学会预测它们的发生，就像柯林斯对苏联解体的预测一样。比如，我们可以来想想伴随着迪拜发生转变的剧烈非线性社会变迁。迪拜原本只是一个落后的小公国，如今却摇身一变，成为全球主要的金融和通信中心。

迪拜的社会变迁

迪拜是中东公国，面积与罗德岛大致相当。迪拜的变迁史就是一个双城传奇。当马克图姆家族于 1883 年获得迪拜的控制权时，迪拜还是波斯湾上的一个小渔村，靠采珠业为生。但在 1966 年，石油的发现改变了一切。当迪拜发现该国石油储备太过有限，不足以资助经济与社会变革时，它重新规划了发展路线，摇身成为自由贸易的绿洲。到 2000 年，迪拜已成为信息技术免税中心。在不到一个世代的时间内，仅仅十年光阴，迪拜就一跃成为《福布斯》排行榜上最富有的城市，而它在 1960 年代晚期，还是一个既没有电力供应也未曾铺设公路的落后国家。

迪拜让记者们大开眼界，他们不吝笔墨，热情地描述了迪拜的室内滑雪场。在这个白天平均气温高达 33°的国家，这个巨大的室内滑雪场全靠空气调节，竟然能够保证全年开放。2010 年，迪拜建成了 160 层的哈里发塔，塔高半英里，是世界上最高的建筑。一度因为大搞建设，迪拜征用了全球 10% 的建筑脚手架。

迪拜施行君主立宪制度，绝非民主乌托邦。这个小国没有激烈的竞选，国人几乎从不反对政府。但是，相对其他阿拉伯国家，迪拜社会比较开明。该国鼓励女性参加工作，并未实施在其邻邦中常见的性别隔离，也未禁酒，言论相对自由，媒体基本不会受到审查。

迪拜公民共享国家财富：电费便宜，土地免费，用水免费，健康医疗免费，教育免费（包括在海外深造），年均 5.5 万美元补贴。他们不需要上缴收入或财产税。具有讽刺意味的是，因为公民都能享受政府福利，导致他们对竞争性工作完全不感兴趣，因此需要高技能的岗位往往都由外国人来承担。但是，迪拜的巨额财富并未带来良性的社会影响。迪拜的奢侈生活方式造成了惊人的环境成本。迪拜的温室气体排放量高居世界榜首，是美国的两倍和全球平均水平的三倍。

隐藏在无数财大气粗的投资银行家和络绎不绝的外来旅行者背后的是另一个

严重的社会问题，即移民劳工的待遇问题。95%的迪拜人口都来自印度、巴基斯坦、菲律宾、斯里兰卡、朝鲜、孟加拉国、中国和也门，仅印度移民劳工就高达约100万，是迪拜公民总数的7倍。为了前往迪拜务工，这些移民劳工卖掉了自己的全部财产，他们在迪拜主要从事堆砖、浇草坪、清洁地板等工作。迪拜的工资相对于他们本国稍高一些：技术电工的月薪为275美元，但是相比迪拜本地收入最低的公民来说，这一收入简直不值一提。在最好的情况下，移民劳工必须工作满两年才能收回自己的成本，实现收支平衡。

迪拜政府几乎从不监管劳工的工作及生活条件，所以外来劳工的工作及生活条件都很糟糕。如果外国劳工不愿住在遥远沙漠地带的贫民窟中，那他每月就必须花1400美元去租一个一居室。2008年，消防人员发现，在一幢仅供一户人居住的房屋内，竟然生活着500名外来劳工。因此，2009年，当迪拜的经济发展陷入停顿后，每天约有5000名外来劳工离开迪拜返回自己的祖国。

始于2008年的全球经济危机对迪拜造成了非常沉重的打击。由于政府和大公司负债累累且时有盲目投资，因而它们被沉重的债务挤压得痛苦不堪。不过，从2010年开始，迪拜的经济开始回到正轨，尽管其发展速度没有以前那么迅猛。迪拜的传奇故事依然未完待续。2010年伊始，大量昂贵的龙虾通过空运进入迪拜，成为富人奢华派对上的美味佳肴。尽管外国劳工人数大减，但这些时常加班的工人们却能获得远高于本国收入水平的工资。政治分析家注意到，迪拜是阿拉伯世界中最稳定的国家，它比较能够包容外来文化的影响，但对腐败却是零容忍（Alderman，2010；Gill，2011；Gorney，2014；McGirk，2009；Tatchell，2009）。

LO 44-2　科技与未来

科技进步，如飞机、汽车、电视、原子弹，以及最近的计算机、数码媒体和手机的出现，已经给我们的文化、社会化模式、社会机构及日常社会互动带来了显著的变化。科技创新实际上是在以极快的速度不断出现并为人们所接受。

仅仅在过去一代人的时间内，发达国家就已见证了消费科技的巨大转变。我们再也不会去买那些能够用上十年的电子设备。我们在购买电子设备时，预计最多三年就要进行技术全面更新升级，不论是掌上设备还是家用电脑。当然，也有人要么

跟你的新老师打个招呼！这个人形机器人正在与学生互动。沙谷小姐（Saya）会点名，能够作出六种表情，包括惊讶、惊恐、厌恶、愤怒、快乐和忧伤，并能进行简单对话。有些人认为机器人能够解决技术工人短缺问题，但其他人则质疑它们能否切实地满足人类的需求。

拒绝最新的小玩意，要么完全没有办法适应它们。然后就出现了"反科技者"，即反对世界电子网络化的人。这些人发现，这是一种能让他们区别于同龄人群体的生活选择，就像决定"婚后不要小孩"一样（Darlin, 2006；Kornblum, 2007）。

接下来我们将会探讨未来科技的各种方面，并考虑它们对社会变迁的影响，包括它们可能会带来的社会压力。我们特别关注近来计算机科技、电子审查和生物科技方面的进展。

计算机科技

过去十年，计算机科技在美国和全球进入了爆炸性发展阶段。对全世界最大的计算机网络因特网而言，计算机科技的影响显得尤为明显。2012 年，互联网用户已经达到 23 亿，而在 1996 年时这一人数仅为 5000 万。

因特网的前身为美国国防部 1962 年研发的计算机系统，意在让学者和军事研究员在国家部分通信系统遭到核武器袭击而毁坏的情况下仍能继续为政府工作。在一代人之前，如果不是在大学或政府研究实验室工作，人们很难有机会去上网。但是今天，几乎任何人都能通过一条电话线、一台计算机和一个调制解调器上网。人们在网上买卖汽车，进行股票交易，拍卖商品，研究新的医疗方法，投票或寻

手机信号正在覆盖全球，现在越来越难找到一个接收不到手机短信的地方。

"我们必须搬家了，他们要在这里建基站。"

找久未联络的朋友，而上述这些活动则只是成千上万种网络功能的冰山一角。

不幸的是，并非所有人都能踏入信息高速公路，尤其是经济条件较差的人。而且，这种不平等模式还是全球性的。沃勒斯坦在他的世界体系分析中描述到，核心国家在信息技术方面拥有实际垄断权；而亚非拉边缘国家则依赖核心国家来获取技术和信息。比如，北美、欧洲和世界上其他地区的少部分发达国家几乎拥有世界上所有的互联网主机（internet hosts），即直接联系全球网络的电脑。

发达国家与欠发达国家之间的全球脱节问题何以解决？有些人建议给每个人，或者至少要给那些买不起电脑的人，分发一台电脑。

技术创新让人们感到不安的另一个方面在于，这些发明进步可能会造成许多工种消失。这种担忧完全不足为奇；纵观20世纪，首先是机器，随后为机器人，逐渐取代了人类劳动者的工作。今天，随着软件功能变得更加复杂且价格更为低廉，技术创新的步伐正在不断加快。牛津大学研究人员就工人们在物体操作、创新思维、与他人协商或劝说、评估他人情绪和反应方面所扮演的角色，对美国702种职业进行了仔细研究。随后，他们使用其研究结果预测，现有或可预见的技术可能会在未来10—20年内使这702种工作变成自动化。下表总结了他们研究结果的部分内容。

这些预测并非无懈可击；许多变量的改变都会影响研究人员对可能性的预测

结果。比如，即使能够研发出一种操作特殊技能的技术，廉价劳工的存在和科技的高昂成本也会阻碍这项技术的广泛应用。劳工组织也会尽量拖延这种结果的出现时间。尽管如此，约47%的工作都属于高危范畴，这就意味着，这些工作可能会在接下来10年或20年内被机器所取代。

预计将会被计算机应用所取代的工作

不太可能被科技取代的工作 （可能性低于0.5%）	很可能被科技取代的工作 （可能性大于98%）
应急管理总监	模特
精神健康和药物滥用社会工作者	图书管理员、会计师和审计人员
听力学家	信用分析师
消防一线管理人员	裁判员、仲裁员以及其他体育官员
饮食学家和营养学家	摄影加工员
内科医师和外科医师	税务专员
小学教师	货运代理员
	修表匠
	手工刺绣工和裁缝

注：某个职业在接下来10—20年间被计算机科技所取代的可能性。表中最不可能被取代或最可能被取代的职业选自美国702种工种名单。

资料来源：Frey and Osborne, 2013。

地球村里的隐私权和审查制度

今天，机器人、内置自动泊车系统的汽车和手机地图导航等新技术，带来了全面的社会变迁。大部分变迁都是有益的，但它们仍然存在负面影响。近年来，计算机技术的快速发展，使商业公司、政府机构乃至罪犯都能更容易地获取和储存各种信息，这些信息包罗万象，涵盖了从购买习惯到上网模式等各种内容。在公共场所、工作场所和网上，监控装置都在追踪着我们的一举一动，不论是敲击键盘，还是在自动取款机上完成取款交易。同时，这些创新也增加了他人监控我们行为的能力，引起人们的恐慌，担忧它们可能会因一些犯罪或反民主意图而被滥用。简而言之，新技术不仅威胁了我们的隐私，还威胁到我们远离犯罪和审查的自由（O'Harrow Jr., 2005）。

近年来，一些大型数据库丢失，进一步加剧了人们对个人信息被罪犯滥用的担忧。比如，2013 年假日购物季，约 4000 万曾在 Target 和其他大型零售商场购物的顾客，被迫陷入信用卡刷卡信息被泄露的危险境地。

从社会学视角来说，隐私和审查制度这些复杂问题可被视为文化滞后的体现。和以前一样，物质文化（科技）要比非物质文化（控制科技使用的规范）变化更快。而结果常常就是对新科技的使用采取无所谓的态度。

与电子通信监视行为相关的立法并非总为公民隐私权着想。1986 年，联邦政府通过了《电子通信隐私法案》，规定除非同时获得司法部和一位联邦法官的允许，否则那些电话监控行为就是违法行为。但电报、传真和电子邮件则并未受到同等程度的保护。随后，"9·11"事件发生一个月之后，国会通过了《爱国者法案》，放宽了现行法律对执法人员监控权的控制。联邦机构现在可以更为自由地收集电子信息，包括信用卡收据和银行记录（Gertner, 2005）。2005 年，美国人发现，国家安全机构在美国几大电信公司的协助下，秘密监控人们的电话。四年后，联邦法院作出裁决，未获授权的窃听行为是合法的（Lichtblau, 2009；Vaidhyanathan, 2008）。

站在他人的角度思考问题——银行经理

网上银行能为你的客户带来什么便利？又有什么风险？

社会学家持有不同的理论视角，所以他们对使用和滥用新技术的看法也有所不同。功能论者对互联网的态度较为积极，他们强调互联网在促进沟通方面所发挥的显性功能。从他们的角度出发，互联网在授予那些缺乏资源的人（从仇恨群体到拥有特殊共同利益的组织）与大众进行交流的权力上发挥着隐性功能。与之相比，冲突论者则强调，社会中权力最大的群体会利用技术来侵犯那些弱势群体的隐私。实际上，东方某些国家的官员已经在网上审查批评政府的在线讨论组和论坛帖子。公民自由倡导者提醒我们，如果公民失去警惕，未能妥善保护自己的隐私权，美国同样会出现上述情况（Magnier, 2004）。

另一个引起争议的问题是，用于追踪车辆和人员位置的全球定位设备得到广泛应用，更不用说那些手持通信设备的电子追踪技术。这些新技术使你通过推特随时都可将你当下所在位置发给你的朋友，但是其他人和政府是否也能追踪到你的位置呢？换言之，美国宪法第四条修正案是否规定你的即时位置也是需要保护的隐私呢？关于这个问题，公众舆论和法庭裁决仍然意见不一。这个问题是文化滞后的又一个例证，或者也可说是，社会仍然需要更多的时间来化解新技术与传统文化价值观及行为之间的矛盾（Zipp, 2009）。

然而，今天人们在保护自身隐私方面似乎已经不再像在互联网时代以前那么警惕了。从小就习惯上网的年轻人似乎完全接受上网时可能侵入电脑中的程序插件或间谍软件的存在。他们已经习惯接受成年人对他们电子聊天室的监视。许多人都认为在网上向陌生人提供自己的个人信息不会造成危险。这也就难怪大学教授会发现，学生们并不重视隐私权的政治意义（Turkle, 2004, 2011）。

生物科技与基因库

生物科技是体现科技进步促使全球社会变迁的另一个领域。胎儿的性别选择、基因工程有机体、克隆动物等生物科技，都是近年来颇具争议的重大生物科技进步。瑞泽尔的"麦当劳化"概念也适用于生物科技领域。就像快餐概念已全面渗入社会，生活的每一个阶段似乎都无法逃脱治疗学或医学的干预。实际上，社会学家认为生物科技的很多方面都是近期社会医疗化趋势的扩展。通过基因控制，医学专业正在不断发展壮大（Human Genome Project, 2012）。

生物科技还取得了另一项令人瞩目的成就，即其发展推动了外伤治疗方式的进步，而这则是残酷的现代战争所带来的意外惊喜。在伊拉克和阿富汗战场上，曾有大批士兵受到重伤，军医和治疗专家为了帮助士兵们疗伤，已经研制出智能假肢。在相关发明创造中，有一种由脑电波控制的假肢，截肢者通过这种装置就能控制腿、手臂乃至单个手指的移动。电脑科技在伤者复原方面的应用，在不久的将来必然会进入民用领域（Ellison, 2008）。

生物科技还取得了一种令人惊叹的进步，即它有可能通过基因工程改变人类的行为或物理特征。鱼类和植物的基因已被混合到一起,用于创造抗冻土豆和番茄。最近,人类基因已被移植到猪的体内,从而可为器官移植提供仿人类肾脏。奥格本在八十多年前写到文化滞后时,可能从未预想到如此巨大的科技发展。但是,此类进步或克隆羊的成功则再次说明了物质文化飞速的变迁速度,以及非物质文化在适应变迁方面非常迟缓的反应。

今天的生物科技自诩对人类有百利而无一害,但人类社会永远不能放松对它的密切监控。生物科技进步已经引发了非常严峻的伦理和政治问题。在这些问题中,随意捣弄基因库,就会以人类难以想象且不愿接受的方式改变我们的环境。尤其是关于转基因食品的争议日益发酵,该问题起源于欧洲,但很快就蔓延到世界各地。科技发展的初衷是增加粮食产量,发展经济农业。但批评者则用"科学怪食品"(Frankenfood,取自"科学怪人"一词)来指代所有转基因食物,包括由转基因谷物制成的早餐麦片和新鲜的转基因番茄。反对生物科技运动的成员反对干预自然,并对转基因食品所带来的潜在健康影响十分担忧。转基因食物的支持者不仅包括生物科技公司,还包括那些将科技视为解决亚非日渐增多人口温饱

一位乌干达农民用手机查询咖啡豆的价格。

问题之办法的人（Petersen, 2009; World Health Organization, 2009）。

相形之下，在欠发达世界，只要有需求，成本更低廉及饱受争议的科技就能促进农业发展。以手机为例。与其他新科技不同，全球绝大多数手机使用者都生活在相对落后的国家中。与计算机相比，手机价格相对便宜，也不那么依赖昂贵的通信设施，因而在世界上最贫困地区，手机的应用也非常普遍。乌干达农民用手机查看天气预报和商品价格。南非劳动者用手机找工作。伦敦商学院的研究者发现，在欠发达国家，手机使用率每增加10%，该国国内生产总值相应就会增长0.6%（Bures, 2011）。

欠发达国家的农民用手机来增加个人收入，而其他人则开始选择移民海外。接下来的社会政策部分将会探讨跨国移民，这类人群在欠发达国家和发达国家之间来回穿梭，建立起了人员联系，而非技术联系。

LO 44-3　社会政策与全球化

我们都知道，研究者在研究中会用到多种研究工具，从最简单的观察研究到最先进的电脑技术等。在现实生活中，社会学研究会对公共政策和社会福利产生深远影响，下面我们就来看一下它对跨国移民的影响。

跨国移民

在全球范围，新通信技术，如手机、万维网等，彻底加快了全球化过程。但若没有人力资本，这些发明创造也不可能刺激过去几十年中全球贸易和发展的巨大增长。在全球化趋势的背后，哪些人成为受益者？他们通常是那些预见到海外商机并敢于独闯天涯、利用机会的人。在这个过程中，他们中有很多人都成了移民。

为了促进与他国的贸易和投资往来，移民常会利用自身社会关系，以及自己对母语和祖国文化的了解。比如，在东南亚，中国移民主导了对华贸易；在非洲，印度移民占据了主导地位。有些移民直接在祖国投资，进而获得产品，用于海外销售。机会总是层出不穷，拥有资本和商业技能的人势必赚得盆满钵满（Guest, 2011）。

无数移民离开家乡，闯荡世界，想要过上更好的生活，这些人也在全球经济中扮演着重要角色，填补了劳动力市场的短缺。他们要么成为园丁，要么当上快餐厨师，尽管无法凭借自身工作发家致富，但他们却自认为相比移民之前，目前的生活水平已非昔日可比。但不幸的是，移民接受国的公民常常排斥移民的到来，他们担心这些移民会与本国人争抢工作机会。

截至 2013 年，2.32 亿人（约占世界人口 3%）成为国际移民。这个数字相比 1970 年，已然增长了两倍以上。全球其他人口则是"居留者"，即继续生活在原国家的人（UN，2013）。

欧盟等一些区域已经制定了国际条约，允许劳动力自由流动。但在世界上其他大部分地区，移民限制使得外国工人只能拥有临时身份。尽管有这些法律约束，劳动力市场仍然迅速变得更为全球化。正如全球化整合了政府政策、文化、社会运动和金融市场，它也将一度分散的国际劳动力市场组合到了一起。比如，今天来自至少八个国家的移民聚集在迪拜这一中东小国工作。

全球化既改变了移民的经历，也改变了劳动力市场。在过去几代中，移民通过阅读外文报纸，时刻了解祖国内部发生的事件。今天，互联网让他们能够与祖国和亲属保持即时联系。在全球化框架下，移民不再像以前那样认为自己只是一国居民。**跨国移民**是指那些保持多种社会关系的移民，这种社会关系联系着他们的祖国与现定居国（Levitt and Jaworsky，2007）。

跨国移民问题的社会学应用 与其他议题一样，社会学家基于不同理论视角，对跨国移民持有不同观点。功能论者认为移民的自由流动，即使受到法律限制，也已成为经济体最大限度利用人类劳动力的一种方法。他们注意到，根据供求规律，劳力较少的国家必然需要吸引劳动力，而那些劳力过剩的国家则会对居民失去吸引力。

冲突论者指出，全球化和跨国迁移已经拉大了发达国家与欠发达国家之间的经济差距。今天，北美、西欧、澳大利亚和日本居民所消耗的资源，是数十亿欠发达国家居民消耗量的 32 倍以上。通过旅游业和大众传媒的全球影响，相对贫困国家的居民已经熟悉了富裕发达国家的生活方式，他们中的很多人当然会向往这种生活方式（Smith，2011）。

互动论者对跨国居民与其周边人群的日常互动很感兴趣。这些人包括从跨国移民的祖国来到现居住国的人，以及从其他国家移民而来的同事。这些学者正在研究跨国移民参与当地民族组织的情况，从而了解他们的加入到底是加快还是延缓了他们融入现居住国的进程。他们还发现，这些全球社会网络体系的成员会互相给予支持和信任。

跨国人士也会参与社会运动。很多跨国移民要么移民到拥有更大政治自由的国家（比如，移民英国的伊朗人），要么就是从更具包容性的社会中迁移到别处（比如，在迪拜务工的菲律宾工人）。在这些情况下，跨国移民常会通过电脑来监控他们感兴趣的社会运动。即使相隔千里，他们也可能通过提供信息或（及）资金，来推动社会运动的发展（Aunio and Staggenborg, 2011）。

互动论者对另一个问题也很感兴趣，即跨国移民如何看待他们自己的身份和他们孩子的身份。实际上，跨国移民会根据自己当时属于哪个社会网络来调整自己的身份。有些社会学家指出，成为跨国移民既会让人兴奋，也可能会让一个人被孤立起来，即使其身处一个拥有数百万人口的大城市中。其他学者则担心，跨国移民会变得过于世界主义，从而与自己的本国身份失去联系（Portes et al., 2008；Tilly, 2007）。

影响跨国移民的政策建议　尽管跨国移民在联系两个社会的活动中可以获得丰富的阅历，但他们在现居住国中必将不断地面临着自我调适问题。正如我们在迪拜的例子中看到的，移民劳工总是面临着艰难的生活和工作环境。有些移民输出国，如印度尼西亚和菲律宾，已经建立了全国海外劳工保护机构。这些国家的目标非常远大，但这些机构常常只能获得有限的财政拨款，再加上外交受阻、法律不通，这使它们的任务变得更加复杂（United Nations Development Programme, 2009：102—104）。

另一个尚未解决的跨国移民问题是选举权。并非所有国家都允许存在双重国籍，而且就连那些允许存在双重国籍的国家可能也不允许缺席的跨国移民进行投票。美国和英国在这方面相当宽容，允许双重国籍人士和移民者投票。相反，墨西哥就不允许移民投票。墨西哥政客担心大量居住在海外的墨西哥人（尤其是留美墨西哥人）会投出与本国人不同的选票，从而带来不同的结果（Levitt and Jaworsky, 2007）。

最后，非法移民这一争议问题仍然有待解决，这可能是因为文化滞后。也就是说，公众态度与政府政策（非物质文化）并未能与世界各地的移民越来越便利的生活（物质文化）保持一致，或者并未能作出相应的调整。全球化创造了一个全球劳动力市场，一个很多国家都依赖的、不管合法与否的市场，但是普通民众仍然敌视非法移民，尤其是在美国。

E 评 估

1. 在欠发达国家，以下哪种技术得到最为广泛的应用并具有最强大的影响力？
    (a) 机器人工人
    (b) 手提电脑
    (c) 手机
    (d) 电话会议

2. 抵制涉及全球电子网络运动的人被称为（　　）。
    (a) "卢德分子"
    (b) 拒绝技术人士
    (c) "不要在我家后院"人群
    (d) NOPEs

3. （　）认为跨国移民成为经济体最大限度利用人类劳动力的一种方法？
    (a) 功能论视角
    (b) 冲突论视角
    (c) 互动论视角
    (d) 女性主义视角

4. （　）视角强调社会中权力最大的群体会利用技术来侵犯那些弱势群体的隐私。

答案：1. (c) 2. (b) 3. (a) 4. 冲突论

R 反 思

1. 你觉得生物科技中的哪个方面最有前景？哪个方面最令人不安？请解释。
2. 你认为是应放宽还是限制人们跨越国界寻找更好的工作和生活条件的自由？为什么？

案例分析 | 正义的抗争

凯特琳·艾博特（Caitlin Abbott）骄傲地展示着她的"我是一名群众"小徽章。她说："在纽约的'占领华尔街运动'集会中，我拿到了这枚徽章。当时我只是路过那里，但我马上就接受了这个看法。对我而言，它的意思是：'嘿，不要忘了普通民众。我们才是大多数。'"

艾博特给"占领华尔街运动"捐献了5美元，但她最在意的问题却是早期儿童教育。她说："每周有两个早上，我自愿为一年级学生辅导学习。这段经历让我意识到，有些孩子从小就占尽优势。并非每个孩子都能在窗明几净的家中阅读书籍，也并非每个孩子的父母都有时间陪孩子阅读。"艾博特将自己的观察结果告诉了班上的老师。她说："那位老师告诉我，这个学区本来开设了非常完备的早期儿童教育项目，但这个项目在实施了十年后却遭到裁减。最根本原因就是没有资金。我一直在想这个问题。为什么要取消这个对很多孩子都有益的项目呢？"艾博特开始着手进行调查，她了解到，在全国许多学区，早期儿童教育项目资金都被削减。她说："我从网上得到大部分信息。我也是在网上联系其他有着同样担忧的人。"艾博特开始参加集会，抗议早教基金被削减。她说："现在，我会协助他人编写传单，解释我们的立场，然后我会去每家每户募捐，告诉人们我在教室里看到的情况。人们不一定会为小孩争取权益，但是我会。"

1. 为什么要求增加早教资金运动是典型的新兴社会运动？
2. 在艾博特决意为早期教育进行抗争的过程中，技术发挥了什么作用？
3. 就资源动员而言，你希望谁在早教资金斗争中扮演领导角色？这个群体如何有效地使用媒体？
4. 减少早教基金如何造成相对剥夺感？

"强力"学习策略　　给生活加把劲

通过使用每章结尾处的"强力"学习策略,你已见证了这个体系给学习社会学所带来的好处。在生活的方方面面,你都可以使用这套体系,以此帮助自己有效地解决各种重大的生活问题:找工作,找住所,干好工作,参与家庭生活和为社区服务。以下将会总结本书学习策略部分中的基本原则。

P · 开始执行任务前,先花时间确定目标。对任何复杂任务而言,该准备过程都会帮你节省时间。

O · 备齐实现目标所需的工具,包括体力及心理工具。思考完成任务所需的步骤。
· 思考最好应该独自工作还是集体工作。

W · 阅读时,首先想一想已知的知识。然后认真阅读,慢慢吸收重要观点并记录。
· 通过记忆法来提升记忆力——越可笑越醒目越好记。
· 了解自己的学习风格和个性类型,以此促进你的工作效率。如果你是一名内向型阅读者,请不要尝试成为外向型接触者。
· 做笔记时,切记少而精的原则。经常询问自己:为什么这很重要?这与我和我的生活有什么联系?自我反思有助于你牢记重要概念。
· 进行有效的时间管理。全面利用日历和计划表,但也要保证计划的灵活性并为休息和放松留出时间。
· 批判思考。当你听到或看到一个命题时,总是询问自己:我如何得知问题的真假?
· 写作时,牢记基本大纲:议题、论点、观点、论据(证据和逻辑)和结论。
· 考前做好充分准备。考试时先通看试题,计划做题时间并有策略地解题。
· 掌握自己的压力程度。练习放松技巧,不要缅怀过去。在需要时接受帮助。你并不孤单。
· 在公开场合发言时,控制自己的声音和呼吸。昂首挺胸,尽量放松。切记观众是支持你的。在演讲开始时,清晰地陈述你的议题和/或论点。

E · 在执行大项目的过程中,时不时地停下来思考,评估工作的进展。你是否希望同时完成短期和长期目标?

R · 完成任务和实施计划后,既然你接受你目前的工作,你就应该花些时间来回顾并反思有用与无用的做法,以及成功与失败之处。然后稍微或完全改变有问题的部分。

赐予我力量　你掌握了学习技能吗？

作为一名学生，你的成功取决于你能否整合你在"强力"学习策略中学习的各种技能。为了全面评估你的技能并发现任何有待提高的领域，请你回答以下问题，然后计算自己的得分：

这是我 = 1　这不是我 = 0

1. 完成家庭作业前，我会通读课堂笔记并复习教材。
2. 阅读或聆听时，我常会停下来，思考作者或讲话人到底提出了事实还是观点。
3. 当我有太多任务需要完成时，我会考虑自身实际情况，据此对计划作出调整。
4. 我会记录课上讲解的重要概念，绘制导图显示重要观点的联系。
5. 我会将大任务分解为若干步骤，用日历来记录必须完成每个步骤的日期。
6. 我会用抽认卡、首字母缩写词和其他记忆法来帮助自己记忆重要观点、事实和列表。
7. 需要做决定时，我会列出所有选项，然后写出每个选项的优缺点。
8. 写论文前，我会概述论点并收集相关事实和论据。
9. 遇到问题时，我会集思广益，尽可能收集更多的解决方案。
10. 需要做口头陈述时，我会在记录卡上写下讲话大纲。

得分

　　8—10 分：祝贺你！你已掌握各种优秀的批判性思维、规划和解决问题的技能，这将有助于你在生活和学习中取得成功。

　　6—7 分：你拥有助你达成目标的核心技能。关注任何有待提高的领域并加以调整。

　　0—5 分：重新阅读每章结尾处的"强力"学习策略，找到有助于你达成目标的工具。

15

第十五章

全球不平等

模块 45　世界体系中的分层

模块 46　国家内部的分层

社会学实务——公共卫生指导人员

杰瑞·塞古拉（Jeri Segura）供职于一家美国援助组织，在卢旺达从事公共卫生指导工作。她的工作重点是母婴卫生保健。塞古拉说："在非洲撒哈拉沙漠以南地区，5岁以下儿童的死亡率为10%。产妇的死亡率也非常高。"塞古拉深入农村地区，向当地妇女传授生殖健康基本常识，以及计划生育和产前卫生等知识。她也为当地妇女提供有关母婴喂养和幼儿接种等方面的建议。塞古拉说："很多当地小孩都死于腹泻、呼吸感染等完全可以治好的疾病。"

塞古拉强调她并非孤军奋战。她会与社区卫生保健人员（这位人员有时是男性，有时则是女性）结伴而行，活跃在公共卫生指导第一线，这位同伴在工作时带着手机，以便可以当场获得远程医疗咨询服务。塞古拉解释道："他们不是医生，但他们接受过一些临床培训，而且他们还能得到医生的指导。我们进行团队协作，我负责卫生保健指导，追踪疾病暴发，撰写区域卫生情况总体报告。那位社区卫生保健人员则成为沟通病人诉求与由医生、护士和医院构成的大型医疗体系的桥梁。专业医疗人员则会就我们无法当场解决的病例，提供医疗建议和治疗方案。"

本章内容概述

本章我们将会思考欠发达国家内部，以及欠发达国家与发达国家之间的社会不平等问题。我们将会探讨殖民主义和新殖民主义的影响，全球化，跨国公司的崛起，以及现代化趋势。随后我们将会关注在财富和收入分配以及社会流动性上的国家内部分层。本章最后的社会政策部分将会讨论欧美的福利制度改革。

模块 45

世界体系中的分层

P 准备 学习目标

LO 45-1 解释全球分化并描述世界经济体系中的分层和贫困问题

LO 45-2 概述殖民主义对欠发达国家的长期影响

LO 45-3 分析全球化、现代化和跨国公司对欠发达国家的影响

O 组织 模块大纲

全球分化

全球贫困

殖民主义的残余

跨国公司

现代化

W 工 作

发达国家与欠发达国家之间千差万别，但社会学家发现，在最富国与最穷国之间，分化程度是一个连续体，呈现出由强到弱的趋势。例如，2008 年，在美国、荷兰、瑞士、法国和挪威，每个公民的商品和服务平均产值（人均国民生产总值）超过 4.7 万美元。而在至少 30 个贫困国家中，该产值仅为 1000 美元或更少。其余大多数国家的人均国民生产总值则介于这两个极端数值之间。

LO 45-1 全球分化

全球超过 25 亿人口每天的生活费仅为或不足 2 美元，这即是发展中世界广为人知的贫困线标准。更令人难以置信的是，这一挣扎在贫困线上的庞大群体中有超过一半的人每天的生活费仅为或不足 1.25 美元，达到极度贫困的标准

为了减少全球贫困，富裕发达国家必须做长久打算，坚持不懈地应对这个问题。

（World Bank，2012a）。而且，就连最贫困国家中也明显存在贫富差异。因此，不平等已经成为全球各国的普遍问题，而并非只是美国所独有的现象。纵观全球，欠发达国家与发达国家之间同样存在不平等问题，这也是为什么发达国家的公民很难理解为什么有人仅靠每天2美元的生活费就能生存的原因。

在世界上某些地区，人们终其一生都在与饥饿进行殊死搏斗，他们将这种行为称为"应对机制"（coping mechanisms），即绝望的穷人试图控制饥饿感的方法。厄立特里亚的妇女在她们的胃部绑上扁平的石头，以减轻饥饿带来的痛苦。在莫桑比克，人们食用破坏庄稼的蝗虫，并称其为"飞舞的小虾"。尽管营养充足的人认为食土癖是一种病态（或"异食癖"，pica），但世界贫苦人群常靠吃土来增加饮食中的矿物质。据说在许多国家，妈妈们经常清水煮石头，以此让饥饿的子女相信晚饭就快好了。她们不停地围着锅打转，希望她们营养不良的孩子能够慢慢进入梦乡（McNeil，2004）。

纵观全球，不平等是人类行为的重要决定因素，它给一些人开启了机会的大门，而将另一些人则关在门外。事实上，在一些地区，生命际遇有着如此极端的差异，以至于最贫困的穷人可能都未察觉。西方媒体的影像已经波及全球，但在极其萧条的农村地区，那些处于社会底层的人也不可能看到。

几个世纪前并不存在这种全球财富的巨大分化。除了极少数统治者和地主，世界上其他人全都非常贫困。不论是在欧洲，还是在亚洲或南美洲，生活都是同

我们排起长队在等待什么呢？居住在不同地方的人们，其需求和欲望也会截然不同。左图中，许多顾客在北京一家苹果专卖店外排起长龙，翘首以盼 iPhone 5s 手机的发售。右图中，衣索比亚（Ethiopia，又称埃塞俄比亚）的居民则在排队取水。

样的艰难。这种现象再真实不过，直到工业革命到来和农业生产率提高导致经济井喷式发展，才出现了剧烈的社会变迁。然而，由此引起的生活标准提高却并未惠及每种人群。

LO 45-1　全球贫困

在欠发达国家，对那些刚刚实现温饱的人群而言，如果自己的经济状况出现任何不良问题，都会直接危及他们的生存。依据美国的标准，欠发达国家中的富裕人口也是穷人，这些国家的贫困人口则是真正的赤贫。

如果我们在地图上标绘每个国家的贫困人口数量而非人口总量，这张地图会是什么样呢？当我们关注贫困水平而非人口，世界就会看起来全然不同。我们会注意到非洲与亚洲广袤的贫困地区，以及北美和欧洲相对狭小的富裕工业区。贫困是一个世界性难题，成为祸及无数人生命的毒瘤。

社会科学家如何测量全球贫困？在美国，如何划定贫困线引发巨大争议；将其他国家考虑在内，则使这个任务变得更加复杂。许多欠发达国家自行确定贫困的定义，它们根据个体维持生存所必需的最低收入（通常介于每天 1 美元至 2 美元之间）来判定贫困与否。赞比亚则认为，贫困就是指个体"丧失购买维持生命最低限量饮食的能力"。

2000年联合国发起"千年计划"，目的是到2015年帮助一半世界极度贫困者摆脱极度贫困状态。尽管15年看似很长，但这项计划面临的挑战却是非常严峻。为了完成计划目标，规划者预计发达国家必须留出0.51%的国民生产总值（GNP，即一国商品与服务的价值，加上或减去得自或归入他国的收入），用于援助欠发达国家。

"千年计划"启动之际，只有丹麦、卢森堡、荷兰、挪威和瑞典这五个国家，按照目标比率采取了相应行动。尽管以美元计算，美国政府比其他国家向外国和跨国公司提供了更多的援助，但是考虑到美国相较他国更为庞大的财富，这些数量只能说是一般般。从国民生产总值的比例来看，美国的捐助排在23个最发达国家的最末位，与日本不相上下。

尽管发达国家并未足额提供援助资金，但是"千年计划"却提前到2013年初就完成了贫困人口减半的目标。全球贫困人口大幅减少，这一趋势在中国表现得尤为明显，不过中国并未参与这项计划。虽然"千年计划"取得了丰硕的成果，但该计划的大多数其他目标，如产妇死亡率大幅下降和未满周岁婴儿存活率提高等，却难以在2015年内得以实现。

另一大全球问题是营养不良，即幼儿在3岁前因无法摄入必要的营养物质而造成的问题。营养不良会导致幼儿出现成长问题，降低他/她的生活质量，其危害则会持续到其成人时期，甚至还会影响其劳动能力。冲突论者将营养不良及其对发展的影响视为不平等造成的一种结果。但功能论者则指出，对发展中社会而言，或者对任何社会而言，营养不良不仅具有反功能，还会逐渐助长不平等现象。

发达国家中获得特权的人往往断定，全球贫困人口缺乏重要资产。但是来自这些国家的观察者却一再感到震惊，他们发现，对贫困者来说，很少量的资金都能支撑很长时间。许多小额贷款计划，包括较少的援助拨款和贷款，鼓励了边缘人群不要投资在牲畜上，因为牲畜可能死亡，也不要投资在珠宝上，因为珠宝可能会被偷窃，而是应该投资于技术改良上，如小型炉灶。另一种向欠发达国家提供援助的低成本做法则是建立直销网络。

全球财富分配不公，贫困人口分布不均，这种社会现实令人甚感烦恼，但时至今日也并未有解决良策。接下来将会讨论到的三大力量，则是造就少数国家在世界市场上经济主导地位的元凶：殖民主义的残余、跨国公司的出现和现代化。

LO 45-2　殖民主义的残余

当一种外国势力在较长时期内占据某国人民政治、社会、经济和文化的支配权时，**殖民主义**（colonialism）就出现了。简而言之，就是遭到外来者的统治。大英帝国长期以来对北美大部分地区、非洲部分地区和印度的统治，就是殖民统治的示例。法国对阿尔及利亚、突尼斯和其他北非国家的统治也是如此。殖民国家与被殖民者的关系，类似马克思笔下的掌权资产阶级与无产阶级的关系。

到 1980 年代，殖民主义大体上已经消失了。"一战"时遭到殖民统治的大多数国家都取得了政治独立并建立了本国政府。但对许多国家来说，向真正独立统治的转变却并不彻底。殖民统治早就建立起经济剥削模式，即使在国家取得独立地位之后，仍然成为盘踞头顶的巨大阴云，造成这种情形的一部分原因在于，之前的殖民地无法发展自身的工业和技术。它们依靠工业化程度更高的国家，甚至包括曾对它们进行殖民统治的国家，来获得管理与技术知识、投资资本和制造品，致使自己一直无法摆脱从属地位。这种持续不断的依赖和外国支配又称新殖民主义（neocolonialism）。

殖民主义和新殖民主义所带来的经济及政治后果显而易见。根据冲突论观点，社会学家沃勒斯坦（Wallerstein, 2012）将全球经济体系视为掌握财富的国家与财富被掠夺的国家之间的划分。通过**世界体系分析**，沃勒斯坦描述了一种相互依存的世界经济，而这种经济则建立在不平等的政治经济关系之上。他的分析中关键的一环是，必须理解这些国家不能，也从未自行建构整个体系。相反，它们存在于更广阔的全球社会情境中。

根据沃勒斯坦的观点，一些发达国家（包括美国、日本和德国等）和它们的跨国公司支配着这个体系的**核心**（core）（参见下图）。体系的**半边缘**（semiperiphery）区域是具有边缘经济体的国家，包括以色列、爱尔兰和韩国。沃勒斯坦指出，亚非拉贫困的欠发达国家处于世界经济体系的**边缘**（periphery）。沃勒斯坦分析的关键在于，**核心国家对非核心国家**的剥削关系。核心国家和它们的企业控制并剥削非核心

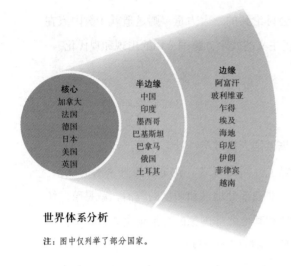

世界体系分析

注：图中仅列举了部分国家。

国家的经济。与其他国家不同，它们对外来控制保持着相对的独立。

核心国家与边缘国家之间的差异非常巨大且极其稳定。国际货币基金组织（IMF, 2000）的一项研究发现，42 个作为研究对象的经济体在过去 100 年间几乎没有发生任何变化。唯一的变化是日本进入核心国家阵营，而中国则跌入半边缘国家范畴。但沃勒斯坦（Wallerstein, 2012）猜测，我们现在理解的世界体系，可能很快就要经历不可预测的变化。这个世界正在变得更加城市化，这一趋势正在逐渐减少农村地区大量囤积的廉价劳动力。核心国家将来不得不寻找其他方式来减少劳动力成本。由于滥砍滥伐和污染，水土资源面临枯竭的危险，这些环境问题也正在不断地抬高生产成本。

沃勒斯坦的世界体系分析是**依附论**（dependency theory）最广为使用的形式。根据这种宏观理论，即使欠发达国家取得了经济发展，在这个愈发盘根错节的全球经济中，它们[的力量]仍然非常弱小，并且很难摆脱对核心国家及其企业的从属地位。这种相互依存关系使发达国家能够继续盘剥欠发达国家。某种意义上，依附论是冲突论视角在全球范围内的应用。

根据世界体系分析者和依附论者的观点，欠发达国家所拥有的人力和自然资源，越来越多地被再次分配到核心国家中。再次分配之所以会发生，部分原因在于欠发达国家因外国援助、贷款和贸易赤字而欠下发达国家数额巨大的债务。全球债务危机则加剧了在殖民主义、新殖民主义和跨国投资下开始的第三世界依附现象。国际金融机构对债务国不断施压，迫使其采取严厉措施来支付债务利息。这种行为造成的结果就是，欠发达国家可能会被迫贬低本币价值，冻结工人工资，提高工业的私有化程度，削减政府公共服务和就业机会。

与这些问题密切相关的就是**全球化**，即通过贸易和思想交流而实现的政府政策、文化、社会运动及金融市场在全球范围内的融合。由于世界金融市场超越传

中国工人组装玩具,以备出口美国。全球化影响着海外及本国的劳动者,将就业机会牢牢限制在本国境内,让国外的工作条件变得更加恶化。

统国家的控制范畴,所以世界银行和国际货币基金组织等国际组织也就应运而生,活跃在世界经济的舞台上。由于这些机构的资金大多来自核心国家,因而它们受到后者的深刻影响。它们的功能是促进经贸发展,确保国际金融市场平稳运行。就这一点来看,它们可被视为全球化的推动者,以及核心国家利益的主要维护者。

批评者呼吁社会关注各种问题,包括触犯工人权利、破坏环境、丧失文化身份,以及歧视边缘国家的少数族群等。全球化的影响似乎对拉美和非洲的欠发达国家造成了最为严重的问题。亚洲欠发达国家的情况似乎要更好一些,那里的外资进入了高科技领域,推动了更为持续的经济发展。但即使在亚洲,全球化也必然无法减少收入差距,不论是国与国之间的还是国家内部的收入差异(Kerbo, 2006)。

一些观察者认为,全球化及其影响是通信技术进步(尤其是因特网和大众媒体的全球传播)所促成的自然结果。其他人的观点则更具批判性,他们认为全球化是允许跨国公司肆意扩张的过程,而我们很快就能看到它们造成的影响(Chase-Dunn et al., 2000)。

第十五章 全球不平等

站在他人的角度思考问题——政府工作人员

在你的促进妇女权益工作中，全球化可能发挥何种积极支持作用？

LO 45-3 跨国公司

我们已经看到，全球化并不一定会改善发展中世界贫困人口的生活。另一种总是让欠发达国家备受摧残的趋势则是跨国公司的出现。纵观全球，大型商业巨头在新殖民主义下扮演着非常重要的角色。**跨国公司**（multinational corporation）是指总部设在一个国家但其生意却遍布全球的商业组织。这种私人贸易和借贷关系并不新奇，早在数百年前，商人就开始进行海外贸易活动，相互交易珠宝、香料、服装和其他货物。但是，今日之跨国公司不仅向海外买卖货品，还在世界各地生产货品。

除此之外，今天的"全球工厂"（即由跨国公司在欠发达国家建立并经营的工厂）可能很快就会衍生出"全球办事处"。总部设在核心国家的跨国公司，开始在边缘国家设置预约服务、数据处理中心和保险理赔公司。随着服务产业在全球市场中变得越发重要，许多公司都判定，海外运营的低廉成本更能抵消全球内传递信息的费用。

不要低估这些全球企业的规模。跨国企业的总收入与**整个**国家产品和交换服务的总值不相上下。海外销售是跨国公司的重要利润来源，所以这些公司不断想法继续向其他国家（通常都是欠发达国家）扩张。美国经济极大地依赖海外贸易，而海外贸易又多半为跨国公司所控制。美国超过12%的产品和服务都与出口海外的商品相关，据估计能为其国内提供1003万个工作机会（Office of the United States Trade Representative, 2012）。

功能论者和冲突论者对跨国公司的社会经济影响持有不同看法，下面我们就来了解一下。

功能论视角

功能论者认为，跨国公司实际上能够帮助世界上的欠发达国家。它们为那些只以生计农业为唯一生存方式的地区带来了工作和工业发展。它们通过传播发达国家的发明创造，推动了欠发达国家的快速发展。从功能论视角来看，跨国公司的高科技和管理方法与欠发达国家的廉价劳动力正好相得益彰，足以造就理想的全球企业。跨国公司可以充分利用科技优势，降低成本和增加利润。

通过它们的世界联系，跨国公司也能加深世界各国的相互依存程度。这些联系还有可能阻止纷争，不让其演变为严重的冲突。而且，一个国家绝不敢随意与其主要商业供应国或重要出口国中断外交关系或点燃战火。

冲突论视角

针对这种对跨国公司影响的积极评价，冲突论者表示强烈反对。他们强调，跨国公司是在剥削当地劳动力来获取最大利润。以星巴克为例，这个总部设在西雅图的国际咖啡供应商，从危地马拉的农场获取一部分咖啡原料。但是，危地马拉的农场工人需要摘取 500 磅咖啡豆，才能获得仅够购买 1 磅星巴克咖啡的收入，而这则是他必须花费五天才能完成的工作量。

欠发达国家大量的廉价劳动力，促使跨国企业将工厂迁出核心国家。对跨国公司来说，在

赤裸裸的不平等现象在每个国家都是显而易见。在印度孟买，亿万富翁穆克什·安巴尼（Mukesh Ambani）为他的妻子和三个子女修建了图中这栋 27 层高的豪宅，该住宅建成后共有三个直升机停机坪和一个可容纳 160 个车位的车库。安巴尼雇了 600 名工人来维护这栋豪宅。

欠发达国家设厂还可获得意外之喜，即欠发达国家会主动抑制工会组织的发展。在发达国家，加入劳工组织的工人坚持要求合理的工资和人性化的工作环境，而那些努力想要吸引或留住跨国公司的政府，则可能会制定反劳工法来压制工会活动和集体协议，从而营造跨国公司青睐的"投资环境"。如果劳工的要求对跨国公司构成威胁，它们只用把工厂迁往其他地区，把大批工人失业造成的烂摊子留给当地政府去处理。以耐克为例，这家公司先后把工厂从美国迁到韩国、印尼、越南，一直不停地在寻找最廉价的劳动力市场。冲突论者判定，整体而言，跨国公司对发达国家和欠发达国家的工人都造成了消极的社会影响。

一些调查过跨国公司国外投资影响的社会学家总结到，尽管这些投资起初可能会增加当地财富，但最后却会造成欠发达国家内部经济不平等。对收入和土地所有权而言，这个结论显示了千真万确的事实。中上层阶级能从经济扩张中获得最大利益，底层阶级则难以获利。正如冲突论者所指出的，跨国公司只会在有限的经济领域或某个特定地区进行投资。尽管投资引进国的某个经济领域，如酒店业和高档餐饮业得以迅速发展，但这样的经济扩张却妨碍了农业及其他经济领域的发展。除此之外，跨国公司还常会买下或排挤当地企业和公司，从而进一步造成了当地在经济和文化上对它的依赖（Kerbo, 2012）。

我穿的衣服来自哪里？这幅儿童基金会的海报提醒富裕的西方消费者，他们穿的名牌牛仔裤可能是欠发达国家受剥削工人生产的。在整个发展中世界的"血汗工厂"，没有加入工会的服装工人（其中有些还是儿童）劳动时间很长，而到手的工资在我们看来却是极低——即使它对那些半边缘国家的工人来说还算是比较高的。

LO 45-3　现代化

现代化和跨国公司的兴起不仅给欠发达国家造成了经济影响，还给其造成了文化影响。纵观全球，无数人都在目睹自己的日常生活发生的变革。当代社会科学家用**现代化**（modernization）来描述边缘国家从传统的或欠发达的制度，发展为颇具发达社会制度特征的深远过程。

我们现在正在使用社会学家贝尔（Bell, 1981）的现代化定义，这位社会学家注意到，现代社会逐渐会具备城市化、教育化和工业化特征。这些社会具有错综复杂的交通和传媒体系，其家庭形态多为核心家庭而非扩大家庭模式。因而，经历现代化的社会成员，必须脱离父母、神职人员等传统权威，转而服从政府官员的控制。

许多社会学家很快就发现，"现代化"乃至"发展"等术语中都隐含着种族中心主义偏见。隐藏在这些术语背后的假设不言而喻，暗示着"他们"（欠发达国家的人）正在努力变得像"我们"（核心发达国家的人）一样。从冲突论视角来看，这些术语维护了资本主义社会的主要意识形态。

"现代化"一词也暗含着积极的变化。但即便变化来临（通常来得非常缓慢），它也往往服务于发达国家的肥水部门。这条真理似乎适用于最新电子科技在发展中世界的传播。

现代化理论（modernization theory）也面临着类似的批评，该理论基于功能论，认为现代化和发展终将逐渐改善欠发达国家人民的生活。根据这一理论，即使国家各项发展不均衡，边缘国家也会得到工业化世界的援助，通过直接转移的新技术来促进自身发展。现代化理论的批评者，包括依附论者在内，则反驳说，技术转移只会加强核心国家对欠发达国家的控制，进一步加剧剥削力度。

当我们看到，欠发达国家的大街小巷遍布可口可乐和IBM的标志，就会轻易地认为全球化和经济变化会影响文化变化。但研究人员发现，事情也并非总是如此。独特的文化传统，如特定的宗教取向或民族认同，常能千载留存，并能缓和现代化对欠发达国家的影响。一些当代社会学家强调，发达国家与欠发达国家都是"现代化"国家。研究人员越来越多地利用一系列社会指标来评估现代化，这些指标包括城市化程度、能源使用程度、识字率、政治民主程度和生育控制等。

显然，这些指标中有一些为主观指标；就是在发达国家，也并非所有人都同意生育控制办法的广泛应用代表着社会进步（Inglehart and Baker, 2000）。

目前的现代化研究一般都是采取趋同的视角。利用上述指标，研究人员关注社会不断融合的趋势，尽管这些社会仍然存在传统上的差别。从冲突论视角出发，欠发达国家的现代化常常强化了它们对发达国家的依赖程度，并延续了后者对它们的盘剥压榨行为。冲突论者认为，这种持续依赖外国势力的现象是当代新殖民主义的例证。

E 评 估

1. 将全球经济体系视为掌握财富的国家与遭到控制和剥削的国家的区分，社会学家沃勒斯坦依据的是（ ）。

    (a) 功能论视角　　(b) 冲突论视角　　(c) 互动论视角　　(d) 拟剧论

2. （ ）认为，跨国公司实际上可以帮助世界上的欠发达国家。

    (a) 互动论视角　　　　(b) 女性主义视角

    (c) 功能论视角　　　　(d) 冲突论视角

3. 殖民控制确定了经济剥削的模式，导致之前的殖民地仍然依赖工业化程度更发达的国家。这种持续不断的依赖和外国支配又被称为（ ）。

4. 沃勒斯坦的世界体系分析是（ ）论最广为应用的版本。

答案：1. (b) 2. (c) 3. 新殖民主义 4. 依附

R 反 思

1. 将现代化理论与依附论联系起来。你是否同意一些批评者的观点，认为现代化进程将会增强核心国家的控制力？为什么？

2. 由于现代化损害了欠发达国家的利益并阻碍它们发展成为独立的经济体，你认为哪种变化体系（如果有的话）更适用于欠发达国家？请解释。

模块 46

国家内部的分层

P 准备 学习目标

LO 46-1 描述国家内部在财富与收入分配上分层的范围和影响

LO 46-2 对比发达国家和欠发达国家的社会流动

LO 46-3 分析欠发达国家内部经济发展和流动中的性别差异

LO 46-4 用社会学观点总结个人和公司福利问题

O 模块大纲

一个比较的视角

发达国家的社会流动

欠发达国家的社会流动

流动中的性别差异

社会政策与全球不平等

W 工 作

LO 46-1 一个比较的视角

横亘富国与穷国之间的鸿沟正在不断拓宽，与此同时，国家内部的贫富差距也是日益悬殊。如前所述，欠发达国家的阶层化与它们在全球经济中所处的弱势地位关系匪浅。当地的精英人群与跨国公司通力合作并从中获利，实现自身财富增加。与此同时，这种经济体系也形成了针对工业和农业工人的盘剥，并会促使这种格局继续持续下去。这也是欠发达国家接受的外资会导致经济不平等的原因。就像下页专栏所示，在拉美最繁华的国度巴西，社会不平等现象显而易见。

全球社区里的社会学 | **巴西社会阶层化**

一提到巴西，各种异域风情的景象就会浮现在人们的脑海中：闪亮的海滩、茂密的热带森林、里约热内卢的炫彩狂欢节。也许没有人会想起该国根深蒂固的贫困问题，以及挥之不去的不平等现象，但是这些问题和现象却是这个南美大国和奢侈旅游胜地经济体中的痼疾。巴西从来都被称为"三合一"国家：人口规模相当于加拿大的富裕国家、人口规模等于墨西哥的贫困国家，人口规模等同阿根廷的极贫之国（一无所有的人，完全没有任何收入来源）。

直到1988年，巴西政府才开始考虑重新分配财富或土地，以纠正这些不平等问题。然而，直到2003年，政府计划才最终得以实施。自那以后，巴西国内的贫富差距略有改善。

与美国一样，由于奴隶制遗留的种族差别，巴西的社会不平等现象变得更加严重。但与美国不同，巴西的种族并非社会建构的产物。在巴西，深色皮肤从来都不是判断生来低贱的标准。

巴西绝非种族平等的天堂。它是多阶层的种族偏见社会，其国家政府一直承认种族主义的存在。巴西对自己摆脱种族偏见实现自由的历史无比自豪。现在，它已制定相关法律，宣布歧视有色人种为违法。但是关于该法的有效性，该国社会舆论看法不一。

今天的巴西经济状况显示，不同种族群体之间存在非常显著的收入差距。相关数据表明，有色人种大多跌入"金字塔"形收入结构的最底层。为了纠正根深蒂固的不平等，巴西政府制定了定额定量平权行动计划，以确保有色人种能够接受高等教育。由于巴西社会没有明确的种族范围（巴西人会区分非常细微的颜色差异），所以许多人都猛烈抨击政府的措施为反向歧视，或者是抱怨种族划分方式非常令人费解。与美国一样，想要找到解决种族歧视和不平等这对双生问题的方法，的确是一个巨大的挑战。

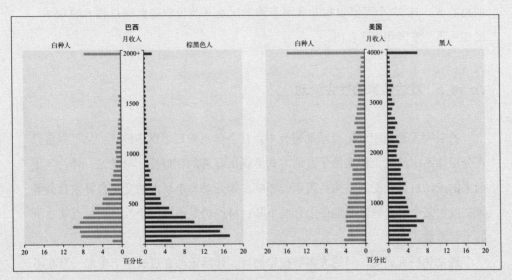

各种族的收入（巴西与美国）

资料来源：Telles, 2004: 108。

讨论

1. 观察两张图表的底部。就巴西和美国的收入分配而言，你认为哪种看起来更为公平？再观察两张图表的顶部，哪种收入分配看起来更为不均？你发现这两张图表中哪个部分最为醒目？
2. 在美国，基于种族的大学入学指标配额是引起社会争论的热点议题。在你看来，为什么这在巴西社会却能成为法律？

资料来源：Ash, 2007; Daniel, 2006; Dzidzienyo, 1987; Fiola, 2008; Margolis, 2009; Santos, 2006; Telles, 2004。

财富与收入分配

全球不平等现象是惊人的。在全球范围内，2%的最富有人口拥有超过世界一半的家庭财富。在全世界至少22个国家内，10%的最富有人口获得该国至少40%的总收入。这22个国家包括非洲国家纳米比亚（酋长获得全国总收入的65%）、尼加拉瓜、泰国和南非在内。

LO 46-2　发达国家的社会流动

在针对发达国家代际流动的研究中，社会学家发现了以下模式：父母将自己在分层体系中的地位传递给子女的方式呈现出显著的相似性；与美国一样，其他国家的流动机会也受到结构性因素的影响，如劳动力市场上的变化会导致社会等级制度中某个职业群体的地位上升或下降；移民仍是形成一个社会代际流动水平的重要因素。

跨文化研究表明，对绝大多数国家而言，代际流动在过去半个世纪一直在不断增强。特别是研究人员已经注意到，这些国家都出现了脱离农业型职业的流动模式。但他们很快便指出，流动性增强并不一定会促进公平。事实上，尽管这些国家出现了稳定的向上流动趋势，但社会学家的研究却表明，贫富差距也在日趋悬殊。过去20年间，30个规模最大的工业化经济体中的贫困水平则基本保持不变（Organisation for Economic Co-operation and Development，2008）。

LO 46-2　欠发达国家的社会流动

发达国家的流动模式通常与代际和代内流动相关。但在欠发达国家，宏观层面的社会经济变迁常常掩盖了微观层面的职业流动。例如，城乡地区通常存在较大的工资差别，这种现象导致人们大量涌入城市。然而，欠发达国家城市的工业部门并不能为大量务工人员提供足够的就业岗位。

在大的发展中国家，最重要的社会流动是摆脱贫困。但这种流动类型很难确定和测量，因为经济趋势因地区不同而存在差异。在中国，许多人都摆脱了贫困。

但是，中国城乡之间和地区之间的收入增速相差甚远。中国农民基本上享受不到大城市居民能够享受的经济成果。与其相似，1990年代，印度城市的贫困水平不断下降，而农村地区却是毫无改变。纵观全球，向下社会流动同样受到庄稼歉收和战争等灾难的巨大影响。

尽管社会大众仍在继续辛苦谋生，但是全球经济形势也并非完全黯淡无光。经济学家发现，全球经济得以发展，但全球贫困仍然阴魂不散。他们也注意到，享受中产阶级生活方式的人口数量有所增长。21世纪初，在中国、印度、俄罗斯、巴西和墨西哥等人口大国，数以百万的人都成为中产阶级。创业精神、小额贷款、销售规划，以及在一些国家中欣欣向荣、资金较充足的政府部门，都有助于推动社会向上流动的发展趋势。

在欠发达国家，渴望脱贫致富的人常会离开农村进入城市，因为城市的就业前景更为光明。在城市工业区找到一份工作，可能是就业者向上流动的最佳途径。图中这名妇女在马来西亚吉隆坡一家电子工厂工作。

LO 46-4 流动中的性别差异

欠发达国家的女性发现，生活对她们而言尤为不易。卡鲁娜·阿哈姆德（Karuna Ahamed）是一名研究欠发达国家女性问题的印度裔人类学家，她把女性视为被压迫者中遭受最严重剥削的人群。自出生之日起，性别歧视就如笼罩在女性头顶的阴云，始终挥之不去。女童的食物常常少于男童，并且难以获得受教育机会。除非病情危重，否则她们通常不能住院治疗。不论是在职场，还是在家里，女性的工作价值都得不到认可。一旦经济出现问题，工作单位肯定会首先裁减女性雇员，就像它们在1990年代末期亚洲金融危机时的做法那样。

许多调查都显示，在中国和印度的农村地区，**杀死女婴**（female infanticide）

较为盛行。在巴基斯坦的性别隔离学校中，仅有三分之一为女校，且有三分之一的女校都没有校舍。在肯尼亚和坦桑尼亚，法律不允许女性拥有房产。在沙特阿拉伯，女性绝对不能驾车、独自在外行走或在外与男性交往。

直到最近，研究人员才开始调查性别对欠发达国家流动模式的影响。发展进程中的许多方面，尤其是农村的现代化与刚才描述过的农村向城市迁移，可能会导致对传统文化习俗（乃至婚姻制度）的修改或摈弃。但这对女性的社会地位与流动性的影响却并不一定是积极的。随着国家发展和现代化进程加快，女性在食品生产中的重要地位不断弱化，危及她们的自主权和物质安全。除此之外，家庭向城市迁移也削弱了女性与亲属之间的联系，这些亲属原本可以为她们提供食物、资金援助和社会支持。

但在菲律宾，女性已经冲在原住民抗争的最前线，她们奋力保护祖先留下的土地，以免受到外来者的剥削。当他们获得丰富矿藏和森林资源的所有权后，原住民就会对该如何开发土地资源产生内部斗争。在"联合国合作伙伴发展计划"（United Nations Partners in Development Program）的协助下，女性志愿者建立了旨在促进和平与发展的泛合作妇女网络（Pan-Cordillera Women's Network for Peace and Development），该妇女群体联盟致力于解决当地纠纷。这些女性划定边界、准备发展计划并与社区成员协商，签订了两千多份和平协定。她们也参加竞选，组织反对社会问题的活动，并组织居民共同努力创造美好未来。

对不同国家财富与收入分配的研究，以及对流动的跨文化研究，不断揭示出在广泛的社会中基于阶级、性别和其他因素的分层。关于分层的世界观点显然必须包含富国与穷国间的鲜明对比，以及发达国家与欠发达国家内部的等级体系。在接下来的社会政策部分，我们将会看到，就是在欧美富裕国家，很多家庭也需要获得政府援助来满足自己的基本需求。

LO 46-4　社会政策与全球不平等

我们都知道，研究者在研究中会用到多种研究工具，从最简单的观察研究到最先进的电脑技术等。在现实生活中，社会学研究会对公共政策和社会福利产生深远影响，下面我们就来看一下它对欧美福利制度方法论的影响。

反思欧美福利制度

在帕萨迪纳市，丹尼斯·西姆斯－鲍尔斯（Denise Sims-Bowles）自从三年多前失业后，一直未能再就业。失业期内，她总共向各种公司投出了273份简历。2008年，美国股市崩盘，从此美国进入了漫长的经济萧条期，而丹尼斯则正好沦为这场危机和失业式复苏的牺牲品。虽然在此之前她有二十多年白领工作经验，但现在她却找不到任何工作机会。她的遭遇只是普遍社会现象的一个缩影。约45%的美国失业者在半年或半年以上的时间内都无所事事。

在西班牙巴塞罗那市，帕克·冈萨雷斯（Paco Gonzalez）曾是一名银行出纳，他对自己的未来忧心忡忡。这位70岁的老人曾梦想退休后在海边平静地度过余生，现在他却担心他终有一天会领不到退休金。欧洲经济危机早已波及西班牙，西班牙政府正在破产的边缘苦苦撑持，这迫使政府官员不得不顶着压力削减预算。

在希腊雅典，当地的经济形势更为糟糕，国内经济濒临崩溃边缘，迫使欧盟不得不出手帮助它渡过难关。阿纳吉罗斯（Anargyros D.）不愿吐露自己的姓氏，他在这场危机中输掉了全部身家：他父亲传下来的生意、他的住所及其他全部个人财产。在与他同年龄段的人群中，失业率自2008年以来翻了一倍以上。他现在全靠父亲的退休金生活，而这笔退休金已经遭到政府削减，缩水了三分之一。阿纳吉罗斯看起来非常绝望，他说他不止一次想过自杀。他的情况绝非个例，最近两年，当地自杀求助热线的通话量翻了一番。

这就是社会边缘人群的众生百态。在这个经济困难和需求倍增的时代，各国政府都在努力寻找解决福利问题的良策：应该提供多少补助？贫困人口又该承担多少责任？

站在他人的角度思考问题——政治家

作为一名政治家，你认为政府应该为失业人口提供哪些援助？为什么？

1990年代，美国国内就福利问题展开了非常激烈的争论。福利项目耗资巨大，而且社会普遍担忧（尽管并无事实根据），如果人们获得福利金，他们就不愿出外工作。民主党人和共和党人都发誓要"终止目前的福利制度"。

1996年末，美国联邦政策发生了历史性转变，国会通过了《个人责任和工作机会协调法案》（*Personal Responsibility and Work Opportunity Reconciliation Act*），终结了长期以来联邦政府援助任何符合要求贫困家庭的承诺。该法案规定，美国公民一生之中只能享受最多五年的福利救济，并要求任何具有劳动能力的成年人在接受两年福利救济后必须参加工作（极度贫苦者可以例外）。对于那些愿意援助贫困人口和困难群众的州，联邦政府将会提供固定拨款，并且它允许各州尝试各种方式，以鼓励人们自力更生。

美国政府的保障措施远不及欧洲，尽管后者近来也缩减了其福利开支。现有数据显示，英国83%的医疗费用都由政府负担；瑞典为81%；加拿大为70%；而美国则仅为50%。事实上，相较美国，大多数发达国家都在住房、社会保障、福

在北欧和西欧，自从2008年开始的全球经济衰退席卷各地变得更为严重后，社会保障措施完善的国家被迫纷纷削减福利。图中，西班牙格拉纳达市的公务员走上街头，抗议政府的减薪措施。

利、医疗保健和失业补偿金上投入了更多的费用。正如美国经济学家迪恩·贝克（Dean Baker）所宣称，"考虑到经济下行的严重形势，社会支出的增幅仍不太高。我们不是法国"（Cauchon, 2009; World Bank, 2012a）。

福利改革的社会学应用　许多社会学家都是经常从冲突论视角来看待发达国家中的福利改革争论：具有决策权的"有产阶级"听取其他"有产阶级"的关注，而"无产阶级"的呼吁则无人倾听。福利改革的批评者认为，国内经济问题完全被归咎于福利支出和贫困人群，这是非常不公平的。从冲突论视角来看，这种针对接受福利救济者的抨击，反映出美国社会对其国内人数众多的非裔和拉丁裔城市底层人口的恐惧和敌意。

那些反对这种抨击的人则注意到，"福利制度替罪羊"观点忽略了联邦政府对富裕人群的巨额资助。例如，1980年代，联邦政府对贫困人口的住房补贴大幅削减，而对贷款利息和财产税的减税率则翻了一番以上。

冲突论者已经注意到福利制度中常被忽略的部分——行政制裁。法律规定，如果福利申请者未能完成就业指导课程、社区工作或求职，行政人员就有权终止向其支付福利救济金。行政人员常会酌情裁量是否施以行政制裁。某项研究显示，黑人福利申请人比白人福利申请人更可能遭到行政制裁。

那些持冲突论观点的人也督促政策制定者和大众关注**公司福利**（corporate welfare），即政府给予公司的减税优惠、紧急援助、直接支付和补助金，而不要总盯着母亲和儿童获得的微薄津贴。但是，任何要求削减公司福利的建议都会引起特殊利益团体的激烈抗议，而这个团体的势力远比代表穷人利益的任何联合会更为庞大。以一种公司福利为例，2008年秋天，联邦政府向苦苦挣扎的金融机构提供巨额紧急援助，2009年，联邦政府又向破产的汽车公司提供大笔援助金。尽管这笔数百亿的财政支出对美国经济复苏意义重大，但这项措施却并未遭到国会的密切监督和刁难。然而，就在几个月后，当有人建议制定法律，让失业者享受更多社会保障：失业补偿金、食物券、育儿补贴、流浪人员援助、残疾人支持和婴儿营养补助，这项提议却遭到质疑，许多国会议员纷纷要求必须监督各项支出。

发起福利改革政策　政府热衷于大力宣传福利制度改革的成功事例。尽管许多曾靠纳税人生活的人现在都已就业并缴纳税收，但是现在就说"工作福利制"卓有成效还为时过早。1990年代末，经济繁荣发展，大量新型工作应时而生，对福利体系的考验不够真实。随着经济繁荣期结束，对那些长期失业人群，即就业培训无果的人、瘾君子、酗酒者和全职爸爸或妈妈而言，就业前景逐渐变得一片黯淡。

事实上，自从福利改革于1996年8月正式通过后，继续接受福利救济者的数量减少了。截至2013年9月，仅有不到160万户家庭仍在接受福利救济，与1994年501万的最高值相比，已经下降了65%。尽管那些已能自力更生的家庭目前经济状况稍好，但是家中的顶梁柱大多仍然从事薪水较低、无技术含量的工作。对他们而言，由于2009年以来经济不断下滑，找工作变得前所未有的困难。在那些仍然接受福利救济的成年人中，近70%并未按照法律要求就读或参与"失业人员上岗培训"项目。这一群体往往面临着最严峻的挑战，药物滥用、精神疾病和犯罪记录等问题极大地影响着他们的发展前景（Bitler and Hoynes, 2010; Danziger, 2010; Department of Health and Human Services, 2013）。

与北美一样，欧洲各国人民也向政府提出了许多相同的诉求，即实施低税政策，尽管实施该政策意味着减少针对贫困人口的服务。但自从1990年代以来，东欧和中欧各国面临着特殊的挑战。这些国家的政府此前曾为民众提供了非常广泛的社会服务，但是它们与资本主义体系在几个重要方面存在差异。首先，共产主义体系的前提是全民就业，因此它并不存在提供失业救济金的必要性；社会服务专门面向老年人和残疾人。其次，住房补贴乃至水电费补贴占据社会福利的大头。随着来自西方世界的竞争和财政预算收紧，一些国家已经开始意识到，它们难以继续负担全民福利的费用，必须转而采用定向服务项目予以替代。

并非只有俄罗斯才减少了国家失业援助。甚至是丹麦，它历来都是高福利国家，也感受到沉重的压力。学生助学金被削减，提前退休计划也被削减，能够接受失业福利的时限已然减半（政府看似大方地给出了两年时限）。然而，不论依据任何标准，欧洲的社会保障仍然比美国要更为牢靠。

公共援助减少并未逃脱人民雪亮的眼睛。2012年美国社会学学会会长埃里克·赖特（Erik Wright）经过观察后发现，"占领华尔街"运动"不是美国独有的社会现象……而是全球抗议巨潮的组成部分"。赖特察觉，公众越来越担忧"严酷的不平等现象"正在变得"更加不容于法律。福利政策的现有趋势似乎基本无法解决公众担忧的问题"（Wright, 2011）。

E 评 估

1. 通过跨国公司的活动进入欠发达国家的外资往往具有以下哪种影响？
   (a) 在工农业劳工遭受剥削的同时，当地精英人群却从中受益
   (b) 农村和城市的工人都改善了自己的生活水平
   (c) 当地精英被挤出传统高薪职业领域，被迫沦为贫困人群
   (d) 农村经济不断发展，城市却日渐萧条和贫困

2. 以下哪项描述了欠发达国家中最为普遍的代际流动？
   (a) 在发展中世界，代际流动一直停滞不前
   (b) 代内流动难以进行，但代际流动有所增长
   (c) 代际流动的增加并未有效地缩短贫富差距
   (d) 由于代际流动得以增长，不平等现象大为减少

3. 在欠发达国家，由于人们越来越意识到男性和女性在获得社会与经济机会中的差异，从而直接导致以下哪项结果？
   (a) 近几十年来，女性的受教育机会得到巨大改善
   (b) 在一些欠发达国家，妇女组建了维权联盟，共同应对各种社会问题
   (c) 许多非洲国家已经减少了反对女性持有房产的禁令
   (d) 通过国际机构的努力，女性医疗保健状况大为改善，基本实现现代化

4. 减税优惠、紧急援助、直接支付和补助金都是（　　）的形式。

答案：1. (a)　2. (c)　3. (b)　4. 公司福利

R 反 思

1. 描述欠发达国家与发达国家社会流动的差异。这些差异是否终将消失？为什么？
2. 你是否认为接受社会福利救济者通常会掩盖自己接受救济的事实？为什么？接受政府援助的公司是否也会掩盖自己接受救济的事实？为什么？个人与公司之间存在哪些差异？

案例分析 | 双国记

吉姆·加维（Jim Garvey）在俄亥俄州一家汽车零部件工厂工作了20年，他很早就加入了工会组织。他的时薪为38美元，工厂为他购买了全套健康保险，其中包括牙科保险。加维一家住在某高档社区中一栋不大不小的房子里。

加维说："先是牙科保险被取消了，但这还没完。工厂的管理层开始向工会施压，要求工人作出让步。他们告诉我们，如果想要保留健康保险，就不要再妄想涨工资了。没过多久，他们又说要开始从我们的工资中扣除50%的健康保险费用。两年后，我们又被减薪。最后，他们卖掉了工厂，将我们的工作岗位转到了海外。我们也失去了养老金。"加维在失业一年半之后，才最终找到一份百货商品库存管理经理的工作，工资仅比最低工资多1美元。没有健康保险。更没有养老金。加维无奈地说："我这辈子基本上是没指望了。"

巴西的路易斯·席尔瓦（Luiz Silva）得到了加维曾经做过的工作。最初得知自己在这家汽车零部件工厂每小时能赚2.5美元时，他简直激动万分。他从未赚过那么多钱。但他很快就失去了热情。这家工厂工作环境肮脏，工作还特别危险。席尔瓦说："安全规章形同虚设。我们常常被迫长时间高强度地劳动，从未拿过加班工资。"第二年，工厂宣布减薪。随后，席尔瓦在一场安全事故中失去了左手。现在他在大豆田中打散工。他无奈地说："毕竟没有多少活儿会用独臂人。"

1. 加维和席尔瓦的遭遇如何反映了沃勒斯坦的世界体系分析？
2. 你是否认为加维沦为了全球化的牺牲品？为什么？
3. 席尔瓦的经历如何支持了关于跨国公司的冲突论观点？
4. 加维的经历是否充分说明了国家内部的分层问题？

"强力"学习策略　　完成社会学作业

面对现实：没人喜欢做作业。但若你想获得成功，你就必须完成作业。幸运的是，社会学的某个特点，即社会学的个体性，会让完成作业的过程变得稍微轻松一点儿。我们每个人或多或少都有成为社会学家的潜质，因为我们对社会学的各个领域和话题都有预先的了解。以下建议可以帮助我们更加轻松地完成社会学作业。

P
- 找一个安静地方做作业，以免受到打扰。
- 带齐所有工具：纸张、钢笔、铅笔、电脑、教材、课堂笔记和作业。
- 关掉手机，或者调到"飞行模式"。退出脸书和其他社交媒体。
- 看看时间，并记住时间。计划一小时后休息一会儿。

O
- 阅读课堂笔记，复习与本次作业相关的教材内容。
- 社会学整合了许多事实、名称、定义和概念。这就意味着你在做作业时要记忆内容并批判思考。
- 标出重点术语和重要事实。圈出主要概念。

W
- 在完成作业的过程中，询问自己：为什么这个观点很重要？
- 运用记忆法来牢记各种名称和定义。
- 对于概念型作业，将这些概念代入个体经历中。将它们运用在你所处的情境中（作为一种文化、社会或多个团体的成员）。思考不平等、财富分配和社会流动等概念如何应用于你的生活。
- 如果你能将这些社会学概念与个人经历联系起来，写论文就会变得更为容易。你的文章将会变得更加生动有趣，这些话题对你而言也会变得更易理解和记忆。

E
- 写完作业，重读一遍，反复检查作业的准确度和完整性。
- 如果你不知道到底该怎么做，你可以寻求朋友、同学、学习小组或老师的帮助。

R
- 作业发下来后，请仔细重新阅读。如果你发现某些地方难以理解，或者你认为老师并未理解你的意思，请直接与老师进行交流。
- 保留教师评分作业。在备考时，它们就是最有用的复习资料。

| 赐予我力量 | **你的学习技能效果如何？** |

良好的学习习惯有助于你充分利用时间完成课后作业，并在期末考试时为你带来巨大的回报。为了确定你的学习技能究竟有多少效果，请你回答以下问题，并计算最终得分：

这是我 = 1　这不是我 = 0

1. 每周我花约六小时学习每堂课的内容。
2. 我会反复检查作业，确保内容准确完整。
3. 我经常随身携带资料用以学习，万一我在工作之余和午餐中途找到空余时间。
4. 我妥善保存教师评分作业，用于期末考前复习。
5. 我在学习时常问自己："这部分的重点是什么？"
6. 我常心无旁骛地学习，远离电视、推特和手机。
7. 我会在阅读时标记重点材料，并在空白处做读书笔记（如果我不能直接写在书上，我会把这份材料记录下来）。
8. 我将学习内容与自身经历结合起来，帮助我更好地理解和记忆关键概念。
9. 我利用我的黄金时间，即我思路最清晰的时间来学习。
10. 我在学习时会画思维导图，将最主要的要点放在导图正中。我会用箭头符号将这些要点与相关概念联系起来，并留意它们的关系。

得分

9—10 分：你的学习习惯非常有效，在期末考前更见奇效。

6—8 分：你已掌握不少有用的学习技能，但还可以尝试掌握更多技能。

0—5 分：你未能充分利用自己的学习时间。请用上面的观点来提高你的理解能力和分数。重新阅读本书每章末尾处的"强力"学习策略，找到有助于你实现目标的各种有效方法。

16

第十六章

宗 教

模块 47　宗教的社会学方法
模块 48　宗教的组成与组织

社会学实务——婚姻咨询师

阿狄森·瑞安（Addison Ryan）是专门帮助未婚夫妻解决婚后问题的治疗师。她的工作是帮助他们找出那些可能成为未来婚后生活主要问题的麻烦所在。她说："我们会谈到各种各样的话题，包括双方财务状况、孩子、决策、愤怒控制等。"瑞安与她的客户们总是会讨论其中一种有可能导致分歧的领域，即宗教信仰。她说："恋爱双方持有不同的宗教信仰，这种情况并不少见。但我们有必要讨论这个问题。事实上，一些精神领袖甚至要求婚姻双方在同意举行结婚典礼前先要接受婚前咨询。"瑞安帮助伴侣们探索宗教在他们各自生活中的意义，如何相互分享信仰并尊重对方信仰，选择哪些宗教信息告知子女，以及如何共同纪念宗教节日。瑞安说："不论人们是正统的卫道士，还是毫无宗教信仰，他们都需要社会理解并尊重他们内心最深处的信仰。"

本章内容概述

宗教在人们的生活中扮演着非常重要的角色，其中某些宗教习俗在每个社会都广泛存在。因而，宗教具有文化普遍性，而且舞蹈、食物准备、家庭和个人姓名等其他习俗或信仰，普遍存在于每种文化中。现在，约40亿人分属不同宗教。

当宗教的影响在其他社会制度中逐渐减少时，宗教的**世俗化**（secularization）就开始进行了。在这个过程中，宗教在个人或家庭生活（例如，在许多印第安人的家庭）中存续下来，甚至在个人层面更为盛行。然而，其他社会制度（如经济、政治与教育）仍然保留着原本独立于宗教之外的规范。即便如此，宗教的适应力也非常惊人。具体信仰或组织会发生改变，但它们的转变并不预示着宗教信仰的消亡。相反，这类改变有助于宗教表达形式和组织的多样化。

宗教的社会目的是什么？它是否有助于社会团结，还是会促进社会变迁？首先，我们将会从社会学视角去讨论宗教，随后会回顾世界上的主要宗教。我们将会探讨宗教在社会整合、社会支持、社会变迁和社会控制中所扮演的角色。我们将会审视宗教行为的三大组成部分：信仰、仪式和经验，以及宗教组织的基本形式，包括新宗教运动。在本章末尾的社会政策部分，我们将会探讨学校中的宗教问题。

模块 47

宗教的社会学方法

准备　学习目标

LO 47-1　描述宗教的社会学方法

LO 47-2　总结世界宗教的多样性

LO 47-3　用主要社会学视角分析宗教的角色

组织　模块大纲

涂尔干与宗教的重要性

世界宗教

宗教的社会学视角

工　作

LO 47-1　涂尔干与宗教的重要性

如果某个群体相信他们受到"神迹"的指引，社会学家绝不会试图去证实或反对这种"神的启示"。相反，他们会评估宗教体验对该群体的影响。社会学家感兴趣的是，宗教对个人和社会制度所产生的影响。

涂尔干可能是第一位意识到宗教对人类社会的重要性的社会学家。他发现宗教对个人有极大的吸引力，但更重要的是，他尤为强调宗教所带来的社会影响。根据涂尔干的观点，宗教是一种集体行为，包括人们互动时采取的多种行为形式。正如他对自杀的研究那样，涂尔干对信徒的个人特质并不感兴趣，他更关注在社会情境中去理解宗教行为。

涂尔干将**宗教**（religion）定义为"与神圣事物相关的信仰和习俗的统一体

系"。在他看来，宗教涉及一套拥有独特宗教属性的信仰和习俗，这不同于其他社会制度和思考方式。涂尔干主张，宗教信仰将某些超验事件与日常世界区分开来。他将这两个领域分别称为"神圣"和"世俗"。

神圣（sacred）部分包括超越日常生活体验的元素，常会激起敬畏、尊敬乃至恐惧的心理感受。人们通过完成某些仪式，如祈祷或献祭，参与到神圣领域中。由于信教者对神圣领域心存信仰，所以他们接受自己不能理解的一切。与之相反，世俗（profane）则包括平常和普遍的事物。不过，这种定义常会让人迷惑，因为同一个事物既可以是神圣的，也可以是世俗的，这完全取决于我们看问题的角度。一张普通的餐桌是世俗的事物，但对基督徒而言，如果圣餐仪式上用了这张餐桌，它就具有了神圣性。对犹太人而言，七个分支的烛台具有宗教意义。对儒家或道家而言，香不仅是装饰品，还是庆祝新月和满月的宗教仪式上非常重要的祭神用品。

当代社会学家遵循涂尔干在一百年前确立的研究方向，他们通过两种不同方式去分析宗教。首先，他们通过审视重要的宗教信仰来研究宗教信仰规范和价值观。例如，我们可能会对比基督教信仰照字面解读圣经的程度，或者穆斯林遵循伊斯兰教圣典《古兰经》的程度。同时，社会学家还会审视宗教的社会功能，比如提供社会支持或加强社会规范等作用。通过探讨宗教信仰及其功能，我们可以更深入地理解宗教对个体、群体和社会整体的影响。

LO 47-2　世界宗教

纵观全球，宗教信仰和习俗存在巨大差异。总体而言，约89%的世界人口都会信奉某种宗教；仅有约10%的人无宗教信仰。教徒们虔诚的程度随着时间推移而发生变化，同样也因国家和年龄群体的不同而不同。在今日美国，无宗教信仰者约占总人口的16%。而在1900年，这一人群仅占1.3%。2012年，24%的美国大学新生没有宗教偏好，而他们的母亲中则仅有12%没有宗教偏好（Newport，2010b；Pryor et al.，2013）。

基督教是世界上最大的宗教教派，伊斯兰教位居第二（参见下表）。尽管常有全球新闻事件显示基督徒与穆斯林之间存在根深蒂固的矛盾，但这两种宗教信仰在许多方面都非常相似。它们都是一神论（即以某个单一的神为信仰基础）。它们都包含对先知、后世和审判日的信仰。事实上，虽然伊斯兰教认可耶稣是先知，但却并不认为他是上帝之子。这两种信仰都把一套道德准则强加于教徒身上，其中包括为原教旨主义者而设的相当严格的禁令，以及给自由主义者所定的相对宽松的指导方针。

世界主要宗教

信仰	现有信徒数量，以百万计（以及占世界人口的百分比）	目前信徒的主要分布地	创始人（大约出生年份）	重要经文（及圣地）
佛教	463（6.7%）	东南亚、蒙古、中国西藏地区	释迦牟尼（公元前563年）	《大藏经》（尼泊尔地区）
基督教	2281（33.0%）	欧洲、北美和南美地区	耶稣（公元前6年）	圣经（耶路撒冷、罗马）
印度教	935（13.7%）	印度以及海外印度人社区	无特定创始人（公元前1500年）	天启和承传文献（七个圣城，包括瓦拉纳西）
伊斯兰教	1553（22.5%）	中东、中亚、北美、印尼	穆罕默德（公元570年）	《古兰经》（麦加、麦地那、耶路撒冷）
犹太教	15（0.2%）	以色列、美国、法国、俄罗斯	亚伯拉罕（公元前2000年）	《摩西五经》《塔木德》（耶路撒冷）

伊斯兰教的信徒被称为穆斯林，他们相信伊斯兰教的圣经是由先知穆罕默德于大约1400年前从真主安拉（真神）那里获得的。根据他们的看法，穆罕默德是伊斯兰教最后一位先知，在他之前相继出现了数位先知，分别为亚当、亚伯拉罕、摩西和耶稣。伊斯兰教在其宗教表达方面，要比基督教，尤其是更具个人主义色彩的新教教派，更加具有公共集体性。所以在以穆斯林教徒为主的国家中，政教分离被认为并无必要，甚至不受待见。事实上，穆斯林政府经常通过法律来强化伊斯兰教的习俗。在对一些传统的解释上，穆斯林的确迥异于其他群体，例如妇女必须佩戴面纱等传统，与其说这是宗教起源，不如说是文化规范。

与基督教和伊斯兰教一样，犹太教也是一神论宗教。犹太教徒相信，《摩西五经》揭示了上帝的本质，它是基督徒所知旧约全本的前五卷。根据这些经文，上帝与以色列各部落的先祖亚伯拉罕及其妻子撒拉签订了圣约或协议。时至今日，犹太人依然相信，这份圣约约束着他们的行为，要求他们必须执行上帝的旨意。

如果他们一如既往地遵循《摩西五经》中的文字和精神，万众期待的弥赛亚（"救世主"）终有一天会为地球带来伊甸园。尽管与其他主要宗教相比，犹太教的教徒数量偏少，但它却构成了基督教和伊斯兰教的历史根源。这也是为什么犹太人与基督徒和穆斯林一样，都尊崇许多中东地区圣地。

另外两大主要宗教信仰发源于世界另一端的印度。最早的宗教印度教起源于公元前1500年左右。印度教不同于犹太教、基督教和伊斯兰教，因为它信奉许多神和小神，尽管大多数信徒主要尊崇一个单一的主神，如神湿婆或毗湿奴。印度教的独特之处还在于它相信轮回，即死后灵魂可以永世转生。与犹太教、基督教和伊斯兰教不同，印度教的信仰大多通过口头形式代代相传，而并非建立在神圣经文的基础之上。

第二大宗教，即佛教，起源于公元前6世纪，与印度教完全对立。这一信仰建立在释迦牟尼（后被称为佛陀，意为"得道者"）的教诲之上。通过静思冥想，佛教徒们努力克服自身对肉体或物质享受的一己私欲，力求达到一种大彻大悟或涅槃的境界。佛教徒创造了最早的戒律，这些戒律被认为是为其他宗教（包括基督教）的戒律树立了榜样。尽管佛教诞生于印度，但佛教信徒最终却被印度教徒赶出了这片国土。现在，它主要存续于亚洲其他地区。（印度当代佛教信徒应该是较为近期的皈依者。）

世界上大多数宗教都会采取各种方式，力求让儿童接受并喜欢上它们的信仰。犹太孩子在光明节时旋转四面陀螺，在游戏过程中追思这种基督教诞生之前的传统活动。这种四面陀螺过去是希腊犹太人孩子用来消磨时光的小把戏，那时他们总是躲在隐秘的洞穴里，偷偷学习《摩西五经》。

尽管各宗教之间的差异相当惊人,但是信仰内部的差异则更为巨大。想一想基督教内部的差异,从相对自由的教派,如长老会或美国联合基督教会,到更为保守的摩门教和希腊东正教,各种教派林林总总,让人不知所谓。印度教、伊斯兰教和世界上其他宗教内部,也存在着类似的差异(Barrett et al., 2008; Swatos, 1998)。

LO 47-3　宗教的社会学视角

宗教具有文化普遍性,所以它在人类社会中扮演主要角色也就不足为奇。从社会学视角来看,宗教发挥着显性和隐性两种功能。在其显性功能中,宗教定义了精神世界,赋予神灵特殊意义。它对看似难以理解的事件提供解释,如死后世界。宗教的隐性功能常常是无意识的、隐秘的或神秘的。教堂礼拜的显性功能是提供宗教崇拜的场所,但它同时可能也履行了一种隐性社会功能,即为未婚男女提供会面场所。

功能论者和冲突论者都在评估宗教对人类社会的影响。我们会从功能论的观点出发,思考宗教的社会整合、提供社会支持、促进社会变迁的功能;随后则会从冲突论和女性主义的角度出发,审视宗教作为社会控制媒介的作用。必须注意的是,关于宗教产生的影响,最好是从面向更广阔社会的宏观角度去加以理解。不过,关于它的社会支持功能却是个例外,最好是通过微观角度或个人层面去对其加以解释。

宗教的整合功能

涂尔干将宗教视为人类社会的整合力量,今天功能论者的看法完全反映出这种观点。涂尔干试图解决一个疑难问题:如何才能把由志趣不同的个人和社会团队组成的人类社会凝聚在一起?根据他的观点,宗教联系常常超越这些个人和社群的力量。涂尔干承认,不仅宗教具有整合力量,国家主义或爱国主义也具有同样的功能。

宗教如何成为这种"社会的黏合剂"?不论是佛教、伊斯兰教还是基督教或犹太教，宗教都赋予人类生活以意义和目的。它提供了人类共同的终极价值观和生存意义。这些观念和意义都是主观的，并不总是被人完全接受，但它们却有助于社会的整合。例如，葬礼、婚礼或犹太成人礼和坚信礼，通过共同分享关于人生终极问题的价值观和信念，将人们融入更大的社区群体。

在教会、犹太会堂和清真寺的传统角色及其继续对美国外来移民群体所发挥的作用中，也可以看到宗教的整合力量。例如，信仰罗马天主教的移民可能会定居在教区教堂附近，这些教堂用他们的母语提供服务，如波兰语或西班牙语。同样，韩国移民则会加入拥有大量韩裔美国人教徒的长老会，并沿袭与韩国教会类似的宗教仪式。与其他宗教组织一样，这些罗马天主教会和长老会教堂都会帮助移民融入新居住国的生活。

近年来，外来移民群体中，穆斯林群体成为社会舆论的焦点。纵观全球，包括美国在内，穆斯林教徒分裂为逊尼派和什叶派等多种派系。但在这些派系内外，人们则用多种方式来表达自己的伊斯兰信仰。将穆斯林划分为逊尼派和什叶派，就像是把基督徒划分为罗马天主教派和浸礼派一样。

根据不同的情况，美国的伊斯兰教通过信仰和／或族群，发挥了整合功能。美国境内绝大多数穆斯林教徒都属于逊尼派，也就是说，他们都遵循逊奈（sunnah）或先知穆罕默德的圣训。与其他穆斯林教徒相比，逊尼派在维护宗教正统方面表现得更为温和。什叶派教徒主要来自伊拉克和伊朗，他们是第二大伊斯兰教派。与逊尼派相比，什叶派更加严格地遵从伊斯兰教学者的引导。只要人数足够，这两大穆斯林教派组织就会选择分开进行宗教崇拜活动，哪怕他们为此必须跨越族群或语言界限也在

2010年，乔斯·戈麦斯（图中发言人）出任美国最大的罗马天主教总教区洛杉矶市的大主教。戈麦斯原籍墨西哥，他在田纳西州担任牧师职务时加入美国国籍。他的晋升反映出在美国的罗马天主教区中拉丁裔信徒的规模不断增长。

站在他人的角度思考问题——社区组织者

如果你想了解某个社区中成员之间的联系,为什么有必要了解宗教在移民定居形态中所发挥的作用?

所不惜。不论这些穆斯林分属哪个教派,美国境内伊斯兰教的宗教活动场所数量都已大为增加。2000年到2010年,清真寺的数量增长了74%。

在某些情况下,宗教忠诚度也会具有反功能,也就是说,它们可能会加深族群或国家之间的紧张关系和矛盾冲突。二战期间,德国纳粹试图消灭犹太民族,近600万欧洲犹太人被杀。当今,在黎巴嫩(伊斯兰教徒与基督教徒对抗)、以色列(犹太教徒与伊斯兰教徒,东正教与世俗犹太教对抗)、北爱尔兰(罗马天主教与新教对抗)和印度(印度教与伊斯兰教[近代又称锡克教]对抗)等国家,因宗教信仰不同,各种冲突不断,社会动荡不安,支离破碎。

宗教与社会支持

对生命中出现的痛苦事件,绝大多数人都会感到难以接受,如所爱者过世、严重受伤、破产、离婚等。如果事情是在完全"毫无知觉"的情况下发生,更会让人无法接受。亲朋好友怎么可能接受一名未满20周岁、风华正茂的大学生英年早逝的噩耗呢?

宗教通过强调神性和超自然性来帮助我们减轻不幸所带来的痛苦。在某些信仰中,信徒常常向神明献祭或祈祷,相信这些行为将会改变他们在人世间的遭遇。在更基本的层面上,宗教鼓励我们从更广阔的人类历史角度出发,将我们个人遭受的不幸看成基本不值一提的事情,甚或是将此视为一种尚未显明的神示。就那位英年早逝的大学生而言,他的亲友可能会把他的死视为"神的旨意",或者具有我们现在无法领会的终极好处。这种视角可以为人们带来更多安慰,减轻人们对突然死亡的恐惧情绪;神并不能回答为什么有人一生长寿顺达而有人则短命坎坷的原因。

在人们使用社交媒体时，社会支持的宗教功能也显露无遗。总的来说，31%的美国脸书用户和24%的他国脸书用户都在个人简介中写明了自己的宗教信仰。还有无数人表明自己是某宗教人物或派别的粉丝或"友人"。因此，宗教组织正在转向推特和脸书等社交媒体，以此加强它们与信徒的联系，并为信徒提供全年不间断的社会支持（Preston, 2011）。

宗教与社会变迁

韦伯学派的论点　当某人专注于工作并取得成就时，我们常会将他/她的成功归功于新教徒的工作伦理。该术语最先出现在韦伯的著作中，他仔细地研究了宗教忠诚度与资本主义发展之间的关联。韦伯的研究发现可见于其开创性著作《新教伦理与资本主义精神》中。

韦伯发现，在新教徒与天主教徒公民混居的欧洲国家，绝大多数商业领袖、资本家和技术工人都是新教徒。在他看来，这并非一种巧合。韦伯指出，新教改革运动领导者约翰·加尔文（John Calvin, 1509—1564）的信徒十分强调严格的工作伦理，这种对世俗事物的关注和理性的生活取向就是所谓**新教伦理**（protestant ethic）。新教伦理取得的一种意外成就是，激发信徒努力积累财富，以

电视剧中常会嘲弄宗教，并将其中持无神论的电视角色设定为有见识的人。美剧《识骨寻踪》（*Bones*）中的布斯警官显然不按常理出牌，他在剧中从未掩藏自己信奉罗马天主教的事实。与其他许多思维缜密、非常虔诚的人一样，布斯也从他所属的宗教那里获得了社会支持。

备日后投资所用。用韦伯的话来说，这种"资本主义精神"与适量的工作时间、休闲式工作习惯、缺乏理想抱负形成了鲜明对比。

很少有宗教社会学著作会像韦伯的研究那样引发如此多的评论与批评。韦伯的研究被认为是该领域最具理论重要性的著作，并且是宏观分析的优秀典范。与涂尔干一样，韦伯也认为，宗教并不只是个人内心的信念。他强调宗教的集体性本质对整个社会所产生的影响。事实上，近来对历史经济数据的分析结果显示，新教伦理在1500—1870年资本主义发展期间发挥了举足轻重的作用（Sanderson et al., 2011）。

韦伯针对欧洲资本主义的起源，提供了一个具有说服力的描述。不过，这种经济体系在世界上许多地方已经被非加尔文主义者所接受。现今美国已经完成的研究显示，罗马天主教与新教在成就取向方面少有或并无区别。显然，"资本主义精神"已经成为一种普遍的文化特性，而非一种特殊的宗教信条（Greeley, 1989）。

冲突论者警告，韦伯的理论，即使它已为学界所接受，也不应成为分析成熟资本主义的工具，这种成熟的资本主义反映在大量跨国公司的兴起上。马克思主

新教徒齐聚一堂，共同完成周日礼拜宗教活动。尽管韦伯在新教教义中发现了"资本主义精神"的痕迹，但在当今美国，新教徒和天主教徒信奉相同的工作伦理。

义者与韦伯的意见分歧在于资本主义的未来，而非资本主义的起源。与马克思不同，韦伯相信，资本主义作为一种经济体系将会永远存在。但他也补充道，宗教在社会上的势力衰减，为劳工阶层诉说自己的不满创造了机会（Collins, 1980）。

解放神学 有时候，神职人员也会处于社会变迁的最前沿。许多宗教活动分子，尤其是拉美的罗马天主教会，都对**解放神学**（liberation theology）表示支持。解放神学是指利用教会进行政治努力，消除贫困、歧视和其他世俗社会中常见的不公平现象。赞成这种宗教运动的人有时也会与马克思主义者产生共鸣。许多人都相信，激烈的社会变迁，而非经济发展本身，对于生活在欠发达国家贫困民众的绝望处境，是唯一可以接受的解决方法。解放神学活动人员相信，从道德角度出发，宗教有责任坚定地站在受压迫的穷人、弱势群体和女性一边（Smith, 1991）。

"解放神学"一词可以追溯到1973年《解放神学》（*A Theology of Liberation*）的英译本。该书作者是秘鲁牧师古斯塔沃·格提瑞兹（Gustavo Gutierrez）。1960年代早期，格提瑞兹居住在利马的贫民区，他在长期广泛地接触贫困人群后得出结论，认为"为了服务穷人，必须诉诸政治运动"。最后，颇具政治责任心的拉美神学家受到某些社会学家的影响，后者认为资本主义所处的主导地位和跨国公司才是问题的核心。这种观点为神学带来了新的方法，但这种新方法乃是建立在拉美自身文化和宗教传统之上，而非欧美国发展出的模式之上（Brown, 1980; Gutierrez, 1990）。

不过，解放神学也可能产生反功能。有些罗马天主教信徒已经开始相信，如果神职人员专注于政治或政府不公问题，他们就不会再去解决个人和灵性层面的需要。也许是因为自身对宗教幻想的破灭，有些拉美天主教信徒开始转而皈依新教或摩门教。

宗教与社会控制：冲突论视角

解放神学是最近几十年来出现的现象，它标志着与教会传统角色的分裂。这种传统角色正是马克思所强烈反对的。在他看来，宗教阻碍了社会变革，因为它鼓励受压迫者关心来世幸福，而非眼前的贫困或剥削。马克思将宗教描述为鸦片，认为它对受压迫群体有百害而无一利。他认为，宗教向民众宣扬他们后世必将得到救赎的信念，以此麻醉民众心理，让他们自愿屈从眼前困境，以期来生摆脱痛苦的生活。例如，在美国奴隶制时期，白人奴隶主禁止黑奴信仰非洲宗教，鼓励他们信仰基督教。基督教教导奴隶必须顺从主人，只有顺从才能带来救赎，并让他们来生得享永世喜乐。根据冲突论视角，基督教可能会让一些奴隶安于现状，内心不再愤懑，进而减少了他们造反的可能。

但时至今日，世界各地的人们都认为，与其说宗教是压迫之源，不如说是遭遇困境时获得社会支持的渠道。研究者综合分析了 114 个国家中的民意调查结果后发现，在最贫困的国家中，95% 的居民认为宗教在日常生活中非常重要，而在最富有的国家中，仅有 47% 的居民认可其重要意义（Crabtree, 2010）。

宗教积极支持现存社会结构。正如人们早已注意到的，宗教的价值观往往有助于强化其他社会制度和维持社会秩序。但是根据马克思的观点，宗教虽能增进社会稳定性，但却也加重了社会不平等的顽疾。马克思认为，处于主导地位的宗教加强了掌权阶层的利益。

例如，当代基督教强化了传统行为模式，要求弱势群体保持其从属地位。女性在教会中的角色充分说明了这一权力分配不均问题。性别角色的认定，让女性在教会或家庭中处于从属地位。事实上，女性发现，想要在教会中取得领袖地位，

尽管女性神职人员的数量已有增加，但却仅有约 16% 的精神领袖为女性，而且许多宗教仍然禁止女性成为神职人员。

与在大型公司中获得晋升一样困难。"彩绘玻璃天花板"往往阻碍着女性神职人员的职业发展，即使在最开明的教派中也是如此。

与马克思一样，冲突论者认为，不论宗教如何影响社会行为，它都强化了现有的支配和不平等模式。根据马克思的观点，宗教遮蔽人们的视野，让他们无法从政治角度看清自己的生活和社会状况，比如它掩盖了相互冲突的经济利益的重要性。马克思主义者提出，宗教让弱势群体产生"虚假意识"，从而减少了能够结束资本主义压迫和改变社会面貌的集体政治行为发生的可能性。

女性主义视角

借鉴女性主义观点，研究人员和理论家都强调了女性在宗教社会化过程中发挥的根本作用。大多数人都是在童年时就形成了特定宗教信仰，而在这个过程中，他们的母亲扮演了至关重要的角色。非常重要的是，无宗教信仰的母亲往往会影响她们子女的看法，使其对宗教组织持有非常怀疑的态度。

但是，女性通常在宗教管理中处于从属地位。事实上，大多数宗教从古至今一直都是推崇男性作为精神领袖的传统。除此之外，由于绝大多数宗教都具有父权性质，所以它们不仅常常强化男性在世俗世界的支配地位，还会加强其在精神领域的领导权力。作为志愿者、工作人员和宗教教育人员，女性的确发挥了重要作用，但即使在今天，宗教决策的制定和领导仍由男性掌控。当然，这项常规也有例外，如震颤派教徒、基督教科学派教徒和拥有悠久女神崇拜传统的印度教。但是，这种例外可谓少之又少（Schaefer and Zellner, 2011）。

美国女性比男性更可能信奉宗教，做祷告，相信上帝，认可宗教在其生活中的重要性并每周都去礼拜。但宗教组织通常都不会让她们担任领导职务。在全美范围，女性神职人员占全美神职人员总量的21%，尽管就读神学院的学生中女性占到34%。女性神职人员的职业寿命通常要比男性更短，她们常常在相关领域工作，极少涉及咨询辅导等教会领导职务。在领导职务限定为男性的宗教中，女性神职人员并不能正式履职。例如，约4%的罗马天主教教会是由女性领导，但这些女性仅获得未经授命的牧师职务，而这还是那些缺乏男性牧师教会的无奈之举（Association of Theological Schools, 2013；Bureau of Labor Statistics, 2013b）。

E 评 估

1. ( ) 强调宗教的社会影响并首先意识到人类社会中宗教的重要性。
   (a) 韦伯　　(b) 马克思　　(c) 涂尔干　　(d) 帕森斯

2. 一个罗马天主教区教堂在一个移民社区中利用本土语言提供服务，这种做法是（　　）功能的例证。
   (a) 宗教的整合功能　　　　(b) 宗教的社会支持功能
   (c) 宗教的社会控制功能　　(d) 宗教的自由主义功能

3. 利用教会（主要是罗马天主教会）进行政治努力，消除贫困、歧视和其他世俗社会中常见的不公平现象。这被称为（　　）。
   (a) 创世论　　(b) 仪式主义　　(c) 宗教体验　　(d) 解放神学

4. 宗教定义了精神世界并赋予神明以意义，这是宗教的（　　）功能。

5. 因为大部分宗教都具有（　　）性质，所以它们往往会加强男性在世俗世界和精神领域的支配地位。

答案：1. (c)　2. (a)　3. (d)　4. 意识　5. 父权

R 反 思

1. 哪些你认为是世俗的事物，别人却认为是神圣的？
2. 解释韦伯观点中的新教伦理和解放神学如何促进社会变迁？

模块 48

宗教的组成与组织

ⓟ 准备　学习目标

LO 48-1　描述宗教的组成

LO 48-2　对比宗教组织的四种基本形式

LO 48-3　探讨"学校里的宗教问题"

ⓞ 组织　模块大纲

宗教的组成

宗教组织的基本形式

社会政策与宗教

ⓦ 工　作

所有宗教都有一些共同要素,但在不同的信仰中,这些要素的表达方式均与众不同。这些宗教行为的模式与其他社会行为模式一样,都引起了社会学家,尤其是互动论者的浓厚兴趣,因为它们强调了宗教与社会的关系。

LO 48-1　宗教的组成

宗教信仰、宗教仪式和宗教体验,全都有助于我们定义何谓神圣并将神圣与世俗区分开来。下面我们就通过互动论视角来探讨宗教的三大组成要素。

信仰

一些人相信来生,一些人相信拥有无限能力的神灵,还有一些人则相信超自然力量。**宗教信仰**(religious belief)是指某个宗教的成员坚决信奉的思想。不同宗教的信仰可能存在巨大的差别。

1960年代末期，美国境内宗教信仰的表达发生了一场相当显著的改变。秉承相对自由的宗教经文解读的教派（如长老会、卫理公会和路德宗）成员数量减少，坚持进行更加保守的经文解读的教派则迎来了更多的信徒。除此之外，在绝大多数教派中，那些坚持以严谨的态度解读经文的成员变得更加坦率大胆，他们对那些以开放态度接受各种全新解读的成员表示质疑。

原教旨主义趋势与更广阔社会背景下盛行的世俗化趋势完全背道而驰。**原教旨主义**（fundamentalism）强调严格遵守宗教教条并对神圣经文进行字面解释。"宗教原教旨主义"一词最先用于美国的新教信徒中，他们对圣经进行字面上的解读。但在世界各大主要宗教组织中都发现了原教旨主义的存在，包括罗马天主教、伊斯兰教和犹太教在内。甚至是在新兴宗教中，一些信徒也承认，许多做法已然面目全非。对许多信教者而言，原教旨主义与世俗化一样，都让他们感到很难适应。

原教旨主义者的行为变化多端。一些人强调有必要对个人信仰进行严格要求，但却没有兴趣参与广泛的社会事务。其他人则警惕如政府政策等各种社会行为，他们认为这与原教旨主义教条相冲突。

《旧约》第一卷《创世记》里亚当和夏娃的故事，是宗教信仰的例证。许多美国人都坚信圣经对创造的解释，他们甚至坚持认为公立学校应该教导这种宗教观点。这些所谓的**创世论者**（creationist）非常担心社会的世俗化，他们反对任何直接或隐晦地质疑圣经经文的教学行为。

一般来说，与欠发达国家相比，发达国家的宗教活动并不活跃。然而，美国却是一个例外，它并未朝着世俗化方向发展，部分原因在于美国政府允许宗教组织获

站在他人的角度思考问题——经理

你将会如何处理犹太人和穆斯林雇员的抱怨，妥善地向他们解释你的带薪假期只是反映了基督教对复活节和圣诞节的庆祝？

第十六章　宗教

取慈善组织的身份，甚至同意它们获得联邦政府对教育服务等提供的援助，从而鼓励宗教表达（虽然并未公然表示支持）。尽管前共产主义国家中对上帝的信仰相对薄弱，但是各项调查显示，过去十年，这些国家中的宗教活动正在日趋活跃。

仪式

宗教仪式（religious ritual）是指要求或期望信教者采取的宗教行为和做法。仪式的目的通常是对信徒崇拜的神力表示敬意，并会提醒信徒铭记自身所肩负的宗教责任。仪式与信仰是相互依存的关系，因为仪式通常肯定了信仰，比如公开或私下承认自己的罪过。与其他任何社会制度一样，宗教也有一套独特的规范来组织人们的行为。除此之外，宗教仪式还形成了一套奖惩制度，包括奖赏（如成人礼徽章）或惩罚（因违反规范而被驱离宗教组织）。

在美国，宗教仪式可以相当简单，比如饭前祷告，或者是在丧礼中对死者默哀。但是某些仪式，比如封某人为圣徒，就会比较繁复。我们文化中的大多数宗教仪式都关注在教堂中完成的宗教活动。参加礼拜、静默或大声祷告、圣餐礼或唱诗歌等，都是常见的集体宗教行为形式。从冲突论视角来看，这些仪式提供了非常重要的面对面交流机会，促使人们坚定自己的宗教信仰并对此忠贞不渝。

对穆斯林而言，朝圣（hajj）是一个非常重要的仪式，教徒必须前往沙特阿拉伯的麦加大清真寺朝圣。每位穆斯林在身体和经济状况允许的情况下，在其一生中至少需要前往麦加朝圣一次。每年都有300万朝圣者根据伊斯兰历，在某一个星期内前往麦加朝圣。世界各国的穆斯林都会前去朝圣，美国的穆斯林也不例外。因而，美国的旅行社每年都会组织许多旅行团前往麦加朝圣。

最近几十年来，在绝大多数国家，宗教仪式的参与度往往保持着稳定或下降态势。

体验

在宗教社会学研究中，**宗教体验**（religious experience）是指与终极现实直接接触所获得的感受或认知，比如与神灵接触或沉浸于宗教情感中。宗教体验也许相当微弱，例如某人聆听亨德尔的"哈利路亚"合唱所获得的兴奋感。但是，许

前往沙特阿拉伯麦加大清真寺朝圣的信徒们。伊斯兰教要求所有能够完成朝圣仪式的穆斯林，在其一生中至少前往圣地朝圣一次。

多宗教体验的意义却要更为深远，比如穆斯林的朝圣体验。非裔美国人行动主义者马尔科姆·X在自传中描述了他的麦加朝圣之旅，并详细刻画了当他目睹不同种族的信徒纷纷涌入麦加城朝圣时他内心涌现的深刻感动。对马尔科姆·X而言，伊斯兰世界从不因肤色而产生歧视，从而"让他坚信唯一真主的力量"。

对许多基督徒而言，另一个意义深远的宗教体验是"重生"，即一个人在生命的重要转折点选择皈依耶稣基督。根据2010年一项全美调查，42%的美国人声称，他们在生命的某一时刻经历了基督重生。更早前的一项调查发现，浸礼会信徒（75%）最可能声称他们经历了重生；不过，仅有21%的天主教徒和24%的英国国教教徒声称自己获得了重生体验。这些数据显然证实了涂尔干所强调的宗教集体本质。某种宗教的信仰和仪式能够创设一种氛围，决定信徒对这种宗教体验持友好或冷漠的态度。因此，浸礼会可能会鼓励其信徒大胆分享自己的体验，而当某英国国教信徒讲述自己的重生经历时，其他成员则可能会对此基本无动于衷（Gallup，2011a）。

LO 48-2 宗教组织的基本形式

宗教的集体本质导致宗教组织形式非常多样。在现代社会，宗教变得越发正式。人类修建教堂或犹太会堂等建筑物来举行各种宗教崇拜活动。宗教的神职人员则接受专门训练以胜任不同领域的神职工作。这类发展使人类生活的神圣与世俗部分可以清楚地区分开来。然而，在更早的时代，大多数宗教活动都是在家中进行，因而神圣与世俗很难分开。

社会学家发现，宗教组织可以分为四种基本形式：国教、教派、小教派，以及新宗教活动或异教团体。我们可以从规模、权力、成员的投入程度、与其他信仰的历史关联出发，找出这四种组织形式的异同。

国教

国教（ecclesia）是指一种宗教组织，这种组织宣称它能囊括社会上大多数或全部成员，并被认定为国家或官方宗教。由于每个人基本上都拥有相同的信仰，所以人们自出生之日起便成为该教成员，而非自己经过理性思考才决定加入。国教的例子包括沙特的伊斯兰教和泰国的佛教等。但即使在国教这个类别中也存在巨大差异。在沙特的伊斯兰教政权中，国家领袖对国家行为具有极大的影响力。相反，当代瑞典的路德教会对国会或总理就没有这么大的影响力。

总的来说，国教比较保守，因为它们并不会挑战世俗政府领袖的权威。在有国教的社会中，政治和宗教制度常会和谐共处，并相互强化彼此在各自影响范围内的权力。在现今世界中，国教的权力正在不断被削弱。

教派

教派（denomination）是指组织严密的大型宗教，但与国家或政权并无正式联系。与国教一样，它往往也制定有一套明确的信仰和权威体系，并在社会上处于受人尊敬的地位。每个教派都吸纳了大批信众。总体而言，孩子大都会加入其父母信奉的教派，很少会考虑改投其他教派门下。教派与国教的相似之处还在于，它们对成员基本不设要求。不过，这两种宗教组织之间有一关键不同。尽管教派也受人尊敬且从未被视为对世俗政府的威胁，但它却不像国教那样得到官方认可，也不具备国教那般巨大的权力。

美国现已成为众多教派发展的乐土。某种程度上，可以说是美国悠久的移民传统造就了目前教派的多样性。许多移民都将自己家乡的宗教信仰带到了这片国土。美国的一些基督教教派，如罗马天主教、英国国教和路德教派，都是欧洲各国国教的发展产物。新的基督教教派也在不断产生，包括摩门教和基督教科学教派。在过去的一代人中，由于移民大量涌入，美国境内的穆斯林、印度教徒和佛教徒人数也在增加。

到目前为止，美国最大的教派是罗马天主教，但是至少还有 24 种基督教信仰都拥有超过 100 万信众。2010 年，在美国成年人口中，约 45% 属于新教徒，罗马天主教徒仅占 21%，犹太教徒则低至 2%。美国摩门教徒的人数约为 600 万，在总人口中所占比例不到 2%。除此之外，美国还有 500 万穆斯林，另有许多人信奉东方宗教，如佛教（300 万人）和印度教（100 万人）(Britannica Online, 2011; Gallup, 2011a; Lindner, 2012)。

下页专栏将会讨论摩门教，它是美国最具争议的教派之一。

小教派

小教派（sect）是指相对较小的宗教组织，它们为了改正旧有的宗教信仰，采用它们所"正确"理解的圣人观点，而从一些大型宗教组织中脱离出来，自立门户。许多小教派，如在宗教改革时期由马丁·路德领导的小教派，自称"真正的教会"，因为他们力求去伪存真，清除那些由被他们视为无关的信仰和仪式所确立的信仰（Stark and Bainbridge, 1985）。韦伯将"小教派"一词称作"信教者的教会"，因为成为教会成员的前提是理性接受特定的宗教教义。

小教派从根本上与社会主流扞格不入，而且根本也不想成为国教。与国教和教派不同，它们要求教众频繁参与宗教活动，努力表达自己的信仰忠诚度。小教派常常表现出比主流宗教更激烈的宗教热情和忠诚，部分原因在于它们总是与主流社会格格不入。它们招募的对象以成年人为主，新来者只需通过皈依仪式就能

今日研究 摩门教：饱受争议的教派

在2008年的民意测验中，三分之一的美国人公开表示，他们绝不会投罗姆尼（Mitt Romney）的票，因为他是摩门教徒。当时罗姆尼是共和党党内初选的候选人，毫不意外，他最终落选了。但是仅仅过了四年，罗姆尼便又卷土重来，在赢得了共和党总统候选提名之后，他又在全国普选中获得47%的大众选票。与此同时，《南方公园》（South Park）那群玩世不恭的主创人员编排了一部音乐剧《摩门圣经》，并一举获得了托尼奖。这部音乐剧在百老汇上演时，门票一售而空。

什么是摩门教？最初，这个小教派是由一个名叫约瑟夫·史密斯（Joseph Smith）的年轻人于19世纪早期在纽约州北部创立的。史密斯的原生家庭质疑当时许多广为接受的信仰，而史密斯则在15岁时独自进入密林，祈祷上帝给予启示，告知他应该加入哪个教派，这就是他的首次宗教体验。1820年，他写道，上帝与上帝之子耶稣都上门造访，劝告他千万不要加入任何一个现有小教派，因为"它们都是错误的"。三年后，史密斯声称，天使莫罗尼告诉他一盒金箔埋藏的具体位置，这些金箔上刻着远古时的经文。据史密斯所说，他在上帝的启示下完成了远古经文的翻译工作，并将之写入《摩门圣经》。

自始至终，史密斯都面对着严重质疑和坚决反对，不仅因为他年纪尚小，并以一己之力对抗正统宗教，还因为《摩门圣经》的教义。早在公元前600年，一位犹太人先知和他的一小群信众，在上帝的指引下，长途跋涉来到美国西海岸，这项庞大而复杂的任务就此拉开了帷幕。这位先知的后人最初成为基督徒，但随后脱离了这一宗教，最终成为今日美国印第安人的祖先。耶稣复活不久之后，他在这些印第安人面前再度现身。

摩门教遭到既有宗教的抵制，发展历史动荡不安，但它却奇迹般地存续了下来。史密斯的信众频繁搬迁，到处寻找可供他们平静地举行宗教崇拜活动的场所。1844年，史密斯在伊利诺伊州被一名暴徒击杀。无所畏惧的杨百翰成为信众最多的摩门教组织领袖，正式将该教派命名为"耶稣基督后期圣徒教会"，并率领信众前往犹他州。与此同时，其他摩门教团体也纷纷成立，其中一些时至今日仍有相当多的追随者。

"后期圣徒教会"在过去的180年间不断发展壮大，尽管仍然遭到强烈抵制。因其早期施行多偶制，摩门教受到外界的诸多批评。在这种婚姻形式下，摩门教徒可以同时拥有多名丈夫或妻子。1890年，为了保住该教派在犹他州的居住资格，教会领袖同意废除这项婚姻习俗。时至今日，在美国和加拿大的农村地区，一些极为小众的小教派仍然实行这种婚姻形式。但是，摩门教教会对它们的行为表示强烈的谴责，并拒绝认可它们的教众为摩门教徒。

摩门教会还面临着种族主义和性别歧视的指控。1852年，凭借该隐遭到诅咒这段圣经故事，杨百翰禁止黑人成为编外神职人员，他公开表示，上帝之所以赋予该隐的后代一身黑皮肤，是因为他要做好记号，让其后人永远遭到惩罚。在《摩门圣经》中，好几处经文都暗示白皮肤是纯洁的象征，黑皮肤则是卑鄙的表现。摩门教欢迎黑人成为教会成员，但是推翻黑人不能担任神职的禁令却需要得到上帝的启示（1978年，教会总长斯宾塞·金博尔宣称他获得了上帝的启示）。任何女性，不论其属于哪种种族背景，都不能在教会中担任领导职务，但是摩门教赞扬女性在操持家庭以及志愿者活动中所付出的努力。女性极少参与"后期圣徒教会"的正式活动，所以2012年当教会允许一位女性在教会年度大会上主持祷告时，那些致力于提高女性在教会事务中参与度的摩门教徒都为此感到欢欣鼓舞，认为这一举动是一次巨大的进步。

在史密斯得到上帝启示二百年后，这个坚定不移的美国本土宗教摩门教已经成为一大教派———个大型的宗教组织，但与政府或国家则并无正式联系。从文化视角来看，摩门教关于勤劳、节约和家庭重要性的价值观，得到了全体美国人民的认可与支持。但是摩门教会的过往臭名昭著，它还持续打压女性，不让女性担任领导职务，并且教会仪式总是偷偷摸摸（唯有具备资格的摩门教徒才能进入教会内部），林林总总均让有些人感到厌恶。更重要的是，尽管摩门教徒自认为他们是基督徒，但却仅有52%的美国大众认可他们的基督徒身份。

今天，"后期圣徒教会"已经拥有1400万教徒，其中绝大多数成员都居住在美国和加拿大以外的国度中。摩门主义的一些教义，如耶稣出现在美洲大陆的故事和金箔上刻录的经文，虽然让绝大多数美国人感到非常困惑，但却对其他文化产生了极大的吸引力。该宗教之所以能够吸引外国信众，是因为根据其教义，神明并非只在遥远的过去才会给予人类启示，上帝仍在源源不断地向人类传送讯息。面临死亡，他们并非独自获得永生，而是与自己的伴侣永远相伴。根据"后期圣徒教会"的教义，上帝最早与亚伯拉罕立约，而基督教会则曲解了耶稣的信息。在这方面，摩门教的教义与穆斯林文化简直不谋而合。

世界上其他宗教的实施者，如罗马天主教和伊斯兰教，常常在自己的宗教仪式中融入当地习俗，但"后期圣徒教会"却基本上从不允许作出这种改变。例如，摩门教在尼日利亚大为盛行，但它们的宗教崇拜形式却与在犹他州并无二致，即使它们可以轻而易举地在宗教活动中融入当地舞蹈和鼓乐。不过，摩门教的确鼓励异国教众采用传统文化来表达对自己祖先的寄思。为了对自己的祖先表达敬重之情，这些信徒可能会选择让自己的祖先接受洗礼，在教会的祝福下让他们成为摩门教的一员。

讨论

1. 摩门教徒不能饮用酒类饮品、软饮料、咖啡或茶。在你的宗教信仰中，哪些方面让其他人感到非同一般？
2. 你是否对摩门教徒成为美国总统持有保留意见？如果是，你的理由是什么？

资料来源：Fowler, 2013；Jordan, 2007；Ostling and Ostling, 2000；Pew Research Center, 2010；Schaefer and Zellner, 2011；Stark, 2005。

成为该小教派的成员。

小教派常如昙花一现，存续时间并不长。得以幸存的小教派在漫长的时光中逐渐变得更为宽和，并慢慢具有了教派的特点。在少数几个案例中，一些小教派持续存在了好几个世代，但却仍与主流社会保持着疏离的关系。社会学家英杰（Yinger, 1970）用**现有小教派**（established sects）来描述一种已经超出小教派范畴但仍与社会保持孤立状态的宗教团体。哈特教派（Hutterites）、耶和华见证人（Jehovah's Witness）、基督复临安息日（Seventh-Day Adventists）和阿米什派（Amish）都是美国当代小教派的典型例子。

新宗教运动或异教组织

1997 年，当海尔-波普（Hale-Bopp）彗星飞掠天际之时，美国 38 位"天堂之门"（Heaven's Gate）异教成员在南加州集体自杀，追随彗星而去。他们之所以选择自杀，是因为他们相信只有在彗星靠近地球时舍弃自己的"臭皮囊"，隐藏在彗星中的宇宙飞船才能把他们带走。

也许是因为这些组织的名声已然糟糕透顶，因此大众传媒就用"邪教"的污名来指代这些异教组织，将其与超自然力和激烈且强制性的皈依仪式联系在一起。这种将异教组织视为怪异或不道德的刻板印象，迫使社会学家放弃这个词汇，转而采用"新宗教运动"一词。一些新宗教运动有着怪异的宗教行为，但大多数新宗教运动都表现正常。它们吸引新成员的方式与其他宗教并无二致，而且它们秉承的教义也与已有基督教派非常相似，只是仪式更少一些。

我们很难把小教派与异教区分开。**新宗教运动**（new religious movement, NRM）或异教组织（cult）是指那些小型、神秘的宗教团体，它们代表一种新的宗教或者是对现有信仰的巨大创新。新宗教运动与异教组织非常相似，这是因为它们的规模都不大，通常也不像主流宗教那样受到社会的尊重。但与小教派不同，新宗教运动通常并非源于与已有国教或教派的分裂。一些异教组织，如飞碟会（UFO sightings），可能与该文化中其他既有宗教信仰毫无关联。即使某异教组织接受主流教派中的一些基本信念（比如，相信基督或穆罕默德是上帝的使者），它也仍会提出新的启示或见解，从而证明自己才是更高级的宗教。

与小教派一样，随着时间推移，新宗教运动也可能会逐渐转变为其他宗教组织类型。其中一个典型例子就是基督教科学教派。它最初只是一个由玛丽·埃迪（Mary Eddy）所领导的新宗教运动，但是发展到今天这个教会已经具有了教派的特征。事实上，绝大多数主要宗教，包括基督教在内，在创立之初都是异教组织。新宗教运动既可能是某个教派或新宗教的前身，也可能会因教众流失或弱势的领导而逐渐消散在历史长河中（Schaefer and Zellner, 2011）。

宗教组织形式的比较

我们如何认定某一特定宗教组织到底属于国教、教派、小教派还是新宗教运动的社会范畴呢？就我们所知，这些宗教组织类型与社会的关系各不相同。国教是官方指定的教会组织；教派虽未得到国家政权的正式认可，但却获得了社会的普遍尊重。相对而言，小教派和新宗教运动则与主流文化不断发生冲突。

尽管如此，国教、教派和小教派其实也只是程度上有所不同，而非相互排斥的类别。由于美国没有国教，所以社会学家对美国的宗教所做的研究，主要集中在各个教派和小教派上。这两种宗教组织分别位于两个极端，即能够适应世俗世界的教派和反抗既有宗教的小教派。新宗教运动也被纳入这里面，但它与其他三类并不属于同一个范畴，因为它常常认为自己代表着全新的信仰，与现有宗教信仰并无关系。

社会学家从组织视角看待宗教问题，这种观点常常强调宗教忠诚的稳定性，不过理解宗教的方法也并非仅此一种。从个人观点出发，宗教和灵性显然容易发生改变。人们常常变换自己进行宗教崇拜的场所，或者脱离某个教派而改信另一个教派。在包括美国在内的许多国家，教会、寺庙和清真寺显然都在奋力竞争，力求吸引更多信众（Pew Forum on Religion and Public Life, 2008；Wolfe, 2008）。

这种易变性的标志就是，另一种宗教组织形式即电子教会的迅速崛起。通过有线电视和卫星电视的传播，美国福音**电视传道者**（televangelists）的确能将他们的宗教信息传播给更多人（尤其是美国人），而不会仅限于那些最大型的教派。这些福音电视传道者也隶属某些教派，但他们大都会给电视机前的观众一种他们与既有信仰毫无关联的印象。

1990年代末期，电子教会开始转战一个新的领域：互联网。今天，许多人都不再亲身前往宗教场所参与宗教活动，而是通过网络参加教会或宗教活动。网民可以浏览 GodTube.com，这家网站分享各种视频，提供各种社会联系的机会，关注精神层面的内容。

LO 48-3 社会政策与宗教

我们都知道，研究者在研究中会用到多种研究工具，从最简单的观察研究到最先进的电脑技术等。在现实生活中，社会学研究会对公共政策和社会福利产生深远影响，下面我们就来看一下它对学校里宗教问题的影响。

学校里的宗教问题

公立学校是否应该允许学生在教室里集体祈祷？阅读圣经？或者只是集体沉默片刻？体育比赛开场前，公立学校的运动员可以集体祈祷，为自己加油鼓劲儿吗？学生们可以自发地为学校事件进行祈祷吗？在那些认为学校应该允许祈祷行为的人与那些坚持确保政教分离的人之间，上述情境始终都会引发巨大争议。

另外一个争议则是关于讲授人类和宇宙的起源。主流科学观点认为，人类是由数十亿年前的单细胞生物进化而来，宇宙则是在150亿年前的"大爆炸"中形成的（大爆炸宇宙论）。但是，那些相信创世论的人则对这些进化论发起了挑战。**创世论**起源于圣经的记载，认为人类和宇宙是在一万年前产生的。创世论者多为基督教原教旨主义者，他们希望学校只能讲授他们信奉的创世论，或者至少也是进化论以外的一种选择。

上述问题正好切中第一修正案中有关宗教自由的条文内容。一方面，政府必须保护人们的宗教活动自由；另一方面，政府又不可采取任何措施使任一宗教凌驾于其他宗教之上（政教分离）。

在"恩格尔诉瓦伊塔尔案"（*Engle v. Vitale*）中，美国最高法院在1962年裁定，在纽约的学校中进行非教派性的祈祷"完全违背"了第一修正案中对政府确定宗教的禁令。最高法院主张，即使学校没有要求任何学生必须参加祈祷，有组织的学校祈祷行为也违反了宪法。它认为，事实上，促进宗教仪式并非政府或教育的合法职能。后来，法院决定允许学生自发在校进行祈祷，但是禁止学校官员支持在学校活动中有任何形式的祈祷和宗教行为。尽管法院作出各种相关裁决，但是许多公立学校仍然定期引导学生祈祷背诵或者阅读圣经。公立学校，甚至某些州，都强制要求学生在每天课前静默片刻，批评者认为这种做法完全暴露了他们想要推翻"恩格尔诉瓦伊塔尔案"裁定和其他判例的企图。尽管立法者在设计这些静默时刻时，显然有意留出时间来进行祈祷或宗教沉思，但时至今日，法院已经判定这些政策符合宪法要求，认为它们是世俗的，而非神圣的。2013 年，阿肯色州成为强制要求课前静默行为阵营的最新成员（ABC Television, 2013；Yemma, 2013）。

与在校祈祷一样，在学校中教导创世论赢得了美国民众的大力支持。不同于欧洲人，许多美国人似乎非常怀疑进化论，而科学课上则自然会讲授这种理论。2012 年，一项全美调查显示，46% 的成年人相信是上帝创造出人类现在的模样。另有数量几乎相当的美国人相信，人类是在神灵的引导下，才得以进化到目前的模样。

关于圣经中的创世论是否应该纳入学校课程大纲，这一争论令人回想起 1925 年著名的"猴子审判"。在那场审判中，高中生物教师约翰·斯科普斯（John Scopes）被控违反田纳西州法律，因为他在公立学校中教导进化论。如今，创世论者已经超越了原教旨主义者的教义，尝试使用近似科学的数据来强调他们有关人类和宇宙起源的观点。

1987 年，最高法院裁定各州不能强制要求公立学校讲授创世论，即使其主要目的只是为了传播某种宗教观点。作为回应，那些相信神圣生命起源的人近来提出了"智能设计"（intelligent design, ID）的新观念。这一新观念认为，生命如此复杂，只能靠智能设计来创造。这一观念并非明确基于圣经的创世叙述，但原教旨主义者对此却仍颇感欣慰。智能设计的支持者认为，与达尔文的进化论相比，这是对生命起源更加准确的诠释。他们坚持要求，在学校的课程内容中，智能设计至少应该作为进化论以外的另一选择。但 2005 年，在"基茨米勒诉多佛学区案"（Kitzmiller v. Dove Area School District）中，联邦法官要求宾夕法尼亚州某个学区停止实施其教学计划，该计划要求教师在课堂上教导智能设计观念。这名法官发现，智能设计本质上就是"宗教信仰"，是在以一种更为微妙但却类似的方法来宣传创世论，而这两种方法都在自然中发现了上帝的手笔。这个问题继续引发激烈争论，可望成为日后法庭案件的主题。

学校中宗教问题的社会学应用　在校祈祷和创世论的支持者认为，最高法院严苛的裁决彻底划分了涂尔干所称"神圣"和"世俗"的界限。他们坚持认为，使用非教派祈祷，绝对不会在美国确立国教信仰。除此之外，他们还相信，在校祈祷和讲授创世论，可以提供灵性上的指引和社会化，而这则是如今孩子们很难从父母或定期教会活动中获得的。许多社区也相信，学校应该通过鼓励祈祷来传递美国主流文化。

在校祈祷和创世论的反对者则主张，一个社区中的宗教主流人群可能会将他们的宗教观点强加于弱势群体之上。这些批评者质疑在校祈祷行为是否还能保持真正的自主性。借助互动论视角和小范围研究，他们提出，孩童们在面对巨大的社会压力时，往往会选择顺从大多数人的信仰和做法。

发起相关政策　从根本上来说，公立学校教育是一个地域性问题，所以政策的制定和游说行为大都也是发生在某个区域或州的层面上。联邦政府针对学校中的宗教问题，一直采取严格措施。2004 年，最高法院撤销了下级法院的判决结果。在这个上诉案件中，联邦上诉法庭裁定，如果学校在课前集会时要求学校

科学与神创论这一争论的双方都搬出了爱因斯坦。进化论者强调需要可核查的科学数据，就像科学数据证实了爱因斯坦开创性的科学理论。智能论的拥护者则引用了这位诺贝尔物理学奖得主关于宗教和科学应该共存的断言。

在背诵《效忠誓言》时加入"以上帝的名义",那么这种做法就违背了美国宪法(Religion News Service, 2003)。

关于学校内宗教问题的争议似乎无休无止。公立学校体系中的原教旨主义活动分子提出了一个问题:谁的思想和价值观更值得学生在校学习?批评者认为,这场运动朝着对公立教育进行宗教控制的方向迈出了一大步。他们担忧,在未来的某个时刻,教师可能无法用书本知识或发表陈述来驳斥原教旨主义者对圣经的解释。对开明教育和智识(宗教)多样性的倡导者而言,这种前景的确让他们感到惊恐不已(Wilgoren, 2005)。

E 评 估

1. 《创世记》中关于亚当和夏娃的故事,是宗教(　　)的例子?
   (a) 仪式　　(b) 体验　　(c) 习俗　　(d) 信仰

2. 以下哪个不是国教的例子?
   (a) 瑞典的路德教会　　(b) 沙特的伊斯兰教
   (c) 泰国的佛教　　(d) 美国的新教圣公会

3. 不同于国教与教派,(　　)要求教众频繁参与宗教活动,并努力表达自己的信仰忠诚度。

答案:1. (d)　2. (d)　3. 小教派

R 反 思

1. 宗教的哪个组成部分最容易衡量?信仰、仪式还是体验?哪个组成部分最难衡量?请解释。

2. 从社会学观点解释吸引人们加入新宗教运动的原因。

案例分析 | 选择过多＝没有选择

诺亚·本杰明（Noah Benjamin）的祖父信奉犹太教，诺亚的妈妈则是神体一位普世派信徒。诺亚自己则依然彷徨不定。本杰明说："13岁那年，我祖父非要我参加犹太教的受戒礼［成人仪式］。我妈妈说：'这样做会让他感到非常开心，但你应该做你自己喜欢的事情。'简而言之，这就是她的信仰：与人为善和自由意志。"本杰明庆祝了自己的成人仪式，而且有好几年每周都去参加宗教活动。但他说，他这样做只是为了让他的祖父开心。本杰明解释道："我更像我爸爸，但他在我7岁时就过世了。他认为自己是犹太教徒，但他从不执着于仪式。我们也欢庆逾越节和犹太新年，因为我的爷爷和叔叔们都这样做。我们是一家人。"本杰明也过圣诞节和复活节。他说："但我们从未像基督徒那样庆祝这些节日。圣诞节就是神体一位普世派们为贫困家庭收集厚衣服、食物和玩具的时间，我经常帮我妈妈做这些事情。这个节日的主题就是给予。"

近来本杰明一直在读佛教方面的书。他说："我很喜欢佛教中的许多思想。我喜欢佛教中的非神论观点，即它反对一切无谓的争吵，认为没有必要讨论哪个宗教的神才是真正的神。佛教教义建立在理解而非恐惧的基础上，而且强调：不要造业。对此我深表赞同。与神体一位主义一样，它颂扬人性，并提出善有善报恶有恶报的思想。基督徒可能会说，这就是多做善事的意思，但做善事并非上帝的旨意，而是为了创造更加美好的世界。这就是我认为最重要的事情：创造更加美好的世界。"

1. 对本杰明而言，犹太教意味着什么？本杰明的行为是否证实了你的看法？
2. 你认为本杰明会对解放神学有何感受？解释你的想法。
3. 本杰明不喜欢宗教仪式，所以他不再陪同他的祖父每周参加宗教活动。如果一个教徒不参加任何仪式，你认为他还算是忠实的信徒吗？
4. 在本杰明的故事中，有哪些证据表明他母亲的宗教行为影响了他对宗教和宗教作用的看法？

"强力"学习策略　　作出决策

你的人生总是不断需要你作出各种决定：大决定，比如本学期结束后该做什么；不大不小的决定，如到底买一辆二手福特还是二手现代；小决定，比如究竟买汉堡还是披萨。有些人在该做决定时却犹豫不决，而另一些人虽然很快就作出了决定，但事后却常常后悔不已。按照下列流程，你就可以作出正确且不冲动的决定了。

P
- 确定你的目标。你想实现什么目标？
- 如果你的决定包括长期和短期目标，你要具体说明两种目标的内容。

O
- 列出各种备选方案清单。例如：福特或现代、小汽车或卡车。
- 不要只限于显而易见的可选方案。想出其他不同寻常的可选方案：和一位朋友一起骑车？坐公交或地铁？滑板车？

W
- 写出每种可选方案的优缺点。一定要诚实。不要作假来满足自己内心的欲望。
- 思考利弊时，扪心自问，到底是针对什么情况的利弊？个人舒适？环境？你的钱包？还是你的自尊？如果你认为合理，那么任何范畴都是合理的。尽可能包括你需要的一切。
- 查看你的清单。是否已经有了清楚的决定？如果没有，再次权衡这份清单：给每个方案打分。例如，特别重要的标准（如花销）可能值5分，重要性更低的标准（自尊）可以获得更少的分值。
- 如果你无法马上作出清楚的选择，那就不要急着做决定。过一两天再回头看看清单，你也许更加清楚应该做什么选择。
- 如果始终难下决断，就请朋友们来帮你。
- 如果所有办法都不起用，试试抛硬币吧。这个策略的作用在于，它有助于你发现自己真实的感受。如果抛硬币抛中了大众，而你的反应却是"天哪，不要！"你就知道你并不想要大众。

E
- 思考决定会带来的结果。感觉很好吗？如果感觉好，那就太棒了。如果感觉不好，要么忍受它，要么最大限度地利用它，或改变你的想法！
- 只有你才知道风险。如果你受不了自己的决定，改变你的想法并不是什么丢人或耻辱的事情。原谅自己的过错，并尽全力弥补过失。

R
- 反思你的决定过程，并重新审视你过去做过的决定。这就是所谓的盘点，而且你应该经常盘点。你做过的决定是否让你达到了目标？你是否应该采取别的方式呢？

赐予我力量 **你是否是一个优秀的决策者？**

一些人总是当机立断，而有些人则总是左右彷徨，难下决心。但是，决策力是否优秀，并非取决于你作出选择的速度，而是你作出选择的过程。阅读以下各项，选择"这是我"（计 0 分）或"这不是我"（计 1 分），然后用下列量表来计算最终得分。

1. 做决定时，我会记下所有选择，并列出每项的利弊。
2. 面对多种选择，我首先关注我决定要达成什么目标。
3. 对重要决定，我需要花费一两天时间来重新审视我的选择，然后再作出最后的选择。
4. 如果我不清楚自己的选择，我会进行调研，以更好地了解我的选择，然后再作出决定。
5. 如果前后相关，我会重新审视之前做过的决定和结果，以免再次犯错。
6. 如果在我权衡每种选择的利弊后仍然碰壁了，我会询问三位朋友他们会如何做，以及为什么会如此做。
7. 如果显而易见的选择对我来说没有意义，我会打破思维常规，探索其他可能的选择。
8. 我不会在饥饿、疲惫或感到压力时做决定。
9. 如果某个决定让我感觉不好，我就会改变主意。如果为时已晚，我就会努力减少损失，吸取失败教训，并继续前进。

得分

0—2 分：你是个思虑周全的决策者，你会基于自己的目标评价自己的选择。

3—4 分：你试图全面思考问题，但若你能在决策过程上多花点时间，决策结果就会有所改善。

5 分及以上：你可能会冲动地作出决定，或者你完全放任自流，直到别人帮你做好决定。不管是哪种做法，你都应该掌控自己的生活。尝试采用上述陈述中的建议，并参照上页的"作出决策"。

第十七章

政府与经济

模块 49　经济体制

模块 50　权力、权威和政府体制

模块 51　美国的政治行为

模块 52　不断变化的经济体

社会学实务——职业顾问

蕾切尔·布卢姆（Rachel Blum）在新英格兰一家公共职业介绍机构担任职业顾问。她说："这里真称得上是麻雀虽小五脏俱全。职业咨询、就业培训、查询当地和全国招聘启事等，真是应有尽有。"布卢姆说，目前机构的工作重点是帮助那些长期失业者。她解释道："目前公司裁员和制造业工作外包的趋势，迫使大量具备劳动能力的人都失去了工作。2008年次债危机使得就业市场陷入低谷，但最近几十年美国一直都在朝着服务型经济方向转型。让那些曾在制造业中工作、享受高工资和高福  利的人，转而从事工资极低的快餐行业工作，这显然会让那些需要供房供车并要养家糊口的人陷入极大的困境中。"

布卢姆负责管理能力倾向测试和人格调查，帮助求职者找到最适合自己能力和兴趣的工作。她说："一旦他们选好自己的职业发展方向，我就会向他们介绍他们需要接受的培训。我也会确认他们是否应该报名参加机构开设的有关面试、撰写简历、建立关系的工作坊课程。"布卢姆非常体谅她的客户。"重新开始总是非常艰难，但我会告诉他们，每场危机中都隐藏着宝贵的机会，而我也一定会帮他们抓住机会、摆脱困境。"

本章内容概述

本章将会对经济和政府进行综合分析。我们很难想象还有哪种社会制度能像政府和经济制度那样盘根错节，密不可分。政府不仅是国家中最大的雇佣者，各级政府还控制着商业和行业准入。与此同时，经济则产生收入，以支持各项政府服务。

美国内部的不平等、美国与他国间的不平等，以及大型发达国家与发展中世界的不平等，印证了理解经济和政治制度的重要意义。对许多观察者来说，经济资源大量集中在少数人手中，势必损害开国元勋们关于建立政治经济普世体系的愿景。美国人民并未实现共同富裕和发展，相反，他们似乎正在因为政治经济权力不平等而日益分化，而这一趋势也将会不可避免地导致越来越尖锐的社会矛盾（Fuentes-Nieva and Galasso, 2014）。

本章我们首先针对经济体制的两种理想型：资本主义和社会主义，进行宏观分析。**经济体制**（economic system）是一种社会制度，通过这种制度，商品和服务才能得以制造、分配和消费。与家庭、宗教和政府这些社会制度一样，经济体制塑造了社会规范的其他方面，反过来也会受到它们的影响。接下来我们将会讨论权力、权威和政府体制，这些都已成为分配、实施和控制权力的方式。我们还将审视五种主要政府形态：君主政体、寡头统治、独裁统治、极权统治和民主国家，并分析政府体制经常不得不面对的主要问题的两个方面：战争行为和维和行为。

接下来，我们将会思考美国的**政治体制**（political system），政治体制建立在一套被认可的执行和实现社会目标的程序之上。在美国，政治体制对解决各种社会政策问题，如育儿、艾滋病危机和福利改革，肩负着首要责任。我们将会审视有关权力和权威的基本理论，并分析实施权力和权威的四种主要政府类型。我们将会看到政治如何发挥作用，尤其会关注公民参与和女性角色的变化。我们将会分析美国的两种权力模型：精英模型和多元模型。随后，我们会简略地阐述战争、和平和恐怖主义问题。

在最后部分，我们将会回到经济话题，分析世界各大经济体为应对全球化所作出的改变。在本章末尾的"社会政策"部分，我们将会探讨小额信贷这种金融创新形式对欠发达国家贫困人口的影响。

模块 49

经济体制

P 准备　学习目标

LO 49-1　对比主要经济体制，包括非正式经济

O 组织　模块大纲

前工业革命与后工业革命的经济

资本主义

社会主义

非正规经济

W 工　作

LO 49-1　前工业革命与后工业革命的经济

伦斯基提出了社会文化演变方法，他依照经济的组织方式将前工业社会加以分类。前工业社会的主要形态有狩猎－采集社会、初期农耕社会和农耕社会。

1760—1830 年间主要发生在英国的工业革命，造成工作场所中社会组织的变化。人们离开家园，来到集中场所如工厂中开始工作。随着工业革命不断深化，一种新的社会结构形式应运而生：**工业社会**，即一种依靠机器生产商品和服务的社会。

这些大型经济体的范围非常庞大。过去 300 年间，工业化进程极大地增加了国家的财富。中国从 20 世纪上半叶才开始采用机械化方式帮助农村地区从事农业生产，但自 1990 年起，中国迅速从世界第 11 大经济体逐渐成长为世界第二大经济体。

通过两种基本经济制度,当代工业社会得以区分开来。这两种基本经济制度分别为资本主义和社会主义。正如本模块中所描述的,资本主义和社会主义仅仅是两种理想的经济制度。没有任何一个国家完全符合其中一个模式。每个国家的经济都是资本主义和社会主义的混合体,尽管其中一种经济制度更适合用于描述某个社会的经济结构。

LO 49-1 资本主义

在前工业社会,土地几乎是所有财富的来源。但工业革命带来了翻天覆地的变化。它需要一些个人和机构愿意冒着很大的风险来资助新发明、机器和企业。最后,银行家、工业家和其他拥有巨额财富的人,取代地主成为最有权力的经济势力。这些人投入自己的资金,希望能够获得更多的利润,他们也因此成为房地产和企业的持有人。

随着资本主义经济体系的出现,土地经济转变为产业私有制。**资本**主义是指生产资料大多被掌握于私人手中且经济活动的主要动机是积累财富的一种经济制度。实际上,资本主义制度也会因政府控制私有企业和经济活动的程度不同而有所差异(Rosenberg,1991)。

资本主义的一种普遍形式,即自由放任制度(laissez-faire,意思为"随便他们"),紧随工业革命而生。正如18世纪英国经济学家亚当·斯密所阐释并支持的那样,在自由放任制度的原则下,人们可以自由竞争,政府也会尽可能减少干预经济的行为。企业保持自我调控的权力,它们的运作从未受到政府干预的威胁(Smelser,1963)。

两个世纪以后,资本主义已然呈现出不同的形式。私有制和利润最大化仍是资本主义经济体制的最核心特征。然而,与自由放任时期相比,当今资本主义的特征却是政府对经济关系的控制。如果没有限制,企业就会为了追求更大的利润,毫无顾忌地误导消费者,危害工人的安全,甚至欺骗公司的投资者。这就是为什么资本主义国家的政府经常监控价格,为各种行业设置安全生产和环保标准,保护消费者权益,并且调控工会与管理层之间的集体谈判。不过,在理想型资本主义之下，政府很少会接管整个产业的所有权。

当代资本主义与自由放任制度之间还有另一个重要区别：资本主义容忍垄断行为。**垄断**（monopoly）就是某个企业控制整个市场的行为。如果某个企业控制了整个产业，它就能通过定价、质量标准和供应量来有效地控制商品。购买者别无选择，只能无奈地屈服于它的决定，因为他们找不到购买该商品或服务的其他途径。垄断行为违背了亚当·斯密和其他自由放任资本主义支持者所推崇的自由竞争理想。

一些资本主义国家，如美国，通过反托拉斯法，将垄断定位为违法行为。此类法律禁止任何企业在某个行业中毁灭其他竞争对手进而全面掌控市场。只有在某些例外情况下，如能源和交通行业，美国联邦政府才允许垄断行为的出现。即便如此，监管单位也会仔细检查这些获得正式许可的垄断公司，以保护公众权益。司法部与微软公司之间旷日持久的法律斗争，就证明了资本主义国家中政府与私有垄断企业之间的紧张关系。

在一百多年的时间里，《大富翁》桌面游戏风靡全球，让无数人玩得不亦乐乎。在这个游戏中，玩家竭力控制虚拟经济并兴致勃勃地拖垮其他玩家，踢他们出局。令人感到可笑的是，垄断出现的初衷则是为了显示资本主义经济的弱点，如过高的租金和财富都集中于少数人手中这一趋势。

冲突论者指出，尽管纯垄断并非美国经济的基本要素，但在一个自由企业制度中，竞争所受到的限制却是超乎人们的想象。在许多产业中，都是少数公司控制着整个领域，并且不让新的企业进入这个市场。

在始于 2008 年的严重经济衰退期，美国甚至进一步摈弃了自由放任理想制度。为了保护主要金融机构不遭灭顶之灾，联邦政府向风雨飘摇的银行业、投资和保险公司投入了巨额资金。随后，在 2009 年，联邦政府又向濒临破产的汽车行业提供紧急援助，并在大众汽车中持有 60% 的股份，加拿大政府则持有另外 12% 的股份。

全球化与跨国公司的兴起，已经将资本对利润的追求扩散到全世界。尤其是在欠发达国家，政府并非总能做好万全准备，随时应对外国资本的突然流入，以及其对本国经济的影响。关于自由资本主义可能危害欠发达国家的一个显著事例，发生在刚果民主共和国（从前的扎伊尔）。刚果拥有大量钶铁矿矿藏，简称为钶钽铁矿（coltan），这种矿石被广泛应用于电路板的生产中。在近来手机、寻呼机和

工人们用铲子大汗淋漓地挖掘钶钽铁矿。美国电脑制造商对这种金属的需求突然增加，诱使邻国纷纷侵入刚果，渴求获得资金来资助自己的战争。全球化经常会给一国的经济和社会福利带来出乎意料的后果。

笔记本电脑市场升温之前，美国制造商大多从澳大利亚获得钶钽铁矿。但是因为消费者的需求空前旺盛，他们只能转而催促刚果的矿工们来增加他们的铁矿供应。

可以预见，这种金属不断提高的价格（一度达到每千克600美金，换种说法就是比刚果工人年均收入的三倍还要多），引起了令人反感的关注。很快，三个战火不断且急需资源以备战争物资的邻国（卢旺达、乌干达和布隆迪）便突袭刚果国家公园，乱砍乱烧，将埋藏在森林地表以下的钶钽铁矿发掘出土。对钶钽铁矿需求的突然增加，间接地增加了对战争的资金支持，并破坏了环境。美国的制造商为了避免助长这种破坏行为，在那之后切断了他们在刚果的供货来源。但是，他们的行动只不过是迫使这个贫困国家的合法矿工独自饮下这杯苦酒（*The Economist*，2011c；Friends of the Congo，2011）。

LO 49-1 社会主义

在马克思和恩格斯的著作中，社会主义理论得到了改进。这些欧洲的激进者对工业革命时期工人阶级受剥削的命运深感不安。他们认为，资本主义迫使大批工人出卖他们的劳动来换取微薄的工资。工业主们之所以能够从工人的劳动中获得利润，主要是因为他们付给工人的工资远低于工人所生产的产品价值。

作为一种理想型，社会主义经济体制尝试消除这些经济剥削。在**社会主义制度**下，社会生产和分配的方式是集体性质，而非私人拥有。这种经济体制的基本目标是满足人们的需求，而非追求最大利润。社会主义者摈弃自由放任哲学，反对自由竞争会造福普通大众的观点。相反，他们认为中央政府应该扮演人民代表的角色，承担起制定基本经济政策的责任。所以社会主义作为一种理想型的主要特征就是，政府取得所有主要产业（包括钢铁生产、汽车制造和农业）的所有权。

实际上，社会主义经济体制也会根据其容忍私有制的程度而各有不同。例如，英国具有社会主义和资本主义经济的一些特征，因此民航服务曾经主要由政府所有的英国航空公司来提供。但事实上在1987年航空公司私有化之前，私营航空公司就已获准参与民航业的竞争。

在社会服务项目的投入上，社会主义国家与资本主义国家有所不同。例如，美国政府通过老年人医疗保险制度、公共医疗补助制度这两种方案向老年人和贫困人口提供医疗保健和健康保险。而社会主义国家通常则会为所有公民提供政府财政拨款的医疗保障。理论上，人民的集体财富都被用来为每个个体和家庭提供医疗保健、住房、教育和其他重要服务。

马克思相信，社会主义社会终将"消亡"并演变为共产主义社会。作为一种理想型，共产主义是指一种经济体制，在这种体制下，所有财产均为共有，并不会基于人们生产能力的不同进行社会区分。最近几十年来，俄罗斯、中国、越南、古巴和东欧国家常被视为共产主义经济体制的例子。但是，这种划分方式却是对这个带有敏感政治意义术语的错误应用。20世纪内被认为是共产主义的国家，实际上远未符合这个理想型的条件（Walder and Nguyen, 2008）。

1990年代早期，东欧各国已经不再由共产党执政。20年后的2012年，仅莫斯科就有不少于78位亿万富翁，这个数字超过纽约（58位）和伦敦（39位）。同年，仅有中国、古巴、老挝、朝鲜和越南仍是由共产党执政的社会主义国家。但即使在这些国家，资本主义也早已滋生了力量。例如，在越南，胡志明市证券交易所于1990年开始运营。越南证券市场现有600只股票参与交易，占到越南国民生产总值的40%左右。甚至是在社会主义坚定的拥趸者古巴国内，政府也早已开始提升公民的能力，允许他们拥有自己的企业并雇佣员工。到2011年中期，超过32.5万产业所有人获得各种商业营业执照，其中包括发型设计、木工、制鞋和餐饮行业（Chu, 2010；*Forbes*, 2012；Wilkinson, 2011）。

正如我们所见，资本主义和社会主义都是经济体制的理想型。实际上，每种工业社会（包括美国、欧盟和日本）的经济中都是同时含有资本主义和社会主义的某些成分。不论某个社会是更符合资本主义理想型还是社会主义理想型，所有工业社会在商品生产和服务中都主要依赖于机械化。

LO 49-1　非正规经济

在许多经济中，经济的一个方面既不能描述为资本主义也不能描述为社会主义。**非正规经济**（informal economy）中也会发生金钱、商品或服务的交换，但这些行为并不会上报给政府。非正规经济的例子包括与某人进行服务交易，比如提供剪发服务换取一堂计算机课；在街上卖东西；参与非法交易，如赌博或贩毒。

非正规经济还包括园林景观建设中的灰色工作、育儿和家政服务。这类经济的参与者常会逃避缴税和政府管制。

在美国，非正规经济占其全部经济活动的约8%。在其他发达国家，非正规经济所占比例则各有不同，从英国的11%，到西班牙和葡萄牙的20%，直到希腊的25%。在欠发达国家，非正规经济代表整个经济活动中一个相当巨大（40%—60%）而且通常不可衡量的部分。但因经济的这一部分在很大程度上依赖女性劳动力，因而非正规经济中的工作在全世界都遭到低估，甚至还未得到认可（Barnes，2009；Schneider，2010）。

功能论者认为官僚主义管理制度有时会催生非正规经济或地下经济。在发展中世界，政府常常制定有各种繁杂的企业规则，要求疲于工作的官僚必须执行。当执照和许可证办理要求堆积如山，造成商业项目延误，合法企业发现它们必须采取地下操作才能达到自己的目的。非正规经济显然具有极高的效率，但是这种经济类型对整个国家的政治经济状态却具有反功能。由于非正规公司常常隐匿于荒郊野外，以免暴露目标，所以它们虽然能够获取利润，但却难以扩大规模。再加上他们的财产和合同权利只受到有限的保护，所以非正规经济的参与者也就更少会储存或投资自己的收入。

不论非正规经济具有什么功能，它在某些方面对工人也具有反作用。这些非法企业的工作条件通常都极不安全或非常危险，而且这些工作极少能为那些因病或其他原因不能工作的工人提供福利。也许更重要的是，一个工人在非正规经济中工作的时间越长，他就越难回到正规经济中。不论一名工人的生产效率或能力有多高，雇主都希望在求职简历上看到其在正规经济中的工作经历。如果面试者做过街头小贩或个体清洁工，而且在这份工作中干得非常出色，即便如此，这段经历在面试人员面前也是完全不值一提（Venkatesh，2006）。

E 评 估

1. (　　) 经济体制基本类型使当代工业社会不同于以往社会?
   - (a) 资本主义与共产主义
   - (b) 资本主义与社会主义
   - (c) 社会主义与共产主义
   - (d) 资本主义与独裁统治

2. 以下哪项说法是对资本主义的正确描述?
   - (a) 生产资料基本控制在私人手中
   - (b) 经济活动的主要动机是积累财富
   - (c) 政府监管私人所有权和经济活动的程度各不相同
   - (d) 以上全是

3. 英国经济学家亚当·斯密所解释并支持的 (　　) 原则,在工业革命之后迅速成为资本主义的普遍形式。

4. 在 (　　) 之下,社会生产和分配的方式是集体性质,而非私人拥有。这种经济体制的基本目标是要满足人们的需求,而非追求最大利润。

5. (　　) 是指一种经济体制,在这种体制下,所有财产均为共有,并不会基于人们生产能力的不同进行社会区分。

答案:1.(b) 2.(d) 3.自由放任 4.社会主义 5.共产主义

R 反 思

1. 在美国,哪些因素可能会鼓励非正规经济的发展?这些因素是否与该国经济体制相互关联?

2. 你认为哪些因素能够促使中国经济一如既往地快速发展?

模块 50

权力、权威和政府体制

ⓟ 准备　学习目标

LO 50-1　描述一个社会中权力的来源

LO 50-2　比较三种权威类型和四种政府类型

LO 50-3　用社会学概念定义战争、和平和恐怖主义

ⓞ 组织　模块大纲

权力

权威的类型

政府的类型

战争与和平

ⓦ 工　作

不拘在任何社会，都是由某些人或某种群体（不论是部落首领、独裁者还是议会），就如何使用资源和分配物品作出重要决策。因此，权力和权威的实施具有文化普遍性。而对权力和权威的争夺则不可避免地会涉及**政治**（politics），政治家拉斯韦尔（Lasswell，1936）将其精炼地定义为"谁得到什么、什么时候得到什么、如何得到"。社会学家在研究政治和政府时，非常关注个体与群体之间的社会互动，以及这种互动对广泛的政治经济秩序的影响。

LO 50-1　权力

权力是政治体制的核心问题。根据韦伯的观点，**权力**（power）是将某人意志凌驾于他人之上的能力。换言之，任何能够压制别人的反抗并控制他们行为的人

就是在运用权力。权力关系可能涉及大型组织、小群体乃至拥有亲密关系的个体。

韦伯是在20世纪早期发展出他的权力概念，所以他主要关注国家及其影响范围。当今学者已经认识到，全球化发展趋势带来了新的机遇，并随之产生了新的权力集中形式。现如今，随着国家与跨国公司相互竞争，以获取资源和控制资本的分配，权力也在国家及全球层面上得以行使。

任何政治体制中都有三种基本的权力来源：强制力、影响力和权威。**强制力**（force）即实际使用或威胁使用强制手段，将个人意志强加于别人身上。当领袖监禁乃至处决政治异见者，他们就是在使用强制力。因此，当恐怖分子抢占或轰炸某使馆，或暗杀某政治领袖，他们也是在行使强制力。

另一方面，**影响力**（influence）则是指通过说服来行使权力。公民可能会因为报纸上的评论、一位法学院主任在参议院司法委员会上的专家证词，或一位政治运动家在公共集会上具有煽动性的讲话，而改变自己对最高法院某位候选人的看法。在各种情况下，社会学家都会把这些说服人们的努力视为影响力的例子。下面我们一起来看看权力的第三种来源：权威。

LO 50-2 权威的类型

权威（authority）是指得到权力作用对象认可的制度化权力。社会学家常用这个术语来描述那些通过选举或公众认可的位置而持有合法权力的人。个体的权威通常是有限的。因此，足球裁判有权力决定在足球赛中是否进行处罚，但却没有权力决定比赛门票的票价。

韦伯制定了权威的分类系统，他的贡献已经成为最有用的、常被早期社会学家引用的观点。他定义了权威的三种理想型：传统型、法理型和卡里斯玛型。韦伯并未坚持认为，某个社会或组织只能是一种权威类型。所有类型都可以同时存在，只是其相对重要性有所不同。社会学家已经发现，在理解社会中合法权力的不同表现形式时，韦伯的类型系统具有非常重要的价值。

传统型权威

在上世纪中期，日本处于一个受人敬仰的帝王的统治之下，这位帝王的绝对王权则是世代相传而来。在以**传统型权威**（traditional authority）为基础的政治体制中，合法权力是由习俗和普遍实践所授予的。一位国王或女王仅仅通过继承王位就可获得人民认可，成为国家的统治者。部落首领则会因普遍实践而得到统治权。统治者可能深受爱戴或遭人憎恨，治国有方或大伤国本。但就合法性而言，这些都不重要。对传统型领袖而言，权威来自习俗，而非个人特点、治国能力或成文法律。人们接受统治者的权威，是因为这种做法由来已久。如果统治者拥有制定法律和政策的权力，传统型权威就是绝对的。

法理型权威

美国宪法赋予国会和总统制定、执行法律和政策的权力。法律赋予合法权力的类型就是所谓的**法理型权威**（rational-legal authority）。领袖们从政治体制的成文规章制度（如宪法）中获得法理权威。一般而言，在拥有法理型权威的社会中，领袖们被认为拥有特定的能力和权威，但并不像在传统型权威社会中那样被认为拥有神赐之力。

卡里斯玛型权威

圣女贞德只是中世纪法国一个普普通通的农村女孩，但她却能召集法国人民，带领他们与英国入侵者进行对抗。这怎么可能呢？正如韦伯所观察到的，个人的领袖魅力（卡里斯玛）能够使他/她获得合法权力。**卡里斯玛型权威**（charismatic authority）是指领袖非比寻常的个人或情感魅力对其追随者产生了极大的吸引力，从而产生了合法权力。

领袖魅力（卡里斯玛）让一个人无须依赖成文法规或传统就能领导或激励他人。事实上，卡里斯玛型权威更多来源于追随者的信仰，而非领袖自身的品质。只要人们认为卡里斯玛型权威（如耶稣、圣女贞德、甘地、马尔科姆·X或马丁·路德·金）拥有异于常人的特殊品质，这位领袖的权威地位就会牢不可破，通常也不会受到他人质疑。

社会学家考奇（Couch, 1996）从互动论视角来观察卡里斯玛型权威，他指

眼光超前的苹果公司创始人乔布斯，在苹果公司雇员和苹果用户眼中，都是一个极具领袖魅力的角色。韦伯如果还在世，一定会非常赞同乔布斯拥趸的看法。韦伯将任何拥有非同寻常个人吸引力的人，都看成具有领袖魅力（卡里斯玛）的人。

出，电子媒体的发展推动了卡里斯玛型权威的发展。1930年代至1940年代，美国各州、英国和德国的首脑都用广播直接向公民发出呼吁。现在，电视和网络让领袖"现身"人们的家中，并能与他们进行交流。1996年，在韩国，烦恼不断的政治领袖面临重新选举活动，他们频繁地对全国观众进行演讲，并极力夸大来自朝鲜的军事威胁。

正如我们之前所注意到的，韦伯将传统型、法理型和卡里斯玛型权威确定为三种理想型。实际上，特定领袖和政治体系常常结合了多种权威类型的要素。罗斯福、肯尼迪和里根总统主要是通过他们权力的法理基础行使权力。与此同时，他们自身也极具领袖魅力，获得了许多公民的爱戴和忠诚。

站在他人的角度思考问题——竞选经理

你会如何使用社交媒体和互联网来提升你所服务的竞选人的形象，并让其具有更加明显的卡里斯玛型权威？

LO 50-2　政府的类型

每个社会都会建立一种政治体制并据此进行统治。在现代发达国家，这些正式的政府体制作出了许多重要的政治决策。接下来我们将会研究五种基本的政府类型：君主政体、寡头统治、独裁统治、极权主义和民主制。

君主政体

君主政体（monarchy）是一种以王室中的某位成员（通常为国王、女王或其他拥有继承权的统治者）为首的政府形式。在早期，许多国王都声称上帝赐予他们神圣的统治权力。他们的统治通常建立在传统型权威基础之上，有时也伴随着强制力的使用。但到 21 世纪初为止，仅有少数国家仍由君主掌握真正的统治权力，如摩纳哥。现在绝大多数君主几乎都没有实权，他们仅为国家的象征，完成各种仪式性的工作。

寡头统治

寡头统治（oligarchy）是一种由少数个体统治的政府形式。寡头统治是一种盛行于古希腊和古埃及的古老统治形式，而现在则常常呈现为军事统治形式。在亚非拉欠发达国家，一小撮军官强行掌握权力，这些权力要么来自合法选举的政权，要么来自其他军事集团。

严格意义上来说，寡头统治一词是专为受到少数个体把控的政府所设。根据冲突论的看法，可以说西方许多发达国家也可被视为寡头统治（而非民主国家）的例子，因为仅有拥有权力的少数人，如大财团、政府和军队的首脑，才握有统治实权。

独裁统治与极权主义

独裁统治（dictatorship）是一个人几乎全权掌握制定和执行法律的政府。独裁者主要通过强制手段进行统治，这些强制手段常常包括使用酷刑和执行死刑。

朝鲜政府是一个极权主义政府,其政府首脑企图控制人们生活的方方面面。图中的宣传画板已经悬挂了数十年,这就是政府极权领袖的公然宣传,它将该国前任暴君刻画成慈祥的父亲形象。

他们通常不是通过自由选举(如民主国家那样)或继承权力(如君主制国家那样)来获得权力,而是通过暴力手段牢牢把握权力。一些独裁者相当有领袖魅力,手下追随者甚多。尽管他们的支持者对其表示热烈的拥戴,但是这些人的内心却也会隐隐感到害怕。其他独裁者则受到其统治对象的极度憎恨。

独裁者竭尽全力控制人们生活的方方面面,这样的独裁政府被称为"极权主义"。君主统治和独裁统治都可能演变为这种统治方式。**极权主义**(totalitarianism)包括完全的政府控制,以及对社会政治生活的彻底监控。希特勒统治时期的德国、1930年代的苏联和如今的朝鲜都被视为极权主义国家。

民主制

从字面上来看,**民主制**(democracy)意味着人们的政府。"民主制"一词源于两个希腊词根,"demos"意味着平民或普通人,"kratia"意味着统治。当然,在美国这种人口众多的国家里,人民统治的政府在国家层面上基本不具有可操作性。美国人不可能对每个将要提交给国会的重要议题进行投票。因此,人民的统治通常是通过**代议制民主**(representative democracy)来得以实现,在这种政府形式中,某些个体会经由人民选举而获得代表人民的资格。

美国常被划归代议制民主国家,因为它是由被选举出来的国会议员和国家立法机关成员制定相关的法律。但是,批评者则质疑我们的民主制究竟有多大的代表性。甚至是在当下,也不是每个美国人都感到自己能够真正参与国家事务。在本章接下来的部分，我们将会探讨这个话题，质问国会和国家立法机关究竟是否真正代表了大众（包括弱势群体），以及美国人民是否在合法地统治美国，还是早已沦为一群权力精英的控制对象。

不论国家的权力结构如何，权力经受的终极考验就是参战决定。由于任何军队中的普通士兵一般都是来自下层阶级，即社会中最没有权力的群体，所以这个决定对远离权力中心的人来说具有生死攸关的影响。从长期来看，如果民众并不相信战争是必需的，军事行动就不可能取得胜利。因此，战争是解决国与国争端的危险方式。接下来，我们将会对比战争与和平这两种解决社会争端和近来恐怖主义威胁的方式。

LO 50-3　战争与和平

冲突是社会关系中的核心问题。我们生活的世界经常爆发持续不断的暴力冲突，毫不留情地将无辜的旁观者和蓄意为之的参与者统统席卷其中。社会学家卡普洛与希克斯（Caplow and Hicks, 2002）将**战争**（war）定义为拥有训练有素的作战部队和致命武器的组织之间的冲突。该定义比其法律定义更加宽泛，后者通常要求冲突某方必须正式宣战。

战争

社会学家通过三种不同形式来研究战争。那些采用全球视角的人研究两个或多个国家卷入军事冲突的方式和原因。那些采用国家视角的人强调国家内部政治、社会经济和文化力量的互动。那些采用微观视角的人则关注战争对个人及其所属群体的社会影响（Kiser, 1992）。

从国家视角来看，关于战争可能带来的社会经济利益自是毋庸置疑。武装冲突可以增加政府军备开支，进而刺激国内经济发展，但是这些冲突也会造成平民健康和医疗服务领域的劳动力流失。因此，冲突会对平民的生命际遇造成消极影响，导致平民死亡率上升。对一个社会而言，在参与战争的同时还要维持国内民众的福祉，这就是不可能完成的任务了。

宣战决定是由政府领袖作出的，但公众意见却在其执行过程中发挥着重要作用。截止1971年，在越南战场上死亡的美军士兵数量已经超过了五万人，美国国内反战情绪高涨。当时所做的调查显示，在战争是否为解决国与国间争端的适当方式这个问题上，支持者与反对者的人数大致相当。

美国军队构成的主要变化在于女兵数量增加。美国军队现有超过20.6万名女兵，约占现役美军士兵数量的14%，她们不仅作为战争支持人员，还成为作战部队中不可或缺的一部分。伊拉克战争的第一位阵亡者实际上是一等兵罗莉·皮思特瓦（Lori Piestewa）。她是霍皮部落的人，即美国西南部墨西哥移民的后裔（Bureau of the Census, 2011a：Table 510）。

从微观层面来看，战争能把人性之善恶都展现在世人面前。2004年，美国士兵在伊拉克阿布格莱布监狱虐待伊拉克囚犯的照片震惊了世界。对社会科学家来说，看守士兵的暴行让他们想起了津巴多在1971年完成的模拟监狱实验。在这项实验中，虽然实验对象被实验者随机分配到"看守"和"囚徒"两种类别中，但最后"看守"都会对"囚徒"施加虐待行为。尽管该实验的结果主要用于国内普通监狱中，但津巴多的研究实际上获得了海军研究办公室的资助。2004年7月，美国军队开始使用该实验的纪录片训练军队审讯者，以免他们对囚犯施加虐待行为（Zarembo, 2004；Zimbardo, 2004）。

和平

社会学家认为**和平**（peace）表示没有战争和发展国际合作关系的积极努力。尽管在这里我们关注国际关系，但我们也应注意到，1990年代全世界90%的武力冲突都发生在国内而非不同国家之间。外部力量常会介入这些内部冲突，它们要么支持冲突一方，要么试图调停和解。在至少28个发生了此类冲突的国家中，至少有1万人死亡，而这些国家则没有一个是世界体系分析中的核心国家（Kriesberg, 1992；Smith, 1999）。

另一种呈现世界各国相对和平程度的方式是**全球和平指数**（Global Peace Index）。该指数基于24个指标，包括有组织的内部冲突、暴力犯罪、政治动荡、潜在的恐怖行为，以及某国相对其邻国的军备开支水平。目前，冰岛和丹麦位于全球和平指数的顶端（非常和平），叙利亚、索马里和阿富汗位于底部（国内极其动荡不安）。美国在这份由 162 个国家组成的榜单中位列 99 位，介于巴布亚新几内亚和中国之间。

社会学家和其他社会科学家采用社会学理论与研究，试图确定阻止战争的条件。其中一项发现是，国际贸易也许能够阻止武装冲突的发生。当国与国间在交换物品、人力和文化时，它们变得更为密不可分，不太可能会威胁彼此的安全。从这个视角来看，不仅是贸易，就连移民和对外交流项目也会对国际关系产生有利的影响。

另一种促进和平的方式是国际慈善组织和非政府组织（NGOs）等运动组织的活动。红十字会、红新月会、无国界医生组织和国际特赦组织会向所有需要它们的国家提供服务，而且它们的行动从不考虑国别。在过去十年或更长的时间内，这些全球组织在数量、规模和范围方面都在不断扩展。通过了解当地情况和弄清当地问题，它们常常能够阻止冲突升级为暴力和战争。一些非政府组织还会发起停战协议，达成解决方案，甚至还能结束敌对双方的战争状态。

最后，许多分析家都强调，国家不可能通过暴力威胁来维护自身安全。他们认为，维护和平的最佳方式是在潜在的敌对双方之间制定出强效双边安全协议（Etzioni, 1965；Shostak, 2002）

近年来，美国已经开始意识到，自己的安全不仅受到一些国家的威胁，还受到非法政治组织的威胁。事实上，恐怖主义现在被认为是对美国安全最大的威胁，但美国军队还没有做好与之斗争的准备。

恐怖主义

不论是少数人还是许多人采取的恐怖行为，都是一股强大的政治力量。**恐怖主义**（terrorism）的正式定义为使用或威胁使用暴力打击随机或象征性的目标，以达到其政治目的。对恐怖分子而言，只要能够达到目的，就会不择手段。他们相信，世界现状充满压迫，只能采取极端手段才能结束被剥削者的痛苦。恐怖分子相信，通过正式的政治流程无法实现他们理想的政治变革，因此他们坚持认为非法行动是一种必要手段，虽然他们的行动常常是以无辜者为目标。他们希望，他们的行动最终能够胁迫社会发生改变,进而形成崭新的政治秩序。

当代恐怖主义的一个重要方面包括媒体的使用。恐怖分子可能希望保守有关自己个人身份的秘密,但是他们却希望他们的政治信息和目标能为更多人所知。根据戈夫曼的拟剧论,社会学家李(Lee, 1983)将恐怖主义与剧院联系在一起,因为特定的场景可以在这里以可预期的形式表演出来。不论是通过告知媒体、匿名声明还是其他方式,恐怖分子通常都会宣布为自己的暴力行为负责并辩护。

社会学家和其他学者研究了不同因素在恐怖主义发展中的作用。他们发现,民主国家与暴力政权一样,都会促进恐怖主义的发展,就算它们所实施的促进方式各不相同。在年轻人中和边缘人群中,尤其是在外来者(海外)聚居社区中,发生暴力的可能性则会更高(Davis and Cragin, 2009)。

自从2001年9月11日以来,世界各国政府都加强了打击恐怖主义的力度。公众大多认为增加监视和社会控制是难以避免的恶行,但是这些措施仍然引起了

在索契举办的2014年冬奥会上,俄罗斯军方严阵以待,杜绝一切可能的骚乱。在世界范围内,大型国际事件已经成为恐怖袭击的目标。

政府管理问题。例如，一些美国和他国公民质疑美国《爱国者法案》这类措施是否危及公民自由。公民也抱怨，联邦政府时不时地发出模糊警报，造成人心惶惶的局面。在全世界范围内，移民和难民审查的进程已经变得非常缓慢，许多家庭因此而不得不长期忍受两地分离的痛苦，而雇佣者也无法找到新人来填补工作空缺。这些打击政治暴力的努力表明，"恐怖主义"这个术语是恰如其分的 (Howard and Sawyer, 2003)。

各国政府已经越来越关注另一种政治暴力的形式，即当今社会的恶意网络攻击。在这个时代，电脑病毒能够通过互联网得以快速传播，网络攻击可以让一个国家的计算机系统立即瘫痪，甚或彻底关闭其能源工厂。几年前，这种情况还被视为无稽之谈，但是现在它已成为全球应急方案的主题（Clayton, 2011）。

E 评　估

1. 任何政治体系中都具有哪三种权力的基本来源？
   (a) 强制力、影响力、权威　　(b) 强制力、影响力、民主
   (c) 强制力、合法性、领袖魅力　(d) 影响力、领袖魅力、官僚制度

2. 以下哪项不属于韦伯提出的权威分类体系？
   (a) 传统型权威　　　　　　(b) 多元型权威
   (c) 法理型权威　　　　　　(d) 卡里斯玛型权威

3. 那些将战争解释为国与国之间政治、社会经济和文化力量的互动的社会学家，对战争持有（　　）观点？
   (a) 全球　　(b) 微观　　(c) 国家　　(d) 宏观

答案：1. (a) 2. (b) 3. (c)

R 反　思

1. 举例说明在你的学校中出现的三种权威类型。请解释你选择的原因。
2. 根据韦伯的定义，对比独裁统治和民主制中权力的运用。

模块 51

美国的政治行为

准备　学习目标

LO 51-1　分析美国的政治参与水平,包括种族和性别对美国政治的影响

LO 51-2　对比美国的权力结构模式

组织　模块大纲

美国公民和他们的政治行为

美国的权力结构模式

工　作

LO 51-1　美国公民和他们的政治行为

美国公民将他们政治体制中的许多方面都视为理所当然。他们习惯于生活在一个拥有《权利法案》、两个主要政党、匿名投票、一位执政总统、各州和地方政府有别于联邦政府的国家之中。但是,每个社会都有统治自身和作出决策的独特形式。美国居民期望民主党和共和党候选人来竞争政府职位,而古巴居民则习惯于共产党一党专政。本模块,我们将会审视美国内部政治行为的几个方面。

参与与冷漠

理论上,如果博学多识、积极活跃的选民愿意与政府领袖交流自己的观点,代议制民主的运行将会最有效率且最为公平。遗憾的是,美国的情况却并非如此。

几乎所有公民都很熟悉基本的政治流程，并且大多数人都会在某种程度上支持某个政党。2012年，约29%的美国注册选民支持民主党，27%支持共和党，43%保持中立。但是，只有少数公民（通常是上层社会阶级的成员）实际参与到地方或国家层面的政治组织。研究显示，仅有8%的美国人属于某个政治俱乐部或组织。不到20%的美国人曾就某项政治议题或问题与国家、州或地方政府官员打过交道（Gallup, 2012; Orum and Dale, 2009）。

到1980年代，许多美国人显然都已开始远离政党、政客或政府。投票统计是最能体现这种日益增长的疏离态度的指征。今天，各种年龄和不同种族的投票者似乎都对选举兴致缺缺，就连总统竞选都难以激发他们的热情。例如，在1896年总统大选中，在有资格投票的美国公民中，约80%都前往投票站投票。而在2008年总统大选中，尽管这次大选充满戏剧性且具有历史意义，但最后却仅有63.6%的公民参与投票，远低于1960年代的选举参与水平。在四年后的2012年总统大选中，投票者人数略降至61.8%，低于大多数其他国家的参与水平（2013年国会/议会选举的投票者比例，澳大利亚为93.2%；[2010] 巴西为81.9%；[2010] 南非为77.3%；意大利为75.2%；德国为71.6%；英国为65.8%）。

投票者到场率极低，但其政治参与度却在不断提高，尤其是在网上。就反政府活动和个人对政党的捐款而言，网络参与水平相当于2014年政治集会和上门调查的参与度。2008年，55%的美国成年人都从网上来获取有关总统大选的新闻和消息。20%的网络参与者还会在网上发布评论，供人阅读（Smith, 2009）。

最后，公民参与政治可以督促政府对投票者负责。如果公民参与度降低，政府在其运行中对社会的责任感也会相应减少。这个问题对美国最为弱势的个人和群体影响最为严重。少数族裔群体选民的投票率一向都特别低。不过，在2012年总统大选后的选举调查中，相比白人，报告自己的确参与投票的非裔美国选民比例更高。

还有很多潜在的投票者无法登记投票。贫困人口最关注的是生存问题，这是可以理解的，所以他们的投票参与度总是非常低。但是，统计数据显示出的低参与率，也鼓励了那些政治掮客继续无视贫困人口和少数族裔群体的利益。从下页专栏中可以看出，选民人口中，表现最为冷漠的人群是年轻人（File, 2013）。

今日研究：为什么越来越多的年轻人都不投票？

整个 1960 年代，美国年轻人积极参与各种政治事务，从推动公民权利到抗议越战，所涉议题非常广泛。当时，美国禁止年轻人投票，但却要求他们服兵役，为国家献身。这种不公平的境遇让他们深感不安。为了应对年轻人的忧虑，宪法第二十六条修正案于 1971 年获得批准，将选举的法定年龄从 21 岁降至 18 岁。

现在，四十多年过去了，我们可以思考一下现有研究并了解当前现状。坦白来说，最显著的情况就是没有进展。首先，年轻选民并未团结一致，追求共同的政治诉求。在年轻人的投票方式中，我们可以发现同样的种族、族群和性别差异，这与老一代选民的投票情况别无二样。

其次，虽然降低投票年龄的势头来自大学校园，但绝大多数年轻投票人却并非学生。再次，年轻选民的投票率较低，这一点最为麻烦。2012 年总统大选发生的背景是奥巴马总统谋求连任和持续不断的全球经济衰退，但即便如此，这次大选也未激起年

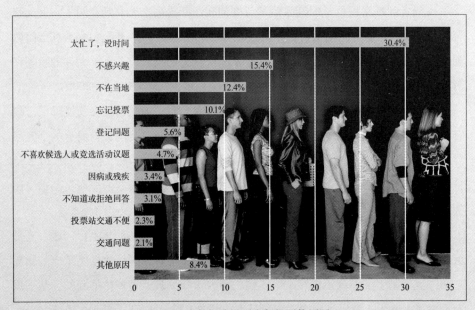

18—24 岁年轻选民不参加投票的原因

资料来源：Bureau of the Census, 2011e: Table 10。

轻投票人（18—24岁）的兴趣。仅有41.2%的年轻选民参加投票，而同期参与投票的老一代选民（65岁及以上）的比例则高达71.9%。

造成年轻一代对投票无动于衷的原因是什么呢？最常见的解释是，人们，尤其是年轻人，正在远离政治体系，他们对候选人和竞选活动的浅薄及其消极影响非常厌倦。但是，随着年龄增长，年轻人将来仍会参与投票。

关于年轻人投票率低这一情况也另有解释，这些解释似乎要更为可信。第一，实际上，美国是唯一要求公民投两次票的国家。选民首先必须登记投票，此时问题常常还未达到火烧眉毛的程度，而且候选人都还未公之于众。第二，美国公民往往比其他国家公民会更加积极地参与当地社区的政治事务，但是，年青一代常常也对当地事务（如公立学校的财政拨款）无动于衷。

讨论

1. 你多久会参加一次投票？如果你从未投票，是什么原因造成你的冷漠？是否因为太过忙碌才没时间去登记投票呢？你对社会问题毫无兴趣吗？
2. 你是否认为选民冷漠是一个严重的社会问题？可以采取哪些措施来提高你这个年龄群体和社区的选举参与度？

资料来源：Alwin, 2002；Clymer, 2000；Niemi and Hanmer, 2010；Patterson, 2005；Wattenberg, 2008。

政治中的种族和性别

因为政治意味着权力和权威，所以看到边缘群体（如女性和少数族裔群体）缺乏政治力量，我们不应该感到惊诧莫名。纵观全国，在1920年之前，女性没有选举权，而大多数华裔人口直到1926年才获准投票。非裔更是直到1965年才恢复公民权，这还要得益于当时国家《投票权法案》的通过。可以预见，这些群体需要一段时间来发展自身政治力量并开始有效地运用权力。

弱势群体参与政府事务的进展一直非常缓慢。到2014年初，100位美国国会议员中，仅有20名为女性（包括1名亚裔女性），2名为拉丁裔，2名为非裔，其余76名均为非拉丁裔白人男性。在美国众议院的435名众议员中，297名均为非拉丁裔白人男性，80名为女性，40名为非裔（包括13名女性），33名为拉丁裔（包括7名女性），9名为亚裔（包括6名女性），以及2名美国印第安人。总而言之，在国会和众议院中，分别有24%和32%的成员由女性和弱势群体中的男性组成。尽管这些数字相对仍低，但对这些群体中的大多数人而言，却已是代表着历史最高纪录。

今天，尽管黑人和拉丁裔经过选举就任政府官员的数量创下历史新高，但许多批评者仍然公开谴责所谓的"嘉年华政治"（fiesa politics）。白人政治掮客仅在自己需要选举支持时，才会想到拜访少数族裔社区，在国家或族群节日当天迅速现身，在摄影师拍下其身影后立即匆匆离去。选举结束后，他们常会忘记就社区需求和关心的问题，向曾经支持过他们的当地居民诚心咨询。

与过去相比，女性政治家也在政治选举中取得了更多的成功，但有证据表明，媒体对她们的报道有别于男性政治家。一项对近来州长选举新闻报道的内容分析显示，当被报道对象为女性候选人时，相较男性候选人，记者往往会用更多

2007年，明尼苏达州民主党人基思·艾利森（Keith Ellison）在政坛上掀起了不小的波澜，他成为第一个用《古兰经》而非圣经进行国会就职宣誓的人。这位新当选的众议院议员是穆斯林，他认为用《古兰经》宣誓要比圣经更有意义。众议院议长南希·佩洛西（Nancy Pelosi，左）为这一宣誓场合借来了托马斯·杰斐逊（Thomas Jefferson）的两卷《古兰经》，这充分说明多样性已经不是美国政坛中的新鲜事了。

笔墨去记述她的个人生活、外貌或人格，而较少写到她的政治立场和投票记录。除此之外，当报道中提到政治议题时，记者更喜欢引用男性候选人而不是女性候选人的言论来阐明文中的问题（Devitt，1999；Jost，2008）。

右图显示了女性在选举产生的国家立法者中所占的比例。尽管美国和其他国家的女性在国家立法者中所占的比例已然增加，但却仅有一个国家的女性在国家立法者中所占比例超过半数。女性立法者比例在卢旺达共和国中最高，有63.8%的立法席位由女性掌握。2013年末，在187个国家中，美国在女性担任国家立法者比例方面排名第95位。

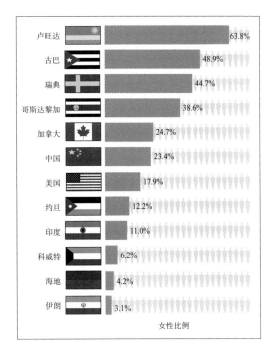

某些国家中某些国家立法机关的女性比例

注：图中数据只是针对截至2013年11月1日为止的下级立法机关，上议院（如美国参议院）的数据并未包括在内。
资料来源：Inter-Parliamentary Union，2014。

为了改善这种局面，许多国家已经采用了给予女性代表配额的方法。在一些国家中，政府将一定比例的席位留给女性，这个比例通常为14%到30%。其他一些国家的政党则决定，20%—40%的候选人必须为女性。现在已有32个国家设置了某种女性配额体系（Rubin and Dagher，2009；Vasagar，2005）。

LO 51-2 美国的权力结构模式

在美国，谁真正拥有权力？"我们人民"是否真的在通过我们选出的代表来统治国家呢？或者是否幕后真有一小群精英控制着政府和经济系统？决定像美国这样复杂社会的权力分布，是一件很困难的事。在探索这个关键问题的过程中，社会科学家们已经提出了有关美国权力结构的两种基本观点：权力精英模式和多元模式。

权力精英模式

马克思相信，19世纪的代议制民主根本就是一种假象。他指出，工业社会由拥有工厂并控制自然资源的少数人所支配。根据马克思的观点，政府官员和军事领袖本质上都在为资产阶级服务并遵从其意志。因此，政治家们所作出的任何关键决策，都不可避免地会反映出资产阶级统治者的利益。与其他持有权力关系**精英模式**（elite model）的人一样，马克思相信，社会是由一小群共享一套相同政治和经济利益的人所统治。

米尔斯模式　社会学家米尔斯在他的开创性著作《权力精英》中将这个模式进行了深入的发展。他描述了一个把控美国命运的军事、工业和政府领袖小群体，即**权力精英**（power elite）。权力掌握在政府内外的少数人手中。

下图中的金字塔能够阐释米尔斯模式中美国的权力结构。金字塔顶端是公司富豪、政府行政部门领导和军事领袖（米尔斯称其为"军阀"）。紧随其后的是当地意见领袖、政府立法机构成员和特殊利益群体的领导。米尔斯认为，这些个人和群体基本都会遵从权力精英统治者的意志。金字塔的底部则是无组织、被剥削的大众。

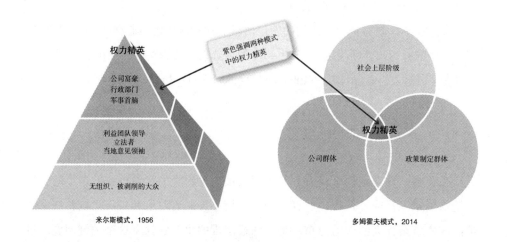

权力精英模式

资料来源：左边，Mills（[1956]2000b）；右边，Domhoff（2014：116）。

权力精英模式在许多方面都符合马克思著作中的描述，但在某些方面也有不同。最显著的差异在于，米尔斯相信，经济强势群体与军事和政治组织会共同协调行动来满足其共同利益。米尔斯反对马克思的看法，认为资本主义经济结构不可能自行创造一个统治阶级。而位于米尔斯权力精英模式底层的没有权力的大众，则无疑会让人联想到马克思笔下的世界劳苦大众，这个人群惨遭剥削，"除了身上的枷锁之外早已一无所有"。

在米尔斯的论调中，最基本的要素是权力精英的成员不仅较少，还常会以具有自我意识和凝聚力的团体形式进行各项工作。精英们并非一定残酷无情，但却几乎全部为同种类型的人，他们经常互动，本质上拥有相同的经济政治利益。米尔斯所谓的权力精英并不是一种阴谋，而是一个由少数有影响力的人组成的利益和情感群体（Hacker，1964）。

米尔斯的确未能阐明精英何时反对或容忍抗议者。他也没有提供详细的案例研究来证实权力精英成员的相互关系。尽管如此，他提出的挑战性理论迫使学者们采用批判态度去看待美国的民主政治体制。

观察者在评论过去十年中令安然公司（Anron）和安达信公司（AIG）等大公司出现震荡的丑闻时发现，商业精英之间的联系非常紧密。在一项针对美国财富1000强公司董事会成员的研究中，研究人员发现，每位董事仅需3.7步就能联系到其他任何一位董事。也就是说，通过询问熟人的熟人，每位董事就能很快认识其他999家董事会的成员。除此之外，董事会成员还会定期参加面对面的董事局会议，从而进一步加强了这个精英群体的凝聚力。最后，公司精英不仅身家丰厚、手握权力、团结一致，而且绝大多数都为白人男性（Davis，2003，2004；Kentor and Jang，2004；Mizruchi，1996；Schaefer，2008b）。

米尔斯权力精英模式的最新发展是最近针对全球权力精英的研究，即那些跨国界行使影响力的商界、政界领袖和前军事领袖。因为这个研究方向比较新奇，所以关于这个术语的定义仍然存在不同意见。全球权力精英的成员必须与米尔斯的权力精英一样总是保持一致吗？还是全球权力精英可以包括意见不同的人，如报业大亨默多克（Rupert Murdoch）、军火走私商布特（Viktor Bout）和担任克林顿全球倡议大会（Clinton Global Initiative）领袖的美国前总统克林顿（Miller，2008；Rothkopf，2008）？

多姆霍夫模式 过去 30 年，社会学家多姆霍夫（Domhoff, 2014）一直赞成米尔斯所提出的权力精英统治美国的看法。他发现，美国的权力精英大多为年岁较长的白人男性上流社会成员。但是，多姆霍夫强调的是公司精英和政策制定组织（如商会和工会）领导所扮演的角色。这两个群体中有许多人都是上层阶级成员。此外，他还注意到关键职位上少数女性和弱势群体男性的存在，而在米尔斯的顶层梯队中，这些群体完全被排除在外，而且时至今日，它们的存在感也是非常低的。

在多姆霍夫的权力精英模式中，这三个群体有所重叠（如前图所示），但它们并未就具体政策达成共识。多姆霍夫注意到，在选举活动中，两个不同的联盟各自发挥自身的影响力。"公司保守派联盟"（corporate-conservative coalition）在两个政党中都发挥着重要作用，通过直接发送邮件呼吁来为特定候选人争取支持。"自由劳工联盟"（liberal-labor coalition）则建立在工会、当地环境组织、部分弱势群体、自由教会、大学和艺术社区的基础之上（Zweigenhaft and Domhoff, 2006）。

多元模式

几位社会科学家坚持认为，美国的权力分布比精英模式所展示的要更为广泛。依据他们的观点，多元模式更为精准地描述了美国的政治体制。根据**多元模式**（pluralist model），社会中许多相互竞争的团体都能参与政治事务，因而也就没有哪个单一群体处于支配地位。

多元模式指出，多种群体都在决策中发挥着重要作用。多元主义者常常利用大量基于观察研究的案例研究或社区研究。最著名的一项研究是在康涅狄格州纽黑文市所进行的决策调查。这项由达尔（Dahl, 1961）报道的调查发现，虽然参与重要决策的人数很少，但社区权力却是大为分散。很少有哪个政治角色能在所有议题上都拥有决策权。一个个体或群体可能在市区重建争论中具有影响力，但在教育政策上却并无太多话语权。

不过，多元模式也未能逃脱受到严重质疑的命运。多姆霍夫重新审视了达尔在纽黑文市的决策制定研究，指出达尔和其他多元论者未能追踪那些在地方决策制定中发挥重要作用的地方精英如何归属于更大的国家统治阶级。除此之外，各种社区权力研究，包括达尔在纽黑文市的研究工作，仅仅考察了政治议程中部分

在游说团体试图影响公共政策的活动中就能看到多元主义的存在。针对干细胞研究的公开争论就是其中一个典型示例。这项研究促使保守宗教团体抗议健康倡导团体的活动,而在这一争论过程中,政治领导人之间也产生了分歧。支持这项研究技术的立法获得了几位重要共和党议员的支持,包括参议院奥林·哈奇(Orrin Hatch),图中他正与演员兼活动家迈克尔·福克斯在一起。尽管如此,2001年,小布什总统仍然禁止了联邦政府向干细胞研究拨款。不过八年后,奥巴马总统取消了这项限制。

议题的决策制定。他们未能阐明精英们将特定问题完全排除于政府辩论领域之外的潜在权力。

平德休斯(Pinderhughes,1987)也对多元模式提出批评,因为这种模式未能解释非裔美国人被排斥在政治过程之外的原因。她根据自己对芝加哥政策的研究,指出了黑人的居住及职业隔离以及他们的公民权长期遭到剥夺的情况,这显然不符合多元主义的逻辑,因为后者认为数量庞大的弱势群体在社区决策中总是具有影响力的。这一批评适用于美国多座城市,在这些城市中,其他弱势族裔群体,

站在他人的角度思考问题——政治候选人

随着美国日益成为无明显种族或族群多数人群体的国家,你希望在美国权力结构中看到什么变化?

如亚裔美国人、波多黎各人和墨西哥裔美国人，也都没能享有足够的权利。

多元主义者历来强调大多数人都能参与或影响政府决策的方式。互联网等新型通信技术正在增加民众发表个人看法的机会，而这一进步并非仅仅存在于美国这类国家，在欠发达国家亦是如此。精英视角和多元视角的共通之处在于：在美国的政治体制中，权力分配并不平等。理论上，所有公民都是平等的，但那些处于国家权力结构顶层的人显然"更平等"。新型通信技术有可能改变权力的分配，但也可能根本无法做到（McFarland，2007）。

E 评 估

1. 多姆霍夫模式是_____的例子。
   - (a) 关于权力的精英理论
   - (b) 关于权力的多元理论
   - (c) 关于权力的功能理论
   - (d) 关于权力的互动理论

2. 就选民到场率而言，美国通常排在（　　）。
   - (a) 所有国家之首
   - (b) 发达国家之首
   - (c) 其他发达国家之后
   - (d) 所有国家之后

3. 根据米尔斯的观点，权力集中于（　　）之手。
   - (a) 人民　　(b) 代议制民主　　(c) 贵族　　(d) 权力精英

4. 性别歧视成为渴望获得政府职位的女性所面临的最大障碍。为了改善这一状况，许多国家都为女性代表采取了（　　）。

5. （　　）模式的支持者认为，社会中相互竞争的团体都有参与政府事务的机会，因此没有哪个群体是处于支配地位的。

答案：1. (a)　2. (c)　3. (d)　4. 配额　5. 多元

R 反 思

1. 在美国，是性别还是种族在政治行为中扮演着更重要的角色？请解释。
2. 权力精英模式和多元模式哪一个更符合美国权力结构的特点？请解释。

模块 52

不断变化的经济体

准备　学习目标

LO 52-1　描述 21 世纪中不断变化的世界经济体的性质和范围

组织　模块大纲

不断变化的劳动力面貌

去工业化

临时劳动力

离岸外包

社会政策与经济

工　作

就像权力精英模式的支持者所指出的，资本主义社会的发展趋势是所有权集中在大财团，尤其是跨国企业手中。本模块，我们将会探讨这一趋势在美国所造成的四种结果：不断变化的劳动力面貌、去工业化、临时劳动力和离岸外包。正如这些趋势所展示的那样，任何经济变化都会带来社会政治影响。

LO 52-1　不断变化的劳动力面貌

美国的劳动力一直在不断变化。二战期间，当国家动员男性前往海外作战时，大量女性就此涌入劳动力市场。随着 1960 年代民权运动的兴起和《平权法案》的出现，少数族裔群体和女性发现，许多工作机会都展现在他们面前。

预测并不总是可靠，但社会学家和劳动力专家却准确地预见到，劳动力中将会出现越来越多的女性和少数族裔群体成员。1960 年，劳动力市场上的男性是女性的两倍。但从 1988 年到 2018 年，52% 的新增劳动力都有望是女性。劳动力市场上少数族裔群体的涌现则显得更具戏剧性，因为黑人、拉丁裔和亚裔美国人的工人数量比白人工人增长得更快（Toossi, 2009）。

当少数族裔群体加入劳动力大军，移民和他们的后代从非正规经济的边缘工作转入存在感更强且责任更高的职业中，劳动力的面貌将会越来越能反映出人口的多样性。这种劳动力变化所造成的影响绝不仅仅是体现在统计数据上。更为多样化的劳动力意味着，工人之间的关系更有可能跨越性别、种族和族群界限。互动论者注意到，人们将会发现，他们正在监督与自己截然不同的人，或者正在受到这类人的监督。

LO 52-1 去工业化

当一家公司决定要将其经营活动从非常成熟的社区转移到国内其他地区或者整体搬迁到海外以赚取更多利润时，会发生什么情况？人们会失去工作，商店会失去顾客，地方政府的课税基础会减少进而导致服务缩减。过去十年间，这个可怕的过程总是一再发生。

去工业化（deindustrialization）是指在工厂等生产基础部分中系统而全面地撤出投资。去工业化的大公司并不总是拒绝为全新的经济机会投资。但其投资的目标和地点则出现了变化，而且随着自动化生产技术的进步，对劳动力的需求也在下降。首先，公司会将工厂从中心城市转移到郊区。下一步则是从东北部和中西部的郊区转移到南部地区，因为该地区的劳动法对工会的限制更为严格。最后，有的企业甚至会干脆整体搬迁到美国以外的国家，因为这些国家的平均工资水平更低。例如，通用公司决定在中国建造一座价值数亿美元的工厂，而没有选择堪萨斯城或墨西哥作为其工厂所在地（Lynn, 2003）。

去工业化常常牵涉搬迁重建，但有时为了在日益激烈的国际竞争中减少运营成本，企业也会采取公司重组的形式来实现去工业化。当此类重组发生时，这会对正式组织的官僚结构造成非常大的影响。一家大公司可能会选择卖掉或放弃盈利能力较差的分支，并剔除一些不太必要的管理层。工资和薪水可能会被冻结，其他一些福利也可能被削减或取消，而公司都会打着重组的旗号来推行这些措施。

对自动化的日渐依赖，也预示着我们所熟知的工作走向了终结。

精简裁员（downsizing）于1987年首次被提出，它是指一个公司在去工业化过程中削减人员。从冲突论视角来看，1990年代中期，社会前所未有地关注裁员问题，这反映出社会阶级在美国国内仍然具有重要意义。冲突论者注意到，蓝领工人失业问题是去工业化的一大特征。但只有在许多中产阶级经理或其他收入颇丰的白领员工开始被裁减时，媒体才会突然开始对精简裁员现象表示极大的关注。

2008年开始的经济衰退绵延不绝，从而加速了去工业化和精简裁员的过程。随着经济日益衰退，许多工厂暂时或永久性关闭，使得越来越多的工人失去工作。工厂关闭，工人失业，重整或发展重工业（包括汽车制造业）的希望也随之化为泡影。克莱斯勒汽车公司和通用汽车公司宣告破产，对中西部各州造成了极为沉重的打击。

去工业化和精简裁员的社会代价之大，怎么强调都不为过。工厂关闭导致社区中失业人数激增，同时对宏观和微观层面都造成了非常严重的影响。在微观层面，失业人员和他们的家庭必须适应因购买力下降所导致的窘迫局面。粉刷或重置房产、购买医疗保险或储蓄退休基金乃至再要一个小孩的计划，都必须搁置一旁。甚至婚姻幸福和家庭团结都可能会因此出现问题。许多失业工人最终也都重回职场，但他们常常不得不屈就不甚满意的工作，忍受更低的薪资和更少的福利。失业和就业不足问题与本书中讨论的许多社会问题都紧密相连，这些问题包括育儿的需求和有关福利的争论。

LO 52-1 临时劳动力

过去40年，美国的雇主们越来越依赖兼职劳工。最近的经济衰退，以及随之而来的缓慢恢复过程，更是加快了这一始于1970年的用工趋势。2013年，在美国1.43亿就业人口中，约2600万人从事的都是兼职工作，其中许多人还同时兼职数份工作（Bureau of Labor Statistics, 2013a, 2013b；Tilly；1991）。

兼职工作不断增长这一模式，正在缓慢地重塑美国的劳动力面貌。一直以来，不论时节好坏，企业都会雇用工人，从而保护他们不受经济起伏波折的困扰。但在许多产业中，这种做法已经一去不返。今天，许多兼职工人每周工作1—34

像马萨诸塞州波士顿这样让人沮丧的工厂（左图），与加州山景谷歌公司迷人的企业园区（右图）形成了鲜明对比。工业化和高科技的兴起改变了美国劳动力市场，使许多工人在这个过程中流离失所。

个小时不等，他们实际上就是临时或季节性工人，仅在每年一段时间内工作部分时间。这些工人大都无法享有如医疗保险、带薪病假甚或是失业赔偿等各种福利。

当然，也有一些工人会寻求兼职工作的机会，他们非常乐意享受弹性工作所带来的好处。例如，还在大学读书的学生就比较青睐兼职工作。但对绝大多数工人来说，兼职工作绝非首选。为了应对这种偏离传统全职工作的趋势，越来越多的工人都越来越以平常心对待，他们不论何时何地都在积极寻找工作，而不再一心盯着全职工作。这种观念转变与**不稳定工作**（precarious work）的增加密切相关，而这些薪资极低的不稳定工作，在工人看来，都不能给他们带来安全保障（Davidson, 2012）。

如下图所示，非全职工作大行其道，但这并非美国独有的社会现象。在许多

站在他人的角度思考问题——房产中介

你认为传统工作数量萎缩以及随之而生的"平常心态"对房地产市场以及社区整体稳定（学校、当地企业、服务）造成了哪些负面影响？

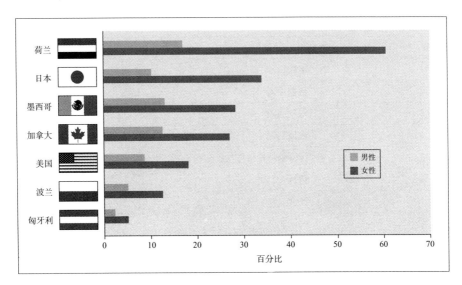

六个国家中的男女临时劳动力水平

在所有被调查的国家中，从事兼职工作的女性比例均高于男性比例。

资料来源：Bureau of Labor Statistics, 2012c: 21。

国家中，兼职工作者的确成为劳动力市场中的一支大军。纵观世界，女性比男性更可能从事非全职工作。

LO 52-1　离岸外包

几个世代以来，美国企业一直都在将某些工作类型外包到海外。例如，中型企业，如家具店和商业洗衣店，长期以来都依赖第三方货运公司将货品运送给他们的顾客。**离岸外包**（offshoring）这种新趋势将这种做法向前推进了一步，它将其他类型的工作转移到国外承包商手中。现在，就连大公司都转向海外企业，而这些海外企业大都位于欠发达国家。离岸外包已经成为依靠削减成本提高利润这一陈旧商业策略中的最新手段。

重要的是，将工作从一国转移到另一国已不再局限于制造业。由于通信技术非常发达，一些办公室和专业性工作也已转至海外。下表列举了最可能离岸外包的10种工种。

最容易离岸外包的工种

排　名	职　业
1	电脑编程
2	数据输入
3	电子制图
4	机械制图
5	计算机信息科学与研究
6	精算
7	数学
8	统计学
9	数理科学
10	影视剪辑

资料来源：Bureau of Labor Statistics data cited in Hira, 2008; Moncarz et. al., 2008。

2012 年，苹果公司在华代工厂因其恶劣的工作条件而遭到工人的激烈批评和投诉，从而让世人认识到，苹果公司的商业神话一直建立在外包劳动的基础之上。苹果公司曾在美国生产制造计算机。时至今日，它仍然雇有约 4.3 万名全职美国本土员工和 2 万名海外全职员工。但是，苹果公司与其余 70 万名工人签订的则是短期合同，雇用他们在海外设计并生产苹果产品。由于苹果公司的离岸外包行为引起更多不满，经济学家们估计，在接下来的四年中，信息技术、人力资源、金融和销售规划领域的另外 37.5 万份高薪工作也将沦为国际竞争的牺牲品 (Davidson, 2012; Duhigg and Bradsher, 2012)。

离岸外包并非全然不可避免。近来，媒体上广泛地报道了一种反潮流现象，在这个被称为"回岸"(reshoring)的逆势中，一些美国公司正在源源不断地将大量制造业工作和服务中心挪回美国本土。现在已有 20 多家美国公司开始"回岸"行动，通用电气、福特和惠而浦就是其中的典型代表。对这些公司来说，质量控制或工资成本上涨（尤其是在中国），常会造成欠发达国家相对本土的竞争力下降，尤其是当它们将运输成本考虑在内时就更是如此 (*The Economist*, 2013f; Northam, 2014)。

由于离岸外包与业务外包一样，可以提高商业运营的效率，因此我们可以认为它对社会是有用的。外包同时也提高了商品和服务生产之间的相互依赖，不论是那些跨地域企业，还是那些全球性大企业，都是如此。冲突论者仍然怀疑这种全球化进程会加深社会的不平等。将高科技工作移至欠发达国家的确有助于降低公司成本，但这种行为对那些本土技术和服务工人的影响显然是非常剧烈的。毫无疑问，这种趋势会让中产阶级工人感到惊恐。由于离岸外包提高了效率，所以经济学家反对阻止这一趋势的行动，不过他们也建议要为那些被取代的工人提供一些帮助。

离岸外包对海外人士而言也带来了负面影响。尽管对欠发达国家的上层阶级而言，外包是就业机会的重要来源，但无数海外工人并未从这一趋势中获得实际利益。因此，很难预计外包对欠发达国家的长期影响。而小额信贷（microfinancing）则对欠发达国家的底层阶级带来了更加积极的影响，详情请见接下来的社会政策部分（Goering, 2008b；Waldman, 2004a, 2004b, 2004c）。

LO 52-1　社会政策与经济

我们都知道，研究者在研究中会用到多种研究工具，从最简单的观察研究到最先进的电脑技术等。在现实生活中，社会学研究会对公共政策和社会福利产生深远影响，下面我们就来看一下它对小额信贷的影响。

小额信贷

在印度，一笔数额极少的贷款使一名年轻母亲的生活发生了巨大的变化。几年前，希娅瓦媞（Siyawati）全然指望着丈夫打散工赚取微薄的收入来维持生计。后来她得到一笔212美元的小额贷款，便用这笔钱购买了一台制作蜡烛的机器。今天，希娅瓦媞的家庭作坊已经发展成为拥有八名工人的小工厂，她的月收入也从42美元猛增到425美元。由于收入提高，她才能将自己的子女送进好学校，而这也正是欠发达国家无数艰苦奋斗的父母们心心念念的梦想。

在某些方面，小额信贷为一个大问题提供了小而精的解决方案。**小额信贷**是指将一小笔钱借给穷人，以此帮助他们通过努力劳作来摆脱贫困。借贷者利用这笔钱在非正规经济中开始经营自己的小本生意，比如购买纱线来纺布，购买奶牛来产奶，或者购买工具、设备和竹子来制造凳子。他们生产的产品随后可以在当地商店进行售卖。这些小额贷款通常都不超过 600 美元，一般只有 20 美元。借贷者是那些没有资格申请银行服务的人。

小额信贷有时也被称为"为无银行账号者提供银行业务"，它是孟加拉国经济学家穆罕默德·尤努斯（Muhammad Yunus）想出的一个绝佳点子。1976 年，孟加拉国发生了一场非常严重的饥荒。在此期间，尤努斯建立了乡村银行（Grameen Bank），致力于领导这家银行为穷人服务，他直到 2011 年才退居幕后。这个想法源于一次他掏出兜里所有的钱借给一群请求帮助的村民。借助地方演讲厅或集会地点，截至目前乡村银行已向近 700 万人提供了贷款。这一理念很快就广为传播，甚至得到了上千家营利性银行和跨国组织的鼎力支持。根据最新估计数字，小额信贷现已惠及 100 个国家中的 1.9 亿户家庭（Ledgerwood, 2013；Microfinance Information Exchange, 2014；Yunus, 2010）。

尽管小额信贷已经惠及许多家庭，但批评者则指出，一些借贷方正在从穷人身上榨取油水。尤其是在印度，将小额贷款发放给经济状况不明、成功机会渺茫的项目，常常导致一些借贷方陷入负债累累的绝境。而在这种极端事例中，一些借贷方则获得了巨额利润，不仅他们自己赚得盆满钵满，他们创建的投资银行也获利颇丰。小额信贷的推动者认为，可以采取措施来改善这种问题。

不管怎样，小额信贷运动并未偃旗息鼓。它已经取得了全新的发展，开始提供借贷者奖学金、低成本医疗保健，甚至还包括太阳能。由此可见，如果最贫困的穷人能够获得贷款利率合理的借款，他

2006 年，孟加拉乡村银行的创始人穆罕默德·尤努斯被授予诺贝尔和平奖，以此表彰其为推动小额信贷理念的传播而作出的卓越贡献。他的银行通过向穷人发放小额贷款，改善了无数家庭的生活质量。

们的确有能力自创产业，取得成功，而这一结论也已得到了研究支持（Dickson，2013；Ledgerwood，2013）。

小额信贷的社会学应用　采用互动论的研究人员已经指出，小额信贷的作用远不止提供贷款。小额信贷专家柯林斯等人（Collins et al., 2009）进行了一项研究，研究结果表明，即使在帮助不多的情况下，穷人也能通过互助方式极大地改善自身生活境况。柯林斯要求孟加拉国、印度和南非的村民和贫民窟居民每天记下自己如何花掉自己赚取的每一分钱。他和他的团队发现，他们调查的绝大多数贫困家庭并不会挣一分花一分，过着朝不保夕的生活。相反，他们会使用与扩大家庭和非正式社会网络相关的金融工具。他们努力存钱，尽可能从债权人手中挤出更多资金，运营复杂的储蓄会（savings clubs），利用任何可用的小额信贷项目。他们所采取的策略表明，他们已经找到了抗击贫困的新方法，并且推动了小额信贷项目更为广泛的发展。

由于据估计90%的小额信贷接受者都为女性，所以女性主义理论家对小额信贷的发展特别感兴趣。研究发现，女性的经济地位对其子女的幸福起着核心作用，并且也是创建健康家庭环境的关键。在欠发达国家，尤其是在那些男女待遇不平

在印度孟买的一个作坊，Sharda Bhandare从毛巾上剪下一副手套。小额信贷使这些小企业成为可能，并帮助他们自给自足。

等的国家中,能够获得贷款尤其能让女性获得权力。研究显示,女性小额贷款接受者比男性更可能参加社会网络和集体行动团体。究其因,可能是因为她们必须挫败外界反对女性成为经济决策者的行动。

社会学家凯瑞德斯(Karides,2010)借助世界体系分析,将小额信贷与西方经济发展模式进行对比研究。在西方经济发展模式中,总部位于核心国家的跨国公司,利用边缘国家和半边缘国家中的低工资成本和自然资源谋取巨额利润。跨国公司雇用的廉价工人解决了基本生计问题,而核心国家中的绝大多数公民都享受着较高的生活标准。小额信贷提供者希望,在他们的帮助下所创办的家庭产业,能够推动欠发达国家的地方经济发展,最终在这些社会实现共同富裕和安宁,而非仅仅只是服务于核心国家的经济利益。

一些批评者抱怨,小型家庭产业的建立减少了社会对正式职业的需求。微型企业的支持者对这一观点表示反对,他们指出,就业机会一直以来都未见明显增长。他们声称,小额信贷才是为欠发达国家贫困人口创造源源不断的市场机会之最佳途径,即使与核心国家现有的机会相比这些机会看似寡淡无味。

小额信贷政策建议 就连小额信贷的支持者也都认识到,有必要减少过度放贷,并应监督小额贷款是否成功地帮助借贷者摆脱了贫困。一些指标显示,许多借贷者并未成功地实现自给自足。如果这种情况属实,贷方就应加强监督力度,并应尝试确定最好的做法,也就是说,能够最有效地帮助穷人的援助方式。数年以前,小额信贷受到盛赞,被称为解决全球贫困问题绝无仅有的妙策。经过各种调整,它还将继续帮助贫困人口摆脱困境和煎熬(Bajaj,2011a,2011b;Glazer,2010)。

贷方也需要与政治领袖通力合作,反之亦然,从而确保他们不会将彼此视作争取贫困人口政治支持的竞争对手。一些政府官员已经开始行动,他们炮轰贷方利用贫困人口牟取暴利,并且采取特别措施保护借贷人的利益。2010年,印度某邦官员要求所有贷款必须得到政府认可,而借贷人的最终还贷则必须在一名政府官员的见证下完成。只要牟取暴利是一个真正的问题,不论通过立法还是自行监督,可能的确需要采取一些相关的补救措施。考虑到小额信贷提供者所处国家之间的文化、政治和经济差异,这类政府政策的制定将会是一项浩大的工程。

E 评 估

1. 将工厂和设备等生产基本方面的投资系统性、大范围地撤出被称为（　　）。

    (a) 去工业化　　(b) 精简裁员　　(c) 后工业化　　(d) 城市士绅化

2. 社会学家和劳动力专家预见了未来一个包含（　　）的劳动力减少的过程。

    (a) 女性　　(b) 少数种族　　(c) 少数族群　　(d) 以上都是

3. 孟加拉国博格拉市的6名妇女组团借贷200美元，用以购买缝纫机，从而联合开办一家裁缝店。这是（　　）的典型事例。

    (a) 精简裁员　　(b) 离岸外包　　(c) 小额信贷　　(d) 回岸

4. 将工作从一国移至另一个劳动力成本更低的国家被称为（　　）。

答案：1. (a)　2. (d)　3. (c)　4. 离岸外包。

R 反 思

1. 你是否在你的社区中发现了去工业化或精简裁员的迹象？描述你所发现的变化，并解释哪些广泛的经济变迁导致这些变化。

2. 去工业化和离岸外包等趋势对美国的家庭、教育和社会流动造成了什么后果？

| 案例分析 | 选择投票

　　每天，达利娅·埃文斯（Daria Evans）一有空就会待在她工作的社区学院的学生中心，鼓励学生登记投票。埃文斯说："这家学院有 3200 名在校生，但是登记投票的人数却不到一半。我在一家组织中从事志愿者工作，这家组织希望能在下一次全国大选来临前再动员 1000 名学生登记选举。"如果学生不愿登记或直接拒绝，埃文斯就会询问原因。她说："如果他们回答：'这有什么用？'我就会继续追问。他们可能就会打开心扉，告诉我这个国家是富人在进行独裁统治，或者所有政策都是关于大财团的。某个学生说：'放聪明点。民主制就是个笑话。'"埃文斯完全理解他们为什么心存疑虑。她说："这些学生都来自贫困社区。在 21 世纪的头十年，许多工作都消失了。由于成年人占据这些地区所有低薪工作岗位，这些学生很难找到工作。"虽然埃文斯理解他们的感受，但她绝不赞同他们的行为。"1960 年代，我的祖母专程前往南方登记为黑人选民。她为约翰逊总统的当选投出了自己的一票，而这位总统后来则同意《选举权法案》正式立法。"每当埃文斯在面对他人的质疑和冷漠而感到灰心沮丧时，她就会回想起她的祖母所说的话，从中获取力量。"她常常说：'达利娅，投票并不能保证你总能获得你想要的一切，但是放弃投票则意味着你永远什么都得不到。'"

1. 为什么达利娅认为学生对政治和选举的不信任与其所处贫困社区背景有关？
2. 你是否赞同达利娅祖母的观点，认为投票是维护自己在政府事务中发言权的有效方法？为什么？
3. 澳大利亚等部分国家会对拒不投票的公民处以罚款或社区服务惩罚。你是否认为民主国家中的每个人都有选举义务？解释你的想法。
4. 一些人认为，如果登记投票变得更加简便，可以在投票点（登记当天）一次性完成，就会有更多美国人愿意参与投票。你认为这是一个好办法吗？为什么？

| "强力"学习策略 | 解决问题 |

人的一生中充满了问题。每天你都会遇到各种急需解决的问题。有些常规问题微不足道，不费吹灰之力就可解决。但也有一些问题就会占据你的精力，让你时刻保持清醒。以下就是一些可以帮助你解决困扰的策略。

P · 确定问题：为什么这是一个问题？如何才能让它不再成为一个问题？这是你一个人的问题，还是大家都会遇到的问题？
  · 如果认识其他面临同样问题的人，你们就可以一起来思考可能的解决途径。

O · 养成自己解决问题的思维模式。在决策过程中，你的目标就是作出选择。在解决问题的过程中，你的目标则是产生各种选择。
  · 如果可能，请你进行团队合作。加入思考的人越多，解决方法就会越多。

W · 尝试分解问题。解决六个小问题，通常要比一次性解决一个大问题更为容易。
  · 逆向思考。想象问题被解决时的情况，然后从此处倒推回来。问题常常就像一团迷雾；最好的办法就是从目标开始逆向思考，然后一举拨开谜团。
  · 绘制图画。一些问题可以通过图表、地图或其他图形形式得到圆满解决。例如，如果你在短时间内需要完成十个重要差事，你可以将其画到地图上，这样一来最佳解决路线也许就会不言自明。
  · 解决相反的问题。如果你的问题是找到不受干扰认真学习的办法，那你不妨想想，如果你经常受到打扰，你将如何处理。然后反其道而行之。
  · 使用类比的办法。你的问题类似于哪些问题？在此之前，你还面对过哪些类似问题？（在这种情况下，团队合作会发挥很大作用。）
  · 旁敲侧击这个问题，这就是所谓的横向思维。比如你需要熨烫衬衫以备面试之用，但你却没有熨斗。横向思维可能会建议你把炒锅加热，用锅底暂时充当熨斗凑合用一次。
  · 睡觉。让你的大脑继续自动思考这个问题。即使并未找到解决方法，至少你也睡了一夜好觉，所以醒来后你就能精力旺盛、头脑清晰地继续思考解决这个问题的办法。

E · 你解决问题了吗？如果已经解决了，你要记住你的解决步骤。如果未能解决，你可以试着找出问题所在，以及你可能想要尝试的新办法。

R · 随着解决各种主要问题的经验增加，你需要反思你用过的哪种策略最为有效。试着自行制定有效解决问题的个性化规则。

赐予我力量　你是问题解决者还是问题逃避者？

无忧无虑的生活听上去很美好，但我们应该认识到，每个人都会遇到问题，而逃避问题并不能解决问题，这种认识将会对我们的生活产生更大的成效。为了判断你能否有效地找到解决你所面临问题的方法，请你为以下陈述评分，它们能够反映出你的日常行为。然后计算最后的总分：

经常＝2　有时＝1　极少＝0

1. 在解决某个问题时，当我发现自己毫无进展时，我会出去散个步或跑跑步。
2. 面对某个问题时，我会先发散思维，想出一系列可能的解决方法。
3. 如果某个问题过于复杂，我就会寻找办法，将它分解为若干小问题来逐一解决。
4. 在解决问题时，我会思考我期望的结果，并据此进行逆向思考。
5. 我会寻找其他遭遇同样或类似问题的人，与他们一起思考可能的解决方案。
6. 我会在精力充沛、沉着冷静时努力解决问题。
7. 在寻找解决问题的方法时，我会花一点时间来确定这个问题的本质。
8. 我会把现在面临的问题与之前已经解决的问题进行比较，从而找出它们的相似之处。
9. 我会依据它们的长期影响评估各种可能的解决方法。
10. 我认同任何一个解决方法可能都不会非常理想，但是总有一些要更为可行。

得分

　　17—20分：你是一位效率极高的问题解决者，你能确定问题、思考解决方法并评估可能的结果。

　　12—16分：你具备一些优秀的问题解决技能，但请你再次检查那些被你评为"有时"或"极少"的陈述，从而找到你可以进一步改善的地方。

　　0—11分：你可能很容易惊慌失措地逃避任何问题，但是解决问题是你必须学习的技能。请你重新学习各种技巧，并且复习上一页的"解决问题"，找到有助于你提高能力的有效方法。